Springer-Lehrbuch

Wolfram Buchwitz

Schiedsverfahrensrecht

 Springer

Prof. Dr. Wolfram Buchwitz
Julius-Maximilians-Universität Würzburg
Würzburg, Deutschland

ISSN 0937-7433 ISSN 2512-5214 (electronic)
Springer-Lehrbuch
ISBN 978-3-662-59461-2 ISBN 978-3-662-59462-9 (eBook)
https://doi.org/10.1007/978-3-662-59462-9

Springer
© Springer-Verlag GmbH Deutschland, ein Teil von Springer Nature 2019
Das Werk einschließlich aller seiner Teile ist urheberrechtlich geschützt. Jede Verwertung, die nicht ausdrücklich vom Urheberrechtsgesetz zugelassen ist, bedarf der vorherigen Zustimmung des Verlags. Das gilt insbesondere für Vervielfältigungen, Bearbeitungen, Übersetzungen, Mikroverfilmungen und die Einspeicherung und Verarbeitung in elektronischen Systemen.
Die Wiedergabe von allgemein beschreibenden Bezeichnungen, Marken, Unternehmensnamen etc. in diesem Werk bedeutet nicht, dass diese frei durch jedermann benutzt werden dürfen. Die Berechtigung zur Benutzung unterliegt, auch ohne gesonderten Hinweis hierzu, den Regeln des Markenrechts. Die Rechte des jeweiligen Zeicheninhabers sind zu beachten.
Der Verlag, die Autoren und die Herausgeber gehen davon aus, dass die Angaben und Informationen in diesem Werk zum Zeitpunkt der Veröffentlichung vollständig und korrekt sind. Weder der Verlag, noch die Autoren oder die Herausgeber übernehmen, ausdrücklich oder implizit, Gewähr für den Inhalt des Werkes, etwaige Fehler oder Äußerungen. Der Verlag bleibt im Hinblick auf geografische Zuordnungen und Gebietsbezeichnungen in veröffentlichten Karten und Institutionsadressen neutral.

Springer ist ein Imprint der eingetragenen Gesellschaft Springer-Verlag GmbH, DE und ist ein Teil von Springer Nature.
Die Anschrift der Gesellschaft ist: Heidelberger Platz 3, 14197 Berlin, Germany

Vorwort

Nicht nur mancher Laie denkt bei dem Begriff „Schiedsrichter" zuerst an Fußball. Zwar ist die Streitentscheidung durch Schiedsgerichte in den letzten Jahren im Zuge der Debatten um das internationale Investitionsschutzrecht einer breiteren Öffentlichkeit bekannt geworden, allerdings waren viele dieser Diskussionsbeiträge von Missverständnissen gekennzeichnet. Gleichzeitig steigt die praktische Bedeutung des Schiedsverfahrensrechts, jedenfalls soweit es die privaten Handelsschiedsverfahren betrifft. Im asiatischen Raum sind die Zuwachsraten enorm, doch auch in Europa nehmen die Fallzahlen stetig zu. Die Streitentscheidung durch Schiedsgerichte ist bei internationalen Handelsverträgen die bevorzugte Methode der Streitbeilegung und gewinnt mit der Ausweitung der globalen Handelbeziehungen kontinuierlich an Bedeutung.

Dieses Buch ist als grundständige Einführung in das deutsche und internationale privatrechtliche Schiedsverfahren konzipiert. Es ist damit zum einen für Studierende geschrieben, die sich im Rahmen universitärer Lehrveranstaltungen und zur Teilnahme an Wettbewerben wie dem Willem C. Vis Moot Court in dieses Rechtsgebiet einarbeiten möchten. Das Buch richtet sich aber gleichermaßen auch an Juristinnen und Juristen, die in der Praxis tätig sind, sei es als Richter, als Rechtsanwälte oder im Unternehmen. Da das Schiedsverfahrensrecht in den Staatsexamina nicht geprüft wird, ist es auch für Praktiker häufig Neuland. Darüber hinaus ist zu hoffen, dass die monographische Darstellung des Schiedsverfahrensrechts auch Anlass für weitere wissenschaftliche Beschäftigung mit der Materie bildet, die für die Fortentwicklung dieses Rechtsgebiets unverzichtbar ist.

Neben dem Schiedsverfahrensrecht geht dieses Buch auch auf die Praxis der Schiedsgerichtsbarkeit ein. Das Schiedsverfahrensrecht ist in weiten Teilen aus Bedürfnissen der Praxis entstanden und wird fortlaufend darin weiterentwickelt. Ohne eine Einbettung in diese tatsächlichen Hintergründe würden die rechtlichen Strukturen oft dürr und unverständlich bleiben. Insofern habe ich meine Erfahrungen aus einer mehrjährigen Tätigkeit als Rechtsanwalt in einer internationalen Wirtschaftskanzlei mit einfließen lassen, um die Lücke zwischen Gesetzestext und gelebter Verfahrenspraxis zu schließen.

Im Rahmen eines Lehrbuchs, das sich hauptsächlich an Anfänger richtet, können nicht jedes Detail und jede möglicherweise auftretende Verfahrenskonstellation behandelt werden. Dies würde den Einstieg erschweren und den Blick auf das

Wesentliche verstellen. Wenn dem Leser die Grundstrukturen und die systematischen Zusammenhänge klar geworden sind, ist er dadurch aber ohne Weiteres in die Lage versetzt, sich mit Hilfe der in den Fußnoten aufgeführten Spezialliteratur eine eigene Meinung zu neuen und unbekannten Konstellationen zu bilden.

Das Buch behandelt das deutsche Schiedsverfahrensrecht auf Grundlage des 10. Buchs der ZPO einschließlich der internationalen Verträge und der Instrumente des „soft law". Außerdem werden die in Deutschland am häufigsten angewandten Verfahrensordnungen der Deutschen Institution für Schiedsgerichtsbarkeit (DIS) und des International Court of Arbitration der Internationalen Handelskammer (ICC) behandelt. Auf andere Schiedsinstitutionen und auf völkerrechtliche Schiedsverfahren wird nur punktuell eingegangen. Bei der Arbeit mit diesem Buch sollten die zitierten Gesetzesbestimmungen und Regelungen der DIS-SchO und der ICC-SchO immer nachgelesen werden. Andere, seltenere Vorschriften habe ich zumeist im Text wiedergegeben.

Für ihre Mithilfe bei der Überprüfung und Korrektur des Manuskripts danke ich sehr herzlich Frau Rechtsanwältin Martina Buller und Herrn stud. iur. Florian Steinmetz. Etwaige verbleibende Fehler gehen natürlich zu meinen Lasten. Über Verbesserungsvorschläge aus der Leserschaft freue ich mich jederzeit (wolfram.buchwitz@uni-wuerzburg.de).

Würzburg, Deutschland Wolfram Buchwitz
Juni 2019

Inhaltsverzeichnis

1	**Grundlagen**		1
1.1	Privatautonomie		1
1.2	Schiedsverfahren mit Staatenbeteiligung		2
1.3	Was ist ein Schiedsverfahren?		3
1.4	Historische Entwicklung		4
1.5	Vor- und Nachteile von Schiedsverfahren		6
	1.5.1	Vertraulichkeit	7
		1.5.1.1 Im Handelsschiedsverfahren	7
		1.5.1.2 Bei Staatenbeteiligung	10
		1.5.1.3 Fazit	11
	1.5.2	Vollstreckbarkeit	12
	1.5.3	Neutrales Forum	13
	1.5.4	Auswahl der Richter	14
	1.5.5	Flexibilität	15
	1.5.6	Keine Einbeziehung Dritter	16
	1.5.7	Verfahrensdauer	17
	1.5.8	Kosten	18
1.6	Verbreitung von Schiedsverfahren		20
1.7	Ad hoc-Verfahren und institutionelle Verfahren		22
	1.7.1	Vor- und Nachteile von Schiedsinstitutionen	22
	1.7.2	Deutsche Institution für Schiedsgerichtsbarkeit e.V.	24
	1.7.3	Weitere deutsche Schiedsinstitutionen	25
	1.7.4	Swiss Chambers' Arbitration Institution	26
	1.7.5	Vienna International Arbitral Centre	27
	1.7.6	International Court of Arbitration der ICC	27
	1.7.7	London Court of International Arbitration	28
	1.7.8	Arbitration Institute of the Stockholm Chamber of Commerce	28
	1.7.9	Weitere ausländische Schiedsinstitutionen	29
2	**Rechtsquellen des Schiedsverfahrensrechts**		31
2.1	Das New Yorker UN-Übereinkommen von 1958		31

	2.2	Das Europäische Übereinkommen von 1961	32
	2.3	Das UNCITRAL Modellgesetz von 1985	33
	2.4	Nationales Schiedsverfahrensrecht	34
		2.4.1 Maßgeblichkeit nationalen Rechts	34
		2.4.2 Anwendbares Recht (Verfahrensstatut)	35
		2.4.3 Besonderheiten des deutschen Schiedsverfahrensrechts	36
	2.5	Europarecht	38
	2.6	Schiedsgerichtsordnungen	39
		2.6.1 Geltung und Zweck	39
		2.6.2 UNCITRAL Schiedsordnung	40
		2.6.3 Spätere Änderungen	41
		2.6.4 Mischformen	42
	2.7	Schiedsrichterliches Ermessen	43
3	**Die Schiedsvereinbarung**		**45**
	3.1	Inhalt	45
		3.1.1 Endgültigkeit	46
		3.1.2 Bestimmtheit	48
		3.1.3 Schiedsort	49
		3.1.4 Weitere Vereinbarungen	51
	3.2	Arten	52
	3.3	Rechtsnatur	53
	3.4	Zustandekommen	54
		3.4.1 Trennungsprinzip	54
		3.4.2 Anwendbares Recht (Schiedsvereinbarungsstatut)	55
		3.4.3 Vertragsrechtliche Fragen	56
	3.5	Formale Anforderungen	57
	3.6	Objektive Schiedsfähigkeit	60
		3.6.1 Allgemeine Kriterien	60
		3.6.2 Familien- und erbrechtliche Streitigkeiten	61
		3.6.3 Beschlussmängelstreitigkeiten	62
	3.7	Subjektive Schiedsfähigkeit	65
	3.8	Rechtsnachfolge in die Schiedsvereinbarung	66
		3.8.1 Gesamtrechtsnachfolge	66
		3.8.2 Einzelrechtsnachfolge	67
	3.9	Pathologische Klauseln	68
	3.10	Schiedsvereinbarungen bei institutionellen Verfahren	72
	3.11	Mehrstufige Streitbeilegungsklauseln	73
4	**Einleitung des Schiedsverfahrens**		**77**
	4.1	Einleitung eines ad hoc-Verfahrens	77
	4.2	Einleitung eines institutionellen Schiedsverfahrens	78
	4.3	Rechtswirkungen des Verfahrensbeginns	79
	4.4	Der Schiedsorganisationsvertrag	81
		4.4.1 Inhalt und Zustandekommen	81

		4.4.2	Anwendbares Recht	82
		4.4.3	Haftung	82
	4.5		Reaktionsmöglichkeiten des Beklagten	83
	4.6		Eilschiedsrichter (Emergency Arbitrator)	84

5 Konstituierung des Schiedsgerichts ... 87
- 5.1 Auswahl der Schiedsrichter ... 87
  - 5.1.1 Auswahlverfahren ... 87
  - 5.1.2 Auswahlkriterien ... 89
- 5.2 Ausschluss vom Schiedsrichteramt ... 91
- 5.3 Anzahl der Schiedsrichter und Bestellungsverfahren ... 93
  - 5.3.1 Anzahl der Schiedsrichter ... 94
  - 5.3.2 Bestellung eines Einzelschiedsrichters ... 94
  - 5.3.3 Bestellung eines Dreierschiedsgerichts ... 95
    - 5.3.3.1 Grundsätze ... 95
    - 5.3.3.2 Rolle des Vorsitzenden ... 96
    - 5.3.3.3 Mehrparteienverfahren ... 97
  - 5.3.4 Übergewicht einer Partei ... 101
- 5.4 Ablehnung von Schiedsrichtern ... 102
  - 5.4.1 Ablehnungsgründe ... 103
    - 5.4.1.1 Allgemeine Kriterien ... 103
    - 5.4.1.2 IBA Guidelines on Conflicts of Interest ... 104
    - 5.4.1.3 Wirtschaftliche Verbindungen ... 105
    - 5.4.1.4 Wissenschaftliche Äußerungen ... 106
    - 5.4.1.5 Verfahrensführung ... 107
  - 5.4.2 Ablehnungsverfahren ... 109
    - 5.4.2.1 Kenntnis der Schiedspartei ... 109
    - 5.4.2.2 Vorschaltverfahren ... 110
    - 5.4.2.3 Entscheidung des staatlichen Gerichts ... 112
- 5.5 Ersatzbestellung von Schiedsrichtern ... 113
- 5.6 Der Schiedsrichtervertrag ... 115
  - 5.6.1 Anwendbares Recht ... 115
  - 5.6.2 Zustandekommen ... 116
  - 5.6.3 Inhalt ... 117
  - 5.6.4 Haftung ... 118
- 5.7 Sekretär des Schiedsgerichts ... 120

6 Durchführung des Schiedsverfahrens ... 123
- 6.1 Rechtlicher Rahmen ... 123
  - 6.1.1 Grundsatz der Gleichbehandlung ... 124
  - 6.1.2 Grundsatz des rechtlichen Gehörs ... 125
    - 6.1.2.1 Inhalt und Umfang ... 125
    - 6.1.2.2 Verletzung des rechtlichen Gehörs ... 127
    - 6.1.2.3 „Due process paranoia" ... 128
  - 6.1.3 Parteivereinbarungen ... 128

	6.1.4	Schiedsgerichtsordnung	130
	6.1.5	Dispositives Recht	130
	6.1.6	Schiedsrichterliches Ermessen	131
6.2	Erste Verfahrenskonferenz		133
6.3	Schiedsauftrag (Terms of Reference)		134
6.4	Verfahrensleitende Verfügungen		135
6.5	Austausch von Schriftsätzen		136
6.6	Klagerücknahme		137
6.7	Widerklage		138
6.8	Aufrechnung des Beklagten		139
6.9	Säumnis		140
6.10	Rechtsnachfolge während des Schiedsverfahrens		144
	6.10.1	Gesamtrechtsnachfolge	144
	6.10.2	Einzelrechtsnachfolge	145
6.11	Einstweiliger Rechtsschutz durch das Schiedsgericht		147
	6.11.1	Allgemeines	147
	6.11.2	Verfahren	148
	6.11.3	Entscheidungsmaßstab	149
	6.11.4	Vollziehung	150
6.12	Einstweiliger Rechtsschutz durch staatliche Gerichte		151
6.13	Beschleunigte Schiedsverfahren		152

7 Beweisaufnahme und mündliche Verhandlung 155

7.1	Allgemeines		155
7.2	Grundsätze der Beweisaufnahme		157
7.3	Urkunden/Dokumente		159
	7.3.1	Begriff	159
	7.3.2	Beweiserhebung	160
	7.3.3	Vorlageanordnungen	161
7.4	Zeugen		164
	7.4.1	Begriff	164
	7.4.2	Zeugenvorbereitung	165
	7.4.3	Erscheinen vor dem Schiedsgericht	166
	7.4.4	Durchführung der Vernehmung	166
7.5	Sachverständige		168
	7.5.1	Begriff	169
	7.5.2	Auswahl	169
	7.5.3	Vertragsschluss und Haftung	171
	7.5.4	Begutachtung und Beweisaufnahme	171
	7.5.5	Rechtssachverständige	173
7.6	Augenschein		174
7.7	Abschluss der mündlichen Verhandlung		175

8 Der Schiedsspruch 177

8.1	Rechtlicher Maßstab für die Entscheidungsfindung (Sachstatut)	177

		8.1.1	Parteivereinbarung	178
			8.1.1.1 Inhalt der Rechtswahl	178
			8.1.1.2 Schiedsgericht als amiable compositeur	181
			8.1.1.3 Rechtsfolgen	181
		8.1.2	Bestimmung durch Schiedsgericht	182
		8.1.3	Zwingendes Recht	182
			8.1.3.1 Zwingendes Recht des Sachstatuts	183
			8.1.3.2 Eingriffsnormen	183
			8.1.3.3 Allgemeine Rechtsgrundsätze	184
	8.2	Verfahren		185
		8.2.1	Beratungsgeheimnis	185
		8.2.2	Abstimmungsweise	186
		8.2.3	Weigerung eines Schiedsrichters	187
	8.3	Anforderungen an einen wirksamen Schiedsspruch		187
		8.3.1	Endgültige Entscheidung	187
		8.3.2	Entscheidungssatz (Tenor)	188
		8.3.3	Begründung	189
		8.3.4	Unterschrift	192
		8.3.5	Übermittlung	193
	8.4	Arten von Schiedssprüchen		193
		8.4.1	Nach ihrem Inhalt	193
			8.4.1.1 Leistungsschiedssprüche	193
			8.4.1.2 Feststellungsschiedssprüche	193
			8.4.1.3 Gestaltungsschiedssprüche	194
		8.4.2	Nach ihrem Umfang	194
			8.4.2.1 Zwischenschiedssprüche	195
			8.4.2.2 Teilschiedssprüche	196
		8.4.3	Schiedssprüche mit vereinbartem Wortlaut (Vergleich)	196
			8.4.3.1 Außerschiedsgerichtlicher Vergleich	197
			8.4.3.2 Beantragung eines Schiedsspruchs mit vereinbartem Wortlaut	198
			8.4.3.3 Einbeziehung zusätzlicher Parteien	200
		8.4.4	Berichtigungs-, Auslegungs- und Ergänzungsschiedssprüche	201
	8.5	Beendigungsbeschlüsse		203
	8.6	Kostenentscheidung		204
		8.6.1	Arten von erstattungsfähigen Kosten	204
		8.6.2	Verfahren	206
		8.6.3	Entscheidungskriterien	207
	8.7	Überprüfung des Schiedsspruchs im institutionellen Verfahren		208
	8.8	Wirkungen des Schiedsspruchs		209
		8.8.1	Zwischen den Parteien (Rechtskraft)	210

		8.8.1.1	Ne bis in idem	210

		8.8.1.1	Ne bis in idem	210
		8.8.1.2	Res judicata	212
		8.8.1.3	Dispositionsbefugnis der Parteien	213
		8.8.1.4	Zeitliche Grenzen	214
	8.8.2	Gegenüber Dritten		215
		8.8.2.1	Gesamtrechtsnachfolge	215
		8.8.2.2	Einzelrechtsnachfolge	215
		8.8.2.3	Verfahren	216
	8.8.3	Wirkungen ausländischer Schiedssprüche		216
8.9	Wiederaufnahme des Schiedsverfahrens			217
	8.9.1	Wiederaufnahmegründe		217
	8.9.2	Wiederaufnahmeverfahren		219

9 Komplexe Schiedsverfahren ... 221

9.1	Mehrvertragsverfahren			221
	9.1.1	Ad hoc-Verfahren		221
	9.1.2	DIS-Verfahren		223
	9.1.3	ICC-Verfahren		223
	9.1.4	Zustimmung des Schiedsgerichts		224
	9.1.5	Inkompatibilität der Schiedsvereinbarungen		224
9.2	Verfahrensverbindung			225
9.3	Mehrparteienverfahren			226
9.4	Einbeziehung Dritter			227
	9.4.1	Streitverkündung		227
		9.4.1.1	Bei Zustimmung des Dritten	228
		9.4.1.2	Bei Weigerung des Dritten	229
		9.4.1.3	Institutionelle Verfahren	229
	9.4.2	Nebenintervention		231
	9.4.3	Parteierweiterung und Drittwiderklage		232
		9.4.3.1	Allgemeines	232
		9.4.3.2	ICC- und DIS-Verfahren	232
		9.4.3.3	LCIA- und SCAI-Verfahren	234
	9.4.4	Einbeziehung von Konzerngesellschaften und anderen Nicht-Unterzeichnern		236
	9.4.5	Schiedsvereinbarungen zugunsten Dritter		239
	9.4.6	Fazit		240

10 Überprüfung der Zuständigkeit des Schiedsgerichts ... 243

10.1	Schiedseinrede im staatlichen Gerichtsverfahren			243
	10.1.1	Rügeerfordernis		244
	10.1.2	Nichtigkeit, Unwirksamkeit, Undurchführbarkeit		246
	10.1.3	Besondere Verfahrensarten		247
	10.1.4	Aufrechnung		248
	10.1.5	Wirkungen der Schiedseinrede		248
10.2	Vorhergehende Prüfung durch das Oberlandesgericht			250

10.3	Überprüfung durch das Schiedsgericht		252
	10.3.1	Kompetenz-Kompetenz	252
	10.3.2	Prüfungsumfang des Schiedsgerichts	253
	10.3.3	Rügeobliegenheit	255
	10.3.4	Entscheidungsformen	256
		10.3.4.1 Positive Zuständigkeitsentscheidung	256
		10.3.4.2 Negative Zuständigkeitsentscheidung	257
	10.3.5	Besonderheiten im ICC-Verfahren	258
10.4	Nachfolgende Prüfung durch das Oberlandesgericht		259

11 Aufhebung und Vollstreckung von Schiedssprüchen 263

11.1	Überblick		263
11.2	Zuständigkeit		265
11.3	Verfahren		267
	11.3.1	Gegenstand	267
	11.3.2	Frist	268
	11.3.3	Koordination verschiedener Verfahren	268
11.4	Nichtigkeit und Aufhebbarkeit		270
11.5	Aufhebungsgründe		273
	11.5.1	Allgemeines	273
	11.5.2	Fehlen der subjektiven Schiedsfähigkeit	274
	11.5.3	Ungültigkeit der Schiedsvereinbarung	274
	11.5.4	Keine Kenntnis vom Verfahren	276
	11.5.5	Unzulässige Beschränkung der Angriffs- oder Verteidigungsmittel	276
	11.5.6	Überschreitung der schiedsrichterlichen Entscheidungsbefugnisse	278
	11.5.7	Mängel in der Bildung des Schiedsgerichts	279
	11.5.8	Verstoß gegen Verfahrensvorschriften	280
	11.5.9	Fehlen der objektiven Schiedsfähigkeit	282
	11.5.10	Verstoß gegen den ordre public	282
		11.5.10.1 Verfahrensrechtlicher ordre public	283
		11.5.10.2 Materiellrechtlicher ordre public	285
	11.5.11	Arglistiges Erschleichen oder Gebrauchmachen von Schiedssprüchen	287
11.6	Rechtsfolgen der Aufhebung, Zurückverweisung an das Schiedsgericht		287
11.7	Vollstreckung inländischer Schiedssprüche		289
	11.7.1	Vollstreckung im Inland und Präklusion	289
	11.7.2	Vollstreckung im Ausland	290
11.8	Vollstreckung ausländischer Schiedssprüche		291
	11.8.1	Anwendungsbereich des UNÜ	291
	11.8.2	Vorliegen eines Schiedsspruchs	292
	11.8.3	Versagungsgründe	293

		11.8.3.1	Formunwirksamkeit der Schiedsvereinbarung	293
		11.8.3.2	Unverbindlichkeit des Schiedsspruchs	294
		11.8.3.3	Aufhebung des Schiedsspruchs im Ursprungsstaat	295
		11.8.3.4	Verstoß gegen den ordre public international	296
	11.8.4	Präklusion von Versagungsgründen		298
	11.8.5	Weitere Staatsverträge		300
	11.8.6	Verfahren und Entscheidung		302
11.9	Vorläufige Vollstreckung			303
11.10	Materielle Einwendungen im Vollstreckungsverfahren			304

12 Besondere Verfahrensarten 307
- 12.1 Schiedsgutachten 307
  - 12.1.1 Abgrenzung zum Schiedsverfahren 307
  - 12.1.2 Anwendbare Rechtsvorschriften 309
  - 12.1.3 Typische Anwendungsfälle 310
  - 12.1.4 Adjudikation in Bausachen 312
- 12.2 Schiedsklauseln in Testamenten 314
- 12.3 Schiedsklauseln im Gesellschaftsrecht 316
- 12.4 Vereinsschiedsgerichte 317
- 12.5 Schiedsgerichte politischer Parteien 319
- 12.6 Schiedsverfahren im Arbeitsrecht 320
- 12.7 Sportschiedsgerichtsbarkeit 322
- 12.8 Schiedsverfahren im internationalen Investitionsschutzrecht... 324
  - 12.8.1 Grundzüge des Investitionsschutzrechts 325
    - 12.8.1.1 Staatsverträge 325
    - 12.8.1.2 Materielles Recht 326
    - 12.8.1.3 Verfahrensrecht 327
    - 12.8.1.4 Investitionsschutzverträge zwischen EU-Staaten 329
    - 12.8.1.5 Investitionsverträge 332
  - 12.8.2 Schiedsinstitutionen 332
  - 12.8.3 Besonderheiten des Verfahrens 334
    - 12.8.3.1 Schiedsvereinbarung 334
    - 12.8.3.2 Bestellung des Schiedsgerichts 335
    - 12.8.3.3 Verfahrensablauf 336
  - 12.8.4 Aufhebung von Schiedssprüchen 336
  - 12.8.5 Besonderheiten der Vollstreckung 338
    - 12.8.5.1 Rechtlicher Rahmen 339
    - 12.8.5.2 Staatenimmunität 340

Stichwortverzeichnis 345

Abkürzungsverzeichnis

a.A.	andere Ansicht
a.E.	am Ende
a.F.	alte Fassung
AAA	American Arbitration Association
ABl.	Amtsblatt
abl.	ablehnend
Abs.	Absatz
Abschn.	Abschnitt
ADR	alternative dispute resolution
AEUV	Vertrag über die Arbeitsweise der Europäischen Union
aff'd	affirmed
AG	Aktiengesellschaft; Amtsgericht
AGB	Allgemeine Geschäftsbedingungen
AGBG	Gesetz zur Regelung des Rechts der Allgemeinen Geschäftsbedingungen
AHK	Auslandshandelskammer
AktG	Aktiengesetz
Alt.	Alternative
Anh.	Anhang
Anm.	Anmerkung
AnwBl	Anwaltsblatt
Arb. Int'l	Arbitration International
ArbAut	Austrian Arbitration Association
ArbGG	Arbeitsgerichtsgesetz
ARGE	Arbeitsgemeinschaft
Art.	Artikel
ASA	Association Suisse de l'Arbitrage
ASA Bull.	ASA Bulletin
Aufl.	Auflage
ausf.	ausführlich
Ausg.	Ausgabe

BAG	Bundesarbeitsgericht
BayObLG	Bayerisches Oberstes Landesgericht
BB	Betriebs-Berater
BB Beil.	Betriebs-Berater Beilage
Bd.	Band
BeckOGK	Beck'scher Online-Großkommentar
BeckOK	Beck'scher Online-Kommentar
BeckRS	beck-online Rechtsprechung
BG	Bundesgericht
BGB	Bürgerliches Gesetzbuch
BGBl.	Bundesgesetzblatt
BGH	Bundesgerichtshof
BGHZ	Amtliche Sammlung der Entscheidungen des Bundesgerichtshofs in Zivilsachen
BIT	bilateral investment treaty
Bsp.	Beispiel
BT-Drs.	Bundestagsdrucksache
BVerfG	Bundesverfassungsgericht
bzgl.	bezüglich
bzw.	beziehungsweise
CAFTA	Central America Free Trade Agreement
CAS	Court of Arbitration for Sport
CEAC	Chinese European Arbitration Centre
CETA	Comprehensive Economic and Trade Agreement
CHF	Schweizer Franken
CIETAC	China International Economic and Trade Arbitration Commission
CISG	Convention on Contracts for the International Sale of Goods
D.	Digesten Justinians
DAAB	Dispute Avoidance/Adjudication Board
DAV	Deutscher Anwaltverein
DB	Der Betrieb
DCFR	Draft Common Frame of Reference
ders.	derselbe
DIS	Deutsche Institution für Schiedsgerichtsbarkeit
DIS-ERGeS	DIS-Ergänzende Regeln für gesellschaftsrechtliche Streitigkeiten
DIS-Mat.	DIS-Materialien
DIS-SchO	DIS-Schiedsgerichtsordnung
DIS-Sport SchO	DIS-Sportschiedsgerichtsordnung
DNotZ	Deutsche Notar-Zeitschrift
DR-CAFTA	Dominican Republic-Central America Free Trade Agreement
DRiZ	Deutsche Richterzeitung
DStR	Deutsches Steuerrecht

DZWiR	Deutsche Zeitschrift für Wirtschafts- und Insolvenzrecht
e.V.	eingetragener Verein
ECT	Energy Charter Treaty
EGBGB	Einführungsgesetz zum Bürgerlichen Gesetzbuch
EGMR	Europäischer Gerichtshof für Menschenrechte
Engl.	Englisch
EU	Europäische Union
EuGH	Europäischer Gerichtshof
EuGVVO	Verordnung (EU) 1215/2012 über die gerichtliche Zuständigkeit und die Anerkennung und Vollstreckung von Entscheidungen in Zivil- und Handelssachen
EuÜ	Europäisches Übereinkommen über die internationale Handelsschiedsgerichtsbarkeit
EuZW	Europäische Zeitschrift für Wirtschaftsrecht
f.; ff.	folgende/r/s; folgende
FamFG	Gesetz über das Verfahren in Familiensachen und in den Angelegenheiten der freiwilligen Gerichtsbarkeit
FamRZ	Zeitschrift für das gesamte Familienrecht
FET	fair and equitable treatment
FIDIC	Fédération Internationale des Ingénieurs Conseils
Fn.	Fußnote
Frz.	Französisch
G.M.A.A.	German Maritime Arbitration Association
GbR	Gesellschaft bürgerlichen Rechts
gem.	gemäß
GG	Grundgesetz
GKG	Gerichtskostengesetz
GmbH	Gesellschaft mit beschränkter Haftung
GmbHG	Gesetz betreffend die Gesellschaften mit beschränkter Haftung
GVG	Gerichtsverfassungsgesetz
GWB	Gesetz gegen Wettbewerbsbeschränkungen
GWR	Gesellschafts- und Wirtschaftsrecht
GZVJu	Gerichtliche Zuständigkeitsverordnung Justiz
HGB	Handelsgesetzbuch
HKIAC	Hong Kong International Arbitration Centre
Hrsg.	Herausgeber
i.E.	im Ergebnis
i.V.m.	in Verbindung mit
IBA	International Bar Association
ICC	International Chamber of Commerce
ICC Bull.	ICC Dispute Resolution Bulletin
ICC-SchO	ICC-Schiedsgerichtsordnung
ICCA	International Council for Commercial Arbitration
ICDR	International Centre for Dispute Resolution

ICS	investment court system
ICSID	International Centre for Settlement of Investment Disputes
IHK	Industrie- und Handelskammer
IHR	Internationales Handelsrecht
insbes.	insbesondere
InsO	Insolvenzordnung
IPRax	Praxis des Internationalen Privat- und Verfahrensrechts
ISDS	investor-state dispute settlement
ISTAC	Istanbul Arbitration Centre
Ital.	Italienisch
ITOTAM	İstanbul Ticaret Odası Tahkim ve Arabuluculuk Merkezi
IWRZ	Zeitschrift für Internationales Wirtschaftsrecht
J. Int. Arb.	Journal of International Arbitration
JA	Juristische Arbeitsblätter
Jura	Juristische Ausbildung
JuS	Juristische Schulung
JW	Juristische Wochenschrift
JZ	JuristenZeitung
Kap.	Kapitel
KG	Kammergericht; Kommanditgesellschaft
KTS	Zeitschrift für Insolvenzrecht Konkurs Treuhand Sanierung
LCIA	London Court of International Arbitration
LCIA-SchO	LICA-Schiedsgerichtsordnung
LG	Landgericht
lit.	littera
Lit.	Literatur
LMK	Kommentierte BGH-Rechtsprechung Lindenmaier Möhring
m. Anm.	mit Anmerkung
m. krit. Anm.	mit kritischer Anmerkung
m. E.	meines Erachtens
m.w.N.	mit weiteren Nachweisen
Mio.	Million
MüKo	Münchener Kommentar
n.F.	neue Fassung
NADA	Nationale Anti-Doping Agentur
NADC	Nationaler Anti-Doping Code
NAFTA	North American Free Trade Agreement
NDA	non-disclosure agreement
NJOZ	Neue Juristische Online-Zeitschrift
NJW	Neue Juristische Wochenschrift
NJW-RR	Neue Juristische Wochenschrift – Rechtsprechungs-Report
No.	Number
Nr.	Nummer
NVwZ-RR	Neue Zeitschrift für Verwaltungsrecht – Rechtsprechungs-Report

NZA	Neue Zeitschrift für Arbeits- und Sozialrecht
NZA-RR	Neue Zeitschrift für Arbeits- und Sozialrecht – Rechtsprechungs-Report
NZG	Neue Zeitschrift für Gesellschaftsrecht
o. ä.	oder ähnliches
OHG	Offene Handelsgesellschaft
OLG	Oberlandesgericht
p.	page
PCA	Permanent Court of Arbitration
PECL	Principles of European Contract Law
PO	Procedural Order
RabelsZ	Rabels Zeitschrift für ausländisches und internationales Privatrecht
Rev. Arb.	Revue de l'arbitrage
RG	Reichsgericht
RGZ	Entscheidungen des Reichsgerichts in Zivilsachen
EWG	Europäische Wirtschaftsgemeinschaft
RIW	Recht der Internationalen Wirtschaft
Rn.	Randnummer(n)
Rom I-VO	Verordnung (EG) 593/2008 über das auf vertragliche Schuldverhältnisse anzuwendende Recht
Rspr.	Rechtsprechung
Rum.	Rumänisch
RVG	Rechtsanwaltsvergütungsgesetz
S.	Satz; Seite
s.	siehe
s.a.	siehe auch
SCAI	Swiss Chambers' Arbitration Institution
SCC	Stockholm Chamber of Commerce
SCC-SchO	SCC-Schiedsgerichtsordnung
SchiedsVZ	Zeitschrift für Schiedsverfahren
SchO	Schiedsgerichtsordnung
Sec.	section
SIAC	Singapore International Arbitration Centre
SOBau	Schlichtungs- und Schiedsordnung für Baustreitigkeiten der Arbeitsgemeinschaft für Bau- und Immobilienrecht im DeutschenAnwaltVerein
sog.	sogenannte/r/s
Span.	Spanisch
StGB	Strafgesetzbuch
TTIP	Transatlantic Trade and Investment Partnership
u. a.	und andere; unter anderem
UmwG	Umwandlungsgesetz
UN	United Nations

UNCITRAL	United Nations Commission on International Trade Law
UNÜ	New Yorker UN-Übereinkommen über die Anerkennung und Vollstreckung ausländischer Schiedssprüche
UPICC	UNIDROIT Principles of International Commercial Contracts
USA	United States of America
USMCA	United States-Mexico-Canada Agreement
USt.	Umsatzsteuer
usw.	und so weiter
v.	von; vom
v.Chr.	vor Christus
v. a.	vor allem
Var.	Variante
vgl.	vergleiche
VIAC	Vienna International Arbitral Centre
VO	Verordnung
WADC	World Anti-Doping Code
WM	Wertpapier-Mitteilungen. Zeitschrift für Wirtschafts- und Bankrecht
WpHG	Wertpapierhandelsgesetz
X.	Liber Extra
Yb. Comm. Arb.	Yearbook Commercial Arbitration
z. B.	zum Beispiel
ZEuP	Zeitschrift für Europäisches Privatrecht
ZEV	Zeitschrift für Erbrecht und Vermögensnachfolge
ZfBR	Zeitschrift für deutsches und internationales Bau- und Vergaberecht
Ziff.	Ziffer(n)
ZIP	Zeitschrift für Wirtschaftsrecht
ZJS	Zeitschrift für das juristische Studium
ZPO	Zivilprozessordnung
ZUR	Zeitschrift für Umweltrecht
ZVertriebsR	Zeitschrift für Vertriebsrecht
ZVglRWiss	Zeitschrift für Vergleichende Rechtswissenschaft
zzgl.	zuzüglich
ZZP	Zeitschrift für Zivilprozess
ZZPInt	Zeitschrift für Zivilprozess International

Grundlagen

1.1 Privatautonomie

Das Privatrecht beruht auf dem Gedanken der Selbstverantwortlichkeit des Individuums. Es ermöglicht jedem Menschen, seine privaten Rechtsbeziehungen – und damit auch seine Lebens- und Arbeitsverhältnisse – frei nach seinen eigenen Vorstellungen und Wünschen einzurichten. Damit ermöglicht das Privatrecht nicht nur die Entfesselung wirtschaftlicher Produktivkräfte, sondern auch die Verwirklichung von Menschen- und Persönlichkeitsrechten.

Während diese Funktion der Privatautonomie auf dem Gebiet des materiellen Rechts allgemein anerkannt ist, hat sie auf dem Gebiet des Verfahrensrechts einen schwereren Stand. Die Durchsetzung von Rechten wird meist als eine originär staatliche Aufgabe wahrgenommen, obwohl dies nur hinsichtlich des Zwangsvollstreckungsverfahrens zutreffend ist: Die Vollstreckung von Erkenntnissen fällt im modernen Staat sicherlich unter das staatliche Gewaltmonopol. Die Gewinnung von Erkenntnissen hingegen ist noch keine Form der Gewaltausübung und kann daher genausogut in private Hände gelegt werden. Um nichts anderes handelt es sich beim Schiedsverfahren: um die private Durchführung eines Erkenntnisverfahrens.

Während die Privatautonomie im staatlichen Gerichtsverfahren nur in bestimmten Fällen anerkannt wird, etwa beim Abschluss von Gerichtsstandsvereinbarungen, handelt es sich beim Schiedsverfahren um ein vollständig in den Händen der Parteien liegendes Erkenntnisverfahren, an dem keine staatliche Stelle beteiligt ist. Nur die anschließende Vollstreckung des Erkenntnisses bleibt als originäre Staatsaufgabe der Disposition der Parteien entzogen. Das Schiedsverfahrensrecht gewährleistet damit die Privatautonomie auf verfahrensrechtlichem Gebiet.

Ohnehin ist die Unterscheidung zwischen materiellem Recht und Verfahrensrecht nicht in Stein gemeißelt, sondern auch von den jeweiligen historischen Zufällen der Rechtsentwicklung geprägt. Eine klare Trennung zwischen privaten und staatlichen Aufgaben kann daher nicht anhand dieser Kategorisierung erfolgen. Vielmehr ist staatliche Kontrolle im materiellen Recht wie im Verfahrensrecht immer nur dann erforderlich, wenn allgemein anerkannte, grundlegende Rechtsvorstellungen betroffen sind, die nicht zur Disposition der Parteien stehen dürfen. Im Übrigen muss es den Parteien aber möglich sein, auch das Verfahren selbst zu bestimmen. Dieser Aspekt der verfassungsrechtlich geschützten Privatautonomie kommt im Schiedsverfahrensrecht zum Ausdruck.

1.2 Schiedsverfahren mit Staatenbeteiligung

Neben den rein privatrechtlichen Schiedsverfahren werden häufig auch Schiedsverfahren mit Beteiligung von Staaten geführt. Dabei kommen sowohl Verfahren zwischen zwei Staaten in Betracht, etwa über Gebietsansprüche, als auch Verfahren zwischen Staaten und Privatpersonen, etwa über die Erfüllung von Verträgen.

Zwischenstaatliche Schiedsverfahren sind seit der Antike bekannt und stellen noch heutzutage ein verbreitetes Mittel der friedlichen Konfliktbeilegung dar. Die Einigung auf einen Schiedsrichter ist bei zwischenstaatlichen Streitigkeiten ein fast natürlicher Lösungsweg, da hier keine staatlichen Gerichte mit allgemeiner Entscheidungshoheit zur Verfügung stehen. Zwischenstaatliche Schiedsverfahren sind dem Gebiet des Völkerrechts zuzurechnen und daher nicht Gegenstand dieses Buchs.

Schiedsverfahren zwischen Staaten und Privatpersonen waren ursprünglich selten, haben in den letzten Jahrzehnten aber sprunghaft zugenommen, da im internationalen Investitionsschutzrecht fast sämtliche Rechtsstreitigkeiten vor Schiedsgerichten ausgetragen werden (dazu näher unten Abschn. 12.8). Aber auch in anderen Rechtsgebieten finden Schiedsverfahren zwischen Staaten und Privaten statt. So hat etwa die Bundesrepublik Deutschland gegen die Firma Toll Collect, die für den Betrieb der Autobahnmaut verantwortlich ist, in den Jahren 2005 bis 2018 ein vertragsrechtliches Schiedsverfahren geführt und 9,5 Milliarden Euro Schadensersatz wegen der verspäteten Inbetriebnahme des Systems geltend gemacht.[1]

Schiedsverfahren mit Staatenbeteiligung beruhen genauso wie privatrechtliche Schiedsverfahren auf einer Vereinbarung der Schiedsparteien. Auch die Durchführung des Verfahrens ist einem privatrechtlichen Schiedsverfahren oft sehr ähnlich. Durch die öffentlichrechtlich geprägten Materien kann es jedoch auch zu deutlichen Abweichungen vom üblichen Gang eines privatrechtlichen Schiedsverfahrens kommen. Auf diese Besonderheiten wird im Rahmen dieses Buches nur punktuell eingegangen; im Übrigen beschränkt sich die folgende Darstellung auf privatrechtliche Schiedsverfahren ohne Staatenbeteiligung.

---

[1]Dazu vgl. etwa Süddeutsche Zeitung vom 28.03., 16.05. und 18.05.2018 (zugegriffen am 16.05.2019):
http://www.sueddeutsche.de/wirtschaft/maut-streit-bund-toll-collect-1.3923056
https://www.sueddeutsche.de/wirtschaft/lkw-maut-teures-experiment-1.3983264
https://www.sueddeutsche.de/wirtschaft/verfahren-um-toll-collect-ende-einer-bizarren-vorstellung-1.3983510

1.3 Was ist ein Schiedsverfahren?

Ein Schiedsverfahren ist ein privates Gerichtsverfahren. Es ist genau wie das staatliche Gerichtsverfahren darauf ausgerichtet, einen Rechtsstreit zwischen zwei oder mehreren Parteien durch eine neutrale dritte Person verbindlich zu entscheiden. Diese dritte Person wird Schiedsrichter genannt. Er erfüllt dieselbe Aufgabe wie ein staatlicher Richter, indem er ebenfalls einen Streit mit Bindungswirkung für und gegen die Parteien entscheiden kann. Während die Grundlage für die Tätigkeit des staatlichen Richters allerdings die staatliche Gewalt ist, stützt sich der Schiedsrichter nur auf die ihm von den Parteien privat verliehene Entscheidungsmacht, die in der Schiedsvereinbarung zum Ausdruck kommt (§ 1029 ZPO, dazu im Detail Kap. 3).

Die Verbindlichkeit der Entscheidung prägt die Rechtsnatur des Schiedsverfahrens. Es unterscheidet sich dadurch grundlegend von den meisten anderen alternativen Streitbeilegungsverfahren. Mit dem Begriff „Alternative Streitbeilegung" (*alternative dispute resolution*, ADR) werden alle Verfahren beschrieben, die als Alternative zu einem staatlichen Gerichtsverfahren dienen können. Darunter fallen hauptsächlich:

- Verhandlungen
- Mediation
- Schiedsgutachten
- Schiedsverfahren

Dabei handelt es sich nicht um ganz fest definierte Kategorien, vielmehr können vertraglich auch Zwischenformen und Mischformen vereinbart werden. Der wesentliche Unterschied liegt stets zwischen den konsensualen Verfahren auf der einen Seite und den verbindlichen Verfahren auf der anderen Seite. Bei rein konsensualen Verfahren besteht keine Möglichkeit, gegen den Willen einer Partei zu entscheiden. Dies wird besonders bei der einfachsten Form der alternativen Streitbeilegung deutlich, den Verhandlungen. Wenn Parteien miteinander verhandeln, um ihren Rechtsstreit zu lösen, dann ist das Verhandlungsergebnis nur dann verbindlich, wenn die Parteien es beide akzeptieren und zum Beispiel in Form eines Vergleichs festhalten (§ 779 BGB).

Ein Mediationsverfahren ist etwas förmlicher ausgestaltet. Hier wird eine dritte Person hinzugezogen, die Mediator oder Schlichter genannt wird. Dieser Dritte hat keine Entscheidungsbefugnisse, sondern die Aufgabe, zwischen den Parteien zu vermitteln, um ihnen dabei zu helfen, gemeinsam zu einer konsensualen Lösung zu gelangen. Das Mediationsverfahren wurde in den letzten Jahren gesetzlich geregelt, um seine Akzeptanz in der Rechtspraxis zu verbessern. Durch das Mediationsgesetz[2] von 2012 wurde die Bezeichnung des „zertifizierten Mediators" eingeführt. Außerdem wurden mit der Person des Güterichters auch in das Gerichtsverfahren Elemente der Mediation integriert (§ 278 Abs. 5 ZPO, § 36 Abs. 5 FamFG). Die Mediation ist im Übrigen nicht Gegenstand dieses Buches.

---

[2] BGBl. I 2012, S. 1577; dazu *Risse*, Das Mediationsgesetz – Eine Kommentierung, SchiedsVZ 2012, 244–254.

Bei einem Schiedsgutachtenverfahren wird ebenfalls eine dritte Person tätig, jedoch in der Rolle eines Entscheiders. Der Schiedsgutachter wird von den Parteien ermächtigt, einzelne Fragen meist tatsächlicher Art, die zwischen ihnen umstritten sind, verbindlich zu entscheiden. Dabei kann es sich zum Beispiel um die Berechnung einer Kaufpreisforderung handeln, um die Qualität gelieferter Waren oder um die Richtigkeit von Unternehmensbilanzen. Die Entscheidung des Schiedsgutachters kann jedoch vom staatlichen Gericht in gewissen Grenzen inhaltlich überprüft werden (§ 319 Abs. 1 BGB), was den Schiedsgutachter von einem Schiedsrichter unterscheidet (zum Schiedsgutachtenverfahren näher unten Abschn. 12.1).

Das Schiedsverfahren schließlich ist nur insofern konsensual, als dass es zu seiner Einsetzung des Einverständnisses der Parteien bedarf. Die Entscheidungsfindung durch den Schiedsrichter ist anschließend jedoch auch gegen den Willen einer Partei möglich. Die Sachentscheidung des Schiedsrichters ist für die Parteien verbindlich und kann vom staatlichen Gericht nur ausnahmsweise bei Vorliegen bestimmter schwerwiegender Fehler aufgehoben werden (§ 1059 ZPO). Daher ist das Schiedsverfahren die einzige gleichwertige Alternative zum staatlichen Gerichtsverfahren. Die anderen Instrumente der alternativen Streitbeilegung können im Einzelfall zweckmäßig sein, ersetzen jedoch das Gerichtsverfahren nicht vollständig. Sie können allenfalls mit Schieds- oder Gerichtsverfahren kombiniert werden, indem die Parteien etwa vereinbaren, dass ihr Rechtsstreit zunächst konsensual gelöst werden soll, und nur dann ein Schieds- oder Gerichtsverfahren durchgeführt werden soll, wenn die konsensuale Lösung scheitert (zu diesen mehrstufigen Streitbeilegungsvereinbarungen unten Abschn. 3.11).

1.4 Historische Entwicklung

Das Schiedsverfahren ist eine sehr alte Form der Streitbeilegung. Es gibt Vermutungen, dass Schiedsverfahren sogar älter sind als staatliche Gerichtsverfahren, da es in archaischen Gesellschaften üblich war, Rechtsstreitigkeiten durch eine Vertrauensperson, etwa den Dorfältesten, entscheiden zu lassen. Ob man hier allerdings schon von einem „Schiedsverfahren" sprechen möchte und ob die historische Entwicklung tatsächlich ausgehend vom Schiedsverfahren hin zum staatlichen Gerichtsverfahren verlaufen ist, lässt sich mangels präziser Zeugnisse aus diesen Zeiten kaum klären.

Sicher ist jedenfalls, dass das Schiedsverfahren in allen Rechtsordnungen der Antike eine wichtige Rolle gespielt hat. Beispielsweise ist durch die Reden des Demosthenes gut dokumentiert, für welch vielfältige Bereiche das Schiedsverfahren im 4. Jahrhundert v.Chr. in Athen genutzt wurde: für erbrechtliche Streitigkeiten, Streitigkeiten aus Handels- und Schifffahrtsverträgen, Grundstücksstreitigkeiten und sogar strafrechtliche Verfahren.[3]

---

[3]Vgl. im Einzelnen *Roebuck*, Ancient Greek Arbitration, 2001, S. 210–246.

Die Begriffe und dogmatischen Strukturen unseres heutigen Schiedsverfahrensrechts stammen allerdings zum größten Teil erst aus dem römischen Recht der Antike und des Mittelalters. Im antiken römischen Recht wurden Schiedsverfahren häufig für Streitigkeiten um Grundstücksgrenzen verwendet, aber auch für vertrags- und gesellschaftsrechtliche Verfahren, Ehesachen, Eigentumsfragen und Erbstreitigkeiten. Der Schiedsrichter hieß hier *arbiter*, was in den modernen romanischen Sprachen fortwirkt (Frz. *arbitre*, Ital. *arbitro*, Span. *árbitro*, Rum. *arbitru*). Das Schiedsverfahren war im römischen Recht mehr ein materiellrechtliches als ein verfahrensrechtliches Institut. Der Entscheidung des Schiedsrichters wohnte nämlich noch keine eigenständige prozessuale Bindungswirkung inne (vgl. dagegen heute § 1055 ZPO). Daher vereinbarten die Parteien in der Schiedsvereinbarung zusätzlich Vertragsstrafen für den Fall, dass der Schiedsspruch nicht befolgt wurde. Wählte man diese Vertragsstrafe ausreichend hoch, stellte dies einen ausreichenden Anreiz dar, sich an den Schiedsspruch zu halten. Bei Nichtbefolgung des Schiedsspruchs konnte die Vertragsstrafe im ordentlichen Gerichtsverfahren eingeklagt werden, sodass Schiedssprüche mittelbar erzwingbar gemacht wurden.[4]

Erst im Zuge der Rezeption des römischen Rechts im Mittelalter wurde das Schiedsverfahrensrecht ab dem 12. Jahrhundert in das Zivilverfahrensrecht integriert. Die Juristen dieser Zeit entwickelten zum ersten Mal in der europäischen Geschichte Systeme des Verfahrensrechts. In diesen Systemen nahm das Schiedsverfahren – ähnlich wie heutzutage im 10. Buch der ZPO – eine Sonderrolle als private Form des Gerichtsverfahrens ein. Aus dieser Zeit stammt auch der heute noch im Englischen gebräuchliche lateinische Begriff *arbitrator*. Die praktische Bedeutung des Schiedsverfahrens war im Mittelalter wohl noch größer als in der Antike. Zahllose Urkunden aus den oberitalienischen Städten, später aber auch aus dem deutschsprachigen Raum, belegen eindrucksvoll, wie verbreitet Schiedsverfahren über handelsrechtliche, gesellschaftsrechtliche oder grundstücksrechtliche Streitigkeiten waren. Dabei hatte auch das kirchliche (kanonische) Recht einen nicht unerheblichen Anteil an der dogmatischen Ausbildung des Schiedsverfahrensrechts und der praktischen Entwicklung der Schiedsgerichtsbarkeit.

Als im 18. und 19. Jahrhundert die modernen Kodifikationen des Verfahrensrechts entstanden, konnte auf den Vorarbeiten des Mittelalters und der Neuzeit aufgebaut werden. In den europäischen Ländern wurden Gesetzbücher geschaffen, die dem Schiedsverfahren in der einen oder anderen Form einen Platz im Verfahrensrecht einräumten. Da die nationalstaatliche Bewegung zu dieser Zeit allerdings von einem grundsätzlichen Vorrang des staatlichen Gerichtsverfahrens vor dem privaten Schiedsgerichtsverfahren ausging, gab es auch vereinzelte Forderungen, das Schiedsverfahren gänzlich abzuschaffen: Durch die Errichtung von nationalen, einheitlichen Gerichtssystemen habe man das Bedürfnis nach geordneter Streitbeilegung erfüllt,

---

[4]Vgl. für einen kurzen Überblick *Humbert*, Arbitrage et jugement à Rome, 28 Droit et culture (1994), S. 47–63; ausführlich *Ziegler*, Das private Schiedsgericht im antiken römischen Recht, 1971.

sodass es keine Notwendigkeit mehr für private Schiedsgerichtsverfahren gebe.[5] Die Argumentation dieser Jahre ist der seit 2013 geführten Debatte um die Abschaffung von Investitionsschiedsgerichten nicht unähnlich.

Als Ergebnis der Kodifikationsbewegung wurde das Schiedsverfahrensrecht in jeweils sehr unterschiedlicher Form in die staatlichen Verfahrensrechte übernommen. In der ersten Hälfte des 20. Jahrhunderts waren die Unterschiede noch beträchtlich. Nach dem Zweiten Weltkrieg setzte jedoch im Zuge der Ausweitung internationaler Handelsbeziehungen eine immer stärker werdende Tendenz zur Harmonisierung des Schiedsverfahrensrechts ein. Ausgangs- und Angelpunkt für diese Entwicklung war das New Yorker UN-Übereinkommen von 1958 (dazu näher unten Abschn. 2.1). Mit diesem Abkommen wurde die Zersplitterung des Schiedsverfahrensrechts in die verschiedenen nationalstaatlichen Regelungen abgemildert, indem einige einheitliche Grundannahmen und Prinzipien formuliert wurden, die seitdem die Axiome der internationalen Schiedsgerichtsbarkeit bilden. In den folgenden Jahrzehnten passten die meisten Staaten ihre nationalen Rechtsvorschriften nach und nach einem internationalen Konsens an, sodass heute wieder – nach einer mühsamen Entwicklung – ein Stadium der internationalen Schiedsgerichtsbarkeit erreicht ist, das auf weltweit ähnlichen Vorstellungen von den Aufgaben der Schiedsgerichtsbarkeit beruht. Juristen aus aller Herren Länder können sich heutzutage auf der Basis eines gemeinsamen Grundverständnisses über die Schiedsgerichtsbarkeit (Engl. *arbitration*) austauschen. Die Bedeutung einer solchen Möglichkeit, Streitigkeiten in einer international konsentierten, geordneten Form beizulegen, kann angesichts allgegenwärtiger internationaler Spannungen und Konflikte nicht hoch genug eingeschätzt werden.

1.5 Vor- und Nachteile von Schiedsverfahren

Indem das Schiedsverfahren seinen Platz im Kreis der verschiedenen Optionen zur Streitbeilegung einnimmt, besteht ein natürliches Konkurrenzverhältnis zur staatlichen Gerichtsbarkeit. Unternehmen, die Verträge miteinander schließen, können frei entscheiden, ob sie darin Schiedsklauseln oder Gerichtsstandsvereinbarungen aufnehmen. Wenn sie sich dabei von spezialisierten Anwälten beraten lassen, so werden diese anhand der nun im Folgenden zu erörternden Kriterien abwägen, ob ein Schiedsverfahren oder ein Gerichtsverfahren den Bedürfnissen der Parteien besser entspricht. Diese Konkurrenzsituation zwischen Schiedsgerichten und staatlichen Gerichten ist vom Gesetzgeber durchaus akzeptiert worden. Bei der Reform des deutschen Schiedsverfahrensrechts im Jahr 1998 wurde ausdrücklich festgestellt, dass Schiedsgerichte einen dem gerichtlichen Verfahren gleichwertigen Rechtsschutz bieten.[6] Und im Sinne der Förderung des internationalen Handels ist gleicher-

---

[5]Vgl. etwa *von Gönner*, Entwurf eines Gesetzbuchs über das gerichtliche Verfahren in bürgerlichen Rechtssachen, 1815, Bd. 2, S. 140.
[6]BT-Drs. 13/5274, S. 34.

maßen konsentiert, dass sich den Unternehmen im verfahrensrechtlichen Bereich ein Spielraum für Vereinbarungen bieten sollte, der ihnen im materiellrechtlichen Bereich ohnehin zusteht, und der tendenziell dazu führt, dass sich die effizientesten Lösungen durchsetzen. Vor diesem Hintergrund führt die Konkurrenz von Gerichten und Schiedsgerichten gegenwärtig eher zur wechselseitigen Anregung und zur Bereitschaft, jeweils voneinander zu lernen.

1.5.1 Vertraulichkeit

Ein besonderes Merkmal, das sich aus der Natur des Schiedsverfahrens als privates Verfahren ergibt, ist seine Nichtöffentlichkeit. Anders als im staatlichen Gerichtsverfahren, wo der Grundsatz der Öffentlichkeit gilt (§ 169 GVG), muss ein Schiedsverfahren nicht für die Allgemeinheit zugänglich sein. Damit ist zwar nicht gesagt, dass es notwendigerweise vertraulich ist. Eine Vorschrift, wonach ein Schiedsverfahren stets unter Ausschluss der Öffentlichkeit stattfinden müsse, findet sich im deutschen Schiedsverfahrensrecht nicht. Allerdings treffen die Parteien eines Schiedsverfahrens in der Regel Vereinbarungen zur Vertraulichkeit, die im Schiedsverfahren – anders als im staatlichen Verfahren – ohne Weiteres zulässig und verbindlich sind.[7]

1.5.1.1 Im Handelsschiedsverfahren

Die Gründe für die Vereinbarung von Vertraulichkeit sind vielfältiger Art: Wenn es sich bei den Parteien des Rechtsstreits etwa um Unternehmen handelt, die seit vielen Jahren in Geschäftsbeziehungen zueinander stehen und auch in Zukunft weiterhin Geschäfte miteinander tätigen möchten, so kann es von Vorteil sein, Kontroversen nicht in einem öffentlichen Verfahren, sondern „unter sich" auszutragen. Ohne das Interesse der Öffentlichkeit, der Presse und vor allem der konkurrierenden Unternehmen kann es einfacher sein, sich gesichtswahrend zu vergleichen und die untereinander bestehenden Geschäftsbeziehungen zum beiderseitigen Nutzen fortzusetzen. Insbesondere aber zeigen sich die Vorteile der Vertraulichkeit in Verfahren, die Geschäftsgeheimnisse betreffen, wie zum Beispiel die Höhe von Einkaufs- und Verkaufspreisen oder die Inhalte gewerblicher Schutzrechte. Hier kann es für die Parteien von großem Interesse sein, ein vertrauliches Verfahren ohne Beteiligung der Öffentlichkeit durchzuführen.

Da es somit in den allermeisten Fällen den Parteiinteressen entspricht, Schiedsverfahren vertraulich durchzuführen, enthalten auch die Verfahrensordnungen der Schiedsgerichtsinstitutionen häufig dementsprechende Klauseln. Durch die Einigung auf eine solche Verfahrensordnung (zu Verfahrensordnungen näher unten Abschn. 2.6) finden diese Vertraulichkeitsklauseln dann auch zwischen den Parteien

---

[7]Vgl. MüKo-ZPO/*Münch*, 5. Aufl. 2017, Vor § 1025 Rn. 95 f.; *Hamann/Lennarz*, Schiedsverfahren oder staatliche Gerichtsverfahren – Was ist besser? JA 2012, 801 (807).

Anwendung. Als Beispiel für eine solche typische Vertraulichkeitsvereinbarung soll hier die Regelung der DIS-Schiedsgerichtsordnung dienen:

Art. 44 DIS-SchO
(1) Sofern die Parteien nichts anderes vereinbart haben, haben die Parteien und ihre Verfahrensbevollmächtigten, die Schiedsrichter, die Mitarbeiter der DIS und sonstige bei der DIS mit dem Schiedsverfahren befasste Personen über das Schiedsverfahren Stillschweigen gegenüber jedermann zu bewahren. Insbesondere dürfen die Existenz des Verfahrens, Namen von Parteien, Streitgegenstände, Namen von Zeugen und Sachverständigen, prozessleitende Verfügungen oder Schiedssprüche sowie Beweismittel, die nicht öffentlich zugänglich sind, nicht offengelegt werden.
(2) Dies gilt insoweit nicht, als eine Offenlegung aufgrund gesetzlicher oder behördlicher Pflichten oder zur Vollstreckung oder Aufhebung des Schiedsspruchs notwendig ist.
(3) Die DIS kann statistische und sonstige allgemeine Informationen über Schiedsverfahren veröffentlichen, sofern diese Informationen die Parteien nicht nennen und auch darüber hinaus keinen Rückschluss auf bestimmte Schiedsverfahren zulassen. Schiedssprüche darf die DIS nur mit schriftlicher Einwilligung der Parteien veröffentlichen.

Wie aus dem ersten Absatz ersichtlich ist, umfasst die Vertraulichkeit im DIS-Verfahren nicht nur die Verpflichtung, die jeweiligen Streitpunkte, um die es im Verfahren geht, geheim zu halten, sondern auch die Existenz des Verfahrens als solches. Dritte sollen nicht erfahren, dass zwischen den Parteien überhaupt ein Rechtsstreit geführt wird. Umso weniger sollen natürlich die genauen Inhalte des Verfahrens, die von den Parteien erhobenen wechselseitigen Behauptungen und die dafür vorgebrachten Beweismittel bekannt werden.

An Stelle einer solchen Musterklausel können die Parteien auch individualvertraglich eigene Vertraulichkeitsvereinbarungen treffen (sog. *non-disclosure agreements*, NDA). In Schiedsverfahren, bei denen keine Schiedsgerichtsinstitution beteiligt ist (sog. ad hoc-Verfahren), ist dies sogar notwendig, wenn Vertraulichkeit hergestellt werden soll.[8] Individuell vereinbarte Vertraulichkeitsklauseln haben meist einen ähnlichen Umfang wie die hier abgedruckte Standardklausel. Bei einer Verletzung der Vertraulichkeit stehen der verletzten Partei sowohl Unterlassungs- als auch Schadensersatzansprüche zu. Häufig werden auch Vertragsstrafen vereinbart, da ein konkreter Schaden oft schwer zu beweisen ist.

Informationen zu Schiedsverfahren werden von der DIS selbst nur als anonyme Statistiken veröffentlicht (vgl. Art. 44 Abs. 3 S. 1 DIS-SchO).[9] Dadurch sind etwa die Anzahl der bei der DIS geführten Verfahren und die Herkunft der Parteien nach

---

[8] *Lachmann*, Handbuch für die Schiedsgerichtspraxis, 3. Aufl. 2008, Rn. 146 f.
[9] Statistiken verfügbar unter www.disarb.org (zugegriffen am 16.05.2019).

Ländern bekannt, nicht aber die Namen der Parteien oder andere Informationen über die jeweiligen Verfahren.

Wie aus Art. 44 Abs. 3 S. 2 DIS-SchO ersichtlich ist, veröffentlicht die DIS Schiedssprüche nur dann, wenn beide Parteien zustimmen. Ähnlich ist die Praxis bei den meisten anderen administrierten Verfahren und auch im ad hoc-Verfahren (zur Unterscheidung der Verfahrensarten näher unten Abschn. 1.7). Auch bei individuellen Vertraulichkeitsvereinbarungen ist die Veröffentlichung von Schiedssprüchen typischerweise nicht gestattet. An dieser Stelle zeigt sich, dass die Vertraulichkeit des Schiedsverfahrens, die für die Parteien einen Vorteil darstellt, für die Allgemeinheit Nachteile mit sich bringt. Die Veröffentlichung von Entscheidungen, die im staatlichen Verfahren die Regel ist, sorgt nämlich dafür, dass die juristische Öffentlichkeit laufend über die Spruchpraxis der Gerichte informiert wird, dass die Entscheidungen rechtswissenschaftlich kommentiert und analysiert werden und dass das Recht auf diese Weise kontinuierlich fortgebildet und an neue Gegebenheiten angepasst wird. Auch wenn Richterrecht im deutschsprachigen Raum formal nicht als Rechtsquelle anerkannt ist, so hat es de facto gleichwohl eine ähnliche Funktion. Durch Schiedsverfahren kann jedoch kaum Richterrecht entstehen, da Schiedssprüche nur in seltenen Fällen veröffentlicht werden. Daraus ergeben sich insbesondere für die Materien Probleme, bei denen Streitigkeiten hauptsächlich durch Schiedsgerichte entschieden werden, etwa bei Anlagenbauverträgen und Unternehmenskaufverträgen. Diese Problematik wurde schon früh erkannt und bewog etwa den International Council for Commercial Arbitration dazu, seit 1976 mit der Zeitschrift „Yearbook Commercial Arbitration" ein Forum für die Veröffentlichung von Schiedssprüchen zu schaffen. Auch in anderen Fachzeitschriften werden von Zeit zu Zeit Schiedssprüche veröffentlicht. Die Anzahl veröffentlichter Schiedssprüche ist gleichwohl gering und die Auswahl nicht immer repräsentativ, sodass die Grundproblematik bestehen bleibt.[10]

Die Nachteile für die Rechtsfortbildung, welche durch die Vertraulichkeit der Schiedssprüche entstehen, werden vom Gesetzgeber hingenommen. Es gibt keine Pflicht zur Veröffentlichung von Schiedssprüchen, auch nicht in anonymisierter Form.

Eine gewisse Einschränkung erfährt die Vertraulichkeit im Schiedsverfahren allerdings durch die sich in vielen Fällen anschließenden gerichtlichen Verfahren zur Aufhebung und Vollstreckung von Schiedssprüchen (dazu unten Kap. 11). In diesen Verfahren entscheiden die staatlichen Gerichte – in Deutschland die Oberlandesgerichte und der Bundesgerichtshof – über die zuvor ergangenen Schiedssprüche, sodass der Inhalt der Schiedssprüche und viele Verfahrensdetails öffentlich bekannt werden. Eine während des Schiedsverfahrens noch bestehende Vertraulichkeit endet daher mit diesen Gerichtsverfahren, die allerdings nur dann erforderlich werden, wenn die Parteien den Schiedsspruch nicht freiwillig erfüllen.

---

[10]Vgl. insgesamt *Duve/Keller*, Privatisierung der Justiz – bleibt die Rechtsfortbildung auf der Strecke? SchiedsVZ 2005, 169–178; *Schack*, Internationales Zivilverfahrensrecht, 7. Aufl. 2017, Rn. 1282.

1.5.1.2 Bei Staatenbeteiligung

Die Vertraulichkeit von Schiedsverfahren bringt es mit sich, dass die Öffentlichkeit weder etwas über den Inhalt von Schiedsverfahren erfährt, noch darüber, dass überhaupt ein Verfahren zwischen bestimmten Parteien geführt wird. Für die üblichen Schiedsverfahren im Bereich des Handelsrechts ist diese Situation weitgehend unproblematisch, denn abgesehen von den Nachteilen bei der Rechtsfortbildung gibt es hier kaum Informationsinteressen der Öffentlichkeit. Schiedsverfahren zwischen Wirtschaftsunternehmen betreffen meist nur die Interessen der daran beteiligten Parteien. Ganz anders verhält es sich jedoch bei Schiedsverfahren, an denen Staaten beteiligt sind. Hier kommt eine vollständige Geheimhaltung schon aus demokratischen Gründen nicht in Betracht. Vielmehr besteht ein evidentes Informationsinteresse der Öffentlichkeit, da die Ergebnisse der Schiedsverfahren den Staat und damit die Allgemeinheit belasten oder begünstigen. Genauso wie demokratische Staaten über ihre sonstigen Handlungen Rechenschaft ablegen müssen, haben sie daher auch über die von ihnen geführten Schiedsverfahren zu informieren.

Vor diesem Hintergrund ist etwa die oft geäußerte Empörung über mangelnde Informationen aus dem Toll Collect-Verfahren verständlich.[11] Allerdings liegt dies nicht an einem Mangel des Schiedsverfahrensrechts als solchem, sondern schlicht daran, dass die Verfahrensbeteiligten Vertraulichkeit vereinbart haben. Insofern stehen daher politische Lösungen ohne Weiteres zur Verfügung: Alle staatlichen Stellen, die Schiedsvereinbarungen abschließen, sollten keine oder nur eingeschränkte Vertraulichkeitsvereinbarungen treffen, wonach zum Beispiel zumindest das Parlament über den Fortgang des Verfahrens zu informieren ist.

Dass Schiedsverfahren mit Staatenbeteiligung öffentlich und transparent durchgeführt werden können, zeigen gerade die – insoweit teils zu Unrecht gescholtenen – Investitionsschutzverfahren:[12] Nach vielen Verfahrensordnungen, etwa den nordamerikanischen NAFTA- und CAFTA-Verfahren, werden die Verhandlungen grundsätzlich öffentlich durchgeführt.[13] In ICSID-Verfahren gibt es ein im Internet einsehbares Verfahrensregister, aus dem oft nicht nur die Namen der Beteiligten und der Streitgegenstand ersichtlich sind, sondern darüber hinaus teilweise auch die Schiedssprüche und andere wesentliche Dokumente abgerufen werden können, wie etwa die Schriftsätze mit dem kompletten Parteivortrag.[14] Letzteres erfordert allerdings in der Regel die Zustimmung der Parteien. Diese Verfahren sind damit gleichwohl öffentlicher als etwa deutsche Gerichtsverfahren, bei denen die Öffentlichkeit mit Ausnahme der Namen der Verfahrensbeteiligten und der Inhalte der

---

[11]Vgl. oben Abschn. 1.2.
[12]Zu Investitionsschutzverfahren im Übrigen siehe unten Abschn. 12.8.
[13]Dazu *Böckstiegel*, Aktuelle Probleme der Investitions-Schiedsgerichtsbarkeit aus der Sicht eines Schiedsrichters, SchiedsVZ 2012, 113 (118); *Born*, International Commercial Arbitration, 2. Aufl. 2014, S. 2824 f.
[14]Vgl. https://icsid.worldbank.org/ unter „Cases" (zugegriffen am 16.05.2019); dazu etwa *Buntenbroich/Kaul*, Transparenz in Investitionsschiedsverfahren – Der Fall Vattenfall und die UNCITRAL-Transparenzregeln, SchiedsVZ 2014, 1 (3 f.).

mündlichen Verhandlung wenig Detailliertes aus der Verfahrensakte erfährt (vgl. § 299 Abs. 2 ZPO).

Seit 2014 existiert mit den „UNCITRAL Rules on Transparency in Treaty-based Investor-State Arbitration" ein Regelwerk, das eine umfassende Veröffentlichung der Verfahrensinhalte von Investitionsschutzverfahren vorsieht.[15] Schon mit Beginn des Schiedsverfahrens wird danach die Öffentlichkeit über das Verfahren als solches informiert (Art. 2). Im Verlaufe des Verfahrens werden dann die Schriftsätze der Parteien, die Verfügungen des Schiedsgerichts, die Abschriften der mündlichen Verhandlung und schließlich auch der Schiedsspruch veröffentlicht (Art. 3). Auch die mündliche Verhandlung selbst ist grundsätzlich öffentlich (Art. 6). Nur im Einzelfall dürfen auf Beschluss des Schiedsgerichts Teile des Verfahrens vertraulich bleiben, wenn legitime Geheimhaltungsinteressen bestehen (Art. 7). Die UNCITRAL Transparency Rules gelten zwar zunächst nur für Schiedsverfahren nach den UNCITRAL Arbitration Rules, die aufgrund neuerer Staatsverträge, die ab April 2014 abgeschlossen wurden, eingeleitet werden (Art. 1). Jedoch wird ihr Anwendungsbereich sukzessive durch die sogenannte Mauritius-Konvention auch auf ältere Staatsverträge erweitert.[16]

Aber auch außerhalb ihres rechtlichen Anwendungsbereichs haben die UNCITRAL Transparenzregeln eine nicht zu unterschätzende Ausstrahlungswirkung. Im Umfassenden Wirtschafts- und Handelsabkommen zwischen der EU und Kanada (CETA) haben die Vertragsparteien beispielsweise ebenfalls die Geltung der UNCITRAL Transparenzregeln mit bestimmten Modifikationen und Erweiterungen vereinbart (Art. 8.36 CETA). Damit gelten die UNCITRAL Transparenzregeln auch in den CETA-Schiedsverfahren, die nicht nach den UNCITRAL Arbitration Rules (Art. 8.23 Abs. 1 lit. c CETA), sondern nach dem ICSID-Abkommen durchgeführt werden (Art. 8.23 Abs. 2 lit. a, b CETA).[17]

1.5.1.3 Fazit

Insgesamt lässt sich feststellen, dass die Vertraulichkeit von Schiedsverfahren sowohl Chancen als auch Risiken mit sich bringt. Während sie in rein privaten Verfahren keinen größeren Bedenken begegnet, ist sie in Verfahren mit Staatenbeteiligung sehr problematisch. Die Frage der Vertraulichkeit muss damit nach Möglichkeit schon bei Vereinbarung eines Schiedsverfahrens bedacht und den jeweiligen Besonderheiten des Einzelfalles angepasst werden. Generelle Einwände gegen Schiedsverfahren lassen sich daraus jedoch nicht ableiten, da die Vertraulichkeit kein notwendiges Element eines Schiedsverfahrens darstellt.

---

[15]Verfügbar unter www.uncitral.org (zugegriffen am 16.05.2019); dazu *Buntenbroich/Kaul*, Transparenz in Investitionsschiedsverfahren – Der Fall Vattenfall und die UNCITRAL-Transparenzregeln, SchiedsVZ 2014, 1 (7 f.).

[16]United Nations Convention on Transparency in Treaty-Based Investor-State Arbitration, in Kraft seit dem 18.10.2017, verfügbar unter https://treaties.un.org/pages/ViewDetails.aspx?src=TREATY&mtdsg_no=XXII-3&chapter=22&lang=en (zugegriffen am 16.05.2019).

[17]Vorläufige Fassung des CETA verfügbar unter http://trade.ec.europa.eu/doclib/docs/2014/september/tradoc_152806.pdf (zugegriffen am 16.05.2019).

1.5.2 Vollstreckbarkeit

Ein großer Vorteil von Schiedsverfahren im Vergleich zu staatlichen Verfahren ist die deutlich einfachere und sicherere internationale Vollstreckbarkeit von Schiedssprüchen. Nach einer 2018 durchgeführten umfangreichen empirischen Untersuchung ist die Vollstreckbarkeit sogar das aus Sicht der Nutzer wichtigste Merkmal des Schiedsverfahrens.[18]

Die Vollstreckung von Entscheidungen nationaler Gerichte bereitet nämlich im internationalen Rechtsverkehr oft nach wie vor erhebliche Probleme. Nur innerhalb der Europäischen Union ist durch die Brüssel Ia-Verordnung[19] eine einheitliche und effiziente Vollstreckung ausländischer Gerichtsurteile sichergestellt. Im Rechtsverkehr mit Nicht-EU-Staaten gibt es jedoch in der Regel keine einheitlichen Rechtsinstrumente, nach denen sich die Anerkennung und Vollstreckung bemisst. Das Haager Übereinkommen über Gerichtsstandsvereinbarungen von 2005 ist nur im Verhältnis zu Mexiko, Montenegro und Singapur von Bedeutung.[20] Insgesamt bestehen daher bei Gerichtsurteilen häufig erhebliche Unsicherheiten, ob das in einem Land erstrittene Urteil in einem anderen Land durchgesetzt werden kann.

Ganz anders verhält sich die Situation bei Schiedssprüchen: Hier existiert mit dem New Yorker UN-Übereinkommen von 1958 (UNÜ, dazu näher unten Abschn. 2.1) ein völkerrechtlicher Vertrag, der ein einheitliches Vollstreckungsregime ermöglicht. Das UNÜ ist von den meisten Staaten der Welt ratifiziert worden, sodass Schiedssprüche in fast jedem Land vollstreckt werden können.[21]

Neben dem einheitlichen Rechtsregime des UNÜ ist auch ein weicherer Faktor für die einfachere Vollstreckung von Schiedssprüchen ausschlaggebend: Gerichte verfeindeter Staaten sind häufig nicht geneigt, die Entscheidungen der Gerichte des jeweils anderen Staates anzuerkennen und zu vollstrecken. Handelt es sich dagegen um Schiedssprüche, die von privaten Entscheidungsträgern herrühren, werden diese eher als neutrale und unpolitische Entscheidungen akzeptiert und vollstreckt. Hinzu kommt die internationale Reputation bestimmter Schiedsinstitutionen wie etwa der ICC (dazu näher Abschn. 1.7.6), die besser ist als die Reputation von Gerichten mancher Staaten. Auch aus diesem Grund sind Schiedssprüche manchmal leichter vollstreckbar als staatliche Gerichtsurteile.

Neben diesen evidenten Vorteilen, die das Schiedsverfahren im Bereich der Vollstreckung aufweist, darf ein gewisser Nachteil nicht verschwiegen werden: Auch die Vollstreckung im Inland bedarf eines weiteren Verfahrensschritts: der Vollstreckbarerklärung des Schiedsspruchs durch das Oberlandesgericht. Bei rein

---

[18]Queen Mary 2018 International Arbitration Survey, S. 7, verfügbar unter www.arbitration.qmul.ac.uk/research/2018/ (zugegriffen am 16.05.2019).
[19]VO 1215/2012, ABl. 2012 L 351/1.
[20]Vgl. den jeweils aktuellen Status unter https://www.hcch.net/en/instruments/conventions/status-table/?cid=98 (zugegriffen am 16.05.2019).
[21]Vgl. insgesamt *Wagner*, Rechtsstandort Deutschland im Wettbewerb, 2017, S. 132–134.

inländischen Verfahren ist die Vollstreckung somit etwas aufwendiger als die Vollstreckung von Gerichtsurteilen. Dies ist ein Grund dafür, dass bei rein nationalen Sachverhalten Schiedsverfahren seltener gewählt werden als in einem internationalen Kontext.

1.5.3 Neutrales Forum

Ein weiterer Vorteil der Schiedsgerichtsbarkeit liegt in der Neutralität ihrer Entscheidungsträger. Schiedsgerichte sind in manchen Fällen – tatsächlich oder zumindest aus Sicht der Parteien – neutraler als staatliche Gerichte. Diese Aussage mag aus Sicht eines deutschen Juristen zunächst erstaunen, der mit einem äußerst zuverlässigen und unbestechlichen Gerichtssystem vertraut ist. In vielen anderen Staaten ist die Situation jedoch anders und die dortigen Juristen vertrauen Schiedsrichtern oft mehr als ihren korruptionsanfälligen staatlichen Gerichten.[22] Aber auch in demokratischen Staaten mit unabhängigen Richtern gibt es bisweilen Tendenzen der nationalen Gerichte, einheimische Unternehmen zu bevorzugen oder zumindest gewisse nationale Interessen und Vorlieben durchzusetzen.[23] Wenn das Verfahren in dem Heimatstaat einer Partei durchgeführt wird, hat diese Partei außerdem gewisse Vorteile im Hinblick auf Sprachkenntnisse und ihre Vertrautheit mit dem nationalen Gerichtssystem. Diese Ungleichgewichte zwischen den Parteien bestehen vor einem international besetzten Schiedsgericht nicht: Hier benennt jede Partei einen Schiedsrichter, der häufig aus ihrem eigenen Heimatstaat stammt, und die beiden parteibenannten Schiedsrichter einigen sich sodann auf einen Dritten als Vorsitzenden, der typischerweise eine andere Nationalität hat. Damit lässt sich einfach und schnell ein wirklich internationales Forum schaffen, das größere Neutralität in der Besetzung aufweist als es staatliche Gerichte ihrer Natur nach vermögen.[24] Im Schiedsverfahren genießt keine Partei einen „Heimvorteil".

Aus Sicht der Parteien gehört diese Neutralität zu den wichtigsten Vorteilen des Schiedsverfahrens. Nach der bereits erwähnten Umfrage unter den Nutzern der Schiedsgerichtsbarkeit zählen 25 % der Befragten die Neutralität und 60 % die Unabhängigkeit von einem nationalen Rechts- und Gerichtssystem zu den wichtigsten Vorteilen von Schiedsverfahren.[25] Die Neutralität ist natürlich insbesondere dann von Vorteil, wenn Schiedsverfahren mit Staatenbeteiligung durchgeführt werden. Wer einen Staat verklagt oder von einem Staat verklagt wird, hat häufig Bedenken, die Sache von den nationalen Gerichten eben dieses Staates entscheiden zu lassen. Auch insofern sind Rechtssuchende in Deutschland privilegiert, wo

---

[22] Der Autor hat auf Konferenzen mehrfach mit Rechtsanwälten aus bestimmten afrikanischen und osteuropäischen Staaten gesprochen, die genau diese Sichtweise auf Schiedsverfahren hatten.
[23] Vgl. etwa *Schack*, Einführung in das US-amerikanische Zivilprozessrecht, 4. Aufl. 2011, Rn. 10.
[24] Vgl. *Wagner*, Rechtsstandort Deutschland im Wettbewerb, 2017, S. 131 f.
[25] Vgl. Queen Mary 2018 International Arbitration Survey, S. 7, verfügbar unter http://www.arbitration.qmul.ac.uk/research/2018/ (zugegriffen am 16.05.2019).

Gerichte in Staatshaftungssachen nicht weniger neutral entscheiden als in Streitverfahren zwischen Privatleuten. Diese Erfahrungen lassen sich jedoch auf Gerichte in anderen Staaten nicht unbedingt übertragen.

1.5.4 Auswahl der Richter

Ein Verfahren ist immer nur so gut wie der Richter, der es führt. Im staatlichen Gerichtsverfahren sind die Parteien darauf angewiesen, dass die Zuweisung der Sache nach den Vorschriften des GVG und der ZPO sowie dem Geschäftsverteilungsplan des Gerichts zu einem Richter führt, der fachlich kompetent ist und das Verfahren sowohl gerecht als auch effizient durchführt. Im Schiedsverfahren haben sie dagegen die Möglichkeit, selbst Personen auszuwählen, die sie insofern für am besten geeignet halten.[26]

Die freie Auswahl der Schiedsrichter, eines der wesentlichen Charakteristika des Schiedsverfahrens, halten nach der bereits erwähnten Umfrage dementsprechend auch 39 % der Nutzer der Schiedsgerichtsbarkeit für einen der wichtigsten Vorteile des Schiedsverfahrens.[27] Diese Einschätzung wird naturgemäß von Staat zu Staat verschieden sein: Wer wie in Deutschland auch vor staatlichen Gerichten mit kompetenten, gut ausgebildeten Richtern zu tun hat, der wird nicht unbedingt eine zwingende Notwendigkeit sehen, die Entscheidungsträger selbst auszuwählen. Doch auch in Deutschland gibt es Situationen, in denen die Auswahl bestimmter Fachleute sinnvoll erscheinen kann: Wenn ein Rechtsstreit etwa eine technisch komplexe Materie zum Gegenstand hat, ist es von Vorteil, wenn auch der Schiedsrichter auf dem betreffenden Gebiet vorgebildet ist oder zumindest einschlägige Erfahrungen hat, damit er nicht vollständig den Ausführungen der Sachverständigen ausgeliefert ist. Bei einem Dreierschiedsgericht können zum Beispiel als beisitzende Schiedsrichter zwei Ingenieure und als vorsitzender Schiedsrichter ein Jurist bestellt werden. Auf diese Weise wird einerseits genügend technischer Sachverstand ins Schiedsgericht eingeführt, andererseits aber auch die juristische Kontrolle, etwa bei der Abfassung des Schiedsspruchs, sichergestellt.[28] Aber auch auf Spezialgebieten, etwa im internationalen Anlagenbau oder beim Unternehmenskauf, ist es sinnvoll, wenn die Parteien Personen auswählen können, die die erforderliche Expertise haben. An staatlichen Gerichten, wo Richter häufig von einem Dezernat in ein anderes wechseln, ist nicht immer gewährleistet, dass der zuständige Richter auch Kenntnisse und Erfahrungen auf dem betreffenden Gebiet mitbringt.

Die freie Auswahl der Schiedsrichter kann allerdings auch Probleme hinsichtlich ihrer Neutralität mit sich bringen. Wenn ein Schiedsrichter nicht ausreichend professionelle Distanz zu der ihn benennenden Partei hat, kann er sich verpflichtet

---

[26] Dazu MüKo-ZPO/*Münch*, 5. Aufl. 2017, Vor § 1025 Rn. 92–94.
[27] Queen Mary 2018 International Arbitration Survey, S. 7, verfügbar unter http://www.arbitration.qmul.ac.uk/research/2018/ (zugegriffen am 16.05.2019).
[28] *Schmidt-Ahrendts/Schmitt*, Einführung in das Schiedsverfahrensrecht, Jura 2010, 520 (523).

1.5 Vor- und Nachteile von Schiedsverfahren

fühlen, gewissermaßen als Gegenleistung für die Übertragung eines – möglicherweise lukrativen – Mandats eine Entscheidung zugunsten dieser Partei zu treffen. Diese Gefahr wird aber zum einen dadurch relativiert, dass zu den beiden parteibenannten Schiedsrichtern ein vorsitzender Schiedsrichter hinzu kommt, dessen Stimme im Zweifelsfall den Ausschlag gibt. Außerdem kann ein Schiedsrichter bei tatsächlichen Verstößen gegen seine Neutralitätspflicht und auch schon bei einer entsprechenden Befürchtung in diese Richtung von der Gegenseite abgelehnt werden (dazu näher unten Abschn. 5.4). Schließlich ist auch zu bedenken, dass ein parteibenannter Schiedsrichter, der bei den Beratungen des Schiedsgerichts erkennbar zugunsten der ihn benennenden Partei argumentiert, sich in den Augen seiner Mitschiedsrichter selbst disqualifiziert.[29] Die in der freien Auswahl liegenden Neutralitätsprobleme sind daher in der Praxis bei umsichtiger Verfahrensführung in der Regel beherrschbar.

1.5.5 Flexibilität

Das gerichtliche Verfahren ist in hunderten von Vorschriften detailliert geregelt (§§ 50–510b ZPO). Das Schiedsverfahren kommt dagegen mit wenigen Paragraphen aus (§§ 1027–1058 ZPO), die zudem größtenteils dispositiver Natur sind. Den Parteien und den Schiedsrichtern steht damit im Schiedsverfahren eine ungleich größere Flexibilität zur Verfügung, mit der sie das Verfahren an die Bedürfnisse des konkreten Falls anpassen können. Die Flexibilität wird von 40 % der Nutzer der Schiedsgerichtsbarkeit als einer ihrer wichtigsten Vorteile angesehen.[30]

Besondere Bedeutung erlangt die größere Flexibilität des Schiedsverfahrens bei der Beweisaufnahme. Die Beweisaufnahme ist nämlich in den staatlichen Gerichtsverfahren verschiedener Länder sehr unterschiedlich ausgestaltet und von der jeweiligen nationalen Tradition geprägt. In einem internationalen Schiedsverfahren, wo Parteien aus verschiedenen Staaten aufeinander treffen, lassen sich flexible Lösungen finden, die auf die Bedürfnisse und Rechtsvorstellungen beider Seiten eingehen (dazu näher Kap. 7).

Natürlich können auch die praktischen Aspekte flexibler gehandhabt werden: Das Schiedsgericht kann an beliebigen Orten tagen, je nachdem, wie es für die Prozessbeteiligten am praktischsten ist. Schiedsrichter können sich – zumindest theoretisch – ganz auf ein einziges schwieriges Verfahren konzentrieren, während staatliche Richter immer ein bestimmtes Pensum abzuarbeiten haben.

Besonders wichtig ist auch die Möglichkeit, im Schiedsverfahren die Sprache frei zu vereinbaren (§ 1045 Abs. 1 ZPO). So wird etwa die überwiegende Mehrzahl internationaler Geschäfte auf Englisch durchgeführt. Im Streitfall ist es daher außerordentlich praktisch, wenn sämtliche Dokumente in ihrer Originalsprache

---

[29] Vgl. *Lachmann*, Handbuch für die Schiedsgerichtspraxis, 3. Aufl. 2008, Rn. 120–125.
[30] Queen Mary 2018 International Arbitration Survey, S. 7, verfügbar unter www.arbitration.qmul. ac.uk/research/2018/ (zugegriffen am 16.05.2019).

dem Schiedsgericht vorgelegt werden können und nicht übersetzt werden müssen. Auch das Verfassen von Schriftsätzen und die Diskussion in der mündlichen Verhandlung können besser in der Sprache durchgeführt werden, in der die Parteien ohnehin schon immer miteinander verkehrt haben, als wenn die Diskussion nunmehr auf Deutsch fortgesetzt werden müsste. Diese Problematik haben zwar auch die deutschen Justizverwaltungen erkannt und daher verschiedene Initiativen ergriffen, englischsprachige Zivilkammern an den Landgerichten einzurichten. Die meisten dieser Initiativen kranken jedoch daran, dass das schriftliche Verfahren nach wie vor auf Deutsch geführt werden muss und damit den Parteien praktisch nur wenig geholfen wird. Im Schiedsverfahren kann dagegen das gesamte Verfahren auf Englisch durchgeführt werden. Auch mehrsprachige Verfahren sind möglich, wenn die Beteiligten dies wünschen.

1.5.6 Keine Einbeziehung Dritter

Nachdem bisher hauptsächlich auf die Vorteile von Schiedsverfahren eingegangen wurde, soll nun einer ihrer wesentlichen Nachteile angesprochen werden: Schiedsverfahren können grundsätzlich nur zwischen den Parteien durchgeführt werden, welche die Schiedsvereinbarung abgeschlossen haben. Haben die vertragsschließenden Parteien später das Bedürfnis, Dritte in das Verfahren mit einzubeziehen – beispielsweise als zusätzliche Kläger oder Beklagte, als Streitverkündungsempfänger oder als Nebenintervenienten – so ist dies grundsätzlich nur mit Einverständnis aller Beteiligten möglich (dazu im Detail unten Abschn. 9.4).

Der Grund für diese Beschränkung des Schiedsverfahrens liegt in seinem konsensualen Ursprung: Da das Schiedsgericht seine Entscheidungsmacht nur aus der Vereinbarung der Parteien herleitet, kann es über unbeteiligte Dritte keine Entscheidungen treffen. Im staatlichen Verfahren verhält sich dies ganz anders, da das staatliche Gericht Hoheitsgewalt ausübt und damit über alle Personen entscheiden kann, die seiner Gerichtsbarkeit unterliegen.

Die mangelnde Möglichkeit zur Einbeziehung Dritter wird von 39 % der Nutzer zu den drei schlechtesten Eigenschaften von Schiedsverfahren gezählt.[31] Da sie in der Natur des Schiedsverfahrens liegt, lässt sie sich aber nur dann vermeiden, wenn die möglichen Drittbeteiligten schon von vornherein in die Schiedsvereinbarung mit einbezogen werden, was häufig nicht möglich ist, oder wenn sie nachträglich konsensual in das Schiedsverfahren eintreten, woran sie häufig kein Interesse haben. In Fällen mit potenzieller Drittbeteiligung weichen die Parteien daher häufig auf das staatliche Verfahren aus. Beispielsweise wird in Bausachen häufig eine Streitverkündung erforderlich, sodass es vorzugswürdig sein kann, hier eine Gerichtsstandsvereinbarung statt einer Schiedsvereinbarung zu treffen, vor allem dann, wenn es sich um rein nationale Verfahren handelt. Aber auch in allen übrigen Fällen ist die

---

[31] Queen Mary 2018 International Arbitration Survey, S. 8, verfügbar unter www.arbitration.qmul.ac.uk/research/2018/ (zugegriffen am 16.05.2019).

mangelnde Einbeziehung Dritter schon bei Abschluss der Schiedsvereinbarung mit zu bedenken und die daraus möglicherweise resultierenden Nachteile sind von den Parteien mit abzuwägen.

1.5.7 Verfahrensdauer

Nach einer vor allem unter Laien verbreiteten Meinung dienen Schiedsverfahren der Erzielung von Zeit- und Kostenvorteilen gegenüber staatlichen Prozessen. Dies ist jedoch zum einen faktisch nicht belegbar, zum anderen auch nicht der wesentliche Zweck des Schiedsverfahrens.

Was die Verfahrensdauer betrifft, so lassen sich zumindest im Vergleich mit dem Gerichtsverfahren in Deutschland nicht generell Vorteile des Schiedsverfahrens feststellen.[32] Die Dauer jedes rechtsförmlichen Verfahrens – sei es ein Schieds- oder ein Gerichtsverfahren – hängt zunächst von der Komplexität des zugrunde liegenden Sachverhalts ab. Der Sachverhalt ergibt sich jeweils aus dem Parteivortrag. Wenn die Parteien dem Gericht viele Details vortragen, müssen zahlreiche Beweise erhoben und Einzelfragen entschieden werden. Bei Verfahren mit hohem Streitwert werden die Parteien tendenziell einen größeren Aufwand betreiben, sodass diese Verfahren fast immer eine gewisse Komplexität und Dauer annehmen, unabhängig davon, vor wem sie verhandelt werden. Außerdem hängt die Verfahrensdauer vom Verhalten des Entscheidungsträgers ab: Ein guter Richter kann ein Verfahren schneller erledigen als ein träger Schiedsrichter.

Es gibt allerdings einen rechtlichen Aspekt, der sich positiv auf die zu erwartende Dauer von Schiedsverfahren auswirkt: die Einstufigkeit des Verfahrens. Anders als vor staatlichen Gerichten existiert vor Schiedsgerichten in der Regel[33] kein Instanzenzug. Die Entscheidung des Schiedsgerichts ist sofort bindend und endgültig, während vor staatlichen Gerichten zusätzliche Monate oder Jahre für Berufungs- und Revisionsverfahren vergehen können.[34]

Die Bedeutung dieser Zeitersparnis darf jedoch nicht überschätzt werden. Da dem Schiedsgericht die große Verantwortung, die aus der endgültigen Natur des Schiedsspruchs folgt, durchaus bewusst ist, wird es sich nach Kräften bemühen, alle auftretenden Fragen besonders gründlich und umfassend zu beurteilen und zu entscheiden, was das Verfahren naturgemäß verzögert. Bei staatlichen Gerichten stehen die Richter in erster Instanz dagegen oft unter hohem Erledigungsdruck, sodass Entscheidungen mitunter in erstaunlich kurzer Zeit ergehen, was auch mit

---

[32] So auch *Lachmann*, Handbuch für die Schiedsgerichtspraxis, 3. Aufl. 2008, Rn. 156–158; anders aber *Saenger*, ZPO, 7. Aufl. 2017, Vor § 1025, Rn. 2 („in der Regel schneller und billiger"); *Schack*, Internationales Zivilverfahrensrecht, 7. Aufl. 2017, Rn. 1275 („in aller Regel führt ein Schiedsverfahren deutlich schneller zum Ziel"); *Bechte*, Einführung in das Schiedsverfahrensrecht, ZJS 2011, 307 (308).
[33] Zu Ausnahmen siehe unten Abschn. 11.3.1, 11.8.4 und 12.6.
[34] Dazu MüKo-ZPO/*Münch*, 5. Aufl. 2017, Vor § 1025 Rn. 89 f.

der Erwartungshaltung verknüpft sein kann, dass etwaige Fehler von der nächsten Instanz korrigiert werden.[35]

Außerdem können sich auch an Schiedsverfahren noch weitere Verfahren anschließen, nämlich Gerichtsverfahren zur Aufhebung oder Vollstreckbarerklärung des Schiedsspruchs (dazu näher unten Kap. 11). Dabei handelt es sich zwar nicht um weitere Instanzen, doch ist ein Schiedsspruch ohne Vollstreckbarerklärung nicht zwangsweise durchsetzbar, sodass diese anschließenden Gerichtsverfahren bei der Beurteilung der Dauer von Schiedsverfahren mit berücksichtigt werden müssen.

Die durchaus lange Dauer von Schiedsverfahren hat in vielen Fällen zu Kritik von Seiten der Unternehmen geführt, die sich durch die Vereinbarung von Schiedsverfahren eigentlich schnellere Verfahren als vor staatlichen Gerichten erhoffen. Darauf reagierten die Schiedsgerichtsinstitutionen mit der Einführung von Schiedsregeln für sogenannte „beschleunigte Verfahren" (*expedited proceedings* oder *fast-track arbitration*, dazu näher Abschn. 6.13). Die Möglichkeit, allgemeine Regelungen zur Beschleunigung von Schiedsverfahren aufzustellen, ist allerdings begrenzt. Von größerer Bedeutung ist die Verfahrensorganisation durch das Schiedsgericht im konkreten Einzelfall. Die Auswahl qualifizierter Schiedsrichter, die mit den Mitteln des Verfahrensrechts souverän umgehen können, ist daher auch zur Beschleunigung von Schiedsverfahren erforderlich.

1.5.8 Kosten

Ob im Schiedsverfahren Kostenvorteile gegenüber staatlichen Gerichtsverfahren bestehen, lässt sich ebenfalls nicht pauschal beantworten. Jedes rechtsförmliche Verfahren verursacht Kosten, da die beteiligten Personen (Rechtsanwälte, Richter, Schiedsrichter, Sachverständige, Verwaltungsangestellte der Gerichte und der Schiedsgerichtsinstitutionen) nicht umsonst tätig werden.

Bei Schiedsverfahren werden die anfallenden Kosten allerdings immer vollständig von den Parteien bezahlt, während bei Gerichtsverfahren ein mehr oder weniger großer Anteil auf den Steuerzahler entfällt. Gerade bei kleineren Gerichtsverfahren mit geringem Streitwert decken die staatlicherseits erhobenen Gerichtskosten in keiner Weise die tatsächlich für den Fiskus entstehenden Kosten. Es finden hier vielmehr eine erhebliche Quersubventionierung durch die größeren Verfahren und eine Bezuschussung aus Steuermitteln statt, was es jedermann auch bei kleineren Streitsachen ermöglicht, seinen Justizgewährungsanspruch zu verwirklichen. Im Schiedsverfahren findet eine derartige, auf rechts- und sozialstaatlichen Gründen beruhende Umverteilung nicht statt, sodass kleinere Verfahren mit einem Streitwert von unter 50.000 Euro in Schiedsverfahren nur selten vorkommen. In Verfahren vor Amtsgerichten fallen dagegen fast alle Streitigkeiten unter diesen Betrag; auch vor

---

[35]Der Autor wurde als Prozessbevollmächtigter vor Landgerichten in mehreren Fällen darauf hingewiesen, die Sache gehe „ohnehin noch zum OLG" oder die betreffenden Fragen könnten „dann ja vom OLG geklärt werden".

1.5 Vor- und Nachteile von Schiedsverfahren

Landgerichten machen sie einen Anteil von 80 % aus.[36] Die Schiedsgerichtsbarkeit ist daher schon ihrer Natur nach auf die Erledigung größerer Streitverfahren zugeschnitten, bei denen die anfallenden Kosten in einem vernünftigen Verhältnis zum Streitwert stehen. Der Streitwert wird zum Beispiel für die Verfahren der DIS veröffentlicht; hier lag der niedrigste Streitwert im Jahr 2017 bei 5.000 Euro, der durchschnittliche Streitwert aber bei ca. 6,6 Mio. Euro.[37]

Ein Vergleich der im Schieds- und Gerichtsverfahren anfallenden Kosten kann also sinnvollerweise nur für die größeren Verfahren durchgeführt werden, bei denen überhaupt eine tatsächliche Konkurrenzsituation besteht. Des Weiteren ist bei diesem Vergleich der durchschnittliche Verfahrensablauf zu berücksichtigen, der im staatlichen Verfahren meist aus zwei Instanzen besteht, dem erstinstanzlichen Verfahren vor dem Landgericht und einer Berufung zum Oberlandesgericht. Eine Revision bzw. Nichtzulassungsbeschwerde zum Bundesgerichtshof kann dagegen beim Kostenvergleich außer Betracht bleiben, da sie nicht immer durchgeführt wird und da sich auch im Schiedsverfahren weitere Gerichtsverfahren wegen Aufhebung und Vollstreckbarerklärung des Schiedsspruchs anschließen können. Die durchschnittlichen Kosten beider Verfahrensarten lassen sich demnach beispielhaft für zwei verschiedene Streitwerte und für ein staatliches Gerichtsverfahren im Gegensatz zu einem von der DIS administrierten Schiedsgerichtsverfahren wie folgt miteinander vergleichen:

	Streitwert: 100.000 €	Streitwert: 10.000.000 €
Gerichtskosten für Land- und Oberlandesgericht[38]	7.182 €	264.152 €
Kosten der DIS und Schiedsrichterhonorare[39]	6.500 € (zzgl. USt.,[40] ein Schiedsrichter[41])	236.185 € (zzgl. USt., drei Schiedsrichter)

Aus dieser kurzen Gegenüberstellung[42] ist ersichtlich, dass sich die durchschnittlichen Kosten eines Schiedsverfahrens bei den Arten von Streitigkeiten, die typischerweise im Wege des Schiedsverfahrens durchgeführt werden, in Deutschland kaum von den Kosten eines staatlichen Verfahrens unterscheiden.[43] In anderen Staaten, in denen die Gerichtskosten deutlich höher oder niedriger liegen, mag der Vergleich anders ausfallen.

---

[36]Statistik der Rechtspflege bei Zivilgerichten des Statistischen Bundesamts für das Jahr 2017 (Fachserie 10 Reihe 2.1, verfügbar unter www.destatis.de, zugegriffen am 16.05.2019), S. 56.
[37]DIS-Verfahrensstatistik 2017 (verfügbar unter www.disarb.org, zugegriffen am 16.05.2019), S. 2.
[38]Ziff. 1210 und 1220 der Anlage 1 zum GKG.
[39]Ziff. 2.1 und 3.1 der DIS-Kostenordnung.
[40]Die Umsatzsteuer wird in diesen Vergleich nicht mit einbezogen, da sie für Unternehmen nur einen durchlaufenden Posten darstellt.
[41]In kleineren Verfahren wird man sich nach Möglichkeit auf einen Einzelschiedsrichter einigen.
[42]Weitere Kostenvergleiche bei *Lachmann*, Handbuch für die Schiedsgerichtspraxis, 3. Aufl. 2008, Rn. 4666–4733.
[43]Anders aber *Saenger*, ZPO, 7. Aufl. 2017, Vor § 1025 Rn. 2.

Den größten Anteil an den Gesamtkosten eines Gerichts- oder Schiedsverfahrens nehmen allerdings ohnehin nicht die Kosten des Gerichts oder Schiedsgerichts ein, sondern die Honorare der Rechtsanwälte und sonstigen Berater, die auf beiden Seiten aktiv sind. Nach Statistiken der ICC entfallen 83 % der Gesamtkosten eines Schiedsverfahrens auf Kosten für Anwälte und Sachverständige, 15 % auf Schiedsrichterhonorare und 2 % auf Verwaltungskosten der Institution.[44] Auch wenn diese Prozentangaben nicht direkt auf Gerichtsverfahren übertragbar sind, so lässt sich hier doch ebenso beobachten, dass in komplexeren Verfahren die Rechtsanwaltskosten den weitaus größten Anteil der Gesamtkosten ausmachen. In beiden Verfahrensarten werden üblicherweise nicht die Pauschalgebühren des RVG, sondern Stundensätze vereinbart, sodass immer die volle Arbeitszeit des Rechtsanwalts vergütet wird, die etwa beim Klägervertreter schon Monate vor Einreichung der Klageschrift beginnt. Wesentliche Unterschiede zwischen Gerichts- und Schiedsverfahren bestehen insofern nicht.

Schiedsverfahren sind nur in bestimmten Fällen strukturell kostenintensiver, etwa wenn die Vorlage von Dokumenten im Stile des anglo-amerikanischen Verfahrensrechts durchgeführt wird.[45] Insofern haben es die Parteien allerdings in der Hand, auf derartige Verfahrensweisen zu verzichten.

Da somit die hauptsächlichen Kosten auf die Prozessvertreter entfallen, hängt die Kostenbelastung der Parteien sowohl in Schieds- wie in Gerichtsverfahren ganz wesentlich davon ab, welchen Aufwand die beteiligten Rechtsanwälte betreiben und wie effizient die Verfahrensführung durch den Richter bzw. Schiedsrichter erfolgt. Pauschale Aussagen über Kostenvorteile oder -nachteile von Schiedsverfahren gegenüber Gerichtsverfahren sind aber nicht möglich.

1.6 Verbreitung von Schiedsverfahren

Schiedsverfahren sind nicht besonders häufig, wenn man ihren Anteil am Gesamtrechtssystem betrachtet. Im Jahr 2017 verzeichnete die global bedeutendste Schiedsinstitution, die ICC, weltweit (!) 810 Neuzugänge.[46] Die wichtigste deutsche Schiedsinstitution, die DIS, verzeichnete im gleichen Zeitraum 152 neue Verfahrenseingänge.[47] Die Anzahl der ad hoc-Verfahren ist natürlich nicht bekannt,

---

[44]ICC Commission on Arbitration and ADR Report, ICC Bull. 2015, Issue 2, p. 3 (verfügbar unter iccwbo.org, zugegriffen am 16.05.2019).

[45]Dazu näher unten Abschn. 7.3.3.

[46]Vorläufige Statistik, veröffentlicht unter: https://iccwbo.org/media-wall/news-speeches/icc-announces-2017-figures-confirming-global-reach-leading-position-complex-high-value-disputes/ (zugegriffen am 16.05.2019).

[47]DIS-Verfahrensstatistik 2017, S. 1, verfügbar unter www.disarb.org (zugegriffen am 16.05.2019).

doch dürfte diese in Deutschland nicht viel darüber liegen. Vergleicht man dies mit den 307.718 Neuzugängen bei deutschen Landgerichten,[48] oder auch nur mit den rund 61.000 Verfahren, die einen Streitwert von über 50.000 Euro haben,[49] so ist unmittelbar ersichtlich, dass die Schiedsgerichtsbarkeit zahlenmäßig nur einen sehr geringen Anteil an der Rechtspflege einnimmt.

Angesichts dessen sind jedenfalls die Befürchtungen, wonach die Schiedsgerichtsbarkeit die Bedeutung der staatlichen Gerichtsbarkeit insgesamt schmälern könnte, unbegründet. Umgekehrt sind aber auch die Hoffnungen, die Schiedsgerichtsbarkeit könnte zu einer Entlastung der ordentlichen Gerichte beitragen, kaum stichhaltig.

Die Bedeutung der Schiedsgerichtsbarkeit zeigt sich denn auch weniger in ihren absoluten Zahlen, als vielmehr in ihrer Bedeutung für einzelne Branchen, Rechtsgebiete und Verfahrenssituationen. In verschiedenen Branchen bestehen teilweise fest etablierte Gewohnheiten, Streitigkeiten regelmäßig vor spezialisierten Schiedsgerichten auszutragen. Bei der Handelskammer Hamburg ist zum Beispiel das „Schiedsgericht des Deutschen Kaffeeverbandes e.V." angesiedelt, das vor allem über Streitigkeiten aus Kaffeehandelsverträgen entscheidet. Geht es um die Qualität des gelieferten Rohkaffees, kann daneben auch die „Hamburger Privat-Arbitrage im Kaffee-Einfuhrhandel" angerufen werden.

Auch auf einigen Rechtsgebieten haben sich Gewohnheiten ausgebreitet, Streitigkeiten in Schiedsverfahren zu klären. So enthalten praktisch alle Unternehmenskaufverträge eine Schiedsklausel, was die Schiedsgerichtsbarkeit hier zum klar vorherrschenden Streitbeilegungsmechanismus macht. Im Verbraucherrecht ist die Vereinbarung von Schiedsgerichten dagegen in Deutschland sehr selten, anders als etwa in den USA.[50]

Ihre größte Verbreitung haben Schiedsverfahren in Deutschland bei allen Arten von Verträgen zwischen international agierenden Unternehmen. Sobald eine der Vertragsparteien im Ausland ansässig ist oder anderweitiger Auslandsbezug besteht, kommen die genannten Vorteile des Schiedsverfahrens – Neutralität des Forums, weltweite Vollstreckbarkeit, Flexibilität und Anpassbarkeit des Verfahrens an unterschiedliche Rechtstraditionen – besonders deutlich zum Tragen. Bei internationalen Verträgen werden daher mehrheitlich Schiedsklauseln vereinbart und deutlich seltener die Zuständigkeit nationaler Gerichte.[51]

---

[48] Statistik der Rechtspflege bei Zivilgerichten des Statistischen Bundesamts für das Jahr 2017 (Fachserie 10 Reihe 2.1), S. 43, verfügbar unter www.destatis.de, zugegriffen am 16.05.2019.
[49] Errechnet nach den Erledigungszahlen, vgl. die Statistik der Rechtspflege bei Zivilgerichten des Statistischen Bundesamts für das Jahr 2017 (Fachserie 10 Reihe 2.1), S. 56, verfügbar unter www.destatis.de, zugegriffen am 16.05.2019.
[50] Zu Schiedsverfahren mit Verbrauchern vgl. *Wagner/Quinke*, Ein Rechtsrahmen für die Verbraucherschiedsgerichtsbarkeit, JZ 2005, 932–939.
[51] Vgl. auch *Wolff*, Grundzüge des Schiedsverfahrensrechts, JuS 2008, 108.

1.7 Ad hoc-Verfahren und institutionelle Verfahren

Schiedsverfahren können unter Beteiligung von nur drei Akteuren durchgeführt werden: der beiden Parteien und des Schiedsgerichts. Man spricht dann von einem „ad hoc-Verfahren", weil das Schiedsgericht gewissermaßen „ad hoc" für das konkrete Verfahren eingesetzt wird. Das ad hoc-Verfahren ist die ursprüngliche und nach wie vor recht weit verbreitete Form des Schiedsverfahrens. Alternativ kann zusätzlich ein vierter Akteur mit eingeschaltet werden: die Schiedsgerichtsinstitution. Diese sind meist in der Rechtsform eines privaten Vereins organisiert, manchmal aber auch als Handelsgesellschaft. Einige Schiedsinstitutionen sind auch von staatlicher Seite als öffentliche Einrichtungen gegründet worden. Schiedsinstitutionen führen das Schiedsverfahren organisatorisch durch, man spricht hier auch von „administrieren". Allerdings entscheidet auch bei diesen „institutionellen Schiedsverfahren" nicht die Schiedsinstitution den Rechtsstreit, sondern ebenfalls ein Schiedsgericht, das für den konkreten Einzelfall eingesetzt wird.[52] Der Begriff „ad hoc" ist daher zur Unterscheidung eigentlich wenig brauchbar, hat sich aber weltweit etabliert.

1.7.1 Vor- und Nachteile von Schiedsinstitutionen

Die Einbindung einer Schiedsinstitution erleichtert zunächst die Einleitung des Verfahrens. Während zur Einleitung eines ad hoc-Verfahrens die Klage dem Beklagten, der möglicherweise nicht oder nur schwer erreichbar ist, zugestellt werden muss (§ 1044 ZPO), reicht es beim institutionellen Verfahren in der Regel aus, die Klage bei der Institution einzureichen (z. B. Art. 6.1 DIS-SchO). Dem Beklagten geschieht dadurch kein Unrecht, da er sich durch die Vereinbarung des institutionellen Verfahrens mit diesen Verfahrensregeln einverstanden erklärt hat. Der Kläger hat auf diese Weise Gewissheit hinsichtlich des Verfahrensbeginns, der etwa für die verjährungshemmende Wirkung der Schiedsklage (§ 204 Nr. 11 BGB) von entscheidender Bedeutung ist (dazu näher unten Abschn. 4.3).

Vorteile bietet das institutionelle Verfahren auch bei der Ersatzbestellung von Schiedsrichtern. Diese wird etwa erforderlich, wenn der Beklagte keinen Schiedsrichter benennt oder sich die parteibenannten Schiedsrichter nicht auf einen vorsitzenden Schiedsrichter einigen können. Die Ersatzbestellung erfolgt dann in der Regel durch die Schiedsinstitution, was schneller und kostengünstiger ist als die Ersatzbestellung durch das staatliche Gericht im Verfahren des § 1062 Abs. 1 Nr. 1 ZPO (dazu unten Abschn. 5.5).[53]

Einer der größten Vorteile des institutionellen Schiedsverfahrens besteht auch in der Einbeziehung der Schiedsregeln der jeweiligen Institution. Diese Regeln

---

[52] Zu den Unterschieden zwischen den beiden Verfahrenstypen vgl. auch *Berger*, Streitentscheidung durch Schiedsgerichte – Ad Hoc oder Institutionell? AnwBl 2009, 771 (771–773).

[53] *Lachmann*, Handbuch für die Schiedsgerichtspraxis, 3. Aufl. 2008, Rn. 3044.

1.7 Ad hoc-Verfahren und institutionelle Verfahren

ergänzen die Parteivereinbarungen und das anwendbare nationale Recht, um ein Optimum an Verfahrenseffizienz zu erreichen. In der Regel werden die Schiedsregeln im Abstand weniger Jahre an aktuelle Entwicklungen und Wünsche aus der Praxis angepasst, sodass die Parteien sicher gehen können, ein bestmögliches Rechtsregime für die Durchführung des Verfahrens zu erhalten. Beispielsweise wurden in den letzten Jahren viele Schiedsregeln zur Verfahrensbeschleunigung entwickelt sowie die Möglichkeit geschaffen, Eilschiedsrichter für Vorabentscheidungen einzusetzen – Mittel und Möglichkeiten, die den Parteien im ad hoc-Verfahren so nicht zur Verfügung stehen. Freilich haben die Parteien auch in ad hoc-Verfahren die Möglichkeit, die Geltung zusätzlicher Regelwerke zu vereinbaren. Häufig einigt man sich etwa auf die UNCITRAL Arbitration Rules (vgl. näher unten Abschn. 2.6).

Ein praktisch wichtiger Vorteil institutioneller Verfahren ist auch die finanzielle Abwicklung des Verfahrens durch die Institution. Diese fordert von den Parteien die Verfahrenskostenvorschüsse an und zahlt die Honorare an die Schiedsrichter aus. Beim ad hoc-Verfahren sind diese Transaktionen dagegen von den Schiedsrichtern selbst durchzuführen, was das Verhältnis der Parteien zu den Schiedsrichtern zumindest psychologisch beeinflussen kann.

Auf der Negativseite sind die zusätzlichen Kosten zu berücksichtigen, die den Parteien durch die Einschaltung der Schiedsinstitution entstehen. Allerdings stellen diese Kosten nur einen kleinen Bruchteil der Gesamtkosten eines Schiedsverfahrens dar.[54]

Negativ kann es auch ins Gewicht fallen, dass durch die Einschaltung der Institution zusätzliche Personen mit dem Verfahren vertraut werden, die den Parteien nicht bekannt sind und auf deren Auswahl sie auch keinen Einfluss haben. Wenn es sich um brisante Verfahren mit politisch oder wirtschaftlich sensiblen Daten handelt, kann ein Interesse der Parteien daran bestehen, dass möglichst wenige Personen von den Verfahrensdetails Kenntnis erhalten. Allerdings besteht bei den etablierten Institutionen kein Grund, an der Wahrung der Vertraulichkeit durch deren Mitarbeiter zu zweifeln.

Früher bestand bei Schiedsinstitutionen oft die Verpflichtung, einen oder sogar sämtliche Schiedsrichter von einer Liste zu wählen, die die Institution aufstellte (sog. „geschlossene Liste"). Dieses System schränkte die Parteiautonomie ganz erheblich ein. Es nimmt der Schiedsgerichtsbarkeit einen ihrer wesentlichen Vorteile, die freie Auswahl der Richter. Daher ist diese Einschränkung im institutionellen Schiedsverfahren heutzutage selten geworden.[55] Beispielsweise wurde bei der Revision der Schieds- und Mediationsordnung der Istanbuler Handelskammer 2017 das Erfordernis, einen der Schiedsrichter von der Liste zu benennen, gestrichen.[56] Nach wie vor

---

[54] Siehe oben Abschn. 1.5.8.
[55] Vgl. aber OLG Frankfurt v. 28.10.2010, 26 SchH 3/09, BeckRS 2010, 29009.
[56] Vgl. die neuen ITOTAM-Rules unter www.itotam.com (zugegriffen am 16.05.2019); zur früheren Rechtslage *Buchwitz*, Türkei: Neue Möglichkeiten der Schiedsgerichtsbarkeit, RIW 2012, 754 (757).

führen viele Schiedsinstitutionen zwar Schiedsrichterlisten, etwa das ICSID, doch steht es den Parteien frei, auch listenfremde Personen zu Schiedsrichtern zu benennen (sog. „offene Liste").

Traditionell sind Schiedsinstitutionen vor allem „von unten" entstanden, indem die Interessenverbände der gewerblichen Wirtschaft, die Industrie- und Handelskammern, begonnen haben, für ihre Mitglieder Schiedsverfahren organisatorisch durchzuführen. In den letzten Jahrzehnten ist dagegen ein Trend zu beobachten, dass neue Schiedsinstitutionen staatlicherseits „von oben" gegründet und betrieben werden, beispielsweise das Istanbul Arbitration Centre (ISTAC) und das New Delhi International Arbitration Centre (NDIAC). Der Natur des Schiedsverfahrens als Ausprägung der Parteiautonomie entspricht die traditionelle Form besser. Die neueren, staatlichen Institutionen sind eher ein Ausdruck von Wirtschaftspolitik im Bereich der Rechtsdienstleistungen – ein Versuch, die Attraktivität des eigenen Standorts für die Durchführung internationaler Schiedsverfahren durch die Schaffung professioneller organisatorischer Rahmenbedingungen zu stärken.

Im Folgenden sollen einige wichtige Schiedsgerichtsinstitutionen vorgestellt werden, wobei die Auswahl nicht abschließend und auch nicht wertend gemeint ist. Der Markt ist durch Gründung neuer Institutionen und Zusammenschlüsse existierender Einrichtungen auch ständig in Bewegung.

1.7.2 Deutsche Institution für Schiedsgerichtsbarkeit e.V.

Die DIS ist die wichtigste Schiedsinstitution in Deutschland und hat inzwischen auch international einen nicht zu unterschätzenden Bekanntheitsgrad.[57] Rechtlich handelt es sich um einen eingetragenen Verein. Die Geschichte der DIS geht auf ältere Einrichtungen zurück, die durch die deutschen Industrie- und Handelskammern schon vor 100 Jahren gegründet wurden. Nach wie vor besteht eine enge Kooperation mit den Industrie- und Handelskammern und anderen Vertretern der Wirtschaft. Im Jahr 2017 gingen 152 neue Verfahren ein.[58]

Die Administrierung von Schiedsverfahren durch die DIS war jahrelang von dem Grundsatz der Zurückhaltung geprägt. Die Institution sollte nur dort eingreifen, wo es unbedingt notwendig ist, und das Verfahren ansonsten den Parteien und den Schiedsrichtern überlassen. Die Schiedsordnung der DIS von 1998 orientierte sich stark am Gesetzestext des 10. Buchs der ZPO und nahm nur einige Modifikationen vor. Dies hat sich mit der neuen Schiedsgerichtsordnung von 2018 geändert, indem nun eine etwas stärkere Rolle der Institution eingeführt wurde, zum Beispiel bei der finanziellen Abwicklung der Verfahrenskosten, und außerdem viele Detailfragen

---

[57]Im Jahr 2017 waren in 44 % aller Verfahren ausländische Parteien beteiligt, in 11 % aller Verfahren sogar auf beiden Seiten, vgl. die Verfahrensstatistik der DIS, verfügbar unter www.disarb.org (zugegriffen am 16.05.2019).
[58]DIS-Verfahrensstatistik 2017, S. 1, verfügbar unter www.disarb.org (zugegriffen am 16.05.2019).

geregelt wurden, die sich zuvor nur mittelbar oder durch Auslegung erschließen ließen.[59]

Neben ihrer Funktion als Schiedsinstitution ist die DIS aber auch für den wissenschaftlichen Austausch und die Rechtsfortbildung im Schiedsverfahrensrecht von großer Bedeutung. Sie gibt die führende deutsche Fachzeitschrift „SchiedsVZ" mit heraus, vergibt alle zwei Jahre einen Förderpreis für wissenschaftliche Arbeiten auf dem Gebiet der alternativen Streitbeilegung und veranstaltet verschiedene Konferenzen, an denen die meisten deutschen Schiedsrechtlerinnen und Schiedsrechtler teilnehmen.

1.7.3 Weitere deutsche Schiedsinstitutionen

Neben der DIS existieren in Deutschland zahlreiche weitere Institutionen, die Schiedsgerichtsverfahren administrieren, und dabei teilweise schon auf eine lange Geschichte zurückblicken können. Diese haben aber häufig nur eine regionale oder sektorale Bedeutung.

An den meisten Industrie- und Handelskammern sind Schiedsgerichtsinstitutionen angegliedert, die von den streitenden Parteien gewählt werden können und meist nur in der betreffenden Region bekannt sind. Die Verfahrensregeln beschränken sich dabei häufig darauf, kleinere Modifikationen des DIS-Verfahrens vorzusehen und auch die Administrierung des Verfahrens im Wesentlichen der DIS zu überlassen. An manchen IHK, etwa der auch überregional und international bedeutenden IHK Hamburg, haben sich dagegen die schon lange bestehenden, eigenen Schiedsregeln erhalten. Dort sind auch weitere Schiedsinstitutionen angesiedelt, etwa das bereits erwähnte Schiedsgericht des Deutschen Kaffeeverbandes.

Im Jahre 2008 wurde – ebenfalls in Hamburg – das Chinese European Arbitration Centre (CEAC) gegründet, das vor allem Verfahren mit Bezug zu China durchführt und entsprechende Kompetenzen bündelt.

Verfahren mit internationalem Bezug werden häufig auch von den deutschen Außenhandelskammern (AHK) im Ausland administriert. Die Außenhandelskammern vertreten die Interessen der deutschen Wirtschaft in dem jeweiligen ausländischen Staat, sind aber auch Ansprechpartner für die Unternehmen des Gastlandes in Bezug auf Fragen, die Deutschland betreffen. Damit bietet es sich für die AHK in besonderem Maße an, auch Schiedsverfahren zwischen Unternehmen aus den entsprechenden Staaten durchzuführen. So wurde beispielsweise im Jahr 2011 eine Schiedsstelle bei der AHK Türkei gegründet,[60] die allerdings derzeit noch keine nennenswerten Fallzahlen verzeichnet.

---

[59]Zur Reform vgl. *Hasenstab*, Neuausrichtung der DIS-Regeln, IWRZ 2017, 115–119; *Mazza*, Vorwort anlässlich der Veröffentlichung der 2018 DIS-Schiedsgerichtsordnung, SchiedsVZ-Beilage 2018, 3–5; *Mazza/Menz*, Neuerungen in der 2018 DIS-Schiedsgerichtsordnung im Überblick, SchiedsVZ-Beilage 2018, 39–43.

[60]Dazu *Buchwitz*, Türkei: Neue Möglichkeiten der Schiedsgerichtsbarkeit, RIW 2012, 754–757.

Von besonderer Bedeutung für bestimmte Branchen sind schließlich die zahlreichen Branchenschiedsgerichte. Es handelt sich dabei um Schiedsgerichtsinstitutionen, die Schiedsverfahren nur für eine bestimmte Branche administrieren, hier aber oft eine wichtige Rolle spielen. Beispielsweise soll der Handel mit Agrarprodukten genannt werden: Hier existiert seit fast 100 Jahren ein Vertragswerk, die „Einheitsbedingungen im deutschen Getreidehandel".[61] Diese Einheitsbedingungen enthalten nicht nur besondere materiellrechtliche Regelungen, die speziell auf Kaufverträge und Transportverträge über landwirtschaftliche Erzeugnisse zugeschnitten sind, sondern auch eine Schiedsklausel zugunsten eines der Schiedsgerichte der deutschen Warenbörsen. Die Einheitsbedingungen werden von den meisten Marktteilnehmern in Deutschland als AGB vereinbart,[62] sodass die meisten Streitigkeiten vor einem dieser Schiedsgerichte ausgetragen werden. Das bedeutendste Schiedsgericht wird vom Verein der Getreidehändler der Hamburger Börse e.V. unterhalten.[63]

1.7.4 Swiss Chambers' Arbitration Institution

Die wichtigste Schweizer Schiedsinstitution, die SCAI, ist – ähnlich wie die DIS – aus den Aktivitäten der Industrie- und Handelskammern entstanden.[64] Allerdings wurde sie in ihrer jetzigen Form erst 2004 von einigen der bedeutenderen IHK gewissermaßen als Dachorganisation für internationale Schiedsverfahren gegründet. Die zuvor unterschiedlichen Regelwerke wurden damit vereinheitlicht, was gerade aus Sicht ausländischer Parteien die Anwenderfreundlichkeit verbessert hat. Im Jahre 2015 gingen 100 neue Verfahren ein.[65]

Die SCAI profitiert von der schon lange etablierten Tradition, Schiedsverfahren in der neutralen Schweiz durchzuführen. Der Anteil internationaler Schiedsverfahren, bei denen beide Parteien aus dem Ausland stammen, ist in der Schweiz daher sehr hoch, wobei meist Genf als Schiedsort gewählt wird, häufig auch Zürich oder Basel.

Auch in der Schweiz besteht mit der Association Suisse de l'Arbitrage (ASA) ein Verein, der sich der Förderung der Schiedsgerichtsbarkeit und dem wissenschaftlichen

---

[61] Aktuelle Fassung (gültig ab 01.12.2017): Deutsche Warenbörsen (Hrsg.), Einheitsbedingungen im deutschen Getreidehandel, Clenze 2018.

[62] Auch ohne Einbeziehung von AGB kann sich aus der Formulierung „Gerichtsstand: Schiedsgericht des Verkäufers/Arbitration of seller" die Vereinbarung eines Branchenschiedsgerichts ergeben, vgl. OLG München v. 16.08.2017, 34 SchH 14/16, ZVertriebsR 2017, 371 (zum Schiedsgericht der Produktenbörse Würzburg e.V.).

[63] Schiedsgerichtsordnung verfügbar unter www.vdg-ev.de (zugegriffen am 16.05.2019).

[64] Ausführlich dazu *Lachmann*, Handbuch für die Schiedsgerichtspraxis, 3. Aufl. 2008, Rn. 3734–4105.

[65] Commented Statistics 2015, verfügbar unter www.swissarbitration.org (zugegriffen am 16.05.2019).

Austausch widmet, unter anderem durch die Herausgabe der bedeutenden Fachzeitschrift „ASA Bulletin". Die ASA ist organisatorisch von der SCAI getrennt.

1.7.5 Vienna International Arbitral Centre

Die Struktur in Österreich ist ähnlich wie in der Schweiz. Die rechtswissenschaftlichen Aktivitäten werden im Wesentlichen von der Austrian Arbitration Association (ArbAut) getragen, die zahlreiche Kongresse veranstaltet und die Fachzeitschrift „Austrian Yearbook of International Arbitration" mit betreut. Die Administrierung von Schiedsverfahren findet dagegen vor allem durch das Vienna International Arbitral Centre (VIAC) statt, das 1975 als Dachorganisation für internationale Schiedsverfahren gegründet wurde und der Wirtschaftskammer Österreich angegliedert ist. Im Jahre 2018 konnte das VIAC 64 Verfahrenseingänge verzeichnen.[66] Auch Österreich spielt traditionell eine bedeutende Rolle als Sitz für internationale Schiedsverfahren, vor allem für Parteien aus osteuropäischen Staaten.

1.7.6 International Court of Arbitration der ICC

Die international bedeutendste Schiedsinstitution ist der Internationale Schiedsgerichtshof (International Court of Arbitration, ICC Court oder ICC Gerichtshof genannt) der Internationalen Handelskammer (International Chamber of Commerce, ICC) in Paris. Diese seit 1923 tätige Institution hat seit jeher einen globalen Fokus und administriert Schiedsverfahren mit Parteien aus aller Welt, darunter auch viele Verfahren mit deutscher Beteiligung. Der Name „Gerichtshof" bzw. „Court" ist missverständlich; es handelt sich um eine normale Schiedsinstitution, die Verfahren nicht selbst entscheidet, sondern nur organisatorisch betreut. Im Jahre 2017 gingen 810 neue Verfahren ein.[67]

Durch ihre lange Geschichte und ihren hohen Grad an Professionalität gelten die ICC-Verfahren immer als ein Referenzpunkt, wenn Schiedsverfahren durchgeführt oder Schiedsinstitutionen neu gegründet werden. In manchen Staaten genießen die Schiedssprüche eines ICC-Schiedsgerichts auch größere Autorität als andere Schiedssprüche und können in der Praxis leichter vollstreckt werden.

Die ICC-Schiedsgerichtsordnung, zuletzt 2017 überarbeitet,[68] sieht traditionell eine starke Rolle der Institution vor. So wird jeder Schiedsspruch durch den ICC Court überprüft (*scrutiny of the award*). Dabei kann der Gerichtshof formale Änderungen vorschreiben, sachliche Änderungen dagegen nur anregen, um nicht in die

---

[66]Vgl. https://www.viac.eu/en/statistics (zugegriffen am 16.05.2019).
[67]Vorläufige Statistik, veröffentlicht unter: https://iccwbo.org/media-wall/news-speeches/icc-announces-2017-figures-confirming-global-reach-leading-position-complex-high-value-disputes/ (zugegriffen am 16.05.2019).
[68]Verfügbar unter iccwbo.org (zugegriffen am 16.05.2019).

Entscheidungskompetenz des Schiedsgerichts einzugreifen. Dieses Verfahren hat sich bewährt und wurde daher – in abgeschwächter Form – auch von der DIS bei der Revision der Schiedsordnung 2018 übernommen (näher dazu unten Abschn. 8.7).

1.7.7 London Court of International Arbitration

Die bedeutendste englische Schiedsinstitution für internationale Verfahren ist der bereits 1891 gegründete London Court of International Arbitration (LCIA). Auch diese Institution ist aus einem Bedürfnis der Wirtschaft und in Kooperation mit der örtlichen Handelskammer entstanden. Infolge der herausragenden Stellung Londons als Handels- und Finanzzentrum sowie der internationalen Bedeutung des englischen Rechts ist London seit jeher ein wichtiger Standort für internationale Gerichts- und Schiedsverfahren. Der LCIA ist daher nicht nur in nationalen, sondern vor allem auch in internationalen Schiedsverfahren von globaler Bedeutung. Im Jahr 2017 gingen beim LCIA 285 neue Verfahren ein, bei denen 80 % der Parteien nicht aus dem Vereinigten Königreich kamen.[69]

Eine Besonderheit des Schiedsverfahrens des LCIA ist die Kostenstruktur. Die Schiedsrichter werden hier nicht pauschal in Relation zum Streitwert vergütet, wie bei praktisch allen anderen Institutionen, sondern konkret nach der Anzahl der Stunden, die sie für das Verfahren aufgewendet haben. Dies macht die Kosten eines LCIA-Verfahrens im Vorhinein für die Parteien schlechter kalkulierbar, führt aber im Nachhinein zu größerer Transparenz und stellt sicher, dass die Parteien bei geringem Arbeitsaufwand des Schiedsgerichts, etwa wegen frühzeitiger Beendigung des Verfahrens, auch nur geringe Kosten zu tragen haben.

1.7.8 Arbitration Institute of the Stockholm Chamber of Commerce

Ebenso wie der LCIA hat auch die wichtigste schwedische Schiedsinstitution, das Arbitration Institute der Stockholmer Handelskammer (Stockholm Chamber of Commerce, SCC), eine lange Tradition. Es wurde schon 1917 gegründet und konnte sich vor allem zu Zeiten des Kalten Krieges, in dem Schweden neutral blieb, eine führende Position in internationalen Schiedsverfahren mit Beteiligung osteuropäischer Parteien aufbauen. Noch heute stellen Parteien aus Russland den größten Anteil aller ausländischen Nutzer der SCC-Schiedsgerichtsbarkeit dar. Auch zahlenmäßig gehört die Schiedsinstitution mit 104 nationalen und 96 internationalen Verfahren im Jahr 2017 zu den bedeutendsten.[70]

---

[69]Vgl. den 2017 LCIA Casework Report, S. 3, verfügbar unter www.lcia.org (zugegriffen am 16.05.2019).
[70]Vgl. jeweils die Statistiken für 2017, verfügbar unter www.sccinstitute.com (zugegriffen am 16.05.2019).

1.7.9 Weitere ausländische Schiedsinstitutionen

Auch in den USA hat die schiedsgerichtliche Beilegung von Streitigkeiten eine lange Tradition und eine sehr weite Verbreitung in der Praxis. Die meisten nationalen Schiedsverfahren werden von der American Arbitration Association (AAA) administriert, die 1996 auch einen internationalen Ableger gegründet hat, das International Centre for Dispute Resolution (ICDR). Das ICDR gehört mit 1.026 neuen Verfahren im Jahr 2017 zu den größten Institutionen für internationale Schiedsverfahren.[71]

Die größten Zuwachsraten hat die Schiedsgerichtsbarkeit in den letzten Jahrzehnten allerdings – parallel zur allgemeinen wirtschaftlichen Entwicklung – in Südostasien erlebt. Damit einher gingen die Gründung neuer Schiedsinstitutionen, deren bedeutendste in Hong Kong (Hong Kong International Arbitration Centre, HKIAC) und Singapur (Singapore International Arbitration Centre, SIAC) ansässig sind, was unter anderem auf der Verankerung dieser Städte in der englischen Rechtstradition beruht. Das 1985 gegründete HKIAC konnte 297 neue Verfahren im Jahr 2017 verzeichnen,[72] während beim 1991 gegründeten SIAC 452 neue Verfahren eingingen.[73] Die Attraktivität Singapurs beruht unter anderem auf seiner Neutralität und dem gut funktionierenden staatlichen Gerichtssystem, aber auch auf gezielter Unterstützung durch die Regierung,[74] sodass inzwischen zahlreiche Parteien aus aller Welt diesen Schiedsort wählen, wenn die Streitigkeit Bezüge zu asiatischen Staaten hat.

Besonderheiten gelten vor allem bei Streitigkeiten mit Bezug zu China. Nach chinesischem Schiedsverfahrensrecht müssen Schiedsverfahren mit Sitz in China immer durch eine Schiedsinstitution administriert werden. Ad hoc-Verfahren sind damit unzulässig,[75] allerdings werden Schiedssprüche aus ausländischen ad hoc-Verfahren unter Umständen anerkannt. Die wichtigste Schiedsinstitution ist die China International Economic and Trade Arbitration Commission (CIETAC) mit Hauptsitz in Peking und verschiedenen – inzwischen selbständigen – Unterabteilungen in anderen Städten des Landes.

Eine der jüngsten Institutionen für internationale Schiedsverfahren ist das 2015 gegründete Istanbul Arbitration Centre (ISTAC), das trotz seines kurzen Bestehens schon eine Reihe von Verfahren administriert.[76] Das ISTAC beruht auf einem staatlichen Gründungsakt und soll zur Stärkung Istanbuls als Finanz- und

---

[71]Vgl. den AAA/ICDR 2017 Annual Report, S. 20, verfügbar unter www.adr.org (zugegriffen am 16.05.2019).

[72]Vgl. die Statistik unter www.hkiac.org (zugegriffen am 16.05.2019).

[73]Mitteilung der SIAC vom 07.03.2018, verfügbar unter siac.org.sg (zugegriffen am 16.05.2019).

[74]Dazu *Wong/Dhillon/Ling*, The Road to Becoming an International Arbitration Centre: The Singapore Experience, in: Cascante u. a. (Hrsg.), Festschrift für Gerhard Wegen, 2015, S. 831–838.

[75]*Tevini*, Besonderheiten des chinesischen Schiedsverfahrensrechts, SchiedsVZ 2010, 25 (27 f.); *Schack*, Internationales Zivilverfahrensrecht, 7. Aufl. 2017, Rn. 1316.

[76]So die Aussagen der ISTAC-Vertreter gegenüber dem Autor. Die veröffentlichten Statistiken unter istac.org.tr (zugegriffen am 16.05.2019) enthalten keine absoluten Fallzahlen.

Dienstleistungszentrum für Europa und den Nahen Osten beitragen.[77] Damit hat es einen anderen Charakter als die älteren Schiedsinstitutionen, die meist aus den Initiativen der örtlichen Wirtschaft entstanden sind. Anlass, an der Unabhängigkeit des ISTAC zu zweifeln,[78] besteht deswegen aber wohl nicht: Die Orientierung des ISTAC an den internationalen Standards des Schiedswesens ist unverkennbar und schon der bloße Anschein staatlicher Einflussnahme würde eine Etablierung der Institution auf dem internationalen Markt für Schiedsverfahren verhindern.

---

[77]Zu den Anfängen vgl. *Buchwitz*, Türkei: Neue Möglichkeiten der Schiedsgerichtsbarkeit, RIW 2012, 754 (757).
[78]So *Wilske/Markert/Bräuninger*, Entwicklungen in der internationalen Schiedsgerichtsbarkeit im Jahr 2016 und Ausblick auf 2017, SchiedsVZ 2017, 49 (56); das dort zitierte Rundschreiben des Ministerpräsidenten Nr. 2016/25 enthält zwar die Empfehlung an die Behörden, Schiedsklauseln in Betracht zu ziehen, betont aber gleichzeitig die Unabhängigkeit der Schiedsrichter.

2 Rechtsquellen des Schiedsverfahrensrechts

Im Bereich des Schiedsverfahrensrechts und insbesondere des internationalen Schiedsverfahrensrechts wird der Rechtsanwender mit einer Reihe von Rechtsquellen konfrontiert, deren Hierarchie und deren jeweilige Bedeutung nicht immer leicht verständlich sind. Neben dem nationalen Recht spielt das Völkerrecht eine große Rolle, in geringerem Maße auch das Europarecht. Auf indirektem Wege kommen zudem auch die Rechte und Rechtstraditionen ausländischer Staaten mit ins Spiel.

2.1 Das New Yorker UN-Übereinkommen von 1958

Die zweifellos wichtigste Rechtsquelle des internationalen Schiedsverfahrensrechts ist das New Yorker UN-Übereinkommen über die Anerkennung und Vollstreckung ausländischer Schiedssprüche von 1958 (UNÜ, auch NYÜ oder NYC – New York Convention).[1] Mit diesem Abkommen wurde die internationale Schiedsgerichtsbarkeit auf eine gemeinsame normative Basis gestellt. Das Abkommen gilt inzwischen in 159 Staaten[2] und ist damit einer der erfolgreichsten internationalen Verträge auf dem Gebiet der rechtlichen Zusammenarbeit überhaupt.

Inhaltlich regelt das UNÜ nicht das gesamte Schiedsverfahrensrecht, sondern nur die Anerkennung und Vollstreckung ausländischer Schiedssprüche, also die Geltungserstreckung und zwangsweise Durchsetzung von Schiedssprüchen in einem anderen Staat als dem Staat, aus dem sie ursprünglich stammen. In diesem Zusammenhang musste das Abkommen aber auch die Voraussetzungen festlegen, unter denen eine solche Anerkennung und Vollstreckung von den nationalen Gerichten jeweils zugelassen werden muss. Daher wurden inhaltliche Mindestkriterien an den Ablauf des Schiedsverfahrens aufgestellt, die sich durch die weltweite Geltung des

---

[1] BGBl. II 1961, S. 121.
[2] Aktueller Status verfügbar unter: https://treaties.un.org/pages/ViewDetails.aspx?src=TREATY&mtdsg_no=XXII-1&chapter=22&lang=en. Zugegriffen am 16.05.2019.

Abkommens inzwischen als eine Art gemeinsamer internationaler Mindeststandard des Schiedsverfahrensrechts etabliert haben.

Das UNÜ hat dadurch indirekt auch auf die nationalen Rechtsordnungen eingewirkt, selbst wenn sein Anwendungsbereich nur ausländische Schiedssprüche umfasst, sodass die rein innerstaatliche Schiedsgerichtsbarkeit (*domestic arbitration*) grundsätzlich nicht davon betroffen ist. Viele Staaten, so auch Deutschland, haben ihr Schiedsverfahrensrecht aber für nationale und internationale Sachverhalte weitgehend vereinheitlicht.

Ein wesentlicher Fortschritt des UNÜ gegenüber früheren Abkommen, beispielsweise dem unter der Ägide des Völkerbundes zustande gekommenen Genfer Abkommen zur Vollstreckung ausländischer Schiedssprüche von 1927,[3] ist das vereinfachte Vollstreckungsverfahren. Während früher meist ein doppeltes Exequaturverfahren erforderlich war, der Schiedsspruch also sowohl in seinem Ursprungsstaat als auch in dem Vollstreckungsstaat für vollstreckbar erklärt werden musste, genügt nunmehr eine einzige Vollstreckbarerklärung durch den Vollstreckungsstaat. Die Gerichte des Vollstreckungsstaates prüfen dabei nur die Einhaltung bestimmter rechtlicher Grundprinzipien (wirksame Schiedsvereinbarung, faires Verfahren, rechtliches Gehör usw.).

Durch das UNÜ wurde damit einerseits die Anerkennung und Vollstreckung von Schiedssprüchen erleichtert, was eine wesentliche Voraussetzung für die internationale Verbreitung von Schiedsverfahren ist. Schiedssprüche sind damit international in der Regel besser vollstreckbar als staatliche Gerichtsurteile.[4] Andererseits wurden aber auch bestimmte Axiome formuliert, die für die Entstehung einer gemeinsamen internationalen Rechtsüberzeugung von den Aufgaben und der Funktionsweise eines Schiedsverfahrens insgesamt von großer Bedeutung geworden sind.

2.2 Das Europäische Übereinkommen von 1961

Neben dem UNÜ ist in vielen Fällen auch das Europäische Übereinkommen über die internationale Handelsschiedsgerichtsbarkeit von 1961 (EuÜ)[5] zu berücksichtigen. Es wurde wenige Jahre nach dem UNÜ abgeschlossen, um Schiedsverfahren mit den damaligen Ostblockstaaten zu vereinfachen. Dort gab es in vielen Fällen keine privat konstituierten Schiedsgerichte, sondern ständige Schiedsgerichte mit fester Besetzung, die dementsprechend vom EuÜ mit umfasst werden (vgl. Art. I Abs. 2 lit. b, Art. IV Abs. 1 lit. a). Durch die Regelungen des EuÜ wird dafür Sorge getragen, dass die Konstituierung dieser verschiedenen Arten von Schiedsgerichten nicht fehl-

---

[3]Zu Geschichte und Bedeutung des UNÜ vgl. *Kröll*, 50 Jahre UN-Übereinkommen über die Anerkennung und Vollstreckung ausländischer Schiedssprüche – Standortbestimmung und Zukunftsperspektive, SchiedsVZ 2009, 40 f.; Stein/Jonas/*Schlosser*, ZPO, 23. Aufl. 2014, Anh. zu § 1061, Rn. 1–5.

[4]Dazu bereits oben Abschn. 1.5.2.

[5]BGBl. II 1964, S. 425, in Kraft getreten am 25.02.1965, BGBl. II 1965, S. 107.

schlägt und die Vereinbarung der Parteien damit durchgeführt werden kann.[6] Außerdem wird der Einfluss staatlicher Gerichte reduziert, indem für richterliche Hilfstätigkeiten andere Entscheidungsträger berufen werden.[7]

Aber auch im Übrigen enthält das EuÜ eine Reihe von detaillierten Bestimmungen, durch die das Schiedsverfahrensrecht der ZPO modifiziert wird.[8] Auch wenn das EuÜ in seiner Bedeutung nicht an das UNÜ heranreicht, ist es daher im Verhältnis zu einer Vielzahl europäischer und einiger außereuropäischer Staaten zu beachten.[9] Sollten die Regelungen des EuÜ mit denen des UNÜ konfligieren, ist zunächst auf die entsprechenden Bestimmungen des Abkommens selbst zu rekurrieren;[10] im Übrigen ist das Konkurrenzverhältnis umstritten.[11]

2.3 Das UNCITRAL Modellgesetz von 1985

Nachdem sich durch das UNÜ seit 1958 die Voraussetzungen, unter denen Schiedssprüche anerkannt und vollstreckt werden, nach und nach international anglichen, blieb das jeweilige nationale Schiedsverfahrensrecht im Übrigen gleichwohl relativ heterogen. Dies führte zu Rechtsunsicherheit und zu erhöhten Informationskosten für die Parteien. Da eine Vereinheitlichung sämtlicher nationaler Schiedsverfahrensrechte aber unrealistisch war, erarbeitete die Kommission für Internationales Handelsrecht der Vereinten Nationen (United Nations Commission on International Trade Law, UNCITRAL) ein Modellgesetz für das Schiedsverfahrensrecht, das 1985 veröffentlicht und 2006 reformiert wurde.[12] Ein solches Modellgesetz ist nicht mehr – aber auch nicht weniger – als eine Empfehlung an die Staaten, ihr jeweiliges nationales Recht nach dem Vorbild des Modellgesetzes umzugestalten.

Dem Modellgesetz war in seiner Funktion als Vorbild für die Gesetzgebung ein großer Erfolg beschieden. Derzeit haben 111 Rechtsordnungen in 80 Staaten (Bundesstaaten haben häufig mehrere Teilrechtsordnungen) ihr Schiedsverfahrensrecht ganz oder teilweise nach dem Modellgesetz reformiert.[13] Auch die deutsche Reform

---

[6]*Schwab/Walter*, Schiedsgerichtsbarkeit, 7. Aufl. 2005, Kap. 41 Rn. 4.
[7]Vgl. zu den Hintergründen Stein/Jonas/*Schlosser*, ZPO, 23. Aufl. 2014, Anh. zu § 1061, Rn. 386 ff.
[8]Dazu ausf. *Moller*, Schiedsverfahrensnovelle und Europäisches Übereinkommen über die internationale Handelsschiedsgerichtsbarkeit, NZG 2000, 57–72.
[9]Vgl. die Liste der Staaten unter https://treaties.un.org. Zugegriffen am 16.05.2019, dort Chapter XXII Treaty 2.
[10]Vgl. etwa Art. IX Abs. 2 EuÜ.
[11]Näher dazu *Moller*, Der Vorrang des UN-Übereinkommens über Schiedsgerichtsbarkeit vor dem Europäischen Übereinkommen über Handelsschiedsgerichtsbarkeit, EWS 1996, 297–301.
[12]Verfügbar unter https://uncitral.un.org/sites/uncitral.un.org/files/media-documents/uncitral/en/07-86998_ebook.pdf. Zugegriffen am 16.05.2019.
[13]Der aktuelle Status ist jeweils unter https://uncitral.un.org/en/texts/arbitration/modellaw/commercial_arbitration/status einsehbar. Zugegriffen am 16.05.2019.

des 10. Buchs der ZPO aus dem Jahre 1998 beruht auf dem Modellgesetz (dazu sogleich Abschn. 2.4).

Inhaltlich geht das UNCITRAL Modellgesetz den umgekehrten Weg wie das UNÜ: Während das UNÜ im Wesentlichen negativ die Voraussetzungen aufzählt, unter denen Schiedssprüche nicht anerkannt und vollstreckt werden, regelt das Modellgesetz positiv, welche Anforderungen an ein Schiedsverfahren gestellt werden.

Durch den großen Erfolg des UNCITRAL Modellgesetzes wurde das internationale Schiedsverfahrensrecht weltweit harmonisiert. Zwar bestehen nach wie vor diverse Unterschiede zwischen den jeweiligen nationalen Rechtsordnungen, da es jedem Staat frei steht, das Modellgesetz gar nicht oder nur teilweise umzusetzen oder auch durch eigene Regelungen zu ergänzen, jedoch haben die meisten Staaten erkannt, dass es im Interesse des internationalen Handelsverkehrs durchaus geboten ist, sich im Zweifelsfall möglichst nah am Modellgesetz zu orientieren. Dies erzeugt Rechtssicherheit für die Parteien, macht die jeweiligen Gerichtsentscheidungen vorhersehbarer, reduziert die Transaktionskosten und macht damit den eigenen Standort als Schiedsort attraktiver. Wenn man heutzutage von einem Staat als „*model law country*" spricht, weiß jeder Schiedsrechtler, dass er oder sie sich in der entsprechenden nationalen Rechtsordnung schnell zurecht finden wird.

Gegen eine Übernahme des Modellgesetzes haben sich interessanterweise diejenigen Staaten entschieden, die seit jeher Zentren der Schiedsgerichtsbarkeit sind: die Schweiz, Frankreich und England. Diese Staaten können ihre führende Rolle im Wettbewerb der Schiedsorte ohnehin behaupten. Sie genießen das Vertrauen von Parteien, die einen Schiedsort suchen, und müssen nicht erst versuchen, dieses durch Übernahme des Modellgesetzes neu zu erwerben.[14]

2.4 Nationales Schiedsverfahrensrecht

2.4.1 Maßgeblichkeit nationalen Rechts

Das Schiedsverfahren benötigt nach ganz überwiegender Vorstellung die Verankerung in einer bestimmten Rechtsordnung. Daher ist auf ein Schiedsverfahren immer auch ein nationales Schiedsverfahrensrecht anwendbar.

Einer anderen Rechtsvorstellung folgen allerdings manchmal die französische Rechtsprechung[15] und auch Teile der Lehre.[16] Danach wird angenommen, dass zumindest internationale Schiedsverfahren keinen notwendigen Bezug zu einer nationalen Rechtsordnung haben müssen, sondern vielmehr allein auf der Parteiver-

---

[14]Dazu *Berger*, Das neue deutsche Schiedsverfahrensrecht, DZWiR 1998, 45 (46); *Wagner*, Rechtsstandort Deutschland im Wettbewerb, 2017, S. 138 f., auch zu den ökonomischen Hintergründen, S. 82–86.
[15]Vgl. etwa Cour de Cassation (Civ. 1re) v. 29.06.2007, Rev. Arb. 2007, 507 – Société PT Putrabali Adyamulia v. Société Rena Holding.
[16]Vgl. etwa *Lew*, Achieving the Dream: Autonomous Arbitration, 22 Arb. Int'l (2006), 179–203.

einbarung als Rechtsgrundlage beruhen können. Die daraus hervorgehenden Schiedssprüche sollen dann als Akte internationaler Rechtsprechung klassifiziert werden und nur von den Gerichten der Staaten kontrolliert werden können, in denen die Vollstreckung jeweils begehrt wird.

Die Idee dieser „*delocalised arbitration*" wird allerdings ansonsten weitgehend abgelehnt.[17] Wenn man ihr folgt, kommt man nämlich einerseits in Schwierigkeiten, wenn Unterstützungshandlungen durch staatliche Gerichte – wie die Ersatzbestellung von Schiedsrichtern oder die Anordnung einstweiliger Maßnahmen – erforderlich werden. Ein zuständiges Gericht lässt sich nach dieser Theorie kaum ermitteln. Das Schiedsverfahren würde dann unter Umständen vollständig blockiert und undurchführbar. Vor allem ist nach der Theorie „anationaler" Schiedsverfahren aber auch die Vollstreckbarkeit der Schiedssprüche gefährdet, da die anwendbaren internationalen Instrumente, allen voran das UNÜ, die Herkunft des Schiedsspruchs aus einem Vertragsstaat erfordern. Aus diesen Gründen ist eine vollständige Loslösung des Schiedsverfahrens von einer staatlichen Rechtsordnung abzulehnen. In Deutschland und in anderen Staaten, die das UNCITRAL Modellgesetz umgesetzt haben, widerspricht die Theorie des anationalen Schiedsverfahrens ohnehin der lex lata, da hier die Sitztheorie normiert ist (Art. 1 Abs. 2).

2.4.2 Anwendbares Recht (Verfahrensstatut)

Für die Frage, welches nationale Verfahrensrecht auf ein konkretes Schiedsverfahren anwendbar ist, hat sich international weitgehend die Sitztheorie durchgesetzt. Danach ist insofern der Sitz des Schiedsverfahrens (Schiedsort) maßgeblich. Neben dem UNCITRAL Modellgesetz geht auch das UNÜ von der Sitztheorie aus (vgl. Art. V Abs. 1 lit. a, d, e). Dem Modellgesetz folgt § 1025 Abs. 1 ZPO, wonach deutsches Schiedsverfahrensrecht immer dann anwendbar ist, wenn der Schiedsort in Deutschland liegt.

Der Schiedsort wird in erster Linie von den Parteien festgelegt (§ 1043 Abs. 1 S. 1 ZPO, dazu näher unten Abschn. 3.1.3). Damit haben die Parteien die Möglichkeit, mittelbar auch das anwendbare Schiedsverfahrensrecht zu bestimmen. Es verhält sich insofern ähnlich wie bei einer Gerichtsstandsvereinbarung: Hier geht mit der Einigung auf ein bestimmtes staatliches Gericht ebenfalls immer eine mittelbare Wahl des entsprechenden Verfahrensrechts am Gerichtsort einher.

Da § 1025 Abs. 1 ZPO zwingend ist, kommt eine Rechtswahlvereinbarung, die bei deutschem Schiedsort ausländisches Schiedsverfahrensrecht vorsieht, nicht in Betracht. Das gewählte ausländische Recht würde dann nur kraft des Parteiwillens als materiellrechtliche Verweisung gelten und auch nur insoweit es nicht mit den zwingenden Vorschriften des 10. Buchs der ZPO kollidiert. Von diesen und damit auch von der Zuständigkeit deutscher Gerichte kann bei deutschem Schiedsort

---

[17] Vgl. ausf. *Blackaby/Partasides*, Redfern and Hunter on International Arbitration, 6. Aufl. 2015, Ziff. 3.73–3.90; *Schack*, Internationales Zivilverfahrensrecht, 7. Aufl. 2017, Rn. 1287, 1289 m.w.N.

nämlich nicht abgewichen werden.[18] Ob umgekehrt bei ausländischem Schiedsort deutsches Schiedsverfahrensrecht gewählt werden kann, richtet sich zunächst nach dem ausländischen Recht. § 1025 Abs. 1 ZPO schließt dies jedenfalls nicht aus, doch würde ein solcher Schiedsspruch gleichwohl stets als ausländischer Schiedsspruch anzusehen sein.[19]

Das auf das Schiedsverfahren anwendbare Recht ist sinnvollerweise als „Verfahrensstatut" zu bezeichnen. International spricht man auch von der *lex arbitri*. Es ist vom „Sachstatut" abzugrenzen (*lex causae*), worunter das Recht verstanden wird, das auf die Entscheidung in der Sache anwendbar ist (dazu Abschn. 8.1), sowie vom „Schiedsvereinbarungsstatut", dem auf die Schiedsvereinbarung anwendbaren Recht (dazu Abschn. 3.4.2).[20] Da internationale Schiedsverfahren häufig in einem „neutralen" Staat stattfinden, kommt es auch in der Praxis regelmäßig vor, dass diese anwendbaren Rechte auseinanderfallen:

> **Beispiel**
>
> Ein deutscher Vertriebshändler und ein italienischer Hersteller schließen einen langfristigen Vertriebsrahmenvertrag. Darin einigt man sich auf deutsches Recht als in der Sache anwendbares Recht sowie auf eine Streitbeilegungsklausel, die ein Schiedsverfahren in der Schweiz vorsieht. Kommt es nun zum Streit, ist auf das Schiedsverfahren nach der Sitztheorie Schweizer Schiedsverfahrensrecht anwendbar. Die materiellrechtlichen Beziehungen zwischen den Parteien, insbesondere also die Beurteilung der geltend gemachten Ansprüche, richtet sich aber nach deutschem Recht, also etwa nach BGB und HGB. Zusätzlich hätten die Parteien auch noch das auf die Schiedsvereinbarung anwendbare Recht regeln können, was allerdings selten geschieht. Diese Frage ist daher nach Kollisionsrecht zu beurteilen, wonach insofern wohl Schweizer Recht berufen ist.[21]

2.4.3 Besonderheiten des deutschen Schiedsverfahrensrechts

Das deutsche Schiedsverfahrensrecht ist im 10. Buch der ZPO (§§ 1025–1066) kodifiziert. Es beruht seit seiner grundlegenden Reformierung im Jahre 1998[22] weitgehend auf dem UNCITRAL Modellgesetz und befindet sich damit international in guter Gesellschaft. Der internationale Hintergrund der §§ 1025–1066 ZPO ist bei

---

[18] *Berger*, Das neue deutsche Schiedsverfahrensrecht, DZWiR 1998, 45 (47); MüKo-ZPO/*Münch*, 5. Aufl. 2017, § 1025 Rn. 11.

[19] BT-Drs. 13/5274, S. 62; MüKo-ZPO/*Münch*, 5. Aufl. 2017, § 1025 Rn. 15.

[20] Vgl. *Schmidt-Ahrendts/Höttler*, Anwendbares Recht bei Schiedsverfahren mit Sitz in Deutschland, SchiedsVZ 2011, 267 (268).

[21] Dazu unten Abschn. 3.4.2.

[22] Dazu BT-Drs. 13/5274; *Berger*, Das neue deutsche Schiedsverfahrensrecht, DZWiR 1998, 45–55; *ders.* (Hrsg.), Das neue Recht der Schiedsgerichtsbarkeit/The New German Arbitration Law, 1998; *Gottwald/Adolphsen*, Das neue deutsche Schiedsverfahrensrecht, DStR 1998, 1017–1025; *G. Lörcher*, Das neue Recht der Schiedsgerichtsbarkeit, DB 1998, 245–248.

2.4 Nationales Schiedsverfahrensrecht

ihrer Auslegung zu berücksichtigen: Die Entstehungsgeschichte des Modellgesetzes und die Rechtsprechung aus den anderen Staaten, in denen das Modellgesetz umgesetzt wurde, sollten bei der Anwendung der §§ 1025–1066 ZPO mit herangezogen werden. Auch wenn deutsche Gerichte natürlich nicht an Entscheidungen ausländischer Gerichte gebunden sind, ist es dennoch wichtig, die gemeinsam umgesetzten Regelungen in möglichst großem internationalen Entscheidungseinklang auszulegen und anzuwenden.[23]

Im Gegensatz zum Modellgesetz beschränkt sich das deutsche Schiedsverfahrensrecht allerdings nicht auf Handelsschiedsverfahren, sondern ist auf alle Arten von Schiedsverfahren anwendbar (§ 1030 Abs. 1 ZPO, dazu Abschn. 3.6). Der deutsche Gesetzgeber hat auch einige Regelungen ergänzt, die sich nicht im Modellgesetz finden, so zum Beispiel § 1057 ZPO über die Kostenentscheidung des Schiedsgerichts (dazu Abschn. 8.6). Im Übrigen hat sich der Gesetzgeber bei der Reform 1998 hauptsächlich daran orientiert, die Gleichwertigkeit der Streitbeilegung durch Schiedsgerichte im Vergleich zu staatlichen Gerichten herzustellen, die Zusammenarbeit zwischen Schiedsgerichten und staatlichen Gerichten zu verbessern und die Durchführung von Schiedsverfahren zu beschleunigen. Letzteres wurde etwa durch die Einführung der Eingangszuständigkeit der Oberlandesgerichte realisiert, wodurch sich die Anzahl der Gerichtsinstanzen, die nach Abschluss eines Schiedsverfahrens noch mit der Sache beschäftigt werden können, von drei auf zwei reduziert hat (dazu Abschn. 11.2).

Eine Besonderheit der deutschen Regelung liegt darin, dass die Vorschriften der ZPO unterschiedslos für nationale wie internationale Schiedsverfahren gelten. In vielen anderen Staaten, beispielsweise in Frankreich, in der Schweiz und in Singapur, sind dagegen unterschiedliche Rechtsregimes anwendbar, je nachdem, ob das Schiedsverfahren als nationales oder als internationales zu qualifizieren ist. Dafür wird meist auf die Herkunft der Parteien abgestellt, was aber zu komplizierten Abgrenzungsfragen führen kann, die der deutsche Gesetzgeber glücklicherweise vermieden hat.[24] Sinn und Zweck eines Sonderrechts für internationale Schiedsverfahren ist es meist, den Parteien hier in weiterem Umfang Vertragsfreiheit zu ermöglichen als in nationalen Sachverhalten und so Vorteile im internationalen Wettbewerb um den attraktivsten Schiedsort zu erlangen.[25] Das deutsche Schiedsverfahrensrecht gewährleistet allerdings die Parteiautonomie ohnehin in so großem Maße, dass eine weitergehende Regelung für internationale Verfahren hier schlicht nicht erforderlich ist.

Aus der Parteiautonomie als Grundlage der Schiedsgerichtsbarkeit (vgl. oben Abschn. 1.1) folgt eine weitere Besonderheit des Schiedsverfahrensrechts: Die meisten Vorschriften der §§ 1025–1066 ZPO sind dispositiv und enthalten daher oft auch einen expliziten Hinweis, dass anderweitige Parteivereinbarungen möglich sind. Damit unterscheiden sie sich grundlegend von den übrigen Vorschriften der ZPO, die das staatliche Gerichtsverfahren regeln und weitgehend zwingend ausgestaltet sind.

---

[23]*Berger*, Das neue deutsche Schiedsverfahrensrecht, DZWiR 1998, 45 (54).
[24]Vgl. BT-Drs. 13/5274, S. 25; *J. Schäfer*, Einführung in die internationale Schiedsgerichtsbarkeit, Jura 2004, 153 (154).
[25]Vgl. *Wagner*, Rechtsstandort Deutschland im Wettbewerb, 2017, S. 69–71.

2.5 Europarecht

Im Gegensatz zum Völkerrecht (siehe oben Abschn. 2.1 und 2.2) spielt das Europarecht nur eine untergeordnete Rolle. Gerade weil das Schiedsverfahrensrecht durch völkerrechtliche Verträge schon früh und erfolgreich auf internationaler Ebene harmonisiert worden ist, konnte sich der europäische Gesetzgeber mit der Schaffung zusätzlicher Regelungen zurückhalten.

In der Brüssel Ia-VO ist die Schiedsgerichtsbarkeit ausdrücklich ausgenommen (vgl. Art. 1 Abs. 2 lit. d, Art. 73 Abs. 2). Die Zuständigkeit von Schiedsgerichten und von staatlichen Gerichten in schiedsverfahrensrechtlichen Streitsachen richtet sich daher nach den jeweiligen nationalen Rechtsordnungen (§§ 1026, 1062 ZPO) und nicht nach Europarecht. Gleichermaßen richtet sich grundsätzlich auch die Anerkennung und Vollstreckung von Gerichtsentscheidungen, die sich mit Schiedsverfahren befassen, nicht nach Art. 36 ff. Brüssel Ia-VO, sondern nach nationalem Recht (vgl. Erwägungsgrund 12 Abs. 2). Anders soll es sich jedoch nach der Vorstellung des europäischen Gesetzgebers dann verhalten, wenn das staatliche Gericht die Schiedsvereinbarung für unwirksam gehalten und daher in der Sache entschieden hat (vgl. Erwägungsgrund 12 Abs. 3). Dadurch können schwierige Folgefragen auftreten, etwa wenn die Gerichte eines anderen Staates die Schiedsvereinbarung sehr wohl für wirksam halten und daher einen etwaigen Schiedsspruch für vollstreckbar erklären müssen. Diese Vollstreckbarerklärung kann dann mit der Anerkennung des ausländischen Gerichtsurteils, das ebenfalls in der Sache ergangen ist, kollidieren.[26] Die Brüssel Ia-VO hat daher durchaus Auswirkungen auf bestimmte Entscheidungen staatlicher Gerichte, die sich mit Schiedssachen beschäftigen.

Die auffälligsten Auswirkungen hat die Brüssel Ia-VO auf die Entscheidungspraxis englischer Gerichte, die zum Schutz der Durchführung von Schiedsverfahren Prozessführungsverbote (*anti-suit injunctions*) erlassen: Führt eine Partei eines Schiedsverfahrens einen Prozess vor einem ausländischen staatlichen Gericht, weil sie die Schiedsvereinbarung für unwirksam hält, kann die andere Partei vor den englischen Gerichten beantragen, ihr diese Prozessführung zu verbieten. Sind die englischen Gerichte zuständig, erlassen sie ein solches Prozessführungsverbot, wenn die ausländische Prozessführung in Schädigungsabsicht („*vexatious and oppressive*") erfolgt. Innerhalb der EU hat der EuGH in der berühmten Rechtssache *West Tankers* derartige Prozessführungsverbote allerdings für unzulässig erklärt. Denn auch wenn die Schiedsgerichtsbarkeit als solche nicht unter den Anwendungsbereich des europäischen Zivilprozessrechts fällt, so fällt doch das ausländische Gerichtsverfahren darunter. Indem die englischen Gerichte die Durchführung dieses Verfah-

---

[26]Dazu und zu weiteren Abgrenzungsschwierigkeiten vgl. *Mankowski*, Die Schiedsausnahme des Art. 1 Abs. 2 lit. d Brüssel Ia-VO, IHR 2015, 189–204; *Geimer*, Die Reichweite der Bereichsausnahme zu Gunsten der Schiedsgerichtsbarkeit in Art. 1 Abs. 2 lit. d EuGVVO n.F., in: Büscher u. a. (Hrsg.), Festschrift für Hans-Jürgen Ahrens, 2016, S. 501–519.

rens untersagen, verletzen sie den Grundsatz des gegenseitigen Vertrauens der mitgliedstaatlichen Gerichtssysteme und den effet utile der Verordnung.[27]

Weitere wichtige Auswirkungen hat das Europarecht im Bereich des Kartellrechts. So müssen die kartellrechtlichen Vorschriften der Art. 101 f. AEUV von Schiedsgerichten in jedem Fall beachtet werden; anderenfalls unterliegen ihre Entscheidungen der Aufhebung (dazu näher Abschn. 11.5.10.2).

Außerdem ist auch der Bereich des Investitionsschutzrechts vom Europarecht beeinflusst worden. Seit der Entscheidung des EuGH in Sachen *Achmea* sind Schiedsvereinbarungen zugunsten von Investoren in Investitionsschutzverträgen zwischen EU-Staaten unzulässig (dazu näher Abschn. 12.8.1.4).

2.6 Schiedsgerichtsordnungen

Neben dem staatlichen Recht richtet sich das Schiedsverfahren auch nach dem privat von den Parteien vereinbarten Recht. Dabei spielen insbesondere die Regelwerke der Schiedsinstitutionen eine große Rolle, die Schiedsgerichtsordnungen, Schiedsordnungen oder Verfahrensordnungen genannt werden (Engl. *arbitration rules*).

2.6.1 Geltung und Zweck

Die Tätigkeiten von Schiedsinstitutionen erschöpfen sich wie erwähnt (oben Abschn. 1.7) nicht nur in der administrativen Unterstützung von Schiedsverfahren. Vielmehr haben praktisch sämtliche Schiedsinstitutionen auch eigene Verfahrensregeln ausgearbeitet, nach denen die von ihnen administrierten Verfahren im Detail durchgeführt werden. Diese Schiedsgerichtsordnungen erlangen erst durch die Privatautonomie der Parteien Geltungskraft: Indem die Parteien vereinbaren, dass ihr Verfahren nach den Regeln einer bestimmten Institution durchgeführt werden soll, beziehen sie die jeweilige Schiedsgerichtsordnung in ihren Willen mit ein.[28]

Die Schiedsgerichtsordnung dient damit der Erweiterung der Parteivereinbarung und der Modifikation des anwendbaren Schiedsverfahrensrechts. Sie verdrängt die dispositiven Vorschriften des staatlichen Rechts; nur die (wenigen) zwingenden Rechtsvorschriften gehen ihr vor (vgl. § 1042 Abs. 3 ZPO).[29] Durch diese privatautonome Modifikation wird eine beständige Optimierung des Schiedsverfahrens ermöglicht: Schiedsinstitutionen können ihre gesammelten Erfahrungen in die Abfassung der Schiedsgerichtsordnung einfließen lassen und sie

---

[27]EuGH v. 10.02.2009, C-185/07, NJW 2009, 1655; dazu *Steinbrück*, ZEuP 2010, 170–185.
[28]Dazu etwa *Spohnheimer*, Gestaltungsfreiheit bei antezipiertem Legalanerkenntnis des Schiedsspruchs, 2010, S. 101 ff.
[29]Stein/Jonas/*Schlosser*, ZPO, 23. Aufl. 2014, § 1042 Rn. 16.

fortwährend an die sich ändernden Erfordernisse der Praxis anpassen. Manchmal dienen die Regeln der Schiedsinstitutionen dann auch als Vorbild für gesetzgeberische Aktivitäten.[30] Auf diese Weise fungieren Schiedsgerichtsordnungen wie ein Labor, in dem neue Bestimmungen für die Durchführung von Schiedsverfahren getestet werden können.

Gleichzeitig ermöglichen die Schiedsgerichtsordnungen eine Anpassung des Verfahrens an bestimmte rechtliche Erfordernisse: Die Schiedsinstitutionen können spezielle Regeln für verschiedene Arten von Schiedsverfahren ausarbeiten, die genau auf die Bedürfnisse dieser Verfahren zugeschnitten sind. Beispielsweise wären Schiedsverfahren in gesellschaftsrechtlichen Beschlussmängelstreitigkeiten ohne die speziellen Regeln, welche die DIS dafür ausgearbeitet hat,[31] kaum durchführbar (dazu näher Abschn. 3.6.3).

Natürlich steht es den Parteien frei, an Stelle der Vereinbarung einer Schiedsgerichtsordnung selbst detaillierte Regelungen für die Durchführung eines zwischen ihnen zukünftig stattfindenden Schiedsverfahrens zu vereinbaren. Allerdings wäre dies typischerweise mit einem viel höheren Aufwand verbunden, als sich schlicht auf die bewährten Regeln einer Institution zu einigen. Die Schiedsordnungen dienen damit auch den ökonomischen Zwecken der Verfahrensvereinfachung, der Reduktion von Komplexität und der Verringerung von Transaktionskosten. Die Parteien können sich auf ihr eigentliches, kommerzielles Geschäft konzentrieren und müssen nicht selbst oder durch ihre anwaltlichen Berater eigene detaillierte Regeln für ihr Schiedsverfahren ausarbeiten.

2.6.2 UNCITRAL Schiedsordnung

Eine Sonderrolle unter den Verfahrensordnungen nimmt die UNCITRAL Schiedsordnung (UNCITRAL Arbitration Rules) ein.[32] Dieses Regelwerk wurde nicht von einer Schiedsinstitution erarbeitet, sondern von der bereits erwähnten Kommission für Internationales Handelsrecht der Vereinten Nationen, auf die auch das Modellgesetz von 1985 zurückgeht. Daher setzt die Anwendung dieser Schiedsregeln auch nicht die Existenz einer Schiedsinstitution voraus, sondern ist speziell für ad hoc-Verfahren vorgesehen. Die UNCITRAL Arbitration Rules wurden ursprünglich für Investitionsschutzverfahren verfasst und finden in diesem Bereich auch nach wie vor häufig Anwendung. Aber auch in handelsrechtlichen Schiedsverfahren kommt es vor, dass die Parteien ein ad hoc-Verfahren durchführen möchten und sich dabei zusätzlich auf die UNCITRAL Arbitration Rules einigen. Darüber hinaus haben die

---

[30]Bei einer neuen Reform des 10. Buchs der ZPO wird die Übernahme von Bestimmungen der DIS-SchO und der ICC-SchO diskutiert, dazu *Wolff*, Empfiehlt sich eine Reform des deutschen Schiedsverfahrensrechts? SchiedsVZ 2016, 293 (299 f.).
[31]Vgl. die „Ergänzenden Regeln für gesellschaftsrechtliche Streitigkeiten" (DIS-ERGeS), Anlage 5 zur DIS-SchO.
[32]Verfügbar unter www.uncitral.org. Zugegriffen am 16.05.2019.

UNCITRAL Arbitration Rules infolge ihrer langen Geltung und internationalen Anwendung eine gewisse Autorität: Selbst in Schiedsverfahren, in denen die UNCITRAL Arbitration Rules nicht gelten, werden sie bisweilen als Argument zur Klärung von verfahrensrechtlichen Fragen herangezogen.

Wenn ein ad hoc-Verfahren nach den UNCITRAL Arbitration Rules durchgeführt wird, kann sich wie in jedem ad hoc-Verfahren die Situation ergeben, dass bestimmte Unterstützungsmaßnahmen erforderlich werden, die nur von einer Schiedsinstitution oder einem staatlichen Gericht vorgenommen werden können, wie zum Beispiel die Ersatzbenennung von Schiedsrichtern. Die UNCITRAL Arbitration Rules enthalten für diesen Fall besondere Regelungen: Die Parteien können sich dann im Streitfall an den Generalsekretär des PCA (Permanent Court of Arbitration in Den Haag) wenden (Art. 6 Abs. 2 UNCITRAL Arbitration Rules).

2.6.3 Spätere Änderungen

Der Verweis der Parteien auf eine Schiedsgerichtsordnung erfolgt meist in einem Vertrag, der längere Zeit vor Entstehung der Streitigkeit geschlossen wurde. Es besteht damit die Möglichkeit, dass die Schiedsgerichtsinstitution ihre Verfahrensordnung in der Zwischenzeit abändert, sodass zur Zeit der Einleitung des Schiedsverfahrens eine andere Verfahrensordnung gilt als zu dem Zeitpunkt, in dem die Parteien die Schiedsvereinbarung abgeschlossen haben.

In diesem Fall kann in der Regel angenommen werden, dass die Parteien mit ihrer Schiedsvereinbarung eine dynamische Verweisung beabsichtigt haben, also eine Verweisung auf die jeweils bei Einleitung des Schiedsverfahrens gültige Verfahrensordnung. Da bekannt ist, dass die Schiedsgerichtsinstitutionen die Verfahrensordnungen von Zeit zu Zeit überarbeiten, in praktischer Hinsicht verbessern und auch an etwaige geänderte rechtliche Erfordernisse anpassen, kann grundsätzlich ein Wille der Parteien angenommen werden, die jeweils aktuelle und verbesserte Version zu vereinbaren. Auch die Verfahrensordnungen selbst sehen vor, dass sie in der bei Einleitung des Schiedsverfahrens gültigen Fassung gelten (vgl. Art. 1.2 DIS-SchO und Art. 6.1 ICC-SchO), was aber nur deklaratorischen Gehalt hat. Entscheidend ist der Parteiwille.

Anders verhält es sich nämlich immer dann, wenn spätere Änderungen der Verfahrensordnung unter Berücksichtigung von Treu und Glauben gegen anerkennenswerte Interessen einer der Schiedsparteien verstoßen. Dann kann nicht von einer antizipierten Billigung dieser Änderungen durch die Parteien der Schiedsvereinbarung ausgegangen werden.[33]

---

[33]BGH v. 05.12.1985, III ZR 180/84, NJW-RR 1986, 1059.

Beispiel[34]

Ein Ringer hatte im Jahr 2015 mit dem Deutschen Ringer-Bund e.V. eine Schiedsvereinbarung abgeschlossen, wonach alle Streitigkeiten wegen Verstößen gegen Anti-Doping-Bestimmungen von einem Schiedsgericht nach der Sportschiedsgerichtsordnung (SportSchO) der DIS entschieden werden sollten (zur Sportschiedsgerichtsbarkeit näher unten Abschn. 12.7). Ein Jahr später wurde in der DIS-SportSchO folgende Regelung hinzugefügt:

§ 57.1: Ist zwischen zwei Parteien die Durchführung eines Schiedsverfahrens nach der DIS-SportSchO vereinbart, kann die NADA auch dann das vorgesehene Schiedsverfahren einleiten, wenn sie nicht Partei der Schiedsvereinbarung ist.

Der NADA (Nationale Anti-Doping Agentur) wurde damit ein eigenes Klagerecht eingeräumt, auch wenn sie die Schiedsvereinbarung gar nicht abgeschlossen hatte.

Als nun ein möglicher Dopingverstoß des Ringers im Raume stand, wurde die Sache zunächst verbandsintern beim Deutschen Ringer-Bund untersucht, der jedoch keinen Verstoß feststellen konnte. Die Parteien der Schiedsvereinbarung, der Ringer und der Ringer-Bund, leiteten daher auch kein Schiedsverfahren ein. Die NADA sah die Sache aber offenbar anders und rief daher das DIS-Sportschiedsgericht an.

Der BGH erklärte dieses Schiedsverfahren mit überzeugender Begründung für unzulässig: Denn auch wenn der Verweis der Schiedsvereinbarung auf die DIS-SportSchO grundsätzlich als dynamischer Verweis auf die bei Einleitung des Schiedsverfahrens geltende Fassung auszulegen war, konnte das hinsichtlich des § 57.1 nicht angenommen werden. Ein Klagerecht eines Dritten, der nicht Partei der Schiedsvereinbarung ist, stellt nämlich eine so grundlegende Abweichung von den Prinzipien der Schiedsgerichtsbarkeit dar, dass von einer Billigung dieser Änderung der Schiedsordnung durch die Parteien der Schiedsvereinbarung nicht ausgegangen werden konnte. Damit galt § 57.1 zwischen den Parteien nicht und der NADA stand kein Klagerecht zu.

2.6.4 Mischformen

Da die Geltung einer Schiedsgerichtsordnung von der Parteivereinbarung abhängig ist, können die Parteien in ihrer Schiedsvereinbarung auch Mischlösungen vereinbaren, mit denen sie die Regeln der Institution nur teilweise übernehmen und im Übrigen eigene Regeln aufstellen. Dies empfiehlt sich jedoch meist nicht, da auf diese Weise das (hoffentlich) stimmige Gesamtkonzept einer Schiedsordnung durchbrochen wird.

---

[34]BGH v. 19.04.2018, I ZB 52/17, SchiedsVZ 2019, 41, Rn. 22 f. (m. Anm. *Mortsiefer/Hofmann*).

Bisweilen wird vereinbart, dass eine Streitigkeit zwar nach der Schiedsgerichtsordnung einer bestimmten Institution durchgeführt werden soll, aber diese Institution das Verfahren nicht administrieren soll. Die administrativen Aufgaben sollen dann stattdessen von einer anderen Institution oder von den Schiedsrichtern selbst übernommen werden. Eine solche Vereinbarung ist im Rahmen der Privatautonomie möglich, stellt die von den Parteien ausgewählte andere Institution bzw. die Schiedsrichter aber vor diverse Probleme, wenn es zu einer Situation kommt, in der nach der Verfahrensordnung die Institution tätig werden muss. Eine solche Mischvereinbarung empfiehlt sich daher praktisch betrachtet nicht. Die ICC verbietet in ihrer Schiedsordnung sogar ausdrücklich, dass eine andere Institution ein Verfahren nach den ICC-Regeln durchführt (Art. 1 Abs. 2 S. 3 ICC-SchO). Allerdings kann dieses „Verbot" die Privatautonomie nicht beschränken. Vereinbaren die Parteien also tatsächlich einmal ein Verfahren, nach dem nur die Regeln einer Schiedsgerichtsinstitution gewünscht sind, nicht aber deren Verwaltungstätigkeit, stellt sich nur die Frage, wie die Rolle der Institution adäquat substituiert werden kann. Durch ergänzende Vertragsauslegung ist dann dem Parteiwillen so weit wie möglich zur Wirksamkeit zu verhelfen.

Ein hybrides Verfahren liegt auch dann vor, wenn sich die Parteien auf die „UNCITRAL Arbitration Rules Administered by the DIS" einigen.[35] Diese besondere Verfahrensordnung der DIS sieht vor, dass ein Schiedsverfahren nach den UNCITRAL Arbitration Rules durchgeführt, aber organisatorisch durch die DIS verwaltet wird. Wenn auf diese Weise die Verfahrensordnung und die Administrierung durch eine Institution inhaltlich aufeinander abgestimmt sind, kann die Vereinbarung eines hybriden Schiedsverfahrens durchaus sinnvoll sein.

2.7 Schiedsrichterliches Ermessen

Eine weitere Rechtsquelle für die Durchführung des Schiedsverfahrens stellt schließlich auch das schiedsrichterliche Ermessen dar. Wenn die Vereinbarung der Parteien für die Lösung der konkreten Verfahrensfrage nicht ergiebig ist und auch die Verfahrensordnung der Schiedsinstitution sowie das nationale und ggf. internationale Schiedsverfahrensrecht keine Regeln bereitstellen, sind die Schiedsrichter ermächtigt, nach ihrem Ermessen zu entscheiden (§ 1042 Abs. 4 S. 1 ZPO, dazu näher unten Abschn. 6.1.6).

---

[35]Vgl. http://www.disarb.org/de/16/rules/uncitral-arbitration-rules-administered-by-the-dis-id32. Zugegriffen am 16.05.2019.

Die Hierarchie der Rechtsquellen im Schiedsverfahrensrecht stellt sich damit – vereinfacht und schematisiert – wie folgt dar:[36]

```
Zwingendes staatliches Recht
            ↓
    Parteivereinbarungen
            ↓
    Schiedsgerichtsordnung
            ↓
 Dispositives staatliches Recht
            ↓
 Schiedsrichterliches Ermessen
```

---

[36]Vgl. auch *Berger*, Das neue deutsche Schiedsverfahrensrecht, DZWiR 1998, 45 (51); *Schmidt-Ahrendts/Schmitt*, Einführung in das Schiedsverfahrensrecht, Jura 2010, 520 (524).

Die Schiedsvereinbarung   3

Die Schiedsvereinbarung ist der Dreh- und Angelpunkt des gesamten Schiedsverfahrens. Da sich das Schiedsverfahren auf die Privatautonomie stützt (Abschn. 1.1), hängt es in seinen wesentlichen Bereichen von der Parteivereinbarung ab. Im Englischen wird dies mit dem geflügelten Wort ausgedrückt: „Arbitration is a creature of contract."[1] Neben den Vertrag tritt zwar immer auch das staatliche Recht, doch ist dieses nur in einzelnen Punkten zwingend und überlässt den Parteien ansonsten einen prinzipiell sehr weiten Spielraum für eigene Gestaltungen.

3.1   Inhalt

Eine Schiedsvereinbarung muss notwendigerweise den Willen der Parteien enthalten, die endgültige Entscheidung einer oder mehrerer Streitigkeiten einem Dritten als Schiedsrichter zu übertragen, vgl. § 1029 Abs. 1 ZPO. Dies sind die essentialia negotii, die einen Vertrag zu einer Schiedsvereinbarung machen. Eine einfache Schiedsvereinbarung kann damit zum Beispiel wie folgt aussehen:

> „Über die Ansprüche des ausgeschiedenen Gesellschafters gegen die Gesellschaft soll ein Schiedsgericht endgültig entscheiden."

In der Regel werden Schiedsvereinbarungen allerdings nicht nur über einzelne, sondern über alle Streitigkeiten aus einem Vertragsverhältnis abgeschlossen; außerdem legen die Parteien meist auch die Anzahl der Schiedsrichter und den Schiedsort fest (dazu sogleich näher im Text). Eine typische Schiedsklausel lautet daher etwa:

---

[1] Vgl. etwa *Donovan/Greenawalt*, Mitsubishi After Twenty Years: Mandatory Rules Before Courts and International Arbitrators, in: Mistelis/Lew (Hrsg.), Pervasive Problems in International Arbitration, 2006, S. 11, 13 m.w.N.

© Springer-Verlag GmbH Deutschland, ein Teil von Springer Nature 2019
W. Buchwitz, *Schiedsverfahrensrecht*, Springer-Lehrbuch,
https://doi.org/10.1007/978-3-662-59462-9_3

> „Alle Streitigkeiten, die sich aus oder im Zusammenhang mit diesem Vertrag oder über seine Gültigkeit ergeben, werden durch einen Einzelschiedsrichter unter Ausschluss des ordentlichen Rechtswegs endgültig entschieden. Schiedsort ist Würzburg."

3.1.1 Endgültigkeit

Inhaltlich ist für eine Schiedsvereinbarung außerdem erforderlich, dass die Parteien die endgültige Streitentscheidung wünschen. Ein Schiedsrichter ist seiner Definition nach ein Dritter (oder ein Gremium), der den Rechtsstreit abschließend entscheidet. Vereinbarungen, die einen Dritten nur um eine unverbindliche Stellungnahme zum Rechtsstreit oder Ähnliches ersuchen, sind daher inhaltlich keine Schiedsvereinbarungen. In typischen Schiedsklauseln wird diese Rolle der Entscheidungsperson mit der Formulierung zum Ausdruck gebracht, die Entscheidung solle „endgültig" sein (Engl. *final*).

Problematisch sind daher Vereinbarungen, wonach es den Parteien nach Abschluss des Schiedsverfahrens freistehen soll, den ordentlichen Rechtsweg zu beschreiten und auf diese Weise die Streitigkeit erneut entscheiden zu lassen. Durch eine solche Vereinbarung wird der schiedsrichterlichen Entscheidung nämlich in der Regel ihre Endgültigkeit genommen. Das Schiedsverfahren ist dann kein Schiedsverfahren im echten Sinne, sondern bloß ein vorgeschaltetes Güteverfahren.

Das OLG Karlsruhe hatte beispielsweise 1973 über eine Schiedsklausel zu entscheiden, die folgenden Zusatz enthielt:

> „Falls das Urteil dieses Schiedsgerichts für eine der beiden Parteien nicht akzeptabel ist, ist ein ordentliches Gericht zuständig, das vom Kläger angegeben wird."

Nach dieser Vereinbarung konnte also jede Partei nach Abschluss des Schiedsverfahrens erklären, dass die Sache erneut von einem staatlichen Gericht entschieden werden solle. Die Entscheidungsmacht, welche dem Schiedsrichter übertragen wurde, war also nur vorläufiger und nicht endgültiger Art. Das OLG verneinte daher – in Übereinstimmung mit dem LG – zu Recht das Bestehen einer Schiedsvereinbarung.[2] Etwas anders war jedoch eine Schiedsklausel formuliert, über die 2005 das OLG Frankfurt zu entscheiden hatte:

> „Ist eine der Parteien mit dem Schiedsgerichtsergebnis nicht zufrieden, muss innerhalb 1 Monat ab Datum des Schiedsgerichtsurteils gerechnet, der Weg der ordentlichen Gerichtsbarkeit beschritten werden."[3]

Auch nach dieser Regelung konnte jede Partei nach Abschluss des Schiedsverfahrens durch Anrufung des staatlichen Gerichts eine erneute Entscheidung erwirken.

---

[2] OLG Karlsruhe v. 13.03.1973, 8 U 129/72, OLGZ 1973, 479 = 2 Yb. Comm. Arb. (1977), 239 (mit mehr Details).
[3] OLG Frankfurt v. 20.12.2005, 26 Sch 29/05, juris, Rn. 3.

Das OLG Frankfurt sah die Anforderungen an eine Schiedsvereinbarung daher nicht als erfüllt an und versagte die Vollstreckbarerklärung des Schiedsspruchs.[4] Der BGH sah dies jedoch unter Verweis auf die Privatautonomie anders: Es stehe den Parteien frei, die Wirkung des Schiedsspruchs an eine Bedingung[5] zu knüpfen, nämlich daran, dass anschließend keine Klage vor dem staatlichen Gericht erhoben werde.[6] Der Entscheidung des BGH ist wegen der hier zusätzlich vereinbarten Monatsfrist zuzustimmen, denn jedenfalls nach Ablauf eines Monats steht fest, dass die Entscheidung des Schiedsrichters nun endgültig ist, wenn keine Partei eine Klage zum staatlichen Gericht erhoben hat. Nach der Klausel, über die das OLG Karlsruhe zu entscheiden hatte, hätten die Parteien dagegen potenziell in beliebiger Zukunft Klage erheben können, sodass nie Endgültigkeit eingetreten wäre.

Im Ergebnis werden damit an die „Endgültigkeit" einer Schiedsvereinbarung keine allzu strengen oder gar schematischen Anforderungen gestellt. Entscheidend ist stets eine Feststellung des Parteiwillens im Einzelfall. Möchten sich die Parteien auch nach Abschluss des Schiedsverfahrens noch „alle Optionen offen halten", dann ist eine Schiedsvereinbarung eher zu verneinen. Möchten sich die Parteien dagegen an die Entscheidung des Schiedsrichters binden, und sei es auch nur unter bestimmten Bedingungen, dann handelt es sich in der Regel um eine echte Schiedsvereinbarung.

Was das Verhältnis zur staatlichen Gerichtsbarkeit betrifft, so enthalten Schiedsvereinbarungen häufig auch einen ausdrücklichen Ausschluss (vgl. das obige Beispiel: „unter Ausschluss des ordentlichen Rechtsweges"). Eine derartige Vereinbarung ist zwar zur Klarstellung empfehlenswert, rechtlich aber nicht erforderlich. Der Ausschluss der ordentlichen Gerichtsbarkeit folgt nämlich schon aus der Vereinbarung eines Schiedsgerichtsverfahrens. Die Rechtsprechung hält daher zu Recht auch sehr kurz formulierte Schiedsklauseln für ausreichend:

Beispiel 1

In einem Kaufvertrag über Bio-Sonnenblumenkuchen hieß es: „Schiedsgericht / arbitration: Verein der Getreidehändler der Hamburger Börse". Als die Käuferin die Verkäuferin wegen Rückständen von Pflanzenschutzmitteln vor dem Schiedsgericht in Anspruch nahm, rügte die Verkäuferin die Zuständigkeit des Schieds-

---

[4] OLG Frankfurt v. 20.12.2005, 26 Sch 29/05, juris, Rn. 14; dem liegt eine lange Rechtsprechungstradition zugrunde, vgl. *Wagner*, Dispositionen über die Verbindlichkeit von Schiedssprüchen – Verzicht auf Rechtskraft und Aufhebungsgründe, in: Meller-Hannich u. a. (Hrsg.), Festschrift für Eberhard Schilken, 2015, S. 553 (557–559).
[5] Der BGH geht von einer auflösenden Bedingung aus, doch handelt es sich eher um eine aufschiebende Bedingung, vgl. *Wolff*, ZZP 2007, 371 (377); *Kröll*, SchiedsVZ 2008, 62 (63).
[6] BGH v. 01.03.2007, III ZB 7/06, BGHZ 171, 245, Rn. 17 ff.; dazu zustimmend *Kröll*, SchiedsVZ 2008, 62 (63); *Wagner*, Dispositionen über die Verbindlichkeit von Schiedssprüchen – Verzicht auf Rechtskraft und Aufhebungsgründe, in: Meller-Hannich u. a. (Hrsg.), Festschrift für Eberhard Schilken, 2015, S. 553 (566 f.); ablehnend *Wolff*, ZZP 2007, 371–377; Musielak/*Voit*, ZPO, 16. Aufl. 2019, § 1029 Rn. 20.

gerichts und brachte vor, es läge keine wirksame Schiedsvereinbarung vor. Das OLG Hamburg[7] und der BGH[8] sahen dies zu Recht anders und entschieden, dass die Parteien schon mit diesen wenigen Worten ein Schiedsgerichtsverfahren vereinbart hätten und ein ausdrücklicher Ausschluss des ordentlichen Rechtswegs nicht erforderlich sei.

Beispiel 2

In einem ganz ähnlichen Fall ging es um einen Kaufvertrag über Biodinkel. Die bayerische Verkäuferin verklagte die spanische Käuferin wegen Nichtabnahme vor dem Schiedsgericht der Produktenbörse Würzburg e.V. auf Zahlung von 400.000 Euro. Im Vertrag hieß es lediglich: „Gerichtsstand: Schiedsgericht des Verkäufers/Arbitration of seller". Das OLG München hielt dies zu Recht für eine wirksame Schiedsklausel. Schon aus den Worten „Schiedsgericht/arbitration" ergebe sich bei geschäftlich erfahrenen Kaufleuten nämlich der Wille, die staatliche Gerichtsbarkeit auszuschließen. Auch sei die Schiedsvereinbarung inhaltlich hinreichend bestimmt, da sich durch Auslegung ergebe, dass das Branchenschiedsgericht der Verkäuferin gemeint sei.[9]

3.1.2 Bestimmtheit

Nach § 1029 Abs. 1 ZPO ist es weiterhin erforderlich, dass sich die Schiedsvereinbarung auf Streitigkeiten bezieht, die in Bezug auf ein „bestimmtes Rechtsverhältnis" entstanden sind oder entstehen. Diese Bestimmtheit der Schiedsvereinbarung ist – im Einklang mit Art. II UNÜ und Art. 7 Abs. 1 UNCITRAL Modellgesetz – eine echte Wirksamkeitsvoraussetzung.[10]

Wichtig ist zunächst, dass nicht die Streitigkeit selbst in der Schiedsvereinbarung bestimmt sein muss (was bei Vertragsschluss oft noch nicht möglich ist), sondern das Rechtsverhältnis, aus dem sie entsteht. In aller Regel ist die Bestimmtheit damit unproblematisch, wenn Schiedsvereinbarungen Bestandteil eines Hauptvertrages sind. Nach der üblichen Formulierung gelten sie dann nämlich für alle Streitigkeiten „aus diesem Vertrag oder im Zusammenhang mit diesem Vertrag oder über seine Gültigkeit" (vgl. oben Abschn. 3.1). Durch diese weite Formulierung wird sichergestellt, dass nicht nur originär vertragliche Streitigkeiten (z. B. vertragliche Schadensersatzansprüche) der Schiedsbindung unterliegen, sondern auch konkurrierende Ansprüche aus Deliktsrecht („im Zusammenhang") und auch Streitigkeiten über die Gültigkeit des Vertrags an sich. Auf diese Weise wird eine umfassende Zuständigkeit des Schiedsgerichts begründet und damit eine Rechtswegspaltung zwischen Schiedsgericht und staatlichem Gericht vermieden.

---

[7]OLG Hamburg v. 11.10.2016, 6 Sch 12/16, BeckRS 2016, 115222, Rn. 22.
[8]BGH v. 06.07.2017, I ZB 101/16, NJOZ 2018, 1268, Rn. 17–20.
[9]OLG München v. 16.08.2017, 34 SchH 14/16, ZVertriebsR 2017, 371, Rn. 49, 52.
[10]Dazu etwa *Wagner*, Prozeßverträge, 1998, S. 593 f.

Probleme hinsichtlich ihrer Bestimmtheit bereiten daher nur die – seltenen – Klauseln, die das Rechtsverhältnis nicht genau bezeichnen. Das RG hielt beispielsweise obiter eine Schiedsvereinbarung „für alle Streitigkeiten aus der Geschäftsverbindung" mangels Bestimmtheit für unwirksam.[11] Eine solchermaßen restriktive Auslegung ist bei derartigen Klauseln jedoch m. E. nicht veranlasst. Denn solange auch nur im Nachhinein bestimmbar ist, ob eine Streitigkeit von der Vereinbarung umfasst ist und auf welche Parteien sich die Vereinbarung bezieht, ist das Schiedsverfahren durchführbar. Wenn dagegen teilweise darauf verwiesen wird, dass die Parteien auf den Justizgewährungsanspruch verzichten und sich daher im Klaren darüber sein müssen, welche zukünftigen Streitigkeiten von der Klausel umfasst sein können,[12] so ist einzuwenden, dass das Schiedsgerichtsverfahren jedenfalls seit 1998 auch vom Gesetzgeber als eine gleichwertige Alternative zum staatlichen Gerichtsverfahren angesehen wird[13] und den Parteien damit kein Unrecht geschieht, wenn sich der genaue Umfang der Vereinbarung erst im Nachhinein konkretisieren lässt.

Für eine großzügige Auslegung des Bestimmtheitserfordernisses in § 1029 Abs. 1 ZPO spricht auch, dass es im Anwendungsbereich des EuÜ[14] ohnehin nicht gilt, ohne dass dies zu rechtsstaatlichen Defiziten führen würde.

Nach Art. I Abs. 1 lit. a EuÜ ist das Übereinkommen anzuwenden

„auf Schiedsvereinbarungen, die zum Zwecke der Regelung von bereits entstandenen oder künftig entstehenden Streitigkeiten ... geschlossen werden..."

Da diese Vorschrift das Erfordernis des „bestimmten Rechtsverhältnisses" nicht nennt, wird zu Recht allgemein angenommen, dass diese Einschränkung hier nicht gilt.[15] In seinem Anwendungsbereich geht das EuÜ dem § 1029 ZPO vor. Wenn die Schiedsparteien also beispielsweise aus Deutschland und Frankreich stammen, ist die Bestimmtheit des Rechtsverhältnisses ohnehin nicht erforderlich und nicht zu prüfen.

3.1.3 Schiedsort

Die meisten Schiedsvereinbarungen enthalten auch eine Regelung über den Schiedsort (vgl. § 1043 Abs. 1 S. 2 ZPO). Eine solche Vereinbarung ist rechtlich nicht zwingend, doch in jedem Falle sinnvoll.[16] Bei Fehlen einer Vereinbarung über den

---

[11] RG v. 05.05.1908, 508/07 VII, JW 1908, 458, unter Bezug auf RG v. 06.02.1896, I 337/95, RGZ 36, 422 (dort auch nicht entscheidend).
[12] Musielak/*Voit*, ZPO, 16. Aufl. 2019, § 1029 Rn. 16.
[13] BT-Drs. 13/5274, S. 34.
[14] Dazu oben Abschn. 2.2.
[15] BGH v. 20.03.1980, III ZR 151/79, NJW 1980, 2022 (2023); MüKo-ZPO/*Münch*, 5. Aufl. 2017, § 1029 Rn. 70.
[16] *Schack*, Internationales Zivilverfahrensrecht, 7. Aufl. 2017, Rn. 1322; *Lachmann*, Handbuch für die Schiedsgerichtspraxis, 3. Aufl. 2008, Rn. 395.

Schiedsort ergeben sich nämlich Schwierigkeiten bei der Durchführung des Verfahrens.

Unter dem Schiedsort ist dabei die rechtliche Belegenheit des Schiedsverfahrens zu verstehen, die mit dem tatsächlichen Verhandlungsort nicht unbedingt übereinstimmen muss (vgl. § 1043 Abs. 2 ZPO). Der Schiedsort besagt vielmehr, in welchem Rechtssystem die Parteien ihr Schiedsverfahren verortet sehen möchten. Nach der international weitgehend einheitlich anerkannten Sitztheorie richtet sich nämlich das anwendbare Schiedsverfahrensrecht nach dem Schiedsort bzw. nach dem „Sitz" (Engl. *seat*)[17] des Schiedsgerichts (§ 1025 Abs. 1 ZPO, vgl. bereits oben Abschn. 2.4.1). Außerdem ist der Schiedsort auch für die Zuständigkeit der staatlichen Gerichte ausschlaggebend (§ 1062 ZPO, dazu unten Abschn. 11.2).

> Beispiel
>
> Haben die Parteien wie in der obigen Schiedsklausel Würzburg als Schiedsort festgelegt, steht damit fest, dass deutsches Schiedsverfahrensrecht anwendbar ist und dass für alle das Verfahren betreffenden Gerichtsentscheidungen das Oberlandesgericht München[18] zuständig ist. Die Festlegung des Schiedsorts bedeutet dagegen nicht, dass sämtliche mündlichen Verhandlungen des Schiedsgerichts in Würzburg durchgeführt werden müssen. Wenn es für die Beteiligten bequemer ist, können die Verhandlungen auch an anderen Orten und auch im Ausland durchgeführt werden.

Die Vereinbarung des Schiedsorts ist keine konstitutive Voraussetzung einer Schiedsvereinbarung und unterliegt daher auch nicht der Formvorschrift des § 1031 ZPO. Es handelt sich vielmehr um eine Verfahrensvereinbarung, die auch mündlich und/oder konkludent geschlossen werden kann.[19] Haben die Parteien also in ihrer Schiedsvereinbarung keinen Schiedsort vorgesehen, können sie gleichwohl das Schiedsverfahren wirksam einleiten und Schiedsrichter benennen. In der ersten Verfahrenskonferenz[20] mit dem Schiedsgericht kann die Frage des Schiedsorts dann besprochen und eine Einigung getroffen werden. Ist eine Einigung der Parteien nicht möglich, entscheidet das Schiedsgericht über den Schiedsort, wobei es auf alle Umstände des Einzelfalles Rücksicht zu nehmen hat (§ 1043 Abs. 1 S. 2, 3 ZPO).

Da der reale Verhandlungsort gemäß § 1043 Abs. 2 ZPO auch ein anderer Ort als der Schiedsort sein kann, gibt es theoretisch Umgehungsmöglichkeiten. Wollen beispielsweise ausländische Schiedsparteien ihr eigenes restriktives Schiedsverfahrensrecht umgehen, haben sie die Möglichkeit, einen deutschen Schiedsort und damit deutsches Schiedsverfahrensrecht und die Zuständigkeit deutscher Gerichte

---

[17]Zu diesen inhaltsgleichen Begriffen vgl. Stein/Jonas/*Schlosser*, ZPO, 23. Aufl. 2014, § 1025 Rn. 3.
[18]§ 1062 Abs. 5 S. 1 ZPO i.V.m. § 7 GZVJu.
[19]Stein/Jonas/*Schlosser*, ZPO, 23. Aufl. 2014, § 1043 Rn. 3.
[20]Dazu Abschn. 6.2.

zu vereinbaren, aber gleichwohl sämtliche Verhandlungen im Ausland durchzuführen. Nach einer in der Literatur vertretenen Ansicht soll es in derartigen Fällen nicht auf den vereinbarten Schiedsort, sondern auf den tatsächlichen Verhandlungsort ankommen.[21] Diese Ansicht ist jedoch abzulehnen, da sie für Rechtsunsicherheit sorgt. Bei Beginn des Schiedsverfahrens steht schließlich noch nicht fest, wo die tatsächlichen Verhandlungen stattfinden werden, sodass sich der Schiedsort nach dieser Ansicht im Verlauf des Schiedsverfahrens von einem Ort zum anderen verschieben würde. Zudem lässt sich keine klare Grenze ziehen, ab wie viel tatsächlicher Verhandlung von einer solchen Verlagerung auszugehen wäre. Vielmehr ist zu bedenken, dass es durchaus auch sinnvolle Anwendungsfälle einer solchen Vereinbarung gibt, etwa wenn die Verhandlung nur aus dem Grund in einen anderen Staat verlagert wird, weil alle Schiedsrichter und Rechtsanwälte dort ansässig sind.[22] Sollten die Parteien tatsächlich konkrete Umgehungsabsichten bezüglich bestimmter zwingender Regelungen haben, werden diese sich gegebenenfalls unter dem Gesichtspunkt der fraus legis Geltung verschaffen können.

3.1.4 Weitere Vereinbarungen

Neben den notwendigen Bestandteilen und der Regelung des Schiedsorts können die Parteien in der Schiedsvereinbarung im Rahmen der Vertragsfreiheit zahlreiche weitere Regelungen zum Schiedsverfahren und zu seiner konkreten Durchführung vereinbaren.

Nützlich ist die Festlegung der Anzahl der Schiedsrichter. Ohne eine Vereinbarung müssen nämlich immer drei Schiedsrichter bestellt werden (§ 1034 Abs. 1 S. 2 ZPO). Einigen sich die Parteien stattdessen zum Beispiel auf einen Einzelschiedsrichter, können sie dadurch Zeit und Kosten sparen.

Häufig wird auch die Verfahrenssprache für das Schiedsverfahren in der Schiedsvereinbarung festgelegt (§ 1045 Abs. 1 S. 1 ZPO). Dies ist zur Vermeidung von Unklarheiten jedenfalls sinnvoll. Die Möglichkeit, das Verfahren in einer beliebigen Sprache abhalten zu können, ist gerade einer der wesentlichen Vorteile des Schiedsverfahrens (vgl. oben Abschn. 1.5.5). Haben die Parteien die Sprache nicht festgelegt und können sie sich auch später nicht auf eine Sprache einigen, legt das Schiedsgericht die Verfahrenssprache fest (§ 1045 Abs. 1 S. 2 ZPO). Dabei wird das Schiedsgericht in der Regel auf die Sprache abstellen, in welcher der zugrunde liegende Vertrag abgefasst ist.

Weitere Regelungen braucht die Schiedsvereinbarung jedenfalls bei einem institutionellen Schiedsverfahren nicht zu enthalten. Hier regelt die entsprechende Schiedsgerichtsordnung die Durchführung des Verfahrens im Detail, sodass es in aller Regel weder notwendig noch empfehlenswert ist, zusätzliche Bestimmungen

---

[21] *Schütze*, Schiedsgericht und Schiedsverfahren, 6. Aufl. 2016, Rn. 403, 659, 689, 754 usw.
[22] Vgl. Stein/Jonas/*Schlosser*, ZPO, 23. Aufl. 2014, § 1043 Rn. 6.

individualvertraglich zu vereinbaren. Vielmehr kann hier einfach die Musterklausel der jeweiligen Institution übernommen werden (dazu näher unten Abschn. 3.10).

Anders sieht es bei der Durchführung eines ad hoc-Verfahrens aus. Hier können zusätzliche Regelungen sinnvoll sein, um das Schiedsverfahren genauer an die Wünsche und Bedürfnisse der Parteien anzupassen. Zum Beispiel sollte vertraglich Vorsorge für die Situationen getroffen werden, in denen ansonsten die Schiedsinstitution unterstützend tätig wird, vor allem bei der Ersatzbestellung von Schiedsrichtern. Regeln die Parteien insofern nichts Näheres, wird die Ersatzbestellung durch das Oberlandesgericht vorgenommen, das dann häufig einen staatlichen Richter bestellt. Die Parteien können stattdessen aber auch vereinbaren, dass die Ersatzbestellung von Schiedsrichtern durch eine Interessenvertretung der Wirtschaft, also etwa den Präsidenten der IHK, oder durch eine Fachorganisation, etwa die Generalsekretärin der DIS,[23] erfolgen soll. In solchen Fällen sollte vorab mit dem Dritten vereinbart werden, dass er zur Übernahme dieser Aufgabe bereit ist, und in der Schiedsklausel sollte geregelt werden, dass der Dritte sich nicht selbst als Schiedsrichter ernennen darf.[24]

Bei der Abfassung von individuellen Schiedsklauseln für ad hoc-Verfahren ist daher größere Sorgfalt und Expertise von Seiten der Parteien erforderlich. Nützliche Anhaltspunkte können insofern die „Guidelines for Drafting International Arbitration Clauses" der International Bar Association (IBA) liefern.[25] Alternativ können die Parteien eines ad hoc-Verfahrens auch die Geltung der UNCITRAL Schiedsordnung vereinbaren, die auf diese Weise an die Stelle einer institutionellen Schiedsordnung tritt (dazu bereits oben Abschn. 2.6.2).

3.2 Arten

Das Gesetz unterscheidet in § 1029 Abs. 2 ZPO zwei verschiedene Arten von Schiedsvereinbarungen: die „Schiedsklausel" und die „Schiedsabrede". Die Schiedsklausel ist Teil eines Hauptvertrags (Bsp. oben Abschn. 3.1), was in der Praxis den Regelfall darstellt. Die Schiedsabrede ist dagegen ein selbständig abgeschlossener Vertrag. Aber auch bei einer Schiedsabrede muss natürlich angegeben werden, auf welches Rechtsverhältnis sie sich beziehen soll. Die inhaltlichen Anforderungen sind damit identisch, es handelt sich nur um eine terminologische Unterscheidung.[26] Bei Verbraucherverträgen ist der separate Abschluss einer Schiedsabrede allerdings eine Gültigkeitsvoraussetzung (dazu Abschn. 3.5).

---

[23] So der Rat von *Risse*, in: Hoffmann-Becking/Gebele, Beck'sches Formularbuch Bürgerliches-, Handels- und Wirtschaftsrecht, 13. Aufl. 2019, Form. XII.3., Rn. 5.
[24] Vgl. näher *Schütze*, Schiedsgericht und Schiedsverfahren, 6. Aufl. 2016, Rn. 110–112.
[25] Verfügbar unter www.ibanet.org. Zugegriffen am 16.05.2019.
[26] Vgl. näher BeckOK-ZPO/*Wolf/Eslami*, Stand 01.03.2019, § 1029 Rn. 1–4.

Auch in zeitlicher Hinsicht lassen sich verschiedene Arten von Schiedsvereinbarungen unterscheiden: Schiedsvereinbarungen können vor oder nach Entstehen der Streitigkeit, auf die sie sich beziehen, abgeschlossen werden. Allerdings ist nach Entstehung einer Streitigkeit in der Regel keine Bereitschaft der Parteien mehr vorhanden, sich zu einigen,[27] sodass diese Art der Schiedsvereinbarung praktisch nur selten vorkommt.[28] Normalerweise werden Schiedsvereinbarungen gewissermaßen vorbeugend für die Zukunft geschlossen.

3.3 Rechtsnatur

Die Frage der Rechtsnatur der Schiedsvereinbarung wird seit jeher lebhaft diskutiert, da die Schiedsvereinbarung sowohl das materielle Recht als auch das Prozessrecht betrifft.[29] Im Hinblick auf ihren Abschluss unterscheidet sich die Schiedsvereinbarung nicht von einem sonstigen Vertrag. Sie wird nur zwischen den beiden Parteien und ohne Mitwirkung einer sonstigen Stelle geschlossen, was sie von Vereinbarungen unterscheidet, die vor Gericht abgeschlossen werden, wie zum Beispiel einem Prozessvergleich. Die Schiedsvereinbarung ist daher jedenfalls keine Prozesshandlung, sondern zunächst ein „normaler" materiellrechtlicher Vertrag.

Ihrem Gegenstand nach zielt die Schiedsvereinbarung aber vor allem auf prozessuale Wirkungen: Eine Klage vor Gericht ist unzulässig (§ 1032 Abs. 1 ZPO) und der spätere Schiedsspruch hat dieselbe Rechtskraftwirkung wie ein Gerichtsurteil (§ 1055 ZPO). Die Schiedsvereinbarung hat also prozessuale Wirkungen, wird aber materiellrechtlich abgeschlossen, sodass ihr eine gewisse Doppelnatur zukommt. In der älteren Rechtsprechung wurde dies treffend dahingehend zusammengefasst, dass die Schiedsvereinbarung ein materiellrechtlicher Vertrag über prozessrechtliche Beziehungen ist.[30] In der neueren Rechtsprechung des BGH heißt es schlicht, die Schiedsvereinbarung sei ein „Unterfall des Prozessvertrags".[31]

Von Bedeutung ist die Rechtsnatur der Schiedsvereinbarung vor allem für die Anwendbarkeit der allgemeinen Regeln des Vertragsrechts: Da es sich um einen Vertrag handelt, gelten nicht die Regeln des Prozessrechts über Prozesshandlungen, sondern die Vorschriften des jeweils anwendbaren materiellen Rechts über das Zustandekommen von Verträgen.

---

[27]Vgl. auch *Wagner*, Rechtsstandort Deutschland im Wettbewerb, 2017, S. 45 f.
[28]So aber im Fall BGH v. 13.01.2009, XI ZR 66/08, NJW-RR 2009, 790.
[29]Vgl. etwa *Habscheid*, Die Rechtsnatur des Schiedsvertrages und ihre Auswirkungen, KTS 1955, 33 (33–36: „Schiedsverfahrensgesellschaft"); *Wagner*, Prozeßverträge, 1998, S. 578–598.
[30]RG v. 09.03.1934, VII 262/33, RGZ 144, 96 (98); BGH v. 28.11.1963, VII ZR 112/62, NJW 1964, 591 (592).
[31]BGH v. 03.12.1986, IVb ZR 80/85, BGHZ 99, 143 unter 3.b) der Gründe; BGH v. 06.04.2009, II ZR 255/08, BGHZ 180, 221, Rn. 17.

3.4 Zustandekommen

Damit eine Schiedsvereinbarung wirksam zustande kommt, müssen auch die allgemeinen Vorschriften über das Zustandekommen von Verträgen und über die Wirksamkeit der Einigung – etwa was die Folgen von Willensmängeln betrifft – erfüllt sein.

3.4.1 Trennungsprinzip

Von zentraler Bedeutung für die Beurteilung der Wirksamkeit der Schiedsvereinbarung ist zunächst das sogenannte Trennungsprinzip (*doctrine of separability*): Nach allgemeiner Ansicht ist die jeweilige Wirksamkeit von Schiedsvertrag und Hauptvertrag getrennt voneinander zu beurteilen. Auch wenn die Schiedsvereinbarung räumlich Teil des Hauptvertrags ist („Schiedsklausel"), so ist sie also in ihrer Wirksamkeit trotzdem davon unabhängig. Für das deutsche Recht ergibt sich dies aus § 1040 Abs. 1 S. 2 ZPO, doch ist das Trennungsprinzip auch international weitgehend einheitlich anerkannt.[32]

Ist der Hauptvertrag beispielsweise wegen Sittenwidrigkeit (§ 138 BGB) oder wegen Kartellverstoßes (Art. 101 Abs. 2 AEUV) nichtig, so ist die Schiedsklausel trotzdem wirksam, sofern nur die vertragliche Einigung an sich nicht betroffen ist. Das Schiedsgericht kann dann über die Frage der Sitten- oder Kartellrechtswidrigkeit und die sich daraus gegebenenfalls ergebenden wechselseitigen Ansprüche der Parteien entscheiden.

Der Grund für das Trennungsprinzip liegt also darin, dass es zwischen den Parteien oft hochumstritten ist, ob der Hauptvertrag wirksam ist oder nicht, und dass diese Frage dann im Schiedsverfahren geklärt werden kann, weil die Schiedsvereinbarung jedenfalls wirksam ist. Besonders offenkundig ist die Notwendigkeit des Trennungsprinzips, wenn eine Partei den Vertrag wegen Vertragsverletzungen der anderen Seite gekündigt hat oder davon zurückgetreten ist. Der Vertrag ist dann ex nunc erloschen, doch bleibt die Schiedsklausel natürlich wirksam, damit das Schiedsgericht über die daraus resultierenden Abwicklungs- und Schadensersatzansprüche entscheiden kann.[33]

Das Trennungsprinzip entspricht also in aller Regel dem Willen der Parteien, die das Schiedsgericht umfassend an Stelle des staatlichen Gerichts mit der Entscheidungsfindung betrauen möchten. In den üblichen Schiedsvereinbarungen wird dies mit dem Zusatz ausgedrückt, dass auch Streitigkeiten „über die Gültigkeit des Vertrags" mit umfasst sind (vgl. oben Abschn. 3.1). Rechtlich erforderlich ist dieser Zusatz allerdings nicht, da das Trennungsprinzip auch unabhängig davon gilt.

---

[32]Dazu *Blackaby/Partasides*, Redfern and Hunter on International Arbitration, 6. Aufl. 2015, Ziff. 2.101–2.113; Stein/Jonas/*Schlosser*, ZPO, 23. Aufl. 2014, § 1040 Rn. 5.

[33]So etwa BGH v. 18.06.2014, III ZB 89/13, SchiedsVZ 2014, 254, Rn. 21; vgl. auch *Blackaby/Partasides*, Redfern and Hunter on International Arbitration, 6. Aufl. 2015, Ziff. 2.101 f.

3.4.2 Anwendbares Recht (Schiedsvereinbarungsstatut)

Um beurteilen zu können, ob die Schiedsvereinbarung materiellrechtlich wirksam zustande gekommen ist, muss zuvor geklärt werden, welches Recht überhaupt anwendbar ist. Das auf die Schiedsvereinbarung anwendbare Recht wird als „Schiedsvereinbarungsstatut" bezeichnet, um es vom Verfahrensstatut (dazu Abschn. 2.4.2) und vom Sachstatut (dazu Abschn. 8.1) abzugrenzen.

Wegen der Rechtsnatur der Schiedsvereinbarung als Vertrag ist es zunächst naheliegend, das darauf anwendbare Recht nach dem Schuldvertragsstatut zu bestimmen. Dies entsprach auch der Rechtsprechung vor Inkrafttreten der Rom I-Verordnung.[34] Die 2009 in Kraft getretene Rom I-Verordnung ist jedoch auf Schiedsvereinbarungen ausdrücklich nicht anwendbar (Art. 1 Abs. 2 lit. e). Es ist daher vorzugswürdig, auf den Abschluss von Schiedsvereinbarungen nun die Kollisionsregel des § 1059 Abs. 2 Nr. 1 lit. a Alt. 2 ZPO, die eigentlich nur für das Aufhebungsverfahren gilt, entsprechend anzuwenden.[35] Demnach gilt Folgendes:

- Das anwendbare Recht richtet sich zunächst nach der Parteivereinbarung. Es kommt durchaus vor, dass die Parteien in der Schiedsklausel festlegen, welchem Recht diese unterliegen soll (etwa „This arbitration clause shall be governed by the substantive laws of the Federal Republic of Germany."[36]). Haben sie keine solche Vereinbarung getroffen, kann die allgemeine Rechtswahlklausel des Hauptvertrages allerdings nach richtiger Ansicht nicht auch auf die Schiedsvereinbarung bezogen werden, da die Schiedsvereinbarung anderen Interessen dient als der Hauptvertrag. Wegen des Trennungsprinzips kann man den Parteien in der Regel keinen mutmaßlichen Willen unterstellen, die Schiedsklausel ebenfalls dem in der Sache anwendbaren Recht zu unterwerfen.[37]
- Wenn die Parteien das auf die Schiedsvereinbarung anwendbare Recht nicht bestimmt haben, ist deutsches Recht als das Recht des Schiedsorts anwendbar (§ 1059 Abs. 2 Nr. 1 lit. a ZPO, § 1025 Abs. 1 ZPO). Dann gelten also insbesondere die Vorschriften des BGB.

In der Praxis kann die Bestimmung des anwendbaren Rechts offen bleiben, wenn die Schiedsvereinbarung – was häufig der Fall ist – nach allen in Betracht kommenden Rechtsordnungen wirksam bzw. unwirksam ist.

---

[34] BGH v. 25.01.2011, XI ZR 350/08, SchiedsVZ 2011, 157, Rn. 24; BGH v. 21.09.2005, III ZB 18/05, SchiedsVZ 2005, 306 (307), jeweils m.w.N.

[35] *Schmidt-Ahrendts/Höttler*, Anwendbares Recht bei Schiedsverfahren mit Sitz in Deutschland, SchiedsVZ 2011, 267 (272 f.); *König*, Zur Bestimmung des Schiedsvertragsstatuts bei fehlender Gesetzesgrundlage nach Inkrafttreten der Rom I-Verordnung, SchiedsVZ 2012, 129–133; a.A. *Schack*, Internationales Zivilverfahrensrecht, 7. Aufl. 2017, Rn. 1331 (Art. 27 f. EGBGB a.F.).

[36] Beispiel aus der Praxis des Autors.

[37] *Schmidt-Ahrendts/Höttler*, Anwendbares Recht bei Schiedsverfahren mit Sitz in Deutschland, SchiedsVZ 2011, 267 (273 f.); anders wohl OLG München v. 23.06.2017, 34 SchH 3/16, zitiert nach *Kröll*, NJW 2018, 61 (63 Fn. 13).

> **Beispiel**
>
> In dem oben erwähnten Fall des Verkaufs von Bio-Sonnenblumenkuchen (Abschn. 3.1.1) hatten die Parteien keine ausdrückliche Vereinbarung über das auf die Schiedsvereinbarung anwendbare Recht getroffen. Da als Schiedsort Hamburg festgelegt war, wäre Schiedsvereinbarungsstatut also das deutsche Recht, wenn man nicht mit der Gegenansicht das auf den Hauptvertrag anwendbare Recht auch für die Schiedsvereinbarung maßgeblich erachten wollte. Hinsichtlich des auf den Hauptvertrag anwendbaren Rechts hatte sich die niederländische Verkäuferin auf die Geltung ihrer AGB berufen, die niederländisches Recht vorsahen, die deutsche Käuferin dagegen auf die Einheitsbedingungen im Deutschen Getreidehandel, die deutsches Recht vorsehen. Da die Schiedsvereinbarung nun aber sowohl nach deutschem als auch nach niederländischem Recht wirksam war, musste das OLG Hamburg weder darüber entscheiden, ob sich das Schiedsvereinbarungsstatut nach dem Schiedsort oder nach dem Recht des Hauptvertrags richtet, noch welches Recht überhaupt auf den Hauptvertrag anwendbar war, wofür unter anderem die schwierige Frage der Einbeziehung und Kollision der beiden unterschiedlichen AGB zu klären gewesen wäre.[38] Letztere Frage musste dann allerdings wohl das Schiedsgericht klären, um in der Hauptsache entscheiden zu können.

3.4.3 Vertragsrechtliche Fragen

Das Recht, welches auf die Schiedsvereinbarung anwendbar ist, regelt die Fragen des Zustandekommens und der materiellen Wirksamkeit der Schiedsvereinbarung. Bei Anwendbarkeit deutschen Rechts ist also nach den Vorschriften des BGB zu prüfen, ob die Parteien übereinstimmende Willenserklärungen auf Abschluss einer Schiedsvereinbarung ausgetauscht haben (§§ 145 ff. BGB),[39] ob diese Willenserklärungen möglicherweise von Willensmängeln betroffen sind (§§ 116 ff. BGB) und ob die Parteien geschäftsfähig sind (§§ 104 ff. BGB).[40]

Von besonderer Bedeutung ist auch das Stellvertretungsrecht (§§ 164 ff. BGB), da Schiedsvereinbarungen häufig von juristischen Personen oder Personengesellschaften abgeschlossen werden, die dabei durch ihre Organe oder sonstigen Vertreter vertreten werden müssen. Die Vertretungsmacht richtet sich dann nach den jeweils anwendbaren gesellschaftsrechtlichen Regelungen. Aber auch gewillkürte Stellvertretung durch rechtsgeschäftliche Vertreter (§ 167 BGB) kommt häufig vor, etwa wenn sich die Vertragsparteien durch ihre Rechtsanwälte oder sonstigen Bevollmächtigten vertreten lassen. Schließlich ist auch dann Stellvertretung erforderlich, wenn für geschäfts- und prozessunfähige Personen ein Schiedsvertrag

---

[38] OLG Hamburg v. 11.10.2016, 6 Sch 12/16, BeckRS 2016, 115222, Rn. 20–26.
[39] Beispiel: OLG München v. 11.08.2016, 34 SchH 7/16, juris.
[40] MüKo-ZPO/*Münch*, 5. Aufl. 2017, § 1029 Rn. 15 f.; *Wagner*, Prozeßverträge, 1998, S. 582 f.

geschlossen werden soll. Eltern können ihre Kinder insofern beim Abschluss eines Schiedsvertrags uneingeschränkt vertreten (§ 1643 Abs. 1 BGB verweist nicht auf § 1822 Nr. 12 BGB). Vormünder, Betreuer und Pfleger benötigen dagegen meist zusätzlich die Genehmigung des Gerichts (§ 1822 Nr. 12 BGB i.V.m. §§ 1908i Abs. 1 S. 1, 1915 Abs. 1 S. 1 BGB).

Nach dem anwendbaren materiellen Recht richtet sich auch die Auslegung der Schiedsvereinbarung (§§ 133, 157 BGB). Die Auslegung bestimmt über die Reichweite der Schiedsvereinbarung, wird also insbesondere in den Fällen relevant, in denen eine separate Schiedsabrede abgeschlossen wurde (§ 1029 Abs. 1 Var. 1 ZPO), bei der fraglich sein kann, auf welche Streitigkeiten sie sich nach dem Willen der Parteien konkret beziehen soll. Hinsichtlich der Auslegung von Schiedsklauseln ist sowohl in der deutschen[41] als auch in der internationalen[42] Schiedsgerichtsbarkeit anerkannt, dass sie nach Möglichkeit zugunsten ihrer Wirksamkeit erfolgen soll (*in favorem validitatis*). Gibt es also mehrere Möglichkeiten, die Schiedsklausel auszulegen, ist grundsätzlich derjenigen Auslegung der Vorrang zu geben, die dazu führt, dass dem Willen der Parteien nach Durchführung des Verfahrens entsprochen wird, auch wenn dies gegebenenfalls Anpassungen erfordert (dazu näher unten Abschn. 3.9).

Schließlich sind auch die §§ 134, 138 BGB anwendbar. Wenn eine Schiedsvereinbarung beispielsweise das rechtliche Gehör zu stark einschränkt, kann sie gem. § 134 BGB i.V.m. § 1042 Abs. 1 S. 2 ZPO nichtig sein.[43] Wenn eine Schiedsvereinbarung eine Partei zu Lasten der anderen Partei über Gebühr bevorzugt und der Rechtsschutz dadurch übermäßig eingeschränkt wird, kann sie gem. § 138 BGB nichtig sein.[44]

3.5 Formale Anforderungen

Die Form der Schiedsvereinbarung ist stets gesondert zu prüfen. Insoweit gelten nämlich nicht die soeben erläuterten allgemeinen Anforderungen an das wirksame Zustandekommen der Schiedsvereinbarung, sondern – jedenfalls bei Anwendbarkeit deutschen Rechts[45] – die besonderen Formvorschriften des § 1031 ZPO.

Nach § 1031 Abs. 1 ZPO muss die Schiedsvereinbarung entweder von beiden Parteien unterzeichnet werden oder zumindest in Nachrichten enthalten sein, die zwischen ihnen ausgetauscht wurden und einen späteren Nachweis ermöglichen.

---

[41]Vgl. z. B. KG Berlin v. 15.10.1999, 28 Sch 17/99, BB Beil. 2000, Nr. 8, 13.
[42]Vgl. ausf. *Born*, International Commercial Arbitration, 2. Aufl. 2014, S. 1318 ff.
[43]MüKo-ZPO/*Münch*, 5. Aufl. 2017, § 1029 Rn. 16; anders *Saenger*, ZPO, 7. Aufl. 2017, § 1042 Rn. 9 (vorheriger Verzicht unwirksam).
[44]Vgl. etwa BGH v. 26.01.1989, X ZR 23/87, NJW 1989, 1477, allerdings ist diese Entscheidung durch die Einführung des § 1034 Abs. 2 ZPO teilweise überholt.
[45]Zu den Details des Formstatuts vgl. *Schmidt-Ahrendts/Höttler*, Anwendbares Recht bei Schiedsverfahren mit Sitz in Deutschland, SchiedsVZ 2011, 267 (274).

Entscheidend ist also, dass die Schiedsvereinbarung in irgendeiner Form festgehalten worden ist (auf Papier oder elektronisch), sodass der Beweis im Streitfall erleichtert wird. Die Form des § 1031 Abs. 1 ZPO ähnelt damit der Textform i.S.d. § 126b BGB. Eine Unterschrift ist nicht unbedingt erforderlich, sondern es reicht insbesondere auch ein Austausch von Telefaxen oder E-Mails aus.[46] Der Geschäftsverkehr kann sich damit der üblichen Kommunikationsformen bedienen, sodass die Formvorschrift des § 1031 Abs. 1 ZPO in der Praxis keine größeren Hindernisse bereitet.

Weitere Formerleichterungen bieten zudem § 1031 Abs. 2 und 3 ZPO. Nach Abs. 2 ist auch die einseitige Übermittlung einer Schiedsvereinbarung ausreichend, wenn die andere Partei nicht widerspricht und der Inhalt des Dokuments daher nach der Verkehrssitte als Vertragsinhalt angesehen wird. Diese Regelung ähnelt dem „Kaufmännischen Bestätigungsschreiben".

Nach § 1031 Abs. 3 ZPO ist es auch ausreichend, wenn die Schiedsklausel nicht im Vertrag enthalten ist, aber dort in Bezug genommen wird. Diese Regelung ist vor allem bei der Einbeziehung von Schiedsklauseln in AGB von Bedeutung. Schiedsklauseln sind sehr häufig in AGB enthalten, die im (internationalen) Rechtsverkehr verwendet werden. Eine Bezugnahme auf diese AGB oder auf ein anderes Dokument, das die Schiedsklausel enthält, reicht dann aus, um die Formanforderungen des § 1031 Abs. 3 ZPO zu wahren. Allerdings ist es erforderlich, dass diese Bezugnahme im Vertrag selbst geschieht, also in den Willenserklärungen, die den Vertragsschluss zu Stande bringen. Eine spätere Bezugnahme auf die Schiedsklausel reicht nicht aus:

Beispiel[47]

Die Parteien schlossen einen Frachtvertrag über die Verschiffung von Holz nach Algerien. In den Konnossement-Bedingungen[48] des Verfrachters war eine Schiedsklausel mit Schiedsort Hamburg enthalten. Da es nicht zur Verschiffung kam, wurde das Konnossement aber nicht ausgestellt und übersandt, sodass eine Einbeziehung nach § 1031 Abs. 2 ZPO ausschied.

Später sandte der Befrachter eine E-Mail, die auf das Konnossement Bezug nahm, doch ist eine solche spätere E-Mail kein Vertragsdokument i.S.d. § 1031 Abs. 3 ZPO. Dadurch wurde die Schiedsklausel also ebenfalls nicht wirksam vereinbart.

Auch mit dem Argument, der Abschluss einer Schiedsvereinbarung entspreche einem Handelsbrauch im Holzhandel, drang der Befrachter vor den Gerichten nicht durch. Allerdings konnte eine Schiedsvereinbarung nach dem früheren deutschen Schiedsverfahrensrecht, das bis 1997 galt, unter Kaufleuten auch

---

[46]Musielak/*Voit*, ZPO, 16. Aufl. 2019, § 1031 Rn. 4.
[47]BGH v. 06.04.2017, I ZB 69/16, SchiedsVZ 2017, 323.
[48]Ein Konnossement (*Bill of lading*) ist ein Wertpapier, das die Übergabe der Ware an den Verfrachter dokumentiert, den Inhalt des Frachtvertrags dokumentiert und zur Eigentumsübertragung an der Ware dient (§§ 513 ff. HGB).

3.5 Formale Anforderungen

stillschweigend abgeschlossen werden (§ 1027 Abs. 2 ZPO a.F.), sodass bei Bestehen eines entsprechenden Handelsbrauchs eine stillschweigende Vereinbarung möglicherweise hätte angenommen werden können. Nach der Streichung dieser Vorschrift 1998 ist jedoch auch unter Kaufleuten immer eine ausdrückliche Schiedsvereinbarung erforderlich.

Seit 1998 ist also unter Geltung des § 1031 ZPO vor allem der rein mündliche Abschluss von Schiedsvereinbarungen unwirksam. Diese gesetzgeberische Entscheidung entspricht Art. 7 Abs. 2 des UNCITRAL Modellgesetzes, auf dem § 1031 ZPO beruht.

Was den Handelsverkehr betrifft, ist der Ausschluss formfreier Schiedsvereinbarungen allerdings nicht überzeugend. Denn die bis 1998 bestehende Möglichkeit für Kaufleute, Schiedsvereinbarungen auch formfrei abzuschließen, entspricht noch heute der Rechtslage im Hinblick auf Gerichtsstandsvereinbarungen (§ 38 Abs. 1 ZPO). Die Reform von 1998 sollte die Schiedsgerichtsbarkeit eigentlich als gleichwertige Alternative zum staatlichen Prozess stärken, hat in § 1031 ZPO aber stattdessen für Kaufleute zusätzliche Hürden für den Zugang zu den Schiedsgerichten geschaffen.[49]

Die Formbedürftigkeit ist freilich gerechtfertigt, soweit es um Verbraucherverträge geht. Für einen durchschnittlichen Verbraucher ist ein Schiedsverfahren nicht nur ein unbekanntes Terrain, sondern potenziell auch eine erschwerte Form des Rechtsschutzes, da es im Schiedsverfahren keine Prozesskostenhilfe gibt. Daher sieht § 1031 Abs. 5 ZPO hier eine besonders qualifizierte Schriftform vor, die den Verbraucher vor dem unüberlegten Abschluss eines Schiedsvertrages schützt: Zum einen ist eine eigenhändige Unterschrift oder eine qualifizierte elektronische Signatur erforderlich, also Schriftform oder elektronische Form vergleichbar mit §§ 126, 126a BGB. Normale E-Mails, Telefaxe und ähnliche Erklärungsformen sind damit nicht ausreichend. Schon gar nicht kommen mündliche Schiedsabreden in Betracht.[50] Außerdem muss die Urkunde bei einem Verbrauchervertrag auch rein äußerlich deutlich abgefasst sein, da sie außer der Schiedsvereinbarung keine anderen Bestimmungen enthalten darf. Auf diese Weise wird sicher gestellt, dass der Verbraucher die Schiedsvereinbarung zur Kenntnis nimmt und sich vor deren Abschluss über die Besonderheit dieses Verfahrens, auf das er sich einlässt, bewusst wird.[51] Die Verbraucherschiedsgerichtsbarkeit spielt in Deutschland insgesamt keine große Rolle.[52]

---

[49] *Raeschke-Kessler*, Gedanken zur Novellierung des Zehnten Buchs der ZPO, in: Ebke u. a. (Hrsg.), Festschrift für Siegfried H. Elsing, 2015, S. 433 (436); *Wolff*, Empfiehlt sich eine Reform des deutschen Schiedsverfahrensrechts? SchiedsVZ 2016, 293 (296).
[50] Stein/Jonas/*Schlosser*, ZPO, 23. Aufl. 2014, § 1031 Rn. 24.
[51] Vgl. MüKo-ZPO/*Münch*, 5. Aufl. 2017, § 1031 Rn. 7.
[52] Ausf. zum Verbraucherschiedsverfahren vgl. *Wagner/Quinke*, Ein Rechtsrahmen für die Verbraucherschiedsgerichtsbarkeit, JZ 2005, 932–939.

Wenn ein Schiedsverfahren ohne formwirksame Schiedsklausel eingeleitet wird, der Beklagte sich aber trotzdem zur Hauptsache einlässt, wird der Mangel der Form geheilt (§ 1031 Abs. 6 ZPO). Erforderlich ist dafür, dass sich der Beklagte inhaltlich zur Schiedsklage äußert, ohne den Mangel der Form zu rügen. Eine Rüge muss sich dabei auf die Form selbst beziehen; andere Vorbehalte zur Zuständigkeit des Schiedsgerichts reichen nicht aus.[53]

3.6 Objektive Schiedsfähigkeit

Bestimmte Arten von Streitigkeiten dürfen nicht durch ein Schiedsgericht entschieden werden. Man spricht dann davon, dass ihnen die „objektive Schiedsfähigkeit" (Engl. *arbitrability*) fehlt. Dies betrifft Entscheidungen, an denen die Allgemeinheit ein besonderes Interesse hat und die deswegen nur durch staatliche Gerichte entschieden werden sollen. Darunter fallen etwa Strafsachen, aber auch Entscheidungen über den Rechtsstatus einer Person, wo ein staatliches Interesse an einer klaren Ordnung und öffentlichen Entscheidungsfindung besteht. Wenn es an der objektiven Schiedsfähigkeit fehlt, ist eine Schiedsvereinbarung unwirksam.

3.6.1 Allgemeine Kriterien

Um eine allgemeingültige Abgrenzung zwischen den Streitigkeiten, die schiedsrichterlich entschieden werden können, und den Streitigkeiten, die den staatlichen Gerichten vorbehalten sind, zu definieren, wurde traditionell auf die Frage der Vergleichsfähigkeit abgestellt: Objektiv schiedsfähig sind alle Streitigkeiten, über die die Parteien einen Vergleich (§ 779 BGB) abschließen können. Das Kriterium der Vergleichsfähigkeit ist seit dem 13. Jahrhundert anerkannt[54] und war bis 1998 auch Grundlage des deutschen Schiedsverfahrensrechts:

> § 1025 Abs. 1 ZPO a.F.
> Die Vereinbarung, daß die Entscheidung einer Rechtsstreitigkeit durch einen oder mehrere Schiedsrichter erfolgen solle, hat insoweit rechtliche Wirkung, als die Parteien berechtigt sind, über den Gegenstand des Streites einen Vergleich zu schließen.

Die Gleichsetzung der objektiven Schiedsfähigkeit mit der Vergleichsfähigkeit ist auch dogmatisch unmittelbar einleuchtend, denn wenn es den Parteien im Rahmen ihrer Privatautonomie erlaubt ist, sich zu vergleichen, dann dürfen sie stattdessen

---

[53]BGH v. 29.06.2005, III ZB 65/06, SchiedsVZ 2005, 259.
[54]Vgl. *Durantis*, Speculum iudiciale, pars 1, partic. 1, De arbitro et arbitratore, § 3 Restat, Nr. 4 (Ausg. Frankfurt 1592, Bd. 1, S. 98).

auch festlegen, dass ein Dritter an ihrer Stelle die Entscheidung treffen, also quasi den Inhalt des Vergleichs für sie festlegen soll.

Nach der heutigen Fassung der ZPO hat die Vergleichsfähigkeit allerdings nur noch für nichtvermögensrechtliche Ansprüche Bedeutung (§ 1030 Abs. 1 S. 2 ZPO). Vermögensrechtliche Ansprüche sind dagegen nun immer schiedsfähig, auch wenn sie nicht vergleichsfähig sind (§ 1030 Abs. 1 S. 1 ZPO), sodass mit der Reform 1998 eine gewisse Ausweitung der objektiven Schiedsfähigkeit stattgefunden hat.[55]

Unter einem vermögensrechtlichen Anspruch ist dabei jeder Streitgegenstand zu verstehen, der eine wirtschaftliche Bedeutung für eine der Parteien hat.[56] Unter § 1030 Abs. 1 S. 1 ZPO fallen damit die allermeisten Gegenstände, über die in der Praxis Schiedsvereinbarungen abgeschlossen werden. Nach der Sonderregelung des § 1030 Abs. 2 ZPO sind aus den vermögensrechtlichen Ansprüchen allerdings die Mietstreitigkeiten über Wohnraum ausgenommen, sofern es den Bestand des Mietverhältnisses betrifft (z. B. Räumungsrechtsstreit).[57]

Unter die nichtvermögensrechtlichen Ansprüche, die gleichwohl vergleichsfähig sind, fallen beispielsweise Widerrufs- und Unterlassungsansprüche bei Persönlichkeitsverletzungen sowie Streitigkeiten über Vereinsausschlüsse.[58]

Die Erweiterung der objektiven Schiedsfähigkeit auf alle vermögensrechtlichen Streitigkeiten in § 1030 Abs. 1 S. 1 ZPO führt dazu, dass die Parteien auch dann ein Schiedsverfahren durchführen können, wenn sie über die betreffende Streitigkeit keinen Vergleich schließen könnten. Diese Ausweitung der Schiedsgerichtsbarkeit wird zu Recht kritisiert, da Schiedsgerichte auf diese Weise mehr Entscheidungsmacht als die Parteien selbst haben, obwohl sie ihre Befugnisse nur von diesen herleiten.[59] Ein vermögensrechtlicher Anspruch, der nicht vergleichsfähig, wohl aber schiedsfähig ist, ist beispielsweise der Anspruch auf zukünftigen Unterhalt (vgl. §§ 1360a Abs. 3, 1614 Abs. 1 BGB).[60] Derartige Schiedsvereinbarungen in Bezug auf Unterhaltsansprüche kommen auch in der Praxis vor.[61]

3.6.2 Familien- und erbrechtliche Streitigkeiten

Familienrechtliche Streitigkeiten sind damit nicht grundsätzlich vom Anwendungsbereich der Schiedsgerichtsbarkeit ausgenommen. Soweit es sich um vermögensrechtliche

---

[55] Dazu *Seiters*, Schiedsgerichtsbarkeit im Spannungsfeld zwischen Privatautonomie und staatlicher Kontrolle, in: Hadding u. a. (Hrsg.), Festschrift für Wolfgang Schlick, 2015, S. 315 (317 f.).
[56] Vgl. MüKo-ZPO/*Münch*, 5. Aufl. 2017, § 1030 Rn. 13; *Berger*, Das neue deutsche Schiedsverfahrensrecht, DZWiR 1998, 45 (48).
[57] Dazu näher *Lachmann*, Handbuch für die Schiedsgerichtspraxis, 3. Aufl. 2008, Rn. 298–300.
[58] MüKo-ZPO/*Münch*, 5. Aufl. 2017, § 1030 Rn. 20.
[59] Musielak/*Voit*, ZPO, 16. Aufl. 2019, § 1030 Rn. 1 m.w.N.
[60] Dazu *Schlosser*, Die Schiedsfähigkeit im engeren und weiteren Sinne, DIS-Mat. IV, 1998, S. 49 (57).
[61] OLG München v. 29.03.2012, 34 Sch 45/11, FamRZ 2012, 1962.

Streitigkeiten handelt, sind sie gemäß § 1030 Abs. 1 S. 1 ZPO vielmehr immer objektiv schiedsfähig, ansonsten kommt es gemäß § 1030 Abs. 1 S. 2 ZPO auf die Vergleichsfähigkeit an. Nicht schiedsfähig sind damit hauptsächlich die statusrechtlichen Ehesachen (Ehescheidung, Eheaufhebung und Feststellung des Nichtbestehens einer Ehe, § 121 FamFG), die Abstammungssachen (Vaterschaftsanfechtung u. ä., § 169 FamFG) und die Kindschaftssachen (§ 151 FamFG).[62]

Mit dem „Süddeutschen Familienschiedsgericht" steht sogar eine spezialisierte Schiedsgerichtsinstitution für familienrechtliche Streitigkeiten zur Verfügung.[63]

Auch erbrechtliche Streitigkeiten sind grundsätzlich vermögensrechtlicher Art, sodass sie durch Schiedsvereinbarung der schiedsrichterlichen Entscheidung unterworfen werden können.[64] Gibt es nach dem Tod einer Person beispielsweise Streitigkeiten über den Nachlass, kann es für alle Beteiligten (Erben und Vermächtnisnehmer) sinnvoll sein, die Abwicklung einem Schiedsrichter zu überlassen und diesem eine Entscheidung nach Billigkeit zu ermöglichen (§ 1051 Abs. 3 ZPO). Auf diese Weise lassen sich komplexe und langwierige gerichtliche Auseinandersetzungen, welche die familiären Verhältnisse belasten, vermeiden.

Häufig geschieht die Einsetzung eines Schiedsgerichts allerdings nicht nach dem Tod des Erblassers durch eine Vereinbarung zwischen den Erben und Vermächtnisnehmern, sondern durch eine einseitige Anordnung des Erblassers in seinem Testament (vgl. § 1066 ZPO). Dabei handelt es sich um eine ausnahmsweise mögliche einseitige Schiedsklausel. Die objektive Schiedsfähigkeit ist bei solchen einseitigen Schiedsklauseln enger begrenzt als bei vertraglich vereinbarten Schiedsklauseln (dazu näher unten Abschn. 12.2).

3.6.3 Beschlussmängelstreitigkeiten

Eine in der Praxis wichtige Fallgruppe sind Beschlussmängelstreitigkeiten im Gesellschaftsrecht. Beschlussmängelstreitigkeiten betreffen den Rechtsschutz gegen Beschlüsse der Organe der Gesellschaft. Wenn beispielsweise ein Minderheitsgesellschafter einer GmbH geltend machen möchte, dass ein Mehrheitsbeschluss der Gesellschafterversammlung seine Rechte verletzt, kann er eine Anfechtungsklage bei Gericht erheben. Diese richtet sich nach § 243 AktG; die Norm wird im GmbH-Recht analog angewendet.[65] Es stellt sich bei diesen Beschlussmängelstreitigkeiten

---

[62]OLG München v. 29.03.2012, 34 Sch 45/11, FamRZ 2012, 1962.
[63]Schiedsordnung verfügbar unter http://www.familienschiedsgericht.de/pdf/Schiedsordnung.pdf. Zugegriffen am 16.05.2019.
[64]BGH v. 16.03.2017, I ZB 49/16, SchiedsVZ 2018, 37, Rn. 13–18; v. 16.03.2017, I ZB 50/16, SchiedsVZ 2018, 42, Rn. 13–18.
[65]Bei Aktiengesellschaften kommen Schiedsverfahren nur in bestimmten Fällen in Betracht, vgl. *Borris*, Die Schiedsfähigkeit gesellschaftsrechtlicher Streitigkeiten in der Aktiengesellschaft, NZG 2010, 481–486.

allerdings das Problem, dass verschiedene überstimmte Minderheitsgesellschafter jeweils eigene Klagen erheben könnten, sodass die Wirksamkeit des Beschlusses von verschiedenen Gerichten unterschiedlich beurteilt werden könnte. Um dies zu verhindern, ist nach gesetzlichen Sondervorschriften immer nur das Landgericht am Sitz der Gesellschaft ausschließlich zuständig (analog § 246 Abs. 3 AktG) und das Urteil wirkt gegenüber sämtlichen Gesellschaftern, auch wenn sie nicht am Verfahren beteiligt waren (analog § 248 AktG).

Diese Besonderheiten des gerichtlichen Verfahrens vor dem Landgericht bei der Beschlussanfechtung machen es schwierig, das Verfahren stattdessen einem Schiedsgericht zu übertragen. An einem Schiedsverfahren besteht aber häufig gerade ein besonderes Interesse der Gesellschafter, etwa um zu verhindern, dass gesellschaftsinterne Streitigkeiten in der Öffentlichkeit bekannt werden. Die Frage, ob Beschlussmängelstreitigkeiten durch ein Schiedsgericht entschieden werden können, wurde früher überwiegend abschlägig beurteilt. Der BGH sah sich in einer Entscheidung aus dem Jahr 1996 außerstande, die Frage durch richterrechtliche Rechtsfortbildung zu entscheiden, und forderte eine gesetzliche Regelung.[66] Der Gesetzgeber spielte den Ball jedoch zurück und forderte die Rechtsprechung auf, ihrerseits Lösungen zu entwickeln.[67] Daraufhin erkannte der BGH im Jahr 2009 die Möglichkeit, für Beschlussmängelstreitigkeiten ein Schiedsverfahren zu vereinbaren, grundsätzlich an, sofern das Schiedsverfahren so ausgestaltet ist, dass ein gleichwertiger Rechtsschutz wie vor dem staatlichen Gericht sichergestellt ist.[68] Insbesondere muss die Schiedsvereinbarung also vorsehen, dass die Entscheidungen des Schiedsgerichts für alle Gesellschafter gleichermaßen verbindlich sind, unabhängig davon, ob sie sich als Partei am Schiedsverfahren beteiligt haben oder nicht. Damit eine derartige Schiedsvereinbarung wirksam ist, sind vier Voraussetzungen erforderlich:[69]

- Sämtliche Gesellschafter müssen der Schiedsvereinbarung zugestimmt haben (z. B. in der Satzung oder in einer gesonderten Vereinbarung).
- Über die Einleitung eines Schiedsverfahrens muss jeder Gesellschafter informiert werden, damit er daran teilnehmen kann.
- Sämtliche Gesellschafter müssen an der Auswahl der Schiedsrichter mitwirken können, sofern nicht die Auswahl durch eine neutrale Stelle erfolgt.
- Alle Streitigkeiten, die denselben Gegenstand betreffen, müssen bei einem Schiedsgericht konzentriert werden.

---

[66]BGH v. 29.03.1996, II ZR 124/95, BGHZ 132, 278 – Schiedsfähigkeit I.
[67]BT-Drs. 13/5274, S. 35; dazu auch *Wagner*, Prozeßverträge, 1998, S. 589–593.
[68]BGH v. 06.04.2009, II ZR 255/08, BGHZ 180, 221 – Schiedsfähigkeit II; vgl. zur Rechtsentwicklung *Borris*, Die „Schiedsfähigkeit" von Beschlussmängelstreitigkeiten in der Personengesellschaft, NZG 2017, 761–767.
[69]BGH v. 06.04.2009, II ZR 255/08, BGHZ 180, 221, Rn. 20.

Wenn diese Voraussetzungen erfüllt sind, hat das Schiedsverfahren ebenso wie das Gerichtsverfahren Konzentrationswirkung und Gesamtwirkung, sodass es dem Verfahren vor dem Landgericht ebenbürtig ist und keine Gefahr widersprechender Entscheidungen besteht.

Um in der Praxis Schiedsverfahren durchführen zu können, muss also eine umfangreiche Schiedsklausel vereinbart werden, die den Anforderungen des BGH genügt. Diese ist in der Regel in der Satzung der Gesellschaft enthalten. Zur Erleichterung der entsprechenden kautelarjuristischen Arbeit[70] hat die DIS ergänzende Regeln für gesellschaftsrechtliche Streitigkeiten formuliert („DIS-ERGeS"),[71] die von den Parteien durch Bezugnahme in der Satzung vereinbart werden können, sodass auch ohne spezialisierte Berater die Vereinbarung einer wirksamen Schiedsklausel für Beschlussmängelstreitigkeiten ermöglicht wird.

Wenn die vom BGH aufgestellten vier Voraussetzungen nicht erfüllt sind, ist die Schiedsklausel unwirksam, weil sie dann die Rechte der Beteiligten nicht hinreichend wahrt. Diese Rechtsfolge ergibt sich nach dem BGH aus § 138 BGB.[72] Rechtssystematisch betrachtet betrifft die Frage der „Schiedsfähigkeit von Beschlussmängelstreitigkeiten" also eigentlich gar nicht die Schiedsfähigkeit, denn zweifellos handelt es sich um einen vermögensrechtlichen Anspruch im Sinne des § 1030 Abs. 1 S. 1 ZPO. Vielmehr geht es um die Frage der materiellen Wirksamkeit der Schiedsvereinbarung. Gleichwohl wird die Thematik meist unter dem Begriff der „Schiedsfähigkeit" diskutiert.

In seiner jüngsten Entscheidung aus dem Jahr 2017 hat der BGH nun klargestellt, dass die genannten Kriterien nicht nur im GmbH-Recht gelten, sondern auch dann, wenn in den Gesellschaftsverträgen von Personengesellschaften Schiedsvereinbarungen getroffen werden.[73] Allerdings ist derzeit noch unklar, wie die Übertragung der genannten Anforderungen auf Personengesellschaften tatsächlich bewerkstelligt werden kann.[74]

---

[70]Vgl. etwa die umfangreichen Empfehlungen für die notarielle Gestaltungspraxis von *Hauschild/Böttcher*, Schiedsvereinbarungen in Gesellschaftsverträgen, DNotZ 2012, 577 (588–597).
[71]Enthalten in Anlage 5 zur DIS-SchO 2018, verfügbar unter www.disarb.org. Zugegriffen am 16.05.2019.
[72]BGH v. 06.04.2009, II ZR 255/08, BGHZ 180, 221, Rn. 16 f.; a.A. *Wolff*, Beschlussmängelstreitigkeiten im Schiedsverfahren, NJW 2009, 2021 f.: undurchführbar gem. § 1032 Abs. 1 ZPO a.E.; abl. auch *K. Schmidt*, Schiedsklauseln in Personengesellschaftsverträgen, NZG 2018, 121 (124).
[73]BGH v. 06.04.2017, I ZB 23/16, SchiedsVZ 2017, 194 – Schiedsfähigkeit III; dazu *K. Schmidt*, Schiedsklauseln in Personengesellschaftsverträgen, NZG 2018, 121–127.
[74]Dazu *Borris*, Die „Schiedsfähigkeit" von Beschlussmängelstreitigkeiten in der Personengesellschaft, NZG 2017, 761 (763 ff.).

3.7 Subjektive Schiedsfähigkeit

Manche Begrenzungen für Schiedsverfahren knüpfen nicht an den Gegenstand des Verfahrens, sondern an die Parteien an, die den Schiedsvertrag schließen. Hier spricht man von der subjektiven Schiedsfähigkeit, die fehlt, wenn eine bestimmte Person nicht fähig ist, einen Schiedsvertrag abzuschließen.

Die subjektive Schiedsfähigkeit ergibt sich aus der Rechts-, Geschäfts- und Parteifähigkeit. Daher ist grundsätzlich jede natürliche Person, juristische Person oder rechtsfähige Personengesellschaft fähig, einen Schiedsvertrag abzuschließen. Die Frage, ob eine Person rechtsfähig ist, richtet sich bei natürlichen Personen nach ihrem Heimatrecht (Art. 7 EGBGB, vgl. auch § 1059 Abs. 2 Nr. 1a ZPO: „Recht, das für sie persönlich maßgebend ist"). Bei Gesellschaften ist das Recht am Sitz der Hauptverwaltung bzw. im Gründungsstaat (bei EU- und US-Gesellschaften) maßgeblich.[75]

Eine Einschränkung der subjektiven Schiedsfähigkeit besteht für Nichtkaufleute, die Wertpapiergeschäfte tätigen. Nichtkaufleute können gemäß § 101 WpHG (früher § 37h WpHG) nur für bereits entstandene Streitigkeiten aus Wertpapiergeschäften Schiedsverträge abschließen, nicht aber (wie üblich) für zukünftige Streitigkeiten.[76] Für die Praxis hat dies allerdings keine allzu große Bedeutung, da Schiedsverfahren in diesem Bereich auch unter Kaufleuten wenig verbreitet sind.[77]

Für Verbraucher bestehen im Übrigen keine Einschränkungen der subjektiven Schiedsfähigkeit. Mit Ausnahme der Wertpapiergeschäfte können sie Schiedsvereinbarungen über alle Arten von Streitigkeiten abschließen. Der notwendige Schutz von Verbrauchern wird durch die besondere Formvorschrift des § 1031 Abs. 5 ZPO (vgl. oben Abschn. 3.5) und das allgemeine Verbraucherschutzrecht, etwa die Inhaltskontrolle von AGB, erreicht.[78]

Teilweise wird auch in der Bestimmung des § 160 Abs. 2 Nr. 3 InsO eine Beschränkung der subjektiven Schiedsfähigkeit gesehen.[79] Danach besteht eine Pflicht des Insolvenzverwalters, vor Abschluss einer Schiedsvereinbarung über einen Rechtsstreit mit erheblichem Streitwert die Zustimmung des Gläubigerausschusses einzuholen. Diese Regelung beschränkt jedoch nicht die subjektive

---

[75] Dazu näher *Schmidt-Ahrendts/Höttler*, Anwendbares Recht bei Schiedsverfahren mit Sitz in Deutschland, SchiedsVZ 2011, 267 (274 f.); etwas anders *Schütze*, Schiedsgericht und Schiedsverfahren, 6. Aufl. 2016, Rn. 192 (nur Parteifähigkeit); ausf. *Brödermann*, Die Bedeutung des (internationalen) Gesellschaftsrechts in internationalen zivil- und handelsrechtlichen Schiedsverfahren, in: Cascante u. a. (Hrsg.), Festschrift für Gerhard Wegen, 2015, S. 591–603.

[76] Zu dieser Norm und ihrer Entstehungsgeschichte vgl. näher *Lehmann*, Wertpapierhandel als schiedsfreie Zone? – Zur Wirksamkeit von Schiedsvereinbarungen nach § 37h WpHG, SchiedsVZ 2003, 219–226; *Niedermaier*, Schiedsgerichtsbarkeit und Finanztermingeschäfte – Anlegerschutz durch § 37h WpHG und andere Instrumente, SchiedsVZ 2012, 177–184.

[77] Schwark/Zimmer, Kapitalmarktrechtskommentar, 4. Aufl. 2010, § 37h WpHG Rn. 10.

[78] Dazu *Wagner/Quinke*, Ein Rechtsrahmen für die Verbraucherschiedsgerichtsbarkeit, JZ 2005, 932–939, die daher auch § 101 WpHG für unnötig halten.

[79] *Schütze*, Schiedsgericht und Schiedsverfahren, 6. Aufl. 2016, Rn. 191.

Schiedsfähigkeit des Insolvenzverwalters, denn auch ein ohne die erforderliche Zustimmung abgeschlossener Schiedsvertrag ist wirksam (§ 164 InsO). Der Insolvenzverwalter macht sich allenfalls schadensersatzpflichtig (§ 60 InsO).

3.8 Rechtsnachfolge in die Schiedsvereinbarung

Eine Schiedsvereinbarung ist in der Regel Bestandteil eines Hauptvertrags, der über viele Jahre hinweg von den Parteien beanstandungslos durchgeführt wird. Wenn es dann einmal zum Streit kommt, können auf beiden Seiten vielfältige Veränderungen erfolgt sein, welche die Frage aufwerfen, ob eine wirksame Rechtsnachfolge in die Schiedsvereinbarung stattgefunden hat. Insofern sind Gesamt- und Einzelrechtsnachfolge zu unterscheiden:

3.8.1 Gesamtrechtsnachfolge

Eine Gesamtrechtsnachfolge tritt ein, wenn die Rechte und Pflichten einer Person vollständig auf eine andere Person übergehen. Prototyp ist die Erbfolge (§ 1922 BGB). Aber auch bei gesellschaftsrechtlichen Umwandlungsvorgängen wie Verschmelzung und Spaltung tritt eine Gesamtrechtsnachfolge ein (vgl. § 20 Abs. 1 Nr. 1 bzw. § 131 Abs. 1 Nr. 1 UmwG). Es ist allgemein anerkannt, dass in diesen Fällen auch die Schiedsvereinbarungen mit übergehen, ebenso wie alle anderen vertraglichen Verpflichtungen.[80] Wurde der Schiedsvertrag also beispielsweise von einer natürlichen Person abgeschlossen und stirbt diese, bleibt ihr Erbe an den Schiedsvertrag gebunden. Wurde eine Schiedsvereinbarung durch eine Gesellschaft abgeschlossen und gliedert diese später einen Unternehmensteil aus, besteht die Schiedsbindung im Hinblick auf die übergegangenen Vertragsbeziehungen auch für den übernehmenden Rechtsträger fort.[81] Dem Rechtsnachfolger geschieht dabei kein Unrecht, da er das Vermögen ohnehin immer nur in der Form erhält, wie es beim Rechtsvorgänger bestand.[82]

Sonderfälle treten bei Insolvenz und Testamentsvollstreckung auf. Der Insolvenzverwalter und der Testamentsvollstrecker sind keine Gesamtrechtsnachfolger, doch haben sie kraft Amtes die Verfügungsbefugnis über fremdes Vermögen, sodass eine vergleichbare Situation wie bei einer Gesamtrechtsnachfolge besteht:

- Hat der Erblasser also im Testament die Testamentsvollstreckung angeordnet, ist der Testamentsvollstrecker an etwaige Schiedsabreden gebunden, die der Erblas-

---

[80]BGH v. 05.05.1977, III ZR 177/74, BGHZ 68, 356 (359); MüKo-ZPO/*Münch*, 5. Aufl. 2017, § 1029 Rn. 45; *Wagner*, Prozeßverträge, 1998, S. 309.
[81]OLG München v. 26.01.2016, 34 SchH 13/15, NZG 2016, 662 (664).
[82]*Wagner*, Bindung des Schiedsgerichts an Entscheidungen anderer Gerichte und Schiedsgerichte, in: Böckstiegel u. a. (Hrsg.), Die Beteiligung Dritter an Schiedsverfahren, 2005, S. 7 (14).

ser geschlossen hat, auch wenn diese materiellrechtlich auf dessen Erben übergegangen sind.[83]
- Der Insolvenzverwalter erhält durch die Eröffnung des Insolvenzverfahrens die Verfügungsbefugnis über das Vermögen des Schuldners (§ 80 InsO). Er übernimmt die Rechtslage so, wie sie bei Verfahrenseröffnung besteht, und ist deswegen auch an Schiedsvereinbarungen des Schuldners gebunden.[84] Keine Schiedsbindung besteht allerdings dann, wenn der Insolvenzverwalter insolvenzspezifische Rechte geltend macht, die ihm selbst als Insolvenzverwalter zustehen und die nicht lediglich vom Schuldner übernommen worden sind. Dazu gehören vor allem die Anfechtungsansprüche der §§ 129 ff. InsO.[85]

Diese Rechtswirkungen der Gesamtrechtsnachfolge betreffen zunächst nur die Situation, dass die Rechtsnachfolge vor Beginn des Schiedsverfahrens stattfindet. Tritt die Rechtsnachfolge erst nach Beginn des Schiedsverfahrens ein, stellen sich zusätzliche prozessuale Fragen im Hinblick auf die Fortführung des Schiedsverfahrens (dazu unten Abschn. 6.10.1).

3.8.2 Einzelrechtsnachfolge

Eine Einzelrechtsnachfolge in eine Schiedsvereinbarung kann bei der Übertragung eines einzelnen Vertrags, bei der Abtretung von Forderungen und bei ähnlichen Übertragungsvorgängen bezüglich einzelner Gegenstände stattfinden. Die Forderungsabtretung gem. §§ 398 ff. BGB ist dabei gem. § 413 BGB auch prototypisch für die Übertragung anderer Rechte.

Wenn der Gläubiger (Zedent) eine Forderung aus einem Vertrag, der eine Schiedsklausel enthält, auf den Zessionar überträgt, kann der Zessionar die Forderung nur so erwerben, wie sie besteht, also inklusive der dafür bestehenden Schiedsbindung. Ein Fortfall der Schiedsbindung kommt nicht in Betracht. Der Zedent und der Zessionar könnten ansonsten durch den Abtretungsvertrag den Inhalt der Forderung ohne Mitwirkung des Schuldners verändern.[86]

Die Rechtsstellung des Schuldners wird durch den Übergang der Schiedsbindung nicht verschlechtert. Zwar muss er nun gegebenenfalls ein Schiedsverfahren mit dem Zessionar führen, also mit einer Person, die er nicht kennt und die er sich nicht

---
[83] BGH v. 28.05.1979, III ZR 18/77, NJW 1979, 2567.
[84] RG v. 08.07.1932, VII 49/32, RGZ 137, 109 (111); BGH v. 29.01.2009, III ZB 88/07, BGHZ 179, 304 Rn. 11.
[85] Details bei *Buntenbroich/Kaul*, Anmerkung zu BGH v. 29.06.2017, I ZB 60/16, SchiedsVZ 2018, 130–132.
[86] RG v. 08.12.1903, VII 321/03, RGZ 56, 182; OLG Frankfurt v. 26.09.2013, 26 SchH 7/12, 26 Sch 1/13, juris, Rn. 59 (insoweit nicht beanstandet von BGH v. 18.06.2014, III ZB 89/13, SchiedsVZ 2014, 254, Rn. 18); *Wagner*, Bindung des Schiedsgerichts an Entscheidungen anderer Gerichte und Schiedsgerichte, in: Böckstiegel u. a. (Hrsg.), Die Beteiligung Dritter an Schiedsverfahren, 2005, S. 14–17.

ausgesucht hat. Dieses Risiko ist jedoch der Forderungsabtretung immanent. Der Schuldner kann sich davor schützen, indem er durch Vereinbarung mit dem Gläubiger die Übertragbarkeit des Rechts ausschließt (§ 399 Alt. 2 BGB). Dabei wäre auch eine Vereinbarung des Inhalts denkbar, dass nur der Übergang der Schiedsvereinbarung ausgeschlossen ist,[87] sodass der Zessionar dann gegen den Schuldner den Weg des staatlichen Gerichtsverfahrens beschreiten müsste.

Dementsprechend gilt auch bei der Übertragung anderer Rechte, etwa von Gesellschaftsanteilen, dass die Bindung des Zedenten an eine Schiedsabrede auf den Erwerber (Zessionar) übergeht.[88]

Anders verhält sich die Situation jedoch bei der Übertragung von Sachen i.S.d. § 90 BGB: Sachenrechte haben einen definierten Inhalt, der nicht zur Disposition der Parteien steht (Typenzwang). Selbst wenn Sachen dinglich belastet sind, kann ein Erwerber sie – anders als eine Forderung – gutgläubig lastenfrei erwerben (§ 936 BGB). Eine Sache kann also nicht mit einer Schiedsbindung dinglich belastet werden. Daher geht auch eine Schiedsbindung im Hinblick auf eine Sache nicht auf den Erwerber über, wobei es unerheblich ist, ob dieser gut- oder bösgläubig ist. Hat also der Eigentümer einer Sache mit einem anderen vereinbart, dass bei Streitigkeiten in Bezug auf die Sache ein Schiedsverfahren durchgeführt werden soll und veräußert er die Sache später an einen Dritten, so kann der Dritte in Bezug auf seine Rechte an der Sache ein staatliches Gerichtsverfahren durchführen.[89]

Auch bei der Einzelrechtsnachfolge stellen sich zusätzliche prozessuale Fragen, wenn diese erst während des laufenden Schiedsverfahrens eintritt (dazu Abschn. 6.10.2).

3.9 Pathologische Klauseln

In bestimmten Fällen sind Schiedsklauseln zwar nach den bisher dargestellten Kriterien wirksam abgeschlossen worden, führen aber gleichwohl bei der Durchführung des Schiedsverfahrens zu unerwarteten Problemen. Dies liegt häufig daran, dass die Schiedsklausel unklar oder widersprüchlich formuliert ist, oder dass die Parteien ihre Rechtswirkungen nicht hinreichend bedacht haben. Man spricht dann von einer „pathologischen", also behandlungsbedürftigen Schiedsklausel. Die notwendige Behandlung besteht in einer Auslegung anhand des mutmaßlichen Parteiwillens (§§ 133, 157 BGB), sodass der Schiedsklausel ein sinnvoller Inhalt gegeben wird, mit dem das Schiedsverfahrens dann durchgeführt werden kann. Kann auch durch Auslegung kein brauchbarer Sinn einer Schiedsklausel ermittelt werden, ist

---

[87] *Wagner*, Bindung des Schiedsgerichts an Entscheidungen anderer Gerichte und Schiedsgerichte, in: Böckstiegel u. a. (Hrsg.), Die Beteiligung Dritter an Schiedsverfahren, 2005, S. 7 (16 f.).

[88] BGH v. 02.03.1978, III ZR 99/76, BGHZ 71, 162 (bzgl. Kommanditanteil); BGH v. 02.10.1997, III ZR 2/96, NJW 1998, 371 (bzgl. GmbH-Anteil).

[89] *Wagner*, Bindung des Schiedsgerichts an Entscheidungen anderer Gerichte und Schiedsgerichte, in: Böckstiegel u. a. (Hrsg.), Die Beteiligung Dritter an Schiedsverfahren, 2005, S. 7 (18 f.).

3.9 Pathologische Klauseln

das Schiedsverfahren als nicht durchführbar anzusehen (§ 1032 Abs. 1 a.E. ZPO). Die Parteien müssen dann stattdessen den Weg des staatlichen Gerichtsverfahrens beschreiten.

Im Folgenden sollen einige Beispiele genannt werden, um die Problematik zu veranschaulichen:[90]

Häufig kommt es etwa vor, dass die Parteien ein institutionelles Schiedsverfahren vereinbaren möchten, sich aber bei der Benennung der Schiedsinstitution nicht klar ausdrücken:

Beispiel 1

Eine dänische und eine türkische Partei hatten vereinbart, dass Streitigkeiten durch ein Schiedsgericht der „German Central Chamber of Commerce" entschieden werden sollen. Eine solche „zentrale deutsche Handelskammer" existiert jedoch nicht. Allerdings haben die 79 deutschen Industrie- und Handelskammern einen Dachverband, den Deutschen Industrie- und Handelskammertag e.V., der zu den Mitgliedern und Kooperationspartnern der DIS gehört. Da die DIS zudem die einzige große deutsche branchenunabhängige Schiedsgerichtsinstitution ist, entschied das Kammergericht, dass die Schiedsklausel dahingehend ausgelegt werden könne, dass die Parteien ein Verfahren nach den Regeln der DIS durchführen möchten.[91]

Diese Art von Auslegung ist methodisch betrachtet extensiv,[92] aber sachlich dadurch gerechtfertigt, dass es den Parteien im Zweifel lieber ist, ein Schiedsverfahren durchzuführen, als auf den Rechtsweg vor den staatlichen Gerichten verwiesen zu werden. Es handelt sich um eine Auslegung *in favorem validitatis* (vgl. oben Abschn. 3.4.3).[93]

Beispiel 2

Nicht mehr auslegungsfähig war dagegen folgende Vereinbarung: Eine portugiesische und eine französische Partei hatten einen langfristigen Transportvertrag für LKW-Transporte geschlossen und darin eine Schiedsklausel vereinbart, wonach als Schiedsrichter „der Verband der portugiesischen Spediteure und sein französisches Gegenstück" agieren sollten („Seront arbitres la ,Associacao Portuguesa Dos Agentes Transitarios' en Portugal et sa congénère en France.").

---

[90]Weitere anschauliche Beispiele bei *Breßler/Korte/Kröger/Rollin/von Bodenhausen*, Pathologische Schiedsklauseln – Beispiele aus der Beratungspraxis, IHR 2008, 89–97.

[91]KG Berlin v. 15.10.1999, 28 Sch 17/99, BB Beil. 2000, Nr. 8, 13; dazu auch *Breßler/Korte/Kröger/Rollin/von Bodenhausen*, Pathologische Schiedsklauseln – Beispiele aus der Beratungspraxis, IHR 2008, 89 (96).

[92]*Hochbaum*, Mißglückte internationale Schiedsvereinbarungen, 1995, S. 71 ff., nimmt sogar an, dass die Schiedsklausel bei Benennung einer nicht existierenden Institution in der Regel unwirksam sei.

[93]Weiteres, ähnliches Beispiel: OLG Hamm v. 27.09.2005, 29 Sch 1/05, SchiedsVZ 2006, 106 (109); dazu *Kröll*, IHR 2006, 255–259.

Allerdings existierte in Frankreich keine vergleichbare Einrichtung, sodass auch bei wohlwollender Auslegung nicht mehr bestimmbar war, wer das Schiedsverfahren durchführen sollte. Das französische Gericht hielt die Schiedsklausel daher für unwirksam, sodass die Parteien vor die staatlichen Gerichte gehen mussten.[94]

In anderen Fällen entstehen Probleme, weil die Parteien sowohl Schieds- als auch Gerichtsstandsklauseln in ihren Verträgen vereinbaren:

Beispiel 1

Die Parteien hatten einen Vertrag unter Einbeziehung von Allgemeinen Geschäftsbedingungen geschlossen. Diese AGB enthielten folgende Streitbeilegungsklausel:

„Zuständig für die Entscheidung etwaiger Rechtsstreitigkeiten ist nach unserer Wahl das Gericht in Gera oder München oder das Schiedsgericht der Hamburger Freundschaftlichen Arbitrage – unter Ausschluß der Qualitätsarbitrage – nach der Schiedsgerichtsordnung des Warenvereins der Hamburger Börse e.V."

Durch diese Streitbeilegungsklausel wollte sich der Verwender der AGB ein Wahlrecht sichern: Es sollte ihm im Streitfall offen stehen, zu entscheiden, ob er die Sache lieber vor die staatlichen Gerichte oder vor ein Schiedsgericht bringt. Diese Klausel wurde vom BGH zu Recht für unwirksam gehalten,[95] da sie den anderen Vertragsteil, dem kein Wahlrecht zusteht, unangemessen benachteiligt: Dieser müsste nämlich jedenfalls ein Gerichtsverfahren einleiten, das der Klauselverwender dann gegebenenfalls durch die Schiedseinrede zu Fall bringen könnte, wodurch dem anderen Teil dann die Kosten dieses Verfahrens zur Last fielen.

Beispiel 2

In einem Vertrag über die Verlegung von Seekabeln waren zwei verschiedene Streitbeilegungsklauseln enthalten:

„Falls es den Parteien nicht gelingt, solche Streitigkeiten oder Differenzen beizulegen, wird die Angelegenheit entsprechend den Richtlinien des Schiedsgerichtshofs der Internationalen Handelskammer einem Schiedsgericht vorgetragen. Ort des Schiedsgerichts ist G./Schweiz, und die Schiedsgerichtsverhandlungen sind in englischer Sprache zu führen."

„Dieser Vertrag unterliegt deutschem Recht und wird entsprechend den deutschen Gesetzen erstellt wie er auch der nicht ausschließlichen (oder: einfachen) Zuständigkeit der deutschen Gerichte unterliegt."

---

[94]Tribunal de grande instance de Paris v. 08.09.1983, Rev. Arb. 1983, 479 (485); dazu *Hochbaum*, Mißglückte internationale Schiedsvereinbarungen, 1995, S. 73 f.
[95]BGH v. 24.09.1998, III ZR 133/97, NJW 1999, 282. Da es sich um eine AGB handelte, wurde zur Begründung nicht § 138 BGB, sondern § 9 AGBG = § 307 BGB n.F. herangezogen.

Diese auf den ersten Blick widersprüchlichen Klauseln wurden von den Gerichten dahingehend ausgelegt, dass die Parteien vorrangig ein Schiedsverfahren vereinbaren wollten und die Zuständigkeit der deutschen Gerichte nur deshalb vereinbart hatten, da diese gegebenenfalls für die schiedsverfahrensrechtlichen Hilfsverfahren (etwa gemäß §§ 1032 Abs. 2, 1033, 1040 Abs. 3 ZPO) angerufen werden können.[96] Diese Auslegung ist eigentlich eine richterliche Ergänzung des Vertragsinhalts, die inhaltlich aber durchaus sachgerecht ist, da auf diese Weise für beide Streitbeilegungsklauseln jeweils ein sinnvoller Anwendungsbereich bestimmt und der Gestaltung damit zur Wirksamkeit verholfen wird.

Derartige Fälle, in denen Verträge sowohl Schieds- als auch Gerichtsstandsklauseln enthalten, kommen relativ häufig vor. Dies kann auch darauf beruhen, dass zwei AGB-Klauselwerke mit einbezogen werden, die jeweils unterschiedliche Streitbeilegungsklauseln enthalten.[97] Auch wenn die Vereinbarung der Parteien bezüglich der Modalität der Streitbeilegung in solchen Fällen zunächst widersprüchlich erscheint, lässt sich doch manchmal durch Auslegung klären, was die Parteien damit wirklich bezweckten. Ist die Schiedsgerichtsvereinbarung beispielsweise sehr ausführlich abgefasst worden und branchenüblich, spricht dies in der Tat dafür, dass die Parteien ein Schiedsgerichtsverfahren vereinbaren wollten und die zusätzliche Zuständigkeit staatlicher Gerichte nur für die Fälle vorsehen wollten, in denen gerichtliche Hilfsmaßnahmen erforderlich werden. Lässt sich der Widerspruch zwischen den beiden Streitbeilegungsklauseln dagegen nicht näher aufklären, können die entsprechenden Vertragsklauseln wegen Perplexität unwirksam sein. Dann ist nach den allgemeinen Regeln ein staatliches Gericht zuständig.

Pathologische Vereinbarungen können aber nicht nur dann entstehen, wenn ein Vertrag sowohl eine Schieds- als auch eine Gerichtsstandsvereinbarung enthält, sondern auch dann, wenn die Parteien mehrere verschiedene Schiedsklauseln in einem Vertrag vorsehen:

Beispiel

In einem Unternehmenskaufvertrag hatten die Parteien gleich drei verschiedene Schiedsklauseln vorgesehen: In Ziff. 4.3 wurde vereinbart, dass über Streitigkeiten hinsichtlich der Berechnung von Earn-out-Zahlungen ein Earn-out-Schiedsrichter entscheiden solle. Nach Ziff. 8.7.6 sollten Streitigkeiten über Schadensersatz wegen Garantieverletzungen durch einen Einzelschiedsrichter beigelegt werden, auf den die Parteien sich einigen. In Ziff. 13.2 hatten die Parteien schließlich geregelt, dass alle Streitigkeiten aus dem Vertrag vor einem Dreierschiedsgericht nach der Verfahrensordnung der DIS beizulegen seien. Diese Schiedsklauseln konkurrierten miteinander, sodass die Parteien zunächst über mehrere Instanzen klären mussten, welches Schiedsgericht überhaupt

---

[96] BGH v. 12.01.2006, III ZR 214/05, BGHZ 165, 376, zitiert nach juris, Rn. 13 f.
[97] Vgl. BGH v. 25.01.2007, VII ZR 105/06, NJW-RR 2007, 1719.

zuständig war.[98] Dabei gaben das DIS-Schiedsgericht, das OLG Frankfurt und der BGH im Ergebnis der in Ziff. 13.2 enthaltenen umfassenderen Schiedsklausel den Vorrang, wofür vor allem Gründe der Prozessökonomie angeführt wurden: Es könne nicht im Interesse der Parteien sein, mehrere verschiedene Schiedsverfahren bezüglich unterschiedlicher Streitgegenstände durchzuführen.[99]

Auch diese Auslegung ist sehr weitgehend und nimmt eine richterrechtliche Modifikation des Vertrags vor, die methodisch fragwürdig ist. Nach dem Grundsatz der Privatautonomie steht es den Parteien nämlich frei, auch ein (vielleicht unnötig) aufwendiges Streitbeilegungssystem in ihrem Vertrag vorzusehen. Jedenfalls zeigt dieser Fall, dass mehrere verschiedene Schiedsklauseln in einem Vertrag zu Schwierigkeiten führen und daher bei der Abfassung des Vertrags klar voneinander abgegrenzt werden müssen, um späteren Streit darüber zu vermeiden.

Die Beispiele pathologischer Schiedsvereinbarungen ließen sich beliebig fortsetzen. Allgemein lässt sich festhalten, dass der Streitbeilegungsklausel bei den Vertragsverhandlungen besondere Aufmerksamkeit gewidmet werden muss. Sogenannte „Mitternachtsklauseln" sind zu vermeiden. In den meisten Fällen bietet es sich an, keine eigenen Experimente zu wagen, sondern eine möglichst einfache ad hoc-Schiedsklausel vorzusehen oder die Musterklausel einer Schiedsinstitution ohne Veränderungen und Modifikationen zu übernehmen (dazu der nächste Abschnitt).

3.10 Schiedsvereinbarungen bei institutionellen Verfahren

Wenn die Parteien, wie häufig, ein Schiedsverfahren nach den Regeln einer Schiedsinstitution (dazu oben Abschn. 1.7) vereinbaren, gelten zunächst dieselben rechtlichen Anforderungen an das wirksame Zustandekommen der Schiedsvereinbarung wie auch sonst. Die Regeln der Institution können nämlich nicht von den zwingenden Regeln des anwendbaren nationalen Schiedsverfahrensrechts befreien. Ist die Schiedsvereinbarung zustande gekommen, ergänzen und modifizieren die Regeln der Institution allerdings das Schiedsverfahrensrecht, soweit es dispositiv ist (vgl. oben Abschn. 2.6).

Um die Abfassung von Schiedsvereinbarungen zu erleichtern, stellen die Schiedsinstitutionen den Parteien Musterklauseln zur Verfügung, die in den Vertragstext übernommen werden können. Die Musterklausel der DIS lautet beispielsweise wie folgt:

(1) „Alle Streitigkeiten, die sich aus oder im Zusammenhang mit diesem Vertrag oder über dessen Gültigkeit ergeben, werden nach der Schiedsgerichtsordnung der Deutschen Institution für Schiedsgerichtsbarkeit e.V. (DIS) unter Ausschluss des ordentlichen Rechtsweges endgültig entschieden.

---

[98]OLG Frankfurt v. 10.12.2015, 26 SchH 4/15, juris; BGH v. 03.11.2016, I ZB 2/16, juris.
[99]OLG Frankfurt aaO., Rn. 45 f.

(2) Das Schiedsgericht besteht aus [bitte eintragen: „einem Einzelschiedsrichter" oder „drei Schiedsrichtern"].
(3) Der Schiedsort ist [bitte gewünschten Schiedsort eintragen].
(4) Die Verfahrenssprache ist [bitte gewünschte Verfahrenssprache eintragen].
(5) Das in der Sache anwendbare Recht ist [bitte gewünschtes Recht oder gewünschte Rechtsregeln eintragen]."

Mit einer solchen Musterklausel wird sichergestellt, dass die Parteien eine Schiedsvereinbarung mit dem rechtlich erforderlichen Inhalt abschließen. Außerdem werden die Parteien darauf hingewiesen, die sinnvollen Zusatzvereinbarungen zur Anzahl der Schiedsrichter, zum Schiedsort und zur Verfahrenssprache zu treffen (vgl. oben Abschn. 3.1). Eine Rechtswahlklausel (Abs. 5) ist dagegen ohnehin in den meisten Verträgen enthalten und daher nicht unbedingt eine im Zusammenhang mit der Schiedsvereinbarung zu klärende Frage. Jedenfalls ist eine Rechtswahlklausel aber immer sinnvoll, da sie die Schiedsrichter davon entbindet, das anwendbare Recht selbst bestimmen zu müssen (dazu unten Abschn. 8.1.2).

Wenn die Parteien die Musterklausel der Institution nicht vollständig übernehmen, sondern mit eigenen Zusätzen ergänzen, kann es zu Schwierigkeiten bei der Durchführung des Verfahrens kommen, da die Musterklausel und die Schiedsgerichtsordnung aufeinander abgestimmt sind. Es empfiehlt sich daher in der Regel, die Musterklausel ohne Änderungen zu übernehmen.[100]

3.11 Mehrstufige Streitbeilegungsklauseln

In der Praxis sind neben reinen Schiedsvereinbarungen auch andere Arten von Streitbeilegungsklauseln beliebt, die ein mehrstufiges Verfahren vorsehen. Häufig wird insofern vereinbart, dass bei Aufkommen von Streitigkeiten zunächst durch Verhandlungen zwischen den Parteien eine einvernehmliche Lösung gesucht werden muss und erst nach deren Scheitern ein Schiedsverfahren eingeleitet werden soll. Manchmal wird zusätzlich noch eine dazwischen geschaltete Stufe vorgesehen, wonach im Anschluss an die Verhandlungen eine Mediation oder eine Begutachtung durch einen Sachverständigen erfolgen soll. Dadurch kann man zu einer dreistufigen Streitbeilegungsvereinbarung gelangen:

Beispiel einer dreistufigen Streitbeilegungsklausel aus einem ICC-Verfahren[101]

(1) Any dispute arising out of or in connection with this contract shall be settled in good faith through mutual discussions between the parties.

---

[100]Vgl. auch *Klich*, in: Nedden/Herzberg, Praxiskommentar zu den Schiedsgerichtsordnungen, 2014, Nach § 44 DIS-SchO Rn. 2, 18.
[101]Aus ICC Award No. 10256, zitiert bei *Berger*, Law and Practice of Escalation Clauses, 22 Arb. Int'l (2006), 1 f.

(2) In the event that the parties are unable to resolve a dispute in accordance with Section 1 above, then either party, in accordance with this Section 2, may refer the dispute to an expert for consideration of the dispute...
(3) Any dispute arising out of or in connection with this Agreement and not resolved following the procedures described in Sections 1 and 2 above shall, except as hereinafter provided, be settled by arbitration in accordance with the Rules of procedure for Arbitration Proceedings.

Nach dieser Klausel ist im Streitfall zunächst eine Verhandlung durchzuführen, anschließend kann ein Expertengutachten eingeholt werden und schließlich ist die Streitigkeit im Schiedsverfahren zu klären.

Die im ersten Absatz enthaltene Verhandlungspflicht ist praktisch betrachtet eigentlich unnötig. Die wenigsten Parteien beginnen plötzlich und unmotiviert ein Schiedsverfahren, sondern versuchen in aller Regel zunächst ohnehin, eine einvernehmliche Lösung im Verhandlungswege zu erzielen. Es wäre daher eigentlich ausreichend, nur eine einfache Schiedsklausel vorzusehen. Die Verhandlungsklausel ist weniger rechtlich, als vielmehr psychologisch von Bedeutung: Es fällt den Parteien bei Abschluss des Vertrags leichter, sich überhaupt mit dem unerfreulichen Fall einer Streitigkeit zu beschäftigen und auf eine Streitbeilegungsklausel zu einigen, wenn diese vorsieht, dass man es im Falle des Falles zunächst mit einer gütlichen Einigung versuchen wird.

Wird wie vorliegend eine Verhandlungsklausel vereinbart, so ist diese allerdings auch rechtlich bindend, wie jede andere vertragliche Vereinbarung. Die Rechtsprechung hat an Klauseln, die vor Einleitung eines förmlichen Verfahrens eine Pflicht zu Verhandlungen vorsehen, zu Recht auch Rechtsfolgen geknüpft.[102] Ein Verhandlungsversuch muss in diesem Falle in der Regel tatsächlich durchgeführt werden, ansonsten ist das Schiedsverfahren einstweilen unzulässig.

Gleiches gilt auch für Mediations- oder Expertengutachtenverfahren, die auf der zweiten Eskalationsstufe vorgesehen sind: Wenn ein solches Verfahren nicht zumindest versucht wird, ist das Schiedsverfahren einstweilen unzulässig. Dies können die Parteien nur durch eine unverbindliche Formulierung vermeiden. Wenn es etwa wie hier in der Beispielsklausel heißt: „may refer", dann ist die Durchführung des Expertengutachtenverfahrens wohl nur optional und kann auch ausgelassen werden.[103]

Mediations- oder sonstige ADR-Verfahren[104] unter Einbeziehung dritter Personen haben durchaus eine Berechtigung in mehrstufigen Streitbeilegungsklauseln, denn ohne eine solche Vereinbarung entschließen sich nur wenige Parteien im Falle eines Streites dazu, es zunächst mit einem solchen Verfahren alternativer Streitbeilegung zu versuchen. Nach einer aktuellen Umfrage unter den Nutzern der Schieds-

---

[102]Vgl. BGH v. 29.10.2008, XII ZR 165/06, NJW-RR 2009, 637; BGH v. 18.11.1998, VIII ZR 344/97, NJW 1999, 647 (beide bzgl. Gerichtsverfahren).
[103]*Berger*, Law and Practice of Escalation Clauses, 22 Arb. Int'l (2006), 1 (5).
[104]Dazu auch oben Abschn. 1.3.

gerichtsbarkeit sprechen sich daher 60 % der Unternehmensjuristen für eine Kombination von ADR mit Schiedsverfahren aus, während nur 32 % ein Schiedsverfahren allein bevorzugen.[105]

Auf der anderen Seite führen die zusätzlichen Verfahrensschritte aber auch zu einer erheblichen Verzögerung, sodass sie von den Parteien oft nur als Last empfunden werden, wenn abzusehen ist, dass man sich ohne die bindende Entscheidung eines Schiedsgerichts ohnehin nicht wird einigen können. Bei der Vertragsgestaltung sind daher die Vor- und Nachteile mehrstufiger Streitbeilegungsklauseln gegeneinander abzuwägen. Sie sollten nur dort zum Einsatz kommen, wo sie im Einzelfall tatsächlich einen Mehrwert gegenüber einer einfachen Schiedsklausel versprechen.[106]

---

[105] Queen Mary 2018 International Arbitration Survey, S. 6, verfügbar unter www.arbitration.qmul.ac.uk/research/2018/. Zugegriffen am 16.05.2019.
[106] *Berger*, Law and Practice of Escalation Clauses, 22 Arb. Int'l (2006), 1 (4, 17).

Einleitung des Schiedsverfahrens 4

Wenn sich eine Partei entschließt, das Schiedsverfahren einzuleiten, hat sie zuvor meist umfangreiche Verhandlungen mit der Gegenseite geführt, um zu versuchen, ihre Rechte außergerichtlich durchzusetzen. Doch erst die Einleitung des Schiedsverfahrens stellt den rechtlich erheblichen Schritt dar, mit dem aus privaten Erörterungen ein förmliches Verfahren wird, an das bestimmte Rechtswirkungen geknüpft sind. Die Art und Weise, in der ein Schiedsverfahren eingeleitet wird, unterscheidet sich dabei meist deutlich von der Einleitung eines Gerichtsverfahrens. Große Unterschiede bestehen auch zwischen der Einleitung eines ad hoc-Verfahrens und eines institutionellen Schiedsverfahrens.

4.1 Einleitung eines ad hoc-Verfahrens

Wird das Schiedsverfahren ad hoc, also ohne Beteiligung einer Institution, durchgeführt, kann die Einleitung nur unter den beiden Parteien selbst erfolgen. Der Kläger muss dafür dem Beklagten eine Nachricht übermitteln, dass er das Schiedsverfahren einleiten möchte. Sobald der Beklagte diese Nachricht empfangen hat, hat das Verfahren begonnen. § 1044 S. 1 ZPO spricht insofern von einem „Antrag, die Streitigkeit einem Schiedsgericht vorzulegen", weshalb diese Nachricht meist als „Vorlegungsantrag" bezeichnet wird. Im englischen Sprachgebrauch ist die Bezeichnung *Notice for Arbitration* gebräuchlich, im Gegensatz zu einem *Request for Arbitration* im institutionellen Schiedsverfahren.

Der Vorlegungsantrag kann theoretisch formlos erfolgen, doch wird der Kläger in der Praxis immer einen schriftlichen Antrag mit Zustellungsnachweis übersenden, um die Einleitung und ihren Zeitpunkt nachweisen zu können (Einschreiben, Kurierdienst, Bote).[1] Gemäß § 1044 S. 2 ZPO muss der Antrag die Parteien und den Streitgegenstand bezeichnen, damit der Beklagte sich auf die Verteidigung vorbe-

---

[1] Stein/Jonas/*Schlosser*, ZPO, 23. Aufl. 2014, § 1044 Rn. 3.

reiten kann und damit feststeht, welche Streitigkeit Gegenstand des Schiedsverfahrens ist. Auf die Schiedsvereinbarung muss im Antrag lediglich „hingewiesen" werden, sie muss also nicht im Wortlaut übermittelt werden.

Die Einleitung eines ad hoc-Verfahrens kann damit durch ein sehr kurzes Schreiben mit wenigen Minimalangaben erfolgen. Dies macht das Schiedsverfahren für den Kläger attraktiv. Er muss – anders als im Gerichtsverfahren nach §§ 130, 253 ZPO – keine vollständige Klageschrift erstellen, sondern kann ein Schiedsverfahren mit minimalem Aufwand einleiten, dadurch die Ernsthaftigkeit seiner Rechtsverfolgung zum Ausdruck bringen und die Rechtwirkungen des Verfahrensbeginns herbeiführen. Anders als im Gerichtsverfahren ist auch nicht die Einzahlung eines Kostenvorschusses erforderlich, um die Verfahrenseinleitung zu bewirken. Dem Beklagten geschieht durch diese erleichterte Einleitung eines förmlichen Verfahrens kein Unrecht, da er sich zuvor durch die Schiedsvereinbarung darauf eingelassen hat.

Auch nach ausländischem Schiedsrecht[2] und in der internationalen Schiedspraxis ist es meist üblich, Schiedsverfahren nur mit einer kurzen Darstellung des Streitgegenstands einzuleiten. Die ausführliche Darstellung des Sachverhalts, der Beweismittel und der Rechtslage, auf die sich die Klage stützt, erfolgt dann meist erst später, wenn sich das Schiedsgericht schon konstituiert hat, und wird als *Statement of Claim* bezeichnet.

Ebenso verhält es sich nach deutschem Schiedsverfahrensrecht. Die ausführliche „Schiedsklage" reicht der Kläger nach der gesetzgeberischen Konzeption erst im Anschluss an die Konstituierung des Schiedsgerichts ein (§ 1046 ZPO, dazu näher unten Abschn. 6.5). Dies ist häufig auch aus verfahrensökonomischen Gründen sinnvoll: Wenn es zu Problemen bei der Konstituierung des Schiedsgerichts kommt oder das Schiedsverfahren undurchführbar ist, hat der Kläger noch keinen unnötigen Aufwand hinsichtlich der Aufarbeitung und Darstellung des Sachverhalts treiben müssen.

4.2 Einleitung eines institutionellen Schiedsverfahrens

Wenn sich die Parteien darauf geeinigt haben, ein institutionelles Schiedsverfahren durchzuführen, so haben sie damit gleichzeitig die jeweiligen Verfahrensregeln der Schiedsinstitution akzeptiert (oben Abschn. 2.6). Nach diesen Verfahrensregeln wird der Beginn des Schiedsverfahrens in aller Regel anders als in § 1044 ZPO definiert. Denn wenn eine Schiedsinstitution beteiligt ist, kann diese – ähnlich wie die Geschäftsstelle eines Gerichts – als Mittler fungieren, bei dem die entsprechenden Erklärungen einzureichen sind.

Demnach ist die Schiedsklage sowohl nach Art. 5.1 DIS-SchO als auch nach Art. 4.1 ICC-SchO nicht direkt an den Beklagten zu übermitteln, sondern bei der Institution einzureichen. Diese fordert dann eine Bearbeitungsgebühr vom Kläger an und leitet die Klage erst nach Eingang der Gebühr an den Beklagten weiter. Den

---

[2]Vgl. z. B. Sec. 14 des englischen Arbitration Act 1996.

Verfahrensbeginn definieren beide Schiedsordnungen als den Zeitpunkt, zu dem die Klage bei der Institution eingegangen ist (Art. 6.1 DIS-SchO, Art. 4.2 ICC-SchO). Inhaltlich stellen die institutionellen Verfahrensordnungen meist detailliertere Anforderungen an die Verfahrenseinleitung auf als § 1044 ZPO und sehen etwa zusätzlich vor, dass der Kläger einen bestimmten Antrag stellen, den Streitwert beziffern und Tatsachen vortragen muss (vgl. Art. 5.2 DIS-SchO, Art. 4.3 ICC-SchO). Diese zusätzlichen Angaben sind aber in der Regel nicht verpflichtend, sondern ihr Fehlen provoziert nur Nachfragen seitens der Schiedsinstitution. Im Ergebnis kann der Verfahrensbeginn daher auch im institutionellen Verfahren ähnlich schlank wie im ad hoc-Verfahren mit einem kurzen Antrag auf Einleitung eines Schiedsverfahrens (*Request for Arbitration*) erfolgen.[3]

In der Praxis ist es bei internationalen Schiedsverfahren und insbesondere bei Verfahren nach der ICC-SchO auch üblich, die vollständige Darstellung des Sachverhalts und der Rechtslage dem ausführlichen *Statement of Claim* vorzubehalten, das erst nach Konstituierung des Schiedsgerichts eingereicht wird. In DIS-Verfahren lässt sich dagegen oft beobachten, dass der Schiedskläger schon mit dem ersten Schriftsatz, mit dem das Verfahren eingeleitet wird, eine vollständige Klageschrift vorlegt. Diese Praxis ist dem Verfahren vor staatlichen Gerichten nachempfunden. Sie birgt zwar einerseits das Risiko, dass sich der Aufwand als unnötig erweist, wenn das Schiedsgericht nicht zuständig sein sollte, kann aber andererseits auch zur Beschleunigung des Schiedsverfahrens beitragen. Das Schiedsgericht, welches anschließend gebildet wird, wird nämlich bei der Bemessung der Frist, die es dem Beklagten für die Klageerwiderung setzt, berücksichtigen, wie lange diesem die vollständige Klageschrift insgesamt schon zur Verfügung steht.

4.3 Rechtswirkungen des Verfahrensbeginns

Bei den Rechtswirkungen des Verfahrensbeginns ist zwischen den prozessualen und den materiellrechtlichen Wirkungen zu unterscheiden:

Prozessual betrachtet wird der Streitgegenstand des Schiedsverfahrens durch die Erhebung der Schiedsklage „schiedshängig". Die „Schiedshängigkeit" ist dabei als Parallelbegriff zur Rechtshängigkeit im staatlichen Verfahren zu verstehen. Sie hat ähnliche, aber nicht identische Wirkungen. Anerkannt ist, dass hinsichtlich anderer Schiedsverfahren § 261 Abs. 3 Nr. 1 ZPO analog anzuwenden ist.[4] Die Streitsache kann also, nachdem sie einmal schiedshängig geworden ist, nicht vor einem anderen Schiedsgericht erneut anhängig gemacht werden (Grundsatz der *lis alibi pendens*).[5] Anders verhält es sich aber bei einem Parallelverfahren vor einem staatlichen Gericht. Dieses beachtet die Schiedshängigkeit nämlich nur auf Rüge hin (§ 1032

---

[3] Vgl. auch *Schilling*, in: Nedden/Herzberg, Praxiskommentar zu den Schiedsgerichtsordnungen, 2014, Art. 4 ICC-SchO Rn. 1.
[4] Musielak/*Voit*, ZPO, 16. Aufl. 2019, § 1042 Rn. 16.
[5] Dazu *Pohl*, Doppelte Rechtshängigkeit im schiedsgerichtlichen Verfahren, 2015.

Abs. 1 ZPO, näher dazu Abschn. 10.1.1), muss das Verfahren also fortsetzen, wenn sich der Beklagte nicht auf die Schiedsvereinbarung beruft.

In materiellrechtlicher Hinsicht kann ein Schiedsverfahren auf verschiedene Weise Auswirkungen auf die geltend gemachten Rechte haben, was vom jeweils anwendbaren Sachrecht abhängig ist. Handelt es sich hier um deutsches Recht, so ist vor allem an § 204 Abs. 1 Nr. 11 BGB zu denken, wonach der Beginn des schiedsrichterlichen Verfahrens die Verjährung hemmt.[6] Der Kläger kann also, genau wie im staatlichen Verfahren, den Eintritt der Verjährung durch rechtzeitige Einleitung eines Schiedsverfahrens verhindern. Das Schiedsverfahren ist nämlich gleichermaßen wie das Gerichtsverfahren eine förmliche Geltendmachung von Rechten, sodass die Verfahrenswirkungen insoweit einander gleichgestellt sind.

Im ad hoc-Verfahren wird die Verjährungshemmung herbeigeführt, sobald der Beklagte den Vorlegungsantrag des Klägers erhält. Etwas schwieriger ist die Rechtslage im institutionellen Schiedsverfahren, da das Verfahren hier mit Eingang der Klage bei der Institution beginnt. Zu diesem Zeitpunkt hat der Beklagte jedoch noch keine Kenntnis vom Verfahren, möglicherweise wird ihm die Klage auch erst viel später zugestellt. Gleichwohl dürfte im Ergebnis mehr dafür sprechen, den Verfahrensbeginn im Sinne der Schiedsordnungen auch als „Beginn" im Sinne des § 204 Abs. 1 Nr. 11 BGB anzusehen, denn der Beklagte hat durch seine Zustimmung zu einem entsprechenden institutionellen Schiedsverfahren auch der Regelung zum Verfahrensbeginn zugestimmt.[7]

Ob auch die sonstigen materiellrechtlichen Wirkungen, die mit der Einleitung eines Gerichtsverfahrens einhergehen, auf das Schiedsverfahren übertragen werden können, ist im Detail umstritten.[8] Es spricht aber mehr für eine weitgehende materiellrechtliche Gleichstellung der beiden Verfahrensarten, da auch bei Einleitung eines Schiedsverfahrens dem Beklagten deutlich vor Augen geführt wird, dass es der Kläger nun mit der Rechtsverfolgung ernst meint und dass eine bindende Entscheidung zu erwarten ist. Daher schuldet der Schiedsbeklagte ab Einleitung des Verfahrens Prozesszinsen analog §§ 286 Abs. 1 S. 2, 291 BGB und haftet verschärft bei einer Herausgabepflicht analog §§ 292, 987, 989, 994 BGB. Diese Fragen werden allerdings nur selten praktisch relevant, da sich die Verzinsungspflicht und die verschärfte Haftung auch vorprozessual durch private Erklärungen herbeiführen lassen (Mahnung bzw. Kenntnisverschaffung), sodass es hier – anders als bei der Verjährungshemmung – auf die Wirkungen der Einleitung eines förmlichen Verfahrens meist nicht mehr ankommt.

---

[6]Dazu näher MüKo-BGB/*Grothe*, 8. Aufl. 2018, § 204 Rn. 54–57; *Schütze*, Hemmung der Verjährung durch Schieds- oder Schlichtungsverfahren, RIW 2018, 481 (483 f.).

[7]MüKo-BGB/*Grothe*, 8. Aufl. 2018, § 204 Rn. 55; Stein/Jonas/*Schlosser*, ZPO, 23. Aufl. 2014, § 1044 Rn. 6; *Schroeter*, Der Antrag auf Feststellung der Zulässigkeit eines schiedsrichterlichen Verfahrens gemäß § 1032 Abs. 2 ZPO, SchiedsVZ 2004, 288 (292); differenzierend *Wilke*, Verfahrenseinleitung und Verjährungshemmung in AAA-, DIS- und ICC-Schiedsverfahren, RIW 2007, 189–194.

[8]Vgl. ausführlich *Valdini*, Der Eintritt materiell-rechtlicher Nebenfolgen im Schiedsverfahren, SchiedsVZ 2016, 76–81.

4.4 Der Schiedsorganisationsvertrag

Durch die Einleitung eines institutionellen Schiedsverfahrens entsteht auch ein Rechtsverhältnis zwischen den Parteien und der Schiedsinstitution. Dieses nennt man meist „Schiedsorganisationsvertrag".

4.4.1 Inhalt und Zustandekommen

Die meisten Schiedsinstitutionen sind privatrechtliche Organisationen, welche die Durchführung von Schiedsverfahren im Interesse der Parteien organisieren. Dafür erhalten sie ein entsprechendes Entgelt.[9] Der Schiedsorganisationsvertrag ist somit bei Anwendbarkeit deutschen Rechts als Dienstvertrag gem. §§ 611 ff. BGB anzusehen.[10]

Da die Schiedsinstitution beiden Parteien gegenüber Dienstleistungen schuldet und sich auch ihre Gebührenforderung meist gegen beide Parteien richtet,[11] handelt es sich beim Schiedsorganisationsvertrag um einen dreiseitigen Vertrag. Dieser kommt dadurch zustande, dass der Kläger die Schiedsklage bei der Institution einreicht (Angebot, § 145 BGB) und die Institution daraufhin beginnt, tätig zu werden (Annahme).[12] Der Kläger handelt dabei konkludent sowohl in eigenem Namen als auch im Namen des Beklagten (§ 164 Abs. 1 BGB). Zur Vertretung haben sich die Parteien durch Abschluss der Schiedsvereinbarung gegenseitig bevollmächtigt (§ 167 Abs. 1 Var. 1 BGB).[13]

Nach anderer Auffassung richtet dagegen die Schiedsinstitution durch ihre werbende Tätigkeit (Veröffentlichung der Verfahrensregeln und der Musterklauseln) ein Angebot an einen unbestimmten Personenkreis (*ad incertas personas*), das der Schiedskläger dadurch annimmt, dass er die Klage einreicht.[14] Dafür spricht, dass die Parteien auf die Tätigkeit der Schiedsinstitution angewiesen sind und diese ihre Tätigkeit nach Treu und Glauben auch kaum ablehnen kann. In Sonderfällen, etwa bei Kontrahierungsverboten, wird man aber auch einer Schiedsinstitution nicht unterstellen können, mit ausnahmslos jedem einen Schiedsorganisationsvertrag abschließen zu wollen.

Der Schiedsorganisationsvertrag ist vor allem für die Bestimmung des Tätigkeitsumfangs der Institution von Bedeutung, der durch die Regelungen in der jeweiligen Schiedsgerichtsordnung klar umrissen ist. Die Institution schuldet danach

---

[9]Vgl. etwa die Gebühren der DIS nach der Kostenordnung in Anlage 2 zur DIS-SchO.
[10]Stein/Jonas/*Schlosser*, ZPO, 23. Aufl. 2014, Vor § 1025 Rn. 15; etwas anders *Lachmann*, Handbuch für die Schiedsgerichtspraxis, 3. Aufl. 2008, Rn. 3509 (Geschäftsbesorgungsvertrag).
[11]Ziff. 1.3 der Kostenordnung, Anlage 2 zur DIS-SchO, sieht sogar Gesamtschuldnerschaft vor.
[12]*Lachmann*, Handbuch für die Schiedsgerichtspraxis, 3. Aufl. 2008, Rn. 3509.
[13]MüKo-ZPO/*Münch*, 5. Aufl. 2017, Vor § 1034 Rn. 71 m.w.N.
[14]Stein/Jonas/*Schlosser*, ZPO, 23. Aufl. 2014, Vor § 1025 Rn. 22, unter Verweis auf die französische Rspr.; *Risse/Reiser*, Die Haftung von Schiedsorganisationen, NJW 2015, 2839 (2840).

beiden Parteien eine sachgerechte und zügige Abwicklung des Verfahrens, insbesondere die Vornahme der erforderlichen Zustellungen, die Mithilfe bei der Bestellung der Schiedsrichter und die Prüfung des Schiedsspruchs auf formale Fehler.

Der mit den Schiedsrichtern abgeschlossene Vertrag (Schiedsrichtervertrag, dazu unten Abschn. 5.6) ist vom Schiedsorganisationsvertrag streng zu unterscheiden.

4.4.2 Anwendbares Recht

Auf den Schiedsorganisationsvertrag ist in der Regel das Recht am Sitz der Schiedsinstitution anwendbar. Dies ergibt sich etwa im Anwendungsbereich der Rom I-VO aus ihrem Art. 4 Abs. 1 lit. b, wonach es bei Dienstleistungsverträgen auf den gewöhnlichen Aufenthaltsort des Dienstleisters ankommt. Die Bereichsausnahme für Schiedsvereinbarungen (Art. 1 Abs. 2 lit. e Rom I-VO) ist nicht einschlägig, da der Schiedsorganisationsvertrag von der Schiedsvereinbarung zu unterscheiden ist.[15] Ein Vertrag mit der DIS unterliegt damit deutschem Recht, ein Vertrag mit der ICC französischem Recht.

4.4.3 Haftung

Verletzt die Schiedsinstitution ihre sich aus der Schiedsgerichtsordnung ergebenden Pflichten, haftet sie den Parteien auf Schadensersatz, bei Anwendbarkeit deutschen Rechts also aus §§ 280 ff. BGB. Beispielsweise können Zustellungen verzögert oder ungeeignete Schiedsrichter benannt werden, was zu Folgekosten oder weiteren Verfahrenskosten führen kann.[16]

Dabei haftet die Schiedsinstitution grundsätzlich für jede Fahrlässigkeit (§ 276 BGB). Das Richterspruchprivileg des § 839 Abs. 2 BGB kann – anders als bei den Schiedsrichtern[17] – in der Regel nicht analog angewendet werden, da die Schiedsinstitution den Rechtsstreit nicht entscheidet, sondern eine administrative Tätigkeit ausübt. Ausnahmen sind aber denkbar, wenn es um Tätigkeiten geht, bei denen die Schiedsinstitution ähnlich wie das OLG in den Fällen des § 1062 ZPO in Entscheiderfunktion tätig wird, etwa bei der Ersatzbestellung von Schiedsrichtern.[18]

Allerdings kann die Schiedsinstitution ihre Haftung innerhalb der Grenzen des AGB-Rechts durch vertragliche Vereinbarung beschränken, wovon die DIS in Art. 45.2 DIS-SchO und die ICC in Art. 41 ICC-SchO Gebrauch gemacht haben.[19]

---

[15]MüKo-ZPO/*Münch*, 5. Aufl. 2017, Vor § 1034 Rn. 71; *Risse/Reiser*, Die Haftung von Schiedsorganisationen, NJW 2015, 2839 (2843).

[16]Beispiele bei *Risse/Reiser*, Die Haftung von Schiedsorganisationen, NJW 2015, 2839 (2841).

[17]Unten Abschn. 5.6.4.

[18]*Risse/Reiser*, Die Haftung von Schiedsorganisationen, NJW 2015, 2839 (2842).

[19]Vgl. zur Haftung der Schiedsinstitutionen auch *Blackaby/Partasides*, Redfern and Hunter on International Arbitration, 6. Aufl. 2015, Ziff. 5.62–5.66.

4.5 Reaktionsmöglichkeiten des Beklagten

Da das Schiedsverfahren durch den Kläger eingeleitet wird, liegt der nächste Verfahrensschritt beim Beklagten. Nachdem ihm das verfahrenseinleitende Schriftstück durch den Kläger bzw. durch die Schiedsinstitution übermittelt worden ist, hat er verschiedene Möglichkeiten, darauf zu reagieren:

Nichtstun
In manchen Fällen ignoriert der Beklagte die Einleitung des Schiedsverfahrens, etwa weil er ohnehin kurz vor der Insolvenz steht oder weil er sich schlicht nicht mit der Sache beschäftigen möchte. In solchen Fällen kann er nicht gezwungen werden, am Schiedsverfahren mitzuwirken, da dem Kläger und dem Schiedsgericht keine Zwangsmittel zur Verfügung stehen. Gleichwohl ist das Schiedsverfahren verbindlich, weil sich der Beklagte durch den ursprünglichen Abschluss der Schiedsvereinbarung darauf eingelassen hat. Er kann sich dem Verfahren daher durch Nichtstun nicht entziehen. Die Säumnis des Beklagten hindert das Schiedsgericht folglich nicht daran, das Verfahren weiter zu betreiben (§ 1048 Abs. 2 ZPO), wobei die notwendigen Mitwirkungshandlungen des Beklagten (Schiedsrichterbenennung, Kosteneinzahlung) durch die Schiedsinstitution, das staatliche Gericht und den Kläger vorgenommen werden können. Wenn der Schiedsspruch dann ergeht, kann er auch gegen einen Beklagten vollstreckt werden, der säumig geblieben ist und sich niemals aktiv am Verfahren beteiligt hat, sofern ihm nur die Schiedsklage ursprünglich wirksam zugestellt worden ist (vgl. näher zur Säumnis unten Abschn. 6.9).

Antrag an staatliches Gericht
Wenn der Beklagte das Schiedsverfahren für unzulässig hält, steht ihm schon direkt nach Verfahrensbeginn und vor Konstituierung des Schiedsgerichts ein besonderes Verfahren vor dem staatlichen Gericht zur Verfügung: Er kann beim Oberlandesgericht einen Antrag auf Feststellung der Unzulässigkeit des Schiedsverfahrens gemäß § 1032 Abs. 2 ZPO stellen. Zwar hätte der Beklagte auch die Möglichkeit, zunächst die Bestellung des Schiedsgerichts abzuwarten und dann vor dem Schiedsgericht die Zuständigkeit zu rügen, doch würde dies zusätzlichen Aufwand und zusätzliche Kosten erfordern. Das Verfahren des § 1032 Abs. 2 ZPO gibt dem Beklagten dagegen eine Möglichkeit an die Hand, die Unzulässigkeit des Schiedsverfahrens schon zu einem frühen Verfahrensstadium feststellen zu lassen (vgl. näher zu diesem Verfahren unten Abschn. 10.2).

Einlassung auf das Verfahren
In den meisten Fällen lässt sich der Beklagte allerdings auf das Schiedsverfahren ein, um sich gegen die Klage zu verteidigen und gegebenenfalls auch zum Gegenangriff, der Widerklage, übergehen zu können. Der erste Schritt liegt dann für den Beklagten darin, an der Konstituierung des Schiedsgerichts mitzuwirken, also einen eigenen Schiedsrichter zu benennen oder sich mit dem Kläger auf einen Einzelschiedsrichter zu einigen (dazu näher unten Abschn. 5.3). Außerdem wird der Beklagte sich inhaltlich mit der Schiedsklage beschäftigen und dazu schriftsätzlich Stellung nehmen (dazu näher unten Abschn. 6.5).

4.6 Eilschiedsrichter (Emergency Arbitrator)

Nach der Einleitung des Schiedsverfahrens durch den Kläger vergeht notwendigerweise immer eine gewisse Zeit, bis das Schiedsgericht gebildet worden und damit entscheidungsfähig ist. Eine Rechtsstreitigkeit kann es jedoch erfordern, dass vorab schnelle Zwischenentscheidungen getroffen werden, etwa einstweilige Maßnahmen, mit denen verhindert werden soll, dass der Beklagte über die Sache, die Gegenstand des Rechtsstreits ist, anderweitig wirksam verfügt und so die Durchführung des Verfahrens entwertet wird. Zu diesem Zweck bieten viele Schiedsinstitutionen ein sogenanntes Eilschiedsrichterverfahren an (*Emergency Arbitration*).[20]

In der ICC-SchO ist beispielsweise seit 2012 eine entsprechende Regelung enthalten (Art. 29 ICC-SchO), die durch eine ausführliche Verfahrensordnung für das Eilschiedsrichterverfahren ergänzt wird (Anhang V).[21] Damit der Eilschiedsrichter (*Emergency Arbitrator*) schnell tätig werden kann, wird er auf Antrag einer Partei durch den Präsidenten des ICC Court ernannt. Anschließend führt er ein stark verkürztes Verfahren von maximal zwei Wochen Dauer durch, welches er nach seinem Ermessen gestaltet. Jedenfalls erhält die andere Partei die Möglichkeit, Stellung zu nehmen; teilweise wird auch eine mündliche Verhandlung durchgeführt. Anschließend entscheidet der Eilschiedsrichter durch Beschluss. Dieser Beschluss bindet die Parteien, kann vom Schiedsgericht aber später im weiteren Verlauf des Verfahrens wieder aufgehoben oder abgeändert werden. Er präjudiziert auch den Endschiedsspruch in keiner Weise, sondern stellt nur eine vorläufige Regelung dar.

Nach Konstituierung des Schiedsgerichts ist ein Eilschiedsrichterverfahren nicht mehr erforderlich, da das Schiedsgericht dann selbst über einstweilige Maßnahmen entscheiden kann (dazu unten Abschn. 6.11).

Als Alternative zur Einsetzung eines Eilschiedsrichters steht den Parteien auch der einstweilige Rechtsschutz vor den staatlichen Gerichten offen. In Deutschland können also etwa einstweilige Verfügungen gemäß §§ 935, 940 ZPO beantragt werden. Die Schiedsvereinbarung steht der Zuständigkeit der Gerichte insoweit nicht entgegen (§ 1033 ZPO, dazu näher unten Abschn. 6.12). Auch vor ausländischen Gerichten kann je nach Einzelfall einstweiliger Rechtsschutz nachgesucht werden, wenn diese nach ihrem Verfahrensrecht zuständig sind; der Schiedsort ist insoweit in der Regel nicht maßgeblich. Infolge dieser parallelen Zuständigkeit der staatlichen Gerichte gibt es bei Rechtsstreitigkeiten, die nur Staaten mit gut funktionierenden Gerichtssystemen betreffen, keinen besonderen Bedarf für Eilschiedsrichter. Haben die Parteien dagegen auch Interessen in Staaten, wo die Gerichte langsam oder unzuverlässig arbeiten, hat der Eilschiedsrichter seine

---

[20]Dazu *Born*, International Commercial Arbitration, 2. Aufl. 2014, S. 2451–2454; *Horn*, Der Eilschiedsrichter im institutionellen Schiedsverfahren, SchiedsVZ 2016, 22–30.

[21]Dazu *Bassiri/Haller*, Kommentar zu Art. 29 ICC-SchO, in: Nedden/Herzberg, Praxiskommentar zu den Schiedsgerichtsordnungen, 2014.

praktische Berechtigung.[22] Dass die DIS als eine der wenigen Institutionen keine Eilschiedsrichterverfahrensordnung aufgestellt hat, liegt auch in der guten Organisation der Gerichte in Deutschland begründet. Allerdings haben inzwischen auch viele DIS-Verfahren Auslandsbezug, sodass die Einrichtung eines Eilschiedsrichterverfahrens durchaus auch hier ihre Berechtigung hätte.

---

[22]Vgl. *Buchwitz*, ICC Young Arbitrators Forum on „Emergency Arbitrator – Success Stories and Challenges", SchiedsVZ 2015, 196 f.

Konstituierung des Schiedsgerichts 5

Durch die Einleitung des Schiedsverfahrens hat dieses zwar förmlich begonnen und der Streitgegenstand ist schiedshängig geworden, doch existiert einstweilen noch kein Schiedsgericht, das über die Sache entscheiden könnte. Darin liegt ein wesentlicher Unterschied zum staatlichen Gerichtsverfahren, wo stets ein nach dem Gesetz und dem Geschäftsverteilungsplan zuständiger Richter bereit steht, um über die eingehende Klage zu entscheiden. Ein Schiedsgericht muss dagegen zunächst konstituiert werden, was Schiedsverfahren insoweit aufwendiger und auch langsamer macht als staatliche Prozesse.

5.1 Auswahl der Schiedsrichter

Entscheidend für den erfolgreichen Verlauf des Schiedsverfahrens ist die Auswahl der richtigen Schiedsrichter. Sowohl die Sachverhaltsaufklärung als auch die Güte der späteren Entscheidung hängen davon ab, dass Personen gefunden werden, die den Rechtsstreit in seiner tatsächlichen und rechtlichen Dimension richtig verstehen und einer sachgerechten Erledigung zuführen können. Die freie Auswahl der Schiedsrichter – ein Wesensmerkmal der Schiedsgerichtsbarkeit, vgl. oben Abschn. 1.5.4 – ist daher einerseits eine Chance für die Parteien, andererseits aber auch eine wichtige und verantwortungsvolle Aufgabe.

5.1.1 Auswahlverfahren

Formelle Auswahlverfahren für Schiedsrichter existieren kaum. Grund dafür ist einerseits die Vertraulichkeit des Schiedsverfahrens, die es etwa verhindert, öffentliche Ausschreibungen für bestimmte Streitigkeiten zu machen. Vor allem aber sind oft nicht nur die objektiv messbaren Qualifikationen, sondern auch das persönliche Vertrauen in eine bestimmte Person und in deren Integrität für die Auswahl von Bedeutung. Die meisten Parteien greifen daher bei der Auswahl von Schiedsrichtern auf informelle Netzwerke und Kontakte zurück.[1] Sofern die Schiedsgerichtsinstitutionen einen Schiedsrichter bestellen, bedienen sie sich auch der bei ihnen geführten Schiedsrichterlisten. Für die Parteien sind diese Schiedsrichterlisten jedoch in den allermeisten Fällen nicht verbindlich.[2]

Da viele Schiedsparteien nur selten ein Schiedsverfahren führen, verlassen sich die meisten Parteien bei der Auswahl der Schiedsrichter auf ihre anwaltlichen Berater, die in der Regel mehr Erfahrungen mit konkreten Personen haben. Diese kontaktieren sodann potenzielle Kandidaten und erfragen ihre Kenntnisse und Erfahrungen in dem betreffenden Bereich, ihre möglichen Interessenkonflikte und ihre zeitliche Verfügbarkeit. Über das konkrete Verfahren wird dabei normalerweise nur in allgemeiner Form gesprochen, denn eine detaillierte Erörterung der Sache, die einseitig zwischen einer Partei und ihrem zukünftigen Schiedsrichter stattfindet, wäre aus Neutralitätsgründen problematisch. Nach Ziff. 4.4.1 der IBA Rules on Conflicts of Interest[3] ist eine Kontaktaufnahme mit dem Schiedsrichterkandidaten nur dann unbedenklich,

> „...if this contact is limited to the arbitrator's availability and qualifications to serve, or to the names of possible candidates for a chairperson, and did not address the merits or procedural aspects of the dispute, other than to provide the arbitrator with a basic understanding of the case."

Erkundigt sich ein Parteivertreter dagegen beispielsweise bei einem Schiedsrichterkandidaten nach dessen vorläufiger Einschätzung der Erfolgsaussichten der Sache und gibt dieser eine Antwort darauf, stellt dies schon einen nicht ganz unerheblichen Versuch dar, den Schiedsrichter zu beeinflussen, da dieser sich möglicherweise mit Aussicht auf ein lukratives Mandat zu Zugeständnissen im Hinblick auf die rechtliche Bewertung des Sachverhalts hinreißen lassen könnte. Ein derartiges Verhalten wäre dann jedenfalls offenlegungspflichtig und würde wohl auch die Ablehnung des Schiedsrichters durch die Gegenseite rechtfertigen.[4]

Kontakte zwischen den Parteien bzw. ihren Prozessvertretern und den Schiedsrichtern sind daher sowohl im Vorfeld als auch während des Schiedsverfahrens nur dann unbedenklich, wenn nicht näher über die Sache gesprochen wird. Während des Schiedsverfahrens müssen ohnehin alle Erörterungen zur Sache auf offiziellem Wege erfolgen, sodass das gesamte Schiedsgericht und die Gegenseite mit einbezogen werden. Vor der Bestellung des Schiedsrichters ist eine einseitige Kommunikation über die Sache nur insoweit zulässig, als damit die allgemeine Eignung des Kandidaten überprüft wird.[5]

---

[1]Vgl. Queen Mary 2018 International Arbitration Survey, S. 21, www.arbitration.qmul.ac.uk/research/2018/. Zugegriffen am 16.05.2019.
[2]Dazu oben Abschn. 1.7.1.
[3]Dazu näher unten Abschn. 5.4.1.2.
[4]Zur Ablehnung von Schiedsrichtern siehe unten Abschn. 5.4.
[5]Vgl. *Lörcher/Lörcher/Lörcher*, Das Schiedsverfahren, 2. Aufl. 2001, Rn. 114–116.

5.1.2 Auswahlkriterien

Die wichtigsten Kriterien für die Auswahl von Schiedsrichtern sind:[6]

Rechtskenntnisse
Schiedsrichter sollten zunächst in dem auf die Sache anwendbaren Recht (Sachstatut, dazu unten Abschn. 8.1) qualifiziert sein. Ist deutsches Recht anwendbar, wird man also in der Regel einen Juristen zum Schiedsrichter benennen, der die beiden Staatsexamina mit akzeptablen Noten bestanden hat. Neben allgemeinen Rechtskenntnissen sind in vielen Fällen auch Kenntnisse in besonderen Rechtsgebieten gefordert (z. B. Gesellschaftsrecht, Energierecht, Vertriebsrecht, Kartellrecht).

In internationalen Verfahren lässt es sich häufig nicht realisieren, dass sämtliche Schiedsrichter in dem auf die Sache anwendbaren Recht qualifiziert sind. Wenn beispielsweise ein deutscher Anlagenbauer mit einem saudi-arabischen Kunden einen Vertrag nach Schweizer Recht schließt, benennt er im Streitfall möglicherweise einen deutschen Juristen als Schiedsrichter und sein Vertragspartner einen saudi-arabischen Juristen, da die betreffenden Personen jeweils persönlich bekannt sind. In einer solchen Situation werden die parteibenannten Schiedsrichter zweckmäßigerweise als Vorsitzenden Schiedsrichter einen Schweizer Juristen bestimmen, damit dieser die notwendigen Rechtskenntnisse beisteuern kann.

Neben Kenntnissen im Sachrecht sollten die Schiedsrichter auch fundierte Kenntnisse im Schiedsverfahrensrecht haben. Denn es ist die wichtigste Pflicht des Schiedsgerichts, einen tauglichen Schiedsspruch zu erlassen. Dafür muss die Gesetzgebung und Rechtsprechung zur Aufhebbarkeit von Schiedssprüchen am Schiedsort bekannt sein, aber auch die Gesetzgebung und Rechtsprechung in den anderen Rechtsordnungen, in denen der Schiedsspruch voraussichtlich vollstreckt werden wird.

Branchenkenntnisse
Häufig ist es für die Parteien wichtiger, dass ein Schiedsrichter die Branche kennt, in der die Parteien tätig sind, als dass er spezifische Rechtskenntnisse hat. In vielen Schiedsverfahren geht es hauptsächlich um die Auslegung der zwischen den Parteien geschlossenen Verträge. Dafür ist es nicht nur wichtig, dass der Schiedsrichter die §§ 133, 157 BGB kennt, sondern auch, dass er ein Verständnis für das wirtschaftliche Umfeld der Verträge hat, damit er beurteilen kann, was die Parteien mit bestimmten Formulierungen gemeint haben und welche Auslegung angesichts der Umstände des Einzelfalls angemessen ist.

Erfahrung
Erfahrung bei der Durchführung von Schiedsverfahren ist ebenfalls ein wichtiges Auswahlkriterium, auf das die meisten Parteien Wert legen. Es ist vor allem bei der Auswahl des Vorsitzenden Schiedsrichters in einem Dreierschiedsgericht von Bedeutung, denn Erfahrungen können dabei helfen, auf unerwartete Situationen

---
[6]Vgl. *Wolff*, Grundzüge des Schiedsverfahrensrechts, JuS 2008, 108 (111).

sachgemäß zu reagieren. Die Suche nach besonders erfahrenen Schiedsrichtern führt allerdings bisweilen dazu, dass einige wenige bekannte Schiedsrichter verhältnismäßig viele Mandate erhalten und diese dann nur verzögert bearbeiten können.

Sprachkenntnisse
Ein Schiedsrichter muss die Sprache, in der das Schiedsverfahren durchgeführt wird,[7] hervorragend beherrschen und insbesondere auch über aktive und passive Kenntnisse der juristischen Fachsprache verfügen. Anderenfalls ist er nicht in der Lage, das Verfahren zu leiten und einen guten, das heißt rechtssicheren, Schiedsspruch zu schreiben. Darüber hinaus sind in internationalen Schiedsverfahren weitere Kenntnisse von Sprache und Kultur der Staaten, die mit dem Gegenstand des Schiedsverfahrens zu tun haben, natürlich ebenfalls von Vorteil.

Zeitliche Verfügbarkeit
Die lange Dauer von Schiedsverfahren wird von den Nutzern der Schiedsgerichtsbarkeit als eines ihrer wesentlichen Probleme bezeichnet.[8] Dem kann am besten dadurch begegnet werden, dass der Schiedsrichter ausreichend Zeit hat, sich auf das Verfahren zu konzentrieren und es zügig voran zu treiben. Anderenfalls nützen den Parteien auch die besten Qualifikationen nichts. Die Schiedsinstitutionen sind daher inzwischen dazu übergegangen, Schiedsrichter nach der Anzahl ihrer gleichzeitig laufenden Verfahren zu befragen, bevor sie diese bestellen. Auch im ad hoc-Verfahren sollten die Parteien den Schiedsrichtern vor der Bestellung konkrete Zusagen zu ihrer zeitlichen Verfügbarkeit abverlangen.[9]

Verhältnis zum Profil der übrigen Schiedsrichter
In einem Dreierschiedsgericht gibt es eine inhärente Gruppendynamik, die bei der Auswahl von Schiedsrichtern mit zu berücksichtigen ist. Der Kläger benennt zuerst einen Schiedsrichter, woraufhin der Beklagte versuchen wird, eine Person zu benennen, die diesem Schiedsrichter fachlich und charakterlich ebenbürtig ist.[10] Beide parteibenannten Schiedsrichter sollten sodann einen Vorsitzenden benennen, mit dem sie gut zusammenarbeiten können, was in einem Dreierschiedsgericht unabdingbare Voraussetzung für das Gelingen des Verfahrens ist. Bei der Auswahl des Vorsitzenden ist zudem zu berücksichtigen, dass dieser einerseits zwischen den parteibenannten Schiedsrichtern vermitteln muss, also einfühlsam und diplomatisch sein sollte, andererseits aber auch die Verhandlung leitet, sodass Selbstbewusstsein und Entscheidungsmut ebenfalls vorhanden sein müssen.[11]

---

[7] Dazu oben Abschn. 3.1.4.
[8] Queen Mary 2018 International Arbitration Survey, S. 8, www.arbitration.qmul.ac.uk/research/2018/. Zugegriffen am 16.05.2019.
[9] *Lörcher/Lörcher/Lörcher*, Das Schiedsverfahren, 2. Aufl. 2001, Rn. 100.
[10] Dazu *Kreindler/Schäfer/Wolff*, Schiedsgerichtsbarkeit, 2006, Rn. 507 f.
[11] *Nedden/Büstgens*, Die Beratung des Schiedsgerichts – Konfliktpotenzial und Lösungswege, SchiedsVZ 2015, 169 (176).

Technische Expertise

Bemerkenswert ist, dass spezielle Expertise in technischen Bereichen meist nicht von besonderer Bedeutung für die Auswahl von Schiedsrichtern ist. Nur selten, etwa bei bestimmten Branchenschiedsgerichten,[12] werden Ingenieure, Techniker oder Wirtschaftsprüfer zu Schiedsrichtern bestellt. In der großen Mehrzahl der Handelsschiedsverfahren sind die Schiedsrichter dagegen sämtlich Juristen. Zwar liegt einer der wesentlichen Vorzüge des Schiedsverfahrens in der freien Auswahl der Schiedsrichter,[13] sodass man annehmen könnte, dass Parteien häufig Fachleute mit besonderen technischen Kenntnissen auswählen. Offenbar ist es für die Parteien aber in der Regel von vorrangiger Bedeutung, stattdessen Juristen als gewissermaßen professionelle Entscheidungsträger zu benennen. Technischer oder kaufmännischer Sachverstand kann häufig besser über Sachverständige in das Verfahren eingeführt werden.[14]

Diversität

Als Schiedsrichter werden nach wie vor hauptsächlich Männer tätig. Daher gibt es seit einigen Jahren verstärkte Bemühungen, den Anteil weiblicher Schiedsrichter zu erhöhen. Zur verstärkten Benennung von Frauen haben sich in der weltweiten Initiative „Equal Representation in Arbitration"[15] nicht nur die Schiedsgerichtsinstitutionen, sondern auch die meisten internationalen Anwaltskanzleien verpflichtet. Auch wenn das Geschlecht des Schiedsrichters damit zunächst keine sachliche Bedeutung zu haben scheint, so ist es doch gleichwohl sinnvoll, dass alle gesellschaftlichen Akteure auf die Beseitigung geschlechtsspezifischer Nachteile hinwirken. Bei der Benennung durch Schiedsinstitutionen gelingt dies tendenziell etwas besser als bei der Benennung durch die Parteien.[16] Andere Fragen der Diversität (etwa Alter, kulturelle und ethnische Herkunft) erfahren weniger Beachtung, auch wenn die originär international ausgerichtete „Schiedsszene" in dieser Hinsicht sehr vielfältig strukturiert ist.

5.2 Ausschluss vom Schiedsrichteramt

Das Gesetz kennt keine bestimmten Anforderungen, die an den Schiedsrichter zu stellen sind. Ob die Parteien nach den soeben genannten Kriterien vorgehen möchten oder nicht, bleibt ihnen überlassen. Da das Schiedsverfahren nur den Interessen der Parteien dient, steht es ihnen grundsätzlich frei, jede beliebige Person zum Schieds-

---

[12]Dazu oben Abschn. 1.7.3.
[13]Vgl. oben Abschn. 1.5.4.
[14]Näher *Kreindler/Schäfer/Wolff*, Schiedsgerichtsbarkeit, 2006, Rn. 497–500.
[15]Vgl. www.arbitrationpledge.com. Zugegriffen am 16.05.2019.
[16]Vgl. etwa die Zahlen der 2017 ICC Dispute Resolution Statistics, ICC Bull. 2018, 51 (59), iccwbo.org. Zugegriffen am 16.05.2019.

richter zu bestellen, auch wenn sie objektiv betrachtet wenig geeignet für dieses Amt erscheint.

In Rechtsprechung und Lehre sind jedoch einige wesentliche Anforderungen anerkannt, die unverzichtbar sind und nicht der Disposition der Parteien unterliegen. Diese werden aus der Natur des Schiedsverfahrens hergeleitet. Danach ist es zunächst erforderlich, dass eine natürliche Person zum Schiedsrichter benannt wird. Juristische Personen, z. B. Vereine, können nicht Schiedsrichter sein. Außerdem ist anerkannt, dass der Schiedsrichter geschäftsfähig sein muss.[17]

Praktisch bedeutsamer ist die ebenfalls anerkannte Einschränkung, dass die Parteien selbst und ihre Vertreter im weiteren Sinne nicht Schiedsrichter sein können. Aus dem Grundsatz, dass niemand in eigener Sache richten darf, wird gefolgert, dass weder die Geschäftsführer der Parteien noch ihre Vorstandsmitglieder, Aufsichtsratsmitglieder oder ähnliche Personen als Schiedsrichter tätig werden können.[18] Daraus ergeben sich rechtliche Konsequenzen, die für die Parteien bisweilen durchaus überraschend sind:

> **Beispiel**
>
> Die Parteien hatten einen Vertrag über den Neubau und Betrieb von Krankenhäusern geschlossen. Bei Streitigkeiten daraus sollte ein „Vertragsbeirat" entscheiden, der aus fünf Personen bestand: Jede Partei entsandte ihren Geschäftsführer und ihren technischen Leiter, diese vier Personen hatten sodann eine fünfte Person mit Befähigung zum Richteramt als Obmann zu bestellen. Der solchermaßen gebildete Vertragsbeirat entschied daraufhin mehrfach Streitfragen zwischen den Parteien und erließ entsprechende „Schiedssprüche", die von den Parteien freiwillig befolgt wurden. Als ein weiterer Schiedsspruch nicht freiwillig befolgt wurde, beantragte eine Partei vor dem OLG Frankfurt die Vollstreckbarerklärung gemäß § 1060 ZPO. Das OLG und nachfolgend der BGH versagten jedoch die Vollstreckbarerklärung, da es sich bei dem Vertragsbeirat wegen der Beteiligung der Geschäftsführer der Parteien nicht um ein Schiedsgericht im Sinne der §§ 1025 ff. ZPO handele.[19]

Personen, die eine besonders nahe Verbindung zu den Parteien haben, insbesondere deren Organe, sind damit automatisch als Schiedsrichter ausgeschlossen. Dieser Ansatz der Rechtsprechung ist durchaus begründungsbedürftig. Nach der gesetzlichen Konzeption besteht nämlich bei fehlender Unabhängigkeit oder Unparteilichkeit eines Schiedsrichters lediglich ein Ablehnungsrecht (vgl. §§ 1036 f. ZPO); ein Ausschluss kraft Gesetzes wie beim staatlichen Richter (vgl. § 41 ZPO) ist im Schiedsverfahren nicht vorgesehen. Üben die Parteien ihr Ablehnungsrecht nicht aus, kann folglich auch ein befangener Schiedsrichter weiterhin tätig bleiben und

---

[17] MüKo-ZPO/*Münch*, 5. Aufl. 2017, § 1036 Rn. 12 m.w.N.
[18] MüKo-ZPO/*Münch*, 5. Aufl. 2017, § 1036 Rn. 9–11 m.w.N.
[19] OLG Frankfurt v. 02.02.2017, 26 Sch 6/16, juris, Rn. 42–45; BGH v. 11.10.2017, I ZB 12/17, NJW 2018, 869 Rn. 15 f.

einen wirksamen Schiedsspruch erlassen. Im Falle eines automatischen Ausschlusses ist dagegen das gesamte Schiedsverfahren ohne Wirkungen, selbst wenn es von Anfang bis Ende mit Einverständnis der Parteien durchgeführt worden ist. Der BGH rechtfertigt den automatischen Ausschluss des Schiedsrichters in diesen Fällen zum einen mit dem Wesen der Schiedsgerichtsbarkeit, wozu es gehört, dass der Schiedsrichter ein unbeteiligter Dritter ist. Zum anderen ist der Ausschluss von Vertretern der Parteien auch deswegen überzeugend, weil sie wegen ihrer Stellung als Geschäftsführer, Vorstandsmitglied, Aufsichtsratsmitglied usw. verpflichtet sind, im Interesse der Partei zu handeln, während ein Schiedsrichter in der Lage sein muss, eine neutrale Position einzunehmen.[20]

Aus diesen in Rechtsprechung und Lehre weitgehend anerkannten Anforderungen an die „unbeteiligte" Stellung von Schiedsrichtern dürfen allerdings nicht vorschnell Schlussfolgerungen auf den Ausschluss weiterer Personen gezogen werden. Der automatische Ausschluss muss vielmehr auf klare und offensichtliche Fälle beschränkt bleiben.[21] Ansonsten würden nicht nur unvorhersehbare Ergebnisse produziert, sondern auch die gesetzliche Konzeption unterlaufen, wonach bei mangelnder Unabhängigkeit und Unparteilichkeit des Schiedsrichters grundsätzlich nur ein Ablehnungsrecht besteht.

5.3 Anzahl der Schiedsrichter und Bestellungsverfahren

Die Anzahl der Schiedsrichter und das Verfahren, nach dem sie bestellt werden, können von den Parteien frei vereinbart werden (§§ 1034 Abs. 1, 1035 Abs. 1 ZPO). In einem ad hoc-Verfahren treffen die Parteien tatsächlich häufig entsprechende detaillierte Vereinbarungen über die Bestellung der Schiedsrichter, also die Bildung „ihres" Schiedsgerichts. Bei einem institutionellen Verfahren richtet sich dies dagegen meist nach den Schiedsregeln der Institution (vgl. Art. 9–16 DIS-SchO; Art. 11–15 ICC-SchO).

Terminologisch und auch in der Sache ist zu berücksichtigen, dass Schiedsrichter im ad hoc-Verfahren direkt von den Parteien „bestellt", also in ihr Amt eingesetzt werden. Bei institutionellen Verfahren „benennen" die Parteien die Schiedsrichter dagegen meist nur (vgl. Art. 12.1 DIS-SchO; Art. 12.4 ICC-SchO). Die Bestellung erfolgt dann durch die Institution (Art. 13 DIS-SchO, Art. 13 ICC-SchO). Dies hat den Zweck, dass die Institution schon vorab eine Erklärung des Schiedsrichters über seine Unabhängigkeit und Unparteilichkeit einholen kann. Wenn sich dann Hinderungsgründe herausstellen, auf Grund derer der Schiedsrichter nicht tätig werden darf, wird die Institution die Bestellung des Schiedsrichters von vornherein unterlassen.

---

[20]BGH v. 11.10.2017, I ZB 12/17, NJW 2018, 869 Rn. 15 f.
[21]Kritisch auch *Kröll*, SchiedsVZ 2018, 61 (63) (nur Aufhebung möglich).

5.3.1 Anzahl der Schiedsrichter

Was die Anzahl der Schiedsrichter betrifft, ist es üblich, in der Schiedsvereinbarung entweder einen Einzelschiedsrichter oder ein Dreierschiedsgericht zu vereinbaren. Theoretisch können die Parteien aber eine beliebige Zahl von Schiedsrichtern festlegen (§ 1034 Abs. 1 S. 1 ZPO). Die Einigung auf einen Einzelschiedsrichter ist vorteilhaft, wenn das Verfahren schnell und kostengünstig durchgeführt werden soll. Ein Dreierschiedsgericht bietet sich dagegen in großen und komplexen Verfahren an, wo eine besonders gründliche Durchdringung des Falles durch die Diskussion der Schiedsrichter untereinander gewünscht wird[22] und die zusätzlichen Kosten gerechtfertigt sind.

Haben die Parteien keine Vereinbarung getroffen, so besteht das Schiedsgericht aus drei Schiedsrichtern (§ 1034 Abs. 1 S. 2 ZPO). Damit nimmt der Gesetzgeber auf die üblichen Gepflogenheiten im internationalen Schiedsverfahren Rücksicht, die im Zweifelsfall auch dem mutmaßlichen Parteiwillen entsprechen. Im Gegensatz zu einem Zweierschiedsgericht, das bis 1997 gesetzlicher Regelfall war, werden durch ein Dreierschiedsgericht auch Mehrheitsentscheidungen ermöglicht.[23]

Im institutionellen Schiedsverfahren richtet sich die Anzahl der Schiedsrichter ebenfalls vorrangig nach der Parteivereinbarung. Können sich die Parteien nicht einigen, so entscheidet hier die Institution über die Anzahl der Schiedsrichter. Dabei berücksichtigt die Institution vor allem die Bedeutung der Sache, also den Streitwert, und etwaige sonstige Faktoren, etwa eine besondere Komplexität der Sache. Im ICC-Schiedsverfahren ist grundsätzlich von einem Einzelschiedsrichter auszugehen, es sei denn, die Bedeutung der Sache würde ein Dreierschiedsgericht rechtfertigen (Art. 12.2 ICC-SchO). Im Verfahren nach der Schiedsordnung der Schweizer Handelskammern ist für Verfahren bis zu 1 Mio. CHF im Zweifel ein Einzelschiedsrichter zu bestellen (Art. 42 Abs. 2 lit. b Swiss Rules). Im DIS-Verfahren bleibt es dagegen grundsätzlich bei einem Dreierschiedsgericht, wenn nicht eine Partei einen Antrag stellt, dass die Sache stattdessen von einem Einzelschiedsrichter entschieden wird. Über einen solchen Antrag entscheidet dann ebenfalls die Institution (der DIS-Rat gemäß Art. 10.2 DIS-SchO).

5.3.2 Bestellung eines Einzelschiedsrichters

Soll das Schiedsverfahren von einem Einzelschiedsrichter durchgeführt werden, muss dieser von beiden Parteien gemeinsam bestellt werden. Wenn sich die Parteien nicht auf eine Person einigen können, kann im ad hoc-Verfahren jede Partei das OLG anrufen, das die Bestellung dann an Stelle der Parteien vornimmt, § 1035 Abs. 3 S. 1 i.V.m. § 1062 Abs. 1 Nr. 1 ZPO. Häufig vereinbaren die Parteien aber auch ein alternatives Bestellungsverfahren, wonach ein Dritter, beispielsweise der

---

[22]Dazu anschaulich *Lörcher/Lörcher/Lörcher*, Das Schiedsverfahren, 2. Aufl. 2001, Rn. 285 f.
[23]BT-Drs. 13/5274, S. 39.

Präsident der IHK, das Bestellungsrecht ausübt.[24] Problematisch sind Parteivereinbarungen, die auf eine neutrale dritte Stelle verzichten und stattdessen einer Partei das alleinige Auswahlrecht oder ein sonstiges Übergewicht bei der Besetzung des Schiedsgerichts verleihen (dazu Abschn. 5.3.4).

Im institutionellen Schiedsverfahren erfolgt die Bestellung des Einzelschiedsrichters in dem Fall, dass die Parteien sich nicht auf eine Person einigen können, durch die Schiedsgerichtsinstitution (vgl. Art. 11 S. 2, S. 3 DIS-SchO, Art. 12 Abs. 3 S. 2 ICC-SchO).

Die Bestellung des Einzelschiedsrichters durch das OLG, einen neutralen Dritten oder die Schiedsgerichtsinstitution wird auch dann erforderlich, wenn eine der Parteien (meist der Beklagte) sich weigert, an der Auswahl des Schiedsrichters mitzuwirken.[25]

5.3.3 Bestellung eines Dreierschiedsgerichts

5.3.3.1 Grundsätze

Das Verfahren zur Bildung eines Dreierschiedsgerichts beginnt in der Regel damit, dass der Schiedskläger einen Schiedsrichter bestellt, was häufig schon in der Klageschrift geschieht. An diese Bestellung ist der Kläger gebunden, sobald sie dem Beklagten zugeht (§ 1035 Abs. 2 ZPO). Der Beklagte bestellt dann seinerseits einen Schiedsrichter durch Erklärung gegenüber dem Kläger. Weigert sich eine der Parteien, typischerweise der Beklagte, einen Schiedsrichter zu bestellen, erfolgt die Bestellung des entsprechenden beisitzenden Schiedsrichters durch das OLG, einen neutralen Dritten oder die Schiedsgerichtsinstitution (§ 1035 Abs. 3 S. 3 ZPO, Art. 12.1 S. 2 DIS-SchO, Art. 12.4 S. 2 ICC-SchO).

Die beiden „parteibestellten" oder „beisitzenden" Schiedsrichter werden anschließend Kontakt miteinander aufnehmen und eine dritte Person als Vorsitzenden Schiedsrichter („Obmann") bestellen. Dieses Verfahren ist international etabliert und hat den großen Vorteil, dass die Bildung des Schiedsgerichts in der Regel effektiv funktioniert: Während sich zwei zerstrittene Parteien häufig nicht mehr auf einen gemeinsamen Einzelschiedsrichter einigen können, gelingt es den beisitzenden Schiedsrichtern sehr wohl, sich auf einen Vorsitzenden Schiedsrichter zu einigen. Diese sind nämlich zur Neutralität verpflichtet, persönlich nicht in den Streit involviert und erfüllen damit eine Art Filterfunktion zwischen den Parteien und dem Vorsitzenden Schiedsrichter.

Bei der Suche nach einem geeigneten Kandidaten für die Position des Vorsitzenden ist es inzwischen anerkannt, dass die parteibestellten Schiedsrichter Rücksprache mit der Partei nehmen dürfen, die sie bestellt hat.[26] Die Partei darf

---

[24] Vgl. bereits oben Abschn. 3.1.4.
[25] Zur Säumnis näher unten Abschn. 6.9.
[26] Ziff. 4.4.1 IBA Rules on Conflicts of Interest (siehe oben Abschn. 5.1.1); Stein/Jonas/*Schlosser*, ZPO, 23. Aufl. 2014, § 1036 Rn. 27.

dem parteibestellten Schiedsrichter auch Vorschläge für die Person des Vorsitzenden Schiedsrichters mit auf den Weg geben. Unzulässig wären allerdings klare Anweisungen, da die eigentliche Entscheidung über die Person des Vorsitzenden den beisitzenden Schiedsrichtern überlassen bleiben muss.

Können sich die beiden parteibestellten Schiedrichter nicht auf einen Vorsitzenden einigen, wird dieser auf Antrag einer Partei durch das Gericht bestellt (§ 1035 Abs. 3 S. 3 ZPO). Manchmal treffen die Parteien auch für diesen Fall abweichende Vereinbarungen (§ 1035 Abs. 1 ZPO), etwa dass der Vorsitzende durch eine andere neutrale Stelle bestellt werden soll.[27]

Im institutionellen Verfahren gibt es teils deutliche Unterschiede bei den Verfahrensregeln zur Bildung eines Dreierschiedsgerichts. Im DIS-Verfahren erfolgt die Benennung des Vorsitzenden Schiedsrichters ebenfalls durch die parteibenannten Schiedsrichter (Art. 12.2 DIS-SchO). Im ICC-Verfahren wird der Vorsitzende dagegen durch den ICC Court bestellt (Art. 12.5 ICC-SchO). Auch hier zeigt sich also die Tendenz der ICC-SchO, eine stärkere Rolle der Institution vorzusehen (vgl. Abschn. 1.7.6). Wollen die Parteien dies vermeiden, müssen sie eine abweichende Vereinbarung treffen, wonach die parteibenannten Schiedsrichter auch im ICC-Verfahren den Vorsitzenden benennen. Kommt es unter den parteibenannten Schiedrichtern nicht zu einer Einigung, wird der Vorsitzende im institutionellen Schiedsverfahren von der Institution bestellt (Art. 12.3 DIS-SchO, Art. 12.5 S. 2 ICC-SchO).

5.3.3.2 Rolle des Vorsitzenden

Der Vorsitzende Schiedsrichter bekleidet de facto eine deutlich hervorgehobene Position im Schiedsgericht. In der Wahrnehmung der Parteien prägt seine Person das Verfahren, was allerdings hauptsächlich darauf beruht, dass er für die Kommunikation mit den Parteien zuständig ist und die mündliche Verhandlung leitet. Seine rechtlichen Aufgaben und Befugnisse unterscheiden sich jedoch grundsätzlich nicht von denen der beisitzenden Schiedsrichter. Anders als im staatlichen Gerichtsverfahren gibt es keine Sachentscheidungen, die der Vorsitzende allein treffen könnte. So muss etwa auch über Anträge auf einstweiligen Rechtsschutz[28] stets vom gesamten Schiedsgericht entschieden werden. Alle drei Schiedsrichter haben also gleiche Rechte und Pflichten.

Allerdings gibt es bestimmte Aufgaben, die ihrer Natur nach von nur einer Person erledigt werden sollten und damit dem Vorsitzenden Schiedsrichter zukommen. Anerkannt ist insbesondere, dass der Vorsitzende

- die offizielle Schiedsgerichtsakte führt,
- die Organisation der mündlichen Verhandlung übernimmt,
- die mündliche Verhandlung leitet,
- die Zeugen vernimmt, soweit dies nicht die Parteien machen,

---

[27]Vgl. bereits oben Abschn. 3.1.4.
[28]Dazu unten Abschn. 6.11.

- die Beratung der Schiedsrichter und die Abfassung des Schiedsspruchs organisiert, sowie
- den Schiedsspruch an die Parteien übersendet.[29]

Davon abgesehen haben die beisitzenden Schiedsrichter zusätzlich die Möglichkeit, die Entscheidung einzelner Verfahrensfragen auf den Vorsitzenden zu übertragen (§ 1052 Abs. 3 ZPO). Dabei müssen sie die Gegenstände, über welche der Vorsitzende allein entscheiden darf, konkret bestimmen. Unzulässig wäre es, Aspekte der Sachentscheidung zu delegieren, denn die Sachentscheidung muss immer vom gesamten Schiedsgericht getroffen werden.

Die Schiedsparteien können allerdings dem Vorsitzenden Schiedsrichter eine weitergehende Alleinentscheidungskompetenz verleihen, da sie die Herren des Verfahrens sind (vgl. § 1052 Abs. 1 ZPO, dem § 1052 Abs. 3 ZPO nicht entgegen steht).[30] Davon wird in institutionellen Verfahrensordnungen auch Gebrauch gemacht (dazu unten Abschn. 8.2.2).

5.3.3.3 Mehrparteienverfahren

Schwierigkeiten bereitet die Bildung eines Dreierschiedsgerichts in den Situationen, wo auf Kläger- und/oder Beklagtenseite mehrere Personen stehen („Mehrparteien"). Dies kommt keineswegs selten vor, vielmehr betraf dies beispielsweise im Jahr 2017 ein Viertel aller Verfahren bei der DIS.[31] In solchen Fällen kann nicht jede Partei einen Schiedsrichter bestellen, da dies zu übergroßen Schiedsgerichten und zudem häufig zu einem Ungleichgewicht im Schiedsgericht führen würde. Wenn etwa drei Kläger einen Beklagten verklagen, jede Partei einen Schiedsrichter bestellt und ein Vorsitzender hinzu kommt, bestünde das Schiedsgericht aus fünf Personen, bei dem die von der Klägerseite bestellten Schiedsrichter mit drei Fünfteln die Mehrheit der Stimmen hätten. Da die Mehrparteien häufig ähnliche Interessen haben, bestünde – trotz der Verpflichtung auch der parteibestellten Schiedsrichter zur Wahrung der Neutralität – ein nicht hinnehmbares Ungleichgewicht im Schiedsverfahren. Außerdem kann nach den meisten ad hoc-Schiedsvereinbarungen und den institutionellen Verfahrensordnungen ohnehin keine beliebige Anzahl von Schiedsrichtern für das Verfahren bestellt werden, sondern es ist entweder ein Einzelschiedsrichter oder ein Dreierschiedsgericht zu bestellen. Auch in Ermangelung einer Parteivereinbarung besteht ein gesetzliches Erfordernis für ein Dreierschiedsgericht (§ 1034 Abs. 1 S. 2 ZPO). Daher stellt sich häufig das Problem, dass nicht jede Partei einen „eigenen" Schiedsrichter benennen kann, obwohl die eigene Auswahl des Schiedsrichters eigentlich zu den Grundprinzipien des Schiedsverfahrensrechts gehört (vgl. oben Abschn. 1.5.4).

---

[29] Vgl. *Schlosser*, Befugnisse und Pflichten des Schiedsgerichtsobmanns, SchiedsVZ 2003, 1 (4–8); *Lörcher/Lörcher/Lörcher*, Das Schiedsverfahren, 2. Aufl. 2001, Rn. 295.
[30] MüKo-ZPO/*Münch*, 5. Aufl. 2017, Vor § 1034 Rn. 62; *Schlosser*, Befugnisse und Pflichten des Schiedsgerichtsobmanns, SchiedsVZ 2003, 1 (8 f.).
[31] DIS-Verfahrensstatistik 2017, S. 7 www.disarb.org. Zugegriffen am 16.05.2019.

Dieses strukturelle Problem des Mehrparteienverfahrens wird von der ZPO bewusst nicht geregelt, sondern der Rechtspraxis überlassen, da es nach Ansicht des Gesetzgebers zu komplex für eine gesetzliche Regelung ist.[32] Allerdings sehen die meisten Schiedsordnungen Bestimmungen für Mehrparteienverfahren vor. Hier ist meist geregelt, dass mehrere Parteien auf einer Seite einen gemeinsamen Schiedsrichter benennen müssen (Art. 20.1 DIS-SchO; Art. 12.6 ICC-SchO). Mehrere Kläger oder mehrere Beklagte müssen sich also jeweils auf einen gemeinsamen Schiedsrichter einigen, was in vielen Fällen auch unproblematisch funktioniert, wenn gemeinsame Interessen bestehen. Werden beispielsweise aus einem Unternehmenskaufvertrag der Verkäufer auf Restzahlung und die Konzernmutter des Verkäufers als Garantiegeberin auf denselben Betrag verklagt, so haben beide Beklagten gleichlaufende Interessen an einer Abweisung der Klage, werden meist durch denselben Rechtsanwalt vertreten und haben daher auch keine Schwierigkeiten damit, sich auf einen gemeinsamen Schiedsrichter zu einigen. Sind die beiden Beklagten dagegen etwa Konsortialpartner eines Anlagenbauvertrags, die gemeinsam auf Gewährleistung verklagt werden, so können sie ein Interesse daran haben, die Verantwortung für die mangelhafte Herstellung des Werkes jeweils dem anderen zuzuschieben, um sich auf diese Weise der eigenen Haftung zu entledigen. Die Beklagten werden sich in einer solchen Situation sicherlich von verschiedenen Rechtsanwälten vertreten lassen und können sich möglicherweise nicht auf einen gemeinsamen Schiedsrichter einigen.

Wenn sich die Mehrparteien nicht einigen können, bestehen nach den Schiedsordnungen grundsätzlich zwei verschiedene Reaktionsmöglichkeiten: Zum einen kann sich die Schiedsinstitution darauf beschränken, einen gemeinsamen Schiedsrichter für die Mehrparteien zu bestellen. Stattdessen kann sie aber auch beide beisitzenden Schiedsrichter bestellen, sodass die zuvor erfolgte Benennung eines Schiedsrichters durch die andere Partei wieder hinfällig wird (Art. 20.3 DIS-SchO). Im ICC-Verfahren wird dann zusätzlich auch der Vorsitzende von der Institution bestellt (Art. 12.8 ICC-SchO).

Die erste Möglichkeit leuchtet unmittelbar ein: Genauso wie die Schiedsinstitution einschreitet, wenn sich Kläger und Beklagter nicht auf einen gemeinsamen Einzelschiedsrichter einigen können, kann sie auch dann einschreiten, wenn sich mehrere Kläger oder mehrere Beklagte nicht auf einen gemeinsamen parteibenannten Schiedsrichter einigen können. Die zweite Möglichkeit, wonach die Schiedsinstitution das gesamte Schiedsgericht oder zumindest beide beisitzenden Schiedsrichter bestellt, ist dagegen erklärungsbedürftig: Warum sollte die Institution das gesamte Schiedsgericht bestellen, wenn doch eine Seite einen Schiedsrichter selbst bestellt hat, dessen Ernennung dann nachträglich wieder ungültig wird? Hintergrund für diese Verfahrensweise ist die Gleichbehandlung der Parteien, die

---

[32]BT-Drs. 13/5274, S. 26; vgl. auch Brief des Bundesjustizministeriums, zitiert bei *D. Weber*, Wider den Verlust des Bestellungsrechts bei Nichteinigung der Mehrparteiengegenseite auf einen Schiedsrichter, in: Bachmann u. a. (Hrsg.), Festschrift für Peter Schlosser, 2005, S. 1063 (1070 Fn. 29).

in der Dutco-Rechtsprechung der französischen Gerichte herausgearbeitet worden ist:

Die Gesellschaft Dutco hatte 1986 die deutschen Gesellschaften BKMI und Siemens wegen eines Bauprojekts im Oman in einem ICC-Verfahren gemeinsam verklagt. BKMI und Siemens brachten im Verfahren vor, dass stattdessen zwei separate Schiedsverfahren hätten eröffnet werden müssen und benannten deswegen nur unter Protest gegen die Zuständigkeit des Schiedsgerichts einen gemeinsamen Schiedsrichter. Vor dem Schiedsgericht selbst und vor der anschließend angerufenen Cour d'Appel de Paris[33] hatten sie mit ihrer Zuständigkeitsrüge keinen Erfolg, doch die Cour de Cassation[34] gab ihnen Recht und hob den Schiedsspruch auf. Dafür war ausschlaggebend, dass die beiden Beklagten nicht den gleichen Einfluss auf die Bildung des Schiedsgerichts hatten wie die Klägerin: Während die Klägerin einen Schiedsrichter benennen konnte, hatte nicht jeder der beiden Beklagten die Möglichkeit, einen „eigenen" Schiedsrichter zu benennen, sondern musste sich mit dem anderen Beklagten auf eine gemeinsame Person einigen.

Anhand der Dutco-Entscheidung zeigen sich einige grundlegende Probleme des Mehrparteienverfahrens: Während es sich der Kläger selbst aussuchen kann, ob er nur einen Beklagten oder beide Beklagten gemeinsam verklagt, haben die Beklagten diese Auswahlmöglichkeit nicht. Auch wenn es mehrere Kläger gibt, können diese sich entscheiden, ob sie gemeinsam vorgehen oder ob sie getrennte Verfahren eröffnen. Auf Klägerseite ist dadurch immer eine gemeinsame Benennung eines Schiedsrichters möglich. Auf Beklagtenseite, wo eine unfreiwillige Verfahrensgemeinschaft bestehen kann, stößt sie dagegen auf Schwierigkeiten. Diese Ungleichheit der Parteien kann nur durch eine neutrale Bestellung beider beisitzenden Schiedsrichter ausgeglichen werden.

Infolge der Dutco-Entscheidung wurden die Schiedsregeln der meisten Institutionen angepasst und sehen jetzt die Möglichkeit vor, dass die Institution das gesamte Schiedsgericht oder zumindest beide beisitzenden Schiedsrichter ernennt. In diesem Fall hat keine Partei einen größeren Einfluss auf die Bildung des Schiedsgerichts als die andere Partei.

In Deutschland wird die Dutco-Rechtsprechung kontrovers beurteilt. Das Kammergericht ist der Cour de Cassation gefolgt.[35] Gegen die Dutco-Rechtsprechung spricht allerdings, dass den Mehrparteien schon bei Abschluss der Schiedsvereinbarung klar gewesen sein muss, dass im späteren Schiedsverfahren die Notwendigkeit einer gemeinsamen Benennung entstehen wird.[36] Außerdem haben die Mehrparteien auf diese Weise die Möglichkeit, die gemeinsame Benennung aus bloßem Opportunismus

---

[33]Cour d'Appel de Paris v. 05.05.1989, ASA Bull. 1989, 226–230.
[34]Cour de Cassation (Civ. 1re) v. 07.01.1992, ASA Bull. 1992, 295–312.
[35]KG v. 21.04.2008, 20 SchH 4/07, NJW 2008, 2719 (2720); angedeutet schon bei BGH v. 29.03.1996, II ZR 124/95, BGHZ 132, 278 – Schiedsfähigkeit I.
[36]OLG Frankfurt v. 24.11.2005, 26 Sch 13/05, SchiedsVZ 2006, 219 (222); vgl. auch schon die Generalanwältin vor der Cour de Cassation, ASA Bull. 1992, 295 (304 f.). Nach KG v. 21.04.2008, 20 SchH 4/07, NJW 2008, 2719 f., geht die Gleichbehandlung allerdings vor.

zu unterlassen, wenn ihnen der von der anderen Seite benannte Schiedsrichter nicht genehm ist, damit daraufhin das gesamte Schiedsgericht neu bestellt wird. Teilweise wird sogar angenommen, dass überhaupt keine Verletzung der Gleichbehandlung vorliege, wenn die Mehrparteien einen gemeinsamen Schiedsrichter benennen müssen.[37] Allerdings lässt es sich praktisch betrachtet nicht immer vollständig sicherstellen, dass ein parteibenannter Schiedsrichter tatsächlich neutral ist, sodass ein gewisser Vorteil für die Seite, deren Schiedsrichter im Verfahren verbleibt und nicht von einer neutralen Stelle benannt wird, nicht von der Hand zu weisen ist.[38] *Schlosser* möchte daher danach differenzieren, ob es den Mehrparteien wegen gleichlaufender Interessen zumutbar ist, einen gemeinsamen Schiedsrichter zu ernennen, und hat für die Bestimmung der jeweiligen Interessenlagen umfangreiche Fallgruppen gebildet.[39]

In der Praxis werden Schiedsinstitutionen jedenfalls dann von der Möglichkeit Gebrauch machen, alle Schiedsrichter zu ernennen, wenn der Schiedsspruch später in Frankreich oder einem anderen Staat, welcher der Dutco-Doktrin folgt, vollstreckt werden soll.[40]

Auch wenn ausdrückliche Regelungen zu diesem Problem nur in den Verfahrensordnungen der Schiedsinstitutionen vorgesehen sind, so stehen doch auch im ad hoc-Verfahren dieselben Lösungsmöglichkeiten zur Verfügung:[41] Soll nur ein gemeinsamer Schiedsrichter für die Mehrparteien bestellt werden, kann das Oberlandesgericht im Verfahren gemäß (nach anderer Ansicht analog)[42] § 1035 Abs. 3 S. 3 ZPO entscheiden.[43] Haben die Parteien schon in der Schiedsvereinbarung eine gemeinsame Benennung durch die Mehrparteien vorgesehen, kann das OLG gemäß § 1035 Abs. 4 ZPO einen gemeinsamen Schiedsrichter für diese bestellen.[44] Soll dagegen das gesamte Schiedsgericht durch das OLG neu bestellt werden, ist dies nur gemäß § 1034 Abs. 2 ZPO möglich (dazu sogleich).

---

[37]D. *Weber,* Wider den Verlust des Bestellungsrechts bei Nichteinigung der Mehrparteiengegenseite auf einen Schiedsrichter, in: Bachmann u. a. (Hrsg.), Festschrift für Peter Schlosser, 2005, S. 1063 (1077–1079).

[38]Stein/Jonas/*Schlosser*, ZPO, 23. Aufl. 2014, § 1034 Rn. 28, vgl. auch § 1036 Rn. 27.

[39]Stein/Jonas/*Schlosser*, ZPO, 23. Aufl. 2014, § 1034 Rn. 30–34.

[40]D. *Weber,* Wider den Verlust des Bestellungsrechts bei Nichteinigung der Mehrparteiengegenseite auf einen Schiedsrichter, in: Bachmann u. a. (Hrsg.), Festschrift für Peter Schlosser, 2005, S. 1063 (1069).

[41]MüKo-ZPO/*Münch*, 5. Aufl. 2017, § 1035 Rn. 70.

[42]Stein/Jonas/*Schlosser*, ZPO, 23. Aufl. 2014, § 1034 Rn. 29.

[43]D. *Weber,* Wider den Verlust des Bestellungsrechts bei Nichteinigung der Mehrparteiengegenseite auf einen Schiedsrichter, in: Bachmann u. a. (Hrsg.), Festschrift für Peter Schlosser, 2005, S. 1063 (1076–1079).

[44]OLG Frankfurt v. 16.09.2010, 26 SchH 5/10, zitiert bei *Kröll*, SchiedsVZ 2011, 131 (134).

5.3.4 Übergewicht einer Partei

Gemäß § 1034 Abs. 2 ZPO kann das Oberlandesgericht das gesamte Schiedsgericht bestellen, wenn die Vereinbarung der Parteien über die Bestellung der Schiedsrichter unausgewogen ist, weil sie einer Partei ein Übergewicht einräumt. Diese Vorschrift, die im UNCITRAL Modellgesetz kein Vorbild hat, ist zunächst vor dem Hintergrund des alten Schiedsverfahrensrechts zu verstehen: Nach § 1025 Abs. 2 ZPO a.F. war eine Schiedsvereinbarung, die einer Partei ein Übergewicht einräumte, unwirksam. Es konnte dann nur ein Verfahren vor dem staatlichen Gericht durchgeführt werden. Das neue Schiedsverfahrensrecht ist dagegen schonender und wird dem Parteiwillen eher gerecht, indem es ein Schiedsverfahren ermöglicht. Das Ungleichgewicht zwischen den Parteien wird hier durch das Oberlandesgericht beseitigt, indem es als neutrale Stelle das gesamte Schiedsgericht neu bestellt.

Ein Ungleichgewicht besteht etwa in dem soeben diskutierten Fall (Abschn. 5.3.3), dass mehrere Kläger oder mehrere Beklagte gemeinsam einen Schiedsrichter benennen müssen, aber widerstreitende Interessen haben, während die andere Seite keine Schwierigkeiten hat, einen Schiedsrichter zu benennen. In einer solchen Situation kann das OLG § 1034 Abs. 2 ZPO anwenden.[45] Ein noch deutlicheres Ungleichgewicht läge beispielsweise dann vor, wenn eine Partei eine größere Zahl von Schiedsrichtern ernennen dürfte als die andere Partei.

Des Weiteren wäre auch eine Schiedsvereinbarung unzulässig, die einer Partei einen größeren Einfluss auf die Bestellung des Einzelschiedsrichters oder des Vorsitzenden Schiedsrichters verschafft als der anderen Partei.[46] Dies liegt auch dann vor, wenn eine Partei in dem Fall, dass die andere Partei mit der Benennung säumig ist, den oder die Schiedsrichter allein benennen darf.[47]

Schiedsvereinbarungen, die einer Seite offensichtlich ein Übergewicht verschaffen, sind relativ selten. Viel diskutiert werden dagegen indirekte Einflussnahmemöglichkeiten einer Partei, die dadurch bestehen, dass ein institutionelles Schiedsverfahren vereinbart wird, bei dem eine Partei der Institution näher steht als die andere Partei. Werden in diesem Fall auch noch sämtliche Schiedsrichter von der Institution bestellt oder müssen zumindest von einer von der Institution aufgestellten Liste stammen, kann dies zu einem Ungleichgewicht führen, das einen Antrag nach § 1034 Abs. 2 ZPO rechtfertigt. Der BGH hat insofern etwa entschieden, dass ein Verbandsschiedsgericht, das nur aus Verbandsmitgliedern zu bilden ist, bei Streitigkeiten zwischen Mitgliedern und Nichtmitgliedern nicht hinreichend neutral ist.[48] Auch bei Sportschiedsverfahren kann ein Übergewicht der Sportverbände bestehen,

---

[45] Fall: KG v. 21.04.2008, 20 SchH 4/07, NJW 2008, 2719.
[46] BT-Drs. 13/5274, S. 39.
[47] BGH v. 05.11.1970, VII ZR 31/69, BGHZ 54, 392; näher dazu Stein/Jonas/*Schlosser*, ZPO, 23. Aufl. 2014, § 1034 Rn. 8.
[48] BGH v. 19.12.1968, VII ZR 83/66, BGHZ 51, 255, zitiert nach juris, Rn. 38–50 – die Entscheidung erging noch zum alten Schiedsverfahrensrecht und in einem Aufhebungsverfahren, doch ist die Argumentation auf § 1034 Abs. 2 ZPO übertragbar.

da diese teilweise einen relativ großen Einfluss auf die Organisation der Sportschiedsgerichte und die Aufstellung der Schiedsrichterlisten ausüben. Der BGH hat insofern allerdings die Gerichtsbarkeit des Court of Arbitration for Sport (CAS) für ausreichend neutral gehalten; dies wird freilich nicht im Rahmen des § 1034 Abs. 2 ZPO relevant, da der CAS seinen Sitz in Lausanne hat und damit Schweizer Recht anwendbar ist (vgl. näher zum Sportschiedsverfahren unten Abschn. 12.7).

Prozessual ist zu berücksichtigen, dass eine Partei, die ein Ungleichgewicht bei der Schiedsrichterernennung gelten machen möchte, innerhalb von zwei Wochen, nachdem ihr die Zusammensetzung des Schiedsgerichts bekannt geworden ist, einen entsprechenden Antrag beim OLG stellen muss (§ 1034 Abs. 2 S. 2 ZPO). Unterlässt sie dies, so verfristet ihr Recht, die Schiedsrichter ersetzen zu lassen. Sie kann sich dann auch im Aufhebungs- und Vollstreckungsverfahren nicht mehr darauf berufen, das Schiedsgericht sei nicht ordnungsgemäß gebildet worden.[49]

5.4 Ablehnung von Schiedsrichtern

Das soeben behandelte Verfahren nach § 1034 Abs. 2 ZPO schützt eine Schiedspartei vor unausgewogenen Schiedsvereinbarungen, die der anderen Partei einen übermäßig großen Einfluss auf die Zusammensetzung des Schiedsgerichts geben. Aber auch wenn die Schiedsvereinbarung vollkommen ausgewogen ist und die Schiedsparteien darin gleich behandelt werden, müssen sie gleichwohl davor geschützt werden, dass bei der anschließenden Bildung des Schiedsgerichts Personen als Schiedsrichter bestellt werden, die im Einzelfall nicht hinreichend neutral sind.

Schiedsrichter müssen genauso wie staatliche Richter neutral, unabhängig und unparteiisch sein. Dies gilt nicht nur für den Vorsitzenden Schiedsrichter oder den Einzelschiedsrichter, sondern gleichermaßen auch für die parteibenannten Schiedsrichter, da sie dieselbe Entscheidungstätigkeit ausüben und dieselbe Entscheidungsbefugnis haben.[50] Früher wurde in der innerstaatlichen US-amerikanischen Schiedsgerichtsbarkeit zwar angenommen, dass die beisitzenden Schiedsrichter nicht neutral sein müssen, doch ist auch diese Ausnahme inzwischen überholt.[51]

Um die Neutralität der Schiedsrichter zu sichern, steht den Parteien ein Ablehnungsrecht zu (§§ 1036, 1037 ZPO, Engl. *challenge*). Dieses entspricht funktional dem Ablehnungsrecht gegenüber einem staatlichen Richter, bei dem die Besorgnis der Befangenheit besteht (§ 42 ZPO). Auf die §§ 41, 42 ZPO kann daher auch bei der

---

[49] OLG Frankfurt v. 24.11.2005, 26 Sch 13/05, SchiedsVZ 2006, 219.
[50] MüKo-ZPO/*Münch*, 5. Aufl. 2017, § 1036 Rn. 31; mit gewissen Einschränkungen auch Musielak/ *Voit*, ZPO, 16. Aufl. 2019, § 1036 Rn. 7; vgl. insgesamt aufschlussreich *Elsing*, Schiedsrichterliche Unabhängigkeit – Vorurteile und Wirklichkeit, SchiedsVZ 2019, 16–23.
[51] *Blackaby/Partasides*, Redfern and Hunter on International Arbitration, 6. Aufl. 2015, Ziff. 4.75; Stein/Jonas/*Schlosser*, ZPO, 23. Aufl. 2014, § 1036 Rn. 25.

Auslegung der schiedsverfahrensrechtlichen Vorschriften zurückgegriffen werden.[52] Die Ablehnung von Schiedsrichtern hat eine etwas größere Bedeutung als die Ablehnung von Richtern im staatlichen Prozess, da infolge der durch die Parteien erfolgenden Benennung der Schiedsrichter ein größeres Risiko von Parteilichkeit besteht als bei den durch die Zuständigkeitsvorschriften und den Geschäftsverteilungsplan objektiv zugewiesenen staatlichen Richtern.

5.4.1 Ablehnungsgründe

5.4.1.1 Allgemeine Kriterien

Ein Schiedsrichter kann aus drei Gründen abgelehnt werden: Wenn Zweifel an seiner Unparteilichkeit bestehen, wenn Zweifel an seiner Unabhängigkeit bestehen, oder wenn er nicht die von den Parteien vereinbarten Voraussetzungen erfüllt (§ 1036 Abs. 2 S. 1 ZPO). Entsprechende Regelungen enthalten die Schiedsverfahrensordnungen der Institutionen (Art. 9.1 DIS-SchO; Art. 11.1 ICC-SchO). Diese drei Gründe unterscheiden sich wie folgt:

Unparteilichkeit
Das Erfordernis der Unparteilichkeit beschreibt eine innere Einstellung des Schiedsrichters: Er muss gegenüber dem Gegenstand des Verfahrens und gegenüber den Parteien innerlich unvoreingenommen sein.[53] Daran fehlt es beispielsweise, wenn der Schiedsrichter sich in öffentlichen Äußerungen oder in einem früheren Schiedsverfahren bereits auf eine bestimmte Auffassung festgelegt hat, die den konkreten Verfahrensgegenstand betrifft.[54]

Unabhängigkeit
Das Erfordernis der Unabhängigkeit beschreibt dagegen ein stärker äußeres Kriterium: Der Schiedsrichter darf keine rechtlichen, wirtschaftlichen oder persönlichen Beziehungen von einigem Gewicht zu den Parteien haben und er darf auch nicht selbst wirtschaftliche oder sonstige greifbare persönliche Interessen am Ausgang des Verfahrens haben.[55] An der Unabhängigkeit fehlt es beispielsweise, wenn der Schiedsrichter Großaktionär einer Partei ist, oder wenn er – bei einer natürlichen Person – ein naher Verwandter ist.

---

[52] BT-Drs. 13/5274, S. 40; Zöller/*Geimer*, ZPO, 32. Aufl. 2018, § 1036 Rn. 10.
[53] *Blackaby/Partasides*, Redfern and Hunter on International Arbitration, 6. Aufl. 2015, Ziff. 4.78.
[54] Musielak/*Voit*, ZPO, 16. Aufl. 2019, § 1036 Rn. 8.
[55] Zur diesen Kriterien vgl. auch rechtsvergleichend *Baudenbacher*, The Independence and Impartiality of Arbitrators: Towards General Standards, in: Cascante u. a. (Hrsg.), Festschrift für Gerhard Wegen, 2015, S. 575 (577 ff.).

Erfüllung der von den Parteien vereinbarten Voraussetzungen
Die Parteien können schon in der Schiedsvereinbarung oder auch später in anderem Kontext vereinbaren, welche Voraussetzungen der oder die Schiedsrichter erfüllen müssen. Gemeint sind insofern hauptsächlich formale Voraussetzungen,[56] also etwa ein bestimmter Bildungsabschluss, bestimmte Sprachkenntnisse oder eine bestimmte Staatsangehörigkeit.

Strukturell ist dabei zu beachten, dass die Erfordernisse der Unabhängigkeit und Unparteilichkeit von Gesetzes wegen bestehen, damit das Schiedsverfahren überhaupt als ein neutrales, der staatlichen Gerichtsbarkeit gleichwertiges Verfahren anerkannt werden kann. Die Beachtlichkeit von Parteivereinbarungen ergibt sich dagegen aus der Privatautonomie. Daher ist auch der anwendbare Prüfungsmaßstab ein anderer: Wegen Nichterfüllung der Parteivereinbarungen kann ein Schiedsrichter nur dann abgelehnt werden, wenn er die von den Parteien festgelegten Kriterien tatsächlich nach objektiver Prüfung des Sachverhalts nicht erfüllt. Der Mangel an Unabhängigkeit oder Unparteilichkeit muss dagegen nicht objektiv feststehen. Vielmehr reicht es insofern – wie im staatlichen Gerichtsverfahren gemäß § 42 Abs. 2 ZPO – aus, wenn Umstände vorliegen, also bestimmte Tatsachen, aufgrund derer aus Sicht einer vernünftigen Partei berechtigte Zweifel an der Unabhängigkeit oder Unparteilichkeit bestehen. Es ist also nicht entscheidend, ob der abgelehnte Schiedsrichter tatsächlich befangen ist oder sich selbst für befangen hält, sondern nur, ob vernünftigerweise eine entsprechende Befürchtung besteht.[57]

5.4.1.2 IBA Guidelines on Conflicts of Interest
In der Praxis können unendlich viele Konstellationen auftreten, die Anlass bieten, die Unabhängigkeit oder Unparteilichkeit eines Schiedsrichters anzuzweifeln. Außerdem sind die rechtlichen und ethischen Maßstäbe für das Verhalten von Schiedsrichtern je nach Land durchaus unterschiedlich, sodass etwa ein deutscher Schiedsrichter in einem internationalen Schiedsverfahren keinen Anlass sehen mag, seine Unparteilichkeit in Frage zu stellen, obwohl sein Verhalten aus Sicht einer US-amerikanischen Schiedspartei schon mehr als grenzwertig ist. Um die Vielfalt möglicher Konfliktsituationen in handhabbare Fallgruppen zu sortieren und um der internationalen Schiedsgerichtsbarkeit einen einheitlichen Entscheidungsmaßstab an die Hand zu geben, hat daher eine Kommission der International Bar Association (IBA) die „IBA Guidelines on Conflicts of Interest in International Arbitration" entwickelt.[58] Diese Richtlinien haben in den letzten Jahren zunehmende Verbreitung an Gerichten und Schiedsgerichten gefunden, da sie praktisch handhabbare, konkrete Kataloge enthalten, an denen man sich bei der Beurteilung einer bestimmten Situation orientieren kann. Diese Kataloge sind in Form einer *Non-Waivable Red*

---

[56]Musielak/*Voit*, ZPO, 16. Aufl. 2019, § 1036 Rn. 9.
[57]Vgl. etwa OLG Frankfurt v. 04.10.2007, 26 Sch 8/07, SchiedsVZ 2008, 96 (99) m.w.N.; MüKo-ZPO/*Münch*, 5. Aufl. 2017, § 1036 Rn. 31.
[58]Aktuelle Fassung von 2014 www.ibanet.org. Zugegriffen am 16.05.2019. Kritisch dazu *Lachmann*, Handbuch für die Schiedsgerichtspraxis, 3. Aufl. 2008, Rn. 970 f.

List, einer *Waivable Red List*, einer *Orange List* und einer *Green List* sortiert.[59] Während die in der *Green List* enthaltenen Situationen unbedenklich sind (z. B. wenn der Schiedsrichter mit einem Parteivertreter in einem anderen Schiedsverfahren gemeinsam als Schiedsrichter tätig war, Ziff. 4.3.2), enthält die *Non-Waivable Red List* absolute Ausschlussgründe, die eine Tätigkeit des Schiedsrichters auch dann verbieten, wenn beide Parteien zustimmen (z. B. wenn der Schiedsrichter als Rechtsanwalt zahlreiche bedeutende Mandate von einer Partei erhält, Ziff. 1.4). Die *Waivable Red List* enthält solche Konstellationen, die zwar prinzipiell Zweifel an der Neutralität begründen, doch können sich die Parteien hier durch ihre Zustimmung mit der Tätigkeit des Schiedsrichters einverstanden erklären (z. B. wenn der Schiedsrichter zwar viele Mandate von einer Partei erhält, diese aber keinen bedeutenden Umfang haben, Ziff. 2.3.7). Die in der *Orange List* enthaltenen Fälle schließlich stellen Grenzfälle dar, bei denen nicht eindeutig zu sagen ist, ob sie berechtigte Zweifel an der Unabhängigkeit und Unparteilichkeit wecken oder nicht (z. B. wenn der Schiedsrichter innerhalb der letzten drei Jahren schon mehr als drei Mal von demselben Parteivertreter benannt worden ist, Ziff. 3.3.8).[60] Hier gilt, dass der Schiedsrichter zwar den potenziellen Konflikt von sich aus offenlegen muss,[61] die Parteien jedoch in der Regel schon durch ihr Schweigen die Tätigkeit des Schiedsrichters akzeptieren. Anders als bei den Tatbeständen der *Waivable Red List* ist also keine ausdrückliche Zustimmung der Parteien erforderlich.

Insgesamt stellen die IBA Guidelines damit eine praktisch nutzbare, international anerkannte Entscheidungshilfe dar. Allerdings befreit dies Gerichte und Schiedsgerichte nicht von einer Entscheidung im Einzelfall, da die IBA Guidelines natürlich nicht rechtlich bindend sind, sodass im Einzelfall auch bei Vorliegen einer darin genannten Fallgruppe eine anderweitige Entscheidung getroffen werden kann bzw. muss.[62]

Zur Veranschaulichung der vielfältigen Konstellationen, die in der Praxis bei der Ablehnung von Schiedsrichtern auftreten können, soll im Folgenden auf drei wichtige Fallgruppen eingegangen werden:

5.4.1.3 Wirtschaftliche Verbindungen

Oft bestehen enge wirtschaftliche Verbindungen des Schiedsrichters zu einer Partei, die Zweifel an seiner Unabhängigkeit wecken. Die IBA Guidelines adressieren einige Konstellationen, die freilich nicht alle Fallgestaltungen genau abdecken können:

> **Beispiel**
>
> Das OLG Dresden hatte 2005 einen besonders gelagerten Fall zu entscheiden: Die Parteien einer ARGE (Projektgesellschaft) hatten zur Entscheidung über die zwischen ihnen noch offenen Forderungen gemeinsam einen ihnen bekannten

---

[59]S. 20–27 der IBA Guidelines, www.ibanet.org. Zugegriffen am 16.05.2019.
[60]Zur wiederholten Benennung vgl. *Elsing*, Schiedsrichterliche Unabhängigkeit – Vorurteile und Wirklichkeit, SchiedsVZ 2019, 16 (20).
[61]Dazu OLG Frankfurt v. 24.01.2019, 26 SchH 2/18, juris, Rn. 92.
[62]Vgl. BG v. 10.10.2010, 4A_458/2009, ASA Bull. 2010, 519 (528).

Rechtsanwalt als Schiedsrichter bestellt. Einige Zeit später beauftragte die Schiedsklägerin diesen Rechtsanwalt zusätzlich, sie in einem Zivilverfahren vor dem LG Siegen gegen die Schiedsbeklagte zu vertreten. Da er in diesem Gerichtsverfahren als Parteivertreter im alleinigen Interesse der von ihm vertretenen Partei handelte und von ihr dafür entsprechend vergütet wurde, bestanden hier offensichtlich besondere wirtschaftliche Abhängigkeiten, die begründete Zweifel an seiner Unabhängigkeit weckten. Das Ablehnungsgesuch war daher gemäß § 1036 Abs. 2 S. 1 ZPO erfolgreich.[63] Nach den *IBA Guidelines* wäre wohl Ziff. 2.3.1 der *Waivable Red List* erfüllt gewesen, wobei zusätzlich noch das Handeln als Parteivertreter gegen die andere Schiedspartei erschwerend hinzukam.

Das Beispiel zeigt, dass gerade bei der in der Praxis häufigen Benennung von Rechtsanwälten besonders auf ihre wirtschaftliche Unabhängigkeit von den Parteien geachtet werden muss und möglichst nicht ein „Hausanwalt" zum Schiedsrichter ernannt werden sollte.

5.4.1.4 Wissenschaftliche Äußerungen

Häufig wird auch diskutiert, ob wissenschaftliche Äußerungen eines Schiedsrichters, etwa in Publikationen oder Vorträgen, Zweifel an seiner Unparteilichkeit aufwerfen können:

Beispiel

In einem Fall, der 2007 vom OLG Frankfurt entschieden wurde, ging es um den Vorsitzenden des Schiedsgerichts, der Mitherausgeber der DIS-Schriftenreihe war. In einem Band dieser Reihe hatte der Prozessvertreter der Schiedsbeklagten einen Aufsatz zum Kartellrecht veröffentlicht. Außerdem waren der Vorsitzende Schiedsrichter und der Prozessvertreter beide in verschiedenen Gremien der DIS tätig und gemeinsam Mitherausgeber der SchiedsVZ. Nach Ansicht der Schiedsklägerin hatte der Vorsitzende Schiedsrichter sich durch die Aufnahme des Aufsatzes in das Buch den Inhalt des Aufsatzes zu Eigen gemacht, sodass er im Schiedsverfahren, in dem es um dieselben kartellrechtlichen Fragen ging, nicht mehr hinreichend unparteilich sei. Gemeinsam mit den sonstigen Verbindungen zum Prozessvertreter der Schiedsbeklagten begründe dies Zweifel an seiner Unparteilichkeit. Das OLG lehnte diesen Befangenheitsantrag jedoch zu Recht ab, da ein Herausgeber sich nicht die Meinungen der Autoren zu Eigen macht. Auch führte das Gericht überzeugend aus, dass die gemeinsame Tätigkeit in bestimmten Gremien und Fachkreisen bei Juristen, die sich auf ein bestimmtes Fachgebiet spezialisiert haben, nahezu zwangsläufig ist.[64]

Schwieriger ist der Fall zu beurteilen, dass der Schiedsrichter selbst wissenschaftliche Äußerungen zu den im Schiedsverfahren relevanten Rechtsfragen publiziert hat.

---

[63] OLG Dresden v. 27.01.2005, 11 SchH 02/04, SchiedsVZ 2005, 159 (161 f.).
[64] OLG Frankfurt v. 04.10.2007, 26 Sch 8/07, SchiedsVZ 2008, 96 (99 f.).

Hier ist zu differenzieren: Nimmt der Schiedsrichter lediglich in allgemeiner Form zu bestimmten Rechtsfragen Stellung, die mehr oder weniger zufällig auch im Schiedsverfahren relevant werden, ergeben sich daraus für eine vernünftige Partei in der Regel keine Zweifel an seiner Unparteilichkeit. Auch insofern lässt es sich nämlich bei Juristen, die sich auf bestimmte Fachgebiete spezialisiert haben, kaum vermeiden, dass sie als Schiedsrichter in Sachen tätig werden, die mit ihrem wissenschaftlichen Fachgebiet zu tun haben. Vielmehr ist diese Expertise von den Parteien gerade gewünscht und ein wichtiges Auswahlkriterium bei der Bestellung (vgl. oben Abschn. 5.1.2).

Eine Grenze ist jedoch dann erreicht, wenn der Schiedsrichter sich in seinen Vorträgen oder Publikationen mit Bezug auf das konkrete Verfahren äußert und insofern juristisch festlegt.[65] Dann besteht die konkrete Besorgnis, dass er sich auch im Verfahren nicht mehr von dieser Position lösen wird, wenn er den Schiedsspruch fällt. Dagegen kann bei zuvor nur allgemein geäußerten rechtswissenschaftlichen Stellungnahmen erwartet werden, dass der Schiedsrichter sich davon im Einzelfall wieder löst, wenn er die Besonderheiten des im Schiedsverfahren diskutierten Sachverhalts zur Kenntnis genommen und sich dazu eine Meinung gebildet hat.[66]

5.4.1.5 Verfahrensführung

Schiedsrichter können auch dann abgelehnt werden, wenn die Art und Weise, wie sie das konkrete Schiedsverfahren führen, Anlass zu Zweifeln an ihrer Unabhängigkeit oder Unparteilichkeit gibt. Diese Zweifel können sich unter anderem aus rechtlichen Hinweisen ergeben, die während des Verfahrens abgegeben werden:

Beispiel

In einem Fall, der 2015 dem OLG München vorlag, hatten die Parteien ein Schiedsverfahren wegen Ausgleichsansprüchen nach Beendigung ihrer nichtehelichen Lebensgemeinschaft geführt. Vor der mündlichen Verhandlung im Schiedsverfahren erteilte das Schiedsgericht einen rechtlichen Hinweis, der folgende Passagen enthielt:

„Abschließend ist festzustellen, dass zwischen den Parteien keine Innengesellschaft zustande gekommen ist. ... Somit kommt auch für die Zahlung ... ein nachträglicher finanzieller Ausgleich nicht in Betracht. ... Zusammenfassend kann festgestellt werden, dass dem Antragsteller für die von ihm vorgetragenen ... finanziellen Zuwendungen und Arbeitsleistungen ... ein Ausgleichsanspruch nicht zusteht."

Dieser rechtliche Hinweis ist ungewöhnlich formuliert. Normalerweise äußert sich ein Schiedsgericht – wenn überhaupt – nur sehr vorsichtig im Konjunktiv

---

[65] So auch Ziff. 3.5.2 der IBA Guidelines on Conflicts of Interest.
[66] Vgl. MüKo-ZPO/*Münch*, 5. Aufl. 2017, § 1036 Rn. 38; *Blackaby/Partasides*, Redfern and Hunter on International Arbitration, 6. Aufl. 2015, Ziff. 4.141 f. m.w.N. zu entsprechenden ICSID-Schiedssprüchen; *Armbrüster/Wächter*, Ablehnung von Schiedsrichtern wegen Befangenheit im Verfahren, SchiedsVZ 2017, 213 (220).

("dürfte", "könnte") zu den im Verfahren auftretenden Fragen. Das Schiedsgericht darf sich nämlich während des Verfahrens noch nicht endgültig festlegen, sondern muss den Parteien bis zum Abschluss des Verfahrens fortwährend rechtliches Gehör schenken. Gleichwohl kann man aus dieser Praxis nicht schließen, dass das Schiedsgericht gezwungen wäre, immer bestimmte Formulierungen für seine Hinweise zu verwenden. Entscheidend ist nur, ob der Eindruck entsteht, dass das Schiedsgericht sich bereits festgelegt hat und weiteren Argumenten nicht mehr zugänglich ist. Dies war hier gerade nicht der Fall, da der rechtliche Hinweis der Vorbereitung der mündlichen Verhandlung diente und die Parteien so gerade in die Lage versetzt wurden, sich mit der Position des Schiedsgerichts auseinander zu setzen und dazu in der mündlichen Verhandlung Stellung zu nehmen. Das OLG München sah in diesem rechtlichen Hinweis daher zu Recht keinen Umstand, der Anlass zu Zweifeln an der Unparteilichkeit der Schiedsrichter begründete.[67]

Bei rechtlichen Hinweisen des Schiedsgerichts ist allerdings stets mit zu berücksichtigen, nach welcher Schiedsgerichtsordnung das Verfahren durchgeführt wird und aus welchem nationalen Kontext die Parteien und Schiedsrichter jeweils stammen. Für die Entscheidung des OLG München war mit ausschlaggebend, dass die anwendbare Schiedsordnung des Süddeutschen Familienschiedsgerichts einen Verweis auf die ZPO enthielt, sodass die richterliche Hinweispflicht gemäß § 139 ZPO im Schiedsverfahren entsprechend galt. Dies ist in den meisten Schiedsverfahren jedoch nicht der Fall. Im DIS-Verfahren gibt es keinen derartigen Verweis. Hier lässt sich nur aus der Verpflichtung des Schiedsgerichts zur Förderung einvernehmlicher Streitbeilegung (Art. 26 DIS-SchO) eine gewisse Ermächtigung zur Erteilung von Hinweisen entnehmen. Ohne eine Mitteilung, wie das Schiedsgericht die rechtliche Lage einschätzt, gibt es nämlich meist keinen Anlass für die Parteien, sich zu vergleichen. Im ICC-Verfahren existiert eine derartige Regelung nicht; hier sind Hinweise des Schiedsgerichts nur dann zulässig, wenn der jeweilige Einzelfall dem nicht entgegen steht.

Bei der Beurteilung des Einzelfalls ist vor allem zu berücksichtigen, aus welchen nationalen Prozessrechtstraditionen die Parteien und ihre Prozessvertreter stammen. In manchen Jurisdiktionen des Common Law sind rechtliche Hinweise des Richters während des Verfahrens nicht zu erwarten und würden aus Sicht der Parteien möglicherweise sogar Anlass geben, von einer Voreingenommenheit des Richters auszugehen.[68] In internationalen Schiedsverfahren sind rechtliche Hinweise während des Verfahrens eher selten und nur dann angebracht, wenn beide Parteien einer nationalen Verfahrensrechtstradition zugeordnet werden können, die richterliche Hinweise kennt.

---

[67]OLG München v. 24.11.2015, 34 SchH 5/15, SchiedsVZ 2015, 309 (311).
[68]Vgl. etwa zur (heterogenen) Herangehensweise in den USA *Schack*, Einführung in das US-amerikanische Zivilprozessrecht, 4. Aufl. 2011, Rn. 148–150.

Ob man in einem rechtlichen Hinweis des Schiedsgerichts also einen Umstand sieht, der berechtigte Zweifel an seiner Unparteilichkeit weckt, hängt davon ab, ob es in dem konkreten Schiedsverfahrenstyp üblich war, Hinweise zu erteilen oder nicht. In deutschen DIS-Verfahren sind Hinweise des Schiedsgerichts in der Regel unbedenklich, während in Verfahren mit Beteiligung von Parteien aus dem Common Law größere Vorsicht angebracht ist.[69]

5.4.2 Ablehnungsverfahren

Wenn berechtigte Gründe für die Annahme vorliegen, dass ein Schiedsrichter nicht unparteiisch und unabhängig ist, wird er nicht schon automatisch von Rechts wegen aus dem Verfahren ausgeschlossen. Vielmehr sieht die ZPO, im Einklang mit dem UNCITRAL Modellgesetz und den Verfahrensordnungen der Schiedsinstitutionen, ein besonderes Verfahren vor, mit dem die Parteien die Ablehnung des Schiedsrichters durchsetzen müssen. Gründe dafür sind die Verfahrenseffizienz und die Privatautonomie: Die Kontrolle der Neutralität des Schiedsgerichts muss nicht automatisch erfolgen, vielmehr hat die betroffene Partei auch die Möglichkeit, sich mit dem bestehenden Ablehnungsgrund abzufinden. Hat sie von den Umständen, die Zweifel begründen, Kenntnis, vertraut aber trotzdem auf die Neutralität des Schiedsrichters, steht es ihr frei, diesen zu akzeptieren und das Verfahren weiter durchführen zu lassen. Daher sehen auch die IBA Guidelines on Conflicts of Interest entsprechende „waiver" vor.

Das eigentliche Ablehnungsverfahren besteht aus mindestens drei Schritten: Zunächst muss eine Partei Kenntnis davon erlangen, dass bei einem Schiedsrichter besondere Umstände vorliegen, die Zweifel an seiner Neutralität wecken. Sodann muss die Partei ihren Ablehnungsantrag beim Schiedsgericht stellen (sog. Vorschaltverfahren). Schließlich kann sie das staatliche Gericht anrufen.

5.4.2.1 Kenntnis der Schiedspartei

Um einen Schiedsrichter ablehnen zu können, muss die Schiedspartei Kenntnis von den Umständen erlangen, welche Anlass zu berechtigten Zweifeln an der Unabhängigkeit und Unparteilichkeit des Schiedsrichters geben. Dafür kann sie zunächst eigene Recherchen vornehmen. Darüber hinaus ist aber auch der Schiedsrichter von sich aus in jeder Lage des Verfahrens verpflichtet, alle möglichen Gründe offen zu legen, die Anlass zur Ablehnung geben könnten (§ 1036 Abs. 1 ZPO). Diese aktive Offenbarungspflicht ist auch sachgerecht, da der Partei selbst die möglichen Interessenkollisionen oft gar nicht bekannt sind. Da im Schiedsverfahren ein im Vergleich zum staatlichen Verfahren strukturell größeres Risiko der Befangenheit besteht, sind an die Offenbarungspflicht für Schiedsrichter grundsätzlich strenge Anforderungen zu stellen.[70]

---

[69]*Bryant*, SchiedsVZ 2015, 312.
[70]OLG Frankfurt v. 24.01.2019, 26 SchH 2/18, juris, Rn. 78; a.A. Zöller/*Geimer*, ZPO, 32. Aufl. 2018, § 1036 Rn. 9 (restriktiv auszulegen).

Wenn schon zum Zeitpunkt seiner Benennung mögliche Hinderungsgründe bestehen, hat der Schiedsrichter diese im ad hoc-Verfahren den beiden Schiedsparteien gegenüber zu erklären. In institutionellen Schiedsverfahren besteht die Offenbarungspflicht zunächst nur gegenüber der Institution, die den Parteien die Erklärung des Schiedsrichters dann weiterleitet und ihnen Gelegenheit zur Stellungnahme gibt (Art. 9.4, 9.5 DIS-SchO; Art. 11.2 ICC-SchO).

Hinderungsgründe können aber auch im Verlaufe des Verfahrens neu auftreten. Der Schiedsrichter muss sie dann gleichermaßen von sich aus offenbaren, im ad hoc-Verfahren gegenüber den beiden Parteien (§ 1036 Abs. 1 S. 2 ZPO), im institutionellen Verfahren sowohl gegenüber den Parteien als auch gegenüber der Schiedsgerichtsinstitution und ggf. den anderen Mitschiedsrichtern (Art. 9.6 DIS-SchO; Art. 11.3 ICC-SchO).

Sobald die Schiedspartei Kenntnis vom Bestehen eines Ablehnungsgrundes erhält, hat sie die Möglichkeit, auf ihr Ablehnungsrecht zu verzichten.[71] Dies ergibt sich aus der Privatautonomie: Nur die unabdingbaren Mindestanforderungen an die Person der Schiedsrichter (dazu oben Abschn. 5.2) stehen nicht zur Disposition der Parteien. Eine besondere Art des Verzichts auf die Geltendmachung eines Ablehnungsgrundes ist gesetzlich in § 1036 Abs. 2 S. 2 ZPO normiert, wonach eine Partei einen Schiedsrichter, den sie bestellt oder an dessen Bestellung sie mitgewirkt hat, nur aus Gründen ablehnen kann, die ihr später bekannt geworden sind. Bestellt eine Partei nämlich einen befangenen Schiedsrichter oder wirkt sie daran zumindest mit, so verzichtet sie dadurch konkludent auf ihr Ablehnungsrecht. Sie kann den Schiedsrichter dann nur noch ablehnen, wenn später weitere Ablehnungsgründe bekannt werden.

5.4.2.2 Vorschaltverfahren

Nachdem eine Partei von Umständen Kenntnis erlangt hat, die Zweifel an der Unabhängigkeit oder Unparteilichkeit des Schiedsrichters wecken, kann sie nicht sofort das staatliche Gericht anrufen, sondern muss in der Regel zunächst in einem vorgeschalteten Verfahren das Schiedsgericht oder die Schiedsgerichtsinstitution zur Entscheidung anrufen (§ 1037 Abs. 2 ZPO). Allerdings sind insoweit auch abweichende Vereinbarungen möglich (§ 1037 Abs. 1 ZPO). Die Regelung in § 6.4 der SchO der GMAA (German Maritime Arbitration Association) sieht beispielsweise vor, dass sofort das Gericht angerufen werden kann.[72]

Im Vorschaltverfahren wird in der Sache entschieden, ob der Ablehnungsantrag begründet ist, ob also tatsächlich berechtigte Zweifel an der Unparteilichkeit oder Unabhängigkeit des Schiedsrichters bestehen. Dabei ist wie bereits erwähnt[73] nicht auf die subjektive Sichtweise einer Partei, sondern auf eine verobjektivierte Sicht

---

[71] Zöller/*Geimer*, ZPO, 32. Aufl. 2018, § 1036 Rn. 6.
[72] SchO verfügbar unter www.gmaa.de. Zugegriffen am 16.05.2019. Dazu vgl. OLG Hamburg v. 11.03.2003, 6 SchH 03/02, SchiedsVZ 2003, 191; OLG Hamburg v. 28.08.2012, 6 SchH 2/12, zitiert bei *Kröll*, SchiedsVZ 2013, 185 (192).
[73] Oben Abschn. 5.4.1.1.

abzustellen. Zu fragen ist, ob bei einer vernünftigen, rational denkenden Schiedspartei in der konkreten Situation Zweifel an der Neutralität des Schiedsrichters aufkommen würden.

Handelt es sich um ein ad hoc-Verfahren, so entscheidet über den Ablehnungsantrag das Schiedsgericht selbst (§ 1037 Abs. 2 S. 2 ZPO). Anders als im staatlichen Gerichtsverfahren entscheidet das gesamte Schiedsgericht, also unter Mitwirkung des abgelehnten Schiedsrichters. Dies ist insofern bemerkenswert, als darin eine Ausnahme von dem Grundsatz liegt, dass niemand Richter in eigener Sache sein darf.[74] Diese Ausnahme ist aber unbedenklich, da es sich nur um ein Vorschaltverfahren handelt und in letzter Instanz immer das staatliche Gericht entscheiden kann.[75] Sie ist sachlich dadurch gerechtfertigt, dass anderenfalls eine Schiedspartei durch Ablehnungsanträge im Einzelschiedsrichterverfahren den Fortgang des Verfahrens über viele Monate bis zur Entscheidung des staatlichen Gerichts blockieren könnte.

In einem institutionellen Schiedsverfahren entscheidet dagegen in aller Regel die Institution über den Ablehnungsantrag. Dadurch handelt es sich nicht um eine Entscheidung in eigener Sache, sodass die Entscheidung größere Autorität und Überzeugungskraft gewinnt. Bei der DIS besteht insoweit ein spezielles Gremium, der DIS-Rat für Schiedsgerichtsbarkeit,[76] bei der ICC entscheidet der Gerichtshof (*ICC Court*).[77]

Der Ablehnungsantrag ist fristgebunden und muss innerhalb von zwei Wochen nach Kenntniserlangung gestellt werden (§ 1037 Abs. 2 ZPO; Art. 15.2 DIS-SchO), im ICC-Verfahren innerhalb von 30 Tagen (Art. 14.2 ICC-SchO). Anschließend ist das Ablehnungsrecht verfristet; es kann auch vor dem staatlichen Gericht nicht mehr geltend gemacht werden. Die betroffene Partei soll sich zügig entscheiden, ob sie den Ablehnungsgrund geltend macht. Anderenfalls könnte sie den weiteren Verlauf des Verfahrens abwarten und den Schiedsrichter aus Opportunismus nur dann ablehnen, wenn das Verfahren später einen für sie ungünstigen Verlauf nimmt.[78]

An Stelle einer streitigen Entscheidung über den Ablehnungsantrag kann das Amt des Schiedsrichters auch einvernehmlich beendet werden. Dies ist der Fall, wenn der Schiedsrichter freiwillig zurücktritt (§ 1037 Abs. 2 S. 2 Alt. 1 ZPO) oder die andere Partei sich mit dem Ablehnungsantrag einverstanden erklärt (§ 1037 Abs. 2 S. 2 Alt. 2 ZPO); eine derartige Zustimmung zum Ablehnungsantrag kommt einer Vereinbarung der Parteien über die Beendigung des Schiedsrichteramtes gleich (§ 1038 Abs. 1 S. 1 ZPO). Von diesen Möglichkeiten der einvernehmlichen Beendigung des Schiedsrichteramtes wurde früher häufiger Gebrauch gemacht, um jeg-

---

[74] Zu den Hintergründen vgl. *Mankowski*, Die Ablehnung von Schiedsrichtern, SchiedsVZ 2004, 304 (305 f.); *Elsing*, Schiedsrichterliche Unabhängigkeit – Vorurteile und Wirklichkeit, SchiedsVZ 2019, 16 (22).
[75] Vgl. OLG München v. 05.11.2013, 34 SchH 8/13, SchiedsVZ 2013, 334 (336).
[76] Vgl. die Mitgliederliste auf www.disarb.org. Zugegriffen am 16.05.2019.
[77] Vgl. die Mitglieder (*court members*) auf iccwbo.org. Zugegriffen am 16.05.2019.
[78] *Musielak/Voit*, ZPO, 16. Aufl. 2019, § 1037 Rn. 3.

liche Art von Belastung der Autorität des Schiedsgerichts zu vermeiden. Da inzwischen jedoch viele Parteien von der Möglichkeit der Schiedsrichterablehnung auch aus taktischen Gründen Gebrauch machen, ist diese Art von nobler Zurückhaltung nicht mehr angebracht. Wenn der abgelehnte Schiedsrichter und die ihn benennende Partei von der Berechtigung des Ablehnungsgesuchs nicht überzeugt sind, sollten sie es eher auf eine streitige Entscheidung darüber ankommen lassen.[79]

5.4.2.3 Entscheidung des staatlichen Gerichts

Gegen eine negative Entscheidung im Vorschaltverfahren kann das staatliche Gericht angerufen werden (§ 1037 Abs. 3 ZPO), also das örtlich zuständige Oberlandesgericht (§ 1062 Abs. 1 Nr. 1 ZPO). Der Antrag zum OLG ist ebenfalls fristgebunden. Von Gesetzes wegen gilt eine Monatsfrist, doch können die Parteien auch eine andere Frist vereinbaren, die vorzugsweise kürzer ist, um das Ablehnungsverfahren weiter zu beschleunigen. Allerdings darf die Frist nicht so kurz bemessen sein, dass die Möglichkeit, das Gericht anzurufen, dadurch unterlaufen wird; in der Literatur wird eine Mindestfrist von zehn Tagen vertreten.[80]

Die Frist beginnt mit dem Zeitpunkt, in dem die Partei von der Erfolglosigkeit des Ablehnungsantrags im Vorschaltverfahren Kenntnis erlangt hat. Entscheidend ist also in der Regel die Bekanntgabe der entsprechenden Entscheidung des Schiedsgerichts bzw. der Schiedsgerichtsinstitution; die Partei kann aber auch auf andere Weise, etwa durch die andere Partei oder durch den Schiedsrichter selbst, informiert worden sein.[81]

Versäumt die Partei die Antragsfrist, ist das Ablehnungsrecht verfristet, auch wenn es in der Sache begründet war. Der Schiedsrichter ist dann nicht wirksam abgelehnt worden und kann das Schiedsverfahren fortsetzen. Auch sein Schiedsspruch ist wirksam und kann nicht wegen der Befangenheit aufgehoben werden.[82]

Bei der Entscheidung über den Antrag nach § 1037 Abs. 3 ZPO wendet das OLG denselben Prüfungsmaßstab wie zuvor das Schiedsgericht bzw. die Schiedsinstitution an: Entscheidend ist, ob nach einem objektivierten Maßstab eine vernünftige Schiedspartei in der konkreten Situation Zweifel an der Unparteilichkeit oder Unabhängigkeit des Schiedsrichters hätte. Die Entscheidung des OLG ist abschließend und unanfechtbar (vgl. § 1065 Abs. 1 ZPO). Die bei anderen gerichtlichen Entscheidungen mögliche Rechtsbeschwerde zum BGH ist hier aus Gründen der Beschleunigung des Verfahrens nicht statthaft.

Während des Gerichtsverfahrens kann das Schiedsverfahren fortgeführt werden (§ 1037 Abs. 3 S. 2 ZPO), damit kein Anreiz besteht, Ablehnungsanträge lediglich zur Verzögerung des Schiedsverfahrens zu stellen.

---

[79]*Blackaby/Partasides*, Redfern and Hunter on International Arbitration, 6. Aufl. 2015, Ziff. 4.150 f.
[80]Stein/Jonas/*Schlosser*, ZPO, 23. Aufl. 2014, § 1037 Rn. 14; s.a. *Lachmann*, Handbuch für die Schiedsgerichtspraxis, 3. Aufl. 2008, Rn. 1087.
[81]MüKo-ZPO/*Münch*, 5. Aufl. 2017, § 1037 Rn. 24.
[82]OLG Frankfurt v. 29.10.2009, 26 Sch 12/09, SchiedsVZ 2010, 52 (53).

Insgesamt stellt das Ablehnungsrecht ein wichtiges Verfahrensrecht der Schiedsparteien dar, mit dem sie die Neutralität der Entscheidungsträger sicherstellen können, was eine unabdingbare Voraussetzung jedes rechtsstaatlichen Verfahrens ist.

5.5 Ersatzbestellung von Schiedsrichtern

Eine Ersatzbestellung wird erforderlich, wenn das Amt eines Schiedsrichters vorzeitig endet (§ 1039 ZPO). Die Gründe für die vorzeitige Beendigung können vielfältiger Natur sein. Zu unterscheiden sind im Wesentlichen folgende Fälle:

- Erfolgreiche Ablehnung
- Parteivereinbarung
- Tatsächliche Verhinderung
- Rechtliche Verhinderung
- Erhebliche Verzögerung bei der Aufgabenerfüllung
- Tod
- Rücktritt

Das Ablehnungsverfahren wurde soeben behandelt (Abschn. 5.4). Sobald der Ablehnungsantrag vom Schiedsgericht (§ 1037 Abs. 2 ZPO) oder vom staatlichen Gericht (§ 1037 Abs. 3 ZPO) positiv beschieden worden ist, endet damit das Amt des Schiedsrichters und es wird eine Ersatzbestellung erforderlich.

Durch eine Vereinbarung können die Parteien den Schiedsrichter immer abberufen (§ 1039 Abs. 1 S. 1 Var. 3 ZPO). Dies ergibt sich schon aus der Parteiautonomie im Schiedsverfahren.

Darüber hinaus kann das Amt des Schiedsrichters infolge der in § 1038 Abs. 1 ZPO erwähnten tatsächlichen oder rechtlichen Hinderungsgründe enden. In tatsächlicher Hinsicht ist ein Schiedsrichter etwa dann verhindert, sein Amt auszuführen, wenn ihm die Reise zum Verhandlungsort nicht möglich ist oder wenn er so langfristig erkrankt ist, dass er das Schiedsverfahren nicht in absehbarer Zeit zu Ende führen kann.[83] Aus rechtlichen Gründen ist ein Schiedsrichter beispielsweise verhindert, wenn er geschäftsunfähig wird.[84] Bei den tatsächlichen und rechtlichen Hinderungsgründen kommt es nicht auf eine strenge naturgesetzliche Unmöglichkeit an, sondern auf eine wertende Betrachtung. So ist beispielsweise auch ein Beamter oder Richter, der die erforderliche Nebentätigkeitsgenehmigung nicht erhält, aus Rechtsgründen verhindert.[85] Zwar hindert das Fehlen einer

---

[83] Näher dazu *Wilske*, Der kränkelnde Schiedsrichter – Eine subtile Guerilla-Taktik mittels eines absichtslos handelnden Werkzeugs, in: Cascante u. a. (Hrsg.), Festschrift für Gerhard Wegen, 2015, S. 793–806.
[84] BT-Drs. 13/5274, S. 42.
[85] Stein/Jonas/*Schlosser*, ZPO, 23. Aufl. 2014, § 1038 Rn. 7.

Nebentätigkeitsgenehmigung den Schiedsrichter nicht faktisch an der Durchführung des Verfahrens und macht auch den Schiedsspruch nicht unwirksam oder aufhebbar.[86] Die Durchführung des Schiedsverfahrens ist hier jedoch für den Schiedsrichter unzumutbar, da er sich dadurch der Gefahr eines Disziplinarverfahrens aussetzen würde.

Eine zu erwartende erhebliche Verzögerung bei der Aufgabenerfüllung im Sinne des § 1038 Abs. 1 ZPO kann etwa dadurch entstehen, dass der Schiedsrichter zahlreiche andere Schiedsrichtermandate übernommen hat und diese nicht alle innerhalb einer absehbaren Zeit zu Ende führen kann. Er kann dann seines Amtes entbunden werden, ohne dass es darauf ankommt, ob die Arbeitsüberlastung für ihn vorhersehbar war. Ein Verschulden des Schiedsrichters hinsichtlich der Hinderungsgründe ist nämlich nicht erforderlich.

Nicht unter § 1038 Abs. 1 ZPO fällt der Tod des Schiedsrichters. In diesem Falle endet sein Amt automatisch.[87]

In den Fällen des § 1038 Abs. 1 ZPO müssen die Parteien dagegen noch die Beendigung des Amtes vereinbaren oder der Schiedsrichter muss selbst zurücktreten. Der Grund für diese zusätzlichen Verfahrensschritte liegt in der Rechtssicherheit.[88] Dabei ist freilich zu berücksichtigen, dass die Parteien durch eine Vereinbarung auch ohne Vorliegen besonderer Gründe einen Schiedsrichter abberufen können. Ob die Gründe des § 1038 Abs. 1 ZPO gegeben sind, wird daher nur dann relevant, wenn sich die Parteien nicht einig sind und eine von ihnen eine gerichtliche Entscheidung gemäß § 1038 Abs. 1 S. 2 ZPO beantragt. Das Oberlandesgericht prüft in diesem Verfahren dann, ob die genannten Gründe tatsächlich vorliegen oder nicht. Die Entscheidung des OLG ist unanfechtbar (§ 1065 Abs. 1 S. 2 ZPO), damit das Schiedsverfahren zügig weitergeführt werden kann.

Im institutionellen Schiedsverfahren werden die Aufgaben des OLG in der Regel von der Schiedsinstitution übernommen. So entscheidet bei der DIS der DIS-Rat über die Amtsenthebung von Schiedsrichtern (Art. 16.2 DIS-SchO), bei der ICC ist der ICC Court dafür zuständig (Art. 15.2 ICC-SchO).

Schließlich endet das Schiedsrichteramt auch durch Rücktritt gemäß § 1039 Abs. 1 S. 1 Var. 2 ZPO. Anders als der Wortlaut der Norm es nahe legt, ist dafür kein besonderer Grund erforderlich. Der Schiedsrichter kann jederzeit zurücktreten, wenn er das Verfahren nicht weiter durchführen möchte. Allerdings ist er den Parteien durch den Schiedsrichtervertrag verbunden (dazu sogleich), der in der Regel nur aus wichtigem Grund kündbar ist.[89] Tritt der Schiedsrichter zurück, ohne dass ein wichtiger Grund vorliegt, macht er sich den Parteien daher gegebenenfalls schadensersatzpflichtig. Sein Amt endet gleichwohl und es wird eine Ersatzbestellung erforderlich. Im

---

[86]BGH v. 10.03.2016, I ZB 99/14, NJW-RR 2016, 892.
[87]Stein/Jonas/*Schlosser*, ZPO, 23. Aufl. 2014, § 1039 Rn. 4.
[88]Musielak/*Voit*, ZPO, 16. Aufl. 2019, § 1038 Rn. 2.
[89]Diese Fragen vermischend *Schütze*, Der Rücktritt des Schiedsrichters vom Amt, in: Cascante u. a. (Hrsg.), Festschrift für Gerhard Wegen, 2015, S. 751–758.

institutionellen Schiedsverfahren ist für einen Rücktritt teilweise die Zustimmung der Institution erforderlich (vgl. Art. 16.1 Nr. ii DIS-SchO).

Wenn das Amt des Schiedsrichters beendet wurde, erfolgt eine Ersatzbestellung nach den Regeln, die auch für die ursprüngliche Bestellung des Schiedsgerichts gelten (§ 1039 Abs. 1 S. 2 ZPO, Art. 16.5 DIS-SchO, Art. 15.4 ICC-SchO). Die Parteien können aber auch etwas anderes vereinbaren (§ 1039 Abs. 2 ZPO). Scheidet bei einem Dreierschiedsgericht ein Schiedsrichter aus, kann es beispielsweise in Betracht kommen, den verbleibenden Schiedsrichtern das Mandat zu erteilen, das Schiedsverfahren zu zweit zu Ende zu führen. Ein solches verkleinertes Schiedsgericht (*truncated tribunal*) kann vor allem dann sinnvoll sein, wenn die Beweisaufnahme bereits abgeschlossen ist und das Schiedsgericht sich schon intern auf eine bestimmte Entscheidung verständigt hat. In dieser Situation wäre es nicht sinnvoll, einen dritten Schiedsrichter zu bestellen, der sich erst aufwendig in die Verfahrensakten einarbeiten müsste, nur um am Ende den ohnehin schon feststehenden Schiedsspruch mit zu unterschreiben.[90]

5.6 Der Schiedsrichtervertrag

Wenn ein Schiedsrichter von den Parteien oder der Schiedsgerichtsinstitution bestellt worden ist, so ist er verpflichtet, das Schiedsverfahren durchzuführen. Die Parteien oder die Institution sind im Gegenzug verpflichtet, ihm ein Honorar für seine Tätigkeit zu zahlen. Es besteht also ein Vertragsverhältnis zwischen dem Schiedsrichter und den Parteien bzw. der Institution, das man üblicherweise als „Schiedsrichtervertrag" bezeichnet. Seiner Rechtsnatur nach handelt es sich um eine besondere Form des Dienstvertrags im Sinne der §§ 611 ff. BGB,[91] nach anderer Ansicht um einen Vertrag sui generis.[92] In ausländischen Rechtsordnungen wird dagegen teilweise davon ausgegangen, es handle sich nicht um einen Vertrag, sondern um ein besonderes Statusverhältnis, ähnlich dem eines staatlichen Richters.[93]

5.6.1 Anwendbares Recht

Auf den Schiedsrichtervertrag ist – im Gegensatz zur Schiedsvereinbarung[94] – die Rom I-VO anwendbar, sodass sich das anwendbare Recht nach Art. 3 f. Rom I-VO bestimmt. Vorrangig ist also eine Rechtswahl der Parteien, was jedoch selten

---

[90] Näher dazu *Blackaby/Partasides*, Redfern and Hunter on International Arbitration, 6. Aufl. 2015, Ziff. 4.154–4.161.

[91] Stein/Jonas/*Schlosser*, ZPO, 23. Aufl. 2014, Vor § 1025 Rn. 15; *Schack*, Internationales Zivilverfahrensrecht, 7. Aufl. 2017, Rn. 1370.

[92] MüKo-ZPO/*Münch*, 5. Aufl. 2017, Vor § 1034 Rn. 5 m.w.N.; s. ausf. *Holzberger*, Die materiellrechtliche und kollisionsrechtliche Einordnung des Schiedsrichtervertrags, 2015, S. 31 ff.

[93] Dazu im Detail *Blackaby/Partasides*, Redfern and Hunter on International Arbitration, 6. Aufl. 2015, Ziff. 5.51–5.54.

[94] Dazu oben Abschn. 3.4.2.

geschieht. Demnach wäre gem. Art. 4 Abs. 1 lit. b Rom I-VO auf den gewöhnlichen Aufenthaltsort des Schiedsrichters abzustellen,[95] doch vertritt die überwiegende Ansicht in der Literatur, dass eine engere Verbindung gem. Art. 4 Abs. 3 Rom I-VO zum Schiedsort und damit zum anwendbaren Schiedsverfahrensrecht besteht.[96] Dem ist zuzustimmen, da in der internationalisierten Schiedsverfahrenspraxis dem gewöhnlichen Aufenthalt des Schiedsrichters typischerweise keinerlei Bedeutung geschenkt wird, während die Parteien den Schiedsort bewusst wählen, um das Verfahren örtlich und damit auch rechtlich zu radizieren. Dieser Parteiwille lässt sich auf den Schiedsrichtervertrag übertragen.

5.6.2 Zustandekommen

Das Zustandekommen des Schiedsrichtervertrags unterscheidet sich grundlegend je nachdem, ob es sich um ein ad hoc-Verfahren oder ein institutionelles Verfahren handelt.

- Im ad hoc-Verfahren erfolgt im einfachsten Fall überhaupt kein ausdrücklicher, sondern ein konkludenter Abschluss eines Schiedsrichtervertrags, indem eine Partei den Schiedsrichter mit seiner Zustimmung bestellt. Der Schiedsrichtervertrag kommt dann zwischen dem Schiedsrichter auf der einen Seite und beiden Parteien auf der anderen Seite zustande. Die Partei, die den Schiedsrichter bestellt hat, handelt dabei einerseits in eigenem Namen, andererseits konkludent auch im Namen der anderen Schiedspartei (§ 164 Abs. 1 BGB). Die erforderliche Vollmacht hat ihr die andere Partei konkludent schon durch den Abschluss der Schiedsvereinbarung eingeräumt (§ 167 Abs. 1 Alt. 1 BGB). Indem die beiden parteibenannten Schiedsrichter dann den Obmann des Schiedsgerichts bestellen, kommt auch ein Vertrag zwischen den Parteien und dem Obmann zustande, wobei die Parteien durch die parteibenannten Schiedsrichter vertreten werden.[97]

    Häufig wird anschließend allerdings noch ein ausführlicher, schriftlicher Vertrag geschlossen, der die Rechte und Pflichten der Vertragsparteien und ihre Haftung genauer regelt. War dies von Anfang an beabsichtigt, muss man in der Regel davon ausgehen, dass der Schiedsrichtervertrag erst mit Abschluss dieses schriftlichen Vertrags zustande gekommen ist (§ 154 Abs. 2 BGB).[98]

---

[95]So für den Einzelschiedsrichter *Ferrari*/Kieninger/Mankowski/u. a., Internationales Vertragsrecht, 3. Aufl. 2018, Art. 4 Rom I-VO Rn. 158.
[96]Zöller/*Geimer*, ZPO, 32. Aufl. 2018, § 1035 Rn. 23; Musielak/*Voit*, ZPO, 16. Aufl. 2019, § 1035 Rn. 21; MüKo-BGB/*Martiny*, 7. Aufl. 2018, Vor Art. 1 Rom I-VO Rn. 117; auch (für Mehrpersonenschiedsgerichte) *Ferrari*/Kieninger/Mankowski/u. a., Internationales Vertragsrecht, 3. Aufl. 2018, Art. 4 Rom I-VO Rn. 158; s. ausf. *Holzberger*, Die materiellrechtliche und kollisionsrechtliche Einordnung des Schiedsrichtervertrags, 2015, S. 79 ff.
[97]Vgl. MüKo-ZPO/*Münch*, 5. Aufl. 2017, Vor § 1034 Rn. 12; Musielak/*Voit*, ZPO, 16. Aufl. 2019, § 1035 Rn. 22.
[98]Vgl. *Lachmann*, Handbuch für die Schiedsgerichtspraxis, 3. Aufl. 2008, Rn. 4117–4119.

- Bei institutionellen Schiedsverfahren besteht schon vor Bestellung der Schiedsrichter ein Vertragsverhältnis der Schiedsparteien mit der Schiedsinstitution, der Schiedsorganisationsvertrag (oben Abschn. 4.4). Außerdem bestellen die Parteien die Schiedsrichter hier in der Regel nicht selbst, sondern benennen sie lediglich. Die endgültige Bestellung erfolgt erst anschließend durch die Institution. Durch diese Bestellung schließt dann erst die Institution einen Schiedsrichtervertrag mit den Schiedsrichtern ab. Damit bestehen im institutionellen Schiedsverfahren keine direkten vertraglichen Beziehungen des Schiedsrichters zu den Parteien. Am Inhalt der vom Schiedsrichter übernommenen Pflichten ändert dies allerdings nichts.[99]

5.6.3 Inhalt

Der Schiedsrichtervertrag verpflichtet den Schiedsrichter, das Verfahren in jeder Hinsicht sorgfältig durchzuführen. Das Verfahren muss dem anwendbaren Recht entsprechend durchgeführt werden, das schiedsrichterliche Ermessen muss sachgerecht und situationsangemessen ausgeübt werden. Dabei ist der Schiedsrichter verpflichtet, das Verfahren so zügig wie möglich, aber auch so gründlich wie nötig durchzuführen und am Ende einen wirksamen, vollstreckbaren Schiedsspruch zu erlassen.[100]

Im Gegenzug hat der Schiedsrichter einen Vergütungsanspruch, der sich im ad hoc-Verfahren gegen die Parteien selbst, im institutionellen Verfahren gegen die Institution richtet (vgl. etwa Art. 34.1, 34.3 DIS-SchO). Die Höhe der Vergütung ist prinzipiell frei verhandelbar. Im institutionellen Schiedsverfahren wird die Vergütung allerdings durch die Verfahrensordnungen festgelegt. Im DIS-Verfahren bestehen insofern grundsätzlich feste Gebührensätze, die sich nach dem Streitwert richten (Ziff. 2 der Kostenordnung, Anlage 2 zur DIS-SchO). Dies macht die Kosten des Schiedsgerichts für die Parteien einfach kalkulierbar und vorhersehbar. Nach der ICC-SchO bestehen dagegen bestimmte Gebührenrahmen, innerhalb derer das Honorar im Einzelfall je nach Komplexität der Sache geringer oder höher ausfallen kann (vgl. die Tabellen in Art. 3 des Anhang III zur ICC-SchO). Die Verfahrenskosten sind innerhalb dieses Rahmens zumindest ungefähr kalkulierbar. Einen gänzlich anderen Ansatz verfolgt der LCIA, wo die Schiedsrichter nach einem Stundensatz vergütet werden (oben Abschn. 1.7.7).

Im ad hoc-Verfahren wird von der Möglichkeit, die Vergütung frei zu verhandeln, Gebrauch gemacht. Häufig orientiert man sich dabei an einer der institutionellen Verfahrensordnungen, in Deutschland also z. B. an den Sätzen der DIS-SchO.

---

[99]Musielak/*Voit*, ZPO, 16. Aufl. 2019, § 1035 Rn. 22; *Geimer*, Beteiligung weiterer Parteien im Schiedsgerichtsverfahren, insbesondere die Drittwiderklage, in: Böckstiegel u. a. (Hrsg.), Die Beteiligung Dritter an Schiedsverfahren, 2005, S. 71 (S. 83 f. mit Fn. 68 zu abweichenden Ansichten).

[100]Vgl. BGH v. 05.05.1986, III ZR 233/84, BGHZ 98, 32; MüKo-ZPO/*Münch*, 5. Aufl. 2017, Vor § 1034 Rn. 15 ff.

Aber auch Regelungen entsprechend der Rechtsanwaltsvergütung nach RVG sind häufig anzutreffen. Stundensätze sind dagegen unüblich.

Die Vergütung wird grundsätzlich erst nach Abschluss des Schiedsverfahrens fällig (§ 614 S. 1 BGB). Jedoch hat der Schiedsrichter aus dem Schiedsrichtervertrag einen Anspruch auf Zahlung eines sogenannten Kostenvorschusses in Höhe des vollen Honorars, wobei es sich dogmatisch um eine Sicherheitsleistung für die später fällige Honorarforderung handelt.[101] Dieser Anspruch auf Sicherheitsleistung folgt im ad hoc-Verfahren aus Gewohnheitsrecht,[102] im institutionellen Verfahren aus den Verfahrensordnungen (Art. 35 DIS-SchO; Art. 37 ICC-SchO).

Grund für die Sicherheitsleistung ist die Parallele zum staatlichen Gerichtsverfahren, wo eine ähnliche Vorschusspflicht besteht (vgl. § 12 GKG). Das Schiedsgericht im ad hoc-Verfahren kann damit seine Tätigkeit davon abhängig machen (§ 273 BGB), dass der Kostenvorschuss eingezahlt wird. Im institutionellen Verfahren wird üblicherweise – genau wie im Gerichtsverfahren – die Klage schon nicht zugestellt, wenn der Kläger seinen Anteil am Kostenvorschuss nicht eingezahlt hat. Damit bestehen wirksame Druckmittel, mit denen der Schiedsrichter bzw. die Institution sicherstellen, dass ihre Honoraransprüche beglichen werden. Nach Abschluss des Verfahrens hat nämlich in der Regel zumindest die unterlegene Partei keine Motivation mehr, die Schiedsrichter zu bezahlen.[103]

5.6.4 Haftung

Aus dem Schiedsrichtervertrag folgt prinzipiell eine Schadensersatzhaftung des Schiedsrichters bei Pflichtverletzungen (§§ 280 ff. BGB). Auch wenn der Schiedsrichtervertrag nicht mit den Parteien, sondern mit der Schiedsgerichtsinstitution abgeschlossen worden ist, ergeben sich daraus gleichwohl Schutzwirkungen zugunsten der Parteien, sodass eine identische Haftungsgrundlage besteht.[104] Allerdings ist seit jeher anerkannt, dass der Schiedsrichter nicht für jede Fahrlässigkeit haftet, sondern nur bei solchen vorsätzlichen Pflichtverletzungen, bei denen auch ein staatlicher Richter haften würde. Dies ergibt sich nach der (älteren) Rechtsprechung aus einer Auslegung des Schiedsrichtervertrags, wonach die Parteien keine schärfere Haftung als bei einem staatlichen Richter beabsichtigen.[105]

---

[101] *Schlosser*, Der Schiedsgerichtsobmann als Vertragspartner, SchiedsVZ 2004, 21 (22).
[102] *Schwab/Walter*, Schiedsgerichtsbarkeit, 7. Aufl. 2005, Kap. 12 Rn. 16 und 20; nach a.A. aus ergänzender Vertragsauslegung, vgl. MüKo-ZPO/*Münch*, 5. Aufl. 2017, Vor § 1034 Rn. 42; Musielak/*Voit*, ZPO, 16. Aufl. 2019, § 1035 Rn. 27.
[103] Näher dazu *Buchwitz/Schütt*, Die Durchsetzung von Vorschussansprüchen in Schiedsverfahren, SchiedsVZ 2015, 1 (2 f.).
[104] Zöller/*Geimer*, ZPO, 32. Aufl. 2018, § 1035 Rn. 23.
[105] BGH v. 06.10.1954, BGHZ 15, 12 = NJW 1954, 1763 f. m.w.N.; MüKo-ZPO/*Münch*, 5. Aufl. 2017, Vor § 1034 Rn. 29; ausführlich *Gal*, Die Haftung des Schiedsrichters in der internationalen Handelsschiedsgerichtsbarkeit, 2009, S. 160 ff.

5.6 Der Schiedsrichtervertrag

Im staatlichen Gerichtsverfahren gilt § 839 Abs. 2 S. 1 BGB, das sogenannte Richterspruchprivileg, wonach der Richter bei der Entscheidung einer Rechtssache nur dann haftet, wenn die Pflichtverletzung in einer Straftat besteht. In Betracht kommen hier vor allem die Straftaten der Vorteilsannahme (§ 331 Abs. 2 StGB), der Bestechlichkeit (§ 332 Abs. 2 StGB, vgl. jeweils auch § 337 StGB) und der Rechtsbeugung (§ 339 StGB).[106] In anderen Fällen haftet der staatliche Richter für seine Entscheidungstätigkeit nicht.

Dieses Haftungssystem lässt sich nach dem dogmatischen Ansatz der Rechtsprechung allerdings nicht vollständig auf den Schiedsrichter übertragen, da die Haftung für vorsätzliches Verhalten nicht im Voraus vertraglich erlassen werden kann (§ 276 Abs. 3 BGB). Da die Übertragung der für § 839 Abs. 2 BGB geltenden Grundsätze auf den Schiedsrichter aber allgemein anerkannt ist, dürfte dies als Gewohnheitsrecht anzusehen sein.[107]

Unabhängig von der dogmatischen Begründung sind Schiedsrichter jedenfalls von der Haftung für fahrlässige Pflichtverletzungen ausgenommen. Dies steht auch im Einklang mit den meisten Rechtsordnungen des Common Law, die eine Haftung des Schiedsrichters nur bei Vorsatz anerkennen.[108] Für DIS-Verfahren enthält Art. 45.1 DIS-SchO eine entsprechende Regelung. Im ICC-Verfahren sieht Art. 41 ICC-SchO sogar einen vollständigen Haftungsausschluss vor, „soweit eine solche Haftungsbeschränkung nach dem anwendbaren Recht nicht unzulässig sein sollte".

Der Grund für die Haftungsprivilegierung des Schiedsrichters liegt – genau wie beim staatlichen Richter[109] – einerseits darin, dass seine richterliche Unabhängigkeit geschützt werden muss: Der Schiedsrichter soll seine Entscheidung frei nach bestem Wissen und Gewissen treffen können, ohne dass eine Partei ihm damit drohen kann, sie würde ihn bei etwaigen Fehlentscheidungen in Regress nehmen. Vor allem aber muss die Verbindlichkeit des Schiedsspruchs geschützt werden, der – wie ein gerichtliches Urteil – in Rechtskraft erwächst (§ 1055 ZPO): Könnten die Parteien nach Abschluss des Schiedsverfahrens den Schiedsrichter wegen einer etwaigen fahrlässigen Fehlentscheidung in die Haftung nehmen, gäbe ihnen dies ein Mittel an die Hand, die Rechtswirkungen eines missliebigen Schiedsspruchs zu kompensieren. Dadurch würde das gesetzliche System umgangen, das als Rechtsbehelf gegen Schiedssprüche einzig den Aufhebungsantrag nach § 1059 ZPO vorsieht. Im Haf-

---

[106] BeckOGK-BGB/*Dörr*, Stand 01.06.2019, § 839 Rn. 665; zur Strafbarkeit von Schiedsrichtern vgl. *Ceffinato/Schlüter*, Strafbarkeitsrisiken von Schiedsrichtern, SchiedsVZ 2016, 145–150.

[107] So *Lachmann*, Die Haftung des Schiedsrichters nach deutschem Recht, AG 1997, 170 (179). Zu Unrecht hält *Gerstenmaier*, Die Haftung des Schiedsrichters, insbesondere für Maßnahmen des einstweiligen Rechtsschutzes, in: Cascante u. a. (Hrsg.), Festschrift für Gerhard Wegen, 2015, S. 643 (644), dies für eine praktisch nicht relevante Frage. Für eine analoge Anwendung des § 839 Abs. 2 BGB vgl. *Götz*, Der Schiedsrichter zwischen Dienstleistungserbringung und Richtertätigkeit – Zum sogenannten Spruchrichterprivileg im System der Schiedsrichterhaftung, SchiedsVZ 2012, 311 (315 ff.).

[108] Dazu *Blackaby/Partasides*, Redfern and Hunter on International Arbitration, 6. Aufl. 2015, Ziff. 5.55 m.w.N.

[109] Dazu etwa BeckOGK-BGB/*Dörr*, Stand 01.06.2019, § 839 Rn. 650–653.

tungsprozess müsste als Vorfrage erneut über die bereits rechtskräftig entschiedenen Sachfragen aus dem Schiedsverfahren befunden werden, sodass Rechtssicherheit und Rechtsfrieden nicht eintreten würden.[110]

Zu beachten ist allerdings, dass diese umfassende Haftungsprivilegierung, wonach der Schiedsrichter nur bei Straftaten haftet, nur dann gilt, wenn der Schiedsrichter seiner eigentlichen Entscheidungstätigkeit nachgeht (vgl. § 839 Abs. 2 S. 1 BGB: „bei dem Urteil in einer Rechtssache"). Die Entscheidungstätigkeit in diesem Sinne umfasst die Verfahrensleitung, die Feststellung des Sachverhalts, die Anordnung einstweiliger und sichernder Maßnahmen und die Abfassung des Schiedsspruchs. Bei anderen Tätigkeiten gilt die umfassende Privilegierung nicht, so zum Beispiel bei der Pflicht zur Offenbarung von möglichen Ablehnungsgründen (oben Abschn. 5.4.2.1), bei der Pflicht zur Wahrung der Vertraulichkeit und bei der Pflicht zur zügigen Durchführung des Verfahrens (vgl. § 839 Abs. 2 S. 2 BGB).[111] Allerdings sehen die Verfahrensordnungen der Schiedsorganisationen auch in diesen Fällen Haftungsprivilegierungen vor, welche die Haftung auf grob fahrlässig verursachte Pflichtverletzungen beschränken (Art. 45.2 DIS-SchO) oder sogar ausschließen (Art. 41 ICC-SchO). Im ad hoc-Verfahren, wo meist keine vertraglichen Regelungen zur Haftung bestehen, ergibt sich die Beschränkung auf grobe Fahrlässigkeit aus der stillschweigenden Übertragung der für einen staatlichen Richter geltenden Haftungsprivilegierung bei Tätigkeiten, die nicht dem Richterspruchprivileg unterfallen. Auch der staatliche Richter haftet in diesen Fällen nämlich nur bei unvertretbaren Entscheidungen, die besonders grobe Verstöße gegen die richterlichen Sorgfaltspflichten darstellen.[112]

5.7 Sekretär des Schiedsgerichts

In großen Schiedsverfahren ist es üblich, dass sich das Schiedsgericht eines Sekretärs bedient, also einer Hilfsperson, die Verwaltungsaufgaben übernimmt. In kleineren Schiedsverfahren ist dies nicht erforderlich; hier übernimmt der Vorsitzende Schiedsrichter auch die Verwaltung des Verfahrens.[113]

Der Sekretär des Schiedsgerichts übernimmt etwa den Schriftverkehr zwischen den Parteien und den Schiedsrichtern, organisiert die mündlichen Verhandlungen, betreut die Zeugen während der mündlichen Verhandlungen, hilft dem Schiedsgericht bei der Verwaltung der Prozessakten, führt das Protokoll während der münd-

---

[110]Vgl. etwa MüKo-ZPO/*Münch*, 5. Aufl. 2017, Vor § 1034 Rn. 29.
[111]MüKo-ZPO/*Münch*, 5. Aufl. 2017, Vor § 1034 Rn. 30; Musielak/*Voit*, ZPO, 16. Aufl. 2019, § 1035 Rn. 25.
[112]Dazu näher BeckOGK-BGB/*Dörr*, Stand 01.06.2019, § 839 Rn. 671 f. m.w.N.
[113]Zum Sekretär insgesamt vgl. *Partasides*, The Fourth Arbitrator? The Role of Secretaries to Tribunals in International Arbitration, 18 Arb. Int'l (2002), 147–164; *J. Stürner*, Hilfspersonen im Schiedsverfahren nach deutschem Recht, SchiedsVZ 2013, 322–327; *Menz*, The fourth arbitrator? Die Rolle des Administrative Secretary im Schiedsverfahren, SchiedsVZ 2015, 210–218; *Blackaby/ Partasides*, Redfern and Hunter on International Arbitration, 6. Aufl. 2015, Ziff. 4.192–4.201.

5.7 Sekretär des Schiedsgerichts

lichen Verhandlung, erledigt Rechercheaufgaben für das Schiedsgericht und liest am Ende den Schiedsspruch Korrektur. Auf keinen Fall darf ihm das Schiedsgericht jedoch die Aufgaben übertragen, welche originär den Schiedsrichtern obliegen, insbesondere also die Bewertung der erhobenen Beweise, die Entscheidungsfindung in der Sache und die Abfassung der inhaltlich wesentlichen Teile des Schiedsspruchs.

In der Praxis lässt sich diese – im Ansatz sinnvolle – Aufgabenverteilung zwischen Schiedsrichtern und Sekretär natürlich von den Parteien kaum kontrollieren, sodass bisweilen kritisch vom Sekretär als einem „vierten Schiedsrichter" gesprochen wird. Wenn der Sekretär tatsächlich unzulässigerweise Aufgaben der Schiedsrichter übernimmt, so kann dies sogar eine Aufhebung des Schiedsspruchs begründen (§ 1059 Abs. 2 Nr. 1 lit. d ZPO). Im Yukos-Verfahren hat Russland unter anderem mit dieser Begründung versucht, die Schiedssprüche aufheben zu lassen.[114]

Wenn das Schiedsgericht einen Sekretär bestellen möchte, müssen die Parteien dem zustimmen, da der Sekretär Zugang zu den Verfahrensakten und zu den mündlichen Verhandlungen erhält. Der Sekretär ist dann genauso wie die Schiedsrichter zur Vertraulichkeit und zur Neutralität verpflichtet. In der Auswahl des Sekretärs ist das Schiedsgericht ansonsten frei. Ist der Vorsitzende Schiedsrichter ein Rechtsanwalt, beauftragt er damit häufig einen jüngeren Kollegen aus seiner Kanzlei. Die Vergütung des Sekretärs obliegt zunächst dem Schiedsgericht, das ihn beauftragt hat. Zumindest im Fall von pauschal vergüteten Schiedsrichtern ist dies auch sachgerecht, da die Pauschalvergütung sämtliche Tätigkeiten des Schiedsrichters umfasst, die ihm vom Sekretär teilweise abgenommen werden. Werden die Schiedsrichter dagegen nach Stundensätzen bezahlt, sollten sie mit den Parteien vereinbaren, dass diese den Sekretär bezahlen (zu einem typischerweise niedrigeren Stundensatz), da sich der Arbeitsaufwand der Schiedsrichter durch den Einsatz des Sekretärs verringert.[115]

---

[114]Vgl. die Entscheidung der Rechtbank Den Haag v. 20.04.2016, ECLI:NL:RBDHA:2016:4230, verfügbar unter uitspraken.rechtspraak.nl (zugegriffen am 16.05.2019) (der Aufhebungsantrag war allerdings schon wegen fehlender Zuständigkeit erfolgreich).
[115]*Blackaby/Partasides*, Redfern and Hunter on International Arbitration, 6. Aufl. 2015, Ziff. 4.200 f.

Durchführung des Schiedsverfahrens 6

Sobald das Schiedsgericht konstituiert ist, liegt die weitere Durchführung des Verfahrens – unabhängig davon, ob es sich um ein institutionelles oder ein ad hoc-Verfahren handelt – in seinen Händen. Dabei sind vielfältige Entscheidungen zu treffen, etwa welche Schriftsätze die Parteien einreichen sollen, welche Dokumente vorgelegt werden müssen und wie die mündliche Verhandlung ablaufen soll. Die ZPO enthält dafür nur wenige zwingende Vorschriften; im Übrigen genießt das Schiedsgericht eine große Gestaltungsfreiheit. In dieser Flexibilität liegt einer der Vorteile der Schiedsgerichtsbarkeit (vgl. oben Abschn. 1.5.5). Das Verfahren kann vom Schiedsgericht je nach den Erfordernissen des Einzelfalles ganz unterschiedlich ausgestaltet werden.

Freilich besteht infolgedessen auch eine gewisse Gefahr, dass der Ablauf für die Parteien unvorhersehbar wird oder einen unerwünschten Verlauf nimmt. Es finden daher üblicherweise enge Konsultationen zwischen dem Schiedsgericht und den Parteien statt, die letztendlich auch Ausdruck der konsensualen Natur des Schiedsverfahrens sind. Gleichzeitig haben sich internationale „Best Practice"-Regeln herausgebildet, nach denen üblicherweise verfahren wird, sodass Schiedsverfahren in der Praxis nicht im völligen Belieben des Schiedsrichters stehen, sondern nach anerkannten Standards ablaufen und damit vorhersehbar sind, ohne ihre Flexibilität dabei einzubüßen.

6.1 Rechtlicher Rahmen

Der zwingende rechtliche Rahmen zur Durchführung des Schiedsverfahrens besteht hauptsächlich aus zwei Grundsätzen, die gewissermaßen seine „Magna Charta" darstellen: die Gleichbehandlung der Parteien und das rechtliche Gehör. Diese beiden Grundsätze gelten immer und sind auch international anerkannt, was etwa in Art. 18 des UNCITRAL Modellgesetzes zum Ausdruck kommt.[1] Der deutsche Gesetzgeber stellte sie in § 1042 Abs. 1 ZPO daher an den Anfang des Abschnitts über die Verfahrensdurchführung. Zusätzlich ist hier in § 1042 Abs. 2 ZPO zwingend normiert, dass Rechtsanwälte als Bevollmächtigte nicht ausgeschlossen werden dürfen.[2]

Abgesehen von diesen Regelungen sind die Parteien frei, den Ablauf des Verfahrens durch Vereinbarungen zu regeln (§ 1042 Abs. 3 ZPO). Nur wenn sie davon keinen Gebrauch machen, gelten ergänzend die weiteren dispositiven Vorschriften der §§ 1042–1050 ZPO. Bei Vereinbarung einer Schiedsgerichtsordnung geht diese in der Regel den dispositiven Vorschriften vor. Subsidiär hat das Schiedsgericht ein freies Ermessen, wie das Verfahren abzulaufen hat (§ 1042 Abs. 4 ZPO). Die oben bereits dargestellte Normenhierarchie (Abschn. 2.7) gilt damit auch für die Durchführung des Schiedsverfahrens.

6.1.1 Grundsatz der Gleichbehandlung

Die Gleichbehandlung der Parteien gehört zu den unverzichtbaren Prinzipien jedes rechtsstaatlichen Verfahrens. Nicht die wirtschaftliche Stärke oder die gesellschaftliche Stellung einer Partei soll über ihren Erfolg im Prozess entscheiden, sondern das Recht allein. Daher sind die Parteien vom Schiedsgericht gleich zu behandeln, was in der Praxis auch meist gut funktioniert, selbst in Prozessen, bei denen auf einer Seite ein – strukturell überlegener – Staat beteiligt ist (vgl. unten Abschn. 12.8).

Der Grundsatz der Gleichbehandlung wird vor allem bei der Bestimmung von Schriftsatzfristen, bei der Zulassung nachgereichter Schriftsätze und bei der Ausgestaltung der Beweiserhebung relevant.[3] Die Schriftsatzfristen müssen grundsätzlich für beide Parteien gleich lang bemessen sein, wobei allerdings verfahrensbedingte Ungleichgewichte auszugleichen sind. Die Klageerwiderungsfrist für den Beklagten ist daher unter Umständen recht lang zu bemessen, wenn er vom Schiedsverfahren „überrascht" wurde und daher den Sachverhalt nicht schon im Vorfeld – wie es der Kläger meist getan haben wird – ausreichend aufklären konnte. Das Recht, Schriftsätze nach Abschluss der mündlichen Verhandlung nachzureichen, muss grundsätzlich beiden Parteien gewährt werden, es sei denn, es bezieht sich nur auf solche Punkte, zu denen eine Partei bereits ausreichend vortragen konnte. Die Beweismittel – Zeugen, Urkunden, Sachverständige, Augenschein – müssen grundsätzlichen beiden Parteien in gleichem Umfang zur Verfügung stehen.

---

[1] Vgl. auch Art. 17.1 der UNCITRAL Arbitration Rules: „...provided that the parties are treated with equality and that ... each party is given a reasonable opportunity of presenting its case"; s.a. *Blackaby/Partasides*, Redfern and Hunter on International Arbitration, 6. Aufl. 2015, Ziff. 5.15.
[2] Dazu Stein/Jonas/*Schlosser*, ZPO, 23. Aufl. 2014, § 1042 Rn. 69–72.
[3] Musielak/*Voit*, ZPO, 16. Aufl. 2019, § 1042 Rn. 2.

Verletzungen der Gleichbehandlung wiegen schwer und sind dementsprechend sanktioniert, wobei es allerdings darauf ankommt, ob die Verletzung von den Parteien oder vom Schiedsgericht ausgeht:

- Parteivereinbarungen, die dem Gleichbehandlungsgrundsatz widersprechen, etwa ein Ausschluss bestimmter Beweismittel für eine Seite, sind nichtig gem. § 134 BGB i.V.m. § 1042 Abs. 1 S. 1 ZPO[4] und dürfen vom Schiedsgericht daher im Verfahren nicht beachtet werden.
- Verletzt das Schiedsgericht den Gleichbehandlungsgrundsatz durch eine Entscheidung über das Verfahren, so ist der Schiedsspruch aufhebbar. Dies folgt vor allem aus § 1059 Abs. 2 Nr. 1 lit. d ZPO, doch sind auch § 1059 Abs. 2 Nr. 1 lit. b und Nr. 2 lit. b ZPO anwendbar.[5] Daraus folgt auch ein Anerkennungs- und Vollstreckungshindernis (§ 1060 Abs. 2 ZPO bzw. § 1061 Abs. 1 ZPO i.V.m. Art. V Abs. 1 lit. d, Abs. 2 lit. b UNÜ).

6.1.2 Grundsatz des rechtlichen Gehörs

Das andere zwingende Verfahrensprinzip, der Grundsatz rechtlichen Gehörs, ist schwieriger zu handhaben und auch von größerer praktischer Bedeutung. Die Verpflichtung, rechtliches Gehör zu gewähren, ist ebenfalls ein selbstverständliches Prinzip eines rechtsstaatlichen Verfahrens, zielt aber eben nicht nur auf Gleichbehandlung, sondern verkörpert zugleich bestimmte materielle Vorstellungen von Verfahrensrechten, die den Parteien zustehen sollten. Dabei besteht ein permanentes Spannungsverhältnis, das jeweils im Einzelfall aufzulösen ist, denn rechtliches Gehör kann niemals unbeschränkt gewährt werden. Würde das Schiedsgericht den Parteien erlauben, fortwährend neue Tatsachen vorzutragen, müsste es unter Umständen immer mehr Beweismittel untersuchen, auch wenn diese nur noch ganz periphere Bedeutung für den Rechtsstreit haben. Das Verfahren könnte dadurch etwa von einem unwilligen Beklagten immer weiter in die Länge gezogen werden, bis es seinen Sinn und Zweck, eine Entscheidung zwischen den Parteien herbeizuführen, schließlich verlöre (*delayed justice is denied justice*). Daher muss das Schiedsgericht das rechtliche Gehör in jedem Verfahren sinnvoll kanalisieren und letztlich auch begrenzen, damit es innerhalb angemessener Zeit einen Schiedsspruch erlassen kann.

6.1.2.1 Inhalt und Umfang

Inhaltlich besagt der Grundsatz des rechtlichen Gehörs gemäß § 1042 Abs. 1 S. 2 ZPO zunächst, dass jede Partei die Möglichkeit haben muss, ihren Standpunkt im

---

[4]MüKo-ZPO/*Münch*, 5. Aufl. 2017, § 1042 Rn. 19.
[5]BT-Drs. 13/5274, S. 46.

Hinblick auf den Streitgegenstand vollständig darzulegen.[6] Dies kommt in der englischen Begrifflichkeit des UNCITRAL Modellgesetzes, auf der die Regelung in der ZPO beruht, klarer zum Ausdruck: „each party shall be given a *full* opportunity of presenting his case" (Art. 18 UNCITRAL Modellgesetz). Vor diesem Hintergrund ist es etwa schwierig, Seitenzahlbegrenzungen für Schriftsätze oder strenge Zeitvorgaben für die mündliche Verhandlung vorzugeben.

Des Weiteren erfordert das rechtliche Gehör, dass die Parteien zu allen Aspekten, die für die Entscheidung in der Sache bedeutsam werden, die Möglichkeit der Stellungnahme bekommen. Die Tatsachen und Beweismittel, auf die das Schiedsgericht seine Entscheidung stützen möchte, müssen den Parteien also bekannt gegeben werden, was in der Regel durch die wechselseitige Übersendung der Schriftsätze der Parteien und ihre Anwesenheit in der mündlichen Verhandlung geschieht. Hat eine Partei aber beispielsweise an der mündlichen Verhandlung nicht teilgenommen, muss ihr das Beweisergebnis (Protokoll o. ä.) zugesandt werden, damit sie die Gelegenheit hat, dazu Stellung zu nehmen.[7]

Auf Verfahrensfragen und Rechtsfragen ist der Grundsatz rechtlichen Gehörs dagegen nur eingeschränkt anwendbar. Auch wenn das Schiedsgericht vor bedeutsamen Entscheidungen über die Gestaltung des Verfahrens die Parteien in der Regel anhören wird, so ist es dazu doch nicht verpflichtet. Auf Rechtsfragen muss das Schiedsgericht ebenfalls nicht gesondert hinweisen; die Pflichten des staatlichen Richters aus § 139 ZPO lassen sich nur eingeschränkt auf das Schiedsverfahren übertragen. Eine Hinweispflicht besteht aber jedenfalls dann, wenn das Schiedsgericht durch rechtliche Hinweise den Parteivortrag in eine bestimmte Richtung gelenkt hat und seine Entscheidung anschließend doch auf einen anderen rechtlichen Gesichtspunkt stützen möchte.[8]

Schließlich erfordert der Grundsatz des rechtlichen Gehörs auch, dass das Schiedsgericht alle Ausführungen der Parteien zur Kenntnis nimmt und bei seiner Entscheidungsfindung berücksichtigt.[9] Das bedeutet nicht, dass das Schiedsgericht im Schiedsspruch jeden Aspekt, den die Parteien aufgeworfen haben, detailliert diskutieren müsste. Ein Schiedsspruch in einem kleinen Verfahren braucht nicht mehrere hundert Seiten zu umfassen. Jedoch muss das Schiedsgericht auf die wesentlichen, aus Sicht der Parteien tragenden Aspekte eingehen und die übrigen Punkte zumindest zusammenfassend beurteilen.

Die notwendige Begrenzung des rechtlichen Gehörs geschieht dadurch, dass das Schiedsgericht im Verlaufe des Verfahrens den Zeitpunkt ermittelt, in dem ein bestimmter sachlicher Punkt hinreichend erörtert, also gewissermaßen „ausdiskutiert" worden ist. Nun darf es weiteren Parteivortrag dazu beschränken, etwa indem

---

[6]Umfassend zum rechtlichen Gehör Stein/Jonas/*Schlosser*, ZPO, 23. Aufl. 2014, Anh. zu § 1061 Rn. 168–256; *Spohnheimer*, Gestaltungsfreiheit bei antezipiertem Legalanerkenntnis des Schiedsspruchs, 2010, S. 157 ff.
[7]Musielak/*Voit*, ZPO, 16. Aufl. 2019, § 1042 Rn. 3.
[8]Musielak/*Voit*, ZPO, 16. Aufl. 2019, § 1042 Rn. 4.
[9]BGH v. 26.09.1985, III ZR 16/84, BGHZ 96, 40, zitiert nach juris, Rn. 37.

weitere Schriftsätze und Beweisaufnahmen nur dann zugelassen werden, wenn die Partei nachvollziehbar darlegt, dass sie zu einem früheren Zeitpunkt unverschuldet am Vortrag verhindert war. § 1046 Abs. 2 ZPO enthält insofern eine ausdrückliche Ermächtigung für das Schiedsgericht, verspäteten Parteivortrag zurückzuweisen. Es ist daher in der Regel auch zulässig, wenn das Schiedsgericht entsprechend den Bestimmungen zum staatlichen Gerichtsverfahren verfährt, also den Parteien vorgibt, ihre Angriffs- und Verteidigungsmittel möglichst frühzeitig vorzutragen (entsprechend § 282 ZPO), den Parteien Ausschlussfristen für weiteren Vortrag setzt und verspäteten Vortrag dann gegebenenfalls zurückweist, vor allem, wenn er erst nach der mündlichen Verhandlung erfolgt (entsprechend §§ 296, 296a ZPO).[10]

In den Verfahrensordnungen der Schiedsgerichtsinstitutionen kommt die Begrenzung des rechtlichen Gehörs inzwischen in vielen Regelungen zum Ausdruck. Die DIS-SchO enthält seit 2018 in Anlage 3 einen Katalog von sieben Punkten, die das Schiedsgericht insofern berücksichtigen kann. Auch die ICC-SchO enthält in Anhang IV einen Katalog von Techniken für effektives Verfahrensmanagement. In der ICC-SchO ist sogar die Formulierung des rechtlichen Gehörs etwas eingeschränkt worden, indem Art. 22.4 ICC-SchO nicht auf eine „*full* opportunity to present its case" abstellt, sondern nur noch eine „*reasonable* opportunity" fordert.[11]

6.1.2.2 Verletzung des rechtlichen Gehörs

Wird der Grundsatz des rechtlichen Gehörs beschränkt, so liegt darin nicht immer auch eine Verletzung. Insofern macht es auch einen Unterschied, von welcher Seite die Beschränkung ausgeht:

- Beschränken die Parteien das rechtliche Gehör durch eine Vereinbarung, etwa indem sie die Länge der Schriftsätze begrenzen oder eine bestimmte Verfahrensdauer fest vereinbaren, so wird dies in der Regel zulässig sein und keine Gehörsverletzung begründen. Den Parteien steht es als Herren des Verfahrens frei, dieses nach ihren gemeinsamen Wünschen auszugestalten. Eine Grenze ist aus rechtsstaatlichen Gründen dann erreicht, wenn die Sachaufklärung durch die Parteivereinbarung so grob beschränkt wird, dass überhaupt keine vernünftige Vorbereitung der Entscheidung des Schiedsgerichts mehr stattfinden kann. Dann ist die Parteivereinbarung gemäß § 134 BGB i.V.m. § 1042 Abs. 1 S. 2 ZPO nichtig.
- Verletzt dagegen das Schiedsgericht das rechtliche Gehör, indem es das Recht der Parteien zu umfassendem Vortrag über Gebühr einschränkt, so kann dies die Aufhebung des Schiedsspruchs gemäß § 1059 Abs. 1 Nr. 1 lit. b, lit. d ZPO und in schwerwiegenden Fällen auch gem. § 1059 Abs. 1 Nr. 2 lit. b ZPO rechtfertigen.[12] Daraus folgt auch ein entsprechendes Anerkennungs- und Vollstreckungshindernis

---

[10]Dazu OLG Frankfurt v. 11.04.2014, 26 Sch 13/13, SchiedsVZ 2014, 154 (157).
[11]Genauso Art. 17.1 der UNCITRAL Arbitration Rules.
[12]Dazu näher unten Abschn. 11.5.

gemäß § 1060 Abs. 2 ZPO bzw. § 1061 Abs. 1 ZPO i.V.m. Art. V Abs. 1 lit. d, Abs. 2 lit. b UNÜ.

6.1.2.3 „Due process paranoia"

Wegen des Risikos der Aufhebung des Schiedsspruchs sind viele Schiedsgerichte sehr zurückhaltend darin, Verfahrensmanagementtechniken anzuwenden, mit denen das Schiedsverfahren effektiv und zügig durchgeführt wird. Denn immer wenn von Seiten des Schiedsgerichts Anordnungen erfolgen, die beispielsweise die Anzahl der Schriftsätze begrenzen, kurze Schriftsatzfristen vorsehen oder den Umfang der Beweisaufnahme limitieren, kann darin eine unzulässige Beschränkung des rechtlichen Gehörs gesehen werden. Dieses Phänomen wird oft als *due process paranoia* bezeichnet, also als übertriebene Furcht vor einer Verletzung von Verfahrensrechten.[13]

Die Möglichkeiten, das Schiedsverfahren als eine schnellere und damit auch kostengünstigere Alternative zum staatlichen Verfahren auszugestalten, werden durch die Furcht der Schiedsgerichte vor einer Verletzung des Gehörsrechts unterminiert. Eine sinnvolle Lösung besteht wohl nur darin, dass die Parteien schon bei der Auswahl der Schiedsrichter darauf achten, erfahrene Juristen zu bestellen, die ein gutes Gespür dafür haben, wann der Punkt erreicht ist, an dem ausreichend rechtliches Gehör gewährt wurde, und die in den jeweils relevanten Schiedsverfahrensrechten geschult sind, damit sie das Risiko einer Aufhebung des Schiedsspruchs richtig beurteilen können (vgl. auch oben Abschn. 5.1.2).

6.1.3 Parteivereinbarungen

Abgesehen von den zwei grundlegenden Prinzipien der Gleichbehandlung und des rechtlichen Gehörs sowie der Zulassung von Rechtsanwälten als Parteivertreter, steht es den Parteien frei, das Verfahren nach ihren Wünschen und individuellen Präferenzen zu gestalten. Diese Verfahrensvereinbarungen werden von § 1042 Abs. 3 ZPO ausdrücklich anerkannt. In ad hoc-Verfahren kommt es durchaus vor, dass die Parteien eine umfangreiche Schiedsklausel vereinbaren, in der Details zum Verfahren geregelt werden. In deutschen Schiedsverfahren lässt sich stattdessen manchmal beobachten, dass die Geltung aller Regelungen der ZPO vereinbart wird. Dann muss das Schiedsgericht genauso verfahren wie ein erstinstanzliches staatliches Gericht.

Die Parteivereinbarungen sind für das Schiedsgericht bindend. Missachtet es diese, ist der Schiedsspruch aufhebbar gemäß § 1059 Abs. 2 Nr. 1 lit. d ZPO. Dies kam etwa in einer bekannten Entscheidung des OLG Frankfurt aus dem Jahr 2011 zum Tragen:

---

[13]Dazu etwa *Polkinghorne/Gill*, Due Process Paranoia: Need We Be Cruel to Be Kind? 34 J. Int. Arb. (2017), 935–946.

6.1 Rechtlicher Rahmen

> **Beispiel**
>
> Die Parteien schlossen einen Unternehmenskaufvertrag mit DIS-Schiedsklausel. Anschließend zerstritten sie sich jedoch über die aus dem Vertrag folgende Berechnung des Kaufpreises, sodass es nicht zur Durchführung der Transaktion (Closing) kam. Die Verkäuferin eröffnete daher ein Schiedsverfahren und forderte Schadensersatz wegen Nichterfüllung von der Käuferin. Zur Berechnung der Höhe des Schadens beauftragten beide Parteien jeweils eigene Parteigutachter, deren Gutachten dann dem Schiedsgericht vorgelegt wurden. Die Unterlagen, welche die Parteien jeweils dem von ihnen beauftragten Gutachter zur Verfügung gestellt hatten, sollten entsprechend einer Vereinbarung der Parteien auch der Gegenseite zugänglich gemacht werden. Diese Vereinbarung war allerdings als solche nicht leicht zu erkennen, da sie in einer prozessleitenden Verfügung (*procedural order*)[14] des Schiedsgerichts enthalten war: Das Schiedsgericht hatte zuvor eine Telefonkonferenz mit den Parteien abgehalten, in der die Dokumentvorlagepflicht besprochen wurde, anschließend in den Entwurf seiner Verfügung den Satz „das Schiedsgericht hält des Weiteren die Vereinbarung der Parteien zum Inhalt der weiteren Schriftsätze fest" mit aufgenommen und diesen Entwurf schließlich den Parteien mit der Bitte um Zustimmung übersandt. Die Parteien stimmten daraufhin der Verfügung zu. Dadurch waren die in der Verfügung enthaltenen Regelungen rechtlich betrachtet keine einseitigen Verfahrensanordnungen des Schiedsgerichts mehr, sondern Parteivereinbarungen i.S.d. § 1042 Abs. 3 ZPO. Das Schiedsgericht war also an die Regelungen gebunden und konnte sie nicht – wie eine Verfügung – durch Ausübung seines Verfahrensermessens wieder abändern.
>
> Als später eine der Parteien die Vorlage der Unterlagen von der anderen Partei verlangte, lehnte das Schiedsgericht den Erlass einer entsprechenden Vorlageanordnung ab. Dadurch verstieß es gegen die Parteivereinbarung. Der Schiedsspruch, durch den das Schiedsgericht die Käuferin schließlich zur Zahlung von 210 Mio. Euro verurteilte, wurde vom OLG Frankfurt daher gemäß § 1059 Abs. 2 Nr. 1 lit. d ZPO aufgehoben.[15]

Die Entscheidung des OLG Frankfurt verdeutlicht, dass alle Beteiligten eines Schiedsverfahrens sorgfältig zwischen Parteivereinbarungen und schiedsrichterlichen Anordnungen unterscheiden müssen. Schiedsrichter können den Parteien zwar – wie üblich – ihre Verfügungen vorab im Entwurf übersenden. Allerdings sollten sie darin einen klarstellenden Vorbehalt anbringen, dass die Verfügung jederzeit nach dem Ermessen des Schiedsgerichts wieder abgeändert werden kann. Auch kann das Schiedsgericht die Parteien um eine Stellungnahme zum Entwurf bitten. Eine ausdrückliche Zustimmung sollte es ihnen aber nicht abverlangen. Falls die Parteien ungefragt ihre Zustimmung äußern, ist darin in der Regel noch kein Erklärungsbewusstsein hinsichtlich des

---

[14]Dazu unten Abschn. 6.4.
[15]OLG Frankfurt v. 17.02.2011, 26 Sch 13/10, SchiedsVZ 2013, 49 (51, 54 ff.).

Abschlusses einer Parteivereinbarung zu erblicken, sondern nur eine informelle Absprache mit dem Schiedsgericht. Anschließend sollte das Schiedsgericht die Verfügung als solche einseitig erlassen. Wenn so verfahren wird, kann die Verfügung nicht als eine Parteivereinbarung ausgelegt werden und das Schiedsverfahren behält seine notwendige Flexibilität.[16]

6.1.4 Schiedsgerichtsordnung

Häufig richten sich die Details der Verfahrensdurchführung nach einer institutionellen Schiedsgerichtsordnung. Die Einbeziehung dieser in der Praxis entwickelten und erprobten Regelungen ist gerade einer der Vorteile des institutionellen Schiedsverfahrens (vgl. oben Abschn. 1.7.1).

Wie § 1042 Abs. 3 Alt. 2 ZPO klarstellt, gilt die Schiedsgerichtsordnung kraft Parteivereinbarung und geht damit insbesondere den dispositiven Vorschriften des 10. Buchs der ZPO vor.[17] Beispielsweise gilt gemäß § 1043 Abs. 1 S. 2 ZPO, dass der Schiedsort in Ermangelung einer Parteivereinbarung vom Schiedsgericht bestimmt wird. Nach Art. 18.1 ICC-SchO wird der Schiedsort dagegen vom ICC Court bestimmt.

Sofern die Parteien allerdings neben der Verfahrensordnung zusätzliche individuelle Vereinbarungen treffen, gehen diese – wie soeben gezeigt – der Verfahrensordnung vor.

6.1.5 Dispositives Recht

Wenn es zu einer Verfahrensfrage weder eine zwingende Vorschrift noch eine Parteivereinbarung gibt, gelten nach der gesetzlichen Konzeption zunächst die dispositiven Vorschriften der §§ 1042–1050 ZPO. Diese Vorschriften regeln weitere Details über die Durchführung des Schiedsverfahrens. Nur wenn sie keine Regelung enthalten, dürfen die Schiedsrichter nach eigenem Ermessen über das Verfahren entscheiden, vgl. § 1042 Abs. 4 S. 1 ZPO.

Die sich daraus ergebende Normenhierarchie kommt allerdings in der Regel nur in ad hoc-Verfahren zum Tragen und auch nur dann, wenn die Parteien keine zusätzlichen Regelungen zum schiedsrichterlichen Ermessen treffen. In manchen Fällen werden die Schiedsrichter nämlich nicht durch § 1042 Abs. 4 S. 1 ZPO zur Ausübung ihres Ermessens ermächtigt, sondern direkt durch eine Vereinbarung der Parteien. In diesem Fall ist zu bedenken, dass die Parteien von sämtlichen dispositiven Vorschriften des Schiedsverfahrensrechts abweichen dürfen. Wenn sie in ihrer Vereinbarung die Schiedsrichter zur Ausübung von Ermessen ermächtigen, bedeutet

---

[16]Vgl. *Wagner/Bülau*, Procedural Orders by Arbitral Tribunals: In the Stays of Party Agreements? SchiedsVZ 2013, 6–15.

[17]Vgl. bereits oben Abschn. 2.6.

dies also in der Regel, dass das Ermessen Vorrang vor den dispositiven Vorschriften haben soll. Die Schiedsrichter können dann von den §§ 1042–1050 ZPO abweichen, was unzulässig wäre, wenn sie lediglich über § 1042 Abs. 4 S. 1 ZPO zur Ermessensausübung berufen würden.

Ähnlich wie bei einer solchen Parteivereinbarung verhält es sich in den meisten institutionellen Schiedsverfahren.[18] Hier wird den Schiedsrichtern in der Regel durch die Schiedsordnung einer Institution Ermessen zugebilligt, sodass diese Ermächtigung – zumindest indirekt – auf den Parteiwillen zurückgeht. In der DIS-SchO heißt es etwa:

Art. 21.3 DIS-SchO
Soweit die Schiedsgerichtsordnung keine Regelung enthält und die Parteien nichts anderes vereinbaren, bestimmt das Schiedsgericht das Verfahren nach Anhörung der Parteien nach seinem Ermessen.

Im DIS-Verfahren geht damit das schiedsrichterliche Ermessen den dispositiven Vorschriften der ZPO vor.[19] Entsprechendes gilt auch im ICC-Verfahren gemäß Art. 19 ICC-SchO. Diese Regelungen der Verfahrensordnungen sind ohne Weiteres zulässig, da es den Parteien frei steht, von den dispositiven Vorschriften abzuweichen. Sie sind auch sachgerecht, da die Verfahrensordnungen der Institutionen ein eigenes, vollständiges Regime für den Ablauf des Schiedsverfahrens vorsehen, das an die Stelle des für ad hoc-Verfahren geltenden Regimes treten soll. Das dispositive Recht der §§ 1042–1050 ZPO ist in DIS- und ICC-Schiedsverfahren folglich nicht anzuwenden. Subsidiär zu den zwingenden Vorschriften, den Parteivereinbarungen und den Regelungen der Schiedsordnung ist nur das Ermessen des Schiedsgerichts maßgeblich.

6.1.6 Schiedsrichterliches Ermessen

Nach dem soeben Gesagten sind zwei unterschiedliche Rechtsgrundlagen des schiedsrichterlichen Ermessens auseinander zu halten: Die Schiedsrichter können zur Ermessensausübung entweder durch eine Parteivereinbarung ermächtigt werden, wozu auch die Bestimmungen der Schiedsgerichtsordnungen gehören, oder sie können durch § 1042 Abs. 4 ZPO dazu berufen werden.

In der Praxis kommt es sehr häufig vor, dass eine Verfahrensfrage vom Schiedsgericht nach seinem Ermessen entschieden wird, da unendlich viele Konstellationen auftreten können, die im Vorhinein weder von den Parteien noch von normsetzenden Einrichtungen bedacht werden können. Selbst für Konstellationen, die vorhersehbar sind, werden in Schiedsgesetzen und Schiedsgerichtsordnungen nicht unbedingt

---

[18] Stein/Jonas/*Schlosser*, ZPO, 23. Aufl. 2014, § 1042 Rn. 3.
[19] Anders aber wohl *Haller*, in: Nedden/Herzberg, Praxiskommentar zu den Schiedsgerichtsordnungen, 2014, § 24 DIS-SchO Rn. 12.

Regelungen geschaffen, da das Verfahren dadurch seine Flexibilität verlöre. Das schiedsrichterliche Ermessen ist also ein wichtiges Mittel, mit dem eine einzelfallbezogene Anpassung des Verfahrens an die jeweiligen Bedürfnisse des Streitfalls ermöglicht wird.[20]

Der Begriff des „freien" Ermessens, den die ZPO verwendet, ist allerdings etwas irreführend. Auch wenn das Schiedsgericht sein Ermessen ausübt, ist es dabei nicht in dem Sinne „frei", dass es völlig in seinem Belieben stünde, wie eine konkrete Verfahrensfrage zu entscheiden ist. Vielmehr bleibt das Schiedsgericht ein Entscheidungsträger, der von den Parteien bestellt worden ist, und sich daher an ihrem mutmaßlichen Willen und ihren beiderseitigen wohlverstandenen Interessen orientieren muss.[21]

Wenn sich aus den Interessen beider Parteien keine klaren Leitlinien ergeben, kann sich das Schiedsgericht bei der Ausübung seines Ermessen auch an den international akzeptierten „Best Practice"-Regeln orientieren. Dabei handelt es sich um „soft law", also nicht um Rechtsnormen, sondern um unverbindliche Regeln, die aber von anerkannten Schiedsrechtlern erstellt wurden, weit verbreitet sind und daher eine inhaltliche Autorität genießen. Bedeutsam für die Ermessensausübung sind insofern vor allem:

- Die „IBA Rules on the Taking of Evidence in International Arbitration", die sich hauptsächlich mit der Beweisaufnahme beschäftigen. Daher ist später darauf zurückzukommen (Abschn. 7.2).
- Die „UNCITRAL Notes on Organizing Arbitral Proceedings", die sich mit dem Verfahrensablauf insgesamt beschäftigen.[22] Die Kommission für Internationales Handelsrecht der Vereinten Nationen hat in diesem 2016 aktualisierten Regelwerk zahlreiche Vorschläge erarbeitet, an denen sich das Schiedsgericht und die Parteien bei der Ausgestaltung des Verfahrensablaufs orientieren können. Muss das Schiedsgericht beispielsweise den Schiedsort festlegen, weil die Parteien keine Vereinbarung getroffen haben, wird es normalerweise einen Staat bestimmen, der Mitglied des UNÜ ist, um die spätere Anerkennung und Vollstreckung des Schiedsspruchs zu erleichtern. Sollte eine Partei damit nicht einverstanden sein, kann das Schiedsgericht zur Begründung seiner Ermessensausübung auf Nr. 29 lit. c der UNCITRAL Notes verweisen, wonach dies ein anerkanntes Kriterium ist.

---

[20]Vgl. etwa *J. Schäfer*, Einführung in die internationale Schiedsgerichtsbarkeit, Jura 2004, 153 (159).
[21]Etwas schwächer Stein/*Schlosser*, ZPO, 23. Aufl. 2014, § 1042 Rn. 2: „guter Stil, aber rechtlich nicht zwingend".
[22]Verfügbar unter www.uncitral.org. Zugegriffen am 16.05.2019. Dazu vgl. *Blackaby/Partasides*, Redfern and Hunter on International Arbitration, 6. Aufl. 2015, Ziff. 6.51.

6.2 Erste Verfahrenskonferenz

Nachdem das Schiedsgericht konstituiert worden ist, stimmen sich dessen Mitglieder üblicherweise untereinander ab, wie sie den weiteren Verfahrensablauf gestalten möchten, und beraumen dann eine erste Verfahrenskonferenz mit den Parteien und ihren Prozessvertretern an. Diese *Case Management Conference* ist von den meisten institutionellen Schiedsordnungen inzwischen vorgeschrieben (Art. 27.2 DIS-SchO, Art. 24.1 ICC-SchO), aber auch in ad hoc-Verfahren üblich und sinnvoll. In einfacher gelagerten Fällen wird sie meist mittels Telefonkonferenz durchgeführt, in schwierigeren und großvolumigeren Verfahren ist dagegen ein persönliches Treffen gerechtfertigt.

Die Verfahrenskonferenz dient zunächst der Planung des Verfahrensablaufs, wobei meist schon ein relativ detaillierter Verfahrenskalender erstellt wird, der die Schriftsatzfristen und den oder die Termine für die mündliche Verhandlung enthält. Des Weiteren wird meist erörtert, ob das Verfahren in mehrere Phasen unterteilt werden sollte (*bifurcation*).[23] Gerade in großen und komplexen Verfahren ist es in der Regel verfahrensökonomisch, zunächst nur über die Zuständigkeit des Schiedsgerichts (*jurisdiction*) zu verhandeln, und erst dann, wenn darüber positiv befunden wurde, zur Begründetheit der Schiedsklage überzugehen. Auch die Begründetheit wird oft noch einmal aufgespalten in den Haftungsgrund (*liability*) und den Haftungsumfang (*quantum*). Dadurch wird ein frustrierter Aufwand vermieden, der entstehen kann, wenn die Parteien umfangreich zu zahlreichen Detailfragen vortragen müssen und das Verfahren anschließend schon in einer früheren Phase aus anderen Gründen zu Ende geht.

Die eigentlichen inhaltlichen Streitpunkte werden allerdings in der ersten Verfahrenskonferenz nicht erörtert, sondern bleiben der späteren mündlichen Verhandlung vorbehalten. Daraus folgt auch, dass die erste Verfahrenskonferenz, selbst wenn sie bei persönlicher Anwesenheit aller Beteiligten durchgeführt wird, die mündliche Verhandlung nicht ersetzen kann.[24]

Über die Planung des Ablaufs hinaus liegt ein weiteres Ziel der ersten Verfahrenskonferenz darin, ein gemeinsames Grundverständnis zwischen den Parteien und dem Schiedsgericht hinsichtlich der Verfahrensdurchführung und der Beweisaufnahme zu gewinnen. Gerade wenn die Parteien aus verschiedenen Rechtssystemen und Rechtskulturen stammen, muss über den Verfahrensablauf gesprochen werden, damit sich nicht eine oder gar beide Parteien vom Schiedsgericht übergangen und missverstanden fühlen.[25] Dabei muss das Schiedsgericht Fingerspitzengefühl beweisen und je nach den Eigenarten des Einzelfalles zu sinnvollen Lösungen gelangen. Häufig muss zum Beispiel ein gemeinsames Verständnis für die Art und Weise der

---

[23]Vgl. im Detail Anlage 3 zur DIS-SchO.
[24]Stein/Jonas/*Schlosser*, ZPO, 23. Aufl. 2014, § 1047 Rn. 7.
[25]Vgl. *Blackaby/Partasides*, Redfern and Hunter on International Arbitration, 6. Aufl. 2015, Ziff. 6.41; *Schmidt-Ahrendts/Schmitt*, Einführung in das Schiedsverfahrensrecht, Jura 2010, 520 (525).

Beweisaufnahme erarbeitet werden, etwa ob und in welchem Umfang Dokumente vorgelegt werden und wie der Zeugenbeweis zu erheben ist (dazu näher unten Abschn. 7.3 und 7.4). Aber auch andere Verfahrensfragen lassen sich in diesem frühen Stadium des Schiedsverfahrens oft noch einvernehmlich klären. Dafür formuliert das Schiedsgericht zweckmäßigerweise schon vor der Verfahrenskonferenz konkrete Fragen an die Parteien, thematisiert dann die aus den Antworten hervorgehenden Vorstellungen der Parteien in der Verfahrenskonferenz und erlässt schließlich auf Grundlage der Beratungen im Anschluss an die Verfahrenskonferenz seine erste verfahrensleitende Verfügung (dazu Abschn. 6.4).

Neben der Verfahrensorganisation ist auch der psychologische Nutzen einer frühen Verfahrenskonferenz nicht zu unterschätzen: Die Parteien sehen die Schiedsrichter jetzt in der Regel zum ersten Mal persönlich und es kann bei guter Gesprächsführung eine Vertrauensbasis hergestellt werden, die entscheidend zu einem effizienten Ablauf des weiteren Schiedsverfahrens beiträgt.

Die erste Verfahrenskonferenz ist damit ein deutlicher Unterschied zum staatlichen Verfahren, wo keine engen Konsultationen mit den Parteien stattfinden, sondern schlicht hoheitliche Anordnungen ergehen. Bisweilen gehen allerdings auch Schiedsrichter so vor, was in ad hoc-Verfahren auch nicht unzulässig ist, aber für Irritationen unter den Parteien und ihren Vertretern sorgt und den weiteren Verlauf des Verfahrens ungünstig beeinflussen kann.

6.3 Schiedsauftrag (Terms of Reference)

Eine Besonderheit des ICC-Verfahrens stellt der sogenannte Schiedsauftrag (*Terms of Reference*) dar. Dabei handelt es sich um ein Dokument, das vom Schiedsgericht nach seiner Konstituierung erstellt wird und neben den formalen Angaben zum Verfahren (Parteien, Schiedsrichter, Verfahrensbevollmächtigte) auch die materiellen Streitpunkte sowie die gegenseitigen Klagen und Widerklagen enthält (vgl. im Einzelnen Art. 23.1 ICC-SchO). Sinn und Zweck dieses Dokuments ist es, die Eckpunkte des anschließenden Schiedsverfahrens zu fixieren, um einen Überblick über das Verfahren und Rechtssicherheit für den weiteren Ablauf für alle Beteiligten herzustellen. Jede spätere Änderung des Streitgegenstands, etwa durch die Erhebung weiterer Klagen und Widerklagen im Hinblick auf andere Sachverhalte, bedarf nämlich der Zustimmung des Schiedsgerichts (Art. 23.4 ICC-SchO).[26]

Die *Terms of Reference* werden häufig im Zusammenhang mit der ersten Verfahrenskonferenz erstellt. Lässt die Verfahrenskonferenz allerdings noch auf sich warten, hat das Schiedsgericht die *Terms of Reference* vorab fertig zu stellen, da eine 30-Tages-Frist gilt (Art. 23.2 ICC-SchO). Ab dem Zeitpunkt, zu dem die *Terms of Reference* unterschrieben sind, läuft sodann eine Sechsmonatsfrist für die Durch-

---

[26]Vgl. zum Schiedsauftrag *Herzberg*, Kommentar zu Art. 23 ICC-SchO, in: Nedden/Herzberg, Praxiskommentar zu den Schiedsgerichtsordnungen, 2014; *Lachmann*, Handbuch für die Schiedsgerichtspraxis, 3. Aufl. 2008, Rn. 3136–3150.

führung des Schiedsverfahrens und den Erlass des Schiedsspruchs, die allerdings vom ICC Court verlängert werden kann (Art. 31 ICC-SchO).

Im beschleunigten Verfahren, das nach Art. 30 ICC-SchO immer dann stattfindet, wenn die Parteien dies vereinbaren oder der Streitwert 2 Mio. USD nicht überschreitet, wird kein Schiedsauftrag erstellt (vgl. Art. 3.1 des Anhangs VI zur ICC-SchO).

6.4 Verfahrensleitende Verfügungen

Während des Schiedsverfahrens ergeben sich viele Fragen zum Verfahrensablauf, etwa zu Anzahl und Frist der Schriftsätze, zum Termin der mündlichen Verhandlung und den Modalitäten der Beweisaufnahme, aber auch zu vorläufigen Regelungen hinsichtlich des Streitgegenstands (Sicherungsmaßnahmen). Diese Entscheidungen kann das Schiedsgericht im Rahmen des anwendbaren Verfahrensrechts, der Schiedsordnung und der Parteivereinbarung nach seinem freien Ermessen treffen. Sie werden üblicherweise – wie im staatlichen Verfahren – als verfahrensleitende Verfügungen (*procedural orders*) erlassen.

Das wesensbestimmende Merkmal dieser verfahrensleitenden Verfügungen ist ihre Abänderbarkeit:[27] Das Schiedsgericht kann sie jederzeit aufheben und ändern, wenn es dies aus sachlichen Gründen für erforderlich hält. Stellt sich etwa heraus, dass bestimmte Sachfragen noch nicht hinreichend aufgeklärt wurden, kann – und muss – das Schiedsgericht vom ursprünglichen Verfahrenskalender abweichen und weitere Schriftsätze und Beweisaufnahmen zulassen. Gibt es Terminschwierigkeiten für die anberaumte Verhandlung, kann es den Termin verschieben. Auch Sicherungsmaßnahmen sind stets im Hinblick auf ihre Erforderlichkeit zu überprüfen und gegebenenfalls abzuändern.[28]

Die erste verfahrensleitende Verfügung, meist als *Procedural Order No. 1* oder *PO 1* bezeichnet, ist häufig sehr lang und ausführlich, da viele Schiedsrichter hier Vorlagen verwenden, die sie im Laufe der Zeit entwickelt haben und mit Hilfe derer sie das Verfahren ihren Vorstellungen entsprechend strukturieren. Dies ist unproblematisch, solange die *PO 1* nicht einfach schematisch übernommen wird, sondern tatsächlich jeweils an die Besonderheiten des konkreten Verfahrens angepasst wird, etwa durch Einbeziehung der Ergebnisse der ersten Verfahrenskonferenz.[29]

---

[27]Dazu näher unten Abschn. 8.3.1.
[28]Dazu näher unten Abschn. 6.11.
[29]Dazu näher *Blackaby/Partasides*, Redfern and Hunter on International Arbitration, 6. Aufl. 2015, Ziff. 6.06; *Dorda/Pinkston*, Properly Setting the Table in International Arbitration: Drafting a Robust Procedural Order No. 1, in: Cascante u. a. (Hrsg.), Festschrift für Gerhard Wegen, 2015, S. 605–614.

6.5 Austausch von Schriftsätzen

Im Anschluss an die erste Verfahrenskonferenz, den Schiedsauftrag und die erste Verfahrensverfügung findet normalerweise ein schriftliches Verfahren statt, bei dem die Parteien durch den Austausch von Schriftsätzen die konkreten Details ihrer jeweiligen Positionen ins Verfahren einbringen. Da die Einleitung des Schiedsverfahrens meist durch einen relativ kurzen Schriftsatz erfolgt, in dem der Kläger nur die wesentlichen Eckpunkte des Rechtsstreits skizziert (vgl. oben Abschn. 4.1 und 4.2), beginnt er das eigentliche schriftliche Verfahren in der Regel mit einem ausführlichen Schriftsatz, der sämtliche Details seiner Klagebehauptungen enthält (vgl. § 1046 Abs. 1 ZPO). Dieser Schriftsatz heißt Klagebegründung oder *Statement of Claim*. Reicht der Kläger keine detaillierte Klagebegründung ein, ist eine Sachentscheidung nicht möglich. Das Schiedsgericht beendet das Schiedsverfahren dann durch Beschluss (§ 1048 Abs. 1 i.V.m. § 1056 Abs. 2 Nr. 1 lit. a ZPO);[30] im institutionellen Verfahren wird das Verfahren dann ggf. durch die Institution beendet (Art. 6.2 DIS-SchO).

Der Beklagte antwortet auf die Klagebegründung mit einem entsprechend detaillierten Schriftsatz, der Klageerwiderung oder *Statement of Defence* heißt. Im Anschluss an diese erste „Schriftsatzrunde" findet meist noch eine weitere „Runde" statt, da der Kläger auf die Verteidigungsmittel des Beklagten und gegebenenfalls auf dessen Widerklage antworten können muss (Replik bzw. *Reply*). Darauf erwidert wiederum der Beklagte (Duplik bzw. *Rejoinder*).

Genau wie im staatlichen Verfahren sind dabei die Tatsachen, auf welche die jeweiligen Angriffs- und Verteidigungsmittel gestützt werden, von den Parteien vorzutragen (§ 1046 Abs. 1 ZPO). Anders als im staatlichen Verfahren ist jedoch in der Regel keine vollständige Schlüssigkeit erforderlich, da kein strenger Beibringungsgrundsatz gilt, sondern das Schiedsgericht in den meisten Verfahren auch selbst weitere Sachaufklärung betreiben darf (so ausdrücklich Art. 28.2 DIS-SchO).[31] Auch die rechtlichen Anforderungen an die Substantiierung sind nicht mit denen im staatlichen Verfahren zu vergleichen.[32] Daraus folgt auch, dass keine ausdrücklichen Beweisantritte seitens der Parteien erforderlich sind. Das Schiedsgericht muss vielmehr auch konkludent erwähnte Beweismittel berücksichtigen. Selbst wenn die Parteien kein Beweismittel erwähnen, kann das Schiedsgericht selbst eine Beweiserhebung anordnen. Davon wird allerdings in der Praxis nur sehr zurückhaltend Gebrauch gemacht.

Schließlich ist – anders als im staatlichen Verfahren – grundsätzlich auch kein bestimmter Klageantrag erforderlich. Es reicht aus, wenn sich das Rechtsschutzziel des Klägers nach Auslegung aus seinem Vorbringen entnehmen lässt.[33] Im institutionellen Verfahren wird ein bestimmter Antrag dagegen bisweilen verlangt (vgl. Art. 5.2, 5.4, 6.2 DIS-SchO).

---

[30]*Quinke*, Säumnis in Schiedsverfahren, SchiedsVZ 2013, 129 (130); Stein/Jonas/*Schlosser*, 23. Aufl. 2014, § 1046 Rn. 4.

[31]Stein/Jonas/*Schlosser*, ZPO, 23. Aufl. 2014, § 1042 Rn. 44.

[32]*Schlosser*, in: Eberl (Hrsg.), Beweis im Schiedsverfahren, 2015, § 2 Rn. 8.

[33]Musielak/*Voit*, ZPO, 16. Aufl. 2019, § 1046 Rn. 2.

Das schriftliche Verfahren erfordert normalerweise erheblichen Zeitaufwand auf beiden Seiten. Die Parteien müssen die notwendigen Tatsachen in Zusammenarbeit mit ihren Rechtsanwälten ermitteln, diese müssen sie sodann in eine für das Schiedsgericht geeignete Form bringen. Ein großer Teil der Gesamtkosten von Schiedsverfahren entfällt daher auf diese Phase, was zu verschiedenen Versuchen geführt hat, das schriftliche Verfahren abzukürzen und damit kostengünstiger zu gestalten. Allerdings sind pauschale Beschränkungen der Anzahl oder des Umfangs der Schriftsätze im Hinblick auf das rechtliche Gehör der Parteien problematisch (siehe oben Abschn. 6.1.2) und daher in der Regel nur bei einer dahingehenden Parteivereinbarung möglich. Dem Schiedsgericht steht die Möglichkeit offen, im Einzelfall zu entscheiden, wann dem rechtlichen Gehör Genüge getan ist, und dann eine angemessene letzte Frist für den Parteivortrag zu setzen. Späteren Vortrag kann es dann als verspätet zurückweisen, es sei denn, die Partei entschuldigt die Verspätung genügend (§ 1046 Abs. 2 ZPO).[34]

6.6 Klagerücknahme

Verliert der Kläger das Interesse am Verfahren oder gibt es aus anderen Gründen kein Erfordernis einer Sachentscheidung mehr, kann er die Klage durch Erklärung gegenüber dem Schiedsgericht zurücknehmen. Das Schiedsgericht muss diese Erklärung dem Beklagten zur Stellungnahme übersenden. Stimmt der Beklagte der Klagerücknahme zu, ist dies für das Schiedsgericht bindend, da die Parteien es in der Hand haben, über das Verfahren zu disponieren. Das Schiedsgericht muss gleichwohl noch einen Beschluss über die Beendigung treffen (§ 1056 Abs. 2 Nr. 1 lit. b ZPO) und damit den Beendigungszeitpunkt festlegen, der unter anderem für die Verjährungshemmung von Bedeutung ist (vgl. § 204 Abs. 2 BGB).[35]

Stimmt der Beklagte der Klagerücknahme dagegen nicht zu, muss das Schiedsgericht darüber entscheiden, ob der Beklagte ein berechtigtes Interesse an einer Sachentscheidung hat (vgl. § 1056 Abs. 2 Nr. 1 lit. b ZPO: „berechtigtes Interesse des Beklagten an der endgültigen Beilegung der Streitigkeit"). Denn die Klagerücknahme erzeugt natürlich keine Rechtskraft, sodass der Kläger seine Ansprüche später in einem anderen Schiedsverfahren erneut gegen den Beklagten geltend machen könnte. Besteht ein solches konkretes Prozessrisiko für den Beklagten, hat er ein berechtigtes Interesse an einer endgültigen Sachentscheidung. Das Schiedsgericht wird das Verfahren dann fortsetzen und abschließend durch Schiedsspruch entscheiden. Hat der Kläger dagegen auch materiellrechtlich auf seine Ansprüche verzichtet, gibt es kein Prozessrisiko mehr und das Schiedsgericht wird das Verfahren durch Beschluss beenden, selbst wenn der Beklagte der Klagerücknahme widerspricht.[36]

---

[34]Dazu näher Musielak/*Voit*, ZPO, 16. Aufl. 2019, § 1046 Rn. 9 f.

[35]*Gerstenmaier*, Beendigung des Schiedsverfahrens durch Beschluss nach § 1056 ZPO, SchiedsVZ 2010, 281 (283); a.A. Musielak/*Voit*, ZPO, 16. Aufl. 2019, § 1056 Rn. 4.

[36]Vgl. auch zu weiteren Konstellationen *Gerstenmaier*, Beendigung des Schiedsverfahrens durch Beschluss nach § 1056 ZPO, SchiedsVZ 2010, 281 (283).

6.7 Widerklage

Wenn der Beklagte sich nicht lediglich darauf beschränkt, die gegen ihn erhobenen Ansprüche abzuwehren, sondern seinerseits Ansprüche gegen den Kläger geltend machen möchte, so kann er dies – genau wie im staatlichen Verfahren – durch Erhebung einer Widerklage tun. Die Widerklage ist von § 1046 Abs. 3 ZPO vorausgesetzt, der lediglich regelt, dass die Anforderungen an die Darlegungs- und Beweislast für die Widerklage gleichermaßen gelten.

Die Erhebung einer Widerklage erfolgt häufig schon zu Beginn des Schiedsverfahrens, wenn der Beklagte auf den Vorlegungsantrag des Klägers antwortet, oder anschließend im Rahmen der Klageerwiderung. Sie kann aber auch noch zu einem beliebigen späteren Zeitpunkt im Verlaufe des Verfahrens erhoben werden, da sie nicht wegen Verspätung zurückgewiesen werden kann.[37] Das Schiedsgericht kann dann aber durch Teilschiedsspruch über die Klage entscheiden und anschließend das Verfahren über die Widerklage fortsetzen.

Inhaltlich setzt die Erhebung einer Widerklage zunächst voraus, dass der Beklagte einen Anspruch gegen den Kläger erhebt, der sich nicht lediglich in der Negation des Klageanspruchs erschöpft.[38] Unzulässig wäre es also etwa, gegenüber einer Leistungsklage die negative Feststellungswiderklage zu erheben, dass der geforderte Betrag nicht geschuldet sei. Dieser Streitgegenstand ist nämlich schon schiedshängig.

Vor allem setzt die Erhebung einer Widerklage voraus, dass das Schiedsgericht für den geltend gemachten Anspruch zuständig ist.[39] Erwächst dieser Anspruch wie häufig aus demselben Vertrag, der die Schiedsklausel enthält, auf die sich auch der Kläger stützt, ergeben sich keine Probleme. Möchte der Beklagte allerdings einen anderen Anspruch erheben, der von der Schiedsklausel nicht umfasst ist, so ist dies in der Regel nicht möglich. Das Schiedsgericht weist die Widerklage dann auf Rüge des Klägers als unzulässig ab. Wenn der Gegenanspruch dagegen einer anderen Schiedsklausel unterliegt, kommt es darauf an, ob die beiden Schiedsklauseln miteinander vereinbar sind. Dies ist meist nur bei identischen Schiedsklauseln der Fall, nicht dagegen dann, wenn die Parteien abweichende Arten von Schiedsverfahren vereinbart haben oder wenn die eine Klausel ein ad hoc-Verfahren, die andere Klausel dagegen ein institutionelles Verfahren vorsieht. Dann ist die Widerklage ebenfalls unzulässig. Entsprechend sind auch Drittwiderklagen zu beurteilen, die sich nicht nur gegen den Kläger, sondern auch oder sogar nur gegen einen Dritten richten.[40]

Ist das Schiedsgericht für die Widerklage unzuständig, kann es allerdings zuständig werden, wenn der Kläger sich auf die Widerklage einlässt, ohne die

---

[37]Musielak/*Voit*, ZPO, 16. Aufl. 2019, § 1046 Rn. 15.
[38]MüKo-ZPO/*Münch*, 5. Aufl. 2017, § 1046 Rn. 33.
[39]Musielak/*Voit*, ZPO, 16. Aufl. 2019, § 1046 Rn. 14.
[40]Dazu *Kleinschmidt*, Die Widerklage gegen einen Dritten im Schiedsverfahren, SchiedsVZ 2006, 142–150.

Unzuständigkeit zu rügen (vgl. §§ 1040 Abs. 2 S. 1, 1031 Abs. 6 ZPO).[41] Außerdem ist auch eine ausdrückliche Vereinbarung der Parteien über die Einbeziehung der Widerklage in das laufende Schiedsverfahren möglich.

In institutionellen Schiedsverfahren sind Widerklagen in der Regel nicht beim Schiedsgericht, sondern bei der Institution einzureichen (Art. 7.5 S. 3 DIS-SchO; Art. 5.5 ICC-SchO). Dies dient der Information der Schiedsinstitution über die Erhöhung ihres Gebührenanspruchs, aber auch der Rechtssicherheit. Eine Widerklage, die nur beim Schiedsgericht eingereicht wird, hat in institutionellen Verfahren daher nicht die Rechtswirkungen des Verfahrensbeginns[42] – der Anspruch wird nicht schiedshängig und die Verjährung nicht gehemmt.[43]

6.8 Aufrechnung des Beklagten

An Stelle einer Widerklage kann der Beklagte einen etwaigen Gegenanspruch auch mittels Aufrechnung geltend machen. Genau wie im staatlichen Prozess kann eine unbedingte Aufrechnung erklärt werden, wenn die Klageforderung selbst unstreitig ist (Hauptaufrechnung), oder eine bedingte Aufrechnung, wenn der Beklagte die Klageforderung bestreitet und sich vorrangig anderweitig dagegen verteidigen möchte (Hilfsaufrechnung).[44] Bei der Aufrechnung sind materiellrechtliche und prozessuale Fragen zu unterscheiden:

Liegen die materiellrechtlichen Voraussetzungen der Aufrechnung vor, bei Anwendbarkeit deutschen Rechts also die Anforderungen der §§ 387 ff. BGB, erlischt durch die Aufrechnung die vom Kläger geltend gemachte Hauptforderung ganz oder teilweise. Das Schiedsgericht muss die Klage dann ganz oder teilweise abweisen. Allerdings darf das Schiedsgericht über die Gegenforderung nur dann entscheiden, wenn es dafür ebenfalls zuständig ist. Ist das Schiedsgericht nicht zuständig, weil sich die Schiedsvereinbarung nicht auf die Gegenforderung erstreckt und sich der Kläger auch nicht rügelos darauf einlässt, so darf es die Aufrechnung aus prozessualen Gründen nicht berücksichtigen.[45] Umgekehrt darf auch ein staatliches Gericht eine Aufrechnung nicht berücksichtigen, wenn für die Gegenforderung eine Schiedsvereinbarung besteht.[46]

Ist die Aufrechnung prozessual unzulässig, aber materiellrechtlich wirksam, bestünde für den Beklagten eine untragbare Situation: Er hätte seine Gegenforderung

---

[41]MüKo-ZPO/*Münch*, 5. Aufl. 2017, § 1046 Rn. 35.
[42]Dazu oben Abschn. 4.3.
[43]Dazu *Hilgard*, Überlegungen zur Widerklage in einem DIS-Schiedsverfahren oder: zum Umgang mit Pseudo- und Reparaturwiderklagen, BB 2014, 1929–1935.
[44]Vgl. etwa Musielak/Voit/*Stadler*, ZPO, 16. Aufl. 2019, § 145 Rn. 15–17.
[45]Vgl. insgesamt *Berger*, Die Aufrechnung im Internationalen Schiedsverfahren, RIW 1998, 426–432, auch zu anderen Ansätzen nach österreichischem und Schweizer Recht.
[46]BGH v. 22.11.1962, VII ZR 264/61, NJW 1963, 243; *Schack*, Internationales Zivilverfahrensrecht, 7. Aufl. 2017, Rn. 1347.

verloren, würde aber trotzdem vom Schiedsgericht verurteilt. Daher ist allgemein anerkannt, dass die materiellrechtliche Wirkung der Aufrechnung bei einer Erklärung im Prozess von ihrer prozessualen Wirksamkeit abhängig ist.[47] Wird die Aufrechnung also aus prozessualen Gründen nicht berücksichtigt, entfällt auch die materiellrechtliche Tilgungswirkung und der Beklagte kann seine Forderung anderweitig, also vor einem anderen dafür zuständigen Gericht oder Schiedsgericht, gegen den Kläger geltend machen.[48]

Ein Sonderfall besteht dann, wenn die Gegenforderung unstreitig oder rechtskräftig festgestellt („liquide") ist. In diesem Fall gibt es keine Unsicherheit hinsichtlich der materiellen Berechtigung des Beklagten, sodass kein Erkenntnisakt des Schiedsgerichts über das Bestehen der Forderung notwendig ist. Eine etwaige Unzuständigkeit des Schiedsgerichts schadet daher ausnahmsweise nicht und der Beklagte kann mit einer solchen liquiden Forderung auch bei Unzuständigkeit des Schiedsgerichts aufrechnen.[49]

6.9 Säumnis

Unter einer Säumnis werden verschiedene Situationen verstanden, in denen eine der Parteien eine erforderliche oder gebotene Mitwirkungshandlung nicht vornimmt. Dazu kann es im Schiedsverfahren gleichermaßen wie im staatlichen Prozess kommen. Meistens wird der Beklagte säumig, etwa weil er das Schiedsverfahren insgesamt ablehnt. Aber auch der Kläger kann säumig werden, wenn er das Interesse am Verfahren verliert. Die säumige Partei kann durch ihre Mitwirkungsverweigerung das Verfahren nicht dauerhaft blockieren, da sie sich durch den Abschluss der Schiedsvereinbarung mit dem Schiedsverfahren grundsätzlich einverstanden erklärt hat. Es sind daher rechtliche Mechanismen erforderlich, mit denen eine Entscheidung des Schiedsgerichts jeweils auch ohne Mitwirkung der betreffenden Partei ermöglicht wird.

Eine Säumnis kann zunächst schon darin liegen, dass eine Partei keinen Schiedsrichter bestellt. Dann wird der Schiedsrichter durch die Schiedsgerichtsinstitution, das Oberlandesgericht oder eine andere zur Ersatzbestellung ermächtigte Stelle bestellt (dazu bereits oben Abschn. 5.3.2 und 5.3.3.1).

Sodann kann der Kläger dadurch säumig werden, dass er die Klagebegründung nicht rechtzeitig einreicht. Das Schiedsverfahren wird dann durch Beschluss beendet (dazu bereits oben Abschn. 6.5).

Wird umgekehrt der Beklagte säumig, indem er keine Klageerwiderung einreicht, so kann das Schiedsgericht die Sachlage immerhin auf Grundlage des klägerischen

---
[47]Vgl. etwa BGH v. 19.11.2008, XII ZR 123/07, NJW 2009, 1071, Rn. 12; BeckOGK-BGB/ *Skamel*, Stand 01.04.2019, § 388 Rn. 32–36.
[48]Musielak/*Voit*, ZPO, 16. Aufl. 2019, § 1029 Rn. 24.
[49]*Wolff*, Grundzüge des Schiedsverfahrensrechts, JuS 2008, 108 (109); i.E. Musielak/*Voit*, ZPO, 16. Aufl. 2019, § 1029 Rn. 24.

Vorbringens beurteilen. Im staatlichen Gerichtsverfahren würde dann auf Antrag des Klägers ein Versäumnisurteil ergehen (§§ 331 ff. ZPO). Im Schiedsverfahren ist ein Versäumnisurteil jedoch nicht vorgesehen. Das Schiedsgericht darf den Vortrag des Klägers nicht lediglich aufgrund der Säumnis des Beklagten als wahr unterstellen und auf dieser Grundlage einen Schiedsspruch sprechen, vgl. § 1048 Abs. 2 ZPO. Vielmehr bleibt es bei der Pflicht des Schiedsgerichts zur Aufklärung des Sachverhalts. Das Schiedsgericht muss also zumindest über die wesentlichen Tatsachen Beweis erheben, die den Anspruch des Klägers begründen („Kern des Klägervortrags").[50] Aber auch über etwaige offensichtliche Einwendungen des Beklagten, die sich zum Beispiel aus dem vorgelegten Vertrag oder der vorgelegten Korrespondenz ergeben, muss Beweis erhoben werden, soweit dies ohne Mitwirkung des Beklagten möglich ist. Freilich darf sich das Schiedsgericht nicht zum Anwalt des Beklagten aufschwingen und muss auch keine inquisitorische Akribie an den Tag legen. Es muss jedoch aufgrund einer angemessen gründlichen Prüfung des gesamten Sachverhalts zu einer eigenen Überzeugung von der Berechtigung der Ansprüche des Klägers kommen.[51]

Ähnliches gilt, wenn der Beklagte nicht zur mündlichen Verhandlung erscheint. Die Säumnis allein führt hier nicht wie im staatlichen Verfahren dazu, dass der Vortrag des Beklagten unberücksichtigt bliebe. Vielmehr muss das Schiedsgericht auch in diesem Fall den gesamten Vortrag des Beklagten, sofern dieser sich geäußert hat, berücksichtigen und – soweit möglich – auch Beweise erheben. Es kann die mündliche Verhandlung allerdings ansonsten wie geplant durchführen, sofern der Beklagte nur rechtzeitig und ordnungsgemäß geladen worden ist und er sein Fehlen auch nicht hinreichend entschuldigt (vgl. § 1048 Abs. 3 Alt. 1 ZPO, Art. 30 DIS-SchO, Art. 26.2 ICC-SchO).

Die Säumnis im Schiedsverfahren unterscheidet sich aber nicht nur im Hinblick auf die Pflicht des Schiedsgerichts zur Sachaufklärung von der Säumnis im Gerichtsverfahren, sondern auch im Hinblick auf die Fürsorgepflicht des Schiedsgerichts gegenüber der säumigen Partei. Während im staatlichen Verfahren bei Säumnis sofort ein Versäumnisurteil ergehen kann, sollte das Schiedsgericht einem Beklagten, der die Klageerwiderung nicht einreicht, zunächst eine angemessene Nachfrist setzen. Dabei sollte der Beklagte auch über die Konsequenzen der Säumnis und die Möglichkeit, ohne seine Mitwirkung zu entscheiden, aufgeklärt werden. Auch über die weiteren Verfahrensschritte sollte der Beklagte jeweils unterrichtet werden, etwa über den Zeitpunkt der mündlichen Verhandlung. Ist der Beklagte in der mündlichen Verhandlung säumig, muss das Schiedsgericht prüfen, ob es die Verhandlung vertagt (analog § 337 ZPO).[52] Hintergrund dieser gesteigerten Fürsorgepflicht ist

---

[50] *Quinke*, Säumnis in Schiedsverfahren, SchiedsVZ 2013, 129 (132); *Kühn*, Defaulting Parties and Default Awards in International Arbitration, in: Cascante u. a. (Hrsg.), Festschrift für Gerhard Wegen, 2015, S. 691–701.

[51] Vgl. *Quinke*, Säumnis in Schiedsverfahren, SchiedsVZ 2013, 129 (131–133); Stein/Jonas/*Schlosser*, ZPO, 23. Aufl. 2014, § 1048 Rn. 3.

[52] Vgl. zur Vorgehensweise *Quinke*, Säumnis in Schiedsverfahren, SchiedsVZ 2013, 129 (133); *Kühn*, Defaulting Parties and Default Awards in International Arbitration, in: Cascante u. a. (Hrsg.), Festschrift für Gerhard Wegen, 2015, S. 691 (693–698).

die etwas schärfere Folge einer Säumnis im Schiedsverfahren: Während im staatlichen Verfahren ein Versäumnisurteil ergeht, gegen das der Einspruch statthaft ist (§ 338 ZPO), entscheidet das Schiedsgericht durch normalen Schiedsspruch, der endgültig ist. Es muss daher vor Erlass des Schiedsspruchs sicherstellen, dass der säumigen Partei soweit wie möglich rechtliches Gehör gewährt worden ist.

Hat das Schiedsgericht nicht ausreichend rechtliches Gehör gewährt, droht die Aufhebung des Schiedsspruchs gemäß § 1059 Abs. 2 Nr. 1 lit. b und lit. d ZPO. Sogar ein von Amts wegen zu beachtender Verstoß gegen den ordre public gemäß § 1059 Abs. 2 Nr. 2 lit. b ZPO kommt dann in Betracht:

Beispiel

Ein Erblasser hatte im Testament seine Tochter als Alleinerbin eingesetzt und für etwaige Streitigkeiten ein Schiedsverfahren nach den Regeln des „Schlichtungs- und Schiedsgerichtshofs Deutscher Notare" angeordnet.[53] Die enterbte Mutter eröffnete gegen ihre Tochter ein Schiedsverfahren und forderte den Pflichtteil in Höhe von 11.000 Euro. Die Tochter berief sich auf eine Undurchführbarkeit des Schiedsverfahrens wegen Mittellosigkeit,[54] was das Schiedsgericht jedoch nicht für hinreichend belegt ansah. Das Schiedsgericht bestimmte daher einen Termin zur mündlichen Verhandlung und ordnete an,[55] „dass in analoger Anwendung der §§ 330 bis 331a, 251a ZPO gegen die nicht erschienene Partei auf Antrag des Gegners ein Versäumnisurteil erlassen oder eine Entscheidung nach Aktenlage getroffen werden könne. Dies gelte auch dann, wenn schriftliche Einwendungen gegen den Anspruch vorgetragen worden seien. Diese könnten bei der Entscheidung nur Berücksichtigung finden, wenn sie im Termin mündlich vorgetragen würden." Da die Beklagte nicht erschien, sprach das Schiedsgericht der Klägerin durch Schiedsspruch auf Grundlage ihres Vorbringens den Pflichtteilsanspruch zu.

Mit dieser Verfahrensweise hatte das Schiedsgericht offensichtlich gegen § 1048 ZPO verstoßen. Die Säumnis als solche reichte nämlich nicht aus, um das Vorbringen der Klägerin als wahr unterstellen zu dürfen (§ 1048 Abs. 2 ZPO). Auch die Säumnis in der mündlichen Verhandlung durfte das Schiedsgericht nicht zum Anlass nehmen, etwaige schriftliche Einwendungen der Beklagten unberücksichtigt zu lassen. Vielmehr war es verpflichtet, trotzdem alle „vorliegenden Erkenntnisse" zu verwerten (§ 1048 Abs. 3 ZPO). Von § 1048 ZPO kann zwar durch Parteivereinbarung abgewichen werden (§ 1048 Abs. 4 S. 2 ZPO). Eine abweichende Parteivereinbarung über die Säumnisfolgen lag hier jedoch nicht vor, auch nicht durch die Bestimmungen der vereinbarten Schiedsordnung. Das Schiedsgericht war daher an § 1048 ZPO gebunden.

Da das Schiedsgericht durch die Nichtbeachtung des § 1048 ZPO zugleich das rechtliche Gehör der Beklagten verletzt hatte, hob das Oberlandesgericht den

---

[53]Zu diesem Schiedsgerichtshof vgl. www.dnotv.de/services/schiedsgerichtshof. Zugegriffen am 16.05.2019. Zu testamentarischen Schiedsklauseln vgl. unten Abschn. 12.2.
[54]Dazu unten Abschn. 10.1.2.
[55]Das Gericht spricht von „Belehrung", doch handelt es sich der Sache nach um eine Anordnung.

Schiedsspruch zu Recht unter anderem gemäß § 1059 Abs. 2 Nr. 2 lit. b ZPO auf.[56] Daneben fehlte auch die objektive Schiedsfähigkeit (§ 1059 Abs. 2 Nr. 2 lit. a ZPO), da es um einen Pflichtteilsanspruch ging. Diese Frage war dann Gegenstand der Rechtsbeschwerde zum BGH, der die Entscheidung des OLG bestätigte.[57]

Der Fall zeigt, dass es gefährlich ist, die aus dem staatlichen Gerichtsverfahren bekannten Vorgehensweisen unbesehen auf das Schiedsverfahren zu übertragen. Schiedsrichter müssen nicht nur im materiellen Recht, sondern auch im anwendbaren Schiedsverfahrensrecht solide Fachkenntnisse mitbringen (vgl. oben Abschn. 5.1.2).

Eine Säumnis der Parteien kommt schließlich auch in der Form in Betracht, dass sie einzelne Dokumente oder sonstige Beweismittel nicht vorlegen, obwohl sie dazu verpflichtet sind und die Nichtvorlage auch nicht hinreichend entschuldigen (§ 1048 Abs. 3 Alt. 2 ZPO). Das Schiedsgericht kann dann nachteilige Schlussfolgerungen aus der Nichtvorlage ziehen (dazu näher unten Abschn. 7.3.3).

In allen Fällen der Säumnis besteht die Möglichkeit, dass die Partei ihre Säumnis ausreichend entschuldigt (§ 1048 Abs. 4 S. 1 ZPO). Dafür ist eine Glaubhaftmachung ausreichend.[58] Hat die Partei also zur Überzeugung des Schiedsgerichts dargelegt, dass sie ohne ihr Verschulden an der Vornahme der betreffenden Handlung (Einreichung der Klageerwiderung, Erscheinen zum Termin, Vorlage des Dokuments) verhindert war, muss das Schiedsgericht ihr nachträglich den entsprechenden Vortrag ermöglichen bzw. die mündliche Verhandlung wiederholen.

Ist der Beklagte vollständig säumig, weil er das Schiedsgericht an sich ablehnt, dann zahlt er meist auch seinen Anteil am Kostenvorschuss nicht ein. Da das Schiedsgericht aber einen Anspruch auf Vorschuss (Kostensicherheit) hat, wird es dann in der Regel nicht weiter tätig (§ 273 BGB, vgl. oben Abschn. 5.6.3). Diese Situation ist für den Kläger misslich, der das Schiedsverfahren durchführen möchte. Er hat daher die Möglichkeit, selbst den fehlenden Anteil des Kostenvorschusses einzuzahlen, was sich im ad hoc-Verfahren aus § 267 Abs. 1 S. 1 BGB, im institutionellen Verfahren aus den Bestimmungen der Schiedsgerichtsordnungen (Art. 35.4 DIS-SchO; Art. 37 Abs. 5 S. 2 ICC-SchO) ergibt. Sobald die Kostensicherheit vollständig eingezahlt worden ist, wird das Schiedsgericht das Verfahren fortsetzen. Der Kläger kann dann sofort den Erlass eines Teilschiedsspruchs gegen den Beklagten auf Erstattung des von ihm verauslagten Teil des Kostenvorschusses beantragen.[59] Alternativ kann er das Ende des Schiedsverfahrens abwarten und dann die Erstattung im Rahmen der endgültigen Kostenentscheidung beantragen.

---

[56] OLG München v. 25.04.2016, 34 Sch 13/15, SchiedsVZ 2016, 233 (235) unter b) der Gründe.
[57] BGH v. 16.03.2017, I ZB 50/16, SchiedsVZ 2018, 42.
[58] *Quinke*, Säumnis in Schiedsverfahren, SchiedsVZ 2013, 129 (135); s.a. *Lachmann*, Handbuch für die Schiedsgerichtspraxis, 3. Aufl. 2008, Rn. 1669.
[59] Dazu *Buchwitz/Schütt*, Die Durchsetzung von Vorschussansprüchen in Schiedsverfahren, SchiedsVZ 2015, 1 (6–9); zustimmend BeckOK-ZPO/*Wilske/Markert*, Stand 01.03.2019, § 1057 Rn. 1.

6.10 Rechtsnachfolge während des Schiedsverfahrens

Im Verlaufe des Schiedsverfahrens können in verschiedener Hinsicht Rechtsnachfolgesituationen eintreten, welche die Frage aufwerfen, ob das Verfahren überhaupt oder in der bisherigen Form weitergeführt werden kann. Tritt die Rechtsnachfolge vor Beginn des Schiedsverfahrens – also vor Eintritt der Schiedshängigkeit – ein, werden vor allem materiellrechtliche Fragen der Rechtsnachfolge in die Schiedsvereinbarung relevant, auf die bereits eingegangen wurde (Abschn. 3.8). Nach Beginn des Schiedsverfahrens müssen aber zusätzliche prozessuale Auswirkungen bedacht werden. Zu unterscheiden sind dabei wiederum Gesamt- und Einzelrechtsnachfolge:

6.10.1 Gesamtrechtsnachfolge

In Fällen der Gesamtrechtsnachfolge wird das Schiedsverfahren mit dem Rechtsnachfolger fortgesetzt. Allerdings stellen sich eine Reihe von prozessualen Fragen, da in der Regel sicher gestellt werden muss, dass auch dem Rechtsnachfolger rechtliches Gehör gewährt wird. Darauf kann nur verzichtet werden, wenn der Rechtsnachfolger sich mit der Fortführung des Verfahrens einverstanden erklärt hat, wenn die Prozessvollmacht des Anwalts auch die Rechtsnachfolgesituation mit umfasst oder wenn das Verfahren bereits so weit vorangeschritten war, dass ohnehin keine weiteren Prozesshandlungen mehr vorgenommen werden durften.[60] Der ansonsten bestehende Anspruch des Rechtsnachfolgers auf rechtliches Gehör ist je nach Art der Gesamtrechtsnachfolge in unterschiedlicher Weise sicher zu stellen:

- Stirbt eine Partei während des Schiedsverfahrens, so ist es für die Gegenseite und das Schiedsgericht häufig schwer festzustellen, wie sie beerbt wird: Das Testament muss gefunden und eröffnet, ansonsten der gesetzliche Erbe ermittelt werden. Aber auch den Erben ist möglicherweise völlig unbekannt, dass ein Schiedsverfahren läuft, in das sie als Gesamtrechtsnachfolger eingetreten sind. Damit besteht die Gefahr, dass sie die laufenden Fristen versäumen und so Rechtsnachteile erleiden. Ein Gerichtsverfahren wird daher automatisch unterbrochen, bis die Erben es fortsetzen, § 239 ZPO. Da im Schiedsverfahren genauso wie im Gerichtsverfahren Fristen laufen, erscheint es sachgerecht, § 239 ZPO analog anzuwenden.[61] Dies wird meist jedoch im Anschluss an eine Entscheidung des RG[62] abgelehnt. Stattdessen soll das Schiedsgericht auf andere Weise im Rahmen seiner Ermessensausübung sicherstellen, dass dem Rechtsnachfolger

---

[60]Stein/Jonas/*Schlosser*, ZPO, 23. Aufl. 2014, § 1055 Rn. 32.
[61]*Wagner*, Bindung des Schiedsgerichts an Entscheidungen anderer Gerichte und Schiedsgerichte, in: Böckstiegel u. a. (Hrsg.), Die Beteiligung Dritter an Schiedsverfahren, 2005, S. 7 (20); ohne Begründung auch MüKo-ZPO/*Stackmann*, 5. Aufl. 2016, Vor § 239 Rn. 10.
[62]RG v. 07.11.1905, VII 62/05, RGZ 62, 24 (25).

rechtliches Gehör gewährt wird, indem es beispielsweise das Ruhen des Verfahrens anordnet, bis der Erbe ermittelt ist.[63] Gibt es einen Testamentsvollstrecker, kann dieser das Verfahren fortsetzen, ohne dass auf §§ 243, 241 ZPO abgestellt werden müsste. Auf diese Weise werden ähnliche, aber flexiblere Lösungen als im Gerichtsverfahren erzielt.

- Bei der umwandlungsrechtlichen Gesamtrechtsnachfolge wird im staatlichen Gerichtsverfahren differenziert: Nur wenn der übertragende Rechtsträger infolge der Rechtsnachfolge erlischt, wird das Verfahren unterbrochen. Dies ist etwa bei Verschmelzung (§ 2 UmwG) und Aufspaltung (§ 123 Abs. 1 UmwG) der Fall, nicht dagegen bei Abspaltung (§ 123 Abs. 2 UmwG) und Ausgliederung (§ 123 Abs. 3 UmwG).[64] Im Schiedsverfahren dürfte nur selten Anlass bestehen, das Ruhen des Verfahrens anzuordnen, da alle diese Vorgänge dem Willen des übertragenden Rechtsträgers entspringen und es ihm daher möglich ist, für die Fortsetzung des Schiedsverfahrens Sorge zu tragen.

- Wird über das Vermögen einer Schiedspartei das Insolvenzverfahren eröffnet, ist § 240 ZPO nicht anwendbar, doch muss das Schiedsgericht auch hier auf die veränderte Lage Rücksicht nehmen und das Verfahren aussetzen, um dem Insolvenzverwalter Zeit zu geben, den Rechtsstreit zu übernehmen. Außerdem darf es keinen Schiedsspruch erlassen, bevor die Forderung im Insolvenzverfahren angemeldet und geprüft wurde, um dem Gläubiger nicht ungerechtfertigte Vorteile gegenüber den anderen Gläubigern zu verschaffen, die im staatlichen Verfahren klagen.[65] Wird das Insolvenzverfahren dagegen erst später während des Verfahrens auf Vollstreckbarerklärung des Schiedsspruchs vor dem OLG eröffnet, ist § 240 ZPO anwendbar.[66]

6.10.2 Einzelrechtsnachfolge

Wird der Gegenstand, auf den sich das Schiedsverfahren bezieht, während des Verfahrens veräußert, stellen sich eine Reihe von Sonderfragen. Im staatlichen Verfahren gelten insofern die §§ 265, 325 ZPO, deren Übertragbarkeit auf das Schiedsverfahren jedoch unklar und umstritten ist.

Zunächst ist klarzustellen, dass die Übertragung einer Sache, Forderung oder eines sonstigen Rechts, worüber ein Schiedsverfahren anhängig ist, ohne Weiteres möglich ist. § 265 Abs. 1 ZPO gilt insofern analog. Die Verfügungsbefugnis des Inhabers ist nicht beschränkt, da anderenfalls der Rechtsverkehr unzumutbar beeinträchtigt würde.

---

[63]Musielak/*Voit*, ZPO, 16. Aufl. 2019, § 1042 Rn. 15.
[64]Vgl. MüKo-ZPO/*Stackmann*, 5. Aufl. 2016, § 239 Rn. 17–20 m.w.N.
[65]Vgl. BGH v. 29.01.2009, III ZB 88/07, SchiedsVZ 2009, 176, Rn. 28; MüKo-InsO/*Schumacher*, 3. Aufl. 2013, Vor §§ 85–87 Rn. 53; *Schack*, Internationales Zivilverfahrensrecht, 7. Aufl. 2017, Rn. 1407–1413; dazu auch unten Abschn. 11.5.10.2.
[66]BGH v. 21.11.1966, VII ZR 174/65, BB 1967, 97.

Hat der Kläger demnach etwa die Forderung, die er im Verfahren geltend macht, an einen Dritten abgetreten, so wird der Dritte Inhaber der Forderung. Es wäre jedoch wenig prozessökonomisch, wenn die Schiedsklage nun mangels Rechtsinhaberschaft abgewiesen würde und der Zessionar ein neues Schiedsverfahren gegen den Schuldner anstrengen müsste. Daher gilt auch § 265 Abs. 2 ZPO analog und der Zedent kann das Schiedsverfahren als Prozessstandschafter weiter betreiben.[67] Die Ergebnisse des Schiedsverfahrens gelten dann auch im Verhältnis zum Zessionar. Obsiegt der Zedent, muss der Schuldner also an den Zessionar leisten. Verliert der Zedent, ist der Schuldner auch im Verhältnis zum Zessionar nicht mehr zur Leistung verpflichtet. Diese Wirkung folgt aus dem Übergang der Schiedsbindung auf den Zessionar (dazu auch oben Abschn. 3.8.2), sodass § 325 Abs. 1 ZPO analog im Hinblick auf die Rechtskraft des Schiedsspruchs gemäß § 1055 ZPO angewendet werden kann.[68]

Nach einer anderen Ansicht muss der Rechtsnachfolger das Schiedsverfahren als Partei übernehmen und fortsetzen.[69] Dies erscheint aber zweifelhaft, da die Übernahme einer Schiedsbindung nur bedeutet, an die Ergebnisse eines Schiedsverfahrens gebunden zu sein, nicht aber, das Verfahren, das man nicht selbst begonnen hat, mit allen Konsequenzen (Aufwand und konkrete Kosten) fortsetzen zu müssen.

Eine weitere Ansicht spricht sich gegen die Fortsetzung des Schiedsverfahrens aus. Da der Rechtsnachfolger keinen Einfluss auf die Auswahl der Schiedsrichter und auf sonstige Vereinbarungen zwischen den bisherigen Schiedsparteien hatte, könne er an das Verfahren nicht gebunden werden.[70] Dagegen spricht jedoch, dass er auch nach dieser Ansicht jedenfalls nach Abschluss des Verfahrens gemäß § 1055 ZPO an den Schiedsspruch gebunden wird.[71]

Verlangt der Kläger umgekehrt vom Beklagten im Schiedsverfahren die Herausgabe einer Sache und veräußert der Beklagte diese während des laufenden Verfahrens, so verhält sich die Situation anders. Denn die Schiedsbindung geht bei Veräußerung einer Sache nicht auf den Rechtsnachfolger über,[72] sodass der Rechtsnachfolger des Beklagten auch an einen Schiedsspruch nicht gebunden wäre. Anders als im staatlichen Verfahren folgt dies allerdings nicht aus § 325 Abs. 2 ZPO i.V.m. §§ 932 ff. BGB, sondern aus der Natur des Schiedsverfahrens. Auf die Gut- oder Bösgläubigkeit des Rechtsnachfolgers im Hinblick auf das Bestehen eines

---

[67] OLG Hamm v. 26.05.1983, 24 U 239/82, RIW 1983, 698 (699); *Schwab/Walter*, Schiedsgerichtsbarkeit, 7. Aufl. 2005, Kap. 16 Rn. 7; *Wagner*, Bindung des Schiedsgerichts an Entscheidungen anderer Gerichte und Schiedsgerichte, in: Böckstiegel u. a. (Hrsg.), Die Beteiligung Dritter an Schiedsverfahren, 2005, S. 7 (24 f., 27).
[68] *Wagner*, Bindung des Schiedsgerichts an Entscheidungen anderer Gerichte und Schiedsgerichte, in: Böckstiegel u. a. (Hrsg.), Die Beteiligung Dritter an Schiedsverfahren, 2005, S. 7 (25–30).
[69] Stein/Jonas/*Schlosser*, ZPO, 23. Aufl. 2014, § 1042 Rn. 88 und § 1055 Rn. 33.
[70] Musielak/*Voit*, ZPO, 16. Aufl. 2019, § 1042 Rn. 17, § 1055 Rn. 8.
[71] Musielak/*Voit*, ZPO, 16. Aufl. 2019, § 1055 Rn. 7.
[72] Vgl. oben Abschn. 3.8.2.

Schiedsverfahrens kommt es damit gar nicht an.[73] Die Fortsetzung des Schiedsverfahrens in der Hauptsache ist damit sinnlos geworden; der Kläger kann es für erledigt erklären, um sein Kosteninteresse zu erhalten.

Schließlich ist in Rechtsnachfolgesituationen auch zu bedenken, dass ein einvernehmlicher Parteiwechsel im Schiedsverfahren immer möglich ist, wenn alle Beteiligten und das Schiedsgericht zustimmen.

6.11 Einstweiliger Rechtsschutz durch das Schiedsgericht

6.11.1 Allgemeines

Ein Schiedsverfahren nimmt, selbst wenn es zügig durchgeführt wird, immer eine gewisse Zeit in Anspruch. Währenddessen muss verhindert werden, dass durch eine Veränderung der Sachlage die Durchführung des Verfahrens sinnlos wird, etwa weil der auf Herausgabe in Anspruch genommene Beklagte die streitgegenständlichen Waren veräußert, weil der auf Unterlassung in Anspruch genommene Beklagte die Handlung zwischenzeitlich vornimmt, oder weil Beweismittel beiseite geschafft werden. Daher hat jedes Gericht, auch ein Schiedsgericht, die Möglichkeit, zur Sicherung des eigenen Verfahrens einstweilige Maßnahmen (*interim measures*) zu treffen.

In zeitlicher Hinsicht ist dabei wie folgt zu unterscheiden:

- Vor Beginn des Schiedsverfahrens können die Parteien nur die staatlichen Gerichte um einstweiligen Rechtsschutz ersuchen (§§ 1033, 935, 940 ZPO). Die staatlichen Gerichte sind auch zuständig, da sich die Schiedsvereinbarung nur auf die Hauptsache bezieht (vgl. näher zum einstweiligen Rechtsschutz durch staatliche Gerichte unten Abschn. 6.12).
- Nach Beginn des Schiedsverfahrens und vor der Konstituierung des Schiedsgerichts können einstweilige Maßnahmen nach einigen institutionellen Verfahrensordnungen von besonderen Eilschiedsrichtern erlassen werden (dazu oben Abschn. 4.6). Gilt keine derartige Verfahrensordnung, steht auch während dieses Zeitraums nur der staatliche einstweilige Rechtsschutz gemäß §§ 1033, 935, 940 ZPO zur Verfügung.
- Nach der Konstituierung des Schiedsgerichts ist das Schiedsgericht selbst für einstweilige Anordnungen in Bezug auf den Streitgegenstand zuständig (§ 1041 Abs. 1 ZPO, Art. 25.1 DIS-SchO, Art. 28.1 ICC-SchO). Eines Eilschiedsrichters bedarf es damit nicht mehr. Das staatliche Gericht kann allerdings weiterhin gemäß §§ 1033, 935, 940 ZPO angerufen werden. Während dieses Zeitraums

---

[73]Stein/Jonas/*Schlosser*, ZPO, 23. Aufl. 2014, § 1055 Rn. 34; *Wagner*, Bindung des Schiedsgerichts an Entscheidungen anderer Gerichte und Schiedsgerichte, in: Böckstiegel u. a. (Hrsg.), Die Beteiligung Dritter an Schiedsverfahren, 2005, S. 7 (25–28).

hat der Antragsteller also ein Wahlrecht, an welchen Spruchkörper er sich wendet.
- Nach Abschluss des Schiedsverfahrens ist kein einstweiliger Rechtsschutz mehr möglich, da der Schiedsspruch sofort bindend wirkt (§ 1055 ZPO) und die Sache damit abschließend entschieden worden ist. Gibt es Anlass zu der Besorgnis, dass die unterlegene Partei den Schiedsspruch nicht erfüllen werde oder Vermögenswerte beiseite schafft, kann die obsiegende Partei die sofortige Sicherungsvollstreckung gemäß § 1063 Abs. 3 ZPO beim OLG beantragen (dazu Abschn. 11.9).[74]

In Deutschland hat der einstweilige Rechtsschutz durch das Schiedsgericht keine große praktische Bedeutung. Dies liegt vor allem an der Zuverlässigkeit und guten Organisation der Amts- und Landgerichte, die einen Bereitschaftsdienst unterhalten und damit falls erforderlich innerhalb weniger Stunden eine sofort vollstreckbare Entscheidung treffen können. Das Schiedsgericht muss dagegen erst zusammentreten und seine Entscheidung muss anschließend noch vom staatlichen Gericht für vollziehbar erklärt werden (dazu sogleich Abschn. 6.11.4).[75]

6.11.2 Verfahren

Was das Verfahren betrifft, so ist zunächst ein Antrag einer Partei erforderlich. Dieser wird direkt beim Schiedsgericht eingereicht. Anschließend bittet das Schiedsgericht in der Regel die andere Partei um Stellungnahme zum Antrag, um ihr vor Erlass der einstweiligen Anordnung rechtliches Gehör zu gewähren (§ 1042 Abs. 1 S. 2 ZPO).

In manchen Fällen würde durch die Anhörung der Gegenseite jedoch der Zweck der einstweiligen Anordnung gefährdet. Geht es etwa um die Herausgabe einer Sache, ist die Gegenseite durch eine Anhörung vorgewarnt und kann die Sache dann zügig veräußern, bevor die einstweilige Anordnung ergeht. Daher ist es manchmal erforderlich, einstweilige Anordnungen auch ohne vorherige Anhörung der anderen Partei zu erlassen (sog. *ex parte*-Entscheidungen). Ob das Schiedsgericht dazu befugt ist, ist allerdings umstritten. Früher wurde eine Entscheidung ohne vorherige Anhörung meist für unzulässig gehalten, was mit dem Fehlen eines Widerspruchsverfahrens zur Überprüfung der Anordnung begründet wurde (vgl. im staatlichen Verfahren die §§ 924 f. ZPO).[76] Dieser Einwand ist jedoch nicht zwingend, denn auch das Schiedsgericht kann – und muss – die Gegenseite nachträglich anhören und seine einstweilige Anordnung dann gegebenenfalls abändern. Der Gegenseite steht damit ein gleichwertiger Rechtsschutz wie im staatlichen

---

[74]LG Braunschweig v. 04.08.2015, 9 O 1494/15 und 9 O 1494/15 (176), SchiedsVZ 2015, 292.
[75]Musielak/*Voit*, ZPO, 16. Aufl. 2019, § 1041 Rn. 1, rät sogar davon ab, von § 1041 ZPO Gebrauch zu machen.
[76]So etwa *Schütze*, Einstweiliger Rechtsschutz im Schiedsverfahren, DIS-Mat. IV, 1998, S. 67 (74).

Verfahren nach den §§ 924 f. ZPO zur Verfügung. Nach heute herrschender – und zutreffender – Ansicht ist das Schiedsgericht daher auch befugt, Entscheidungen *ex parte* zu erlassen, wenn eine vorherige Anhörung der Gegenseite den Erfolg der Maßnahme gefährden würde.[77]

Im DIS-Verfahren ist die Streitfrage seit 2018 ohne Bedeutung, da *ex parte*-Anordnungen nun gemäß Art. 25.2 DIS-SchO ausdrücklich zulässig sind. Diese Vorschrift gilt als Parteivereinbarung und geht damit dem dispositiven § 1041 ZPO vor. Damit hat die DIS eine begrüßenswerte Regelung geschaffen, durch die Rechtssicherheit hergestellt wurde.[78]

Zukünftig könnte die Möglichkeit von *ex parte*-Verfügungen auch in der ZPO geregelt werden, wenn der Gesetzgeber die 2006 erfolgten Neuerungen des UNCITRAL Modellgesetzes in deutsches Recht umsetzt (inbes. Art. 17b).[79]

6.11.3 Entscheidungsmaßstab

Inhaltlich sind die Voraussetzungen für den Erlass einer einstweiligen Anordnung nicht näher geregelt; das Gesetz stellt schlicht auf das Ermessen des Schiedsgerichts ab („erforderlich", § 1041 Abs. 1 S. 1 ZPO). Jedoch ist anerkannt, dass hier im Wesentlichen dieselben Maßstäbe anzulegen sind wie beim Erlass einstweiliger Anordnungen durch das staatliche Gericht: Anordnungsgrund und Anordnungsanspruch müssen glaubhaft gemacht werden. Dies entspricht auch der internationalen Schiedspraxis.[80]

- Ein Anordnungsgrund liegt bei Dringlichkeit vor, also wenn die ernsthafte Gefahr besteht, dass bei Zuwarten bis zum Abschluss des Schiedsverfahrens der geltend gemachte Anspruch des Antragstellers vereitelt würde.
- Der Anordnungsanspruch entspricht dem materiellrechtlichen Anspruch in der Hauptsache, erfordert also, dass dem Kläger der Klageanspruch nach summarischer Prüfung zustehen kann.

Anordnungsanspruch und Anordnungsgrund müssen vom Antragsteller nicht zur Überzeugung des Schiedsgerichts bewiesen werden, da dies in der Kürze der Zeit meist nicht möglich ist, sondern nur überwiegend wahrscheinlich sein, also

---

[77]So OLG Frankfurt v. 31.07.2013, 26 SchH 4/13, unter II.2.; Musielak/*Voit*, ZPO, 16. Aufl. 2019, § 1041 Rn. 3; wohl auch *Hobeck/Weyhreter*, Anordnung von vorläufigen oder sichernden Maßnahmen durch Schiedsgerichte in ex-parte-Verfahren, SchiedsVZ 2005, 238–241; a.A. MüKo-ZPO/*Münch*, 5. Aufl. 2017, § 1041 Rn. 25.
[78]Positiv auch *Hasenstab*, Neuausrichtung der DIS-Regeln, IWRZ 2017, 200 (303).
[79]Kritisch dazu *Born*, International Commercial Arbitration, 2. Aufl. 2014, S. 2510; *Raeschke-Kessler*, Gedanken zur Novellierung des Zehnten Buchs der ZPO, in: Ebke u. a. (Hrsg.), Festschrift für Siegfried H. Elsing, 2015, S. 433 (438).
[80]Vgl. näher *Born*, International Commercial Arbitration, 2. Aufl. 2014, S. 2468–2483; *Blackaby/Partasides*, Redfern and Hunter on International Arbitration, 6. Aufl. 2015, Ziff. 5.31.

glaubhaft gemacht werden. Dafür kann sich der Antragsteller sämtlicher Erkenntnismittel bedienen, zum Beispiel Urkunden und Privatgutachten sowie schriftliche Zeugenerklärungen und Parteierklärungen vorlegen. Anders als im staatlichen Verfahren steht jedoch das besondere Mittel der eidesstattlichen Versicherung (vgl. § 294 Abs. 1 ZPO) nicht zur Verfügung, da das Schiedsgericht keine Behörde ist, die für die Abnahme einer eidesstattlichen Versicherung zuständig ist (vgl. § 156 StGB). Allerdings kann das Schiedsgericht eine eidesstattliche Versicherung, die ihm vorgelegt wird, wie jede andere Partei- oder Zeugenerklärung als solche berücksichtigen.[81]

Liegen die Voraussetzungen für den Erlass einer einstweiligen Anordnung vor, hat das Schiedsgericht Ermessen, welche Maßnahmen es trifft. Es ist dabei nicht an die im staatlichen Verfahren vorgesehenen Maßnahmen des 8. Buchs der ZPO gebunden, sondern kann auch andere Regelungen treffen. Beispielsweise können dem Antragsgegner umfassende Verfügungsverbote auferlegt werden (sog. *freezing orders*).[82] Die Entscheidung in der Hauptsache darf aber durch die einstweilige Anordnung nicht vorweggenommen werden.[83]

6.11.4 Vollziehung

Einstweilige Anordnungen des Schiedsgerichts werden oft freiwillig befolgt, da sich die betroffene Partei in der Regel nicht die Gunst des Schiedsgerichts verspielen möchte, das anschließend auch in der Hauptsache entscheidet.[84] Allerdings gibt es Fälle, in denen sich der Beklagte unter Verweis auf sachliche Gründe weigert, der einstweiligen Anordnung zu entsprechen, oder in denen eine staatliche Vollziehung aus anderen Gründen erforderlich ist, etwa weil eine Vormerkung ins Grundbuch eingetragen werden muss.[85] Der Antragsteller kann dann beim staatlichen Gericht gemäß § 1041 Abs. 2 ZPO die Vollziehung der einstweiligen Anordnung des Schiedsgerichts beantragen. Im Rahmen dieses Verfahrens überprüft das Oberlandesgericht nur, ob eine Schiedsvereinbarung besteht, ob ein Verfügungsgrund plausibel ist und ob die Vollziehbarkeitserklärung nicht zu einem Ergebnis führen würde, das mit dem ordre public unvereinbar ist. Es prüft aber nicht vollumfänglich nach, ob die Entscheidung des Schiedsgerichts inhaltlich richtig ist.[86]

---

[81]OLG Frankfurt v. 31.07.2013, 26 SchH 4/13, BeckRS 2014, 04090, unter II.3.

[82]Vgl. *Berger*, Das neue deutsche Schiedsverfahrensrecht, DZWiR 1998, 45 (51); *Schroeder*, Mareva Injunctions and Freezing Orders in International Commercial Arbitration, SchiedsVZ 2004, 26–31.

[83]*Born*, International Commercial Arbitration, 2. Aufl. 2014, S. 2477 f.

[84]Vgl. etwa *Wolff*, Grundzüge des Schiedsverfahrensrechts, JuS 2008, 108 (110); einschränkend *Born*, International Commercial Arbitration, 2. Aufl. 2014, S. 2448.

[85]So der Fall des OLG Frankfurt v. 31.07.2013, 26 SchH 4/13, BeckRS 2014, 04090.

[86]OLG Frankfurt v. 31.07.2013, 26 SchH 4/13, BeckRS 2014, 04090, unter II.

Soll die einstweilige Anordnung des Schiedsgerichts im Ausland vollstreckt werden, richtet sich die Vollziehung nach dem jeweiligen ausländischen Verfahrensrecht. Dabei kommt es häufig zu Schwierigkeiten, weil nach dem UNÜ nur Schiedssprüche anerkannt und vollstreckt werden müssen, nicht dagegen einstweilige Maßnahmen.[87]

6.12 Einstweiliger Rechtsschutz durch staatliche Gerichte

Neben dem einstweiligen Rechtsschutz durch das Schiedsgericht steht den Parteien immer auch der einstweilige Rechtsschutz durch das staatliche Gericht zur Verfügung. Wie § 1033 ZPO ausdrücklich betont, ist dieser nicht etwa dadurch ausgeschlossen, dass die Parteien eine Schiedsvereinbarung geschlossen haben. Denn die Schiedsvereinbarung bringt nur den Willen der Parteien zum Ausdruck, ihren Rechtsstreit in der Hauptsache durch ein Schiedsgericht entscheiden zu lassen. Wenn dagegen einstweilige Maßnahmen erforderlich werden, können diese auch durch ein staatliches Gericht erfolgen.

> **Beispiel**
>
> Die Parteien hatten im Zusammenhang mit dem Frachtschiff „Togo Pal" eine Schiedsvereinbarung abgeschlossen und als Schiedsort Hamburg vereinbart. Das Schiff und die Fracht erlitten im Hafen von Yangoon/Myanmar einen Schaden. Als das Schiff später in Hamburg einlief, beantragte eine Partei, der anderen Partei im Wege einer einstweiligen Anordnung aufzugeben, einem ihrer Vertreter das Betreten des Schiffes und die Einsichtnahme in das Deck- und Maschinentagebuch zu gestatten, um sich über die eingetretenen Schäden zu informieren. Das OLG Hamburg bejahte seine Zuständigkeit und erließ die einstweilige Anordnung.[88]

Die Zuständigkeit der staatlichen Gerichte richtet sich nach den allgemeinen Vorschriften der §§ 919, 937 ZPO, wonach grundsätzlich das Gericht der Hauptsache zuständig ist. Ein solches Gericht existiert aber nicht, da in der Hauptsache das Schiedsgericht zuständig ist. Es ist daher anzunehmen, dass die Gerichte am vereinbarten Schiedsort zuständig sind.[89] Je nach Streitwert ist das örtliche Amts- oder Landgericht anzurufen. Die Voraussetzungen für den Erlass der einstweiligen Verfügung richten sich dann nach den allgemeinen Vorschriften der §§ 935, 940 ZPO.

---

[87] Näher dazu Stein/Jonas/*Schlosser*, ZPO, 23. Aufl. 2014, Anh. § 1061 Rn. 7a.
[88] OLG Hamburg v. 06.05.1996, 6 W 32/96, NJW 1997, 749; diese Entscheidung erging noch zum alten Schiedsverfahrensrecht, sodass die Begründung nicht auf das geltende Recht übertragbar ist.
[89] Im Einzelnen umstritten, vgl. *Landbrecht*, Staatlicher Eilrechtsschutz am deutschen Schiedsort und grenzüberschreitende Vollstreckung, SchiedsVZ 2013, 241–248; Stein/Jonas/*Schlosser*, ZPO, 23. Aufl. 2014, § 1033 Rn. 5.

Der staatliche Eilrechtsschutz kann nicht abbedungen werden. § 1033 ZPO ist zwingend.[90]

In England und einigen anderen Staaten des Common Law gibt es die Möglichkeit, einstweilige Anordnungen der staatlichen Gerichte zum Schutz von Schiedsverfahren zu erwirken: Wenn eine Partei, die eine Schiedsvereinbarung abgeschlossen hat, entgegen dieser Vereinbarung vor einem ausländischen staatlichen Gericht klagt, kann die andere Partei den Erlass einer einstweiligen Anordnung beantragen, mit der ihrem Vertragspartner die Durchführung des staatlichen Gerichtsverfahrens verboten wird (sogenannte *anti-suit injunction*).[91] Auch nach deutschem Zivilverfahrensrecht kommt eine derartige einstweilige Verfügung in Betracht, da eine Schiedsvereinbarung die Verpflichtung beinhaltet, nicht vor einem staatlichen Gericht zu prozessieren.[92] Zwischen Gerichten der EU-Mitgliedstaaten sind derartige Prozessführungsverbote allerdings unzulässig, da sie dem angerufenen ausländischen Gericht die Möglichkeit nehmen, selbst über seine Zuständigkeit zu entscheiden.[93]

6.13 Beschleunigte Schiedsverfahren

Unter den „Nutzern" der Schiedsgerichtsbarkeit besteht der Eindruck, die Durchführung von Schiedsverfahren nehme zu viel Zeit in Anspruch. Bei einer aktuellen Studie gaben immerhin 34 % der Befragten an, die lange Zeitdauer zähle zu den drei schlechtesten Merkmalen von Schiedsverfahren.[94] Sogar 67 % bemängelten die zu hohen Kosten von Schiedsverfahren,[95] die typischerweise auch von der Dauer abhängig sind. Auch wenn diese Bewertungen nicht überbetont werden dürfen, da jedes rechtsförmliche Verfahren notwendigerweise eine gewisse Zeit in Anspruch nimmt,[96] so herrscht doch auch unter Schiedsrichtern der Eindruck vor, dass Schiedsverfahren heutzutage stärker „verrechtlicht" sind als früher und damit aufwendiger und langsamer ablaufen.[97] Dazu mag auch die stärkere Konfliktfreudigkeit von Parteivertretern beigetragen haben, die wiederum zu größerer Vorsicht bei den Schiedsrichtern führt („*due process paranoia*").[98]

---

[90]OLG München v. 26.10.2000, U (K) 3208/00, NJW-RR 2001, 711; *Landbrecht*, Staatlicher Eilrechtsschutz am deutschen Schiedsort und grenzüberschreitende Vollstreckung, SchiedsVZ 2013, 241 (242); Musielak/*Voit*, ZPO, 16. Aufl. 2019, § 1033 Rn. 3 m.w.N. auch zur Gegenansicht.
[91]Dazu etwa *Born*, International Commercial Arbitration, 2. Aufl. 2014, S. 1291 ff.
[92]*Schlosser*, Anti-suit injunctions zur Unterstützung von internationalen Schiedsverfahren, RIW 2006, 486–492.
[93]EuGH v. 10.02.2009, C-185/07, NJW 2009, 1655 – West Tankers.
[94]Queen Mary 2018 International Arbitration Survey, S. 8, www.arbitration.qmul.ac.uk/research/2018/. Zugegriffen am 16.05.2019.
[95]Wie vor.
[96]Vgl. bereits oben Abschn. 1.5.7.
[97]Vgl. etwa *Berger*, Herausforderungen für die (deutsche) Schiedsgerichtsbarkeit, SchiedsVZ 2009, 289 (291).
[98]Dazu oben Abschn. 6.1.2.3.

6.13 Beschleunigte Schiedsverfahren

Die meisten Schiedsgerichtsinstitutionen haben deswegen besondere Regeln für beschleunigte Verfahren (*expedited proceedings / fast-track arbitration*) eingeführt, von denen hier die wichtigsten genannt werden sollen:

- Nach der ICC-SchO werden alle Verfahren, die auf einer Schiedsvereinbarung beruhen, die am 01.03.2017 oder später abgeschlossen worden ist, und die einen Streitwert von bis zu 2 Mio. USD aufweisen, automatisch im beschleunigten Verfahren durchgeführt (vgl. Art. 30 ICC-SchO i.V.m. Anhang VI – Verfahrensordnung zum beschleunigten Verfahren).[99] Nur dann, wenn die Parteien das beschleunigte Verfahren ausdrücklich ausschließen oder der ICC-Schiedsgerichtshof es im Einzelfall für unpassend hält, wird das normale Verfahren durchgeführt (*Opt out*-Modell, Art. 30.3 ICC-SchO). Die wesentlichen Unterschiede zum normalen ICC-Verfahren liegen darin, dass im beschleunigten Verfahren kein Schiedsauftrag[100] erstellt wird und dass der ICC-Schiedsgerichtshof auch dann einen Einzelschiedsrichter ernennen kann, wenn die Parteien ein Dreierschiedsgericht vereinbart haben (Art. 2.1, 3.1 des Anhangs VI zur ICC-SchO). Diese Regelung ist im Hinblick auf die Parteiautonomie problematisch und daher jedenfalls bei ausdrücklich entgegenstehender Vereinbarung der Parteien nicht anzuwenden.[101] Im Übrigen wirken das Schiedsgericht und der ICC-Schiedsgerichtshof in verschiedener Hinsicht besonders auf die Beschleunigung des Verfahrens hin.
- Ähnlich ist die Regelung nach der Schiedsordnung der Schweizer Handelskammern („Swiss Rules").[102] Das beschleunigte Verfahren ist hier in der Regel in allen Fällen durchzuführen, die einen Streitwert von 1 Mio. CHF nicht übersteigen. Das Verfahren wird dann grundsätzlich von einem Einzelschiedsrichter durchgeführt, es wird pro Partei nur ein Schriftsatz eingereicht, es findet nur eine mündliche Verhandlung statt und es gilt eine Frist von sechs Monaten für die Durchführung des Verfahrens durch den Schiedsrichter (Art. 42 Swiss Rules).
- Die DIS hatte bereits 2008 „Ergänzende Regeln zum beschleunigten Verfahren" (DIS-ERBV)[103] eingeführt, die allerdings nur bei einer entsprechenden Vereinbarung der Parteien anwendbar waren. Dieses *Opt in*-Modell wurde nur selten genutzt. Ein *Opt out* wurde jedoch für zu einschneidend gehalten, sodass die Neufassung der Regeln 2018 einen Kompromiss beinhaltet:[104] Das Schiedsgericht muss nun in der ersten Verfahrenskonferenz mit den Parteien erörtern, ob

---

[99] Dazu umfassend *Schütt*, Fast-Track Arbitration: Das neue beschleunigte Verfahren der ICC, SchiedsVZ 2017, 81–90.
[100] Dazu oben Abschn. 6.3.
[101] *Schütt*, Fast-Track Arbitration: Das neue beschleunigte Verfahren der ICC, SchiedsVZ 2017, 81 (82); m. E. geht jede anderweitige Parteivereinbarung vor.
[102] Dazu oben Abschn. 1.7.4.
[103] Verfübar unter www.disarb.org. Zugegriffen am 16.05.2019.
[104] Vgl. *Das Gupta*, Kurzkommentare zu den Änderungen in der 2018 DIS-Schiedsgerichtsordnung, SchiedsVZ-Beilage 2018, 44 (83).

das beschleunigte Verfahren angewendet werden soll (Art. 27.4 DIS-SchO i.V.m. Anlage 4). Einigen sich die Parteien darauf, muss das Schiedsgericht das beschleunigte Verfahren durchführen, anderenfalls steht es in seinem Ermessen. Wesentliche Unterschiede zum normalen Verfahren sind eine Beschränkung der Anzahl der Schriftsätze, die Durchführung nur einer mündlichen Verhandlung und eine Sechsmonatsfrist für den Erlass des Schiedsspruchs. Auch im Übrigen hat das Schiedsgericht das Beschleunigungsinteresse stets im Blick zu behalten (vgl. im Einzelnen Anlage 4 zur DIS-SchO).

7 Beweisaufnahme und mündliche Verhandlung

Die mündliche Verhandlung (*hearing*) wird oft als Höhepunkt des gesamten Verfahrens empfunden. In der Tat ist das persönliche Zusammentreffen aller Beteiligten ein fast unverzichtbarer Bestandteil des Schiedsverfahrens, der auch durch Nutzung moderner Informationstechnologie und Videokonferenzen kaum zu ersetzen ist. Dabei steht die mündliche Verhandlung in engem Zusammenhang mit der Beweisaufnahme, die oft nur hier sinnvoll durchgeführt werden kann, vor allem soweit es den Zeugen- und Sachverständigenbeweis betrifft.

7.1 Allgemeines

Auch wenn es ganz üblich ist, eine mündliche Verhandlung durchzuführen, so steht sie doch im Ermessen des Schiedsgerichts (§ 1047 Abs. 1 S. 1 ZPO, Art. 29.1 DIS-SchO, Art. 25.2 ICC-SchO). In kleineren Verfahren, wo die Kosten einer mündlichen Verhandlung außer Verhältnis zum Streitwert stehen, wird das Schiedsgericht daher unter Umständen davon absehen, eine mündliche Verhandlung durchzuführen, und seine Entscheidung lediglich auf Grundlage der Akten treffen. Auch kann im Einzelfall bei einem besonderen Interesse der Parteien an einer Verfahrensbeschleunigung auf die mündliche Verhandlung verzichtet oder diese durch eine Videokonferenz ersetzt werden.[1]

Bei Verlangen einer Partei ist die mündliche Verhandlung jedoch obligatorisch (§ 1047 Abs. 1 S. 2 ZPO). Auch eine Schiedspartei hat also ein Recht auf eine persönliche Anhörung in einer mündlichen Verhandlung. Eine Ausnahme besteht nur dann, wenn die Parteien die mündliche Verhandlung durch Vereinbarung ausgeschlossen haben (§ 1047 Abs. 1 S. 1 ZPO: „vorbehaltlich einer Vereinbarung der Parteien"). Allerdings kann sich das Schiedsgericht auch über eine solche Verein-

---

[1] Vgl. etwa im beschleunigten ICC-Verfahren Art. 3.5 Anhang VI zur ICC-SchO.

© Springer-Verlag GmbH Deutschland, ein Teil von Springer Nature 2019
W. Buchwitz, *Schiedsverfahrensrecht*, Springer-Lehrbuch,
https://doi.org/10.1007/978-3-662-59462-9_7

barung hinwegsetzen, wenn anderenfalls das rechtliche Gehör nicht gewährleistet wäre.[2]

Für die Durchführung einer mündlichen Verhandlung spricht zunächst die Verbesserung der Beweisaufnahme: Um die Glaubwürdigkeit der Zeugen beurteilen zu können, ist es in der Regel erforderlich, sie persönlich anzuhören. Sachverständige können im Rahmen einer mündlichen Erörterung ihrer Gutachten schnell und effektiv zu bestimmten Punkten befragt werden und dem Schiedsgericht damit zu besserem Verständnis der technischen oder sonstigen Fragen ihrer Begutachtung verhelfen.

Neben der Beweisaufnahme verbessert die mündliche Verhandlung aber auch die Kommunikation zwischen den Prozessbeteiligten. Ein Schiedsverfahren ist eine zwischenmenschliche Angelegenheit. Wenn die Schiedsrichter die Verhandlung überzeugend führen und mündlich die Verfahrensschritte nachvollziehbar begründen, steigert dies die Akzeptanz des Verfahrens durch die Parteien oft mehr als es eine schriftliche Darlegung vermag. Aber auch unter den Parteien verbessert sich die Kommunikation, wenn sie sich persönlich gegenübertreten, nachdem möglicherweise monatelang „Funkstille" herrschte. Auf diese Weise lässt sich leichter ein Vergleich finden. Im DIS-Verfahren ist das Schiedsgericht sogar aufgefordert, auf die vergleichsweise Erledigung des Rechtsstreits hinzuwirken (Art. 26 DIS-SchO), was am besten in einer mündlichen Verhandlung umzusetzen ist.

Die mündliche Verhandlung findet häufig, aber nicht zwingend, am Schiedsort statt. Ist es aus praktischen Erwägungen (Reisekosten, Visa) zweckmäßiger, die Verhandlung an einem anderen Ort durchzuführen, kann das Schiedsgericht dies ebenso anordnen (§ 1043 Abs. 2 ZPO, Art. 22.2 DIS-SchO, Art. 18.2 ICC-SchO). Der Schiedsort bleibt davon unberührt.[3]

Der Zeitpunkt der mündlichen Verhandlung wird häufig schon in der ersten Verfahrenskonferenz, jedenfalls aber so früh wie möglich festgelegt, da die Terminfindung bei vielen Beteiligten (Parteien, Rechtsanwälte, Schiedsrichter) immer schwierig ist.

Anders als im deutschen Gerichtsverfahren ist es in Schiedsverfahren üblich, ein Wortprotokoll zu führen.[4] Das Wortprotokoll ist ein hervorragendes Mittel, um die Zeugenaussagen und die Erklärungen der Parteien verlässlich und präzise festzuhalten. Es ermöglicht den Parteien und dem Schiedsgericht, sich in den *post-hearing briefs*[5] bzw. im Schiedsspruch auf die entsprechenden Details der Aussagen zu beziehen. Nur in kleineren Verfahren, wo die Kosten für einen professionellen Protokollanten (*court reporter*) außer Verhältnis stünden, wird darauf verzichtet.

Gestaltung und Ablauf der mündlichen Verhandlung liegen ansonsten im Ermessen des Schiedsgerichts. Dabei wird es auf die jeweiligen Gepflogenheiten und Eigenarten in den Herkunftsländern der Parteien Rücksicht nehmen. Zu Beginn

---

[2]BT-Drs. 13/5274, S. 49; Zöller/*Geimer*, ZPO, 32. Aufl. 2018, § 1047 Rn. 1.
[3]Dazu oben Abschn. 3.1.3.
[4]Zum Protokoll vgl. *J. Stürner*, Das Protokoll im Schiedsverfahren, SchiedsVZ 2018, 299–306.
[5]Dazu unten Abschn. 7.7.

einer mündlichen Verhandlung wird häufig den Parteien die Möglichkeit gegeben, ihre jeweilige Position mündlich zu präsentieren (*opening statement*). Dabei handelt es sich um ein Merkmal aus dem anglo-amerikanischen Rechtskreis, das jedoch in Schiedsverfahren sinnvoller ist als die aus dem deutschen Gerichtsverfahren bekannte „Einführung in den Sach- und Streitstand" durch den Vorsitzenden. Denn das Schiedsverfahren liegt in den Händen der Parteien; es ist „ihr" Verfahren, sodass sie auch die Initiative dabei einnehmen sollten.

7.2 Grundsätze der Beweisaufnahme

Im Anschluss an die Eröffnungspräsentationen der Parteien findet in der Regel die Beweisaufnahme statt. Dabei handelt es sich um den wichtigsten Teil der mündlichen Verhandlung, der sich zudem deutlich unterschiedlich gestaltet, je nachdem aus welcher Verfahrenstradition die beteiligten Schiedsrichter und Parteivertreter stammen. Hier wird traditionell vor allem zwischen den Rechtskreisen des Common Law und des Civil Law unterschieden, obwohl natürlich auch innerhalb dieser Rechtskreise große Unterschiede zwischen den einzelnen Ländern bestehen.[6] Wesentliches Merkmal des Verfahrensrechts im Common Law ist eine stärkere Rolle der Parteien bei der Durchführung der Beweisaufnahme, während im Civil Law traditionell der Richter die Beweisaufnahme durchführt und damit ein inquisitorisches Verfahren realisiert wird. Zum Charakter der Schiedsgerichtsbarkeit als privatautonom geschaffenem Verfahren passt der Ansatz des Common Law eigentlich besser, sodass es nicht verwunderlich ist, dass einige seiner Elemente, etwa die Zeugenvernehmung durch die Parteien, auch in rein kontinentaleuropäischen Verfahren häufig übernommen werden.[7]

Ob das Schiedsgericht die Beweisaufnahme selbst durchführt oder sie stärker in die Hände der Parteien legt, liegt in seinem Ermessen. Rechtliche Vorschriften für die Beweisaufnahme gibt es nicht, lediglich für den Sachverständigenbeweis enthält § 1049 ZPO einige besondere Regeln. An etwaige Parteivereinbarungen zur Beweisaufnahme ist das Schiedsgericht freilich gebunden. Ansonsten wird das Schiedsgericht in der Praxis darauf Rücksicht nehmen, aus welchen Ländern die Parteien und ihre Rechtsanwälte stammen und versuchen, einen pragmatischen Kompromiss zwischen den verschiedenen Verfahrenstraditionen zu finden. In dieser praktisch-rechtsvergleichenden Arbeit liegt einer der besonderen Reize der schiedsrichterlichen Tätigkeit.[8]

---

[6] *Blackaby/Partasides*, Redfern and Hunter on International Arbitration, 6. Aufl. 2015, Ziff. 6.77–6.80.

[7] Dazu *Wirth*, Ihr Zeuge, Herr Rechtsanwalt! Weshalb Civil-Law-Schiedsrichter Common-Law-Verfahrensrecht anwenden, SchiedsVZ 2003, 9–15.

[8] Vgl. etwa lesenswert *Wagner*, Europäisches Beweisrecht – Prozessrechtsharmonisierung durch Schiedsgerichte, ZEuP 2001, 441 (455 ff.).

Um dem Schiedsgericht diese Arbeit zumindest für Standardsituationen zu erleichtern, hat eine international besetzte Kommission der IBA die „Rules on the Taking of Evidence in International Arbitration" ausgearbeitet, die eine gelungene Synthese aus Elementen verschiedener Rechtskreise darstellen.[9] Sie haben daher in den letzten Jahren eine große Akzeptanz in internationalen Schiedsverfahren gefunden. In manchen Fällen treffen die Parteien sogar eine Vereinbarung, dass die IBA Rules gelten sollen, etwa im Rahmen der Erstellung des Schiedsauftrags. Dann haben die IBA Rules den Rang einer Parteivereinbarung und müssen vom Schiedsgericht bei der Beweisaufnahme in jedem Fall beachtet werden. Meist treffen die Parteien aber keine solche ausdrückliche Vereinbarung oder regeln nur, dass die Beweisaufnahme „in Anlehnung" an die IBA Rules erfolgen soll. Dann bleibt es dem Ermessen des Schiedsgerichts überlassen, inwieweit es den IBA Rules folgt. Jedenfalls bieten sie aber auch als „soft law" eine gute Leitlinie und Begründungshilfe für das Schiedsgericht. Auch wenn staatliche Gerichte die Beweisaufnahme vor dem Schiedsgericht beurteilen müssen, etwa im Rahmen eines Unterstützungsverfahrens nach § 1050 ZPO oder eines Aufhebungsverfahrens nach § 1059 ZPO, können die IBA Rules als Anhaltspunkt dafür dienen, was im internationalen Rechtsverkehr normalerweise als ein üblicher Standard angesehen wird.

Als Alternative zu den IBA Rules wurde Ende 2018 von einer internationalen Gruppe von Schiedsrechtlern ein weiteres Regelwerk veröffentlicht, die sogenannten „Rules on the Efficient Conduct of Proceedings in International Arbitration (Prague Rules)".[10] Dieses Regelwerk enthält nicht nur Vorschriften über die Beweisaufnahme, sondern auch über die Verfahrensführung im Allgemeinen. Ziel ist es, eine stärker am Civil Law orientierte Beweisaufnahme und Verfahrensführung zu erreichen und das Schiedsverfahren insgesamt schnell, effizient und damit kostengünstig durchzuführen. Dementsprechend ist etwa eine Dokumentenvorlageanordnung nur ausnahmsweise und nur hinsichtlich einzelner Dokumente zulässig (Art. 4.2) und Zeugenaussagen können in stärkerem Maße beschränkt oder durch schriftliche Aussagen ersetzt werden (Art. 5.3–5.8). Das Schiedsgericht erhält eine starke Position und soll das Verfahren aktiv gestalten, um es möglichst schnell zu einem Abschluss zu bringen. Die Prague Rules sind damit vor allem für Parteien, die ein Schiedsverfahren nach anglo-amerikanischer Art vermeiden möchten, eine taugliche Alternative zu den IBA Rules. Ihre Anwendung kann von den Parteien vereinbart werden oder das Schiedsgericht kann sich im Rahmen seines Ermessens daran orientieren, wenn es dies für angemessen hält.[11]

Das Ziel der Beweisaufnahme im Schiedsverfahren ist es, die Wahrheit über die von den Parteien jeweils aufgestellten Klagebehauptungen herauszufinden. Dieser

---

[9]Aktuelle Fassung von 2010, www.ibanet.org. Zugegriffen am 16.05.2019. Dazu vgl. etwa *Risse/Haller*, in: Eberl (Hrsg.), Beweis im Schiedsverfahren, 2015, S. 115 ff.

[10]www.praguerules.com. Zugegriffen am 16.05.2019.

[11]Näher zu den Prague Rules, auch im Vergleich mit den IBA Rules, *Rombach/Shalbanava*, The Prague Rules: A New Era of Procedure in Arbitration or Much Ado about Nothing? SchiedsVZ 2019, 53–60.

Grundsatz der materiellen Wahrheit unterscheidet sich etwas vom staatlichen Zivilprozess, wo der Grundsatz der formellen Wahrheitsfindung gilt.[12] Das staatliche Gericht legt seiner Entscheidung nämlich nur die Tatsachen zugrunde, welche die Parteien in das Verfahren einbringen (Beibringungsgrundsatz). Im Schiedsverfahren gilt dagegen in beschränktem Maße die Möglichkeit der Amtsermittlung, was im institutionellen Verfahren meist ausdrücklich geregelt,[13] aber auch im ad hoc-Verfahren anerkannt ist.[14] Das Schiedsgericht kann daher – im Rahmen des Streitgegenstands – die Ermittlung weiterer Tatsachen verlangen und weitere Beweiserhebungen anordnen als die Parteien selbst angeboten haben.[15]

Die praktischen Unterschiede zwischen Schieds- und Gerichtsverfahren sind gleichwohl gering. Auch im staatlichen Verfahren kann und muss der Richter den Parteivortrag mit zielgerichteten Hinweisen lenken (§ 139 ZPO), zudem gilt die Pflicht zu wahrheitsgemäßem, das heißt auch vollständigem Vortrag (§ 138 ZPO). Und im Schiedsverfahren wird das Schiedsgericht nicht nach Belieben ermitteln, sondern sich im Regelfall mit dem begnügen, was die Parteien vortragen, da das Verfahren nicht den Zweck hat, Informationen zu sammeln, sondern einen Rechtsstreit zu entscheiden.

7.3 Urkunden/Dokumente

Urkunden sind die wichtigsten Beweismittel im Schiedsverfahren. Grund dafür ist ihre Verlässlichkeit und ihr hoher Beweiswert. Eine Urkunde gibt auch nach Jahren noch zuverlässig Auskunft, im Gegensatz zu Zeugen, die sich nach längerer Zeit nicht mehr richtig an bestimmte Vorgänge erinnern können und oft auch nicht mehr einfach verfügbar sind, etwa weil sie inzwischen den Arbeitgeber gewechselt haben.

7.3.1 Begriff

Im staatlichen Gerichtsverfahren ist unter einer Urkunde (§§ 415 ff. ZPO) nur eine schriftlich verkörperte Gedankenerklärung zu verstehen. Urkunden sind hier also nur Erklärungen, die mit gängigen Schriftzeichen auf Papier oder einem anderen Beschreibstoff verkörpert wurden und ohne weitere technische Hilfsmittel wahrnehmbar sind. Alle Arten von elektronischen Erklärungen fallen folglich unter den

---

[12]Zu diesem Komplex vgl. *Lustenberger*, Die Suche nach der Wahrheit in der internationalen Schiedsgerichtsbarkeit, in: Cascante u. a. (Hrsg.), Festschrift für Gerhard Wegen, 2015, S. 703–708; *Trittmann*, Die „Wahrheit" im internationalen Schiedsverfahren, IWRZ 2016, 255–260.
[13]So besonders klar Art. 28.2 DIS-SchO, etwas allgemeiner Art. 25.5 ICC-SchO.
[14]Dazu etwa *Lachmann*, Handbuch für die Schiedsgerichtspraxis, 3. Aufl. 2008, Rn. 1281–1288.
[15]Kritisch dazu *Lionnet*, Parteiherrschaft im Schiedsgerichtsprozeß bei der Beweisaufnahme, in: Plantey u. a. (Hrsg.), Festschrift für Ottoarndt Glossner, 1994, S. 209–220.

Augenscheinsbeweis (vgl. daher etwa §§ 371 Abs. 1 S. 2, 371a, 371b ZPO). Gleiches gilt für Fotos, Videos, Tonaufnahmen usw.[16]

Im Schiedsverfahren ist das Begriffsverständnis dagegen deutlich weiter, sodass hier besser von „Dokumenten" statt von „Urkunden" gesprochen werden sollte. Unter einem Dokument versteht man nicht nur schriftlich verkörperte Erklärungen, sondern insbesondere auch alle elektronisch gespeicherten Erklärungen. Abgrenzungsschwierigkeiten werden damit vermieden. Nach den IBA Rules on the Taking of Evidence fallen außerdem auch Bilder, Zeichnungen, Computerprogramme und -daten sowie Ton- und Videoaufzeichnungen unter den Begriff des *document*, also zahlreiche Beweismittel, die im staatlichen Verfahren unzweifelhaft als Augenscheinsobjekte qualifiziert würden. Die DIS-SchO spricht von „Dokumenten oder elektronisch gespeicherten Daten" (Art. 28.2). Zusammenfassend lässt sich sagen, dass der Urkunds- oder Dokumentenbeweis im Schiedsverfahren die Erhebung jeder Art von gespeicherten Informationen umfasst.

Die Abgrenzung zwischen Urkunden und Augenscheinsobjekten ist im Schiedsverfahren ohnehin nicht von Bedeutung, da nicht wie im staatlichen Verfahren unterschiedliche Beweisregeln hierfür bestehen.[17] Nur dann, wenn das Schiedsgericht das staatliche Gericht um Unterstützung bei der Beweiserhebung gemäß § 1050 ZPO bittet, stellt sich die Frage, nach welchen Regeln das Amtsgericht dann verfahren muss. Geht es um die Unterstützung bei der Erhebung von Augenscheinsbeweisen, wäre nach den §§ 371 ff. ZPO zu verfahren, geht es dagegen um die Unterstützung beim Urkundenbeweis, nach den §§ 415 ff. ZPO. Praktisch gesehen wird das Amtsgericht jedoch vor allem angerufen, wenn ein Dritter dazu gezwungen werden soll, Urkunden oder Augenscheinsobjekte vorzulegen, die in seinem Besitz sind. Dann gelten sachlich identische Vorschriften (§ 142 Abs. 2 und § 144 Abs. 2 ZPO), sodass die Abgrenzung zwischen den beiden Beweismitteln auch in diesem Verfahren offen bleiben kann.

7.3.2 Beweiserhebung

Dokumente als „gespeicherte Informationen" werden dadurch in das Verfahren eingebracht, dass die Parteien sie – meist zusammen mit ihren Schriftsätzen – in Kopie dem Schiedsgericht und der Gegenseite vorlegen. Unerheblich ist, ob die Kopien auf Papier oder in elektronischer Form übersandt werden. Bei Audio- und Videoaufnahmen kommt natürlich nur letzteres in Betracht.

Die Gegenseite kann nun die Echtheit der Dokumente bestreiten. Es obliegt dann der Partei, die sich auf die Dokumente beruft, deren Echtheit zu beweisen. Bei verkörperten Gedankenerklärungen (Urkunden) müssen diese wie im staatlichen Verfahren im Original vorgelegt werden, sodass gegebenenfalls ein

---

[16]Vgl. im Einzelnen MüKo-ZPO/*Schreiber*, 5. Aufl. 2016, § 415 Rn. 5 ff.

[17]*Schlosser*, in: Eberl (Hrsg.), Beweis im Schiedsverfahren, 2015, § 2 Rn. 16.

Schriftsachverständiger die Echtheit der Unterschrift beurteilen kann.[18] Bei anderen Dokumenten, etwa Fotos oder elektronischen Dokumenten (E-Mails usw.) wird sich der Beweis der Echtheit häufig ebenfalls nur mittels Sachverständigengutachten erbringen lassen.

In den meisten Fällen wird die Echtheit von Dokumenten jedoch nicht bestritten. Das Schiedsgericht kann dann ohne Weiteres die vorgelegten Kopien seiner Entscheidungsfindung zugrunde legen.

Da jede Partei ein Interesse daran hat, die für ihre Position günstigen Dokumente vorzulegen, entsteht durch die wechselseitige Vorlage von Dokumenten meist ein umfassendes Bild und das Schiedsgericht hält nach Abschluss des schriftlichen Verfahrens eine vollständige Akte mit allen für das Verfahren relevanten Dokumenten in den Händen. Ansonsten kann die Vorlage von zusätzlichen Dokumenten durch das Schiedsgericht angeordnet werden.

7.3.3 Vorlageanordnungen

Nicht selten möchte eine Partei ein Dokument vorlegen, das sie nicht in ihrem Besitz hat. Hat eine Partei der anderen beispielsweise einen Brief geschrieben und keine Kopie davon für die eigenen Akten zurückbehalten, ist es für sie später im Streitfall schwierig, den Inhalt des Schreibens nachzuweisen, wenn sich die Gegenseite weigert, den Brief in das Verfahren einzubringen. Aber auch das Schiedsgericht kann im Einzelfall von sich aus ein Interesse daran haben, Dokumente einzusehen, welche von den Parteien nicht vorgelegt wurden, etwa wenn beide Parteien unterschiedlich zu ihrem Inhalt vortragen.

In derartigen Situationen hat das Schiedsgericht die Möglichkeit, eine Vorlageanordnung zu erlassen, durch die die andere Partei zur Herausgabe verpflichtet wird. Diese Kompetenz ergibt sich aus dem schiedsrichterlichen Ermessen zur Verfahrensgestaltung bzw. aus Regelungen in den Schiedsordnungen (vgl. etwa Art. 28.2 DIS-SchO).

Auch im staatlichen Gerichtsverfahren sind vergleichbare Vorlageanordnungen gemäß §§ 142–144 ZPO möglich. Sie kommen in der Praxis allerdings selten vor, da die zwangsweise Dokumentenvorlage im deutschen Prozessrecht, wie überhaupt in den Rechtsordnungen des Civil Law, keine lange Tradition hat. Die derzeitige Fassung des § 142 ZPO, die auch die andere Partei und Dritte zur Vorlage von Urkunden verpflichtet, wurde erst 2002 eingeführt.[19] Die Rechtsprechung folgt aber auch unter Geltung dieser Norm nach wie vor dem hergebrachten Rechtsgrundsatz, dass keine Partei gehalten ist, „dem Gegner für seinen Prozesssieg das Material zu verschaffen, über das er nicht schon von sich aus verfügt".[20] Durch die Änderung

---

[18]Vgl. Art. 3.13 (a) der IBA Rules on the Taking of Evidence.
[19]Dazu vgl. *Wagner*, Urkundenedition durch Prozessparteien – Auskunftspflicht und Weigerungsrechte, JZ 2007, 706–719.
[20]Vgl. etwa BGH v. 26.10.2006, III ZB 2/06, NJW 2007, 155 (156) m.w.N.

des § 142 ZPO wurde das grundlegende Verständnis der deutschen Prozesspraxis, wonach Urkunden nur freiwillig durch die Partei vorgelegt werden, der sie jeweils nützen, bisher also kaum verändert. Infolge dieser Gerichtspraxis werden auch in Schiedsverfahren mit ausschließlich deutscher Beteiligung in der Regel kaum Dokumentvorlagen angeordnet.

Ein ganz anderes Grundverständnis herrscht in den Gerichtsverfahren und damit auch in vielen Schiedsverfahren der Common Law-Jurisdiktionen: Da die Ermittlung der materiellen Wahrheit hier stärker ausgeprägt ist, existieren teils umfangreiche Dokumentvorlagepflichten. Am stärksten sind diese im US-amerikanischen Zivilprozess ausgebildet, wo dem eigentlichen Gerichtsverfahren eine Phase der *pre-trial discovery* vorangeht, bei der die Parteien sich gegenseitig in einem aufwendigen Verfahren die jeweils angeforderten Dokumente bzw. Kategorien von Dokumenten zur Verfügung stellen müssen.[21] Ursprünglich war dieses Verfahren in guter Absicht eingeführt worden, um die Vergleichsbereitschaft zu erhöhen, indem sämtliche „Karten auf den Tisch" gelegt werden. Es hat sich aber zu einer Belastung entwickelt, der die Parteien oft auszuweichen versuchen, da der Ertrag meist in keinem Verhältnis zum Aufwand steht. Im englischen Zivilprozess sind die Pflichten zur Benennung und Vorlage von Dokumenten (*disclosure and inspection*) eingeschränkter, doch stellen sie auch hier einen wichtigen und praktisch bedeutsamen Verfahrensteil dar.[22]

In einem internationalen Schiedsverfahren ist es wegen dieser sehr gegensätzlichen Grundvorstellungen notwendig, einen Kompromiss zu finden. Eine US-amerikanische Partei wird mit einem vollständigen Ausschluss von Dokumentvorlagen kaum einverstanden sein, eine sinnvolle Begrenzung der Vorlagepflicht dagegen gern schon aus Zeit- und Kostengründen akzeptieren. Umgekehrt wird eine deutsche Partei kein Verständnis dafür haben, der Gegenseite sämtliche Urkunden auch ohne Verfahrensbezug vorlegen zu müssen, eine konkret begrenzte Vorlagepflicht dagegen als Besonderheit des Schiedsverfahrens hinnehmen. Auf diese Weise wird die Dokumentvorlage in der Praxis meist durch Anwendung von Art. 3.3 der IBA Rules on the Taking of Evidence durchgeführt.[23] Danach kann der Antragsteller die Dokumentvorlage nur unter präzisen Voraussetzungen verlangen:

- Der Antrag muss sich auf einzelne Dokumente oder eine eng begrenzte Kategorie von Dokumenten beschränken.
- Der Antragsteller muss darlegen, warum die Dokumente für die Streitentscheidung von Bedeutung sind.

---

[21]Dazu vgl. etwa *Schack*, Einführung in das US-amerikanische Zivilprozessrecht, 4. Aufl. 2011, Rn. 109–142; *Wagner*, Europäisches Beweisrecht – Prozessrechtsharmonisierung durch Schiedsgerichte, ZEuP 2001, 441 (463 ff.); *Adler*, Is Discovery Necessary? Reflections on Pre-Trial Disclosure and Procedural Fairness, in: Cascante u. a. (Hrsg.), Festschrift für Gerhard Wegen, 2015, S. 569–574.
[22]Vgl. Part 31 der Civil Procedure Rules 1998.
[23]Dazu *Kneisel/Lecking*, Verteidigungsstrategien gegen die Anordnung der Document-Production, SchiedsVZ 2013, 150–158.

7.3 Urkunden/Dokumente

- Der Antragsteller muss außerdem darlegen, dass die Dokumente nicht in seinem Besitz sind, dass sie von ihm nicht mit zumutbarem Aufwand beschafft werden können, und warum er annimmt, dass sie im Besitz des Antragsgegners sind.

Der Antragsgegner kann die Dokumentvorlage verweigern, wenn diese Voraussetzungen nicht eingehalten worden sind oder wenn weitere Hinderungsgründe vorliegen (vgl. im Detail Art. 9.2 der IBA Rules on the Taking of Evidence), darunter vor allem,

- wenn standesrechtliche Vertraulichkeitspflichten oder bestimmte berechtigte Geheimhaltungsinteressen bestehen,
- wenn das Dokument verloren gegangen oder nur mit großem Aufwand zu beschaffen ist, oder
- wenn die Vorlage des Dokuments die prozessuale Waffengleichheit gefährden würde.

Insgesamt stellt diese Dokumentvorlagepflicht nach den IBA Rules einen tragfähigen Kompromiss zwischen der Rechtstradition des Common Law und der des Civil Law dar. Aus Sicht eines deutschen Prozessanwalts ist es gleichwohl eine ungewohnte Erfahrung, der Gegenseite Informationen liefern zu müssen. In Schiedsverfahren muss daher schon bei der Vorbereitung des Prozesses der Dokumentenbestand vollständig gesichtet und dabei rechtlich geprüft werden, welche Dokumente gegebenenfalls der Vorlagepflicht unterliegen werden.

Verlangt eine Partei zu Recht die Vorlage eines Dokuments, erlässt das Schiedsgericht eine entsprechende prozessuale Anordnung.[24] Wird das Dokument dann entgegen dieser Anordnung nicht vorgelegt, kann dies im Rahmen der Beweiswürdigung berücksichtigt werden. Das Schiedsgericht kann aus der Nichtvorlage dann den Schluss ziehen, dass der Inhalt des Dokuments der säumigen Partei zum Nachteil gereichen würde (vgl. § 1048 Abs. 3 Alt. 2 ZPO sowie Art. 9.5 der IBA Rules on the Taking of Evidence).[25] Hat die antragstellende Partei detailliert vorgetragen, welchen Inhalt das betreffende Dokument hat, kann das Schiedsgericht diesen Vortrag auch als wahr unterstellen.[26]

Ist das Dokument dagegen nicht im Besitz einer Partei, sondern eines Dritten, können aus der Nichtvorlage natürlich keine solchen Rückschlüsse gezogen werden. In diesem Fall kann die Vorlage des Dokuments aber zwangsweise durchgesetzt werden. Dies kann mangels Zwangsgewalt nicht das Schiedsgericht selbst durchführen, sondern auf seinen Antrag hin das örtlich zuständige Amtsgericht (§§ 1050, 1062 Abs. 4 ZPO).[27] Wenn sich die Urkunde im Besitz der anderen Partei

---

[24] Zu prozessualen Anordnungen vgl. oben Abschn. 6.4.
[25] Dazu *Quinke*, Säumnis in Schiedsverfahren, SchiedsVZ 2013, 129 (134 f.); *Sachs/Niedermaier*, in: Eberl (Hrsg.), Beweis im Schiedsverfahren, 2015, § 6 Rn. 34 ff.
[26] Vgl. entsprechend § 427 ZPO im Gerichtsverfahren.
[27] MüKo-ZPO/*Münch*, 5. Aufl. 2017, § 1050 Rn. 6.

befindet, ist die zwangsweise Durchsetzung dagegen ausgeschlossen, was sich aus dem Verweis des § 1050 S. 2 ZPO auf § 427 und § 142 ZPO ergibt.[28]

7.4 Zeugen

Der Zeugenbeweis ist im Schiedsverfahren ebenfalls von großer Bedeutung. Bestimmte Tatsachen, etwa der Inhalt von Gesprächen, können nur durch Zeugen nachgewiesen werden. In internationalen Schiedsverfahren spielt dabei aber auch die anglo-amerikanische Verfahrenspraxis eine Rolle, die dem Zeugenbeweis traditionell eine größere Rolle zumisst als es im deutschen Gerichtsverfahren üblich ist.

7.4.1 Begriff

Zeuge ist jede Person, die aus eigener Anschauung etwas zum Streitgegenstand aussagen kann. Anders als im deutschen Gerichtsverfahren kann also insbesondere auch eine Partei selbst als Zeuge aussagen. Wenn eine juristische Person Partei ist, sind ihre organschaftlichen Vertreter ebenso Zeugen wie alle einfachen Angestellten (vgl. Art. 4.2 der IBA Rules on the Taking of Evidence). Diese Erweiterung des Zeugenbegriffs im Schiedsverfahrensrecht ergibt sich aus der anglo-amerikanischen Prozesstradition und ist weitgehend anerkannt.[29] Die „Parteivernehmung" ist im Schiedsverfahren daher kein eigenes Beweismittel wie im staatlichen Verfahren (vgl. §§ 445 ff. ZPO), sondern schlicht ein Teil des Zeugenbeweises.[30]

Komplizierte Abgrenzungen zwischen Parteien und Zeugen, etwa beim Kommanditisten oder beim nicht vertretungsberechtigten BGB-Gesellschafter, entfallen damit. Auch die aus dem staatlichen Prozess bekannten Taktiken, wonach ein Anspruch abgetreten wird, damit der Zedent im Prozess des Zessionars als Zeuge aussagen kann, oder ein Geschäftsführer abberufen wird, damit er als Zeuge im Prozess der Gesellschaft aussagen kann, sind im Schiedsverfahren unnötig. Hier läuft eine Partei nicht Gefahr, nur deswegen beweisfällig zu bleiben, weil sie von diesen Prozesstaktiken keinen Gebrauch gemacht hat.

Etwaige Bedenken, die sich aus der Zeugenstellung von Parteien ergeben könnten, werden im Rahmen der Beweiswürdigung berücksichtigt: Der Aussage einer Partei oder eines ihrer organschaftlichen Vertreter wird das Schiedsgericht

---

[28]Zum Ausschluss der zwangsweisen Durchsetzung bei § 142 ZPO vgl. BGH v. 26.06.2007, XI ZR 277/05, NJW 2007, 2989, Rn. 20; Musielak/Voit/*Stadler*, ZPO, 16. Aufl. 2019, § 142 Rn. 7; *Wagner*, Europäisches Beweisrecht – Prozessrechtsharmonisierung durch Schiedsgerichte, ZEuP 2001, 441 (497); a.A. wohl *Kneisel/Lecking*, Verteidigungsstrategien gegen die Anordnung der Document-Production, SchiedsVZ 2013, 150 (153).
[29]Zum Hintergrund vgl. *Wagner*, Europäisches Beweisrecht – Prozessrechtsharmonisierung durch Schiedsgerichte, ZEuP 2001, 441 (484–496); *Schack*, Einführung in das US-amerikanische Zivilprozessrecht, 4. Aufl. 2011, Rn. 156.
[30]Anders MüKo-ZPO/*Münch*, 5. Aufl. 2017, § 1049 Rn. 75 ff.

regelmäßig einen geringeren Beweiswert als der Aussage eines unbeteiligten Dritten zumessen. Gleiches gilt aber auch im staatlichen Verfahren für die Aussagen der soeben genannten Personen, die erst zum Zwecke ihrer Aussage im Verfahren zu Zeugen gemacht wurden.

7.4.2 Zeugenvorbereitung

Eine aus Sicht eines deutschen Juristen ungewöhnliche Praxis im Schiedsverfahren ist die Vorbereitung von Zeugen auf ihre Aussage (*witness coaching*).[31] Vor seiner Aussage in der mündlichen Verhandlung wird zwischen dem Zeugen und dem Prozessbevollmächtigten der Partei, die ihn benannt hat, in der Regel ein Termin vereinbart, bei dem der Zeuge auf sein Erscheinen vor dem Schiedsgericht vorbereitet wird. Dabei werden der Inhalt seiner Zeugenaussage und die von der Gegenseite an ihn zu erwartenden Fragen durchgesprochen. Manchmal wird sogar der Ablauf der Befragung mit Hilfe von mehreren Rechtsanwälten simuliert (*mock trial*).

Diese Vorgehensweise wäre im deutschen Zivilprozess unüblich, wenn auch nicht unbedingt verboten. Im Schiedsverfahren ist sie jedoch allgemein akzeptiert, was etwa in Art. 4.3 der IBA Rules on the Taking of Evidence zum Ausdruck kommt. Verboten ist natürlich auch hier eine Beeinflussung des Zeugen, die ihn zu einer wahrheitswidrigen Aussage anhalten soll. Ansonsten ist die Zeugenvorbereitung aber unproblematisch zulässig und bringt auch keine prozessualen Nachteile für die andere Seite mit sich, da allen Beteiligten bekannt ist, dass Zeugenvorbereitungen stattfinden (können). Wirkt die Aussage eines Zeugen im Verfahren allzu sehr „einstudiert", führt dies sofort zu kritischen Nachfragen der Gegenseite und des Schiedsgerichts.

Problematisch ist die Praxis der Zeugenvorbereitung dann, wenn sie einem der Prozessbevollmächtigten verboten ist, weil er ausländischer Rechtsanwalt ist und einem Standesrecht unterfällt, das die Zeugenvorbereitung untersagt. In solchen Fällen sollte zu Beginn des Schiedsverfahrens eine von den IBA Rules abweichende Vereinbarung getroffen werden, um Waffengleichheit zwischen den Parteien herzustellen.[32]

---

[31]Dazu *Schlosser*, Verfahrensrechtliche und berufsrechtliche Zulässigkeit der Zeugenvorbereitung, SchiedsVZ 2004, 225–230; *Bertke/Schroeder*, Grenzen der Zeugenvorbereitung im staatlichen Zivilprozess und im Schiedsverfahren, SchiedsVZ 2014, 80–86; *Reeg*, The Preparation of Witnesses in International Arbitration – The Need for an Active Role of the Tribunal, in: Cascante u. a. (Hrsg.), Festschrift für Gerhard Wegen, 2015, S. 733–742.

[32]*Reeg*, The Preparation of Witnesses in International Arbitration – The Need for an Active Role of the Tribunal, in: Cascante u. a. (Hrsg.), Festschrift für Gerhard Wegen, 2015, S. 733 (734–740); anders, aber wenig überzeugend, *Born*, International Commercial Arbitration, 2. Aufl. 2014, S. 2258 f.

7.4.3 Erscheinen vor dem Schiedsgericht

Normalerweise ordnet das Schiedsgericht nach Anhörung der Parteien an, welche Zeugen zur mündlichen Verhandlung erscheinen müssen. Die Parteien tragen dann meist selbst Sorge dafür, dass die von ihnen benannten Zeugen auch tatsächlich anreisen. Allerdings kann das Schiedsgericht auch von sich aus zusätzliche Zeugen laden. Zwangsmittel stehen ihm dabei freilich nicht zur Verfügung.

Weigert sich ein Zeuge, vor dem Schiedsgericht auszusagen, ist zu differenzieren: Ist der Zeuge zugleich Partei (etwa ein Geschäftsführer), so kann das Schiedsgericht aus der Weigerung zur Aussage – wie bei einer unterbliebenen Urkundenvorlage – negative Schlussfolgerungen ziehen (§ 1048 Abs. 3 ZPO analog).[33] Bei einem unbeteiligten Zeugen ist dies nicht möglich. Hier kann das Schiedsgericht (oder eine Partei mit Zustimmung des Schiedsgerichts) aber beim örtlichen Amtsgericht beantragen, dass der Zeuge dort vorgeladen und vernommen wird (§§ 1050, 1062 Abs. 4 ZPO). Davon wird selten Gebrauch gemacht, da es das Verfahren verzögert und die Beweisaufnahme verkompliziert. Stattdessen bietet die Schiedspartei dem Zeugen bisweilen ein Honorar an, damit er freiwillig vor dem Schiedsgericht erscheint. Dies wird in der Literatur für zulässig gehalten, wenn der Zeuge ein „normales Arbeitseinkommen" erhält, da in der Schiedsgerichtsbarkeit keine Zeugnispflicht bestehe.[34] Jedoch sieht die Regelung des § 1050 ZPO sehr wohl eine Zeugnispflicht vor, nur eben vor dem staatlichen Gericht. Daher spricht mehr dafür, auch im Schiedsverfahren nur eine Zeugenentschädigung in Anlehnung an die Sätze des JVEG zuzulassen.

7.4.4 Durchführung der Vernehmung

Die Zeugenvernehmung beginnt auch im Schiedsverfahren in der Regel mit einer Belehrung des Zeugen.[35] Dabei sollte ihn das Schiedsgericht darauf hinweisen, dass er, wenn er sich zur Aussage entschließt, verpflichtet ist, die Wahrheit zu sagen, und dass er sich bei einer falschen Aussage strafbar machen kann. Zwar kann sich ein Zeuge, der die Unwahrheit sagt, nicht wegen Meineids oder falscher uneidlicher Aussage strafbar machen, da das Schiedsgericht kein Gericht und auch keine „andere zuständige Stelle" im Sinne der §§ 153 ff. StGB ist. Jedoch kommt eine Strafbarkeit wegen versuchten oder vollendeten Prozessbetrugs oder Beihilfe dazu in Betracht (§§ 263, 22, 23, 27 StGB).

Weigert sich der Zeuge, zu bestimmten Punkten oder insgesamt etwas auszusagen, kann er dazu genauso wenig wie zum Erscheinen gezwungen werden. Es verbleibt dann wiederum nur der Weg des § 1050 ZPO.

---

[33] *von Bodungen*, in: Eberl (Hrsg.), Beweis im Schiedsverfahren, 2015, § 8 Rn. 17 ff.
[34] *Schlosser*, Verfahrensrechtliche und berufsrechtliche Zulässigkeit der Zeugenvorbereitung, SchiedsVZ 2004, 225 (229); Stein/Jonas/*Schlosser*, ZPO, 23. Aufl. 2014, § 1042 Rn. 61.
[35] Vgl. Art. 8.4 der IBA Rules on the Taking of Evidence.

Die nach der Belehrung sich anschließende Zeugenvernehmung zur Sache gestaltet sich je nach dem rechtskulturellen Hintergrund der Parteien sehr unterschiedlich.[36] In Schiedsverfahren mit ausschließlich deutscher Beteiligung ist es üblich, ähnlich wie im staatlichen Verfahren vorzugehen: Die Parteien bzw. ihre Prozessbevollmächtigten haben alle Tatsachen, die der Zeuge aussagen soll, zuvor selbst in ihren Schriftsätzen vorgetragen und damit dem Schiedsgericht unterbreitet. Dazu haben sie den Namen des Zeugen mitgeteilt, damit das Schiedsgericht ihn laden kann.[37] In der mündlichen Verhandlung vernimmt das Schiedsgericht den Zeugen sodann ähnlich wie nach §§ 396, 397 ZPO zunächst allgemein zum Streitgegenstand und anschließend zu den einzelnen Punkten, die es für beweisbedürftig hält. Schließlich lässt es weitere Fragen an den Zeugen durch die Prozessbevollmächtigten der Parteien zu.

In internationalen Schiedsverfahren, vor allem bei Beteiligung von Parteien aus Common Law-Staaten, wird der Zeugenbeweis dagegen nicht in erster Linie durch das Schiedsgericht, sondern durch die Prozessbevollmächtigten der Parteien durchgeführt. Grund dafür ist, dass ein Zeuge nach dem Verständnis des Common Law nicht so sehr ein objektives Beweismittel ist, das dem Gericht bei der Erfüllung seiner Aufgaben hilft, sondern ein Beweismittel, das im Lager einer Partei steht. Daher sieht es jede Partei als ihr prozessuales Recht an, „ihren" Zeugen selbst zu befragen (*direct examination*) und den „gegnerischen" Zeugen ins Kreuzverhör (*cross examination*) zu nehmen.

Um sich die zeitaufwendige *direct examination* in der mündlichen Verhandlung zu ersparen, und auch um der anderen Partei mehr Zeit für die Vorbereitung der *cross examination* zu geben, wird allerdings in der Regel zu Beginn des Schiedsverfahrens vereinbart, die *direct examination* durch schriftliche Zeugenaussagen (*written witness statements*) zu ersetzen.[38] Die Einführung der Zeugenaussage ins Verfahren geschieht daher in der Praxis schon im schriftlichen Verfahren, indem der jeweilige Prozessbevollmächtigte gemeinsam mit den Zeugen der von ihm vertretenen Partei deren schriftliche Zeugenaussagen anfertigt und diese dann zusammen mit seinen Schriftsätzen einreicht.[39] Dieses Verfahren ist etwas aufwendiger als die „deutsche" Methode, den Inhalt der Zeugenaussagen einfach in die Schriftsätze zu integrieren, aber auch präziser, da sich viele Zeugen, bevor sie eine schriftliche Aussage unterschreiben, noch einmal sehr genau überlegen, woran sie sich wirklich erinnern.[40] Zwar hat der Prozessbevollmächtigte großen Einfluss auf die Formulierung der schriftlichen Zeugenaussage, doch ist sein Einfluss jedenfalls nicht größer als nach der „deutschen" Methode, bei der er die vom Zeugen auszusagenden

---

[36]Vgl. *Wolff*, Grundzüge des Schiedsverfahrensrechts, JuS 2008, 108 (111); *Molitoris*, in: Eberl (Hrsg.), Beweis im Schiedsverfahren, 2015, § 3 Rn. 44 ff.
[37]Ein förmlicher Beweisantritt ist freilich nicht nötig, vgl. oben Abschn. 7.2.
[38]Vgl. auch Art. 4.4–4.6 und Art. 8.4 S. 3 der IBA Rules on the Taking of Evidence.
[39]Vgl. ausf. *Born*, International Commercial Arbitration, 2. Aufl. 2014, S. 2257–2260.
[40]So auch *Lachmann*, Handbuch für die Schiedsgerichtspraxis, 3. Aufl. 2008, Rn. 1498.

Tatsachen in seinem Schriftsatz ebenfalls sprachlich geschickt zugunsten der von ihm vertretenen Partei in ein günstiges Licht rücken kann.

In der mündlichen Verhandlung beginnt die Zeugenvernehmung sodann meist mit der *cross examination* durch die gegnerische Partei. Dabei versucht diese, den Wahrheitsgehalt der schriftlichen Zeugenaussage und die Glaubwürdigkeit des Zeugen in Zweifel zu ziehen, indem sie eine Reihe von geschlossenen Fragen an den Zeugen stellt, die ihn möglichst in Widersprüche verwickeln.[41] Anschließend hat die Partei, die den Zeugen benannt hat, die Möglichkeit einer ergänzenden Befragung (*re-direct examination*), in der sie vor allem Aspekte behandeln wird, die erst bei der *cross examination* aufgetreten sind. Auf diese Weise wird sie versuchen, dem Zeugen die Möglichkeit der Korrektur oder Präzisierung seiner Aussage zu verschaffen. Daran schließt sich gegebenenfalls eine weitere Befragung durch die Gegenseite an (*re-cross examination*). Schließlich wird auch das Schiedsgericht eine Reihe von Fragen an den Zeugen stellen.[42]

7.5 Sachverständige

Sachverständige (*experts*) sind in Schiedsverfahren ebenso wie in staatlichen Gerichtsverfahren ein wichtiges Beweismittel. Allerdings lässt sich die Beauftragung eines Sachverständigen im Schiedsverfahren manchmal vermeiden, wenn schon als Schiedsrichter ein Sachverständiger bestellt wird. Die Möglichkeit, eine auf dem betreffenden technischen Gebiet fachkundige Person als Schiedsrichter zu bestellen, ist gerade einer der Vorteile von Schiedsverfahren, der bei Schiedsinstitutionen, die sich auf die Beilegung von Streitigkeiten in bestimmten Handelszweigen spezialisiert haben, teilweise auch genutzt wird.[43]

In den meisten Fällen wird das Schiedsgericht aber mit Juristen besetzt. Diese bedürfen dann genauso wie ein staatlicher Richter bei technischen oder sonstigen speziellen Fragen der Hilfe von Sachverständigen. Beispielsweise geht es in den meisten Verfahren im Bereich des Gebäude- und Anlagenbaus um komplizierte Mängel bei der Bauausführung, die von einem Sachverständigen erläutert werden müssen. Aber auch die häufigen Verfahren wegen Garantieverletzungen beim Unternehmenskauf (Post-M&A-Schiedsverfahren) kommen selten ohne einen Sachverständigen für Bilanzierungsfragen aus. Das Schiedsgericht hat daher nach dem anwendbaren Verfahrensrecht die Möglichkeit, nach eigenem Ermessen oder auf Antrag einer Partei einen Sachverständigen zu bestellen (vgl. § 1049 ZPO, Art. 28.2 und 28.3 DIS-SchO, Art. 25.3 und 25.4 ICC-SchO).

---

[41]Dazu *Mekat*, Cross Examination: Das Kreuzverhör in der deutschen Schiedsverfahrenspraxis, SchiedsVZ 2017, 119–127.

[42]Vgl. auch Art. 8.3 der IBA Rules on the Taking of Evidence.

[43]Vgl. oben Abschn. 1.5.4 und 5.1.2.

7.5 Sachverständige

7.5.1 Begriff

Wenn im Schiedsverfahrensrecht vom Sachverständigen die Rede ist, so muss man sich allerdings vom üblichen Begriffsverständnis der ZPO lösen: Im Schiedsverfahren ist auch der von einer Partei allein beauftragte Sachverständige („Parteigutachter") ein Sachverständiger im Rechtssinne, was schon aus § 1049 Abs. 2 S. 2 ZPO hervorgeht.[44] Im staatlichen Verfahren zählt dagegen nur der vom Gericht bestellte Sachverständige zu den Beweismitteln (§§ 402 ff. ZPO). Gutachten von Privatgutachtern können hier von den Parteien lediglich als „qualifizierter Parteivortrag" in das Verfahren eingeführt werden.

Der erweiterte Begriff des Sachverständigen im Schiedsverfahren stammt ebenfalls aus dem anglo-amerikanischen Rechtskreis, wo gerichtlich bestellte Sachverständige früher unbekannt waren und ausschließlich Parteigutachter tätig wurden. Folglich heißen Sachverständige dort auch heute noch *expert witnesses*. Indem im Schiedsverfahren beide Arten von Sachverständigen als Beweismittel anerkannt sind, wurde damit auch an dieser Stelle wiederum eine gelungene Synthese von Common Law und Civil Law gefunden.[45]

Bei der Beweiswürdigung wird das Schiedsgericht freilich die größere Neutralität des schiedsgerichtlich bestellten Sachverständigen immer berücksichtigen.[46]

7.5.2 Auswahl

Ob es praktisch betrachtet sinnvoller ist, einen Sachverständigen durch das Schiedsgericht zu bestellen, oder ob man sich auf die Parteisachverständigen verlassen sollte, ist eine sehr umstrittene Frage, die sich wohl nur im Einzelfall entscheiden lässt.[47] Für einen einzigen, neutral bestellten Sachverständigen sprechen die größere Unabhängigkeit und Autorität seines Gutachtens sowie die Kostenersparnis im Vergleich zu zwei Parteigutachtern. Dagegen spricht jedoch, dass ein einziger Sachverständiger einen relativ großen Einfluss auf die Entscheidungsfindung des Schiedsgerichts erhält, da das Schiedsgericht ihm in vielen Fällen folgen wird.[48] Gibt es zwei differierende Parteigutachten, wird das Schiedsgericht eher dazu gezwungen, sich eine eigene Meinung zu bilden.

---

[44] Vgl. insgesamt *Wagner*, Europäisches Beweisrecht – Prozessrechtsharmonisierung durch Schiedsgerichte, ZEuP 2001, 441 (502–512); anders *Wach/Petsch*, in: Eberl (Hrsg.), Beweis im Schiedsverfahren, 2015, § 4 Rn. 56, 84.

[45] *Wagner*, Europäisches Beweisrecht – Prozessrechtsharmonisierung durch Schiedsgerichte, ZEuP 2001, 441 (502–512); *Schack*, Einführung in das US-amerikanische Zivilprozessrecht, 4. Aufl. 2011, Rn. 157; MüKo-ZPO/*Münch*, 5. Aufl. 2017, § 1049 Rn. 35 f.

[46] Musielak/*Voit*, ZPO, 16. Aufl. 2019, § 1049 Rn. 11.

[47] Schwankend auch MüKo-ZPO/*Münch*, 5. Aufl. 2017, § 1049 Rn. 38.

[48] Daher für Parteigutachter *Peter*, Party-Appointed Expert Witnesses v. Tribunal-Appointed Experts: Is there a Best Practice in International Arbitration? in: Cascante u. a. (Hrsg.), Festschrift für Gerhard Wegen, 2015, S. 719 (720).

In der Praxis wird die Frage, ob ein einziger Sachverständiger durch das Schiedsgericht beauftragt werden soll oder die Parteien jeweils eigene Gutachter beauftragen, in der Regel durch Konsultationen zwischen dem Schiedsgericht und den Parteien geklärt. Entscheiden sich die Parteien für einen einzigen Sachverständigen, wird das Schiedsgericht sie zunächst auffordern, sich auf eine bestimmte Person zu einigen. Das Schiedsgericht wird diesen Sachverständigen dann in der Regel beauftragen, wenn keine Zweifel an seiner Unabhängigkeit und Fachkompetenz bestehen. Können sich die Parteien dagegen nicht auf eine bestimmte Person einigen, so ist es ein bewährtes Vorgehen, wenn das Schiedsgericht ihnen zunächst eine Auswahl möglicher Sachverständiger (*short list*) vorlegt und erst dann, wenn sich auch dadurch keine Einigung zwischen den Parteien erzielen lässt, selbst einen Sachverständigen von dieser Liste beauftragt.[49]

Wird ein Sachverständiger vom Schiedsgericht beauftragt, so muss er wie ein Schiedsrichter unparteiisch und unabhängig von den Parteien sein. Dies wird verfahrensrechtlich dadurch sichergestellt, dass er alle Umstände, die Zweifel an seiner Neutralität aufkommen lassen könnten, von sich aus offenbaren muss und die Parteien ihn bei berechtigten Zweifeln ablehnen können (§ 1049 Abs. 3 i.V.m. §§ 1036, 1037 Abs. 1 und 2 ZPO). Über die Ablehnung entscheidet das Schiedsgericht; eine Anrufung des staatlichen Gerichts ist nicht möglich (§ 1049 Abs. 3 ZPO verweist nicht auf § 1037 Abs. 3 ZPO).[50] Hat das Schiedsgericht allerdings einen Befangenheitsantrag gegen einen Sachverständigen zu Unrecht abgelehnt, kann dies später die Aufhebung des Schiedsspruchs gemäß § 1059 Abs. 2 Nr. 1 lit. d ZPO rechtfertigen. Gleiches gilt, wenn der Sachverständige seine Offenbarungspflicht verletzt hat und die von ihm verschwiegenen Umstände eine Ablehnung gerechtfertigt hätten.[51]

Der von einer Partei bestellte Privatsachverständige ist nicht in gleichem Maße zur Neutralität verpflichtet und kann von der anderen Partei auch nicht abgelehnt werden. § 1049 Abs. 3 ZPO ist beim Privatsachverständigen gerade nicht anwendbar. Allerdings gibt es einen gewissen Konsens, dass auch der Privatsachverständige unabhängig sein sollte. Haben sich die Parteien auf die Geltung der IBA Rules on the Taking of Evidence geeinigt, ist dies sogar verpflichtend (Art. 5.2 (c)). Jedenfalls hat die Vorlage des Gutachtens eines offenbar parteiischen Sachverständigen („*hired gun*") einen so geringen Beweiswert, dass die meisten Parteien von sich aus darauf achten, auch als Privatsachverständige nur unabhängige Experten zu beauftragen.

---

[49]Vgl. *Blackaby/Partasides*, Redfern and Hunter on International Arbitration, 6. Aufl. 2015, Ziff. 6.137.
[50]BGH v. 02.05.2017, I ZB 1/16, SchiedsVZ 2017, 317, Rn. 33, 36.
[51]BGH v. 02.05.2017, I ZB 1/16, SchiedsVZ 2017, 317, Rn. 49.

7.5.3 Vertragsschluss und Haftung

Das Rechtsverhältnis mit dem Sachverständigen ist ein Gutachtenvertrag, bei Anwendbarkeit deutschen Rechts also ein Werkvertrag gem. §§ 631 ff. BGB.

Wird der Sachverständige nur von einer Partei beauftragt, kommt der Vertrag nur mit dieser Partei zustande. Beauftragt dagegen das Schiedsgericht einen Sachverständigen, so kommt der Vertrag mit beiden Parteien zustande. Das Schiedsgericht handelt dann als Vertreter der Parteien, wozu diese das Schiedsgericht durch Abschluss des Schiedsrichtervertrags konkludent bevollmächtigt haben.[52] Allerdings erfolgt die Abwicklung des Vertrages durch das Schiedsgericht, sodass dieses üblicherweise einen Kostenvorschuss von der beweisbelasteten Partei anfordert.[53] Hat das Schiedsgericht keinen Vorschuss angefordert, muss der Sachverständige nach Abschluss seiner Tätigkeit sein Honorar selbst von den beiden Parteien einfordern.

Bei fehlerhafter Erstellung des Gutachtens haftet ein nur von einer Partei bestellter Parteigutachter nach den allgemeinen Vorschriften für jede Fahrlässigkeit (§§ 280 Abs. 1, 276 BGB). Wenn das Gutachten erkennbar zur Vorlage im Gerichtsverfahren erstellt worden ist, kommt eine Haftung auch gegenüber der anderen Partei in Betracht, da der Vertrag dann Schutzwirkungen zugunsten Dritter entfaltet. Ein durch das Schiedsgericht bestellter Gutachter haftet dagegen nach überwiegender Auffassung nur bei Vorsatz und grober Fahrlässigkeit, was aus einer stillschweigenden Haftungsbeschränkung folgen soll.[54] Dagegen spricht jedoch, dass der vom Schiedsgericht bestellte Gutachter – anders als ein vom staatlichen Gericht bestellter Gutachter – den Auftrag ganz ablehnen kann oder alternativ ein höheres Honorar oder eine Haftungsbeschränkung vereinbaren kann.[55] Es spricht daher mehr dafür, den schiedsgerichtlich bestellten Gutachter haftungsmäßig wie einen Parteigutachter zu behandeln, sodass er für jede Fahrlässigkeit bei der Erstellung des Gutachtens haftet.

7.5.4 Begutachtung und Beweisaufnahme

Ist der Sachverständige bestellt worden, so muss ihm das für die Begutachtung erforderliche Datenmaterial zur Verfügung gestellt werden. Bei einem Parteigutachter kommt es hier selten zum Streit, da die Partei, die ihn beauftragt hat, ihm die Informationen zur Verfügung stellt, die sie für nützlich hält, und bei

---

[52] BGH v. 19.11.1964, VII ZR 8/63, NJW 1965, 298; OLG Düsseldorf v. 24.10.2013, I-23 U 20/13, BeckRS 2013, 22198; Musielak/*Voit*, ZPO, 16. Aufl. 2019, § 1049 Rn. 2, 8; *Lachmann*, Handbuch für die Schiedsgerichtspraxis, 3. Aufl. 2008, Rn. 1158–1167; a.A. (Vertrag mit dem Schiedsgericht) MüKo-ZPO/*Münch*, 5. Aufl. 2017, § 1049 Rn. 22, 29 f.
[53] Musielak/*Voit*, ZPO, 16. Aufl. 2019, § 1049 Rn. 9.
[54] BGH v. 19.11.1964, VII ZR 8/63, NJW 1965, 298.
[55] MüKo-BGB/*Wagner*, 7. Aufl. 2017, § 839a Rn. 13.

kritischen Nachfragen des Sachverständigen im Zweifel von einer Begutachtung wieder Abstand nimmt. Anders verhält es sich beim schiedsgerichtlich bestellten Gutachter. Dieser ermittelt quasi auch gegen die Parteien, sodass es häufig zu Meinungsverschiedenheiten darüber kommt, welche Informationen diese ihm im Einzelnen jeweils zugänglich machen müssen.

Kooperieren die Parteien nicht freiwillig mit dem Sachverständigen, hat dieser nur die Möglichkeit, sich an das Schiedsgericht zu wenden. Das Schiedsgericht wird die betreffende Partei dann, wenn es die Weigerung für unberechtigt hält, auffordern, dem Sachverständigen die erforderlichen Informationen zur Verfügung zu stellen und ihm Zugang zu den entsprechenden Dokumenten oder Sachen zu verschaffen (§ 1049 Abs. 1 S. 2 ZPO). Weigert sich die Partei auch nach dieser Aufforderung weiterhin, was selten vorkommen wird, stehen dem Schiedsgericht keine Zwangsmittel zur Verfügung. Es wird aber bei der Beweiswürdigung berücksichtigen, dass dem Sachverständigen bestimmtes Datenmaterial nicht zur Verfügung stand. Dabei kann das Schiedsgericht auch zu der Schlussfolgerung gelangen, dass dieses Material der verweigernden Partei zum Nachteil gereicht hätte.[56]

Befindet sich das Datenmaterial, das der Sachverständige untersuchen muss, dagegen im Besitz eines Dritten, so kann das Schiedsgericht auch Zwangsmaßnahmen erwirken, da die Möglichkeit eines negativen Rückschlusses zu Lasten einer Partei in diesem Fall nicht zur Verfügung steht. Um eine Zwangsmaßnahme gegen den Dritten zu erwirken, muss das Schiedsgericht beim örtlich zuständigen Amtsgericht einen Antrag auf Unterstützungsmaßnahmen gemäß § 1050 i.V.m. § 144 Abs. 2 ZPO stellen.

> **Beispiel**
>
> Ein Sachverständiger wird häufig in Bau- und Anlagenbausachen durch das Schiedsgericht bestellt. Beruft sich der Auftraggeber auf Baumängel, hat der Auftragnehmer allerdings kein Interesse daran, dass der Sachverständige die Anlage untersucht. Ist sie noch in seinem Besitz, könnte er daher dem Sachverständigen den Zutritt verweigern. Der Sachverständige kann dann sein Gutachten nicht erstatten, doch kann das Schiedsgericht aus dem Verhalten des Auftragnehmers die Schlussfolgerung ziehen, dass die vom Auftraggeber behaupteten Mängel tatsächlich vorliegen.
>
> Wurde die Anlage dagegen schon fertig gestellt und an einen Dritten, den Endkunden, übergeben, so sind derartige Schlussfolgerungen nicht möglich, wenn der Endkunde sich weigert, dem Sachverständigen Zutritt zu gewähren. In diesem Fall kommen aber Zwangsmittel in Betracht, indem das Amtsgericht den Endkunden nach Maßgabe der §§ 144 Abs. 2, 390 ZPO mittels Ordnungsgeld und -haft dazu zwingt, dem Sachverständigen Zugang zu der Anlage zu gewähren.

---

[56]Vgl. auch MüKo-ZPO/*Münch*, 5. Aufl. 2017, § 1049 Rn. 17.

7.5 Sachverständige

Ähnliche Situationen können sich in Post-M&A-Verfahren ergeben, wenn der Bilanzgutachter vertrauliche Dokumente einsehen möchte, die im Besitz einer Partei oder eines Dritten sind, die bzw. der die Herausgabe verweigert.

Nach Durchführung der Begutachtung erstattet der Sachverständige ein schriftliches Gutachten, das den Parteien zur Verfügung gestellt wird. Diese können dann dazu Stellung nehmen und gegebenenfalls die ergänzende Begutachtung bestimmter Punkte verlangen.

Neben seinem schriftlichen Gutachten wird der Sachverständige in der Regel auch mündlich in der Schiedsverhandlung vernommen (vgl. § 1049 Abs. 2 ZPO). Die Vernehmung des Sachverständigen kann ähnlich wie eine Zeugenvernehmung ablaufen: Hat das Schiedsgericht einen einzigen Sachverständigen beauftragt, erhalten die Parteien nacheinander die Möglichkeit, ihm Fragen zu stellen. Haben beide Parteien Sachverständige beauftragt, erhalten sie jeweils die Möglichkeit, den „gegnerischen" Sachverständigen zu befragen, was einer *cross-examination* nahe kommt.

Beim Kreuzverhör von Parteisachverständigen stellt sich allerdings das Problem, dass die Prozessbevollmächtigten häufig selbst nicht so sachkundig sind, dass sie etwa bei komplexen technischen Sachverhalten hinreichend detaillierte Fragen an den Sachverständigen der Gegenseite stellen könnten. Außerdem haben meist beide Parteisachverständige dieselben Fragen begutachtet, sodass eine konsekutive Befragung zu einem langatmigen Verfahren und vielen Wiederholungen führen würde. Es hat sich daher in solchen Fällen eingebürgert, beide Parteisachverständige gleichzeitig zu vernehmen (sog. *expert conferencing* oder „*hot-tubbing*"). Dafür erstellt das Schiedsgericht vorab eine Auflistung von streitigen Punkten, auf die beide Sachverständige dann in der mündlichen Verhandlung jeweils gemeinsam eingehen müssen, sodass sie sich gegenseitig die entsprechenden technischen Details vorhalten können. In einer solchen Diskussion zwischen den beiden Sachverständigen, die vom Schiedsgericht moderiert wird, kommen die Stärken und Schwächen der jeweiligen Gutachten dann häufig zu Tage. Durch Art. 8.3 (f) der IBA Rules on the Taking of Evidence ist dieses Verfahren ausdrücklich anerkannt worden.

7.5.5 Rechtssachverständige

Neben Sachverständigen für technische und andere sachliche Fragen sind im Schiedsverfahren auch Sachverständige für Rechtsfragen anzutreffen. Denn in internationalen Schiedsverfahren kommt es häufig auf die Inhalte ausländischen Rechts an, die dem Schiedsgericht nicht unbedingt bekannt sind. Dann werden durch die Parteien oder durch das Schiedsgericht Juristen aus der betreffenden Rechtsordnung als Sachverständige bestellt, wobei dieselbe Vorgehensweise gilt wie bei technischen Sachverständigen.

7.6 Augenschein

Der Augenscheinsbeweis umfasst grundsätzlich jede sinnliche Wahrnehmung von Tatsachen durch das Schiedsgericht. Allerdings verhält sich die Unterscheidung zum Urkundsbeweis anders als im staatlichen Verfahren (vgl. oben Abschn. 7.3.1): Liegen die in das Verfahren einzubringenden Tatsachen in Form von nicht unmittelbar sinnlich wahrnehmbaren, gespeicherten Informationen vor, was insbesondere bei elektronischen Dokumenten sowie bei Audio- und Videoaufnahmen der Fall ist, so handelt es sich im Schiedsverfahren um einen Urkundsbeweis. Unter den Augenscheinsbeweis fallen damit im Schiedsverfahren hauptsächlich die Besichtigung von körperlichen Gegenständen wie zum Beispiel von technischen Geräten, Anlagen und Gebäuden, aber auch das Befühlen von Materialien sowie die Vornahme von Hör-, Geschmacks- und Geruchsproben.

Der Augenscheinsbeweis hat im Schiedsverfahren keine große praktische Bedeutung, da in der Regel ein Sachverständiger mit der Ermittlung derartiger Umstände beauftragt wird und sie dann auch fachkundig bewertet. Ist das Schiedsgericht aber selbst in der Lage, die sinnliche Wahrnehmung durchzuführen und zu bewerten, so ist dieser unmittelbare Eindruck gegenüber der Beauftragung eines Sachverständigen vorzugswürdig.

In größeren Bau- und Anlagenbauverfahren finden öfters „Ortstermine" statt, also die Inaugenscheinnahme der Örtlichkeit durch das Schiedsgericht. Hier ist die größere Flexibilität des Schiedsverfahrens gegenüber einem staatlichen Verfahren besonders nützlich: Das Schiedsgericht ist nicht an Reisekostenvorschriften gebunden[57] und kann daher auch größere Aufwendungen für die Besichtigung tätigen, wenn sie nicht außer Verhältnis zum Streitwert stehen. Des Weiteren ist die Beweisaufnahme durch ein Schiedsgericht keine hoheitliche Tätigkeit, sodass sie unproblematisch auch im Ausland durchgeführt werden kann (vgl. dagegen §§ 363, 364 ZPO im staatlichen Verfahren). Außerdem ist das Schiedsgericht nicht an den Grundsatz der Öffentlichkeit gebunden, sodass es ausreichend ist, die Parteien und ihre Vertreter rechtzeitig von dem Ortstermin in Kenntnis zu setzen.

Ist das Objekt des Augenscheins im Besitz einer Partei und weigert sich diese, den Augenschein durchführen zu lassen, stehen dem Schiedsgericht keine Zwangsmittel zur Verfügung. Es kann aber die Weigerung der Partei bei der Beweiswürdigung berücksichtigen und annehmen, dass die Vorlage des Augenscheinsobjekts für die sich weigernde Partei nachteilig wäre bzw. dass der Vortrag der anderen Partei zur Beschaffenheit des Augenscheinsobjekts richtig ist.[58] Ist das Objekt des Augenscheins dagegen im Besitz eines Dritten und weigert sich dieser, den Augenschein durchführen zu lassen, kann das Schiedsgericht Unterstützung beim örtlich zuständigen Amtsgericht beantragen, das die Mitwirkung des Dritten

---

[57] *Schütze*, Schiedsgericht und Schiedsverfahren, 6. Aufl. 2016, Rn. 447.
[58] Vgl. entsprechend bei der Weigerung der Urkundenvorlage Abschn. 7.3.3 und bei der Weigerung der Herausgabe von Informationen an einen Sachverständigen Abschn. 7.5.4.

mittels Ordnungsgelds und Ordnungshaft durchsetzen kann, wenn sie dem Dritten zumutbar ist (vgl. § 1050 i.V.m. §§ 144 Abs. 2 S. 2, 390 ZPO).[59]

7.7 Abschluss der mündlichen Verhandlung

Nach Abschluss der Beweisaufnahme ist der wichtigste Teil der mündlichen Verhandlung beendet. Wie weiter verfahren wird, liegt dann im Ermessen des Schiedsgerichts, das sich allerdings meist nach den Wünschen der Parteien richten wird. Häufig halten die anwaltlichen Vertreter der Parteien Schlussplädoyers (*closing statements*), in denen sie die wesentlichen Ergebnisse der Beweisaufnahme zusammenfassen und in ihre bisherige Argumentationsführung einordnen. Zusätzlich oder alternativ einigt man sich meist auch darauf, im Anschluss an die Verhandlung noch weitere, abschließende Schriftsätze (*post-hearing briefs*) einzureichen, oder das Schiedsgericht ordnet dies selbst an, wenn es eine zusätzliche Stellungnahme der Parteien für notwendig hält.

Der Nutzen von *post-hearing briefs* liegt darin, dass die Parteivertreter im Anschluss an die mündliche Verhandlung ausreichend Zeit erhalten, die Ergebnisse der Beweisaufnahme gründlich auszuwerten, die protokollierten Zeugenaussagen zu studieren und die Position der von ihnen vertretenen Partei in einer zusammenfassenden Form schriftlich darzulegen. Wenn in der mündlichen Verhandlung neue Aspekte aufgekommen sind, etwa weil die Zeugen zusätzliche Details ausgesagt oder die Sachverständigen zusätzliche technische Einzelheiten dargelegt haben, sind *post-hearing briefs* meist unabdingbar, um den Parteien dazu rechtliches Gehör zu gewähren. Damit der Aufwand für die Parteien nicht ausufert, bietet es sich in der Regel an, dass das Schiedsgericht festlegt, auf welche Punkte in den *post-hearing briefs* konkret eingegangen werden soll.

Ein Abschlussplädoyer halten die Parteivertreter auch in diesem Fall meist trotzdem, da ein mündlicher Vortrag manchmal mehr bewirken kann als der *post-hearing brief* allein. Die Entscheidungsfindung des Schiedsgerichts kann durch ein gutes *closing statement* in manchen Fällen noch effektiv beeinflusst werden, vor allem, da sich die Schiedsrichter meist unmittelbar im Anschluss an die mündliche Verhandlung zur Beratung zurückziehen.

---

[59]MüKo-ZPO/*Münch*, 5. Aufl. 2017, § 1049 Rn. 48.

Der Schiedsspruch 8

Nachdem die mündliche Verhandlung durchgeführt und sämtliche Beweise erhoben worden sind, hat das Schiedsgericht seine Entscheidung zu fällen, den Schiedsspruch. Dieser ist Endpunkt und Zweck des Schiedsverfahrens. Auf seine Erarbeitung und Abfassung muss das Schiedsgericht alle erforderliche Mühe verwenden, damit der Rechtsstreit einer fairen und interessengerechten Lösung zugeführt wird.

8.1 Rechtlicher Maßstab für die Entscheidungsfindung (Sachstatut)

Wenn das Schiedsgericht seine Entscheidung trifft, muss es zunächst ermitteln, nach welchen Rechtsregeln es zu entscheiden hat. Es stellt sich also die kollisionsrechtliche Frage nach dem in der Sache anwendbaren Recht, das als Sachstatut bezeichnet wird.[1]

Im Schiedsverfahren gilt insofern mit § 1051 ZPO eine besondere Kollisionsnorm, die auf alle Verfahren mit deutschem Schiedsort anwendbar ist und den übrigen Bestimmungen des IPR vorgeht. Das nationale IPR (im EGBGB) und auch das europäische IPR (in den Rom-Verordnungen) richtet sich nämlich nur an staatliche Gerichte. Schiedsgerichte sind nicht verpflichtet, nach diesen Regelungen zu entscheiden, sollten sich aber bei der Auslegung des § 1051 ZPO daran orientieren, um einen Entscheidungseinklang im Kollisionsrecht bei staatlichen und privaten Gerichten herzustellen.[2]

---

[1] Vgl. insbes. *Schmidt-Ahrendts/Höttler*, Anwendbares Recht bei Schiedsverfahren mit Sitz in Deutschland, SchiedsVZ 2011, 267 (268–272).

[2] Vgl. Musielak/*Voit*, ZPO, 16. Aufl. 2019, § 1051 Rn. 3; *Pfeiffer*, Parteiautonomie und Internationalisierung in der DIS-SchGO 2018, IWRZ 2018, 213 (214); *Schütze*, Schiedsgericht und Schiedsverfahren, 6. Aufl. 2016, Rn. 503 f., 512; *Schmidt-Ahrendts/Höttler*, Anwendbares Recht bei Schiedsverfahren mit Sitz in Deutschland, SchiedsVZ 2011, 267 (269 f.).

Nach einer Gegenansicht sind Schiedsgerichte an bestimmte Vorschriften des sonstigen IPR, vor allem an die Rom-I-VO, gebunden, was unter anderem mit den darin enthaltenen Vorschriften für besonders schutzbedürftige Personengruppen (Verbraucher, Arbeitnehmer, Versicherungsnehmer, Art. 6–8) begründet wird.[3] Jedoch kann dem erforderlichen Schutz dieser Personengruppen, der im Schiedsverfahren ohnehin praktisch kaum relevant wird, auch über die ordre public-Kontrolle im Aufhebungsverfahren (§ 1059 Abs. 2 Nr. 2 lit. b ZPO) Genüge getan werden.[4]

8.1.1 Parteivereinbarung

Gemäß § 1051 Abs. 1 ZPO richtet sich das anwendbare Recht zunächst nach der Parteivereinbarung. Dies stellt den absoluten Regelfall im Schiedsverfahren dar. Denn ein Schiedsverfahren findet ohnehin nur statt, wenn die Parteien eine Schiedsvereinbarung getroffen haben, und bei der Abfassung einer solchen vertraglichen Vereinbarung denken die Parteien meist auch daran, eine Regelung zum anwendbaren Recht mit in den Vertrag aufzunehmen. Auch die Musterklauseln der Schiedsinstitutionen erinnern die Parteien in der Regel daran, das anwendbare Recht zu bestimmen (vgl. oben Abschn. 3.10). Ansonsten kann eine Rechtswahl aber auch konkludent erfolgen,[5] etwa indem sich beide Parteien während des Schiedsverfahrens in ihren Schriftsätzen auf die Bestimmungen des deutschen Rechts beziehen.

Die Rechtswahl für das in der Sache anwendbare Recht (Sachstatut) muss nicht mit der Rechtswahl für das auf die Schiedsvereinbarung anwendbare Recht (Schiedsvereinbarungsstatut, dazu oben Abschn. 3.4.2) übereinstimmen.

8.1.1.1 Inhalt der Rechtswahl
Normalerweise wählen die Parteien als Sachstatut eine bestimmte staatliche Rechtsordnung, etwa deutsches Recht. Von dieser Rechtswahl sind dann auch die in deutsches Recht umgesetzten internationalen Verträge umfasst, vor allem das Wiener UN-Übereinkommen über den internationalen Warenkauf (CISG), es sei denn, die Parteien hätten es ausdrücklich ausgeschlossen.[6]

Zulässig ist aber auch eine Teilrechtswahl.[7] Die Parteien können also beispielsweise vereinbaren, dass sich die mit dem Vertragsschluss zusammenhängenden Fragen nach spanischem Recht richten sollen, das Leistungsstörungsrecht dagegen

---

[3]MüKo-ZPO/*Münch*, 5. Aufl. 2017, § 1051 Rn. 20; *Mankowski*, Schiedsgerichte und die Rom I-VO, RIW 2018, 1–19, mit zahlreichen Nachweisen zum Diskussionsstand.
[4]Treffend *Wolff*, Empfiehlt sich eine Reform des deutschen Schiedsverfahrensrechts? SchiedsVZ 2016, 293 (301 f.).
[5]*Berger*, Das neue deutsche Schiedsverfahrensrecht, DZWiR 1998, 45 (52).
[6]Dazu näher *Schwenzer/Jaeger*, Das CISG im Schiedsverfahren, IWRZ 2016, 99 (101).
[7]Musielak/*Voit*, ZPO, 16. Aufl. 2019, § 1051 Rn. 2.

nach deutschem Recht.[8] Sinnvoll ist eine derartige Aufspaltung aber in der Regel nicht.

Die Rechtswahlfreiheit der Parteien einer Schiedsvereinbarung ist etwas weiter als im staatlichen Gerichtsverfahren, wo Art. 3 Rom I-VO gilt. So sind die Parteien im Schiedsverfahren nicht an Art. 3 Abs. 3 Rom I-VO gebunden, wonach bei einem reinen Binnensachverhalt das zwingende Recht auch bei abweichender Rechtswahl gilt. Haben beispielsweise die Parteien ihren Sitz in Deutschland und hat auch der Vertrag nur Bezüge zu Deutschland, so könnten sie im staatlichen Gerichtsverfahren durch Wahl Schweizer Rechts nicht die zwingenden Vorschriften zur AGB-Kontrolle nach § 307 BGB abbedingen. Im Schiedsverfahren ist dies jedoch gemäß § 1051 Abs. 1 ZPO möglich.[9]

Des Weiteren können die Parteien gemäß § 1051 Abs. 1 ZPO nicht nur eine staatliche Rechtsordnung, sondern auch andere „Rechtsvorschriften" wählen.[10] Dies ist im internationalen Schiedsverfahren von besonderer Bedeutung, da häufig keine der beiden Parteien dazu bereit ist, den Vertrag dem Heimatrecht der anderen Partei zu unterwerfen, und sich die Vereinbarung des Rechts eines neutralen dritten Staates, zu dem die Parteien keinen Bezug haben, auch nicht unbedingt anbietet. In solchen Fällen kann stattdessen auf private Regelwerke zurückgegriffen werden, beispielsweise die UNIDROIT Principles of International Commercial Contracts (UPICC), die Principles of European Contract Law (PECL) oder den Draft Common Frame of Reference (DCFR). Diese privat erstellten Regelwerke umfassen alle wichtigen Bereiche des Vertragsrechts, also den Vertragsschluss, die Wirksamkeit von Verträgen, die Auslegung von Verträgen und vor allem das Leistungsstörungsrecht. Damit können sie an Stelle einer staatlichen Rechtsordnung als Ersatzrechtssystem fungieren, wenn die Parteien ihre Geltung vereinbaren.

Von diesen Regelwerken haben hauptsächlich die UPICC praktische Bedeutung erlangt. Dieses Regelwerk wurde von UNIDROIT erarbeitet, einer internationalen Organisation mit Sitz in Rom, die sich seit 1926 um die internationale Vereinheitlichung, Harmonisierung und Koordination des Privatrechts kümmert. Um den internationalen Handelsverkehr, der mit einer Vielzahl verschiedener staatlicher Vertragsrechtsordnungen umzugehen hat, zu erleichtern, wurde eine Expertenkommission mit der Ausarbeitung allgemeiner Grundsätze und Regeln des Vertragsrechts beauftragt, die in grenzüberschreitenden Fällen von den Parteien an Stelle einer staatlichen Rechtsordnung vereinbart werden können. Die UPICC wurden erstmals 1994 veröffentlicht, erlangten schon bald weltweit Beachtung und liegen derzeit in der überarbeiteten und erweiterten Fassung von 2016 vor.[11]

---

[8] Vgl. den Fall OLG Frankfurt v. 13.02.1992, 16 U 229/88, IPRax 1992, 314.
[9] Str., wie hier Musielak/*Voit*, ZPO, 16. Aufl. 2019, § 1051 Rn. 3; *Kondring*, § 1051 Abs. 1 ZPO und die Abwahl einfach zwingenden Rechts bei Binnensachverhalten, ZIP 2017, 706–710.
[10] Dazu *Schack*, Internationales Zivilverfahrensrecht, 7. Aufl. 2017, Rn. 1402.
[11] Die Regeln sind verfügbar unter unidroit.org/contracts. Zugegriffen am 16.05.2019. Zu Geschichte und Inhalt vgl. *Vogenauer*, Die UNIDROIT Grundregeln der internationalen Handelsverträge 2010, ZEuP 2013, 7–42.

Die Vereinbarung der UPICC als anwendbare Rechtregeln im Schiedsverfahren geschieht gleichwohl nicht besonders häufig.[12] Zwar handelt es sich um ein Regelwerk, dessen Wahl im internationalen Handelsverkehr sinnvoller erscheint als die Wahl eines beliebigen staatlichen Rechts, doch kommt es für die vertragsschließenden Parteien meist nicht so sehr auf die Rechtsregeln an sich an, sondern auf die Vorhersehbarkeit der Entscheidung. Bei Vereinbarung einer staatlichen Rechtsordnung können die Parteien sowohl im Vorfeld als auch während einer streitigen Auseinandersetzung auf eine Vielzahl von Gerichtsurteilen und wissenschaftliche Äußerungen zurückgreifen, die in einer jahrzehnte- oder sogar jahrhundertelangen Tradition entstanden sind. Dadurch lässt sich die Entscheidung vieler Rechtsfragen schon vorab beurteilen oder zumindest genauer einschätzen. Dies ist bei den UPICC naturgemäß anders, auch wenn in den letzten Jahren einige Kommentare dazu erschienen sind, die eine verlässliche Orientierung bei Zweifelsfragen ermöglichen.[13]

Diskutiert wird die Frage einer wirksamen Rechtswahl außerdem bei der Vereinbarung islamischen Rechts. Teilweise wird dies verneint, da das klassische islamische Recht nicht als „Rechtsvorschrift" im Sinne des § 1051 Abs. 1 ZPO angesehen werden könne.[14] Jedoch dürfte aus Gründen der Privatautonomie nichts dagegen sprechen, islamisches Recht oder andere religiöse Rechtsvorschriften als möglichen Gegenstand einer Rechtswahl anzusehen.[15] Schließlich können die Parteien auch ein staatliches Recht wählen, das auf religiösem Recht basiert, etwa saudi-arabisches, iranisches oder vatikanisches Recht. Solange die Rechtsvorschriften des religiösen Rechts bestimmbar sind, etwa durch ein Rechtsgutachten, ist eine Entscheidung des Schiedsgerichts nach diesen Regeln möglich.

Ähnliche Zweifel bestehen im Hinblick auf die Vereinbarung der *lex mercatoria* als anwendbares Recht. Unter diesem Begriff ist die Summe der im internationalen Handel anerkannten kaufmännischen Rechtsgrundsätze zu verstehen, die freilich nicht immer einheitlich oder einfach zu ermitteln sind.[16] Die Schwierigkeiten der Ermittlung von Rechtsvorschriften sprechen jedoch nicht gegen ihre Zulässigkeit als Gegenstand einer Rechtswahl, sondern nur gegen die Zweckmäßigkeit einer solchen Vereinbarung. Daher ist auch die Wahl der *lex mercatoria* möglich.[17]

---

[12] Die Datenbank unilex.info weist derzeit (zugegriffen am 16.05.2019) 25 bekannte Fälle nach, in denen die UPICC kraft Parteivereinbarung im Schiedsverfahren angewendet wurden. *Brödermann* berichtet in Unif. L. Rev. 2011, 589 (594 f.) von drei Fällen aus seiner Praxis, in denen die UPICC und ergänzend das nationale Recht am Schiedsort vereinbart wurden.

[13] *Brödermann*, UNIDROIT Principles of International Commercial Contracts – An Article-by-Article Commentary, 2018; *Vogenauer/Kleinheisterkamp*, Commentary on the UNIDROIT Principles of International Commercial Contracts, 2. Aufl. 2015.

[14] *Adolphsen/Schmalenberg*, Islamisches Recht als materielles Recht in der Schiedsgerichtsbarkeit? SchiedsVZ 2007, 57 (63).

[15] So auch *Schütze*, Schiedsgericht und Schiedsverfahren, 6. Aufl. 2016, Rn. 513.

[16] Vgl. ausf. *Berger*, The Creeping Codification of the New Lex Mercatoria, 2. Aufl. 2010; für die Ermittlung der Rechtssätze vgl. die Datenbank www.trans-lex.org. Zugegriffen am 16.05.2019.

[17] *Ritlewski*, Die Lex Mercatoria in der schiedsgerichtlichen Praxis, SchiedsVZ 2007, 130 (134); *Pfeiffer*, Parteiautonomie und Internationalisierung in der DIS-SchGO 2018, IWRZ 2018, 213 (215); a.A. BeckOK-ZPO/*Wolf/Eslami*, Stand 01.03.2019, § 1025 Rn. 23; MüKo-ZPO/*Münch*, 5. Aufl. 2017, § 1051 Rn. 60 f.

8.1.1.2 Schiedsgericht als amiable compositeur

Ein Grund dafür, warum im Schiedsverfahren auch ungewöhnliche Rechtswahlvereinbarungen als zulässig anzusehen sind, liegt darin, dass die Parteien die Schiedsrichter auch dazu ermächtigen können, den Rechtsstreit ganz ohne Bindung an eine Rechtsordnung nur nach Billigkeit zu entscheiden. Eine solche Vereinbarung der Parteien muss allerdings, wie § 1051 Abs. 3 ZPO anordnet, ausdrücklich erfolgen, damit den Parteien die Tragweite dieser Entscheidung vor Augen geführt wird. Eine Rechtswahlvereinbarung kann dagegen auch konkludent erfolgen.

Die Ermächtigung des Schiedsgerichts, nach Billigkeit zu entscheiden, wird im international üblichen Sprachgebrauch *amiable composition* genannt, das Schiedsgericht als *amiable compositeur* bezeichnet. Dies bedeutet „gütliche Streitbeilegung", besagt in der Sache aber nur, dass das Schiedsgericht den Rechtsstreit nach freiem Ermessen entscheiden darf. Eine bloße Schlichtung liegt hier dagegen nicht vor.[18] Treffender ist daher der ebenfalls international übliche Ausdruck, das Schiedsgericht dürfe *ex aequo et bono* entscheiden, was dem Begriff „Billigkeit" näher kommt.

Wurde das Schiedsgericht zur Entscheidung nach Billigkeit ermächtigt, bedeutet dies nicht, dass es völlig frei in seiner Entscheidung wäre. Billigkeit heißt nicht Beliebigkeit oder gar Willkür, sondern sorgfältig abgewogene, rationale Entscheidungsfindung nach dem Kriterium der Einzelfallgerechtigkeit. Wie § 1051 Abs. 4 ZPO klarstellt, muss das Schiedsgericht auch jedenfalls die zwischen den Parteien bestehenden vertraglichen Vereinbarungen und die Handelsbräuche beachten. Außerdem ist das Schiedsgericht an fundamentale Rechtsgrundsätze gebunden (ordre public), weil seine Entscheidung sonst der Aufhebung unterläge (§ 1059 Abs. 2 Nr. 2 lit. b ZPO).[19]

8.1.1.3 Rechtsfolgen

Haben die Parteien eine Vereinbarung zum anwendbaren Recht gemäß § 1051 Abs. 1 ZPO getroffen, ist das Schiedsgericht daran gebunden. Wendet es ein anderes Recht an, kann der Schiedsspruch aufgehoben werden (§ 1059 Abs. 2 Nr. 1 lit. d ZPO).[20] Gleiches gilt dann, wenn das Schiedsgericht nicht nach Recht, sondern nach Billigkeit entscheidet, obwohl die Parteien es nicht gemäß § 1051 Abs. 3 ZPO ausdrücklich dazu ermächtigt haben.[21]

Anders verhält es sich bei einer bloß falschen Rechtsanwendung: Beachtet das Schiedsgericht zwar die von den Parteien getroffene Rechtswahl, wendet aber das gewählte Recht nicht richtig an (etwa weil es nicht alle Rechtsvorschriften ermittelt hat), so ist der Schiedsspruch in der Regel nicht aufhebbar, weil das staatliche Gericht keine Verstöße gegen einfaches Recht nachprüft.[22] Entscheidet das Schiedsgericht nach Rechtsvorschriften, obwohl die Parteien es zur Billigkeitsentscheidung

---

[18]Zur Abgrenzung oben Abschn. 1.2.
[19]*Stauder*, Die Billigkeitsentscheidung in der Handelsschiedsgerichtsbarkeit – Rechtliche und tatsächliche Probleme des § 1051 Abs. 3 ZPO, SchiedsVZ 2014, 287 (289–292).
[20]BGH v. 26.09.1985, III ZR 16/84, NJW 1986, 1436 (1437).
[21]OLG München v. 22.06.2005, 34 Sch 10/05, SchiedsVZ 2005, 308.
[22]Musielak/*Voit*, ZPO, 16. Aufl. 2019, § 1051 Rn. 9; dazu näher unten Abschn. 11.5.10.2.

ermächtigt haben, ist der Schiedsspruch ebenfalls meist nicht aufhebbar, da eine staatliche Rechtsordnung selten unbillig ist.[23]

8.1.2 Bestimmung durch Schiedsgericht

Fehlt eine – ausdrückliche oder konkludente – Rechtswahlvereinbarung der Parteien, so wird das anwendbare Sachrecht durch das Schiedsgericht bestimmt (§ 1051 Abs. 2 ZPO). Das Schiedsgericht hat dann das staatliche Recht zu ermitteln, zu dem das Rechtsverhältnis die engste Verbindung hat.

Auch wenn es sich bei dieser Regelung um eine eigenständige Sonderkollisionsnorm handelt, spricht in der Regel nichts dagegen, wenn sich das Schiedsgericht für die Bestimmung der engsten Verbindung an den üblichen Anknüpfungskriterien des allgemeinen IPR orientiert, also etwa auf das Recht derjenigen Partei abstellt, welche die vertragscharakteristische Leistung erbringt. Art. 4 Rom I-VO kann und sollte zu Auslegungszwecken herangezogen werden.[24]

Kleinere Abweichungen zur Regelung des § 1051 Abs. 2 ZPO existieren im institutionellen Schiedsverfahren. Sowohl Art. 21 ICC-SchO als auch Art. 24 DIS-SchO stellen nicht auf die engste Verbindung zu einer staatlichen Rechtsordnung, sondern auf die geeignetsten Rechtsregeln ab. Das Schiedsgericht ist hier also einerseits noch etwas freier, die passende Rechtsordnung nur nach ihrer Geeignetheit auszuwählen und nicht nach der eher traditionellen Anknüpfung der engsten Verbindung. Vor allem aber erlauben diese Regelungen dem Schiedsgericht, auch nichtstaatliche Rechtsvorschriften zu bestimmen, was im ad hoc-Verfahren nur durch die Parteien selbst erfolgen kann.[25]

8.1.3 Zwingendes Recht

Das Schiedsgericht muss bei seiner Entscheidungsfindung eine Reihe von Rechtsvorschriften zwingenden Rechts anwenden. Diese gelten unabhängig vom Willen der Parteien kraft staatlicher Anordnung. Im internationalen Schiedsverfahren bestehen dabei immer Bezüge zu mehreren Staaten, sodass erforderlichenfalls auf das zwingende Recht aller Staaten – in unterschiedlichem Ausmaß – Rücksicht genommen werden muss.[26]

---

[23] *Stauder*, Die Billigkeitsentscheidung in der Handelsschiedsgerichtsbarkeit – Rechtliche und tatsächliche Probleme des § 1051 Abs. 3 ZPO, SchiedsVZ 2014, 287 (292).
[24] MüKo-ZPO/*Münch*, 5. Aufl. 2017, § 1051 Rn. 25 ff.; *Berger*, Das neue deutsche Schiedsverfahrensrecht, DZWiR 1998, 45 (52).
[25] Dazu *Pfeiffer*, Parteiautonomie und Internationalisierung in der DIS-SchGO 2018, IWRZ 2018, 213 (217 f.).
[26] Vgl. insgesamt *Horn*, Zwingendes Recht in der internationalen Schiedsgerichtsbarkeit, SchiedsVZ 2008, 209–222.

8.1.3.1 Zwingendes Recht des Sachstatuts

Zunächst muss das Schiedsgericht natürlich die zwingenden Rechtsvorschriften der von den Parteien gemäß § 1051 Abs. 1 ZPO gewählten oder von ihm gemäß § 1051 Abs. 2 ZPO bestimmten Rechtsordnung anwenden. Ist beispielsweise deutsches Recht gewählt, so gelten die Vorschriften über die AGB-Kontrolle im unternehmerischen Verkehr (§§ 310 Abs. 1, 307 BGB) als zwingendes Recht, auch wenn dies rechtspolitisch unbefriedigend ist.[27] Die Parteien können die Inhaltskontrolle ihrer Verträge also bei Geltung deutschen Rechts nicht vermeiden, wobei allerdings zu bedenken ist, dass ein Schiedsgericht bei der Auslegung des BGB nicht an die Rechtsprechung der deutschen Gerichte gebunden ist. Beispielsweise muss ein Schiedsgericht bei der Frage, ob eine Individualvereinbarung vorliegt, nicht die strengen Anforderungen des BGH übernehmen.

Die Geltung des zwingenden Rechts können die Parteien nur dadurch verhindern, dass sie ein anderes Sachstatut wählen, also beispielsweise Schweizer Recht.

8.1.3.2 Eingriffsnormen

Bestimmte Rechtsvorschriften gelten unabhängig vom gewählten Recht. Sie sind kraft staatlichen Normanwendungsbefehls auf einen bestimmten Sachverhalt immer anwendbar, ohne Rücksicht darauf, welches Sachrecht im Übrigen auf das Rechtsverhältnis zwischen den Parteien anwendbar ist (vgl. Art. 9 Abs. 1 Rom I-VO). Auch durch eine Rechtswahl können die Parteien also die Geltung und Anwendung von Eingriffsnormen nicht verhindern.[28]

Eingriffsnormen werden wegen besonderer politischer, wirtschaftlicher oder sozialpolitischer Interessen eines Staates erlassen und sind daher meist leicht als solche erkennbar. Ein wichtiges Beispiel sind Ein- und Ausfuhrbestimmungen: Handeln die Parteien beispielsweise mit Kriegswaffen, Betäubungs- oder Arzneimitteln, so ist dies nach dem Kriegswaffenkontrollgesetz, dem Betäubungsmittelgesetz bzw. dem Arzneimittelgesetz nur dann zulässig, wenn entsprechende behördliche Genehmigungen vorliegen. Anderenfalls sind auch die zivilrechtlichen Verträge in der Regel nichtig, was vom Schiedsgericht zu berücksichtigen ist. Ebenso verhält es sich bei Verstößen gegen das EU-Recht über den Außenhandel, über Embargos gegen Drittstaaten und Terrororganisationen usw.

Die in der schiedsgerichtlichen Praxis wichtigsten Eingriffsnormen stammen aus dem Kartellrecht. Nach der Rechtsprechung des EuGH sind Schiedsgerichte verpflichtet, die kartellrechtlichen Vorschriften (Art. 101 ff. AEUV) in jedem Fall anzuwenden,[29] auch wenn Schiedsgerichte nicht zur Vorlage an den EuGH nach Art. 267 AEUV berechtigt sind.[30] Im Schiedsverfahren kann es beispielsweise

---

[27]Dazu *Berger*, Für eine Reform des AGB-Rechts im Unternehmerverkehr, NJW 2010, 465–470.
[28]Dazu *Schmidt-Ahrendts/Höttler*, Anwendbares Recht bei Schiedsverfahren mit Sitz in Deutschland, SchiedsVZ 2011, 267 (270 f.).
[29]EuGH v. 01.06.1999, Rs. C-126/97, EuZW 1999, 565 – Eco Swiss.
[30]EuGH v. 23.03.1982, Rs. 102/81, NJW 1982, 1207 – Nordsee; EuGH v. 06.03.2018, Rs. C-284/16, NJW 2018, 1663, Rn. 48 f. – Achmea.

vorkommen, dass zwischen den Parteien ein langfristiger Handelsvertrag abgeschlossen wurde, der den Wettbewerb auf dem betreffenden Markt stark beschränkt und daher gemäß Art. 101 Abs. 2 AEUV nichtig ist. Diese Nichtigkeit ist dann vom Schiedsgericht genauso wie vom staatlichen Gericht zu beachten.[31]

Von praktischer Bedeutung ist auch die Regelung des § 89b HGB zum Ausgleichsanspruch eines Handelsvertreters, die ebenfalls eine zwingende Eingriffsnorm ist.[32] Auch durch Vereinbarung eines ausländischen Rechts lässt sich dieser Ausgleichsanspruch somit nicht abbedingen, sondern ist vom Schiedsgericht in jedem Fall zu prüfen. Das OLG München hielt in einem Fall sogar eine Schiedsklausel, die mit dem Handelsvertreter abgeschlossen war, insgesamt für nichtig, da fraglich war, ob das ausländische Schiedsgericht den § 89b HGB anwenden würde.[33]

8.1.3.3 Allgemeine Rechtsgrundsätze

Ob das Schiedsgericht über die zwingenden Vorschriften des anwendbaren Rechts und die zwingenden Eingriffsnormen hinaus auch sonstige allgemeine Rechtsgrundsätze beachten muss, ist fraglich. Solche allgemeinen Rechtsgrundsätze können sich einerseits aus einer nationalen Rechtsordnung ergeben (nationaler ordre public), andererseits auch aus der Gesamtheit der international anerkannten Rechtsgrundsätze (transnationaler ordre public).

Welche Rechtsgrundsätze international allgemein anerkannt sind und welche nicht, ist schwierig zu bestimmen. Zu den einzuhaltenden transnationalen Standards werden beispielsweise das Verbot von Korruption, Schmuggel, Menschenhandel, Drogenhandel und illegalem Waffenhandel gerechnet, aber auch fundamentale Gerechtigkeitsgrundsätze im Privat-, Wirtschafts- und Verfahrensrecht.[34] Die Einhaltung dieser Standards dürfte sich allerdings in den meisten Fällen schon aus den Eingriffsnormen ergeben.

Von praktischer Bedeutung ist die Einhaltung des jeweiligen nationalen ordre public. Würde die Vollstreckung des Schiedsspruchs dagegen verstoßen, bestünde ein Anerkennungs- und Vollstreckungshindernis. Das Schiedsgericht wird also im Interesse der Parteien darauf achten, bei seiner Entscheidungsfindung zumindest die fundamentalen Rechtsgrundsätze derjenigen Staaten einzuhalten, in denen der Schiedsspruch später anerkannt und vollstreckt werden soll.[35]

---

[31]Vgl. jüngst, auch zu weiteren Konstellationen, *Bien*, Kartellrechtliche ordre-public-Kontrolle von Schiedssprüchen, ZZP 132 (2019), 93–124.
[32]EuGH v. 09.11.2000, Rs. C-381/98, NJW 2001, 2007 – Ingmar.
[33]OLG München v. 17.05.2006, 7 U 1781/06, WM 2006, 1556; zum Ganzen vgl. *Quinke*, Schiedsvereinbarungen und Eingriffsnormen, SchiedsVZ 2007, 246 (248 f.); *Kleinheisterkamp*, Eingriffsnormen und Schiedsgerichtsbarkeit, RabelsZ 73 (2009), 818 (824–837); *Emde*, Internationale vertriebsrechtliche Schiedsverfahren, RIW 2016, 104 (106 f.).
[34]*Horn*, Zwingendes Recht in der internationalen Schiedsgerichtsbarkeit, SchiedsVZ 2008, 209 (213).
[35]*Horn*, Zwingendes Recht in der internationalen Schiedsgerichtsbarkeit, SchiedsVZ 2008, 209 (213).

8.2 Verfahren

Die Art und Weise, in der das Schiedsgericht zu seinem Schiedsspruch gelangt, ist im Gesetz in § 1052 ZPO nur für das Schiedsrichterkollegium geregelt, da sich bei einem Einzelschiedsrichter insofern keine Probleme ergeben können. Bei einem Schiedsgericht, das aus mehreren Personen besteht, muss dagegen ein Verfahren für die Beratung und Entscheidung über den Schiedsspruch gefunden werden, insbesondere dann, wenn sich die Schiedsrichter untereinander uneinig sind.[36]

Die Durchführung dieser Beratungen liegt weitgehend im Ermessen des Schiedsgerichts und ist durch den Vorsitzenden zu organisieren. Meist beraten sich die Schiedsrichter mehrfach schon während des laufenden Schiedsverfahrens, um den Parteivortrag zu steuern und die mündliche Verhandlung vorzubereiten. Direkt im Anschluss an die mündliche Verhandlung findet dann in der Regel die abschließende Beratung zur Entscheidungsfindung statt. Alternativ kann auch ein späterer separater Termin dafür anberaumt werden. Die Entscheidungsfindung kann auch telefonisch oder per Videokonferenz durchgeführt werden,[37] doch ist ein persönliches Treffen meist effektiver.[38]

8.2.1 Beratungsgeheimnis

Über den Inhalt der Beratung haben die Schiedsrichter sowohl gegenüber Dritten als auch gegenüber den Parteien Stillschweigen zu wahren.[39] Den Parteien wird nur das Ergebnis der Beratungen, der Schiedsspruch, übermittelt, nicht aber der Weg, auf dem das Schiedsgericht zu seiner Entscheidung gelangt ist. Das Beratungsgeheimnis ist für Schiedsrichter gesetzlich nicht geregelt, folgt aber aus Gewohnheitsrecht sowie aus dem Schiedsrichtervertrag.[40]

Das Beratungsgeheimnis dient der Wahrung der Unabhängigkeit der Schiedsrichter. Es hat insbesondere bei den parteibenannten Schiedsrichtern Bedeutung. Denn die parteibenannten Schiedsrichter sind genauso zur Neutralität verpflichtet wie der Vorsitzende,[41] doch könnte es ihnen praktisch schwerfallen, gegen „ihre" Partei zu entscheiden, wenn ihr Abstimmungsverhalten im Nachhinein bekannt würde.

---

[36]Dazu vgl. insgesamt *Blackaby/Partasides*, Redfern and Hunter on International Arbitration, 6. Aufl. 2015, Ziff. 9.128–9.138; *Schütze*, Das Zustandekommen des Schiedsspruchs, SchiedsVZ 2008, 10–14.
[37]MüKo-ZPO/*Münch*, 5. Aufl. 2017, § 1052 Rn. 2.
[38]*Nedden/Büstgens*, Die Beratung des Schiedsgerichts – Konfliktpotenzial und Lösungswege, SchiedsVZ 2015, 169 (173 f.).
[39]BGH v. 11.12.2014, I ZB 23/14, NJW-RR 2015, 1087, Rn. 15; MüKo-ZPO/*Münch*, 5. Aufl. 2017, § 1052 Rn. 3–7a; *Nedden/Büstgens*, Die Beratung des Schiedsgerichts – Konfliktpotenzial und Lösungswege, SchiedsVZ 2015, 169 (172 f.).
[40]Näher *J. Stürner*, Hilfspersonen im Schiedsverfahren nach deutschem Recht, SchiedsVZ 2013, 322 (323 f.) m.w.N.
[41]Vgl. oben Abschn. 5.4.

Freilich entspricht es durchaus der üblichen Rolle der parteibenannten Schiedsrichter, die Position der Partei, die sie benannt hat, gedanklich voll zu durchdringen und angemessen bei den Beratungen zur Sprache zu bringen.[42] In ihrer Entscheidungsfindung müssen sie jedoch frei und unabhängig sein.

8.2.2 Abstimmungsweise

Wenn trotz eingehender Beratungen Meinungsverschiedenheiten zwischen den Schiedsrichtern verbleiben, muss abgestimmt werden. Dabei ist gemäß § 1052 Abs. 1 ZPO die Mehrheit der Stimmen ausschlaggebend. Allerdings sind Mehrheitsentscheidungen nur bei Fragen möglich, über die mit Ja oder Nein abgestimmt werden kann. Geht es also etwa um die Frage, ob eine Vertragsverletzung des Beklagten vorliegt, kann eine Mehrheitsentscheidung getroffen werden. Geht es aber um die Höhe des Schadensersatzes, können die drei Schiedsrichter jeweils verschiedene Beträge für zutreffend erachten. In einer solchen Situation bietet es sich an, § 196 Abs. 2 GVG analog anzuwenden,[43] wonach die Stimme für den höchsten Betrag jeweils so oft der Stimme für den nächst niedrigeren Betrag hinzugezählt wird, bis eine Mehrheit erreicht wird. Diese Lösung ist nicht nur in nationalen, sondern auch in internationalen Schiedsverfahren plausibel, da sie immerhin in Art. 22.3 des Europäischen Übereinkommens zur Einführung eines einheitlichen Gesetzes über die Schiedsgerichtsbarkeit von 1966 übernommen wurde.[44] Dieses Übereinkommen ist zwar nicht in Kraft getreten, spiegelt aber gleichwohl einen gewissen europäischen Konsens wieder.[45] Bei einem Dreierschiedsgericht ist demnach also der mittlere Betrag ausschlaggebend.

Im institutionellen Verfahren enthalten dagegen Art. 14.2 S. 2 DIS-SchO[46] und Art. 32.1 S. 2 ICC-SchO die Regelung, dass der Vorsitzende Schiedsrichter allein entscheidet, wenn keine Mehrheit zustande kommt (Stichentscheid). Eine solche Modifikation des § 1052 Abs. 1 ZPO ist ohne Weiteres zulässig,[47] aber inhaltlich manchmal fragwürdig: Halten etwa wie im oben genannten Beispielsfall alle drei

---

[42]*Blackaby/Partasides*, Redfern and Hunter on International Arbitration, 6. Aufl. 2015, Ziff. 9.115.
[43]MüKo-ZPO/*Münch*, 5. Aufl. 2017, § 1052 Rn. 9; Musielak/*Voit*, ZPO, 16. Aufl. 2019, § 1052 Rn. 5.
[44]Verfügbar unter www.coe.int/de/web/conventions/full-list/-/conventions/treaty/056 (zugegriffen am 16.05.2019); vgl. *Blackaby/Partasides*, Redfern and Hunter on International Arbitration, 6. Aufl. 2015, Ziff. 9.117.
[45]Zum Übereinkommen vgl. *Fouchard/Gaillard/Goldman*, On International Commercial Arbitration, 1999, Ziff. 290 f.
[46]Nach *Das Gupta*, Kurzkommentare zu den Änderungen in der 2018 DIS-Schiedsgerichtsordnung, SchiedsVZ-Beilage 2018, 44 (56), dient Art. 14.2 DIS-SchO nur der Klarstellung, doch handelt es sich um eine inhaltlich durchaus bedeutsame Änderung von § 33.3 DIS-SchO 1998.
[47]BT-Drs. 13/5274, S. 53 f.; BeckOK-ZPO/*Wilske/Markert*, Stand 01.03.2019, § 1052 Rn. 10; MüKo-ZPO/*Münch*, 5. Aufl. 2017, § 1052 Rn. 15.

Schiedsrichter unterschiedliche Verurteilungsbeträge für richtig, so ist die Meinung des Vorsitzenden allein ausschlaggebend, auch wenn dieser den höchsten oder den niedrigsten Betrag genannt hat. Darüber hinaus kann die bloße Möglichkeit, dass der Vorsitzende Schiedsrichter notfalls auch allein entscheidet, diesem eine stärkere Rolle bei den Beratungen des Schiedsgerichts geben.[48]

Von Nutzen ist die Möglichkeit eines Stichentscheids durch den Vorsitzenden Schiedsrichter allerdings in den Fällen, in denen die Entscheidung nicht wie bei Geldbeträgen gemittelt werden kann. Kommen die drei Schiedsrichter insofern zu verschiedenen Ergebnissen, die einander ausschließen, z. B. hinsichtlich des in der Sache anwendbaren Rechts (vgl. oben Abschn. 8.1.2), so läge eine Pattsituation vor und im ad hoc-Verfahren wäre gegebenenfalls gar keine Entscheidungsfindung möglich. Das Schiedsverfahren wäre dann undurchführbar (§ 1032 Abs. 1 ZPO) und die Parteien müssten den staatlichen Rechtsweg beschreiten. Im DIS- und ICC-Verfahren wäre hier dagegen die Bestimmung des anwendbaren Sachrechts durch den Vorsitzenden Schiedsrichter allein maßgeblich, sodass das Schiedsverfahren mit einem Schiedsspruch abgeschlossen werden könnte.

8.2.3 Weigerung eines Schiedsrichters

Weigert sich ein Schiedsrichter, an Beratung und Abstimmung teilzunehmen, können die anderen beiden Schiedsrichter ohne ihn entscheiden (§ 1052 Abs. 2 S. 1 ZPO). Allerdings müssen sie dies den Parteien zuvor mitteilen (§ 1052 Abs. 2 S. 2 ZPO), damit diese die Möglichkeit haben, auf den unwilligen Schiedsrichter einzuwirken.[49]

Im ICC- und DIS-Verfahren ist in einem solchen Fall ebenfalls eine Mehrheitsentscheidung der beiden anderen Schiedsrichter möglich (Art. 32.1 S. 1 ICC-SchO, Art. 14.2 S. 1 DIS-SchO). Eine vorherige Information der Parteien ist hier nicht vorgesehen, wenngleich ebenfalls zweckmäßig.

8.3 Anforderungen an einen wirksamen Schiedsspruch

8.3.1 Endgültige Entscheidung

Ein Schiedsspruch ist die Entscheidung des vor dem Schiedsgericht ausgetragenen Rechtsstreits. Damit ist schon der Definition nach für das Vorliegen eines Schiedsspruchs erforderlich, dass der Rechtsstreit endgültig, also abschließend, entschieden wird (vgl. auch § 1056 Abs. 1 ZPO). Diese Endgültigkeit des Schiedsspruchs ist das einzige inhaltliche Erfordernis, das an die Wirksamkeit des Schiedsspruchs zu stellen ist.

---

[48]So *Born*, International Commercial Arbitration, 2. Aufl. 2014, S. 2043, 3051.
[49]Musielak/*Voit*, ZPO, 16. Aufl. 2019, § 1052 Rn. 8.

> **Beispiel[50]**
> Die beiden Inhaber einer Weinhandlung hatten zum Zweck der Auseinandersetzung ein Schiedsverfahren vereinbart. Der Kläger forderte vom Beklagten zuletzt Schadensersatz in Geld, der Beklagte erklärte die Aufrechnung mit einer Gegenforderung. Das Schiedsgericht verurteilte den Beklagten durch Schiedsspruch „zur Zahlung eines Teilbetrages von 14.100 DM nebst Zinsen unter Vorbehalt seiner Rechte in gleicher Höhe aus der von ihm erklärten Aufrechnung mit einer Schadensersatzforderung nach Massgabe seines Schriftsatzes vom 25. Oktober 1951..." Der BGH entschied zu Recht, dass es sich bei dieser Entscheidung nicht um einen wirksamen Schiedsspruch handelte und lehnte daher auch die Vollstreckung gegen den Beklagten ab. Das Schiedsgericht hatte nämlich noch nicht endgültig über das Bestehen der Klageforderung entschieden, da es noch über die Gegenforderung des Beklagten entscheiden musste. Wenn es diese später für begründet hielt, musste es die Klage abweisen. Der Schiedsspruch war damit keine endgültige Entscheidung.

An einer endgültigen Entscheidung fehlt es ansonsten auch dann, wenn das Schiedsgericht lediglich vage Meinungen und Vermutungen äußert, ohne sich inhaltlich festzulegen.[51]

Durch die Endgültigkeit unterscheidet sich der Schiedsspruch von anderen Entscheidungen des Schiedsgerichts, den verfahrensleitenden Verfügungen. Verfahrensleitende Verfügungen (*procedural orders*)[52] können vom Schiedsgericht im Verlaufe des Verfahrens wieder abgeändert werden, der Schiedsspruch dagegen nicht. Diese Abgrenzung zwischen Schiedsspruch und sonstigen Entscheidungen des Schiedsgerichts wurde bereits im antiken römischen Recht entwickelt[53] und wird heute in der Regel als „Finalität"[54] des Schiedsspruchs bezeichnet.

8.3.2 Entscheidungssatz (Tenor)

Die endgültige Entscheidung des Schiedsgerichts wird in aller Regel – wie beim staatlichen Gericht – in einigen wenigen, kurzen Sätzen formuliert, die lediglich die entscheidenden Anordnungen des Schiedsgerichts enthalten, nicht aber inhaltliche Begründungen. Diesen Teil des Schiedsspruchs nennt man Tenor (*operative part*):

---

[50] BGH v. 07.10.1953, II ZR 170/52, BGHZ 10, 325.
[51] *Blackaby/Partasides*, Redfern and Hunter on International Arbitration, 6. Aufl. 2015, Ziff. 9.154.
[52] Dazu oben Abschn. 6.4.
[53] D. 4,8,19,2 (Paul. 13 ed.).
[54] Dazu *Schmidt*, Der Schiedsspruch, SchiedsVZ 2013, 32 (36 f.).

> **Beispiele**
>
> „Der Beklagte wird verurteilt, an den Kläger 100.000,- Euro zu zahlen."
> „Die Beklagten werden als Gesamtschuldner verurteilt, an den Kläger 50.000,- Euro zu zahlen. Im Übrigen wird die Klage abgewiesen."
> „Die Klage wird abgewiesen."
> „Es wird festgestellt, dass die zwischen den Parteien bestehende Gesellschaft X-GbR durch die Kündigung des Klägers vom 14.10.2018 aufgelöst worden ist."

Rechtlich erforderlich ist die Abfassung eines derartigen Tenors allerdings nicht.[55] Das Schiedsgericht könnte seine Entscheidungen theoretisch auch in den Begründungstext mit einfügen, doch würde darunter die Übersichtlichkeit leiden, die vor allem für die Vollstreckung von Bedeutung ist: Wenn der Schiedsspruch vom staatlichen Gericht für vollstreckbar erklärt wird, wiederholt es den Tenor, damit die zuständigen Vollstreckungsorgane wissen, was sie genau zu tun haben. Die Begründung ist für die Vollstreckungsorgane unerheblich.

In der internationalen Schiedsgerichtsbarkeit hat es sich eingebürgert, den Tenor erst am Ende des Schiedsspruchs nach der Begründung zu formulieren.

8.3.3 Begründung

Die Begründung ist das Herzstück des Schiedsspruchs, auf dessen Abfassung die Schiedsrichter alle ihre Mühe und Fähigkeiten verwenden. Denn die Partei, die im Schiedsverfahren nicht obsiegt hat, muss überzeugt werden, dass sie tatsächlich in der Sache Unrecht hatte. Nur so kann eine Akzeptanz des Schiedsspruchs sichergestellt werden, damit Rechtsfrieden einkehrt. Auch wird durch eine gute Begründung einer späteren Aufhebung des Schiedsspruchs vorgebeugt: Einerseits wird sich die beschwerte Partei dann gut überlegen, ob sie überhaupt gegen den Schiedsspruch vorgeht, andererseits wird sich eventuell auch das staatliche Gericht von der Begründung des Schiedsgerichts überzeugen lassen.

Rechtlich ist allerdings lediglich erforderlich, dass der Schiedsspruch überhaupt eine Begründung enthält (§ 1054 Abs. 2 ZPO). Der Schiedsspruch ist also auch dann wirksam, wenn die Schiedsrichter nur einige wenige Worte zur Sache verlieren und kurz auf die wesentlichen von den Parteien geltend gemachten Angriffs- und Verteidigungsmittel eingehen.[56]

Der innere Aufbau der Begründung unterliegt dem Ermessen des Schiedsgerichts und variiert beträchtlich je nach Einzelfall. Während es im Urteil des staatlichen Gerichts erforderlich ist, streng zwischen dem Tatbestand, der den Tatsachenvortrag und die Angriffs- und Verteidigungsmittel der Parteien enthält, und den Entscheidungsgründen, die die rechtlichen und tatsächlichen Bewertungen des Gerichts

---

[55] MüKo-ZPO/*Münch*, 5. Aufl. 2017, § 1054 Rn. 26.
[56] Musielak/*Voit*, ZPO, 16. Aufl. 2019, § 1054 Rn. 4.

enthalten, zu trennen (vgl. § 313 Abs. 2, 3 ZPO), ist dies im Schiedsspruch nicht erforderlich. Doch auch hier ist es sinnvoll, die Tatsachen und ihre rechtliche Bewertung auseinander zu halten, da in dieser Tätigkeit die wesentliche Aufgabe eines Juristen liegt. Häufig wird die Begründung eines Schiedsspruchs wie folgt strukturiert:

Beteiligte
Zunächst werden die Beteiligten des Rechtsstreits aufgeführt. Dazu gehören die Namen der Parteien, ihre Anschriften, ihre Rechtsform, aber auch ihre Beteiligungsverhältnisse, ihre geschäftlichen Tätigkeiten und Ähnliches. Sodann werden die Prozessbevollmächtigten der Parteien, etwaige sonstige Beteiligte, wie zum Beispiel Streitverkündungsempfänger, und schließlich die Schiedsrichter genannt.

Prozessgeschichte
Anschließend wird der prozessuale Rahmen dargestellt, in dem sich das Schiedsverfahren bewegt hat. Dazu gehören die Schiedsvereinbarung, das anwendbare Recht und gegebenenfalls die Schiedsinstitution. Außerdem werden die wesentlichen Abläufe des Schiedsverfahrens wiedergegeben: die Zustellung von Schiedsklage und Widerklage, der Austausch von Schriftsätzen, die Durchführung der mündlichen Verhandlung, etwaige Zwischenschiedssprüche usw.

Positionen und Anträge der Parteien
Daraufhin werden die wesentlichen Inhalte des Parteivorbringens zusammengefasst, also die dargelegten Tatsachen, die Anträge und die Angriffs- und Verteidigungsmittel. Dadurch wird sichergestellt, dass sich die Parteien im Schiedsspruch „wiederfinden" und das Schiedsgericht ihre Positionen zur Kenntnis genommen hat. Bei der Wiedergabe des Parteivorbringens bietet es sich an, wie im deutschen Gerichtsverfahren zwischen streitigen und unstreitigen Tatsachen zu unterscheiden. Häufig wird zudem nach den verschiedenen Streitgegenständen untergliedert.

Rechtliche Beurteilung:
Schließlich gibt das Schiedsgericht seine eigene rechtliche Beurteilung der von den Parteien vorgebrachten Positionen wieder. Dadurch erfolgt die juristische Aufarbeitung, Einordnung und Entscheidung des Streitstoffes. Dabei muss das Schiedsgericht nicht auf jeden einzelnen Aspekt eingehen, da den Parteien mit einem unnötig langen und unübersichtlichen Schiedsspruch auch nicht gedient ist. Vielmehr reicht es aus, wenn das Schiedsgericht die wesentlichen Punkte anspricht und überzeugend rechtlich bewertet. Allgemeine rechtliche Ausführungen sind dabei eher hinderlich, vielmehr ist die Anwendung des Rechts auf den Einzelfall entscheidend.[57]

---

[57] *Blackaby/Partasides*, Redfern and Hunter on International Arbitration, 6. Aufl. 2015, Ziff. 9.161: „an intelligible decision, rather than a legal dissertation".

▶ Veröffentlichte Schiedssprüche finden sich in verschiedenen Zeitschriften, vor allem im „Yearbook Commercial Arbitration". Für den Bereich der Investitionsschiedsgerichtsbarkeit enthält auch die Website italaw.com eine große Auswahl von Schiedssprüchen und sonstigen Dokumenten.

Umstritten ist, ob ein Schiedsrichter, der mit einer Mehrheitsentscheidung nicht übereinstimmt, die Möglichkeit hat, seine abweichende Meinung gesondert zu begründen (sog. *dissenting opinion* / Sondervotum). Während dies in internationalen Schiedsverfahren durchaus häufiger vorkommt,[58] wird die Zulässigkeit einer *dissenting opinion* im deutschen Schiedsverfahrensrecht eher abgelehnt, weil das Beratungsgeheimnis dadurch verletzt würde.[59]

Im institutionellen Schiedsverfahren ist die *dissenting opinion* nur nach den ICSID Arbitration Rules ausdrücklich zugelassen:

Rule 43.3: Any member of the Tribunal may attach his individual opinion to the award, whether he dissents from the majority or not, or a statement of his dissent.

Nach dieser Vorschrift ist also sowohl eine *dissenting opinion*, als auch eine *concurring opinion* (zusätzliche oder abweichende Begründung der Mehrheitsentscheidung), als auch die bloße Kundgabe der Nichtzustimmung zulässig. Letzteres käme wohl auch nach deutschem Schiedsverfahrensrecht in Betracht, da der Schiedsrichter eine solche Nichtzustimmung auch durch seine Weigerung, den Schiedsspruch zu unterschreiben, zum Ausdruck bringen kann (§ 1054 Abs. 1 S. 2 ZPO). Die ICSID Arbitration Rules entstammen allerdings dem Völkerrecht (vgl. näher Abschn. 12.8.2), wo schon seit jeher eine Tradition der *dissenting opinion* besteht. Sie sind daher für das privatrechtliche Schiedsverfahren nicht sehr aussagekräftig.

Im ICC-Verfahren wird eine *dissenting opinion* meist für zulässig gehalten und bisweilen auch Gebrauch davon gemacht, ohne dass dies in der Schiedsordnung explizit geregelt wäre.[60] In deutschen ICC-Verfahren ist jedoch aus den erwähnten Gründen Zurückhaltung angebracht.

Über die Zweckmäßigkeit der Zulassung von *dissenting opinions* herrscht ebenfalls Uneinigkeit. Teilweise wird darauf hingewiesen, dass die Entscheidungsfin-

---

[58]Interessante rechtstatsächliche Untersuchungen bei *Escher*, Die Dissenting Opinion im deutschen Handelsschiedsverfahren – Fear of the Unknown, SchiedsVZ 2018, 219–226; vgl. auch *Born*, International Commercial Arbitration, 2. Aufl. 2014, S. 3053–3061.

[59]MüKo-ZPO/*Münch*, 5. Aufl. 2017, § 1054 Rn. 22; *Schütze*, Das Zustandekommen des Schiedsspruchs, SchiedsVZ 2008, 10 (13 f.); *Schack*, Internationales Zivilverfahrensrecht, 7. Aufl. 2017, Rn. 1416; differenzierend *Westermann*, Das dissenting vote im Schiedsverfahren, SchiedsVZ 2009, 102 (106 f.); a.A. *Bartels*, Geheimnisverrat des Dissenters im schiedsrichterlichen Verfahren? SchiedsVZ 2014, 133 (134 f.); *Nedden/Büstgens*, Die Beratung des Schiedsgerichts – Konfliktpotenzial und Lösungswege, SchiedsVZ 2015, 169 (178); *Escher*, Die Dissenting Opinion im deutschen Handelsschiedsverfahren – Fear of the Unknown, SchiedsVZ 2018, 219 (224).

[60]*Nedden/Büstgens*, Die Beratung des Schiedsgerichts – Konfliktpotenzial und Lösungswege, SchiedsVZ 2015, 169 (177 f.); *Manner/Nedden*, in: Nedden/Herzberg, Praxiskommentar zu den Schiedsgerichtsordnungen, 2014, Art. 31 ICC-SchO Rn. 8.

dung im Schiedsgericht durch die Möglichkeit einer *dissenting opinion* positiv beeinflusst werden kann.[61] Häufig herrscht aber auch Skepsis, weil sich der parteibenannte Schiedsrichter bei Zulässigkeit der *dissenting opinion* verpflichtet fühlen kann, entgegen seiner eigentlichen inneren Überzeugung zugunsten „seiner" Partei zu stimmen und dies in einem Sondervotum zu dokumentieren.[62]

8.3.4 Unterschrift

Der Schiedsspruch muss schriftlich verfasst und grundsätzlich von allen Schiedsrichtern unterschrieben werden (§ 1054 Abs. 1 S. 1 ZPO). Durch die Unterschrift übernimmt jeder Schiedsrichter Verantwortung für den Inhalt des Dokuments und stellt sicher, dass es dem Ergebnis der Beratungen entspricht. Fehlt eine Unterschrift oder hat ein Schiedsrichter für einen anderen Schiedsrichter mit unterschrieben, liegt daher kein wirksamer Schiedsspruch vor. Die fehlende Unterschrift kann aber nachgeholt werden.[63]

Ist ein Schiedsrichter verhindert, zu unterschreiben, oder weigert er sich, so reicht es gemäß § 1054 Abs. 1 S. 2 ZPO aus, wenn die anderen beiden Schiedsrichter unterschreiben (bzw. bei mehr als drei Schiedsrichtern die jeweilige Mehrheit der Schiedsrichter). Damit wird die Regelung des § 1052 Abs. 2 ZPO komplementiert, wonach das Schiedsgericht seine Beratungen auch bei Weigerung eines der Schiedsrichter fortsetzen kann (dazu oben Abschn. 8.2.3).

Zwingend erforderlich ist bei Fehlen einer Unterschrift allerdings, dass der Grund für die fehlende Unterschrift angegeben wird (§ 1054 Abs. 1 S. 2 Hs. 2 ZPO). Anderenfalls könnte der fertige Schiedsspruch mit einem bloßen Entwurf verwechselt werden. Ob der Hinderungsgrund tatsächlich vorlag, wird allerdings vom staatlichen Gericht nicht überprüft und würde die Wirksamkeit des Schiedsspruchs auch nicht in Zweifel ziehen.[64]

Neben der Unterschrift müssen gemäß § 1054 Abs. 3 ZPO auch Tag und Ort angegeben werden. Dies ist jedoch als „Sollen" zu lesen; das Fehlen dieser Angaben beeinträchtigt die Wirksamkeit des Schiedsspruchs nicht.[65]

---

[61] *Born*, International Commercial Arbitration, 2. Aufl. 2014, S. 3059 f.; *Bartels*, Geheimnisverrat des Dissenters im schiedsrichterlichen Verfahren? SchiedsVZ 2014, 133 (135 f.).
[62] *Blackaby/Partasides*, Redfern and Hunter on International Arbitration, 6. Aufl. 2015, Ziff. 9.138; *Escher*, Die Dissenting Opinion im deutschen Handelsschiedsverfahren – Fear of the Unknown, SchiedsVZ 2018, 219 (221 f.).
[63] OLG München v. 25.02.2013, 34 Sch 12/12, SchiedsVZ 2013, 230 (233 f.).
[64] Vgl. insgesamt MüKo-ZPO/*Münch*, 5. Aufl. 2017, § 1054 Rn. 14–17.
[65] OLG Frankfurt v. 29.12.2016, 26 Sch 11/16, BeckRS 2016, 116009, Rn. 6; OLG München v. 25.02.2013, 34 Sch 12/12, SchiedsVZ 2013, 230 (233); Zöller/*Geimer*, ZPO, 32. Aufl. 2018, § 1054 Rn. 9.

8.3.5 Übermittlung

Der Schiedsspruch muss den Parteien oder ihren Prozessbevollmächtigten übermittelt werden (§ 1054 Abs. 4 ZPO), damit diese von seinem Inhalt in Kenntnis gesetzt werden und die darin enthaltenen Anordnungen des Schiedsgerichts erfüllen können. Erst ab dem Zeitpunkt der Übermittlung laufen auch die für die Parteien maßgeblichen Fristen, vor allem die Frist für den Aufhebungsantrag an das Gericht nach § 1059 Abs. 3 S. 2 ZPO.

Die Übermittlung im Sinne des § 1054 Abs. 4 ZPO ist keine förmliche Zustellung durch öffentliche Organe oder Beliehene, sondern eine schlichte tatsächliche Übermittlung, die auf jede Art und Weise, etwa persönlich, durch Boten oder per Post,[66] erfolgen kann. Um den Tag der Übermittlung nachzuweisen, ist ein Einschreiben mit Rückschein oder eine Kuriersendung sinnvoll. Teilweise wird eine elektronische Übermittlung mit qualifizierter elektronischer Signatur für ausreichend gehalten,[67] doch ist dies fraglich, da dann keine „Unterschrift" übermittelt wird.

Im institutionellen Schiedsverfahren erfolgt die Übermittlung des Schiedsspruchs durch die jeweilige Schiedsinstitution (Art. 39.6 DIS-SchO; Art. 35.1 ICC-SchO).

Ist der aktuelle Aufenthaltsort der Parteien oder ihrer Prozessbevollmächtigten unbekannt, so kann an die zuletzt bekannte Postanschrift übermittelt werden. Auch wenn dort keine Zustellung möglich ist, wird der Zugang dann fingiert (§ 1028 Abs. 1 ZPO, Art. 4.6, 4.7 DIS-SchO, Art. 3.2, 3.3 ICC-SchO).

8.4 Arten von Schiedssprüchen

8.4.1 Nach ihrem Inhalt

Schiedssprüche lassen sich nach dem Inhalt der in ihnen enthaltenen Anordnungen des Schiedsgerichts wie folgt unterscheiden:

8.4.1.1 Leistungsschiedssprüche

Die häufigsten Entscheidungen von Schiedsgerichten sind Anordnungen an eine oder mehrere Parteien, einer oder mehreren anderen Parteien etwas zu leisten. Meistens geht es um die Zahlung von Geld, aber auch die Lieferung von Sachen, die Einräumung von Rechten oder die Vornahme oder Unterlassung sonstiger Handlungen kann Inhalt eines Leistungsschiedsspruchs sein.

8.4.1.2 Feststellungsschiedssprüche

In manchen Situationen stellt das Schiedsgericht lediglich fest, dass ein bestimmtes Rechtsverhältnis besteht oder nicht besteht bzw. welchen Inhalt es hat. Die Parteien beantragen den Erlass derartiger Feststellungsschiedssprüche vor allem in den

---

[66]BT-Drs. 13/5274, S. 56.
[67]MüKo-ZPO/*Münch*, 5. Aufl. 2017, § 1054 Rn. 38.

Fällen, in denen sie noch nicht genau abschätzen können, welche konkreten Forderungen sie an die andere Partei stellen werden, aber die Feststellung an sich ebenfalls schon zur Klärung des streitgegenständlichen Rechtsverhältnisses beiträgt.

> **Beispiel**
>
> Wenn streitig ist, ob eine Gesellschaft durch Kündigung aufgelöst ist, kann beim Schiedsgericht beantragt werden, festzustellen, dass die Gesellschaft noch besteht oder nicht besteht. Wenn das Schiedsgericht feststellt, dass die Gesellschaft aufgelöst ist, bringt auch ein derartiger Schiedsspruch Rechtssicherheit zwischen den Parteien mit sich. Über die Höhe des Auseinandersetzungsanspruchs kann dann natürlich ein weiterer Streit entstehen, doch ist es auch denkbar, dass die Parteien sich über die Berechnungsweise einig sind. In diesem Fall ist keine weitere schiedsgerichtliche Entscheidung erforderlich.

8.4.1.3 Gestaltungsschiedssprüche

In manchen Fällen können Schiedssprüche auch gestaltende Wirkung haben. Die Rechtslage wird dann durch den Schiedsspruch selbst unmittelbar geändert. Wann dies der Fall ist, hängt im Wesentlichen vom anwendbaren materiellen Recht ab.

> **Beispiel**
>
> Wenn ein Nichtkaufmann eine Vertragsstrafenvereinbarung abgeschlossen hat und die verwirkte Strafe unverhältnismäßig hoch ist, kann er sie gerichtlich herabsetzen lassen (§ 343 BGB). Die Verringerung der Strafhöhe tritt dann erst durch das Gerichtsurteil ein, sodass es sich um ein Gestaltungsurteil handelt. Bei Bestehen einer Schiedsvereinbarung kann dementsprechend das Schiedsgericht angerufen werden. Die Herabsetzung der Strafhöhe geschieht dann durch den Schiedsspruch als Gestaltungsschiedsspruch.[68]

8.4.2 Nach ihrem Umfang

Im Schiedsspruch entscheidet das Schiedsgericht normalerweise über sämtliche Ansprüche, welche die Parteien wechselseitig geltend gemacht haben. Der Schiedsspruch schließt das Schiedsverfahren dann vollständig ab und wird auch als Endschiedsspruch bezeichnet. Daneben sind aber Situationen denkbar, in denen es sinnvoll oder sogar notwendig ist, nur einzelne Teilfragen des Rechtsstreits vorab durch einen Schiedsspruch zu entscheiden, das Schiedsverfahren dann fortzusetzen und anschließend einen oder mehrere weitere Schiedssprüche über die restlichen Teilfragen zu erlassen.

---

[68]Vgl. auch MüKo-BGB/*Gottwald*, 7. Aufl. 2016, § 343 Rn. 14.

8.4.2.1 Zwischenschiedssprüche

Die häufigsten Fälle, in denen Schiedssprüche über einzelne Teilfragen eines Rechtsstreits ergehen, sind die sogenannten Zwischenschiedssprüche (*interim awards*). Durch einen Zwischenschiedsspruch entscheidet das Schiedsgericht über eine Vorfrage, die für den weiteren Verlauf des Rechtsstreits von präjudizieller Bedeutung ist. Es entscheidet aber noch nicht endgültig über den Streitgegenstand, sodass ein Zwischenschiedsspruch keinen vollstreckbaren Inhalt hat und auch seine Rechtsnatur als Schiedsspruch in manchen Fällen fraglich ist.[69]

Wichtigstes Beispiel für einen Zwischenschiedsspruch ist die gesonderte Entscheidung des Schiedsgerichts über seine Zuständigkeit. Diese Entscheidung wird vom Gesetz allerdings in die besondere Rechtsform des „Zwischenentscheids" gekleidet, auch wenn es sich der Sache nach um einen gesondert anfechtbaren Zwischenschiedsspruch handelt (vgl. § 1040 Abs. 3 ZPO, dazu näher unten Abschn. 10.3.4).

Häufig kommen auch Zwischenschiedssprüche über den Klagegrund vor. Das Schiedsgericht entscheidet dann darüber, dass ein Anspruch dem Grunde nach besteht, nicht aber über die Höhe dieses Anspruchs. Dem ähnelt im staatlichen Verfahren das Grundurteil gemäß § 304 ZPO. Ein Zwischenschiedsspruch über den Grund bietet sich bei Schadensersatzklagen an, die eine aufwendige Beweisaufnahme über die Schadenshöhe erfordern. Um diesen Aufwand zunächst zu vermeiden, kann das Schiedsgericht die Abschichtung des Verfahrens anordnen (*bifurcation*),[70] gesondert über den Grund der Klage verhandeln (*liability phase*) und einen Zwischenschiedsspruch über den Klagegrund erlassen (*interim award on liability*). Ein solcher Zwischenschiedsspruch erwächst allerdings nach herrschender Meinung nicht in Rechtskraft und kann auch nicht gesondert im Aufhebungsverfahren angefochten werden. Insofern unterscheidet er sich vom Grundurteil im staatlichen Verfahren (vgl. § 304 Abs. 2 ZPO). Der Zwischenschiedsspruch über den Grund ist kein echter, also endgültiger, Schiedsspruch, weil das Schiedsgericht im anschließenden zweiten Verfahrensabschnitt die Schiedsklage auch noch vollständig abweisen kann, wenn es den Anspruch der Höhe nach für unbegründet hält.[71]

Gleichwohl schafft der Zwischenschiedsspruch insofern Rechtssicherheit zwischen den Parteien, als das Schiedsgericht selbst sehr wohl daran gebunden ist. Es hat sich durch den Zwischenschiedsspruch im Hinblick auf den Klagegrund festgelegt. Diese Rechtssicherheit ermöglicht es den Parteien oft, schon zu diesem Zeitpunkt zu einem Vergleich über die Anspruchshöhe zu kommen und sich die weitere Durchführung des Verfahrens zu ersparen. Anderenfalls wird das Schieds-

---

[69] Dazu *Schmidt*, Der Schiedsspruch, SchiedsVZ 2013, 32 (39 f.).
[70] Dazu bereits oben Abschn. 6.2.
[71] OLG Frankfurt v. 10.05.2007, 26 Sch 20/06, SchiedsVZ 2007, 278 (279); *Lachmann*, Handbuch für die Schiedsgerichtspraxis, 3. Aufl. 2008, Rn. 1707 f.; a.A. *Schmidt*, Der Schiedsspruch, SchiedsVZ 2013, 32 (40); vgl. auch MüKo-ZPO/*Münch*, 5. Aufl. 2017, § 1056 Rn. 12; Stein/Jonas/*Schlosser*, ZPO, 23. Aufl. 2014, § 1055 Rn. 21.

verfahren fortgesetzt, über die noch offene Frage der Anspruchshöhe Beweis erhoben (*quantum phase*) und schließlich durch (End-)Schiedsspruch endgültig entschieden.

8.4.2.2 Teilschiedssprüche

Das Schiedsgericht kann auch über einzelne Teile des gesamten Rechtsstreits gesondert entscheiden, wenn diese voneinander abgrenzbar sind und unabhängig voneinander entschieden werden können.[72] Hat der Kläger etwa mehrere Ansprüche erhoben (objektive Klagehäufung), so kann das Schiedsgericht in manchen Fällen über einzelne dieser Ansprüche gesondert entscheiden. Aber auch über abgrenzbare Teile eines einzelnen Anspruchs kann ein Teilschiedsspruch ergehen. Häufig kommt ein Teilschiedsspruch in Betracht, wenn der Beklagte Widerklage erhoben hat: Dann kann das Schiedsgericht über die Klage oder über die Widerklage vorab gesondert durch Teilschiedsspruch entscheiden, je nachdem, welcher Teil zuerst entscheidungsreif ist.

Der Teilschiedsspruch (*partial award*) unterscheidet sich vom Zwischenschiedsspruch darin, dass über einen Teil des Rechtsstreits endgültig entschieden wird. Es handelt sich also um einen echten (End-)Schiedsspruch. Daher erwächst der Teilschiedsspruch in Rechtskraft[73] und kann gesondert angefochten (§ 1059 ZPO) bzw. für vollstreckbar erklärt werden (§§ 1060, 1061 ZPO).[74]

Der Teilschiedsspruch ist zweckmäßig, wenn Teile des Rechtsstreits zur Entscheidung reif sind und andere noch nicht. Er dient dann der Abschichtung verschiedener Fragen voneinander und der Reduktion des Rechtsstreits auf die verbleibenden, noch offenen Fragen. Die Vollstreckbarerklärung verschafft der begünstigten Partei einen Vollstreckungstitel, sodass sie schon vor Abschluss des gesamten Schiedsverfahrens eine Teilforderung vollstrecken kann. Dies verringert das Risiko des Zahlungsausfalls der anderen Partei.

8.4.3 Schiedssprüche mit vereinbartem Wortlaut (Vergleich)

Eine besondere Art von Schiedsspruch stellt der Schiedsspruch mit vereinbartem Wortlaut gemäß § 1053 Abs. 1 S. 2 ZPO dar. Dieser Schiedsspruch ist keine Entscheidung des Schiedsgerichts nach Durchführung einer streitigen Verhandlung, sondern, wie der Name sagt, eine einvernehmliche Entscheidung der Parteien, die lediglich in Form eines Schiedsspruchs festgehalten wird.

Wenn die Parteien ihren Rechtsstreit einvernehmlich beenden möchten, können sie dies im Schiedsverfahren genauso wie im staatlichen Gerichtsverfahren durch

---

[72]Vgl. zu den vergleichbaren Voraussetzungen im staatlichen Verfahren § 301 ZPO und dazu *Musielak*/Voit, ZPO, 16. Aufl. 2019, § 301 Rn. 3 ff.; verneint wurden diese Voraussetzungen etwa in OLG Frankfurt v. 10.05.2007, 26 Sch 20/06, SchiedsVZ 2007, 278 (279).

[73]Stein/Jonas/*Schlosser*, ZPO, 23. Aufl. 2014, § 1055 Rn. 20.

[74]*Schmidt*, Der Schiedsspruch, SchiedsVZ 2013, 32 (38 f.).

Abschluss eines Vergleichs tun. Dabei können sie sich damit begnügen, einen „außerschiedsgerichtlichen" Vergleich untereinander abzuschließen, oder sie können zusätzlich beim Schiedsgericht den Erlass eines Schiedsspruchs mit vereinbartem Wortlaut beantragen.

8.4.3.1 Außerschiedsgerichtlicher Vergleich

Wenn die Parteien einen Vergleich untereinander ohne Anträge an das Schiedsgericht abschließen, handelt es sich lediglich um eine materiellrechtliche Vereinbarung im Sinne des § 779 BGB (bei Anwendbarkeit deutschen Sachrechts). Inhaltlich verzichten die Parteien im Rahmen eines solchen Vergleichs in der Regel ganz oder teilweise auf ihre geltend gemachten gegenseitigen Ansprüche und vereinbaren bestimmte Ansprüche aus dem Vergleich, was novierend wirken kann, aber nicht muss.[75]

Auf das Schiedsverfahren hat dieser materiellrechtliche Vergleich keine unmittelbaren Auswirkungen. Um das Schiedsverfahren zu beenden, müssen die Parteien zusätzlich dessen Beendigung vereinbaren.[76] Diese Beendigungsentscheidung der Parteien ist für das Schiedsgericht verbindlich, da die Parteien es in der Hand haben, ob das Verfahren fortgeführt werden soll oder nicht. Das Schiedsgericht entscheidet dann durch Beschluss, dass das Verfahren beendet worden ist (§ 1056 Abs. 2 Nr. 2 ZPO), sowie gegebenenfalls über die Kosten (§ 1057 ZPO).[77]

Wenn die Parteien keine Beendigung vereinbaren, darf das Schiedsgericht das Verfahren nicht von sich aus beenden. § 1053 Abs. 1 S. 1 ZPO ist keine eigenständige Rechtsgrundlage für eine Beendigungsentscheidung des Schiedsgerichts, sondern knüpft nur an die spezieller normierten Tatbestände des § 1056 Abs. 2 ZPO an.[78] Liegen diese nicht vor, wird das Verfahren einstweilen unverändert fortgeführt.

Die Fortführung des Schiedsverfahrens ist auch durchaus zweckmäßig: Erfüllt eine der Parteien ihre Verpflichtungen aus dem Vergleich nicht, kann die andere Partei vor dem Schiedsgericht ihre Anträge umstellen und auf der Grundlage des Vergleichs eine Verurteilung durch (regulären) Schiedsspruch beantragen.[79] Die Parteien sind bei Abschluss eines rein außerschiedsgerichtlichen Vergleichs also gut beraten, nicht sofort eine Beendigung des Schiedsverfahrens zu vereinbaren, sondern lediglich das Ruhen des Verfahrens zu erklären, damit es gegebenenfalls fortgesetzt werden kann.[80]

---

[75] Näher MüKo-BGB/*Habersack*, 7. Aufl. 2017, § 779 Rn. 31–34.

[76] So auch BT-Drs. 13/5274, S. 55; *Bredow*, Schiedsspruch mit vereinbartem Wortlaut – Form und Inhalt, SchiedsVZ 2010, 295 f.

[77] *Gerstenmaier*, Beendigung des Schiedsverfahrens durch Beschluss nach § 1056 ZPO, SchiedsVZ 2010, 281 (284).

[78] *Busse*, Der Schiedsvergleich als verfahrensrechtliche Falle, SchiedsVZ 2010, 57 (58 f.); MüKo-ZPO/*Münch*, 5. Aufl. 2017, § 1056 Rn. 1 f.

[79] *Busse*, Der Schiedsvergleich als verfahrensrechtliche Falle, SchiedsVZ 2010, 57 (58 ff.); Stein/Jonas/*Schlosser*, ZPO, 23. Aufl. 2014, § 1056 Rn. 7.

[80] *Gerstenmaier*, Beendigung des Schiedsverfahrens durch Beschluss nach § 1056 ZPO, SchiedsVZ 2010, 281 (284).

Die Notwendigkeit, das Schiedsverfahren in dem Fall, dass eine Partei sich später weigert, die im Vergleich versprochenen Leistungen zu erbringen, fortzusetzen, ist zugleich eine Schwäche des außerschiedsgerichtlichen Vergleichs. Denn erst der (reguläre) Schiedsspruch verschafft der aus dem Vergleich begünstigten Partei hier einen Vollstreckungstitel.

8.4.3.2 Beantragung eines Schiedsspruchs mit vereinbartem Wortlaut

Im Schiedsverfahren ist es daher in aller Regel sinnvoll, nicht einen außerschiedsgerichtlichen Vergleich, sondern einen Vergleich vor dem Schiedsgericht abzuschließen. Dazu beantragen die Parteien gemeinsam den Erlass eines Schiedsspruchs mit einem bestimmten, vereinbarten Wortlaut (§ 1053 Abs. 1 S. 2 ZPO). Dieser Schiedsspruch ist dann wie jeder andere Schiedsspruch zwischen den Parteien verbindlich (§ 1055 ZPO) und kann vom zuständigen Gericht für vollstreckbar erklärt werden (§§ 1060, 1061 ZPO). Dies gilt nicht nur in Deutschland, sondern wegen des UNÜ fast weltweit (Abschn. 2.1).

Zudem ersetzt ein Schiedsspruch mit vereinbartem Wortlaut auch eine etwaig erforderliche notarielle Beurkundung (§ 1053 Abs. 3 ZPO). Dies wird etwa relevant, wenn als Teil des Vergleichs ein Grundstück (§ 311b Abs. 1 S. 1 BGB) oder ein Geschäftsanteil (§ 15 Abs. 4 GmbHG) übertragen werden soll.

Im staatlichen Verfahren würde man in diesen Fällen einen Prozessvergleich schließen, also einen Vergleich, der vom Gericht protokolliert wird. Dieser stellt gemäß § 794 Abs. 1 Nr. 1 ZPO einen Vollstreckungstitel dar. Der Prozessvergleich hat eine rechtliche Doppelnatur, da er einerseits materiellrechtlicher Vergleich, andererseits zugleich ein prozessualer Tatbestand ist, an den hoheitliche Wirkungen geknüpft werden. Diese Doppelnatur kam einem Schiedsvergleich nur nach altem Schiedsverfahrensrecht zu, das bis 1997 galt. Hier konnte auch vor dem Schiedsgericht ein Vergleich abgeschlossen werden, an den direkte prozessuale Wirkungen geknüpft waren:

§ 1044a Abs. 1 ZPO a.F.
Hat sich der Schuldner in einem schiedsrichterlichen Vergleich der sofortigen Zwangsvollstreckung unterworfen, so findet die Zwangsvollstreckung aus dem Vergleich statt, wenn er für vollstreckbar erklärt ist. Der Vergleich darf nur für vollstreckbar erklärt werden, wenn er unter Angabe des Tages seines Zustandekommens von den Schiedsrichtern und den Parteien unterschrieben und auf der Geschäftsstelle des zuständigen Gerichts niedergelegt ist.

Nach dieser Regelung konnte also auch ein schiedsrichterlicher Vergleich vom Gericht für vollstreckbar erklärt werden. Der Reformgesetzgeber hat den „schiedsrichterlichen Vergleich" zum 01.01.1998 gestrichen und durch den Schiedsspruch mit vereinbartem Wortlaut ersetzt. Grund dafür ist die erwähnte international einheitliche Vollstreckungsmöglichkeit für Schiedssprüche.[81] Die Vollstreckbarkeit

---

[81]BT-Drs. 13/5274, S. 54 f.; *G. Lörcher*, Das neue Recht der Schiedsgerichtsbarkeit, DB 1998, 245 (247); *Mankowski*, Der Schiedsspruch mit vereinbartem Wortlaut, ZZP 114 (2001), 37 (39 f.).

8.4 Arten von Schiedssprüchen

von Vergleichen ist dagegen international nicht überall anerkannt. Der Sache nach handelt es sich also zunächst um eine terminologische Änderung. Dadurch ist gleichzeitig aber auch eine dogmatische Änderung eingetreten, weil der „schiedsrichterliche Vergleich" als eigene Kategorie abgeschafft wurde. Nach heutiger Rechtslage liegt also immer ein „normaler" materiellrechtlicher Vergleich vor, der dementsprechend auch keine Doppelnatur hat, und gegebenenfalls zusätzlich ein Schiedsspruch mit vereinbartem Wortlaut, der als „normaler" Schiedsspruch für vollstreckbar erklärt werden kann.[82]

Zu beachten ist allerdings, dass ein Schiedsspruch mit vereinbartem Wortlaut, wenn er erlassen worden ist, als prozessualer Tatbestand Wirkung entfaltet, auch wenn der zugrunde liegende Vergleich unwirksam ist. In einem solchen Fall müssen die Parteien dann die im Schiedsspruch enthaltenen Regelungen deswegen erfüllen, weil er zwischen ihnen Rechtskraft entfaltet (§ 1055 ZPO). Um sich davon zu befreien, müssen sie ein Aufhebungsverfahren gemäß § 1059 Abs. 2 Nr. 1 lit. d ZPO anstrengen.[83] Grund für diese auf den ersten Blick ungewöhnliche abstrakte Wirksamkeit des Schiedsspruchs mit vereinbartem Wortlaut ist zum einen, dass den Parteien Anerkenntnis und Verzicht im Schiedsverfahren möglich sein müssen: Im staatlichen Verfahren bewirkt die Erklärung eines Verzichts gemäß § 306 ZPO, dass die Klage abgewiesen wird, während die Erklärung eines Anerkenntnisses gemäß § 307 ZPO umgekehrt die Verurteilung des Beklagten nach sich zieht. Genauso muss es im Schiedsverfahren möglich sein, entsprechende Schiedssprüche zu erlassen, wenn der Kläger verzichtet oder der Beklagte anerkennt. Ein Vergleich liegt in diesen Fällen jedoch nicht unbedingt vor, da dieser zumindest dem Wortlaut des § 779 BGB nach ein gegenseitiges Nachgeben voraussetzt.[84] Zum anderen liegt die abstrakte Wirksamkeit des Schiedsspruchs mit vereinbartem Wortlaut darin begründet, dass es sich seiner Rechtsnatur nach eben um einen Schiedsspruch handelt und nicht um einen Vergleich. Ein Schiedsspruch mit vereinbartem Wortlaut kann daher insbesondere auch über solche Gegenstände ergehen, über die sich die Parteien nicht vergleichsweise einigen können. Dies betrifft Schiedsverfahren über vermögensrechtliche Ansprüche (§ 1030 Abs. 1 S. 1 ZPO), die nicht vergleichsfähig sind, beispielsweise Ansprüche auf zukünftigen Unterhalt (dazu Abschn. 3.6.1). Diese Ausweitung des Anwendungsbereichs des Schiedsspruchs mit vereinbartem

---

[82] *Spohnheimer*, Überlegungen zur Dogmatik des schiedsgerichtlichen Vergleichs und des Schiedsspruchs mit vereinbartem Wortlaut, in: Geimer/Schütze (Hrsg.), Festschrift für Athanassios Kaissis, 2012, S. 933 (934).

[83] *Spohnheimer*, Überlegungen zur Dogmatik des schiedsgerichtlichen Vergleichs und des Schiedsspruchs mit vereinbartem Wortlaut, in: Geimer/Schütze (Hrsg.), Festschrift für Athanassios Kaissis, 2012, S. 933 (943 f.).

[84] *Mankowski*, Der Schiedsspruch mit vereinbartem Wortlaut, ZZP 114 (2001), 37 (66); *Schütze*, Schiedsgericht und Schiedsverfahren, 6. Aufl. 2016, Rn. 580; zur Anwendbarkeit des § 779 BGB auf den Schiedsvergleich *Spohnheimer*, Überlegungen zur Dogmatik des schiedsgerichtlichen Vergleichs und des Schiedsspruchs mit vereinbartem Wortlaut, in: Geimer/Schütze (Hrsg.), Festschrift für Athanassios Kaissis, 2012, S. 933 (935 f.).

Wortlaut wird in der Literatur zu Recht kritisiert,[85] ist aber jedenfalls de lege lata hinzunehmen. Praktische Probleme dürften sich nicht ergeben, da das Schiedsgericht in krassen Fällen einen Verstoß gegen den ordre public annehmen und den Erlass eines Schiedsspruchs mit vereinbartem Wortlaut verweigern kann (§ 1053 Abs. 1 S. 2 ZPO).

Die Vereinbarkeit des Vergleichs mit dem ordre public gemäß § 1053 Abs. 1 S. 2 ZPO ist die einzige gesetzliche Voraussetzung, die das Schiedsgericht neben den gemeinsamen Anträgen der Parteien zu prüfen hat.[86] Umstritten ist, wie der ordre public hier im Einzelnen zu bestimmen ist, insbesondere, ob an einen nationalen oder einen internationalen Standard angeknüpft werden sollte. Jedenfalls ist aber zu bedenken, dass es hier nicht wie beim ordre public des § 1059 Abs. 2 Nr. 2 lit. b ZPO um eine Kontrolle von Schiedssprüchen geht, sondern um eine Kontrolle der Vertragsfreiheit. Daher spricht wohl mehr dafür, die Einhaltung der fundamentalen Rechtsgrundsätze aller im konkreten Fall einschlägigen Rechtsordnungen zu fordern, nicht nur der Rechtsordnung des Schiedsorts.[87] Beispiele für Vergleiche, die dem ordre public widersprechen würden, sind etwa kartellrechtlich unzulässige Gebietsabsprachen[88] und Vereinbarungen zum Zweck der Geldwäsche.[89]

8.4.3.3 Einbeziehung zusätzlicher Parteien

Bei Abschluss eines Vergleichs haben die Parteien oft das Bedürfnis, weitere Personen mit einzubeziehen, die nicht am Schiedsverfahren beteiligt sind. Beispielsweise wird häufig vereinbart, dass die Muttergesellschaft einer der beteiligten Parteien für deren Verbindlichkeiten aus dem Vergleich mit haften soll.

Eine solche Einbeziehung dritter Parteien ist im Hinblick auf den materiellrechtlichen Vergleichsschluss mit deren Zustimmung unproblematisch möglich. Soweit es den Schiedsspruch mit vereinbartem Wortlaut betrifft, kann ein Dritter aber nur dann mit einbezogen werden, wenn er auch Partei des Schiedsverfahrens ist. Schiedssprüche können nämlich nicht im Verhältnis zu dritten Personen ergehen, die nicht Partei des Schiedsverfahrens sind. Es ist also erforderlich, dass der Dritte – mit Einverständnis der Parteien und der Schiedsrichter – seine Einbeziehung als Partei ins Schiedsverfahren erklärt (dazu näher unten Abschn. 9.4.3.1). Diese Erklärung

---

[85]Musielak/*Voit*, ZPO, 16. Aufl. 2019, § 1053 Rn. 1; *Spohnheimer*, Gestaltungsfreiheit bei antezipiertem Legalanerkenntnis des Schiedsspruchs, 2010, S. 60 f.

[86]Dazu *Mankowski*, Der Schiedsspruch mit vereinbartem Wortlaut, ZZP 114 (2001), 37 (41–61); *Bredow*, Schiedsspruch mit vereinbartem Wortlaut – Form und Inhalt, SchiedsVZ 2010, 295 (296); *Spohnheimer*, Überlegungen zur Dogmatik des schiedsgerichtlichen Vergleichs und des Schiedsspruchs mit vereinbartem Wortlaut, in: Geimer/Schütze (Hrsg.), Festschrift für Athanassios Kaissis, 2012, S. 933 (937 f.).

[87]*Bredow*, Schiedsspruch mit vereinbartem Wortlaut – Form und Inhalt, SchiedsVZ 2010, 295 (298).

[88]*Schütze*, Schiedsgericht und Schiedsverfahren, 6. Aufl. 2016, Rn. 585, unter Verweis auf BGH v. 25.10.1966, KZR 7/65, BGHZ 46, 365, wo es allerdings um ein Aufhebungsverfahren ging.

[89]*Lachmann*, Handbuch für die Schiedsgerichtspraxis, 3. Aufl. 2008, Rn. 1804.

kann freilich auch konkludent dadurch erfolgen, dass der Dritte den gemeinsamen Antrag der Parteien an das Schiedsgericht auf Erlass eines Schiedsspruchs mit vereinbartem Wortlaut mit unterzeichnet.[90]

8.4.4 Berichtigungs-, Auslegungs- und Ergänzungsschiedssprüche

In bestimmten Fällen können auch noch nach Abschluss des Schiedsverfahrens weitere Schiedssprüche ergehen: die Berichtigungs-, Auslegungs- und Ergänzungsschiedssprüche gemäß § 1058 Abs. 1 Nr. 1–3 ZPO. Dem Berichtigungsschiedsspruch entsprechen im staatlichen Verfahren die §§ 319, 320 ZPO, dem Ergänzungsschiedsspruch § 321 ZPO. Für den Auslegungsschiedsspruch gibt es keine Entsprechung im Gerichtsverfahren.[91]

Dabei ist zu bedenken, dass das Schiedsverfahren durch den Schiedsspruch bereits beendet worden ist, denn ein Schiedsspruch ist seiner Definition nach eine endgültige Entscheidung über den Streitgegenstand.[92] Das Mandat des Schiedsgerichts ist mit dem Erlass des Schiedsspruchs erloschen. Aus diesem Grunde sind Berichtigungs-, Ergänzungs- und Auslegungsschiedssprüche immer nur insoweit zulässig, als sie die im Schiedsspruch ausgedrückte Entscheidung des Schiedsgerichts der Sache nach unverändert lassen. Diese Entscheidung ist nämlich bereits in Rechtskraft erwachsen (§ 1055 ZPO) und bindet das Schiedsgericht genauso wie die Parteien.

Ein Berichtigungsschiedsspruch muss sich daher darauf beschränken, „Rechen-, Schreib- und Druckfehler oder Fehler ähnlicher Art" (§ 1058 Abs. 1 Nr. 1 ZPO) zu berichtigen. Es handelt sich dabei im Wesentlichen um Fehler des Schiedsgerichts bei der Abfassung des Schiedsspruchs (vergleichbar einem Inhalts- oder Erklärungsirrtum nach § 119 Abs. 1 BGB). Ihrem Inhalt nach darf die Entscheidung nicht verändert werden, doch ist es zulässig, den ursprünglichen Willen des Schiedsgerichts nun auf andere Art und Weise sprachlich zu fassen. Dies kann sogar eine Änderung des Tenors mit sich bringen:

Beispiel[93]

Das Schiedsgericht hatte die Beklagte verurteilt, „den von der Schiedsklägerin ... erworbenen Teilgeschäftsanteil an der p. GmbH ... Zug um Zug gegen Rückzahlung des Kaufpreises i.H.v. 141.014,30 Euro ... mit notarieller Urkunde zurückzuerwerben." Das OLG Frankfurt erklärte den Schiedsspruch für vorläufig vollstreckbar.[94] Als die Schiedsklägerin daraufhin versuchte, ihre Zahlungsfor-

---

[90] *Bredow*, Schiedsspruch mit vereinbartem Wortlaut – Form und Inhalt, SchiedsVZ 2010, 295 (296).
[91] Vgl. Stein/Jonas/*Schlosser*, ZPO, 23. Aufl. 2014, § 1058 Rn. 11, 15.
[92] Vgl. oben Abschn. 8.3.1.
[93] OLG Frankfurt v. 17.05.2005, 2 Sch 2/03, SchiedsVZ 2005, 311.
[94] Zu diesem Verfahren näher unten Abschn. 11.9.

derung auf Rückzahlung des Kaufpreises mit Hilfe vorläufiger Zahlungsverbote zu sichern, wurde dies vom LG Nürnberg aber abgelehnt, da der Inhalt des Schiedsspruchs nicht eindeutig und damit nicht vollstreckungsfähig sei.[95]

In der Tat hatte das Schiedsgericht nur eine „Verpflichtung zum Rückerwerb" ausgesprochen, die Beklagte aber nicht ausdrücklich zur Kaufpreisrückzahlung verurteilt. Dies wurde auf Antrag der Schiedsklägerin dann durch einen Berichtigungsschiedsspruch nachgeholt, mit dem der Tenor wie folgt geändert wurde: „Die Schiedsbeklagte wird verurteilt, an die Schiedsklägerin Rückzahlung des Kaufpreises i.H.v. 141.014,30 Euro ... Zug um Zug gegen Rückerwerb der von der Schiedsklägerin ... erworbenen Teilgeschäftsanteile der p. GmbH..." Auf diese Weise wurde der Zahlungsanspruch der Klägerin eindeutig und damit vollstreckbar formuliert.

Durch einen Auslegungsschiedsspruch (§ 1058 Abs. 1 Nr. 2 ZPO) verändert das Schiedsgericht die Formulierung des Schiedsspruchs dagegen nicht, sondern stellt nur klar, wie er richtig zu verstehen ist. Damit werden Streitigkeiten um die Auslegung des Schiedsspruchs vermieden, da eine authentische Auslegung durch das Schiedsgericht zu erlangen ist.

Ein Ergänzungsschiedsspruch (§ 1058 Abs. 1 Nr. 3 ZPO) ergeht dann, wenn das Schiedsgericht über einzelne Teile des Streitgegenstands versehentlich nicht entschieden hat. Das Schiedsverfahren ist dann insoweit eigentlich noch gar nicht beendet worden, sodass das Mandat des Schiedsgerichts andauert. Anders verhält es sich dann, wenn das Schiedsgericht bewusst bestimmte Ansprüche im Schiedsspruch noch offen gelassen hat. Es handelt sich dann um einen Teilschiedsspruch.[96] In diesem Fall muss das Schiedsgericht ohnehin von selbst über den verbleibenden Teil entscheiden, auch wenn keine Partei einen neuen Antrag stellt.[97]

Ansonsten muss eine Partei, die einen Berichtigungs-, Auslegungs- oder Ergänzungsschiedsspruch wünscht, dies innerhalb eines Monats nach Übermittlung des Schiedsspruchs beim Schiedsgericht beantragen (§ 1058 Abs. 2 ZPO). Anschließend kann das Schiedsgericht keine Auslegungs- oder Ergänzungsschiedssprüche mehr erlassen. Berichtigungsschiedssprüche sind aber weiterhin möglich, da diese auch ohne Antrag einer Partei ergehen können (§ 1058 Abs. 4 ZPO).

Im institutionellen Verfahren gelten ähnliche Grundsätze wie nach § 1058 ZPO (vgl. im Detail Art. 40 DIS-SchO und Art. 36 ICC-SchO).

---

[95]Wiedergegeben bei OLG Frankfurt v. 17.05.2005, 2 Sch 2/03, SchiedsVZ 2005, 311 (312).
[96]Dazu oben Abschn. 8.4.2.2.
[97]Vgl. Musielak/*Voit*, ZPO, 16. Aufl. 2019, § 1058 Rn. 4.

8.5 Beendigungsbeschlüsse

In bestimmten Fällen muss das Schiedsverfahren beendet werden, auch wenn keine Sachentscheidung ergehen kann. Das Schiedsgericht beendet das Verfahren dann nicht durch einen Schiedsspruch, sondern durch einen Beschluss gemäß § 1056 Abs. 2 ZPO. Der Grund dafür, dass auf diese Weise überhaupt noch eine Entscheidung des Schiedsgerichts ergeht, liegt darin, dass die Parteien in der Regel ein Interesse daran haben, dass die Beendigung und ihr Zeitpunkt eindeutig festgestellt werden. Sechs Monate nach dem Zeitpunkt der Beendigung des Schiedsverfahrens endet nämlich die Verjährungshemmung gemäß § 204 Abs. 2 BGB.[98] Außerdem haben die Parteien häufig auch ein Interesse an einer Kostenentscheidung, die im Beendigungsbeschluss erfolgen kann.

Ein Beendigungsbeschluss ergeht zunächst dann, wenn der Kläger die Schiedsklage nicht hinreichend begründet (§ 1056 Abs. 2 Nr. 1 lit. a ZPO, dazu bereits oben Abschn. 6.5).

Ein Beendigungsbeschluss kann auch dann ergehen, wenn der Kläger die Schiedsklage zunächst zwar ordnungsgemäß begründet, sie aber später im Verlaufe des Verfahrens wieder zurücknimmt (§ 1056 Abs. 2 Nr. 1 lit. b ZPO). Allerdings hat der Beklagte in diesem Fall häufig ein Interesse an einer Sachentscheidung. Dann wird das Verfahren fortgesetzt und durch Schiedsspruch entschieden (dazu bereits oben Abschn. 6.6).

Des Weiteren ergeht ein Beendigungsbeschluss, wenn die Parteien die Beendigung des Schiedsverfahrens vereinbaren (§ 1056 Abs. 2 Nr. 2 ZPO). Das Schiedsgericht ist in diesem Fall immer verpflichtet, einen Beendigungsbeschluss zu erlassen, da die Parteien über das Verfahren disponieren können. Eine Beendigungsvereinbarung der Parteien kommt etwa dann in Betracht, wenn sich die Parteien verglichen haben, ohne einen Schiedsspruch mit vereinbartem Wortlaut zu beantragen (dazu oben Abschn. 8.4.3.1). Aber auch in anderen Fällen ist es möglich, dass die Parteien das Interesse am Schiedsverfahren verloren haben und deswegen die Beendigung vereinbaren. Eine Begründung dafür schulden sie dem Schiedsgericht nicht, wohl aber die Vergütung seiner bisherigen Tätigkeit.

Schließlich beendet das Schiedsgericht das Verfahren auch dann durch Beschluss, wenn die Parteien es nicht weiter betreiben oder die Fortführung des Verfahrens aus anderen Gründen unmöglich ist (§ 1056 Abs. 2 Nr. 3 ZPO). Ein Nichtbetreiben kann etwa darin liegen, dass die Parteien die Kostenvorschüsse für das Schiedsgericht nicht einzahlen.[99] Unmöglichkeit liegt beispielsweise dann vor, wenn Stimmengleichheit im Schiedsgericht herrscht, sodass kein Schiedsspruch ergehen kann.[100]

---

[98]Dazu bereits oben Abschn. 4.3.
[99]Zu den Kostenvorschüssen oben Abschn. 5.6.3.
[100]Dazu oben Abschn. 8.2.2; zu weiteren Beispielen vgl. *Gerstenmaier*, Beendigung des Schiedsverfahrens durch Beschluss nach § 1056 ZPO, SchiedsVZ 2010, 281 (285).

Im institutionellen Verfahren gelten inhaltlich weitgehend ähnliche Regelungen, doch erfolgt die Beendigungsentscheidung hier in bestimmten Fällen nicht durch das Schiedsgericht, sondern durch die Institution (vgl. im Einzelnen Art. 42 DIS-SchO, Art. 4.4, 38.6 ICC-SchO).

8.6 Kostenentscheidung

Neben der Entscheidung in der Hauptsache hat das Schiedsgericht auch über die Kosten des Verfahrens zu entscheiden, es sei denn, die Parteien hätten dies ausgeschlossen (vgl. § 1057 ZPO).[101] Das Schiedsgericht stellt dabei fest, welche Partei welchen Anteil der Kosten zu tragen hat, und spricht in der Regel auch die konkreten Zahlungsverpflichtungen zwischen den Parteien mit aus.

8.6.1 Arten von erstattungsfähigen Kosten

Zu den erstattungsfähigen Verfahrenskosten gehören alle Kosten, die mit der Durchführung des Schiedsverfahrens verbunden waren und von den Parteien zur zweckentsprechenden Rechtsverfolgung notwendigerweise aufgewendet werden mussten (§ 1057 Abs. 1 S. 1 ZPO).

Darunter fallen zunächst die Honorare und Auslagen der Schiedsrichter. Aus dem Schiedsrichtervertrag haben die Schiedsrichter Ansprüche auf Zahlung des Honorars[102] sowie auf Ersatz ihrer Auslagen, die sie den Umständen nach für notwendig halten durften (entsprechend § 670 BGB). Zu diesen Auslagen gehören etwa die Kosten für die Anmietung von Räumlichkeiten für die mündliche Verhandlung, Kosten für Post und Telekommunikation sowie Reisekosten. Auch wenn ein Sachverständiger durch das Schiedsgericht bestellt wird, muss dieser zunächst vom Schiedsgericht bezahlt werden, wenn das Schiedsgericht nicht in Vertretung der Parteien handelt.[103]

Die Honorare und Auslagen der Schiedsrichter werden von den Parteien üblicherweise schon vorab bei Beginn des Schiedsverfahrens als Kostensicherheit an die Schiedsrichter oder an die Schiedsgerichtsinstitution bezahlt. Über eine etwaige Erstattungsforderung zwischen den Parteien kann das Schiedsgericht dann entscheiden, da diese nicht das Rechtsverhältnis zum Schiedsgericht, sondern nur das Rechtsverhältnis zwischen den Parteien betrifft.[104] Wurden die Honorare und Auslagen aber noch nicht bezahlt, kann das Schiedsgericht nicht durch Schiedsspruch Zahlung an sich selbst anordnen, da dies eine unzulässige Entscheidung in

---

[101] Zum Ausschluss Musielak/*Voit*, ZPO, 16. Aufl. 2019, § 1057 Rn. 2.
[102] Dazu bereits oben Abschn. 5.6.3.
[103] Näher dazu *Trittmann*, Die Kostenerstattung im Schiedsverfahren – Gibt es einen nationalen/internationalen Standard? ZVglRWiss 114 (2015), 469 (480–482).
[104] BGH v. 28.03.2012, III ZB 63/10, NJW 2012, 1811, Rn. 10.

8.6 Kostenentscheidung

eigener Sache wäre.[105] Es ist dann darauf angewiesen, seinen Honoraranspruch gegebenenfalls vor den ordentlichen Gerichten gegen die Parteien durchzusetzen.[106]

Des Weiteren hat auch die Schiedsgerichtsinstitution einen Anspruch auf Vergütung ihrer Tätigkeit aus dem Schiedsorganisationsvertrag.[107] Dafür wird in der Regel ebenfalls schon zu Beginn des Schiedsverfahrens ein Kostenvorschuss erhoben. Das Schiedsgericht kann dann in seiner Kostenentscheidung über eine etwaige Erstattung dieser Kosten befinden.

Die größte Position stellen in der Regel die Anwaltskosten dar. In welcher Höhe diese Kosten entstehen, bemisst sich nach den Verträgen zwischen den Parteien und ihren Rechtsanwälten. Manchmal werden hier auch in Schiedsverfahren die gesetzlichen Regelungen des RVG zugrunde gelegt; in größeren Verfahren werden dagegen üblicherweise Honorarvereinbarungen nach Stundensätzen abgeschlossen. In beiden Fällen sind die Kosten und Auslagen der Rechtsanwälte erstattungsfähig, soweit sie notwendig waren.[108]

Auf Seiten der Parteien sind auch die Kosten für eigene Parteisachverständige erstattungsfähig,[109] außerdem Kosten für vom Schiedsgericht bestellte Sachverständige, wenn das Schiedsgericht dabei als Vertreter beider Parteien handelte und die Parteien daher den schiedsgerichtlich bestellten Sachverständigen selbst bezahlt haben.

Weitere erstattungsfähige Kosten entstehen den Parteien in der Regel für die Anreise zur mündlichen Verhandlung, für die Anreise der Zeugen, für gegebenenfalls notwendige Dolmetscher, sowie für den Protokollanten in der mündlichen Verhandlung (*court reporter*), der häufig nicht vom Schiedsgericht, sondern von beiden Parteien gemeinsam beauftragt wird.

Umstritten ist die Erstattungsfähigkeit von internen Kosten der Parteien (*inhouse costs*), also Kosten, die im Zusammenhang mit dem Schiedsverfahren in der innerbetrieblichen Organisation der Parteien selbst entstanden sind. Sofern sich diese Kosten genau quantifizieren lassen, spricht allerdings mehr für ihre Erstattungsfähigkeit.[110] Hat eine Partei beispielsweise eine größere Rechtsabteilung, die sich mit den im Schiedsverfahren auftretenden Fragen umfangreich beschäftigt, Dokumente auswertet, Zeugen befragt und Rechtsfragen klärt, so erspart ihr dies

---

[105] OLG München v. 11.08.2016, 34 Sch 17/16, BeckRS 2016, 14666, Rn. 16.
[106] BGH v. 28.03.2012, III ZB 63/10, NJW 2012, 1811, Rn. 7.
[107] Dazu oben Abschn. 4.4.1.
[108] OLG München v. 11.04.2012, 34 Sch 21/11, SchiedsVZ 2012, 156; OLG München v. 23.07.2012, 34 Sch 19/11, SchiedsVZ 2012, 282; OLG München v. 04.07.2016, 34 Sch 29/15, NJOZ 2016, 1483; *Risse/Altenkirch*, Kostenerstattung im Schiedsverfahren: fünf Probleme aus der Praxis, SchiedsVZ 2012, 5 (9–12); *Trittmann*, Die Kostenerstattung im Schiedsverfahren – Gibt es einen nationalen/internationalen Standard? ZVglRWiss 114 (2015), 469 (470, 482).
[109] A.A. MüKo-ZPO/*Münch*, 5. Aufl. 2017, § 1057 Rn. 23.
[110] So auch *Risse/Altenkirch*, Kostenerstattung im Schiedsverfahren: fünf Probleme aus der Praxis, SchiedsVZ 2012, 5 (12 f.); *Trittmann*, Die Kostenerstattung im Schiedsverfahren – Gibt es einen nationalen/internationalen Standard? ZVglRWiss 114 (2015), 469 (483 f.); a.A. Musielak/*Voit*, ZPO, 16. Aufl. 2019, § 1057 Rn. 5.

entsprechende Aufwendungen für externe Rechtsanwälte. Wenn sie im Schiedsverfahren obsiegt, ist es wenig einsichtig, dass sie auf diesen Kosten gleichwohl sitzen bleibt, obwohl sie im Falle der Beauftragung externer Rechtsanwälte deren (höheres!) Honorar vom Gegner hätte erstattet verlangen können. Voraussetzung für eine Erstattung ist freilich, dass der Zeitaufwand der intern konkret tätigen Personen und die rechnerisch pro Stunde auf sie anfallenden internen Kosten nachweisbar sind.

Nicht erstattungsfähig sind allerdings die anteiligen allgemeinen Geschäftskosten einer Partei (*overhead*). Diese lassen sich einerseits schlecht quantifizieren, andererseits gehört es auch zum allgemeinen Geschäftsrisiko, gegebenenfalls ein Schiedsverfahren führen zu müssen.

8.6.2 Verfahren

Bei seiner Kostenentscheidung hat das Schiedsgericht nach der gesetzgeberischen Konzeption sowohl eine Kostengrundentscheidung als auch eine Kostenfestsetzungsentscheidung zu treffen. In der Kostengrundentscheidung befindet das Schiedsgericht nur darüber, zu welchen Anteilen die Parteien die Gesamtkosten des Verfahrens zu tragen haben (§ 1057 Abs. 1 ZPO), in der Kostenfestsetzungsentscheidung legt es dann den genauen Betrag fest (§ 1057 Abs. 2 ZPO).

> **Beispiel**
>
> Die Verfahrenskosten betragen insgesamt 24.000 Euro. Dazu gehören die Anwaltskosten, die für beide Parteien in gleicher Höhe angefallen sind, sowie die Schiedsgerichtskosten, wofür beide Parteien gleich hohe Vorschüsse an das Schiedsgericht gezahlt haben. Das Schiedsgericht trifft die Kostengrundentscheidung, dass der Kläger ein Drittel, der Beklagte zwei Drittel der Verfahrenskosten zu tragen habe. Anschließend trifft es die Kostenfestsetzungsentscheidung, indem es den Beklagten dazu verurteilt, an den Kläger 4.000 Euro zu zahlen.

Sinnvoll ist eine eigenständige Kostengrundentscheidung allerdings nur dann, wenn die Höhe der Kosten noch nicht bekannt ist und die konkrete Erstattungsforderung daher einem späteren, zweiten Schiedsspruch vorbehalten bleibt (§ 1057 Abs. 2 S. 2 ZPO). Nach den Verfahrensregeln der Schiedsinstitutionen hat das Schiedsgericht daher in der Regel eine größere Freiheit, ob es auch eine Kostengrundentscheidung nach Quoten oder nur eine Kostenfestsetzungsentscheidung nach konkreten Beträgen trifft (vgl. Art. 38.4 ICC-SchO; Art. 33.2 DIS-SchO).

Üblich und sinnvoll ist es, die Kostenentscheidung mit dem Endschiedsspruch in der Sache zu verbinden. Das Schiedsgericht fordert die Parteien daher in der Regel nach Abschluss der mündlichen Verhandlung und sonstiger weiterer Verfahrensschritte dazu auf, alle ihnen entstandenen Kosten nachzuweisen, damit es in die Lage versetzt wird, nicht nur eine Kostengrundentscheidung, sondern sofort auch eine Festsetzung der konkreten Erstattungsbeträge auszusprechen. Spätere separate

Kostenschiedssprüche bergen nämlich auch ein erhöhtes Risiko in sich, von den Parteien angegriffen zu werden.

8.6.3 Entscheidungskriterien

Was die materiellen Kriterien betrifft, nach denen die Kostenverteilung erfolgt, ist das Schiedsgericht deutlich freier als das staatliche Gericht. Dies ist auch sinnvoll, da es gerade in internationalen Schiedsverfahren oft sehr unterschiedliche nationale Traditionen der Kostenerstattung miteinander in Einklang zu bringen gilt.

Nach § 1057 Abs. 1 S. 2 ZPO entscheidet das Schiedsgericht nach pflichtgemäßem Ermessen. Es hat also einen weiten Ermessensspielraum, der im Aufhebungsverfahren nur eingeschränkt überprüft werden kann. Dabei muss das Schiedsgericht insbesondere den Ausgang des Verfahrens berücksichtigen, also in welchem Umfang die Parteien in der Hauptsache gewonnen oder verloren haben. Wurden dem Kläger beispielsweise zwei Drittel seiner Klageforderung zugesprochen, ist es in der Regel gerechtfertigt, dem Beklagten zwei Drittel der Verfahrenskosten aufzuerlegen (vgl. das obige Beispiel). Diese Grundregel ist auch in internationalen Schiedsverfahren weitgehend anerkannt (*costs follow the event*). Sie ist jedoch im Schiedsverfahren – anders als im staatlichen Verfahren gemäß § 91 ZPO – nicht bindend. Das Schiedsgericht ist frei darin, auch oder sogar hauptsächlich andere Kriterien zugrunde zu legen.

Die Anlegung besonderer Kriterien zur Kostenverteilung kommt im Schiedsverfahren zunächst in den Fällen in Betracht, in denen sie auch im staatlichen Verfahren vorgesehen ist: Wenn eine Partei säumig war und dadurch zusätzliche Kosten für die Terminswahrnehmung durch die anderen Parteien entstanden sind, können diese ihr in jedem Fall auferlegt werden (analog § 95 ZPO). Gleiches gilt, wenn eine Partei erfolglos bestimmte Angriffs- und Verteidigungsmittel geltend gemacht hat, die besondere Kosten verursacht haben (analog § 96 ZPO, z. B. Tatsachenbehauptungen, für die zusätzliche Zeugen geladen oder Sachverständige bestellt wurden).[111]

Darüber hinaus ist im Schiedsverfahren aber auch anerkannt, dass die Kostenverteilung allgemein als eine Sanktion verwendet werden kann, um zu verhindern, dass eine Partei das Schiedsverfahren durch Verzögerungstaktiken unnötig in die Länge zieht oder sonst unnötige Kosten verursacht. Hat eine Partei durch ihr prozessuales Verhalten hohe und unnötige Kosten provoziert, so kann es gerechtfertigt sein, ihr diese Kosten allein aufzuerlegen, auch wenn sie in der Sache obsiegt. Die Verfahrensordnungen der Schiedsinstitutionen sehen insofern ausdrücklich vor, dass das Schiedsgericht die „Effizienz der Verfahrensführung" berücksichtigen soll (Art. 33.3 DIS-SchO, ebenso Art. 38.5 ICC-SchO).[112] Dieses Kriterium kann aber auch im ad hoc-Verfahren herangezogen werden.

---

[111] Musielak/*Voit*, ZPO, 16. Aufl. 2019, § 1057 Rn. 3.
[112] Dazu *Trittmann*, Die Kostenerstattung im Schiedsverfahren – Gibt es einen nationalen/internationalen Standard? ZVglRWiss 114 (2015), 469 (473 f.).

Ein interessantes Mittel aus dem anglo-amerikanischen Verfahrensrecht, mit dem die Parteien auf die spätere Kostenentscheidung des Schiedsgerichts einzuwirken suchen, ist die sogenannte Calderbank Offer.[113] Dabei unterbreitet eine Partei der anderen vor oder während des Schiedsverfahrens ein Vergleichsangebot. Geht die andere Partei darauf nicht ein und erhält sie später im Schiedsspruch nicht mehr, als ihr vergleichsweise angeboten worden war, argumentiert die antragende Partei bei der Kostenfestsetzung dahingehend, dass alle weiteren Kosten, die nach dem Vergleichsangebot angefallen sind, der Gegenseite aufzuerlegen seien, da sie nur auf deren Unwilligkeit beruhten, das offenbar faire Vergleichsangebot anzunehmen. Ob eine solche Argumentation bei der Kostenentscheidung des Schiedsgerichts berücksichtigt werden sollte, erscheint allerdings fraglich. Zwar steht es den Parteien frei, Vereinbarungen im Hinblick auf die Kostenentscheidung zu treffen, sodass sie auch vereinbaren können, dass das Schiedsgericht derartige abgelehnte Vergleichsangebote bei der Kostenentscheidung berücksichtigen darf. Ohne eine solche Vereinbarung, die etwa im Schiedsauftrag getroffen werden kann, ist die Berücksichtigung einer Calderbank Offer im deutschen Schiedsverfahren aber wohl unzulässig.[114] Es kann für eine Schiedspartei durchaus gute Gründe geben, ein Vergleichsangebot abzulehnen und auf einer streitigen Entscheidung zu bestehen.

8.7 Überprüfung des Schiedsspruchs im institutionellen Verfahren

Nachdem das Schiedsgericht seine Entscheidung getroffen, den Schiedsspruch formuliert und unterschrieben hat, übermittelt es diesen im ad hoc-Verfahren direkt an die Parteien. Im institutionellen Verfahren wird der Schiedsspruch dagegen von der Schiedsgerichtsinstitution übermittelt.[115] Ein Grund dafür liegt darin, dass die Schiedsgerichtsinstitution den Entwurf des Schiedsspruchs auf Fehler, Ungenauigkeiten oder sonstige Verbesserungsmöglichkeiten überprüft. Stellt es in dieser Hinsicht Verbesserungsbedarf fest, teilt es dies dem Schiedsgericht mit, das dann die Möglichkeit hat, den Schiedsspruch zu verbessern. An die Parteien wird er dann erst in der endgültigen, korrigierten Fassung übermittelt. Dieses interne Überprüfungsverfahren stammt ursprünglich aus dem ICC-Verfahren, wo es *scrutiny of the award* genannt wird (Art. 34 ICC-SchO).[116] Es wurde aber 2018 auch ins

---

[113] Dazu *Risse/Altenkirch*, Kostenerstattung im Schiedsverfahren: fünf Probleme aus der Praxis, SchiedsVZ 2012, 5 (7–9); zur vergleichbaren Regelung im US-amerikanischen Prozess *Schack*, Einführung in das US-amerikanische Zivilprozessrecht, 4. Aufl. 2011, Rn. 147.
[114] *Risse/Altenkirch*, Kostenerstattung im Schiedsverfahren: fünf Probleme aus der Praxis, SchiedsVZ 2012, 5 (8 f.).
[115] Dazu näher oben Abschn. 8.3.5.
[116] Dazu *Lachmann*, Handbuch für die Schiedsgerichtspraxis, 3. Aufl. 2008, Rn. 3199–3207; *Manner/Nedden*, Kommentar zu Art. 33 ICC-SchO, in: Nedden/Herzberg, Praxiskommentar zu den Schiedsgerichtsordnungen, 2014.

DIS-Verfahren übernommen (Art. 39.3 DIS-SchO), wo zuvor nur eine informelle Prüfung des Schiedsspruchs durch die Institution stattfand.

Der Prüfungsumfang der Schiedsgerichtsinstitution ist allerdings nur beschränkt. Entscheidungsträger ist das Schiedsgericht, sodass es der Institution in keinem Fall erlaubt ist, Änderungen in der Sache anzuordnen. Es darf das Schiedsgericht lediglich unverbindlich auf Fehler hinweisen und Verbesserungsvorschläge machen. Im ICC-Verfahren sind allerdings auch bindende Anordnungen hinsichtlich der Form des Schiedsspruchs zulässig (Art. 34 S. 2, 4 ICC-SchO).

Das Überprüfungsverfahren erscheint zunächst ungewöhnlich, da ein Richter normalerweise nicht von einer administrativen Stelle kontrolliert wird. Es hat sich im internationalen Schiedsverfahren allerdings als sinnvoll erwiesen, da hier oft verschiedene unterschiedliche Rechtstraditionen miteinander in Einklang zu bringen sind, was etwa ein Einzelschiedsrichter nicht immer leisten kann. Wenn die Institution ihn dann auf Probleme hinweist, die etwa bestimmte Formulierungen in anderen Rechtskreisen hervorrufen können, gibt ihm das die Möglichkeit, den Schiedsspruch umzuformulieren und auf diese Weise die internationale Akzeptanz der Entscheidung zu verbessern. Aber auch in anderer Hinsicht, etwa bei simplen, aber bisweilen bedeutsamen Rechenfehlern oder Schreibfehlern, kann ein Hinweis der Institution insbesondere beim Einzelschiedsrichter von Nutzen sein, der keine Mitschiedsrichter hat, die ihn auf eventuelle Fehler hinweisen. Auch bei der Formulierung des Tenors können sich Fehler einschleichen, welche die Vollstreckungsfähigkeit des Schiedsspruchs gefährden,[117] oder das Schiedsgericht kann die Nebenentscheidungen über Zinsen und Kosten übersehen.[118] In derartigen Fällen sind Hinweise der Schiedsgerichtsinstitution ebenfalls sinnvoll.

Die rechtliche Zulässigkeit des Überprüfungsverfahrens begegnet keinen Bedenken, da die inhaltliche Entscheidungsfreiheit der Schiedsrichter gewahrt bleibt und die Parteien sich durch die Entscheidung für ein institutionelles Schiedsverfahren mit einer Einbindung der Institution einverstanden erklärt haben.[119]

8.8 Wirkungen des Schiedsspruchs

Der Sinn und Zweck eines Schiedsverfahrens ist die Entscheidung des den Schiedsrichtern unterbreiteten Rechtsstreits. Durch den Schiedsspruch wird daher genau wie durch ein Gerichtsurteil eine umfassende Bindungswirkung zwischen den Parteien hergestellt. Im Verhältnis zu Dritten, die nicht am Schiedsverfahren beteiligt waren, kann ein Schiedsspruch als private Streitentscheidung dagegen nur in Ausnahmefällen Wirkungen entfalten.

---

[117] Beispiel oben Abschn. 8.4.4.
[118] *Blackaby/Partasides*, Redfern and Hunter on International Arbitration, 6. Aufl. 2015, Ziff. 9.197.
[119] *Nedden/Büstgens*, Die Beratung des Schiedsgerichts – Konfliktpotenzial und Lösungswege, SchiedsVZ 2015, 169 (177).

8.8.1 Zwischen den Parteien (Rechtskraft)

Durch den Schiedsspruch wird der zwischen den Parteien ausgetragene Rechtsstreit rechtskräftig entschieden (§ 1055 ZPO). Die Rechtskraft gebietet es den Parteien, die Anordnungen des Schiedsgerichts zu befolgen. Gleichzeitig verbietet sie ihnen, die entschiedenen Fragen bei anderer Gelegenheit einem Gericht oder Schiedsgericht erneut zur Entscheidung zu unterbreiten.[120] In dieser Rechtskraftwirkung steht der Schiedsspruch einem gerichtlichen Urteil gleich. Die Rechtsordnung verleiht Schiedssprüchen durch § 1055 ZPO eine staatliche Anerkennung.[121] In dieser Gleichstellung kommt die vom Gesetzgeber intendierte Gleichwertigkeit des schiedsgerichtlichen Rechtsschutzes[122] am deutlichsten zum Ausdruck.

Bei gerichtlichen Urteilen unterscheidet man die formelle Rechtskraft, die eintritt, wenn das Urteil nicht mehr mit Rechtsmitteln angefochten werden kann (§ 705 ZPO), von der materiellen Rechtskraft, also der Wirkung des Urteils zwischen den Parteien (§ 322 ZPO). Bei Schiedssprüchen ist diese Unterscheidung weitgehend unnötig, da Schiedssprüche ohnehin nicht mit Rechtsmitteln angefochten werden können. Allerdings gibt es Sonderfälle, in denen die Parteien vereinbart haben, dass gegen den Schiedsspruch ein Rechtsmittel zu einem Oberschiedsgericht eingelegt werden kann. In einem solchen Fall spricht nichts dagegen, bei einem erstinstanzlichen Schiedsspruch auch von formeller Rechtskraft zu sprechen, die eintritt, wenn die Frist zur Einlegung des Rechtsmittels zum Oberschiedsgericht verstrichen ist. Erst dann tritt im Zweifel auch die materielle Rechtskraft ein.[123]

8.8.1.1 Ne bis in idem

Die wichtigste Wirkung der Rechtskraft ist die Unzulässigkeit eines erneuten Verfahrens über denselben Streitgegenstand (Grundsatz des *ne bis in idem*). Der Streitgegenstand bestimmt sich dabei wie im gerichtlichen Verfahren nach den Klageanträgen der Parteien und dem zur Begründung dieser Anträge vorgetragenen Lebenssachverhalt.[124] Soweit das Schiedsgericht über den Streitgegenstand entschieden hat, tritt Rechtskraft ein. Ein weiteres Verfahren über denselben Streitgegenstand wäre dann unzulässig.

---

[120] Zur Rechtskraft von Schiedssprüchen vgl. umfassend *Lühmann*, Die Rechtskraft des Schiedsspruchs im deutschen und US-amerikanischen Recht, 2014; *Klement*, Rechtskraft des Schiedsspruchs, 2017.

[121] *Spohnheimer*, Gestaltungsfreiheit bei antezipiertem Legalanerkenntnis des Schiedsspruchs, 2010, S. 13 ff.

[122] Vgl. oben Abschn. 1.5.

[123] Stein/Jonas/*Schlosser*, ZPO, 23. Aufl. 2014, § 1055 Rn. 4; *Spohnheimer*, Gestaltungsfreiheit bei antezipiertem Legalanerkenntnis des Schiedsspruchs, 2010, S. 20 f.

[124] BGH v. 11.10.2018, I ZB 9/18, SchiedsVZ 2019, 150, Rn. 18; BGH v. 13.01.2009, XI ZR 66/08, NJW-RR 2009, 790, Rn. 17.

> **Beispiel**[125]
> Die Parteien haben eine Schiedsvereinbarung wegen Streitigkeiten aus einem Darlehensvertrag abgeschlossen. Der Kläger nimmt die beklagte Bank wegen Rückzahlung von angeblich überhöhten Zinsen in Anspruch; das Schiedsgericht weist die Klage ab. Anschließend eröffnet der Kläger vor dem staatlichen Gericht ein Verfahren auf Rückzahlung des von der Bank einbehaltenen Ausgabeabschlags (Disagio).
>
> Das Gerichtsverfahren ist in diesem Fall nicht schon wegen entgegenstehender Rechtskraft unzulässig, da der Kläger vor dem Schiedsgericht keine Rückzahlung des Disagio beantragt und das Schiedsgericht daher auch nicht darüber entschieden hat. Allerdings ist das Gerichtsverfahren wegen der Schiedseinrede unzulässig, da die Schiedsvereinbarung die Frage des Disagio mit umfasst. Es muss also erneut ein Schiedsgericht gebildet werden, das dann über die Frage entscheidet, ob das Disagio zurückgezahlt werden muss.

Da der Streitgegenstand durch die Anträge der Parteien bestimmt wird, tritt keine Rechtskraft ein, wenn das Schiedsgericht über diese Anträge hinaus Entscheidungen trifft:

> **Beispiel**[126]
> Der Schiedskläger hatte zuletzt beantragt, ihm Provisionsansprüche für das Jahr 2012 zuzusprechen. Das Schiedsgericht wies die Klage ab und verneinte in den Entscheidungsgründen nicht nur die Provisionsansprüche für 2012, sondern auch Provisionsansprüche für 2013. Als der Kläger später ein zweites Schiedsverfahren eröffnete, sah sich das zweite Schiedsgericht daran gehindert, ihm Provisionsansprüche für 2013 zuzusprechen, da darüber bereits im ersten Schiedsverfahren entschieden worden sei. Doch zu Unrecht: Da hinsichtlich der Provisionsansprüche für 2013 im ersten Schiedsverfahren kein Antrag mehr vorlag, das Schiedsgericht also außerhalb seiner Entscheidungszuständigkeit entschieden hatte, war das zweite Schiedsgericht nicht an den ersten Schiedsspruch gebunden. Diese klare Verkennung des Umfangs der Rechtskraft stellt auch einen Verstoß gegen den verfahrensrechtlichen ordre public dar, sodass der BGH den zweiten Schiedsspruch insoweit aufhob.

Im deutschen Recht wird der Umfang der Rechtskraft von Schiedssprüchen damit genauso bestimmt wie der Umfang der Rechtskraft von Gerichtsurteilen. Ganz anders kann es sich in ausländischen Schiedsverfahren verhalten (dazu sogleich).

Die identische Bestimmung des Umfangs der Rechtskraftwirkung im Schiedsverfahren wie im staatlichen Verfahren versagt aber auch nach deutschem Recht in bestimmten Sonderfällen. Haben die Parteien das Schiedsgericht etwa nur damit

---

[125] BGH v. 13.01.2009, XI ZR 66/08, NJW-RR 2009, 790.
[126] BGH v. 11.10.2018, I ZB 9/18, SchiedsVZ 2019, 150 (m. Anm. *Pika*).

beauftragt, über bestimmte materiellrechtliche Anspruchsgrundlagen zu entscheiden, so erwachsen nur diese Entscheidungen in Rechtskraft. Das staatliche Gericht kann dann in einem Folgeprozess darüber entscheiden, ob das Begehren der Parteien nach den anderen möglichen Anspruchsgrundlagen gerechtfertigt ist. Im staatlichen Verfahren wäre eine derartige Beschränkung des gerichtlichen Prüfungsumfangs durch Parteivereinbarung dagegen unzulässig.[127]

8.8.1.2 Res judicata

Die Rechtskraft ist nicht nur deswegen von Bedeutung, weil sie verhindert, dass über denselben Streitgegenstand erneut prozessiert wird, sondern auch, weil der rechtskräftig entschiedene Streitgegenstand in einem Folgeprozess über einen anderen Streitgegenstand berücksichtigt wird (Präjudizialwirkung, Grundsatz der *res judicata*).[128] Dabei ist jedoch zu beachten, dass sich diese Rechtskraftwirkung nach deutscher Vorstellung allein auf den Streitgegenstand beschränkt und keine präjudiziellen Rechtsverhältnisse und sonstigen Vorfragen umfasst, die anlässlich der Entscheidung über den Streitgegenstand inzident mit festgestellt wurden:

Beispiel[129]

Der Transporteur T führt für die Obstbrennerei O aufgrund eines Vertrags mit Schiedsklausel Transporte durch. O kündigt den Vertrag zu Ende 2016 und beauftragt ab 2017 ein anderes Transportunternehmen. T akzeptiert die Kündigung nicht, sodass die Parteien in den Jahren 2017 und 2018 verschiedene Schreiben austauschen. Mit Schreiben vom 06.01.2019 fordert T sodann von O Transportlohn abzüglich ersparter Aufwendungen wegen der Nichtdurchführung der Transporte im Jahr 2018. O eröffnet daraufhin ein Schiedsverfahren, in dem er beantragt, festzustellen, dass dem T für das Jahr 2018 keine Ansprüche gegen ihn zustehen. Das Schiedsgericht entscheidet zugunsten des O und erlässt einen Schiedsspruch mit der begehrten Feststellung. In den Entscheidungsgründen führt es zur Begründung aus, dass der Vertrag zu Ende 2016 wirksam gekündigt worden sei. Daraufhin eröffnet T ein weiteres Schiedsverfahren und beantragt, O zu verurteilen, an ihn Transportlohn abzüglich ersparter Aufwendungen für 2017 zu zahlen.

Wenn das zweite Schiedsgericht nun entgegen dem ersten Schiedsgericht der Ansicht ist, der Vertrag sei nicht durch die Kündigung beendet worden, ist es frei darin, T die Ansprüche für das Jahr 2017 zuzusprechen. Denn rechtskräftig aberkannt wurden ihm bisher nur die Ansprüche für das Jahr 2018. Nur insoweit besteht eine Präjudizialwirkung des ersten Schiedsspruchs. Die Begründung im ersten Schiedsspruch, wonach der Vertrag zu Ende 2016 durch Kündigung erloschen sei, nimmt dagegen nicht an der Rechtskraft teil.

---

[127] Vgl. Stein/Jonas/*Schlosser*, ZPO, 23. Aufl. 2014, § 1055 Rn. 15.
[128] Dazu Stein/Jonas/*Schlosser*, ZPO, 23. Aufl. 2014, § 1055 Rn. 13 f.
[129] Frei nach BGH v. 26.06.2003, I ZR 269/00, NJW 2003, 3058.

Um diese eingeschränkte Rechtskraftwirkung zu vermeiden, hätte O im ersten Schiedsverfahren zusätzlich den Antrag stellen müssen, festzustellen, dass der Vertrag durch die Kündigung beendet wurde. Dann hätte sich der Streitgegenstand dieses Rechtsstreits auch darauf erstreckt.

Im Schiedsverfahren wird der Umfang der Rechtskraftwirkung damit genauso eng bestimmt wie im staatlichen Gerichtsverfahren. Auch hier muss die Partei, die eine weitergehende Rechtskraft wünscht, einen zusätzlichen Antrag auf Feststellung des entsprechenden Rechtsverhältnisses stellen (sog. Zwischenfeststellungsantrag, § 256 Abs. 2 ZPO). Im Schiedsverfahren ist die enge Rechtskraftwirkung aus zwei Gründen besonders problematisch:

Zum einen gibt es im Schiedsverfahren keine Verpflichtung der Parteien, ausdrückliche Anträge zu stellen,[130] und auch keine Verpflichtung des Schiedsgerichts, im Schiedsspruch einen Tenor zu formulieren oder seine Entscheidungen nur im Tenor zu treffen.[131] Daher ist die Faustregel, wonach nur der Tenor in Rechtskraft erwächst, im Schiedsverfahren wenig brauchbar. Hier sind immer das gesamte Rechtsschutzbegehren der Parteien und der gesamte Inhalt des Schiedsspruchs zu berücksichtigen, um zu bestimmen, was der genaue Streitgegenstand war, der in Rechtskraft erwachsen ist.

Zum anderen ist das Verständnis der Rechtskraft im Ausland oft weiter und umfasst auch die präjudiziellen Rechtsverhältnisse und bisweilen sogar die Tatsachen, die das Schiedsgericht festgestellt hat.[132] Wenn ausländische Schiedssprüche in Deutschland anerkannt werden, ist ihnen grundsätzlich die gleiche Wirkung zuzumessen, die sie auch im Ausland haben. Daher ist die weite Rechtskraftwirkung jedenfalls in diesen Fällen auch in Deutschland zu berücksichtigen.[133]

Aus praktischer Perspektive ist die enge Rechtskraftwirkung deutscher Schiedssprüche von den Parteien vorab bei der Antragstellung im Schiedsverfahren zu bedenken. Durch Stellen zusätzlicher Anträge auf Feststellung des Bestehens oder Nichtbestehens präjudizieller Rechtsverhältnisse steht es den Parteien frei, die Rechtskraftwirkung zu erweitern, wenn dies ihren Interessen dient (vgl. das obige Beispiel). Dies mag für ausländische Parteien, insbesondere aus Common Law-Staaten, ungewohnt sein, doch obliegt es dann ihren inländischen Beratern, sie auf die Notwendigkeit derartiger Zusatzanträge hinzuweisen.

8.8.1.3 Dispositionsbefugnis der Parteien

Die Rechtskraftwirkung des Schiedsspruchs muss nach herrschender Meinung in einem Folgeprozess durch Einrede geltend gemacht werden, damit sie dort vom

---

[130]Vgl. oben Abschn. 6.5.
[131]Vgl. oben Abschn. 8.3.2.
[132]Dazu im vorliegenden Zusammenhang *Blackaby/Partasides*, Redfern and Hunter on International Arbitration, 6. Aufl. 2015, Ziff. 9.174 f.
[133]Vgl. auch unten Abschn. 8.8.3.

Gericht oder Schiedsgericht berücksichtigt wird.[134] Es verhält sich insofern anders als bei staatlichen Gerichtsurteilen, deren Rechtskraft von Amts wegen zu beachten ist. Die Gründe für diesen Unterschied liegen zum einen in der Parteiautonomie: Wenn die Parteien einverständlich ein zweites Verfahren wünschen, können sie dieses durchführen. Zum anderen ist dafür aber auch der Umstand maßgeblich, dass ein Schiedsverfahren keine staatlichen Ressourcen in Anspruch nimmt: Während es schon aus fiskalischen Gründen nicht angeht, staatliche Gerichte zwei Mal mit denselben Fragen zu befassen, trifft dies auf das privat finanzierte Schiedsverfahren nicht zu.

Aus denselben Gründen steht es den Parteien nach herrschender Meinung auch frei, die Wirkung der Rechtskraft einvernehmlich vollständig zu beseitigen. Die Parteien können also nach Abschluss des Schiedsverfahrens vereinbaren, dass der Schiedsspruch zwischen ihnen nicht gelten soll und ihn dadurch wieder aufheben.[135] Dies gilt allerdings nicht für die sich gegebenenfalls anschließenden staatlichen Gerichtsentscheidungen über die Vollstreckbarerklärung des Schiedsspruchs: Diese stehen nicht zur Disposition der Parteien.[136]

8.8.1.4 Zeitliche Grenzen

Die Wirkungen des Schiedsspruchs treten ein, sobald er rechtlich in der Welt, also den Parteien übermittelt worden ist.[137] Umstritten ist allerdings, ob es auf den Zeitpunkt der ersten[138] oder der letzten[139] Übermittlung ankommt. Richtigerweise dürften vor der letzten Übermittlung keine Wirkungen eintreten, auch wenn dies bei Beteiligung ausländischer Parteien unter Umständen zu Verzögerungen führt.

Bei Gestaltungsschiedssprüchen wird teilweise angenommen, dass diese erst dann Rechtskraftwirkung entfalten, wenn sie vom staatlichen Gericht gemäß § 1060 ZPO für vollstreckbar erklärt worden sind.[140] Diese Ansicht ist jedoch abzulehnen,[141] da eine besondere Behandlung von Gestaltungsschiedssprüchen nicht geboten ist und den Parteien kein unnötiges Gerichtsverfahren aufgedrängt werden sollte.[142]

---

[134] BT-Drs. 13/5274, S. 56 f.; MüKo-ZPO/*Münch*, 5. Aufl. 2017, § 1055 Rn. 12.

[135] BGH v. 11.10.2018, I ZB 9/18, SchiedsVZ 2019, 150, Rn. 5 (obiter); BGH v. 01.03.2007, III ZB 7/06, BGHZ 171, 245, Rn. 19 (obiter); MüKo-ZPO/*Münch*, 5. Aufl. 2017, § 1055 Rn. 28; Stein/Jonas/*Schlosser*, ZPO, 23. Aufl. 2014, § 1055 Rn. 8; a.A. Musielak/*Voit*, ZPO, 16. Aufl. 2019, § 1055 Rn. 6.

[136] *Wagner*, Prozeßverträge, 1998, S. 715 f.; *ders.*, Dispositionen über die Verbindlichkeit von Schiedssprüchen – Verzicht auf Rechtskraft und Aufhebungsgründe, in: Meller-Hannich u. a. (Hrsg.), Festschrift für Eberhard Schilken, 2015, S. 553 (563–565).

[137] Dazu oben Abschn. 8.3.5.

[138] MüKo-ZPO/*Münch*, 5. Aufl. 2017, § 1055 Rn. 4.

[139] Musielak/*Voit*, ZPO, 16. Aufl. 2019, § 1055 Rn. 3.

[140] BeckOK-ZPO/*Wilske/Markert*, Stand 01.03.2019, § 1055 Rn. 6 (auch zu weiteren Fällen der Vollstreckbarerklärung).

[141] OLG Frankfurt v. 13.06.2013, 26 SchH 6/13, juris, Rn. 10.

[142] Musielak/*Voit*, ZPO, 16. Aufl. 2019, § 1055 Rn. 11.

8.8 Wirkungen des Schiedsspruchs

Die Rechtskraft des Schiedsspruchs fällt nachträglich weg, wenn er von den Parteien einverständlich oder auf Antrag einer Partei durch das staatliche Gericht aufgehoben wird.[143] Eine Änderung des rechtskräftigen Schiedsspruchs durch das Schiedsgericht selbst ist dagegen nur in Sonderfällen denkbar. Handelt es sich etwa um einen Schiedsspruch über künftig fällig werdende, wiederkehrende Leistungen, kann unter Umständen ein neues Schiedsgericht gebildet und der Schiedsspruch abgeändert werden, wenn sich die Tatsachengrundlage nachträglich verändert hat (analog § 323 ZPO).[144] Außerdem kommt in Ausnahmefällen eine Wiederaufnahme des Schiedsverfahrens in Betracht.[145] Grundsätzlich kann das Schiedsgericht den rechtskräftigen Schiedsspruch aber nicht abändern, da sein Amt mit der Übermittlung des Schiedsspruchs erloschen ist (*functus officio*).[146]

8.8.2 Gegenüber Dritten

Die Wirkungen des Schiedsspruchs treten nach dem Wortlaut des § 1055 ZPO nur „unter den Parteien" ein. Damit ist jedoch nicht gemeint, dass Wirkungen gegenüber Dritten generell ausgeschlossen sind. Vielmehr kann ein Schiedsspruch, ähnlich wie ein Gerichtsurteil, in bestimmten Fällen auch gegenüber Dritten Wirkungen entfalten, die nicht am Schiedsverfahren beteiligt waren.[147]

8.8.2.1 Gesamtrechtsnachfolge

Tritt nach Übermittlung des Schiedsspruchs an die Parteien eine Gesamtrechtsnachfolge ein (Erbgang, Umwandlungsvorgang o. ä.), so ist auch der Gesamtrechtsnachfolger an den Schiedsspruch gebunden, da er vollständig in die Rechtsstellung seines Vorgängers eintritt.[148] Es verhält sich insofern ähnlich wie bei einer Gesamtrechtsnachfolge in die Schiedsvereinbarung (dazu oben Abschn. 3.8.1) und bei einer Gesamtrechtsnachfolge während des laufenden Schiedsverfahrens (dazu oben Abschn. 6.10.1).

8.8.2.2 Einzelrechtsnachfolge

Im Falle einer Einzelrechtsnachfolge nach Abschluss des Schiedsverfahrens besteht ebenfalls eine weitgehende Bindung des Rechtsnachfolgers an den Schiedsspruch, die deutlich über seine Bindung bei einer bloßen Rechtsnachfolge in die Schieds-

---

[143]Dazu unten Kap. 11.
[144]Musielak/*Voit*, ZPO, 16. Aufl. 2019, § 1055 Rn. 12.
[145]Dazu unten Abschn. 8.9.
[146]Dazu näher *Born*, International Commercial Arbitration, 2. Aufl. 2014, S. 3115–3124.
[147]Dazu und zu den Hintergründen vgl. *Wagner*, Bindung des Schiedsgerichts an Entscheidungen anderer Gerichte und Schiedsgerichte, in: Böckstiegel u. a. (Hrsg.), Die Beteiligung Dritter an Schiedsverfahren, 2005, S. 7 (31); anders aber MüKo-ZPO/*Münch*, ZPO, 5. Aufl. 2017, § 1055 Rn. 21.
[148]Musielak/*Voit*, ZPO, 16. Aufl. 2019, § 1055 Rn. 7.

vereinbarung (dazu oben Abschn. 3.8.2) oder einer Rechtsnachfolge während des laufenden Verfahrens (dazu oben Abschn. 6.10.2) hinausgeht. Wenn ein Schiedsspruch erlassen ist, gibt es keinen Grund mehr, den Rechtsnachfolger in geringerem Maße zu binden als bei einem staatlichen Urteil.[149]

Es gilt also auch im Schiedsverfahren § 325 Abs. 1 ZPO entsprechend: Hat der Kläger etwa den streitgegenständlichen Anspruch nach Erlass des Schiedsspruchs abgetreten, kann der Zessionar gleichermaßen aus dem Schiedsspruch gegen den Beklagten vorgehen. Hat umgekehrt der Beklagte die streitgegenständliche Sache nach Abschluss des Schiedsverfahrens veräußert, so wirkt der Schiedsspruch auch gegenüber dem neuen Eigentümer der Sache. In diesem Fall besteht aber die Möglichkeit des gutgläubigen Erwerbs (§ 325 Abs. 2 ZPO), wenn der Erwerber nichts vom Schiedsverfahren wusste und auch nicht wissen musste.[150]

8.8.2.3 Verfahren

In den Fällen der Rechtsnachfolge nach Erlass des Schiedsspruchs kann der Schiedsspruch vom Gericht direkt zwischen den neuen Beteiligten für vollstreckbar erklärt werden, indem die Rechtsnachfolge im Vollstreckbarerklärungsverfahren nach § 1060 ZPO nachgewiesen wird (entsprechend § 727 ZPO, wobei keine Bindung an die dort genannten Beweismittel besteht). Wurde der Schiedsspruch bereits für vollstreckbar erklärt, kann der Gerichtsbeschluss direkt gemäß § 727 ZPO umgeschrieben werden.[151]

8.8.3 Wirkungen ausländischer Schiedssprüche

Die dargestellten Grundsätze zu den Wirkungen inländischer Schiedssprüche gelten im Wesentlichen auch für ausländische Schiedssprüche. Auf diese ist allerdings § 1055 ZPO nicht anwendbar.[152] Vielmehr sieht hier § 1061 ZPO die Anerkennung und Vollstreckung nach dem UNÜ und weiteren Staatsverträgen vor. Unter der Anerkennung (*recognition*) ist dabei die Wirkungserstreckung des Schiedsspruchs im Inland zu verstehen, unter der Vollstreckung (*enforcement*) dessen zwangsweise Durchsetzung im Inland.[153] Während die Anerkennung auch inzident in einem anderen Verfahren erfolgen kann, ist für die Vollstreckung immer ein besonderes Vollstreckbarerklärungsverfahren erforderlich. Beruft sich also eine Partei in einem Folgeverfahren (Schieds- oder Gerichtsverfahren) auf einen ausländischen Schieds-

---

[149] *Wagner*, Bindung des Schiedsgerichts an Entscheidungen anderer Gerichte und Schiedsgerichte, in: Böckstiegel u. a. (Hrsg.), Die Beteiligung Dritter an Schiedsverfahren, 2005, S. 7 (32 f.).
[150] Musielak/*Voit*, ZPO, 16. Aufl. 2019, § 1055 Rn. 7.
[151] Vgl. BGH v. 06.03.1969, VII ZR 163/68, BB 1969, 892; *Wagner*, Bindung des Schiedsgerichts an Entscheidungen anderer Gerichte und Schiedsgerichte, in: Böckstiegel u. a. (Hrsg.), Die Beteiligung Dritter an Schiedsverfahren, 2005, S. 7 (33 f.).
[152] A.A. *Klement*, Rechtskraft des Schiedsspruchs, 2017, S. 200 ff.
[153] Vgl. zum Unterschied auch *Blackaby/Partasides*, Redfern and Hunter on International Arbitration, 6. Aufl. 2015, Ziff. 11.20.

spruch, so reicht es aus, wenn sie den Inhalt des Schiedsspruchs ins Verfahren einführt. Das betreffende Gericht oder Schiedsgericht wird dann die Sachlage prüfen und den ausländischen Schiedsspruch inzident anerkennen, wenn die entsprechenden Voraussetzungen vorliegen.[154] Soll der ausländische Schiedsspruch dagegen in Deutschland vollstreckt werden, ist das Vollstreckbarerklärungsverfahren vor dem Oberlandesgericht gemäß § 1061 ZPO zu beschreiten (dazu unten Abschn. 11.8).

Die Aufhebbarkeit eines ausländischen Schiedsspruchs steht seiner Anerkennung im Inland grundsätzlich nicht entgegen. Möchte sich eine Partei auf Aufhebungsgründe berufen, kann sie diese zunächst vor dem zuständigen ausländischen Gericht geltend machen. Das deutsche Gericht ist nur dann verpflichtet, einer etwaigen ausländischen Gerichtsentscheidung dazu zu folgen, wenn diese wiederum anerkennungsfähig ist (§ 328 ZPO, dazu näher unten Abschn. 11.8.3.3). Auch die Verfristung von Aufhebungsgründen im Ausland wird im Inland nicht unbedingt berücksichtigt (näher dazu unten Abschn. 11.8.4).

Ein ausländischer Schiedsspruch ist grundsätzlich mit den Wirkungen anzuerkennen, die er auch im Ausland hat (Wirkungserstreckung).[155] Daraus folgt beispielsweise, dass ein im Ausland bestehender, weitergehender Umfang der Rechtskraft auch im Inland anzuerkennen ist. Bei ausländischen Schiedssprüchen können also auch vom ausländischen Schiedsgericht inzident mitentschiedene Vorfragen als rechtskräftig festgestellt anzusehen sein, obwohl dies bei inländischen Schiedssprüchen nicht der Fall wäre.[156]

8.9 Wiederaufnahme des Schiedsverfahrens

Nachdem der Schiedsspruch an die Parteien übermittelt worden ist, stellt er eine endgültige, abschließende Entscheidung des Rechtsstreits dar. Daraus folgt, dass er anschließend auch vom Schiedsgericht selbst nicht mehr geändert werden kann. Selbst wenn sich später herausstellen sollte, dass bestimmte Annahmen, auf denen der Schiedsspruch beruht, unzutreffend sind, muss der Schiedsspruch grundsätzlich unverändert bleiben, da der Sinn und Zweck des Schiedsverfahrens, Rechtssicherheit zwischen den Parteien herzustellen, ansonsten nicht erreicht würde.

8.9.1 Wiederaufnahmegründe

In bestimmten Ausnahmefällen ist ein striktes Festhalten an der Rechtskraft des Schiedsspruchs jedoch unter Gerechtigkeitsaspekten schwer erträglich, vor allem

---

[154]Vgl. MüKo-ZPO/*Münch*, 5. Aufl. 2017, § 1061 Rn. 3; Musielak/*Voit*, ZPO, 16. Aufl. 2019, § 1061 Rn. 1.
[155]Stein/Jonas/*Schlosser*, ZPO, 23. Aufl. 2014, § 1055 Rn. 35; Zöller/*Geimer*, ZPO, 32. Aufl. 2018, § 1055 Rn. 17.
[156]Dazu oben Abschn. 8.8.1.2.

dann, wenn eine Partei bewusst und rechtswidrig, möglicherweise sogar in strafbarer Art und Weise, auf das Verfahren eingewirkt hat. Im staatlichen Gerichtsverfahren steht in derartigen Fällen das Wiederaufnahmeverfahren zur Verfügung (§§ 578 ff. ZPO), mit dem die Wiederaufnahme und Neuentscheidung eines rechtskräftig abgeschlossenen Gerichtsverfahrens erreicht werden kann. Im Schiedsverfahren ist dagegen nur der Aufhebungsantrag normiert (§ 1059 ZPO), der in vielen Fällen nicht ausreichend ist, vor allem dann, wenn die Dreimonatsfrist abgelaufen ist und sich der Wiederaufnahmegrund erst anschließend herausstellt. In der Literatur wird daher auch die Wiederaufnahme von Schiedsverfahren gefordert. *Schlosser* möchte insoweit die Wiederaufnahmegründe des § 580 Nr. 1–5 ZPO sowie einige weitere Tatbestände auch im Schiedsverfahren entsprechend anwenden.[157] Dem ist grundsätzlich zu folgen, lediglich im Hinblick auf später aufgefundene Urkunden ist meines Erachtens Zurückhaltung angebracht, um die Rechtskraft nicht über Gebühr zu gefährden.[158] Eine Wiederaufnahme kommt daher in folgenden Fällen in Betracht:

1. Wenn die gegnerische Partei oder ein Zeuge bewusst falsch ausgesagt hat.
2. Wenn ein Sachverständiger bewusst ein falsches Gutachten erstattet hat.
3. Wenn dem Schiedsgericht ein gefälschtes Dokument vorgelegt wurde.
4. Wenn die gegnerische Partei oder ihr Prozessbevollmächtigter den Schiedsspruch durch eine Straftat erwirkt hat, z. B. durch Betrug, Nötigung oder Erpressung.
5. Wenn der Schiedsrichter bei seiner Tätigkeit eine Straftat begangen hat, z. B. Vorteilsannahme, Bestechlichkeit oder Rechtsbeugung.
6. Wenn eine Partei arglistig ein Dokument oder ein anderes zentrales Beweismittel zurückgehalten hat.

Dabei ist jeweils zu beachten, dass eine Wiederaufnahme in allen Fällen nur in Betracht kommt, wenn der Schiedsspruch tatsächlich auf dem jeweiligen Umstand beruht und ohne den Umstand eine andere Entscheidung des Schiedsgerichts möglich gewesen wäre.

In den Fällen, in denen § 580 Nr. 1–5 ZPO auf ein strafbares Verhalten abstellt, kann es zu Schwierigkeiten kommen. Die Rechtsprechung wendet dann nämlich § 581 ZPO analog an, sodass eine Wiederaufnahme in der Regel nur in Betracht kommt, wenn auch eine Verurteilung durch ein Strafgericht erfolgt ist.[159] Diese Einschränkung ist jedoch meines Erachtens abzulehnen. Die Notwendigkeit einer strafgerichtlichen Verurteilung ist schon für das staatliche Gerichtsverfahren rechts-

---

[157] *Schlosser*, Schiedsgerichtsbarkeit und Wiederaufnahme, in: Schilken u. a. (Hrsg.), Festschrift für Hans Friedhelm Gaul, 1997, S. 679 (683 f.); angedeutet auch bei Zöller/*Geimer*, ZPO, 32. Aufl. 2018, § 1055 Rn. 20.
[158] So auch *Born*, International Commercial Arbitration, 2. Aufl. 2014, S. 3159.
[159] Vgl. zum Aufhebungsverfahren: BGH v. 02.11.2000, III ZB 55/99, NJW 2001, 373 (374 unter II.2.b)bb)); zum Vollstreckbarerklärungsverfahren: OLG Stuttgart v. 03.06.2003, 1 Sch 2/2003, zitiert bei *Kröll*, SchiedsVZ 2004, 113 (119).

politisch umstritten und sollte nicht ohne Not auf das Schiedsverfahren übertragen werden.[160]

8.9.2 Wiederaufnahmeverfahren

Wenn man die dargestellten Wiederaufnahmegründe anerkennt, ist gleichwohl fraglich, wie sie prozessual geltend zu machen sind. Anders als im staatlichen Gerichtsverfahren steht nämlich der Entscheidungskörper häufig nicht mehr zur Verfügung: In den meisten Fällen wird der Wiederaufnahmegrund erst nach Ablauf einer gewissen Zeit entdeckt, zu der das Schiedsgericht das Schiedsverfahren durch den Erlass des Schiedsspruchs bereits vollständig abgeschlossen hat, sodass sein Amt beendet ist (*functus officio*).[161]

Der Wiederaufnahmeantrag kann also nur dann beim Schiedsgericht gestellt werden, das den Schiedsspruch erlassen hat, wenn dieses sich ausnahmsweise noch im Amt befindet, etwa weil bisher nur ein Teilschiedsspruch ergangen ist und das Verfahren im Übrigen noch weiter läuft.

Wenn das Schiedsverfahren dagegen insgesamt beendet worden ist, kommt als Rechtsbehelf zunächst ein Aufhebungsantrag zum OLG in Frage. In den oben genannten Wiederaufnahmefällen wird meist auch eine Verletzung des verfahrensrechtlichen ordre public vorliegen, sodass ein Aufhebungsgrund gegeben ist (§ 1059 Abs. 2 Nr. 2 lit. b ZPO). Ist die Dreimonatsfrist des § 1059 Abs. 3 ZPO noch nicht abgelaufen, so ist die Zulässigkeit des Aufhebungsantrags unproblematisch. Aber selbst nach Ablauf der Dreimonatsfrist ist nach der Rechtsprechung des BGH ein Aufhebungsantrag analog § 1059 Abs. 2 ZPO in allen Fällen möglich, in denen wegen arglistigen Erschleichens des Schiedsspruchs oder arglistigen Gebrauchmachens eines unrichtigen Schiedsspruchs eine Klage aus § 826 BGB[162] begründet wäre.[163] Diese Fälle decken sich nicht immer, aber häufig mit den oben aufgeführten Wiederaufnahmegründen.

Hebt das OLG den Schiedsspruch daraufhin auf, kann es die Sache auf Antrag einer Partei in geeigneten Fällen zur erneuten Entscheidung an das Schiedsgericht zurückverweisen (§ 1059 Abs. 4 ZPO).[164] Eine solche Zurückverweisung kommt in den Fällen in Betracht, in denen die Tatsachengrundlage unzutreffend war, beispielsweise weil gefälschte Dokumente vorgelegt wurden (oben Nr. 3). Das alte Schiedsgericht muss dann erneut zusammentreten und neu über die Sache entscheiden. In den Fällen, in denen das Schiedsgericht selbst den Anlass für die Aufhebung gegeben hat, etwa weil es bestechlich war (oben Nr. 5), kommt eine Zu-

---

[160]So auch *Kröll*, SchiedsVZ 2004, 113 (119).
[161]Vgl. auch oben Abschn. 8.8.1.4.
[162]Vgl. dazu nur MüKo-BGB/*Wagner*, 7. Aufl. 2017, § 826 Rn. 226–241.
[163]BGH v. 02.11.2000, III ZB 55/99, NJW 2001, 373 (374 unter II.2.c); siehe auch unten Abschn. 11.5.11.
[164]Dazu auch unten Abschn. 11.6.

rückverweisung allerdings nicht in Betracht. Dann ist nach der Aufhebung des Schiedsspruchs von den Parteien ein neues Schiedsgericht zu bilden.

Insgesamt besteht damit nach derzeitiger Rechtslage nur dann eine umfassende Möglichkeit, Wiederaufnahmegründe geltend zu machen, wenn das ursprüngliche Schiedsgericht noch im Amt ist. Anderenfalls ist die belastete Partei im Verfahren vor dem OLG auf die Aufhebungsgründe und nach Ablauf der Aufhebungsfrist auf die Fälle beschränkt, in denen die Kriterien des § 826 BGB erfüllt sind.

Diese Einschränkungen der prozessualen Geltendmachung erscheinen nicht sachgemäß. Wenn man die oben genannten Wiederaufnahmegründe als solche akzeptiert, muss es auch ein Verfahren geben, mit dem sie in jedem Fall effektiv geltend gemacht werden können. Besser als das gerichtliche Verfahren vor dem OLG ist dafür das Schiedsverfahren geeignet, da das Schiedsgericht auch eine neue Entscheidung in der Sache treffen kann. Es spricht daher meines Erachtens mehr dafür, in allen Wiederaufnahmefällen die Bildung eines neuen Schiedsgerichts durch die Parteien zuzulassen. Dafür können gegebenenfalls auch die ursprünglichen Schiedsrichter neu benannt werden, wenn sie noch verfügbar sind. Dieses Schiedsgericht kann dann darüber entscheiden, ob ein Wiederaufnahmegrund vorliegt, und falls dies der Fall ist, auch eine neue Entscheidung in der Sache treffen. Dogmatisch lässt sich die Möglichkeit zur Bildung eines neuen Schiedsgerichts aus der Schiedsvereinbarung herleiten, die so auszulegen ist, dass sie auch ein etwaiges Wiederaufnahmeverfahren mit umfasst.[165]

In der Literatur wird teilweise eine Gegenansicht vertreten, wonach an die Fälle des § 826 BGB angeknüpft und insoweit angenommen wird, dass der daraus resultierende Schadensersatzanspruch entweder als deliktsrechtlicher Annexanspruch von der Schiedsvereinbarung umfasst und dann vor einem neu zu bildenden Schiedsgericht geltend zu machen ist, ansonsten analog § 1062 ZPO vor dem OLG.[166] Diese Ansicht ist jedoch schon insofern unbefriedigend, als sie teilweise nur zu einer Zuständigkeit des OLG gelangt, obwohl ein neu zu bildendes Schiedsgericht besser für das Wiederaufnahmeverfahren geeignet ist. Vor allem ist diese Ansicht aber deswegen zu eng, da sie nur für die Fälle des § 826 BGB eine verfahrensrechtliche Lösung vorsieht. Die Behelfslösung des § 826 BGB, die im staatlichen Gerichtsverfahren nur wegen der Beschränkungen der §§ 578 ff. ZPO entwickelt worden ist, muss aber im Schiedsverfahren gar nicht übernommen werden, da hier keine Bindung an diese Vorschriften besteht. Im Schiedsverfahren sollte vielmehr ein eigenständiges und in sich kohärentes Wiederaufnahmerecht entwickelt werden, wonach eine einheitliche Zuständigkeit eines neu zu bildenden Schiedsgerichts bei allen anerkannten Wiederaufnahmegründen besteht.

---

[165] So auch *Born*, International Commercial Arbitration, 2. Aufl. 2014, S. 3158 f.

[166] So *Schlosser*, Schiedsgerichtsbarkeit und Wiederaufnahme, in: Schilken u. a. (Hrsg.), Festschrift für Hans Friedhelm Gaul, 1997, S. 679 (685–689); ähnlich Musielak/*Voit*, ZPO, 16. Aufl. 2019, § 1029 Rn. 23, § 1059 Rn. 26; Zöller/*Geimer*, ZPO, 32. Aufl. 2018, § 1055 Rn. 20; angedeutet auch in BT-Drs. 13/5274, S. 60 („...seltene Ausnahmefälle, für die das Schadensersatzrecht eine angemessene Lösung bietet.").

Komplexe Schiedsverfahren   9

Das Schiedsverfahrensrecht geht grundsätzlich davon aus, dass eine Partei gegen eine andere Partei wegen einer Schiedsvereinbarung ein einziges Schiedsverfahren führt. In der Praxis stehen jedoch häufig mehrere Parteien auf einer oder auf beiden Seiten oder es gibt mehrere Verträge mit unterschiedlichen Schiedsvereinbarungen. Daraus ergeben sich mannigfaltige Fragen, etwa ob mehrere Verfahren parallel betrieben werden müssen oder eine Verfahrensverbindung möglich ist. Bisweilen stellt sich auch erst im Verlauf eines Schiedsverfahrens heraus, dass Ansprüche gegen eine weitere, dritte Person geltend gemacht werden sollen, die dann in das Verfahren mit einbezogen werden soll. Die möglichen Konstellationen, die insoweit auftreten können, lassen sich nicht erschöpfend voraussehen. In diesem Kapitel soll aber auf die wichtigsten Situationen eingegangen werden, deren juristische Behandlung dann auch Wertungskriterien für etwaige weitere Sonderfälle an die Hand gibt.

9.1 Mehrvertragsverfahren

9.1.1 Ad hoc-Verfahren

In vielen Fällen treffen zwei oder mehrere Parteien nicht nur eine, sondern mehrere Schiedsvereinbarungen in mehreren Verträgen. Kommt es dann wegen Ansprüchen aus verschiedenen Verträgen zum Streit, stellt sich die Frage, ob ein Schiedsverfahren oder mehrere Schiedsverfahren durchzuführen sind.[1]

> **Beispiel**
> Der Kläger erbrachte dem Beklagten drei verschiedene Getreidelieferungen, denen drei Standardformularverträge mit inhaltsgleichen Schiedsklauseln

---

[1] Zum Mehrvertragsverfahren vgl. *Leboulanger*, Multi-Contract Arbitration, 13 J. Int'l Arb. (1996), 43–97.

zugrunde lagen. Der Beklagte bezahlte die erste, nicht aber die zweite und die dritte Lieferung. Der Kläger eröffnet daher wegen dieser beiden Kaufpreiszahlungsansprüche ein Schiedsverfahren und benennt einen Schiedsrichter. Der Beklagte erhebt Widerklage wegen Qualitätsmängeln bei allen drei Lieferungen und benennt ebenfalls einen Schiedsrichter. Die parteibenannten Schiedsrichter einigen sich auf einen Vorsitzenden. Der Kläger rügt die Zuständigkeit des Schiedsgerichts für die Widerklage und bringt vor, er sei mit einer gemeinsamen Verhandlung von Klage und Widerklage nicht einverstanden. Vielmehr müsse der Beklagte wegen seiner angeblichen Gewährleistungsansprüche drei neue, separate Schiedsverfahren gegen ihn eröffnen.

Die ZPO enthält keine Sonderregelungen für Mehrvertragsverfahren. Das Schiedsgericht muss also wie auch sonst im Rahmen seiner Zuständigkeitsentscheidung gemäß § 1040 Abs. 1 ZPO darüber befinden, ob es für sämtliche geltend gemachten Ansprüche zuständig ist oder nicht.[2]

Die bei einem Mehrvertragsverfahren eintretende objektive Klagehäufung ist für sich genommen unproblematisch.[3] Sofern das Schiedsgericht zuständig ist, kann es über mehrere verschiedene Ansprüche entscheiden, auch wenn diese aus verschiedenen Verträgen stammen. Ob das Schiedsgericht jedoch zuständig ist, kann problematisch sein und ist von Fall zu Fall zu entscheiden.

Im vorliegenden Beispiel würde das Schiedsgericht seine Zuständigkeit für die Klage wegen der beiden offenen Zahlungsforderungen wohl bejahen, da der Beklagte die Zuständigkeit insofern nicht rügt, sondern vielmehr durch Erhebung einer einheitlichen Widerklage sein Einverständnis mit dem bereits begonnenen Schiedsverfahren zum Ausdruck bringt. Hinsichtlich der Widerklage des Beklagten verhält es sich allerdings insoweit anders, als der Kläger hier durchaus die Zuständigkeit rügt. Zumindest wegen der Widerklage hinsichtlich der ersten Getreidelieferung wird das Schiedsgericht daher seine Zuständigkeit wohl verneinen müssen, da es nach dem Willen des Klägers nur im Hinblick auf den zweiten und den dritten Vertrag konstituiert wurde. Der Beklagte muss wegen seiner Gewährleistungsansprüche aus dem ersten Vertrag also ein neues, separates Schiedsverfahren gegen den Kläger eröffnen. Dies ist zwar nicht prozessökonomisch, aber Ausfluss der Parteiautonomie und daher zu akzeptieren. Es steht den Parteien selbstverständlich frei, sich konsensual auf ein einziges Verfahren zu einigen.

Im Übrigen ist die Zuständigkeitsrüge des Klägers aber im vorliegenden Beispiel nicht begründet. Dass Widerklagen auch ohne Zustimmung des Klägers zulässig sind, wird von der ZPO nämlich bereits vorausgesetzt (§ 1046 Abs. 3 ZPO, dazu oben Abschn. 6.7). Der Kläger kann den Beklagte also wegen dessen Ansprüchen aus dem zweiten und dritten Vertrag nicht auf separate Schiedsverfahren gegen ihn verweisen. Aber auch gegen die Verbindung dieser beiden Ansprüche in einem einzigen Schiedsverfahren kann der Kläger hier wohl nichts einwenden: Er hat durch

---

[2] Zu dieser Zuständigkeitsentscheidung näher unten Abschn. 10.3.
[3] *Schwab/Walter*, Schiedsgerichtsbarkeit, 7. Aufl. 2005, Kap. 16 Rn. 3.

die Einleitung eines einzigen Schiedsverfahrens für seine Zahlungsansprüche aus dem zweiten und dritten Vertrag selbst zum Ausdruck gebracht, mit einem einheitlichen Verfahren einverstanden zu sein. Dies muss dann auch für die Widerklagen des Beklagten gelten.

9.1.2 DIS-Verfahren

Im DIS-Verfahren existiert seit 2018 eine Regelung zu Mehrvertragsverfahren (Art. 17 DIS-SchO).[4] Eine gemeinsame Verhandlung und Entscheidung von Ansprüchen aus verschiedenen Verträgen ist danach allerdings ebenfalls nur bei einem Konsens der Parteien zulässig (vgl. Art. 17.1 DIS-SchO: „sofern sämtliche Parteien des Schiedsverfahrens dies vereinbart haben"). Inhaltlich gilt damit nichts anderes als nach der ZPO. Im Beispielsfall müssten daher ebenfalls zwei Schiedsverfahren geführt werden. Diese können bei Zustimmung der Parteien miteinander verbunden werden (Art. 8 DIS-SchO), was im ad hoc-Verfahren ebenso möglich wäre.

9.1.3 ICC-Verfahren

Auch im ICC-Verfahren gibt es eine besondere Regelung zu Mehrvertragsverfahren, Art. 9 ICC-SchO. Allerdings sind Mehrvertragsverfahren auch danach nur „vorbehaltlich der Bestimmungen der Artikel 6(3)–6(7) und 23(4)" zulässig. Damit gilt auch im ICC-Verfahren das Konsensprinzip, sodass Mehrvertragsverfahren nur mit Zustimmung der Parteien durchgeführt werden können (vgl. Art. 6.4 (ii) (b) ICC-SchO: „...dass alle Parteien des Schiedsverfahrens vereinbart haben könnten, dass die Ansprüche gemeinsam im Rahmen eines einzigen Schiedsverfahrens entschieden werden können").[5]

Im Unterschied zum ad hoc- und zum DIS-Verfahren sind Verfahrensverbindungen nach der ICC-Schiedsordnung aber notfalls auch gegen den Willen der Parteien möglich, wenn dieselbe Rechtsbeziehung vorliegt und die Schiedsvereinbarungen miteinander vereinbar sind (Art. 10 lit. c ICC-SchO). Damit müsste der Beklagte im obigen Beispiel zwar ebenfalls ein weiteres Schiedsverfahren gegen den Kläger wegen seiner Ansprüche aus dem ersten Vertrag eröffnen, doch könnte dieses Verfahren dann vom ICC Court mit dem bereits laufenden, vom Kläger initiierten Verfahren wegen des zweiten und dritten Vertrags verbunden werden.

---

[4]Dazu etwa *Benedict*, Mehrvertragsverfahren, Mehrparteienverfahren, Einbeziehung Dritter und Verbindung von Verfahren, SchiedsVZ 2018, 306 (308 f.).
[5]Vgl. dazu im Ergebnis offen, aber tendenziell auch in diese Richtung *Schmidt-Ahrendts/Nedden*, in: Nedden/Herzberg, Praxiskommentar zu den Schiedsgerichtsordnungen, 2014, Art. 9 Rn. 20–24.

9.1.4 Zustimmung des Schiedsgerichts

Soll ein Schiedsverfahren nachträglich zu einem Mehrvertragsverfahren ausgeweitet werden, ist in der Regel die Zustimmung des Schiedsgerichts erforderlich. Daraus ergibt sich auch eine zeitliche Grenze für den Fall, dass das Schiedsgericht nicht zustimmt. Im ICC-Schiedsverfahren ist nach Erstellung des Schiedsauftrags (*terms of reference*) eine Erweiterung des Verfahrens nur noch mit Zustimmung des Schiedsgerichts möglich (Art. 23.4 ICC-SchO i.V.m. Art. 9 ICC-SchO). Entscheidet sich eine Partei also erst später dazu, weitere Ansprüche aus anderen Verträgen in demselben Verfahren einzuklagen, bedarf sie dazu auch der Zustimmung des Schiedsgerichts.

In ad hoc-Verfahren und DIS-Verfahren gelten de facto ähnliche Grenzen, da den Schiedsrichtern bei einer wesentlichen Erweiterung ihrer Aufgaben ein Recht zur außerordentlichen Kündigung des Schiedsrichtervertrags zusteht. Ansonsten können aber auch später noch weitere Ansprüche aus anderen Verträgen geltend gemacht werden, sofern das Schiedsgericht dafür zuständig ist. Möglichen Verfahrensverzögerungen kann das Schiedsgericht durch den Erlass von Teilurteilen begegnen.

9.1.5 Inkompatibilität der Schiedsvereinbarungen

Mehrvertragsverfahren sind nur möglich, wenn die Schiedsvereinbarungen in den verschiedenen Verträgen miteinander vereinbar, also inhaltlich kompatibel sind. Unvereinbar sind zwei Schiedsvereinbarungen beispielsweise dann, wenn eine Schiedsvereinbarung ein institutionelles Verfahren, die andere dagegen ein ad hoc-Verfahren vorsieht. Unvereinbarkeit kann aber auch dann vorliegen, wenn die Parteien in den verschiedenen Schiedsvereinbarungen unterschiedliche Regeln zur Bildung des Schiedsgerichts getroffen haben.

Die institutionellen Verfahrensordnungen regeln das Erfordernis der Vereinbarkeit ausdrücklich, so etwa Art. 17.2, 17.3 DIS-SchO. Auch Art. 9 ICC-SchO bestimmt, dass im Falle mehrerer Schiedsvereinbarungen alle der Schiedsgerichtsordnung unterliegen müssen.

Vermieden werden können Inkompatibilitäten verschiedener Schiedsvereinbarungen am sichersten dadurch, dass die Parteien schon bei Abschluss ihrer ursprünglichen Verträge eine einzige, einheitliche Schiedsklausel vereinbaren. Auf diese Weise lässt sich etwa auch für mehrere Hauptverträge ein einziger Schiedsvertrag zwischen allen Beteiligten vereinbaren, der dann auch die speziellen Fragen der Mehrvertrags- und gegebenenfalls Mehrparteiensituation mit regelt.[6]

Ansonsten können sich Parteien, die mehrere, nicht miteinander zu vereinbarende Schiedsvereinbarungen geschlossen haben, auch im Nachhinein darauf einigen, ein einheitliches Schiedsverfahren durchzuführen und auf diese Weise eine neue

---

[6]Ein anschauliches Beispiel dafür bei *Wolff*, Gestaltung einer vertragsübergreifenden Schiedsklausel, SchiedsVZ 2008, 59–62.

Schiedsvereinbarung treffen. Allerdings ist ex post nach Entstehung der Streitigkeit nur noch selten eine Einigung zwischen den Parteien zu erreichen.

9.2 Verfahrensverbindung

Die Verbindung (*consolidation*) mehrerer Schiedsverfahren ist nicht nur in den soeben diskutierten Mehrvertragskonstellationen von Bedeutung, sondern auch dann, wenn nur ein Vertrag zwischen den Schiedsparteien besteht, aus dem zeitlich mehrfach nacheinander verschiedene Ansprüche in mehreren Schiedsverfahren geltend gemacht werden. Die Prozessökonomie gebietet auch hier meist eine gemeinsame Verhandlung und Entscheidung, doch anders als das staatliche Gericht besitzt das Schiedsgericht keine hoheitliche Macht, die Verfahren notfalls auch gegen den Willen der Parteien zu verbinden.

Im ad hoc-Verfahren und im DIS-Verfahren (Art. 8 DIS-SchO)[7] ist daher auch in derartigen Fällen die Zustimmung der Parteien für eine Verfahrensverbindung erforderlich.

Anders verhält es sich im ICC-Verfahren, wo die Zustimmung der Parteien entbehrlich ist, wenn alle Ansprüche derselben Schiedsvereinbarung unterliegen oder mehrere Schiedsvereinbarungen miteinander kompatibel sind (Art. 10 lit. b und c ICC-SchO). Der ICC Court kann die Verfahren dann auch gegen den Willen der Parteien miteinander verbinden, was freilich nicht häufig vorkommt.[8] Dabei übt er aber keine hoheitliche Gewalt aus, sondern die private Gestaltungsbefugnis, welche ihm die Parteien durch die Vereinbarung der ICC-SchO schon im Voraus verliehen haben (vgl. Art. 6.2 ICC-SchO).

Ist eine Verbindung mehrerer Schiedsverfahren nicht möglich, bringt die Durchführung der Verfahren nicht nur einen erhöhten Zeit- und Kostenaufwand, sondern auch das Risiko einander widersprechender Entscheidungen mit sich. Dem wird in der Praxis bisweilen dadurch begegnet, dass in allen Schiedsverfahren dieselben Schiedsrichter benannt werden, sei es durch die Institution oder durch die Parteien.[9] Werden also etwa in dem oben (Abschn. 9.1.1) genannten Beispielsfall zwei ad hoc-Schiedsverfahren durchgeführt, die nicht miteinander verbunden werden können, so können die Parteien dieselben Schiedsrichter für beide Verfahren benennen. Selbst wenn sie dies unterlassen, können sich die vier parteibenannten Schiedsrichter auf ein und dieselbe Person als Vorsitzenden Schiedsrichter für beide Verfahren einigen. Dadurch wird eine gewisse Kohärenz in der Entscheidungsfindung sicher-

---

[7]Dazu *Benedict*, Mehrvertragsverfahren, Mehrparteienverfahren, Einbeziehung Dritter und Verbindung von Verfahren, SchiedsVZ 2018, 306 (310).

[8]Vgl. näher *von Schlabrendorff*, Parallele Verfahren, Aufnahme von Dritten, Verbindung von Verfahren: Erfahrungen aus der Praxis der ICC, in: Böckstiegel u. a. (Hrsg.), Die Beteiligung Dritter an Schiedsverfahren, 2005, S. 55 (60–62).

[9]*von Schlabrendorff*, Parallele Verfahren, Aufnahme von Dritten, Verbindung von Verfahren: Erfahrungen aus der Praxis der ICC, in: Böckstiegel u. a. (Hrsg.), Die Beteiligung Dritter an Schiedsverfahren, 2005, S. 55 (59 f.), auch zu möglichen Problemen dieser Verfahrensweise.

gestellt. Zwar haben die beiden schiedsgerichtlichen Entscheidungen keine wechselseitige Bindungswirkung und auch die Verfahren sind streng voneinander getrennt zu führen, doch können die Schiedsrichter auf eine einheitliche Auslegung der drei Getreidelieferungsverträge achten, was Rechtssicherheit für die Parteien bedeutet.

9.3 Mehrparteienverfahren

Häufig sind in Schiedsverfahren auf einer Seite oder auf beiden Seiten mehrere verschiedene Personen als Parteien beteiligt. Bei den 2018 von der DIS betreuten Verfahren betraf dies 29 % aller Verfahren,[10] ähnlich verhält es sich bei der ICC.[11] Ein solches Mehrparteienverfahren ist grundsätzlich unproblematisch, solange die Interessen aller Kläger und aller Beklagten jeweils übereinstimmen. Haben jedoch verschiedene Parteien auf einer Seite des Verfahrens unterschiedliche Interessen, können Probleme auftreten.

Schwierig ist in diesen Fällen hauptsächlich die Konstituierung des Schiedsgerichts, worauf bereits eingegangen wurde (Abschn. 5.3.3.3).

Ist das Schiedsgericht einmal bestellt worden, kann das Verfahren im weiteren Verlauf auch bei divergierenden Interessen der auf einer Seite stehenden Parteien durchgeführt werden. Es wird dann jede Partei einen eigenen Rechtsanwalt bevollmächtigen, um ihre Interessen zu wahren, eigene Schriftsätze einreichen, eigene Zeugen benennen usw. Die Prozessrechtsverhältnisse der Parteien bestehen jeweils mit sämtlichen Parteien auf der Gegenseite, sodass zwischen allen Beteiligten wechselseitige Ansprüche erhoben werden können. Dies wird von den maßgeblichen Bestimmungen der Schiedsverfahrensordnungen deklaratorisch klargestellt (vgl. Art. 8 ICC-SchO, Art. 18 DIS-SchO).

Sind alle Beteiligten durch eine einzige Schiedsvereinbarung miteinander verbunden, ist die Durchführung eines einzigen Mehrparteienverfahrens meist unproblematisch zulässig. Die Parteien haben sich dann schon bei Vertragsschluss damit einverstanden erklärt, potenziell gegen jede der anderen Vertragsparteien ein Mehrparteienverfahren zu führen. Liegt dagegen ein Mehrvertragsverfahren vor, ist zusätzlich zu untersuchen, ob die verschiedenen Schiedsvereinbarungen miteinander kompatibel sind und die Durchführung eines einzigen Verfahrens nicht dem Parteiwillen widersprechen würde (vgl. oben Abschn. 9.1).[12]

---

[10]DIS-Verfahrensstatistik 2018, S. 7, verfügbar unter www.disarb.org. Zugegriffen am 16.05.2019.

[11]2017 ICC Dispute Resolution Statistics, ICC Bull. 2018, 51 (52), auch verfügbar unter iccwbo.org. Zugegriffen am 16.05.2019.

[12]Zu diesen Konstellationen näher *Nicklisch*, Mehrparteienschiedsgerichtsbarkeit und Streitbeilegung bei Großprojekten, in: Plantey u. a. (Hrsg.), Festschrift für Ottoarndt Glossner, 1994, S. 221–239.

In jedem Fall entscheidet das Schiedsgericht gemäß § 1040 Abs. 1 ZPO über seine Zuständigkeit für sämtliche erhobenen Ansprüche und damit auch über die Zulässigkeit des Mehrparteienverfahrens.

9.4 Einbeziehung Dritter

Im Schiedsverfahren gibt es häufig das Bedürfnis, auch dritte Personen, die nicht Partei der Schiedsvereinbarung sind, in das Verfahren mit einzubeziehen.

> **Beispiel**
>
> In einem Bauvertrag über ein Kohlekraftwerk wurde eine Schiedsklausel vereinbart. Während der Bauausführung stellt der Auftraggeber fest, dass die Stahlstruktur gravierende Mängel aufweist und nimmt den Auftragnehmer, einen Generalunternehmer, deswegen vor dem Schiedsgericht auf Schadensersatz in Anspruch. Für diese Mängel ist nach Ansicht des Auftragnehmers allerdings ein Subunternehmer verantwortlich, mit dem er einen Vertrag über die Herstellung der Stahlstruktur abgeschlossen hat. Der Auftragnehmer möchte den Subunternehmer daher in das Schiedsverfahren mit einbeziehen, damit er für den Fall, dass er dem Auftraggeber gegenüber zu Schadensersatz verurteilt wird, beim Subunternehmer Regress nehmen kann.

Die Einbeziehung Dritter wird häufig bei Bauprojekten relevant, an denen naturgemäß viele Personen beteiligt sind. Aber auch in zahlreichen anderen Situationen besteht ein Interesse daran, Dritte am Verfahren und damit auch am Verfahrensausgang zu beteiligen, etwa bei Garantieerklärungen des Dritten (z. B. Patronatserklärungen) oder sonstigen Formen der Mithaftung.

Die Einbeziehung des Dritten dient vor allem der Vermeidung widersprüchlicher Entscheidungen über dieselben Fragen: Wenn der Schiedsspruch im Ausgangsverfahren auch gegenüber dem Dritten wirkt, dann kann in einem etwaigen Folgeprozess, der gegen den Dritten angestrengt wird, über die bereits rechtskräftig entschiedenen Fragen nicht abweichend entschieden werden. Anderenfalls wäre ein Gericht oder Schiedsgericht im Folgeverfahren gegen den Dritten frei, abweichend vom Erstprozess zu entscheiden. Dadurch dient die Beteiligung Dritter auch der Verfahrensökonomie, denn nach einer rechtskräftigen Entscheidung über bestimmte Vorfragen erübrigt sich häufig ein weiteres Verfahren gegen den Dritten.

9.4.1 Streitverkündung

Im staatlichen Verfahren steht in diesen Fällen die Streitverkündung (§§ 72, 68 ZPO) zur Verfügung, von der in der Praxis reger Gebrauch gemacht wird. Die Partei, die einem Dritten den Streit verkünden möchte, reicht dafür einen entsprechenden Schriftsatz und Kopien der übrigen, zwischen den Parteien bisher ausgetauschten

Schriftsätze bei Gericht ein. Das Gericht stellt dem Dritten diese Streitverkündung zu, wodurch sie ihm gegenüber wirksam wird (§ 73 ZPO). Entscheidet sich der Dritte dann, dem Rechtsstreit beizutreten, hat er die Stellung eines Nebenintervenienten (§ 74 Abs. 1 ZPO). Aber auch wenn er dem Verfahren nicht beitritt, entfaltet die Gerichtsentscheidung ihm gegenüber Wirkungen: Er kann sich in einem späteren Folgeprozess gegenüber dem Streitverkünder nicht mehr darauf berufen, dass der ursprüngliche Rechtsstreit unrichtig entschieden worden sei (§ 74 Abs. 3 i.V.m. § 68 ZPO). Durch diese besondere Streitverkündungswirkung entfalten sämtliche Feststellungen des Gerichts im Ausgangsprozess Bindungswirkung gegenüber dem Streitverkündungsempfänger. Hätten die Parteien in dem eingangs erwähnten Beispiel also etwa keine Schiedsklausel, sondern eine Gerichtsstandsvereinbarung getroffen, könnte der beklagte Auftragnehmer dem Subunternehmer unproblematisch den Streit verkünden und dadurch bewirken, dass eine etwaige Feststellung des Gerichts über das Vorliegen von Baumängeln bei der Stahlstruktur auch dem Subunternehmer gegenüber Bindungswirkung entfaltet.

Im Schiedsverfahren steht die Streitverkündung dagegen grundsätzlich nicht zur Verfügung.[13] Der Grund dafür liegt in seiner Rechtsnatur: Da es sich um ein privates Konfliktlösungsverfahren handelt, ist die Beteiligung am Schiedsverfahren immer nur im Konsens aller Beteiligten möglich. Das Schiedsgericht übt keine Hoheitsgewalt aus, sodass eine Wirkungserstreckung seiner Entscheidung auf Dritte (wie im Fall der §§ 74 Abs. 3, 68 ZPO) ohne deren Zustimmung nicht möglich ist.[14]

Freilich kann auch eine Schiedspartei einen Dritten dazu auffordern, am Verfahren teilzunehmen. Es handelt sich dabei jedoch nur um eine private Willensbekundung, sodass es dem Dritten hier völlig frei steht, ob er darauf eingeht oder nicht.

9.4.1.1 Bei Zustimmung des Dritten

In manchen Fällen wird es dem Interesse des Dritten sogar entsprechen, sich freiwillig am Schiedsverfahren zu beteiligen: Der Subunternehmer in dem eingangs erwähnten Beispiel wird besondere Kenntnisse hinsichtlich der von ihm hergestellten Stahlstruktur haben und die Behauptungen des Auftraggebers, es lägen Mängel bei der Herstellung vor, daher möglicherweise leichter entkräften können als der Auftragnehmer selbst. Wendet der Subunternehmer auf diese Weise die Haftung vom Auftragnehmer ab, drohen auch ihm selbst keine Regressforderungen mehr.

Wenn sich der Dritte aus diesen oder ähnlichen Gründen dazu entschließt, dem Schiedsverfahren freiwillig beizutreten, so ist neben seiner Zustimmung auch die Zustimmung der anderen Schiedspartei erforderlich, da ihr gegen ihren Willen kein

---

[13] Vgl. zur Streitverkündung im Schiedsverfahren insbes. *Elsing*, Streitverkündung und Schiedsverfahren, SchiedsVZ 2004, 88–94; *ders.*, Streitverkündung und Einbeziehung Dritter (Joinder) in der internationalen Schiedspraxis, in: Cascante u. a. (Hrsg.), Festschrift für Gerhard Wegen, 2015, S. 615–630; zu den Auswirkungen der Streitverkündung im staatlichen Verfahren auf ein anschließendes Schiedsverfahren vgl. *Stretz*, Die Streitverkündung im staatlichen Gerichtsverfahren und ihre Interventionswirkung im anschließenden Schiedsverfahren, SchiedsVZ 2013, 193–201.

[14] *Wagner*, Bindung des Schiedsgerichts an Entscheidungen anderer Gerichte und Schiedsgerichte, in: Böckstiegel u. a. (Hrsg.), Die Beteiligung Dritter an Schiedsverfahren, 2005, S. 7 (12 f., 46–48).

weiterer Beteiligter im (vertraulichen!) Schiedsverfahren aufgedrängt werden darf. Der Zustimmung des Schiedsgerichts bedarf es aber nicht. Die Schiedsrichter können allenfalls eine höhere Vergütung verlangen, wenn ihr Aufwand steigt, oder in Extremfällen die Schiedsrichterverträge kündigen.[15]

Stimmen der Dritte und die andere Schiedspartei der Streitverkündung zu, dann haben die Parteien im Ergebnis privatautonom durch Parteivereinbarung dieselbe Wirkung erzeugt, wie sie im staatlichen Verfahren nach den §§ 72, 68 ZPO eintritt. Um eine „Streitverkündung" im eigentlichen Sinne handelt es sich freilich nicht. Wenn der Dritte also im Folgeprozess vor einem anderen Schiedsgericht oder vor einem staatlichen Gericht in Anspruch genommen wird, kann er sich nur deswegen nicht in Widerspruch zu den Feststellungen des Vorprozesses setzen, weil er vertraglich darauf verzichtet hat.

Durch eine solche privatautonom herbeigeführte Streitverkündung wird der Dritte nicht Partei des Schiedsverfahrens. Zwar wird er sich, wenn er freiwillig beitritt, in der Regel wie eine Partei beteiligen, eigene Schriftsätze einreichen, an der Verhandlung teilnehmen usw. Da die Beteiligten ihm aber übereinstimmend nicht die Rolle einer Partei, sondern nur die eines Streitverkündungsempfängers zuweisen möchten, ist er nicht als Schiedspartei im eigentlichen Sinne anzusehen, was vor allem für sein Rechtsverhältnis zu den Schiedsrichtern von Bedeutung ist: Der Streitverkündungsempfänger wird nicht Partei des Schiedsrichtervertrags.

9.4.1.2 Bei Weigerung des Dritten

In den meisten Fällen wird der Dritte dem Schiedsverfahren aber nicht freiwillig beitreten, da er alle Verteidigungsmittel, die ihm möglicherweise zustehen, ohnehin auch später noch in einem etwaigen Folgeprozess nutzen kann. Wenn er sich weigert, am Schiedsverfahren teilzunehmen, hat der Ausgang des Schiedsverfahrens keinerlei präjudizielle Wirkungen im Verhältnis zu ihm; § 68 ZPO gilt nicht. Das Fehlen einer zwangsweisen Möglichkeit der Streitverkündung ist eine der wesentlichen Schwächen des Schiedsverfahrens, die jedoch seiner Rechtsnatur entspringt und daher akzeptiert werden muss (vgl. bereits oben Abschn. 1.5.6).

9.4.1.3 Institutionelle Verfahren

Eine Streitverkündung im Schiedsverfahren kann nicht nur ad hoc erfolgen, sondern auch durch Nutzung der entsprechenden institutionellen Verfahrensordnungen. So sieht beispielsweise die Schlichtungs- und Schiedsordnung für Baustreitigkeiten der Arbeitsgemeinschaft für Bau- und Immobilienrecht im DeutschenAnwaltVerein folgende Regelung vor:[16]

---

[15] *Wagner*, Bindung des Schiedsgerichts an Entscheidungen anderer Gerichte und Schiedsgerichte, in: Böckstiegel u. a. (Hrsg.), Die Beteiligung Dritter an Schiedsverfahren, 2005, S. 7 (46 f.); nach *Elsing*, Streitverkündung und Schiedsverfahren, SchiedsVZ 2004, 88 (92 f.), ist auch die Zustimmung des Schiedsgerichts erforderlich.

[16] Verfügbar unter arge-baurecht.com. Zugegriffen am 16.05.2019.

§ 6 Einbeziehung Dritter

Dritte können als Haupt- oder Nebenintervenienten oder als Streitverkündete mit Zustimmung aller Parteien dem Verfahren mit der Folge der Wirkungen der §§ 66 ff. ZPO beitreten, wenn sie sich der Schiedsgerichtsvereinbarung unterworfen haben. Die Zustimmung kann auch in der Schiedsgerichtsvereinbarung generell erteilt werden. Soweit die Zustimmung des Schiedsgerichts erforderlich ist, darf diese nur versagt werden, wenn die Einbeziehung des Dritten rechtsmissbräuchlich wäre.

Diese Regelung sieht vor, dass die Einbeziehung des Dritten nur mit seiner Zustimmung und der Zustimmung der Parteien möglich ist, was im Einklang mit den erwähnten allgemeinen Grundsätzen des Schiedsverfahrensrechts steht. Zusätzlich wird geregelt, dass diese Zustimmungen anlässlich einer konkreten Streitverkündung oder vorab im Rahmen einer Schiedsvereinbarung, die auch den Dritten umfasst (Satz 2), erteilt werden können. Aus der Formulierung von Satz 2 muss wohl geschlossen werden, dass allein in der Vereinbarung eines Schiedsverfahrens nach der SOBau noch keine Zustimmung der Schiedsparteien zur späteren Streitverkündung gesehen werden kann, sondern diese zusätzlich ausdrücklich erteilt werden muss.

Als Rechtsfolge wird eine Anwendung der Wirkungen der §§ 66 ff. ZPO angeordnet, also privatautonom das vereinbart, was ansonsten im staatlichen Verfahren aufgrund hoheitlicher Tätigkeit des Gerichts gelten würde.

Der § 6 der SOBau der ARGE Baurecht entspricht somit inhaltlich dem ad hoc-Verfahren nach der ZPO, hat aber eine Klarstellungsfunktion gegenüber den Schiedsparteien und führt diesen vor Augen, dass sie schon bei Vertragsschluss daran denken sollten, etwaige Dritte mit einzubeziehen, was zu diesem Zeitpunkt häufig noch konsensual möglich ist.

Etwas weitergehend ist die Regelung zur Streitverkündung in der Schiedsgerichtsordnung des Deutschen Kaffeeverbandes e.V. bei der Handelskammer Hamburg:[17]

§ 6 Streitverkündung

1. Eine Partei, die für den Fall ihres Unterliegens einen Anspruch gegen einen Dritten erheben zu können glaubt oder den Anspruch eines Dritten befürchtet, kann dem Dritten bis zum Schluss der letzten mündlichen Verhandlung den Streit verkünden.
2. Der Dritte ist zur weiteren Streitverkündung berechtigt.
3. Der Dritte ist berechtigt, aber nicht verpflichtet, dem Streit beizutreten. Tritt er bei, so hat dieser Beitritt kraft Vereinbarung zwischen ihm und dem Streit-

---

[17]Verfügbar unter www.hk24.de. Zugegriffen am 16.05.2019.

verkünder die Wirkung des § 74 Absatz 3 ZPO in Verbindung mit § 68 ZPO. Ihm ist in diesem Fall von allen bisher gewechselten Schriftsätzen und allen übrigen zu der Prozessakte gehörenden Schreiben je eine Kopie durch die Geschäftsstelle zuzustellen. Entsteht durch die Streitverkündung zusätzlicher Bearbeitungsaufwand für das Schiedsgericht, kann das Schiedsgericht die Gebühr gemäß § 13 Absatz 3 erhöhen.

4. Im Rahmen der Streitverkündung können nach erfolgtem Beitritt auch weitere Ansprüche erhoben werden, über die das Schiedsgericht nach freiem Ermessen zugleich in demselben Verfahren oder gesondert entscheiden kann. Dies gilt auch dann, wenn sich die Schiedsvereinbarung ursprünglich nicht auf diese Ansprüche erstreckt. Der Streitwert dieser Ansprüche wird zum Streitwert der Ausgangsklage addiert.

Auch die Regelung des Deutschen Kaffeeverbandes hat zunächst den Sinn und Zweck, den Parteien des Schiedsverfahrens die Möglichkeit einer Streitverkündung vor Augen zu führen und etwaigen Streit über deren Zulässigkeit zu vermeiden. § 6.1 und § 6.2 entsprechen im Wesentlichen § 72 ZPO. § 6.3 legt in Übereinstimmung mit den allgemeinen Grundsätzen fest, dass die Zustimmung des Streitverkündeten erforderlich ist. Die Zustimmung der anderen Schiedspartei wird jedoch nicht gesondert erwähnt. Vielmehr stellt § 6.3 Satz 2 nur auf die Vereinbarung zwischen dem Streitverkünder und dem Streitverkündungsempfänger ab. Daraus muss wohl geschlossen werden, dass die Zustimmung der anderen Schiedspartei nicht gesondert eingeholt werden muss, sondern schon antizipiert in der Vereinbarung eines Schiedsverfahrens nach der Schiedsgerichtsordnung des Kaffeeverbandes gesehen wird. Dies mag für § 6.3 noch zulässig sein, stößt aber jedenfalls insoweit auf Bedenken, als der Dritte nach dem Wortlaut des § 6.4 sogar eigene Klagen gegen die andere Schiedspartei erheben könnte. In einem solchen Fall wird das Schiedsgericht seine Zuständigkeit sorgfältig prüfen müssen.

9.4.2 Nebenintervention

Wenn der Dritte nicht von einer Partei aufgefordert wird, sich am Verfahren zu beteiligen, sondern aus eigenem Entschluss am Verfahren teilnehmen möchte, steht dafür im Gerichtsverfahren die Nebenintervention zur Verfügung (§§ 66, 68 ZPO). Diese kommt deutlich seltener vor als eine Streitverkündung, allein schon deswegen, weil der Dritte häufig gar keine Kenntnis davon haben wird, dass ein Verfahren zwischen anderen Parteien anhängig ist. Dies trifft auf Schiedsverfahren in gesteigertem Maße zu: Hier ist das Verfahren in der Regel vertraulich und Dritten daher unbekannt.

Sofern ein Dritter aber einmal Kenntnis vom Schiedsverfahren erlangen und Interesse an seiner Beteiligung haben sollte, ist dessen Einbeziehung nach denselben Grundsätzen wie bei der Streitverkündung möglich: Die beiden Parteien müssen zustimmen, das Schiedsgericht muss dagegen nicht zustimmen.[18] Unter diesen Voraussetzungen ist die Nebenintervention auch in manchen institutionellen Verfahren vorgesehen, etwa nach dem soeben erwähnten § 6 der SOBau der ARGE Baurecht im DAV.

9.4.3 Parteierweiterung und Drittwiderklage

9.4.3.1 Allgemeines

Durch die Vereinbarung einer Streitverkündung oder einer Nebenintervention werden die betreffenden Dritten keine Parteien, sondern lediglich in anderer Weise am Verfahren beteiligt. Es ist aber auch im Schiedsverfahren möglich, zusätzliche Personen als Parteien einzubeziehen, was im staatlichen Verfahren üblicherweise mit „Parteierweiterung" bezeichnet wird. Im Schiedsverfahren ist dafür die Zustimmung der bisherigen Parteien erforderlich, die freilich auch antizipiert in einer Schiedsklausel oder in der Wahl einer bestimmten Schiedsverfahrensordnung liegen kann. Außerdem ist hier die Zustimmung des Schiedsgerichts erforderlich, da es einen weiteren Vertragspartner des Schiedsrichtervertrags bekommt.

Die Parteierweiterung kann auf Kläger- wie auf Beklagtenseite stattfinden. Auf Klägerseite kann sie eintreten, wenn ein Dritter von sich aus Ansprüche gegen den Schiedsbeklagten erheben möchte und die Parteien ihn als zusätzlichen Kläger in das Verfahren mit einbeziehen. Häufiger entsteht eine solche Parteierweiterung aber dadurch, dass der Beklagte eine Widerklage gegen den Kläger und einen Dritten einreicht und der Dritte dadurch auf Klägerseite in das Verfahren mit einbezogen wird. Sogar die im staatlichen Verfahren noch diskutierte isolierte Widerklage nur gegen einen Dritten ist möglich, wenn dieser, die andere Schiedspartei und das Schiedsgericht seiner Einbeziehung als Partei zustimmen.

9.4.3.2 ICC- und DIS-Verfahren

Die meisten institutionellen Schiedsgerichtsordnungen sehen für die Einbeziehung Dritter nur die Parteierweiterung vor. Es wird also nicht zwischen Streitverkündung, Nebenintervention und weiteren Beteiligungsformen unterschieden, sondern nur die Parteierweiterung als Möglichkeit, Dritte in das Verfahren einzubeziehen, anerkannt. So ist gemäß Art. 7 ICC-SchO und dem weitgehend identischen Art. 19 DIS-SchO eine Parteierweiterung durch eine Schiedsklage gegen einen Dritten zulässig, wobei diese zusätzliche Klage sowohl vom Kläger als auch vom Beklagten gegen den Dritten erhoben werden kann. Dadurch entsteht ein Mehrparteienverfahren und gegebenenfalls auch ein Mehrvertragsverfahren.

---

[18] *Wagner*, Bindung des Schiedsgerichts an Entscheidungen anderer Gerichte und Schiedsgerichte, in: Böckstiegel u. a. (Hrsg.), Die Beteiligung Dritter an Schiedsverfahren, 2005, S. 7 (44–46); *Geimer*, Beteiligung weiterer Parteien im Schiedsgerichtsverfahren, insbesondere die Drittwiderklage, in: Böckstiegel u. a. (Hrsg.), Die Beteiligung Dritter an Schiedsverfahren, 2005, S. 71 (76 f., 81–83).

9.4 Einbeziehung Dritter

Hintergrund dieser einheitlichen Regelung, die nur die „Einbeziehung zusätzlicher Parteien" (*joinder of additional parties*) kennt, ist die internationale Ausrichtung der Schiedsgerichtsordnungen. Da die Streitverkündung und die Nebenintervention in manchen ausländischen Prozessrechtsordnungen vor allem des Common Law unbekannt sind,[19] würde ihre Regelung ausländische Nutzer der Schiedsgerichtsordnungen vor zusätzliche Schwierigkeiten stellen.

Zugunsten des Vorteils einer einheitlichen und übersichtlichen Regelung wird damit allerdings auch auf die Flexibilität verzichtet, welche die etablierten Institute des staatlichen Gerichtsverfahrens ermöglichen. Nach Art. 7 ICC-SchO und Art. 19 DIS-SchO ist die Schiedspartei, die einen Dritten mit einbeziehen möchte, nämlich gezwungen, gegen diesen eine Schiedsklage zu erheben, also Ansprüche geltend zu machen. Durch eine Streitverkündung kann sie sich dagegen zunächst darauf beschränken, den Dritten an die Feststellungen des Verfahrens zu binden, und sich anschließend überlegen, ob sie konkrete Ansprüche gegen den Dritten geltend machen möchte oder nicht.

Inhaltlich ist für eine Einbeziehung eines Dritten als zusätzliche Partei im institutionellen Verfahren hauptsächlich erforderlich, dass eine Schiedsvereinbarung mit dem Dritten besteht (vgl. Art. 7.2 (c) i.V.m. Art. 4.3 (e) ICC-SchO und Art. 19.2 (vi) DIS-SchO). Diese Schiedsvereinbarung kann schon zu einem früheren Zeitpunkt geschlossen worden sein oder anlässlich der Einbeziehung erfolgen, sodass auch im institutionellen Verfahren eine Einbeziehung ad hoc möglich ist.

Was die Verfahrensordnungen nicht explizit erwähnen, ist die Zustimmung der anderen Schiedspartei. Daher wird teilweise angenommen, dass vor Ernennung eines Schiedsrichters eine Einbeziehung weiterer Parteien auch ohne Zustimmung der anderen Schiedspartei möglich sei, was sich im Umkehrschluss aus Art. 7.1 S. 4 ICC-SchO ergeben soll.[20] Ein ähnliches Argument e contrario könnte man auch Art. 19.1 DIS-SchO entnehmen. Diese Argumentation erscheint jedoch fraglich, da nach allgemeinen Grundsätzen keine Einbeziehung Dritter ins Schiedsverfahren erfolgen kann, wenn nicht beide Schiedsparteien ihr Einverständnis damit zum Ausdruck gebracht haben. Allein aus der Vereinbarung der ICC-SchO auf ein solches generelles Einverständnis zu schließen, dürfte zu weit gehen, da der Dritte als echte Partei mit einbezogen wird und dann auch gegen die andere Schiedspartei, die nicht seine Einbeziehung gefordert hat, Ansprüche geltend machen kann (vgl. Art. 7.4 Satz 2 ICC-SchO, Art. 19.4 DIS-SchO). Außerdem wird die Vertraulichkeit dadurch durchbrochen. Unproblematisch ist die Einbeziehung Dritter daher nur, wenn die andere Schiedspartei zustimmt oder wenn schon im Vorfeld eine gemeinsame Schiedsvereinbarung abgeschlossen wurde. Sind die Parteien dagegen durch unterschiedliche Schiedsvereinbarungen miteinander verbunden, dürfte eine einseitige Parteierweiterung nicht zulässig sein.

---

[19]Dazu etwa *Elsing*, Streitverkündung und Einbeziehung Dritter (Joinder) in der internationalen Schiedspraxis, in: Cascante u. a. (Hrsg.), Festschrift für Gerhard Wegen, 2015, S. 615 (622 f.).
[20]*Schmidt-Ahrendts/Nedden*, in: Nedden/Herzberg, Praxiskommentar zu den Schiedsgerichtsordnungen, 2014, Art. 7 ICC-SchO Rn. 12.

In zeitlicher Hinsicht setzt Art. 19.1 DIS-SchO eine relativ strikte Grenze für die Einbeziehung eines Dritten. Diese ist nur bis zur Bestellung „eines" Schiedsrichters zulässig. Sobald der erste Schiedsrichter von der DIS bestellt wurde, kann also dem Wortlaut nach keine weitere Schiedsklage gegen einen Dritten mehr eingereicht werden. Dagegen lässt Art. 7.1 Satz 4 ICC-SchO die Einbeziehung eines Dritten auch nach diesem Zeitpunkt noch zu, wenn sämtliche Parteien zustimmen. Dies dürfte allerdings auch im DIS-Verfahren gelten, da mit Zustimmung sämtlicher Parteien ohnehin von den Regelungen der Schiedsordnung abgewichen werden kann. Hintergrund für die zeitliche Grenze sind die Schwierigkeiten bei der Bestellung von Schiedsrichtern im Mehrparteienverfahren:[21] Wird der Dritte vor der Konstituierung des Schiedsgerichts mit einbezogen, kann er an der Benennung der Schiedsrichter mitwirken. Wird er erst später einbezogen, muss er das Schiedsgericht so akzeptieren, wie es von den bisherigen Schiedsparteien konstituiert worden ist. Dies kann ihm gegen seinen Willen in der Regel nicht zugemutet werden.

Insgesamt sind die Regelungen der DIS- und ICC-SchO zur Einbeziehung weiterer Parteien zwar weit genug, um verschiedene Konstellationen zu erfassen, doch bedürfen sie wegen ihrer Weite auch der Anpassung im Einzelfall, um dem Gebot der Parteiautonomie gerecht zu werden. Aus diesem Grunde wird dort auch explizit klargestellt, dass bei Streitigkeiten hinsichtlich der Einbeziehung des Dritten das Schiedsgericht zu entscheiden hat (Art. 19.5 DIS-SchO). Im ICC-Verfahren ist an dieser Entscheidung gegebenenfalls auch der ICC Court beteiligt (Art. 7.1 Satz 3 i.V.m. Art. 6.3–6.7 ICC-SchO).

9.4.3.3 LCIA- und SCAI-Verfahren

Fast alle institutionellen Verfahrensordnungen enthalten Sondervorschriften für die Einbeziehung Dritter. Dabei werden die Voraussetzungen durchaus unterschiedlich detailliert normiert. Eine relativ weitgehende Regelung findet sich in der Schiedsordnung des LCIA:[22]

Art. 22 Additional Powers
22.1 The Arbitral Tribunal shall have the power, upon the application of any party or (save for subparagraphs (viii), (ix) and (x) below) upon its own initiative, but in either case only after giving the parties a reasonable opportunity to state their views and upon such terms (as to costs and otherwise) as the Arbitral Tribunal may decide: [...]
(viii) to allow one or more third persons to be joined in the arbitration as a party provided any such third person and the applicant party have consented to such joinder in writing following the Commencement Date or (if earlier) in the Arbitration Agreement; and thereafter to make a single final award, or separate awards, in respect of all parties so implicated in the arbitration;

---

[21]Dazu oben Abschn. 5.3.3.3.
[22]Dazu allgemein Abschn. 1.7.7.

Nach dieser Regelung fällt die Einbeziehung eines Dritten als Partei unter die „powers", also die Kompetenzen, des Schiedsgerichts. Schon durch diese systematische Verortung wird betont, dass auch autoritative Entscheidungen gegen den Willen einer Schiedspartei zulässig sein sollen. Die Möglichkeit der Einbeziehung ist damit weiter als nach den Regelungen der DIS und der ICC.

Gegen eine weitgehende Zulässigkeit einer Einbeziehung auch gegen den Willen der anderen Schiedspartei bestehen jedoch dieselben Bedenken: Es widerspricht dem Wesen der Schiedsgerichtsbarkeit, Verfahren zwischen Personen durchzuführen, die niemals zugestimmt haben, einander als Schiedsparteien in einem Verfahren gegenüber zu treten. Die Regelung in den LCIA-Rules sollte daher von einem umsichtigen Schiedsgericht nur mit großer Vorsicht angewendet werden. Werden Dritte unbedacht gegen den Willen einer Partei mit einbezogen und anschließend Schiedssprüche zwischen diesen Parteien gesprochen, unterliegen die Schiedssprüche dem Risiko der Aufhebung.

Wohl angesichts dieser Schwierigkeiten, die Einbeziehung Dritter detailliert zu regeln, hat sich die Schiedsinstitution der Schweizer Handelskammern bei der Formulierung zurückgehalten und nur eine inhaltlich vage Bestimmung in die „Swiss Rules"[23] mit aufgenommen:

Art. 4.2
Falls eine oder mehrere Drittpersonen an einem unter dieser Schiedsordnung hängigen Schiedsverfahren teilzunehmen wünschen oder falls eine an einem Schiedsverfahren unter dieser Schiedsordnung beteiligte Partei die Teilnahme einer oder mehrerer Drittpersonen am Verfahren verlangt, entscheidet das Schiedsgericht über das entsprechende Begehren nach Konsultation aller Parteien, einschliesslich der einzubeziehenden Drittpersonen, und in Berücksichtigung aller massgeblichen Umstände.

Diese Regelung hat gegenüber den Bestimmungen der DIS-, ICC- und LCIA-SchO den Vorteil, dass sie auch die Beteiligung des Dritten auf dessen eigene Initiative, also eine Form der Nebenintervention, mit umfasst. Im Übrigen werden keine inhaltlichen Voraussetzungen aufgestellt, sondern es dem Ermessen des Schiedsgerichts überlassen, nach Anhörung aller Beteiligten die richtige Entscheidung zu treffen. Damit kann das Schiedsgericht der Vielfalt möglicher Fallgestaltungen gerecht werden, etwa ob die Parteien eine einzige oder mehrere Schiedsvereinbarungen abgeschlossen haben. Auch kann das Erfordernis der Zustimmung aller Parteien im Einzelfall berücksichtigt werden, was jeweils vor und nach Konstituierung des Schiedsgerichts unterschiedliche Fragen aufwirft.

Art. 4.2 der Swiss Rules ist daher trotz seiner inhaltlichen Unbestimmtheit eine gelungene Regelung. Er erfüllt eine Hinweisfunktion, indem er die Schiedsparteien

---

[23]Dazu allgemein Abschn. 1.7.4.

auf die Möglichkeit einer Beteiligung Dritter aufmerksam macht. Im Übrigen schränkt er den Spielraum der Parteien nicht unnötig ein, wie etwa Art. 19 DIS-SchO, der zumindest seinem Wortlaut nach die Einbeziehung ausschließt, wenn bereits ein Schiedsrichter bestellt worden ist.

9.4.4 Einbeziehung von Konzerngesellschaften und anderen Nicht-Unterzeichnern

Eine besondere Konstellation entsteht dann, wenn mit dem Dritten überhaupt keine Schiedsvereinbarung besteht und dieser auch seiner Einbeziehung nicht zustimmt, aber aus materiellrechtlichen Gründen eine Verbindung des Dritten zu einer oder beiden Parteien des Schiedsverfahrens besteht. Eine Einbeziehung in das Schiedsverfahren ist dann nach den dargestellten Grundsätzen eigentlich nicht möglich, auch wenn sie im Einzelfall sinnvoll erscheinen mag. In der französischen Schiedsgerichtsbarkeit wird insofern allerdings in Einzelfällen eine Einbeziehung Dritter in das Schiedsverfahren anerkannt, wenn der Dritte zum gleichen Konzern wie eine der Schiedsparteien gehört und beim Abschluss der Schiedsvereinbarung in irgendeiner Weise beteiligt war oder für die Verbindlichkeiten der Schiedspartei haftet. Dies wird als *théorie de groupe de sociétés* oder *group of companies doctrine* bezeichnet. In Anknüpfung an diese Lehre wird in der internationalen Schiedsgerichtsbarkeit auch allgemein diskutiert, inwieweit Dritte in das Schiedsverfahren einbezogen werden können, wenn sie zwar keine Schiedsvereinbarung unterzeichnet haben, aber die zwischen anderen Personen abgeschlossene Schiedsvereinbarung sich dennoch auf sie erstrecken sollte.[24] Hier spricht man von der Erweiterung des Schiedsverfahrens auf *non-signatories* („Nicht-Unterzeichner"). Dabei kommt es natürlich nicht auf die Nicht-Unterzeichnung an, sondern nur darauf, dass der Dritte keine Vertragspartei der Schiedsvereinbarung ist.

Ihre vollständige Ausprägung erhielt die *group of companies doctrine* in der Entscheidung eines ICC-Schiedsgerichts in der Sache *Dow Chemical et al. v. Isover Saint Gobain*. Hier hatten vier Gesellschaften, die zum Dow Chemicals-Konzern gehörten, als Kläger ein Schiedsverfahren gegen den Beklagten eröffnet, obwohl nur zwei von ihnen Schiedsvereinbarungen mit dem Beklagten abgeschlossen hatten. Das Schiedsgericht hielt sich gleichwohl für alle vier Klagen für zuständig, was vom zuständigen französischen Gericht bestätigt wurde.[25] Seitdem ist im französischen

---

[24]Rechtsvergleichender Überblick über verschiedene Fallgruppen bei *Sandrock*, The Extension of Arbitration Agreements to Non-Signatories: An Enigma Still Unresolved, in: Baums u. a. (Hrsg.), Liber Amicorum Richard M. Buxbaum, 2000, S. 461–487; vgl. auch *ders.*, Wirkungen von Schiedsvereinbarungen im Konzern, in: Böckstiegel u. a. (Hrsg.), Die Beteiligung Dritter an Schiedsverfahren, 2005, S. 93 (97 f.).
[25]Zwischenschiedsspruch v. 23.09.1982, ICC case No. 4131, und Entscheidung der Cour d'Appel de Paris v. 21.10.1983, 9 Yb. Comm. Arb., 131–137 (1984) mit Fn. des Herausgebers.

Recht anerkannt, dass eine Konzerngesellschaft an Schiedsvereinbarungen anderer Konzerngesellschaften gebunden sein kann, wenn sie bei deren Abschluss oder bei der Durchführung oder Beendigung des zugrunde liegenden Vertrags entscheidend mitgewirkt hat und dies im Einklang mit dem übereinstimmenden Willen der Vertragsparteien geschah.

Die *group of companies doctrine* wurde von späteren Entscheidungen bestätigt. Dabei hat sie insbesondere eine bedeutsame Erweiterung auf Staaten erfahren, die unter Umständen als Dritte im Schiedsverfahren in Anspruch genommen werden können, wenn eines ihrer Staatsunternehmen oder staatlich kontrollierten Unternehmen eine Schiedsvereinbarung abgeschlossen hat.[26] Dies wurde etwa in der Sache *Dallah v. Pakistan* relevant, wo ein ICC-Schiedsgericht den Staat Pakistan als an eine Schiedsklausel gebunden ansah, die von einem als Trust organisierten Staatsunternehmen abgeschlossen worden war. Die schiedsgerichtliche Entscheidung wurde von den französischen,[27] nicht aber von den englischen[28] Gerichten bestätigt.[29]

In der englischen und amerikanischen Rechtsprechung gibt es größere Zurückhaltung gegenüber der Erstreckung von Schiedsvereinbarungen auf Dritte. Zwar ist auch im Common Law anerkannt, dass in bestimmten Fällen nicht nur die vertragsschließenden Gesellschaften, sondern auch die hinter oder neben diesen stehenden weiteren konzernangehörigen Gesellschaften in Anspruch genommen werden können. Dies ist etwa bei Betrug, Rechtsformmissbrauch, Anscheinsvollmacht und in ähnlichen Fällen möglich (nach den Rechtsinstituten des *alter ego, apparent authority, assumption, estoppel, piercing the corporate veil*).[30] Außerhalb dieser mehr oder weniger klar definierten Kategorien des Common Law werden jedoch in der Regel keine weiteren Haftungserstreckungen anerkannt und die französische Lehre der *group of companies* daher abgelehnt.

Ähnlich verhält sich die Lage im deutschen Recht. Der BGH betont in ständiger Rechtsprechung, dass die Rechtsfigur der juristischen Person nicht leichtfertig ignoriert werden darf.[31] Grundsätzlich ist daher streng zwischen den verschiedenen Gesellschaften eines Konzerns zu unterscheiden; aufgrund der bloßen Tatsache, dass eine Gesellschaft eine Schiedsvereinbarung abgeschlossen hat, dürfen nicht andere Gesellschaften derselben *group of companies* mit in das Schiedsverfahren einbezogen werden.[32] Ausnahmen sind aber auch im deutschen Recht nach den allgemeinen

---

[26]Dazu *Hanotiau*, The Issue of Non-Signatory States, 23 Am. Rev. Int'l Arb., 379–404 (2012).

[27]Cour d'Appel de Paris v. 17.02.2011, Rev. Arb. 2011, 286 f.

[28]Dallah Real Estate and Tourism Holding Company v. The Ministry of Religious Affairs, Government of Pakistan [2010] UKSC 46.

[29]Vgl. dazu detailliert *Sandrock*, Die Erstreckung von Schiedsvereinbarungen auf Staaten, RIW 2012, 9–20.

[30]Anschaulich dazu Bridas S.A.P.I.C. v. Turkmenistan, 345 F.3d 347 (5th Cir. 2003); 447 F.3d 411 (5th Cir. 2006).

[31]Vgl. etwa BGH v. 10.12.2007, II ZR 239/05, BGHZ 175, 12, Rn. 15; BGH v. 08.07.1970, VIII ZR 28/69, BGHZ 54, 222.

[32]Vgl. *Müller/Keilmann*, Beteiligung am Schiedsverfahren wider Willen? SchiedsVZ 2007, 113 (118); *Lachmann*, Handbuch für die Schiedsgerichtspraxis, 3. Aufl. 2008, Rn. 510.

Grundsätzen möglich: Hat eine Gesellschaft beispielsweise aus der Perspektive des Vertragspartners die Schiedsvereinbarung auch für eine andere Gesellschaft mit abgeschlossen, kann diese nach den Grundsätzen der Anscheins- und Duldungsvollmacht daran gebunden sein. Hat eine Gesellschaft eine andere missbräuchlich vorgeschoben, um deren beschränkte Haftung auszunutzen, kommt eine Haftung wegen Rechtsformmissbrauchs in Betracht. Auch nach § 826 BGB kann ausnahmsweise eine Durchgriffshaftung bestehen.[33]

In diesen Fällen ist allerdings – was nicht immer beachtet wird – sorgfältig zwischen der materiellrechtlichen Haftung eines Dritten und seiner prozessualen Bindung an eine Schiedsvereinbarung zu unterscheiden.[34] Wenn ein Dritter beispielsweise eine vermögenslose Gesellschaft als Vertragspartner der Schiedsvereinbarung vorgeschoben hat, um im Unterliegensfall den Kostenerstattungsanspruch der Gegenseite ins Leere laufen zu lassen, kann er zwar nach § 826 BGB haften. Daraus folgt jedoch nicht unbedingt, dass auch dieser Anspruch in einem Schiedsverfahren geltend zu machen wäre. Wurde die Schiedsvereinbarung eindeutig im Namen der vermögenslosen Gesellschaft abgeschlossen, ist nur diese daran gebunden. Der Anspruch aus § 826 BGB kann dann vor dem staatlichen Gericht eingeklagt werden. Anders verhält es sich, wenn die vermögenslose Partei die Schiedsvereinbarung auch im Namen des Dritten abgeschlossen hat und dieser nichts dagegen unternommen hat (Duldungsvollmacht).[35] Hier bestünde eine prozessuale Schiedsbindung, die sich dann im Zweifel auch auf deliktsrechtliche Ansprüche erstreckt.

Eine unter Zugrundelegung dieser Grundsätze zumindest grenzwertige Entscheidung wurde 2005 von einem ad hoc-Schiedsgericht getroffen:

> **Beispiel zur Einbeziehung von Nicht-Unterzeichnern nach deutschem Recht**[36]
>
> Eine GmbH hatte, vertreten durch ihren Geschäftsführer, ein Schiedsverfahren gegen eine andere GmbH eröffnet. Die Beklagte hatte Widerklage gegen die Klägerin und ihren Geschäftsführer erhoben. Das Schiedsgericht wies die Klage ab und verurteilte die Klägerin und den Geschäftsführer (Drittwiderbeklagten) auf die Widerklage als Gesamtschuldner zur Zahlung von rund 2,5 Mio. Euro.
>
> Auf diese Weise wurde der Geschäftsführer einer Schiedsbindung unterworfen, obwohl er die Schiedsvereinbarung nicht selbst, sondern im Namen der von ihm vertretenen Gesellschaft unterzeichnet hatte. Seine materiellrechtliche Haftung stützte das Schiedsgericht wohl auf strafbare Handlungen.[37] Aus einer solchen Form von deliktischer Haftung folgt jedoch nicht automatisch eine

---

[33] Dazu etwa *Gross*, Zur Inanspruchnahme Dritter vor Schiedsgerichten in Fällen der Durchgriffshaftung, SchiedsVZ 2006, 194–196.

[34] Richtig *Müller/Keilmann*, Beteiligung am Schiedsverfahren wider Willen? SchiedsVZ 2007, 113 (117).

[35] *Müller/Keilmann*, Beteiligung am Schiedsverfahren wider Willen? SchiedsVZ 2007, 113 (119).

[36] OLG Bremen v. 10.11.2005, 2 Sch 2/2005, juris.

[37] Vgl. OLG Bremen v. 10.11.2005, 2 Sch 2/2005, juris, unter II.2.c) der Gründe (der Inhalt des Schiedsspruchs geht daraus nur unklar hervor).

Schiedsbindung. Vielmehr hätte es der Beklagten oblegen, den Geschäftsführer vor dem staatlichen Gericht in Anspruch zu nehmen.

Das Schiedsgericht bejahte jedoch seine Zuständigkeit für die Drittwiderklage gegen den Geschäftsführer in einem Zwischenentscheid gemäß § 1040 Abs. 3 S. 1 ZPO. Der Geschäftsführer legte dagegen keinen Rechtsbehelf gemäß § 1040 Abs. 3 S. 2 ZPO ein und begab sich dadurch auch der Möglichkeit, die fehlende Zuständigkeit später im Aufhebungsverfahren geltend zu machen. Das OLG Bremen hat den Schiedsspruch daher zu Recht für vollstreckbar erklärt. Zwar erscheint es durchaus fraglich, ob die Präklusion bei Versäumung des Rechtsbehelfs im Falle eines Dritten, der nicht Partei des Schiedsverfahrens ist, überhaupt angenommen werden kann.[38] Während dies bei unbeteiligten Dritten sicherlich verneint werden muss, rechtfertigt sich doch im vorliegenden Fall die Möglichkeit einer solchen Präklusion aus der von Anfang an bestehenden Beteiligung des Geschäftsführers als Vertreter der Gesellschaft.

Missverständlich ist daher der erste amtliche Leitsatz formuliert, wonach der GmbH-Geschäftsführer in das Schiedsverfahren einbezogen werden kann, „wenn die Gesellschaft, vertreten durch ihn, das Schiedsgericht angerufen hat und er von den Vorgängen, die den Gegenstand des schiedsrichterlichen Verfahrens bilden, von Anfang an Kenntnis hatte". Diese Umstände liegen in fast jedem Schiedsverfahren einer GmbH vor, ohne dass man daraus immer auf eine Schiedsbindung des Geschäftsführers schließen dürfte. Das Gericht führt weiter aus: „...wobei in diesem Zusammenhang auch zu berücksichtigen ist, dass der Geschäftsführer einen Zwischenentscheid des Schiedsgerichts nach § 1040 III S. 1 ZPO nicht mit dem Rechtsbehelf nach § 1040 III S. 2 ZPO angefochten hat." Dieser Umstand war vorliegend der entscheidungserhebliche Punkt, der es überhaupt erst rechtfertigte, den Geschäftsführer als wirksam in das Schiedsverfahren mit einbezogen anzusehen. Die zuvor genannte Kenntnis des Geschäftsführers ist dagegen der „auch zu berücksichtigende" Umstand, der es erlaubt, Präklusion wegen Versäumung des Rechtsbehelfs anzunehmen.

9.4.5 Schiedsvereinbarungen zugunsten Dritter

Eine Einbeziehung Dritter in Schiedsverfahren ist auch in umgekehrter Weise möglich, indem die vertragsschließenden Parteien dem Dritten das Recht einräumen, eine oder beide von ihnen im Wege des Schiedsverfahrens in Anspruch zu nehmen. Eine solche Schiedsvereinbarung zugunsten Dritter ist – jedenfalls nach deutschem Recht gemäß § 328 BGB – unproblematisch zulässig, da dem Dritten lediglich ein Recht eingeräumt wird.[39]

---

[38] Verneinend *Müller/Keilmann*, Beteiligung am Schiedsverfahren wider Willen? SchiedsVZ 2007, 113 (119–121).
[39] Dazu *Geimer*, Beteiligung weiterer Personen im Schiedsgerichtsverfahren, insbesondere die Drittwiderklage, in: Böckstiegel u. a., Die Beteiligung Dritter an Schiedsverfahren, 2005, S. 71 (76 f.).

Schiedsvereinbarungen zugunsten Dritter sind in der Praxis auch nicht selten. Der wohl wichtigste Anwendungsfall sind Schiedsvereinbarungen in völkerrechtlichen Investitionsschutzverträgen:[40] In einem Investitionsschutzvertrag vereinbaren die vertragsschließenden Staaten häufig, dass ein Dritter, nämlich ein Investor aus einem der beteiligten Staaten, seinen jeweiligen Gaststaat vor einem Schiedsgericht verklagen darf, wenn seine Rechte aus dem Investitionsschutzvertrag durch den Gaststaat verletzt werden. Auf diese Weise wird dem Dritten, der selbst keine Schiedsvereinbarung abgeschlossen hat, ein Klagerecht vor einem Schiedsgericht eingeräumt. Das OLG Frankfurt hat dazu in dem bekannten Fall *Achmea v. Slowakei* anschaulich ausgeführt:

> „Es ist anerkannt, dass eine derartige Einbeziehung von Dritten in eine Schiedsvereinbarung möglich und zulässig ist, sofern die Einbeziehung nicht zu dessen Lasten, sondern ausschließlich zu dessen Gunsten etwa in der Weise erfolgt, dass die Gerichtspflichtigkeit des Dritten vor dem Schiedsgericht von seiner Mitwirkung und Zustimmung abhängig gemacht, es also ihm überlassen wird, ob der betreffende Streitfall durch ein Schiedsgericht oder ein ordentliches Gericht entschieden werden soll."[41]

9.4.6 Fazit

Für eine Einbeziehung Dritter besteht auch im Schiedsverfahren häufig ein praktisches Bedürfnis. Unproblematisch ist sie jedoch nur dann, wenn sowohl der Dritte als auch alle Schiedsparteien zustimmen. Die Einbeziehung des Dritten dient dann der Vermeidung widersprüchlicher Entscheidungen und der Prozessökonomie. Fehlt es jedoch an der Zustimmung eines Beteiligten, kann der Dritte in der Regel nicht mit in das Schiedsverfahren einbezogen werden, da die Parteiautonomie, auf der das Verfahren überhaupt nur beruht, im Zweifelsfall vorgeht.

Dabei ist zu bedenken, dass zumindest der Gesichtspunkt der Prozessökonomie auch nicht in gleichem Maße eine Rolle spielt wie im staatlichen Verfahren. Hier sind nämlich zusätzlich die fiskalischen Interessen des Staates zu berücksichtigen, der die Justiz finanziert. Diese kommen im komplett privat finanzierten Schiedsverfahren nicht zum Tragen.[42]

Aus Sicht der Parteien sind die Schwierigkeiten bei der potenziellen Einbeziehung Dritter schon bei Abschluss einer Schiedsvereinbarung zu berücksichtigen: Zu diesem Zeitpunkt ist es manchmal noch möglich, die antizipierte Zustimmung des Dritten einzuholen. Alternativ können die Parteien auf die Schiedsvereinbarung verzichten und eine Gerichtsstandsklausel vereinbaren, wenn dies ihren Interessen besser dient (dazu vgl. bereits oben Abschn. 1.5.6).

---

[40] Dazu auch unten Abschn. 12.8.3.1.
[41] OLG Frankfurt v. 10.05.2012, 26 SchH 11/10, SchiedsVZ 2013, 119 (122).
[42] *von Hoffmann*, Schiedsgerichtsbarkeit in mehrstufigen Vertragsbeziehungen, insbesondere in Subunternehmerverträgen, in: Böckstiegel u. a. (Hrsg.), Die Beteiligung Dritter an Schiedsverfahren, 2005, S. 131 (134, 150).

Aus Sicht des Schiedsgerichts ist jeder Antrag auf Einbeziehung eines Dritten darauf zu überprüfen, ob die Zustimmung aller Beteiligten oder einer der eng begrenzten Ausnahmefälle vorliegt, in denen die Einbeziehung Dritter nach dem jeweils anwendbaren materiellen Recht und Verfahrensrecht zulässig ist. Das Schiedsgericht darf nicht der Versuchung unterliegen, seine Zuständigkeit im Zweifelsfall großzügig zu bejahen, um das Verfahren auch gegenüber dem Dritten fortführen zu können. Anderenfalls kann der Schiedsspruch der Aufhebung unterliegen (dazu unten Kap. 11).

10 Überprüfung der Zuständigkeit des Schiedsgerichts

In Schiedsverfahren wird häufig über die Zuständigkeit (*jurisdiction*) des Schiedsgerichts gestritten. Dies beruht darauf, dass Schiedsgerichte nicht wie staatliche Gerichte eine potenzielle Allzuständigkeit für alle Arten von Streitigkeiten haben, sondern nur dann tätig werden, wenn die Parteien es spezifisch vereinbart haben. Über den Umfang und Geltungsbereich von Vereinbarungen herrscht aber häufig keine Einigkeit, sodass im Schiedsverfahren oft komplexe Fragen der Vertragsgültigkeit und Vertragsauslegung geklärt werden müssen (zu diesen oben Kap. 3), um die Zuständigkeit des Schiedsgerichts zu ermitteln.

Hält eine Partei das Schiedsgericht für unzuständig, kann sie dies auf unterschiedliche Art und Weise prozessual geltend machen, je nachdem, in welchem Stadium sich das Verfahren befindet. Es kommen im Wesentlichen vier Fälle in Betracht, auf die in diesem Kapitel eingegangen wird: die Schiedseinrede gemäß § 1032 Abs. 1 ZPO, der Antrag an das Oberlandesgericht gemäß § 1032 Abs. 2 ZPO, die Zuständigkeitsrüge vor dem Schiedsgericht gemäß § 1040 Abs. 1, 2 ZPO und der Antrag an das Oberlandesgericht gemäß § 1040 Abs. 3 ZPO.[1]

10.1 Schiedseinrede im staatlichen Gerichtsverfahren

Die Zuständigkeit eines Schiedsgerichts kann auch ohne ein laufendes Schiedsverfahren relevant werden, nämlich dann, wenn eine Partei entgegen einer Schiedsvereinbarung eine Klage vor einem staatlichen Gericht erhebt. Der Beklagte kann dann im Rahmen dieses gerichtlichen Verfahrens die Schiedseinrede erheben, woraufhin das Gericht inzident darüber befindet, ob das Schiedsgericht an seiner statt zuständig

---

[1] Dazu im Überblick *Schütze*, Die Geltendmachung der Unwirksamkeit der Schiedsvereinbarung im deutschen und internationalen Zivilprozessrecht, in: Gedächtnisschrift für Stylianos N. Koussoulis, 2012, S. 513–526.

© Springer-Verlag GmbH Deutschland, ein Teil von Springer Nature 2019
W. Buchwitz, *Schiedsverfahrensrecht*, Springer-Lehrbuch,
https://doi.org/10.1007/978-3-662-59462-9_10

ist. Ist dies der Fall, weist es die Klage als unzulässig ab; anderenfalls setzt es das Verfahren fort und spricht selbst ein Sachurteil (§ 1032 Abs. 1 ZPO).

Die Schiedseinrede im staatlichen Gerichtsverfahren beruht also – ebenso wie das Schiedsverfahren – auf der Schiedsvereinbarung. Wenn die Parteien vereinbaren, dass ihr Rechtsstreit nicht von einem staatlichen Gericht, sondern von einem privaten Schiedsgericht entschieden werden soll, sind sie an diese Vereinbarung gebunden. Reut eine der Parteien später der Abschluss der Schiedsvereinbarung und leitet sie ein Gerichtsverfahren ein, muss die andere Partei die Möglichkeit haben, die Durchführung dieses Gerichtsverfahrens zu verhindern. Die Schiedseinrede ist demnach eine Form der Durchsetzung der Schiedsvereinbarung in Natur und das prozessuale Gegenstück zum Schiedsverfahren selbst.

Die Kodifikation der Schiedseinrede in § 1032 Abs. 1 ZPO beruht auf Art. 8 Abs. 1 des UNCITRAL Modellgesetzes, der wiederum auf Art. II Abs. 3 UNÜ fußt. Die prozessuale Durchsetzung der Schiedsvereinbarung mittels Schiedseinrede ist also eine international allgemein anerkannte Lösung. Alternativ kämen auch andere Lösungen in Betracht, etwa eine reine Schadensersatzpflicht der Partei, die abredewidrig ein Gerichtsverfahren einleitet. Derartige Rechtsfolgen treten jedoch allenfalls neben die primäre Rechtsfolge der Abweisung der Klage, nicht an ihre Stelle, da Schadensersatz allein nicht immer ausreichend wäre, das Interesse des Beklagten an der Durchführung eines Schiedsverfahrens auszugleichen.

Neben der Schiedseinrede als solche regelt § 1032 Abs. 1 ZPO ausdrücklich auch das Rügeerfordernis und die Ausnahmefälle, in denen eine Schiedseinrede nicht erfolgreich erhoben werden kann, weil die Schiedsvereinbarung nichtig, unwirksam oder undurchführbar ist.

10.1.1 Rügeerfordernis

Wer vor dem staatlichen Gericht in Anspruch genommen wird, obwohl eine Schiedsabrede getroffen wurde, muss dies im Gerichtsverfahren rügen. Der Beklagte muss also gegenüber dem Gericht erklären, dass eine Schiedsvereinbarung besteht und die Sachentscheidung daher nicht vom staatlichen Gericht, sondern vom Schiedsgericht getroffen werden soll.[2] Dabei muss der Beklagte die Schiedsvereinbarung grundsätzlich konkret bezeichnen.[3] Im Anwaltsprozess (§ 78 ZPO) muss der Rechtsanwalt die Rüge erheben. Ohne eine Rüge wird das Verfahren fortgeführt und das staatliche Gericht muss in der Sache entscheiden.

Die Schiedsvereinbarung wird also nicht von Amts wegen berücksichtigt. Selbst wenn das Gericht von sich aus erkennt, dass eine Schiedsvereinbarung geschlossen

---

[2]BGH v. 13.01.2009, XI ZR 66/08, NJW-RR 2009, 790, Rn. 30.
[3]Dazu BGH v. 20.11.2018, II ZR 328/17, juris, Rn. 16: Hat das Gericht die Schiedsvereinbarung in einem Hinweisbeschluss erwähnt, besteht in der Regel kein Anlass zu einer erneuten ausdrücklichen Bezugnahme.

wurde, etwa weil der gesamte Vertrag vom Kläger vorgelegt wurde, muss es selbst in der Sache entscheiden, wenn der Beklagte die Schiedseinrede nicht erhebt.[4]

Sachlich lässt sich dieses Rügeerfordernis mit der Parteiautonomie rechtfertigen: Wenn der Kläger eine Klage zum staatlichen Gericht erhebt und der Beklagte es unterlässt, die Schiedseinrede zu erheben, bringen beide Parteien ihren Willen zum Ausdruck, die Schiedsvereinbarung nicht durchführen zu wollen. Es steht den Parteien auch frei, die Schiedsvereinbarung gänzlich aufzuheben. Ein solcher konkludenter Aufhebungsvertrag wird nicht immer, wohl aber im Einzelfall in einem derartigen Verhalten der Prozessparteien zu sehen sein.[5]

Zeitlich betrachtet muss die Rüge des Beklagten „vor Beginn der mündlichen Verhandlung zur Hauptsache" erfolgen (§ 1032 Abs. 1 ZPO). Es reicht demnach aus, wenn sich der Beklagte zu einem relativ späten Zeitpunkt, nämlich erst in der mündlichen Verhandlung, auf die Schiedsvereinbarung beruft. Zuvor können viele Monate vergangen sein, während derer die Parteien schriftsätzlich ihre Positionen ausgetauscht (§§ 276, 277 ZPO) und darauf viel Zeit und Mühe verwendet haben, was später entwertet wird, wenn der Beklagte doch noch die Schiedseinrede erhebt. Bei anderen Arten von Zuständigkeitsrügen wird eine solchermaßen mögliche Verzögerungstaktik des Beklagten durch die Vorschriften der §§ 282 Abs. 3, 296 Abs. 3 ZPO verhindert, wonach der Beklagte Rügen schon in der Klageerwiderung vorzubringen hat. Unterlässt er dies, wird das Gericht in diesen Fällen gemäß § 39 ZPO zuständig. Obwohl die Vorschrift des § 39 ZPO ein gesetzgeberisches Vorbild für § 1032 ZPO war,[6] gelten die §§ 282, 296 ZPO für die Erhebung der Schiedseinrede aber nicht, wie der BGH – entgegen mancher anderslautender Stimmen im Schrifttum[7] – festgestellt hat.[8] Die Schiedseinrede kann also vom Beklagten auch noch zu Beginn der mündlichen Verhandlung erfolgreich erhoben werden. Anders verhält es sich nur dann, wenn aus dem vorherigen Verhalten der Parteien eindeutig zu schließen ist, dass die Schiedsvereinbarung konkludent aufgehoben worden ist.

Im Einzelfall kann die Erhebung der Schiedseinrede allerdings unter dem Gesichtspunkt des *venire contra factum proprium* unzulässig sein. Wurde beispielsweise ein Schiedsverfahren bereits eingeleitet und hat der Beklagte sich vor dem Schiedsgericht auf die Unwirksamkeit der Schiedsvereinbarung berufen, dann kann er nicht in einem anschließenden Verfahren vor dem staatlichen Gericht die Schieds-

---

[4] Stein/Jonas/*Schlosser*, ZPO, 23. Aufl. 2014, § 1032 Rn. 1 m.w.N.; a.A. *Wolff*, Die Schiedsvereinbarung als unvollkommener Vertrag? Zum Rügeerfordernis des § 1032 Abs. 1 ZPO, SchiedsVZ 2015, 280 (284 ff.).
[5] Dazu näher Musielak/*Voit*, ZPO, 16. Aufl. 2019, § 1032 Rn. 7 a.E.; *Kersting*, Die Beendigung einer Schiedsvereinbarung durch Anrufung staatlicher Gerichte, SchiedsVZ 2013, 297–307; *Wolff*, Die Schiedsvereinbarung als unvollkommener Vertrag? Zum Rügeerfordernis des § 1032 Abs. 1 ZPO, SchiedsVZ 2015, 280 (282 f.); *Vogl*, Das Schicksal von Schiedsklauseln bei rügeloser Einlassung auf den Prozess vor staatlichen Gerichten, RIW 2015, 269–271.
[6] BT-Drs. 13/5274, S. 38.
[7] MüKo-ZPO/*Münch*, 5. Aufl. 2017, § 1032 Rn. 16 f.
[8] BGH v. 10.05.2001, III ZR 262/00, BGHZ 147, 394.

einrede erheben. Sein Vorbringen ist dann insgesamt widersprüchlich, sodass der Schiedseinrede hier § 242 BGB entgegensteht und das Gerichtsverfahren fortgesetzt werden kann.[9]

10.1.2 Nichtigkeit, Unwirksamkeit, Undurchführbarkeit

Eine Schiedseinrede kann nicht erfolgreich erhoben werden, wenn die Schiedsvereinbarung nichtig, unwirksam oder undurchführbar ist (§ 1032 Abs. 1 ZPO). Nichtigkeit und Unwirksamkeit sind hier synonym zu verstehen,[10] wobei es sich sowohl um anfängliche als auch um nachträgliche Wirksamkeitshindernisse handeln kann. Anfänglich unwirksam ist eine Schiedsvereinbarung etwa dann, wenn kein wirksamer Vertragsschluss vorliegt, wenn die gemäß § 1031 ZPO erforderliche Form nicht eingehalten wurde, oder wenn die objektive oder subjektive Schiedsfähigkeit fehlt (vgl. dazu oben Abschn. 3.4 bis 3.7). Nachträgliche Unwirksamkeit kommt in Betracht, wenn die Parteien die Schiedsvereinbarung einverständlich aufgehoben haben. Dass in diesen Fällen keine Schiedseinrede besteht, ist selbstverständlich; die Regelung des § 1032 Abs. 1 ZPO ist insofern deklaratorisch.

Von eigenständiger Bedeutung ist aber der dritte Fall, in dem § 1032 Abs. 1 ZPO die Erhebung der Schiedseinrede versagt: bei Undurchführbarkeit. Ist die Schiedsvereinbarung zwar wirksam, aber nicht durchführbar, dann muss den Parteien ebenfalls das staatliche Gerichtsverfahren offen stehen, damit sie nicht völlig rechtsschutzlos gestellt werden. „Undurchführbarkeit" kann dabei in vielen verschiedenen Situationen auftreten; auf drei wichtige soll hier eingegangen werden:

Mittellosigkeit einer Schiedspartei
Einer der wichtigsten Fälle von Undurchführbarkeit liegt bei Mittellosigkeit (Armut) einer oder beider Schiedsparteien vor.[11] Da die Kosten des Schiedsverfahrens (v. a. die Kosten für Rechtsanwälte, Schiedsrichter und die Schiedsinstitution) vollständig von den Parteien getragen werden müssen, ist ein Schiedsverfahren nicht durchführbar, wenn sie die dazu erforderlichen Mittel nicht aufbringen können. Vor dem staatlichen Gericht verhält es sich anders, weil mittellose Parteien hier Prozesskostenhilfe beantragen können (§§ 114 ff. ZPO). Daher muss einer mittellosen Partei trotz einer Schiedsvereinbarung der Weg zu den staatlichen Gerichten offenstehen. Dies wird gesetzgeberisch dadurch realisiert, dass die Schiedseinrede in diesem Fall gemäß § 1032 Abs. 1 Var. 3 ZPO in einem Gerichtsverfahren nicht erfolgreich erhoben werden kann. Zusätzlich kann bei Mittellosigkeit auch die Schiedsvereinbarung gekündigt werden, was aber nur in Sonderfällen erforderlich ist.[12]

---

[9]BeckOK-ZPO/*Wolf/Eslami*, Stand 01.03.2019, § 1032 Rn. 19.
[10]Vgl. MüKo-ZPO/*Münch*, 5. Aufl. 2017, § 1032 Rn. 7.
[11]Dazu *Schütze*, Schiedsgericht und Schiedsverfahren, 6. Aufl. 2016, Rn. 327 ff.
[12]Vgl. insgesamt BGH v. 14.09.2000, III ZR 33/00, BGHZ 145, 116.

10.1 Schiedseinrede im staatlichen Gerichtsverfahren

Ist nur eine Partei mittellos, so hat die andere Partei die Möglichkeit, die Kosten des Schiedsverfahrens komplett selbst zu zahlen und auf diese Weise die Durchführung zu ermöglichen (§ 267 Abs. 1 S. 1 BGB; Art. 35.4 DIS-SchO; Art. 37.5 S. 2 ICC-SchO).[13] Dazu verpflichtet ist sie aber natürlich nicht. Weigert sich die vermögende Partei, den Kostenanteil der mittellosen Partei zu zahlen, ist das Schiedsverfahren ebenfalls undurchführbar.

Notwendig einheitliche Entscheidung
In Mehrpersonenkonstellationen kann es vorkommen, dass eine Schiedsvereinbarung nur mit einzelnen Beteiligten abgeschlossen worden ist. Muss die Entscheidung des Schiedsgerichts aber notwendig einheitlich gegenüber allen Beteiligten ergehen und weigern sich die nicht schiedsgebundenen Beteiligten, nachträglich als weitere Parteien in das Schiedsverfahren mit einbezogen zu werden, so ist das Schiedsverfahren nicht durchführbar. Die Beteiligten, die keine Schiedsvereinbarung abgeschlossen haben, können nämlich nicht dazu gezwungen werden, sich auf das Verfahren einzulassen. Ein Bauträger, der nur mit einzelnen Miteigentümern der Wohnungseigentümergemeinschaft Schiedsvereinbarungen abgeschlossen hat, kann daher die Schiedseinrede nicht erfolgreich erheben, wenn die Wohnungseigentümergemeinschaft gegen ihn vor dem staatlichen Gericht klagt.[14]

Pattsituation im Schiedsgericht
Ein Schiedsverfahren ist auch dann undurchführbar, wenn das Schiedsgericht aus mehreren Schiedsrichtern besteht und bei der Beratung über den Schiedsspruch keine Mehrheit zustande kommt (vgl. § 1052 Abs. 1 ZPO, dazu näher oben Abschn. 8.2.2).

10.1.3 Besondere Verfahrensarten

Im staatlichen Gerichtsverfahren stehen besondere Verfahrensarten zur Verfügung, mit denen hauptsächlich Beschleunigungszwecke verbunden sind: Urkunden-, Wechsel- und Scheckprozess (§§ 592 ff. ZPO) sowie das Mahnverfahren (§§ 688 ff. ZPO). Leitet eine Partei trotz bestehender Schiedsbindung eines dieser besonderen Verfahren ein, stellt sich die Frage, ob die andere Partei auch hier die Schiedseinrede erheben kann. § 1032 ZPO enthält dazu keine starre Regelung, vielmehr kommt es darauf an, ob die konkrete Schiedsvereinbarung im Einzelfall dahingehend ausgelegt werden kann, dass sie sich auch auf diese Arten von staatlichen Verfahren bezieht.

In der Regel wird man danach sagen müssen, dass der Wechsel- und Scheckprozess nicht ausgeschlossen ist, da der Wechselgläubiger normalerweise nicht auf die schnelle Geltendmachung der Forderung im staatlichen Verfahren verzichten

---
[13] Vgl. auch oben Abschn. 6.9.
[14] OLG Hamm v. 15.05.2012, I-21 U 113/11, NJW-RR 2013, 522 (523).

möchte.[15] Das Nachverfahren ist dann allerdings im Schiedsverfahren durchzuführen.[16]

Anders verhält es sich mit dem Urkundenprozess: Da dieser dem normalen Gerichtsverfahren ähnlicher ist und nicht wie der Wechsel- und Scheckprozess dem Zahlungsverkehr dient, kann die Schiedseinrede hier erfolgreich erhoben werden.[17] Auch ein Mahnverfahren verträgt sich nicht mit der Schiedsvereinbarung, allerdings muss der Antragsgegner hier zunächst Widerspruch gegen den Mahnbescheid einlegen (§ 694 Abs. 1 ZPO), um dann vor dem Gericht, an das die Sache abgegeben wird (vgl. § 696 Abs. 1 ZPO), die Schiedseinrede zu erheben.[18]

10.1.4 Aufrechnung

Wer einen Anspruch hat, kann diesen nicht nur durch eine Klage, sondern auch in einem bereits anderweitig eingeleiteten Prozess als Gegenforderung durch eine Aufrechnung geltend machen (§ 322 Abs. 2 ZPO).[19] Ist die Gegenforderung allerdings schiedsgebunden, so muss der Schuldner auch in diesem Fall die Möglichkeit haben, sich auf die Schiedsvereinbarung zu berufen. Anderenfalls könnte das staatliche Gericht nämlich in der Sache über den Anspruch entscheiden.

Dieser Fall ist von § 1032 ZPO nicht umfasst, da es nicht der Beklagte ist, der sich auf die Schiedsvereinbarung beruft, sondern der Kläger als Aufrechnungsgegner. Gleichwohl ist anerkannt, dass sich der Aufrechnungsgegner hier unmittelbar auf die Schiedsvereinbarung berufen kann, die jedenfalls konkludent auch ein Verbot enthält, den Anspruch in anderer Weise vor dem staatlichen Gericht geltend zu machen.[20] Sofern der Aufrechnungsgegner die Schiedsbindung des Anspruchs vorträgt, wird das Gericht die Aufrechnung also schon aus prozessualen Gründen nicht berücksichtigen. Der Anspruchsinhaber muss dann ein Schiedsverfahren einleiten, wenn er seine Gegenforderung geltend machen will.

10.1.5 Wirkungen der Schiedseinrede

Hält das staatliche Gericht die Schiedseinrede für begründet, erklärt es sich für unzuständig und weist die Klage durch Prozessurteil ab (§ 1032 Abs. 1 ZPO). Diese Entscheidung entfaltet nicht nur für das konkrete Verfahren, sondern teilweise auch für weitere Verfahren vor Gerichten oder Schiedsgerichten Bindungswirkung. Eine

---

[15]BGH v. 28.10.1993, III ZR 175/92, NJW 1994, 136.
[16]Vgl. näher Musielak/*Voit*, ZPO, 16. Aufl. 2019, § 602 Rn. 9.
[17]BGH v. 12.01.2006, III ZR 214/05, NJW 2006, 779.
[18]Musielak/*Voit*, ZPO, 16. Aufl. 2019, § 1032 Rn. 5.
[19]Zur Aufrechnung im Schiedsverfahren vgl. bereits oben Abschn. 6.8.
[20]BGH v. 22.11.1962, VII ZR 264/61, BGHZ 38, 254 (257 f.); BGH v. 29.07.2010, III ZB 48/09, SchiedsVZ 2010, 275; OLG Bamberg v. 28.09.2016, 3 U 43/16, BeckRS 2016, 19999.

Bindungswirkung kann sich dabei einerseits aus der Rechtskraft der gerichtlichen Entscheidung, andererseits aber auch aus Treu und Glauben oder sogar aus der allgemeinen Kompetenzverteilung zwischen Gerichten und Schiedsgerichten ergeben: Die Rechtskraft der Gerichtsentscheidung (§ 322 ZPO) bezieht sich dabei immer nur auf den Streitgegenstand selbst, nicht aber auf die inzident mit entschiedenen Vorfragen.[21] Nach Treu und Glauben kann die Berufung auf die Unzuständigkeit des Schiedsgerichts im Einzelfall unzulässig sein, wenn sich dies als widersprüchliches Verhalten (*venire contra factum proprium*) darstellt. Aus der allgemeinen Kompetenzverteilung zwischen Schiedsgerichten und staatlichen Gerichten folgt, dass das Schiedsgericht nur eine vorläufige Entscheidungsmacht hat, über seine Kompetenz zu befinden, und die endgültige Zuständigkeitsentscheidung immer bei den staatlichen Gerichten liegt (dazu näher unten Abschn. 10.3.1). Welcher dieser drei Begründungsansätze im Einzelfall jeweils eingreift, ist allerdings umstritten:

- Mit der Abweisung der Klage als unzulässig ist an sich nur die Unzuständigkeit des staatlichen Gerichts rechtskräftig festgestellt worden, nicht aber auch die Zuständigkeit des Schiedsgerichts und die Wirksamkeit der Schiedsvereinbarung. Gleichwohl ist allgemein anerkannt, dass die gerichtliche Entscheidung auch für das spätere Schiedsverfahren und ein etwaiges gerichtliches Aufhebungsverfahren Bindungswirkung entfaltet,[22] weil es jedenfalls in hohem Grade widersprüchlich wäre, wenn der Beklagte die Zuständigkeit des Schiedsgerichts rügt, nachdem er sich zuvor vor dem staatlichen Gericht erfolgreich auf die Schiedseinrede berufen hat.[23]
- Hat das staatliche Gericht umgekehrt die Voraussetzungen der Schiedseinrede verneint, etwa weil es die Schiedsvereinbarung für unwirksam gehalten hat, seine Zuständigkeit folglich bejaht und ein Sachurteil gesprochen, ist fraglich, ob die Unzuständigkeit des Schiedsgerichts auch durch eine solche Entscheidung bindend festgestellt worden ist. Nach allgemeinen Grundsätzen der Rechtskraft ist dies nicht der Fall, da die Feststellung des Gerichts zum Fehlen der Schiedsbindung hier eindeutig nur inzident als Vorfrage mit entschieden wurde.[24] Gleichwohl ist es sinnvoll, eine Bindungswirkung anzunehmen, da nach der gesetzgeberischen Konzeption die staatlichen Gerichte immer Vorrang hinsicht-

---

[21] Aus anwaltlicher Perspektive sollte daher im Gerichtsverfahren zusätzlich ein Zwischenfeststellungsantrag gestellt werden, vgl. *Wolf/Eslami*, Die Schiedseinrede im staatlichen Verfahren – Bindungs- und Rechtskraftwirkung, in: Cascante u. a. (Hrsg.), Festschrift für Gerhard Wegen, 2015, S. 821 (825 f.); BeckOK-ZPO/*Wolf/Eslami*, Stand 01.03.2019, § 1032 Rn. 23.2.
[22] BGH v. 18.06.2014, III ZB 89/13, SchiedsVZ 2014, 254, Rn. 17 („Bindungswirkung"); Zöller/*Geimer*, ZPO, 32. Aufl. 2018, § 1032 Rn. 12 („Bindungswirkung sui generis"); MüKo-ZPO/*Münch*, 5. Aufl. 2017, § 1032 Rn. 21 (Schiedsbindung an sich geklärt); BeckOK-ZPO/*Wolf/Eslami*, Stand 01.03.2019, § 1032 Rn. 23 (Rechtskraft).
[23] Stein/Jonas/*Schlosser*, ZPO, 23. Aufl. 2014, § 1032 Rn. 33.
[24] Stein/Jonas/*Schlosser*, ZPO, 23. Aufl. 2014, § 1032 Rn. 34.

lich der Beurteilung der Zuständigkeit der Schiedsgerichte haben.[25] Dies gilt nach dem BGH allerdings nur dann, wenn im Schiedsverfahren dieselben Parteien streiten wie zuvor im staatlichen Verfahren.[26]

10.2 Vorhergehende Prüfung durch das Oberlandesgericht

Die Schiedseinrede gemäß § 1032 Abs. 1 ZPO kann nur in einem staatlichen Gerichtsverfahren erhoben werden. Wird stattdessen ein Schiedsverfahren eingeleitet und möchte der Beklagte hier die Zuständigkeit rügen, muss er nach der Konzeption des Modellgesetzes zunächst an der Bildung des Schiedsgerichts mitwirken, damit dieses anschließend über seine Zuständigkeit entscheiden kann (Art. 16 UNCITRAL Modellgesetz, § 1040 Abs. 1, 2 ZPO). Da dies nicht unbedingt verfahrensökonomisch ist, hat der deutsche Gesetzgeber mit § 1032 Abs. 2 ZPO eine gesonderte gerichtliche Überprüfungsmöglichkeit geschaffen, die im UNCITRAL Modellgesetz kein Vorbild hat.[27] Im Verfahren gemäß § 1032 Abs. 2 ZPO kann die Zuständigkeit des Schiedsgerichts zu einem frühen Zeitpunkt vom Oberlandesgericht geklärt werden, noch bevor das Schiedsgericht gebildet wurde.

Aus Sicht des Beklagten ist das Verfahren des § 1032 Abs. 2 ZPO damit eine attraktive Verteidigungsmöglichkeit gegen eine Schiedsklage. Es stellt ihm nicht nur eine schnellere und prozessökonomischere Lösung als das Verfahren vor dem Schiedsgericht zur Verfügung, sondern kann ihm darüber hinaus auch taktische Vorteile verschaffen: Zu diesem frühen Zeitpunkt ist nämlich noch keine andere Entscheidung über die Zuständigkeit in der Welt. Hat das Schiedsgericht dagegen seine Zuständigkeit bereits bejaht und in einem Zwischenentscheid ausführlich begründet, ist der Beklagte in der Defensive und muss das OLG dann im Verfahren des § 1040 Abs. 3 ZPO davon überzeugen, dass der Zwischenentscheid falsch ist. Im Verfahren gemäß § 1032 Abs. 2 ZPO befindet sich der Beklagte dagegen in der aktiven Rolle und kann sich den ersten Eindruck auf das OLG sichern.

Das Verfahren gemäß § 1032 Abs. 2 ZPO stellt aber nicht nur für den Beklagten, sondern auch für den Kläger eine sinnvolle Möglichkeit dar, die Zuständigkeit des Schiedsgerichts für ein beabsichtigtes Schiedsverfahren vorab feststellen zu lassen. Häufig ist es im Vorfeld einer Klage nicht sicher, ob für das beabsichtigte Verfahren ein Gericht oder ein Schiedsgericht zuständig ist. Bevor der Kläger eine zeit- und kostenaufwendige Schiedsklage einleitet, nur um dann eventuell vom Schiedsgericht die Entscheidung zu erhalten, dass es unzuständig ist, kann er zur Möglichkeit des

---

[25]So *Triebel/Coenen*, Parallelität von Schiedsverfahren und staatlichem Gerichtsverfahren, BB Beil. 2003 Nr. 5, 2 (7).

[26]BGH v. 18.06.2014, III ZB 89/13, SchiedsVZ 2014, 254, Rn. 18; anders die Vorinstanz OLG Frankfurt v. 26.09.2013, 26 SchH 7/12, 26 Sch 1/13, juris, Rn. 50 ff.

[27]BT-Drs. 13/5274, S. 38; vgl. insgesamt *Schroeter*, Der Antrag auf Feststellung der Zulässigkeit eines schiedsrichterlichen Verfahrens gemäß § 1032 Abs. 2 ZPO, SchiedsVZ 2004, 288–296; *Mann/Lumpp*, Das Feststellungsverfahren nach § 1032 Abs. 2 ZPO, SchiedsVZ 2011, 323–328.

§ 1032 Abs. 2 ZPO greifen und die Zuständigkeit des Schiedsgerichts vorab vom OLG verbindlich klären lassen.[28]

Allerdings führt § 1032 Abs. 2 ZPO nicht in jedem Fall zu einer weniger aufwendigen Lösung der Zuständigkeitsfrage. Das Schiedsverfahren wird nämlich nicht ausgesetzt, da es ansonsten zu unzumutbaren Verzögerungen kommen könnte (vgl. § 1032 Abs. 3 ZPO). Es werden also zwei Parallelverfahren über die Zuständigkeit geführt.[29] Nur wenn das Oberlandesgericht sehr zügig entscheidet oder das Schiedsgericht das Schiedsverfahren ausnahmsweise einstweilen aussetzt, wird zusätzlicher Kostenaufwand im Schiedsverfahren verhindert.

Besonderheiten gelten im Anwendungsbereich des Europäischen Übereinkommens über die internationale Handelsschiedsgerichtsbarkeit von 1961 (dazu oben Abschn. 2.2). Dieses kann einem Antrag nach § 1032 Abs. 2 ZPO in bestimmten Situationen entgegenstehen:

Art. VI Abs. 3 EuÜ
Ist ein schiedsrichterliches Verfahren vor der Anrufung eines staatlichen Gerichts eingeleitet worden, so hat das Gericht eines Vertragsstaates, das später mit einer Klage wegen derselben Streitigkeit zwischen denselben Parteien oder mit einer Klage auf Feststellung, daß die Schiedsvereinbarung nicht bestehe, nichtig oder hinfällig geworden sei, befaßt wird, die Entscheidung über die Zuständigkeit des Schiedsgerichts auszusetzen, bis der Schiedsspruch ergangen ist, es sei denn, daß ein wichtiger Grund dem entgegensteht.

Die Vorschrift des Art. VI Abs. 3 EuÜ bietet eine Verteidigungsmöglichkeit für den Schiedskläger, wenn der Schiedsbeklagte nach Einleitung eines Schiedsverfahrens den Antrag nach § 1032 Abs. 2 ZPO auf Feststellung der Unzulässigkeit des Schiedsverfahrens stellt. Das OLG muss sein Verfahren dann auf Antrag des Schiedsklägers (des dortigen Antragsgegners) aussetzen, es sei denn, dass ein wichtiger Grund dem entgegensteht. Im Anwendungsbereich des EuÜ genießt also das Schiedsverfahren grundsätzlich zeitlichen Vorrang vor dem Gerichtsverfahren. Ein wichtiger Grund, der eine Fortsetzung des Gerichtsverfahrens gebietet, kann nur im Einzelfall angenommen werden, wenn zum Beispiel die Schiedsvereinbarung offensichtlich unwirksam ist und hohe Kosten im Schiedsverfahren drohen, die eine Partei in wirtschaftliche Bedrängnis bringen können.[30]

---

[28]Beispiel: OLG Frankfurt v. 25.02.2019, 26 SchH 1/18, juris.
[29]Zu den Hintergründen *Münch*, Die Kompetenz-Kompetenz im Schiedsgerichtsverfahren, ZZPInt 19 (2014), 387 (417 f.).
[30]Vgl. der instruktive Fall OLG München v. 24.11.2016, 34 SchH 5/16, BeckRS 2016, 20281 (Aussetzung gewährt), dazu *Lang/Stretz*, GWR 2017, 49.

10.3 Überprüfung durch das Schiedsgericht

Die gerichtliche Überprüfung gemäß § 1032 Abs. 1, 2 ZPO kommt vor allem dann in Betracht, wenn ein Schiedsgericht noch nicht gebildet worden ist und daher vor dem staatlichen Gericht die Zulässigkeit des Schiedsverfahrens geklärt werden muss. Ist dagegen ein Schiedsgericht gebildet, kann es gemäß § 1040 Abs. 1, 2 ZPO auch selbst über seine Zuständigkeit entscheiden. Das Verfahren gemäß § 1032 Abs. 2 ZPO ist dann unzulässig, die Erhebung des Schiedseinrede gemäß § 1032 Abs. 1 ZPO in einem Parallelverfahren zumindest selten. In den meisten Fällen findet die Überprüfung der Zuständigkeit daher durch das Schiedsgericht selbst statt, wobei allerdings auch in diesem Fall die Letztentscheidungskompetenz beim staatlichen Gericht verbleibt (§ 1040 Abs. 3 ZPO).

10.3.1 Kompetenz-Kompetenz

Der in § 1040 Abs. 1, 2 ZPO ausgedrückte Grundsatz, dass das Schiedsgericht selbst über seine Zuständigkeit entscheidet (sogenannte Kompetenz-Kompetenz), ist ein grundlegendes Prinzip der Zuständigkeitsbestimmung im Schiedsverfahren. Auf dieser Weise entkommt man dem logischen Dilemma, dass ein Schiedsgericht eigentlich nur entscheiden kann, wenn es durch die Parteivereinbarung zu einer Entscheidung berufen wurde, aber über den Umfang der Parteivereinbarung erst durch eine Entscheidung Klarheit gewonnen werden kann. Die Alternative zum Prinzip der Kompetenz-Kompetenz wäre eine alleinige Entscheidungszuständigkeit der staatlichen Gerichte, was aber bedeuten würde, dass bei jedem Streit über die Zuständigkeit das Schiedsverfahren ausgesetzt und ein Gerichtsverfahren begonnen werden müsste. Ein solcher Aufwand widerspricht in der Regel den Interessen der Parteien, denen auch durch eine Entscheidung des Schiedsgerichts Genüge getan wird. Dem auch verfassungsrechtlich gewährleisteten Recht auf Justizgewährung (Art. 2 Abs. 1 i.V.m. Art. 20 Abs. 3 GG)[31] wird dadurch genügt, dass in jedem Fall anschließend das staatliche Gericht angerufen werden kann, wenn die Parteien mit einer Zuständigkeitsentscheidung des Schiedsgerichts nicht einverstanden sind.

Vor der Reform des deutschen Schiedsverfahrensrechts zum 01.01.1998 war allerdings anerkannt, dass die Parteien dem Schiedsgericht durch Vereinbarung eine noch weitergehende Kompetenz-Kompetenz übertragen konnten, kraft derer das Schiedsgericht bindend über seine Zuständigkeit entschied. Dafür war eine entsprechende Vereinbarung im Schiedsvertrag erforderlich, eine sogenannte Kompetenz-Kompetenz-Klausel, mit der die Parteien dem Schiedsgericht die Entscheidung über seine Zuständigkeit einräumten. Das staatliche Gericht konnte dann nur noch überprüfen, ob diese Kompetenz-Kompetenz-Klausel wirksam abgeschlossen war.[32] Die

---

[31]Dazu etwa BVerfG v. 30.05.2012, 1 BvR 509/11, NJW 2012, 2869, Rn. 7 f.
[32]Vgl. etwa BGH v. 03.03.1955, II ZR 323/53, BB 1955, 552, jurion, Rn. 11–16: keine verfassungsrechtlichen Bedenken; *Habscheid*, Die Rechtsnatur des Schiedsvertrages und ihre Auswir-

Möglichkeit einer derartigen Vereinbarung besteht nach heutigem Schiedsverfahrensrecht nicht mehr. Vereinbaren die Parteien heute eine Kompetenz-Kompetenz-Klausel, wonach das Schiedsgericht bindend über seine Zuständigkeit entscheiden können soll, ist diese Klausel unwirksam, was allerdings nicht die Schiedsvereinbarung als solche berührt. Die Vereinbarung einer Kompetenz-Kompetenz-Klausel hat damit keine Abweichungen von der gesetzlichen Ausgangslage zur Folge, wonach das Schiedsgericht zwar zunächst selbst entscheidet, aber diese Entscheidung – zumindest wenn sie positiv ausfällt – in vollem Umfang vom staatlichen Gericht nachgeprüft werden kann.[33]

10.3.2 Prüfungsumfang des Schiedsgerichts

Um festzustellen, ob es zuständig ist, muss das Schiedsgericht zunächst überprüfen, ob eine wirksame Schiedsvereinbarung besteht. Es hat also nach dem Recht, das auf die Schiedsvereinbarung anwendbar ist, zu prüfen, ob die Parteien die konkrete Streitigkeit dem Schiedsgericht zur endgültigen Entscheidung anvertrauen wollten (vgl. oben Abschn. 3.1). Dazu muss das Schiedsgericht auch den Vertragsschluss und alle etwaigen Unwirksamkeitsgründe (Geschäftsfähigkeit, Vertretung, Rechts- und Sittenwidrigkeit usw.) prüfen (Abschn. 3.4). Auch die erforderliche Form der Schiedsvereinbarung (Abschn. 3.5) sowie die objektive und subjektive Schiedsfähigkeit (Abschn. 3.6 und 3.7) müssen vorliegen.

Schwierigkeiten ergeben sich häufig bei der Ermittlung der Reichweite einer Schiedsvereinbarung. Die Reichweite muss jeweils im Einzelfall durch Auslegung der Schiedsvereinbarung ermittelt werden. Zwar werden in der Regel sehr umfassende Schiedsvereinbarungen geschlossen, wonach „alle Streiten aus oder im Zusammenhang mit dem Vertrag" der Schiedsvereinbarung unterfallen, doch können sich auch in diesem Fall Probleme ergeben:

> **Beispiel**[34]
> Die österreichische Verkäuferin schloss mit der ungarischen Käuferin einen Rahmenvertrag über die Lieferung von Spanplatten, der eine Schiedsklausel enthielt, wonach „alle sich aus oder im Zusammenhang mit diesem Vertrag oder dem Bruch, der Kündigung oder der Ungültigkeit des Vertrags ergebenden Streitigkeiten, Auseinandersetzungen oder Forderungen ... durch ein Schiedsverfahren nach der Schiedsgerichtsordnung der Internationalen Handelskammer endgültig beigelegt [werden]". Als Schiedsort wurde München vereinbart. An-

---

kungen, KTS 1955, 33 (38); *Berger*, Das neue deutsche Schiedsverfahrensrecht, DZWiR 1998, 45 (50 f.); *Münch*, Die Kompetenz-Kompetenz im Schiedsgerichtsverfahren, ZZPInt 19 (2014), 387 (389); Stein/Jonas/*Schlosser*, ZPO, 23. Aufl. 2014, § 1040 Rn. 2.
[33]BGH v. 24.07.2014, III ZB 83/13, NJW 2014, 3652, Rn. 10 f.; BGH v. 13.01.2005, III ZR 265/03, SchiedsVZ 2005, 95 (97); BT-Drs. 13/5247, S. 44.
[34]OLG München v. 18.06.2018, 34 SchH 7/17, IHR 2019, 11 (m. Anm. *Graf von Westphalen*, IWRZ 2018, 227).

schließend schlossen die Parteien mehrere Einzelkaufverträge über Spanplatten unter Einbeziehung der AGB der Verkäuferin, die Gerichtsstandsvereinbarungen zugunsten der Gerichte in Klagenfurt enthielten. Die Käuferin erhob Schiedsklage wegen Schadensersatzes, die Verkäuferin rügte die Zuständigkeit des Schiedsgerichts unter Verweis auf die Gerichtsstandsvereinbarungen.

Das Schiedsgericht hielt sich jedoch für zuständig, da die Schiedsklausel im Rahmenvertrag so auszulegen war, dass sie sich auch auf sämtliche Einzelverträge erstreckte. Zwar lag hier eigentlich ein Widerspruch zwischen der Schiedsklausel im Rahmenvertrag und den Gerichtsstandsvereinbarungen in den AGB vor, doch haben die Parteien eines Rahmenvertrags im Zweifel den Willen, eine einheitliche Regelung sämtlicher Geschäfte zu erreichen, sodass hier eine umfassende Reichweite der Schiedsvereinbarung auch für sämtliche Einzelverträge anzunehmen war.

Die Schwierigkeiten bei der Ermittlung der Reichweite der Schiedsvereinbarung resultieren also häufig aus mangelnder Sorgfalt der Parteien bei der Abfassung des Vertrags bzw. der Verträge. Nicht selten kommt es wie in diesem Beispiel vor, dass mehrere verschiedene Streitbeilegungsklauseln miteinander konkurrieren. Dies kann auch innerhalb eines einzigen Vertrages vorkommen: In einem Fall, der kürzlich vom OLG Frankfurt und vom BGH entschieden wurde, enthielt ein Unternehmenskaufvertrag gleich drei verschiedene Schiedsklauseln, die nicht klar voneinander abzugrenzen waren, woraus ein aufwendiger Streit über die Zuständigkeit des Schiedsgerichts resultierte (vgl. oben Abschn. 3.9, letztes Beispiel).

Muss die Reichweite einer Schiedsvereinbarung ermittelt werden, ist immer zu bedenken, dass es nicht nur auf die ursprünglich im Vertrag vereinbarte Schiedsklausel ankommt, sondern dass die Parteien die Schiedsvereinbarung später und auch noch im Verlaufe des Schiedsverfahrens einvernehmlich geändert haben können. Im ICC-Verfahren erfolgt beispielsweise meist eine Festlegung des Umfangs der schiedsrichterlichen Tätigkeit in den Terms of Reference (dazu oben Abschn. 6.3). Durch diese erneute, einvernehmliche Festlegung der Parteien kann die ursprüngliche Schiedsvereinbarung abgeändert werden.[35]

In manchen Fällen muss und darf das Schiedsgericht seine Zuständigkeit nicht selbst prüfen. Dies ist vor allem der Fall, wenn zwischen den Parteien des Rechtsstreits bereits bindend festgestellt worden ist, dass das Schiedsgericht zuständig ist, etwa weil zuvor vor dem staatlichen Gericht ein Verfahren stattgefunden hat, in dem sich der Beklagte erfolgreich auf die Schiedseinrede berufen hat (dazu oben Abschn. 10.1.5).

---

[35]Dazu Stein/Jonas/*Schlosser*, ZPO, 23. Aufl. 2014, § 1040 Rn. 15.

10.3.3 Rügeobliegenheit

Das Schiedsgericht prüft seine Zuständigkeit grundsätzlich nicht von sich aus („von Amts wegen"), sondern nur auf eine Rüge des Beklagten hin. Der Beklagte muss diese Rüge spätestens in seiner Klageerwiderung vorbringen (§ 1040 Abs. 2 S. 1 ZPO), also gemeinsam mit seinen ersten Äußerungen tatsächlicher oder rechtlicher Art zum Streitgegenstand. Versäumt er dies, wird das Schiedsgericht zuständig und eine spätere Rüge ist erfolglos. Die Situation verhält sich insofern ähnlich wie auch im staatlichen Gerichtsverfahren (vgl. § 39 ZPO). Bei genügender Entschuldigung kann der Beklagte die Unzuständigkeit des Schiedsgerichts allerdings auch später noch rügen (§ 1040 Abs. 2 S. 4 ZPO), also wenn er schuldlos daran gehindert war, zu einem früheren Zeitpunkt zu rügen.

Der Grund für die Rügeobliegenheit des Beklagten liegt in der Prozessökonomie: Die Zuständigkeit des Schiedsgerichts soll sobald wie möglich nach Verfahrensbeginn geklärt werden, damit nicht etwa eine aufwendige Verhandlung zur Sache durchgeführt wird und sich erst anschließend herausstellt, dass das Schiedsgericht gar nicht zuständig war. Außerdem verhindert die Rügeobliegenheit einen opportunistischen Umgang des Beklagten mit der Zuständigkeit des Schiedsgerichts: Könnte sich der Beklagte auch noch nach der Verhandlung zur Sache auf die Unzuständigkeit berufen, so würde er zunächst abwarten, wie das Schiedsgericht seine Position beurteilt, und nur dann die Zuständigkeit rügen, wenn er droht, das Verfahren zu verlieren. Schließlich wäre es auch ein widersprüchliches Verhalten, zunächst zur Sache zu verhandeln und anschließend das Schiedsgericht als solches abzulehnen.

§ 1040 Abs. 2 S. 2 ZPO stellt dabei klar, dass allein in der Benennung eines Schiedsrichters noch keine Einlassung auf das Verfahren liegt, die es dem Beklagten verbieten würde, die Zuständigkeit zu rügen. Dies ist eigentlich selbstverständlich, da die Befugnis zur Entscheidung über die Zuständigkeit gerade beim zu bildenden Schiedsgericht liegt.[36]

Versäumt es der Beklagte, die Rüge rechtzeitig vorzubringen, wird das Schiedsgericht zuständig, auch wenn es zuvor unzuständig war. Auf die ursprüngliche Unzuständigkeit des Schiedsgerichts kann sich der Beklagte dann auch später, etwa im gerichtlichen Aufhebungsverfahren, nicht mehr berufen. Die Präklusionswirkung des Rügeversäumnisses wirkt also umfassend fort.[37]

Anders verhält es sich allerdings unter Umständen bei Verbrauchern. Ist ein Verbraucher Beklagter im Schiedsverfahren, kann er sich nach der Rechtsprechung des EuGH auch bei rügeloser Einlassung im Schiedsverfahren später noch auf die Unwirksamkeit der Schiedsvereinbarung als missbräuchliche Klausel im Sinne der Richtlinie 93/13 EWG (§ 307 Abs. 1 BGB) berufen.[38] Auf diese Weise kann der

---

[36] Dazu Stein/Jonas/*Schlosser*, ZPO, 23. Aufl. 2014, § 1040 Rn. 12.
[37] Musielak/*Voit*, ZPO, 16. Aufl. 2019, § 1040 Rn. 13.
[38] EuGH v. 26.10.2006, Rs. C-168/05 – Mostaza Claro, SchiedsVZ 2007, 46 (m. krit. Anm. *Wagner*).

Verbraucher abwarten, wie das Schiedsgericht entscheidet, und dann bei einer Entscheidung zu seinen Ungunsten im gerichtlichen Aufhebungsverfahren vorbringen, das Schiedsgericht sei unzuständig gewesen. Diese Möglichkeit steht ihm allerdings nicht offen, wenn er zuvor schon darauf hingewiesen worden ist, dass die Klausel möglicherweise unwirksam ist.[39]

Schließlich ist zu bedenken, dass bestimmte gravierende Zuständigkeitsfehler nach herrschender Meinung auch ohne Rüge vom Schiedsgericht überprüft werden müssen. Fehlt etwa die Schiedsfähigkeit oder die Geschäftsfähigkeit einer der Parteien, so besteht keine wirksame Schiedsvereinbarung und es kann auch keine Heilung im Verfahren erfolgen. Das Schiedsgericht muss sich dann auch „von Amts wegen" für unzuständig erklären können, damit es nicht einen Schiedsspruch erlässt, der ohne Weiteres aufhebbar ist.[40]

10.3.4 Entscheidungsformen

Nachdem das Schiedsgericht seine Zuständigkeit geprüft hat, entscheidet es darüber entweder inzident im Endschiedsspruch oder separat in einer Zwischenentscheidung. Welche Entscheidungsformen insofern in Betracht kommen, hängt davon ab, ob das Schiedsgericht positiv oder negativ über seine Zuständigkeit entschieden hat:

10.3.4.1 Positive Zuständigkeitsentscheidung
Hält sich das Schiedsgericht für zuständig, kann es darüber sowohl in einem separaten Zwischenentscheid gemäß § 1040 Abs. 3 S. 1 ZPO als auch inzident im Endschiedsspruch entscheiden. Wenn das Schiedsgericht nur im Endschiedsspruch entscheiden möchte, wird es den Parteien lediglich mitteilen, dass es sich für zuständig hält und das Verfahren ansonsten regulär fortführen. Die Parteien müssen dann zur Hauptsache vortragen und es findet die Beweisaufnahme dazu statt. Anschließend entscheidet das Schiedsgericht im Schiedsspruch über die geltend gemachten Ansprüche und über seine eigene Zuständigkeit. Dieser Schiedsspruch kann dann von den Parteien vor dem staatlichen Gericht mit dem Aufhebungsantrag nach § 1059 ZPO angegriffen werden. In diesem Verfahren kann das staatliche Gericht die Zuständigkeitsentscheidung des Schiedsgerichts vollständig inhaltlich überprüfen.

Eine solche inzidente Feststellung der Zuständigkeit ist immer mit einem gewissen Risiko belastet. Verneint das staatliche Gericht die Zuständigkeit des Schiedsgerichts, waren die weiteren Kosten, die vor dem Schiedsgericht für die Verhandlung zur Hauptsache entstanden sind, vergeblich. Daher wählt das Schiedsgericht den Weg der inzidenten Entscheidung über seine Zuständigkeit im Endschieds-

---

[39]Stein/Jonas/*Schlosser*, ZPO, 23. Aufl. 2014, § 1040 Rn. 13 unter Hinweis auf EuGH v. 04.06.2009, C-243/08, NJW 2009, 2367 – Pannon GSM Zrt.
[40]Musielak/*Voit*, ZPO, 16. Aufl. 2019, § 1040 Rn. 5 m.w.N.

spruch in der Regel nur, wenn die Zuständigkeitsrüge des Beklagten offensichtlich unbegründet ist. In allen anderen Fällen, in denen die Zuständigkeit des Schiedsgerichts zumindest diskutabel erscheint, schlägt es normalerweise den auch vom Gesetz als Regelfall vorgesehenen Weg des Zwischenentscheids ein (§ 1040 Abs. 3 S. 1 ZPO).

Durch den Zwischenentscheid entscheidet das Schiedsgericht vorab positiv über seine Zuständigkeit. Der Zwischenentscheid ist nach der gesetzgeberischen Konzeption eine Entscheidungsform eigener Art (*sui generis*) und wird daher auch nicht als Schiedsspruch bezeichnet. Der Sache nach handelt es sich jedoch um einen Zwischenschiedsspruch über die Zuständigkeit, was in der englischen Terminologie auch zum Ausdruck kommt (*interim award on jurisdiction*).[41]

Der Zwischenentscheid kann von den Parteien in einem gesonderten Verfahren gerichtlich angegriffen werden (§ 1040 Abs. 3 S. 2 ZPO, dazu sogleich Abschn. 10.4). Während dieses Gerichtsverfahren anhängig ist, kann das Schiedsverfahren fortgeführt werden (§ 1040 Abs. 3 S. 3 ZPO). Das Schiedsgericht hat insofern ein Ermessen, ob es das Schiedsverfahren während des Gerichtsverfahrens fortsetzt oder nicht. Einerseits sollte es nicht zu unnötigen Verzögerungen des Schiedsverfahrens kommen, andererseits wird der weitere Verfahrensaufwand vergeblich, wenn das staatliche Gericht die Unzuständigkeit des Schiedsgerichts feststellt. Daher hat es sich in der Praxis meist bewährt, bei einer nicht ganz unerheblichen Zuständigkeitsrüge des Beklagten das Schiedsverfahren zumindest bis zu einer erstinstanzlichen Gerichtsentscheidung ruhen zu lassen. Wenn das erstinstanzliche Gericht, also das OLG, die Entscheidung des Schiedsgerichts dann gebilligt hat, wird das Schiedsverfahren fortgesetzt, auch wenn gegen die Entscheidung Rechtsmittel eingelegt wurde.

10.3.4.2 Negative Zuständigkeitsentscheidung

Hält das Schiedsgericht die Rüge des Beklagten für zutreffend oder erklärt es sich ausnahmsweise von selbst für unzuständig, so beendet es das Schiedsverfahren durch einen entsprechenden Schiedsspruch, mit dem die Klage als unzulässig abgewiesen wird.[42] Gegen diesen Schiedsspruch kann der Kläger mit dem Aufhebungsantrag nach § 1059 ZPO vorgehen, sodass eine – sehr eingeschränkte – Überprüfung der Entscheidung durch die staatlichen Gerichte erfolgt. Ist der Kläger auch damit erfolglos, steht es ihm nur noch offen, seine Ansprüche vor dem zuständigen staatlichen Gericht zu verfolgen.

Aus diesem System des § 1040 ZPO ergibt sich, dass die staatlichen Gerichte eine positive Zuständigkeitsentscheidung des Schiedsgerichts in jedem Fall inhaltlich vollständig überprüfen können, eine negative Zuständigkeitsentscheidung jedoch nur in dem eingeschränkten Umfang, den die Aufhebungsgründe des § 1059 ZPO

---

[41]Vgl. oben Abschn. 8.4.2.1.
[42]BGH v. 06.06.2002, III ZB 44/01, NJW 2002, 3031; MüKo-ZPO/*Münch*, 5. Aufl. 2017, § 1040 Rn. 29; *Schmidt*, Der Schiedsspruch, SchiedsVZ 2013, 32 (38 f.); a.A. Musielak/*Voit*, ZPO, 16. Aufl. 2019, § 1040 Rn. 8: durch Beschluss gem. § 1056 Abs. 2 Nr. 3 ZPO.

eröffnen.[43] Dieser Unterschied ist durchaus einsichtig,[44] denn wenn sich ein Schiedsgericht unzutreffenderweise für zuständig erklärt, verletzt dies den Justizgewährungsanspruch des Beklagten. Der Beklagte hat dann nicht wirksam auf sein Recht verzichtet, sich nur vor dem staatlichen Gericht verantworten zu müssen. Erklärt sich ein Schiedsgericht dagegen unzutreffenderweise für unzuständig, wird lediglich das Recht der Parteien aus der Schiedsvereinbarung verletzt. Ein solches Recht auf Erfüllung des Schiedsvertrags ist jedoch keine gleichermaßen geschützte Position, außerdem hat sich der Beklagte darauf eingelassen, dass über diese Frage genauso wie über jede andere Frage aus dem Vertrag in erster Linie das Schiedsgericht entscheidet.

Problematisch ist die begrenzte Überprüfungsmöglichkeit einer negativen Zuständigkeitsentscheidung des Schiedsgerichts jedoch in einem internationalen Kontext. Hier steht als Alternative zum Schiedsverfahren nicht unbedingt ein Verfahren vor den deutschen staatlichen Gerichten zur Verfügung, sondern es können genausogut ausländische Gerichte zuständig sein. Wenn dies die Gerichte eines Staates ohne funktionierendes Rechtssystem sind, wird den Parteien der Rechtsschutz effektiv betrachtet verweigert. Für internationale Schiedsverfahren wäre es daher sinnvoll, auch bei negativer Zuständigkeitsentscheidung des Schiedsgerichts einen Aufhebungsgrund im Gesetz zu verankern und damit auch in diesem Fall eine volle Überprüfungsmöglichkeit durch die staatlichen Gerichte zu schaffen.[45]

10.3.5 Besonderheiten im ICC-Verfahren

Wird das Schiedsverfahren von der ICC administriert, so gelten Sondervorschriften bei der Zuständigkeitsentscheidung des Schiedsgerichts. Ein Teil der Kompetenz, über die Zuständigkeit zu entscheiden, liegt hier bei der Institution.

Erhebt der Beklagte die Rüge der Unzuständigkeit des Schiedsgerichts, entscheidet der Generalsekretär der ICC, ob er die Sache dem ICC Court vorlegt (Art. 6.3 ICC-SchO: „Einwendungen in Bezug auf Bestehen, Gültigkeit oder Anwendungsbereich der Schiedsvereinbarung"). Eine solche Vorlage an den ICC Court erfolgt nur in besonders begründeten Fällen, also wenn die Zuständigkeit zweifelhaft erscheint.[46] Anderenfalls entscheidet auch nach Art. 6.3 ICC-SchO nur das Schiedsgericht selbst über seine Zuständigkeit und es ergeben sich keine Unterschiede zum ad hoc-Verfahren.

---

[43]Dazu näher unten Abschn. 11.5.
[44]A.A. *Münch*, Die Kompetenz-Kompetenz im Schiedsgerichtsverfahren, ZZPInt 19 (2014), 387 (425).
[45]*Raeschke-Kessler*, Gedanken zur Novellierung des Zehnten Buchs der ZPO, in: Ebke u. a. (Hrsg.), Festschrift für Siegfried H. Elsing, 2015, S. 433 (440 f.); allgemein fordert dies mit einem konkreten Regelungsvorschlag *Münch*, Die Kompetenz-Kompetenz im Schiedsgerichtsverfahren, ZZPInt 19 (2014), 387 (425 f.).
[46]Näher dazu *Sessler/Voser*, Die Revidierte ICC-Schiedsgerichtsordnung – Schwerpunkt, SchiedsVZ 2012, 120 (121).

Wenn allerdings der ICC Court mit der Zuständigkeitsentscheidung befasst wird, führt er eine sogenannte *prima facie*-Prüfung durch, untersucht also, ob dem ersten Anschein nach eine wirksame Schiedsvereinbarung vorliegt (Art. 6.4 ICC-SchO). In diesem Verfahren wird kein vollständiger Beweis erhoben, sondern es wird nur vorläufig in einem schnellen Verfahren darüber entschieden, ob es wahrscheinlich ist, dass eine wirksame Schiedsvereinbarung vorliegt. Verneint der ICC Court dies, wird das Schiedsverfahren beendet. Hält der ICC Court die Schiedsvereinbarung dagegen für wirksam, wird die Sache dem Schiedsgericht zur Entscheidung weitergeleitet. Das Schiedsgericht kann dann selbst wie üblich über seine Zuständigkeit entscheiden (Art. 6.5 ICC-SchO), ist also nicht an die Entscheidung des ICC Court gebunden. Das Schiedsgericht wird dann vollständigen Beweis erheben und die Zuständigkeitsrüge des Beklagten abschließend beurteilen.[47]

Gegen die Entscheidungen des Schiedsgerichts stehen die soeben (Abschn. 10.3.4) erläuterten üblichen Rechtsbehelfe zu den staatlichen Gerichten zur Verfügung. Gegen eine negative Zuständigkeitsentscheidung des ICC Court kann der Kläger jedoch keinen Aufhebungsantrag gemäß § 1059 ZPO stellen, da diese Entscheidung kein Schiedsspruch ist. Dem Kläger steht dann im Verfahren des § 1032 Abs. 2 Alt. 1 ZPO die Möglichkeit offen, einen Feststellungsantrag vor dem OLG zu stellen.[48] In diesem Verfahren kann das Gericht dann beurteilen, ob die Schiedsvereinbarung zwischen den Parteien wirksam ist. Bejaht das OLG die Zulässigkeit des Schiedsverfahrens, wird der ICC Court dem in aller Regel folgen.

10.4 Nachfolgende Prüfung durch das Oberlandesgericht

Das häufigste Gerichtsverfahren, in dem die Zuständigkeit des Schiedsgerichts überprüft wird, ist der Antrag auf gerichtliche Entscheidung gemäß § 1040 Abs. 3 S. 2 ZPO nach einem vorangegangenen Zwischenentscheid des Schiedsgerichts. Wurde über die Frage der Zuständigkeit des Schiedsgerichts weder in einem früheren Gerichtsverfahren durch Erhebung der Schiedseinrede gemäß § 1032 Abs. 1 ZPO, noch in einem vorhergehenden Verfahren vor dem OLG gemäß § 1032 Abs. 2 ZPO entschieden, hat bisher noch kein staatliches Gericht die Zuständigkeit des Schiedsgerichts und damit den wirksamen Ausschluss des Justizgewährungsanspruchs vor den staatlichen Gerichten überprüft.

Den Antrag gemäß § 1040 Abs. 3 S. 2 ZPO kann ausweislich des Wortlauts „jede Partei" stellen, doch dürfte nur die Partei, deren Rüge durch das Schiedsgericht zurückgewiesen wurde, ein Rechtsschutzbedürfnis haben,[49] also bei der Klage der

---

[47]Dazu *Bassiri*, in: Nedden/Herzberg, Praxiskommentar zu den Schiedsgerichtsordnungen, 2014, Art. 6 ICC-SchO, Rn. 101, 150–162.
[48]*Bassiri*, in: Nedden/Herzberg, Praxiskommentar zu den Schiedsgerichtsordnungen, 2014, Art. 6 ICC-SchO, Rn. 157.
[49]Richtig BeckOK-ZPO/*Wolf/Eslami*, Stand 01.03.2019, § 1040 Rn. 23; a.A. MüKo-ZPO/*Münch*, 5. Aufl. 2017, § 1040 Rn. 27; Musielak/*Voit*, ZPO, 16. Aufl. 2019, § 1040 Rn. 11.

Schiedsbeklagte und bei der Widerklage der Schiedskläger. Der Antrag ist innerhalb eines Monats nach schriftlicher Mitteilung des Zwischenentscheids zu stellen. Bei einer Versäumung dieser Frist wird der Zwischenentscheid nicht mehr überprüft und die Zuständigkeit des Schiedsgerichts steht fest. Die Zuständigkeit kann dann auch später im Aufhebungs- oder Vollstreckbarerklärungsverfahren nicht mehr angegriffen werden.[50]

Über den Antrag entscheidet gemäß § 1062 Abs. 1 Nr. 2 ZPO das Oberlandesgericht. Es muss den Parteien rechtliches Gehör gewähren, ist aber nicht verpflichtet, eine mündliche Verhandlung durchzuführen, wenn die schriftlichen Stellungnahmen der Parteien eine ausreichende Information ermöglichen.[51] Gegen die Entscheidung des OLG ist die Rechtsbeschwerde zum BGH statthaft (§ 1065 Abs. 1 S. 1 ZPO). Die endgültige Entscheidung der staatlichen Gerichte über die Zuständigkeit ist dann bindend, auch für ein etwaiges späteres Aufhebungs- oder Vollstreckbarerklärungsverfahren.[52]

Während das OLG und gegebenenfalls der BGH über den Antrag nach § 1040 Abs. 3 S. 2 ZPO befinden, kann das Schiedsverfahren nach dem Ermessen des Schiedsgerichts fortgeführt werden (§ 1040 Abs. 3 S. 3 ZPO, vgl. bereits oben Abschn. 10.3.4.1). Entscheidet sich das Schiedsgericht für die Fortführung des Schiedsverfahrens und bestätigen die Gerichte anschließend seine Zuständigkeit, ergeben sich keine Probleme. Verneinen die Gerichte jedoch die Zuständigkeit des Schiedsgerichts, so ist fraglich, wie sich dies auf das Schiedsverfahren auswirkt. Insofern sind zwei Situationen zu unterscheiden:

- Ist der Schiedsspruch zum Zeitpunkt der Gerichtsentscheidung noch nicht erlassen worden, wird die Partei, zu deren Gunsten die Gerichtsentscheidung ergangen ist, diese ins Schiedsverfahren einführen. Das Schiedsgericht muss sich dann für unzuständig erklären und die Klage durch Prozessschiedsspruch abweisen.[53] Führt das Schiedsgericht das Verfahren dagegen weiter durch und erlässt einen Schiedsspruch, ist dieser wohl wirksam, aber gemäß § 1059 ZPO aufhebbar.[54] Nach anderer Ansicht ist er sogar nichtig.[55]
- Wurde der Schiedsspruch während des laufenden Gerichtsverfahrens erlassen, ist dieser jedenfalls wirksam. Denn zum Zeitpunkt seines Erlasses stand die Unzuständigkeit des Schiedsgerichts noch gar nicht rechtskräftig fest. Wenn die staatlichen Gerichte anschließend feststellen, dass das Schiedsgericht un-

---

[50]BGH v. 27.03.2003, III ZB 83/02, SchiedsVZ 2003, 133; Stein/Jonas/*Schlosser*, ZPO, 23. Aufl. 2014, § 1040 Rn. 21.
[51]BGH v. 24.07.2014, III ZB 83/13, NJW 2014, 3652, Rn. 6 f., anders BT-Drs. 13/5274, S. 65.
[52]BGH v. 21.04.2016, I ZB 7/15, NJW-RR 2016, 1464.
[53]MüKo-ZPO/*Münch*, 5. Aufl. 2017, § 1040 Rn. 28.
[54]Die Entscheidung des BGH v. 09.08.2016, I ZB 1/15, NJW 2017, 488, Rn. 9, dürfte nämlich auch auf diesen Fall zu übertragen sein.
[55]Musielak/*Voit*, ZPO, 16. Aufl. 2019, § 1040 Rn. 12, mit Einschränkungen in § 1032 Rn. 14; auch OLG Frankfurt v. 26.09.2013, 26 SchH 7/12, juris, Rn. 55 (zu einer Gerichtsentscheidung, die auf eine Schiedseinrede gem. § 1032 Abs. 1 ZPO ergangen ist).

zuständig war, ist der Schiedsspruch aufhebbar gemäß § 1059 ZPO, wobei die Frist für den Aufhebungsantrag erst mit der Zustellung der Gerichtsentscheidung beginnt.[56] Wird kein Aufhebungsverfahren durchgeführt, bleibt der Schiedsspruch wirksam.

Beispiel[57]

Die Parteien schlossen einen Unternehmenskaufvertrag, der bei Streitigkeiten ein Dreierschiedsgericht mit Sitz in Frankfurt a.M. vorsah. An anderer Stelle regelten sie, dass der Vertrag automatisch enden sollte, wenn über das Vermögen einer Partei das Insolvenzverfahren eröffnet wird. Später wurde über das Vermögen beider Vertragsparteien das Insolvenzverfahren eröffnet. Als der eine Insolvenzverwalter den anderen Insolvenzverwalter nun vor einem Schiedsgericht in Anspruch nahm, rügte dieser die Zuständigkeit und brachte dazu vor, der Vertrag sei mit der darin enthaltenen Schiedsvereinbarung erloschen.

Dieses Argument ist offensichtlich unzutreffend, da die Schiedsvereinbarung nach dem Trennungsprinzip (vgl. oben Abschn. 3.4.1) eine vom Hauptvertrag rechtlich unabhängige Vereinbarung ist. Auch wenn der Hauptvertrag wegen der Eröffnung des Insolvenzverfahrens erloschen ist, so betrifft dies nicht die Schiedsklausel, es sei denn, die Parteien hätten dies ausdrücklich vereinbart. Ansonsten ist eher anzunehmen, dass die Parteien auch die aus der Vertragsbeendigung resultierenden Ansprüche durch das Schiedsgericht und nicht durch das staatliche Gericht entscheiden lassen möchten.[58]

Das Schiedsgericht erklärte sich daher im vorliegenden Fall für zuständig und erließ einen Zwischenentscheid. Dagegen stellte der Beklagte den Antrag gemäß § 1040 Abs. 3 S. 2 ZPO. Während das Verfahren vor dem OLG Frankfurt und dem BGH lief, setzte das Schiedsgericht das Schiedsverfahren fort und erließ einen Schiedsspruch. Der Beklagte machte nun vor dem BGH geltend, das dortige Verfahren sei durch den Erlass des Schiedsspruchs unzulässig geworden.

In der Tat nahm der BGH (Dritter Senat) früher an, dass das Rechtsschutzbedürfnis des gerichtlichen Antrags entfalle, sobald ein Endschiedsspruch ergeht, weil dann das Aufhebungsverfahren statthaft und dort zu klären sei, ob das Schiedsgericht zuständig ist.[59] Nach neuerer und überzeugender Rechtsprechung des Ersten Senats steht der Erlass des Schiedsspruchs dagegen der Fortführung des Gerichtsverfahrens nicht entgegen. Denn die im Gerichtsverfahren aufgewandte Zeit und Mühe der Parteien würde entwertet, wenn im Aufhebungsverfahren erneut umfangreich zur Zuständigkeit des Schiedsgerichts vorgetragen werden müsste.[60] Das Verfahren gemäß § 1040 Abs. 3 S. 2 ZPO

---

[56]BGH v. 09.08.2016, I ZB 1/15, NJW 2017, 488, Rn. 9.
[57]Vereinfacht nach BGH v. 09.08.2016, I ZB 1/15, NJW 2017, 488.
[58]BGH v. 09.08.2016, I ZB 1/15, NJW 2017, 488, Rn. 14–20.
[59]BGH v. 19.09.2013, III ZB 37/12, SchiedsVZ 2013, 333; zustimmend Stein/Jonas/*Schlosser*, ZPO, 23. Aufl. 2014, § 1040 Rn. 23.
[60]BGH v. 09.08.2016, I ZB 1/15, NJW 2017, 488, Rn. 9.

konnte daher fortgeführt werden. Da das Schiedsgericht zuständig war, blieb der Antrag aber im Ergebnis ohne Erfolg.

Hätte das staatliche Gericht dagegen die Unzuständigkeit des Schiedsgerichts festgestellt, wäre in dieser Situation gleichwohl noch ein Aufhebungsantrag erforderlich geworden. Dieser ist dann allerdings in der Regel ohne Weiteres begründet.

Aufhebung und Vollstreckung von Schiedssprüchen

11

11.1 Überblick

Ein Schiedsgericht hat erhebliche Macht. Seine Entscheidung entfaltet zwischen den Parteien Rechtskraft wie ein gerichtliches Urteil (§ 1055 ZPO). Gegen Gerichtsurteile sind allerdings in den meisten Fällen Rechtsmittel statthaft. Schiedssprüche sind dagegen endgültig, sodass die Entscheidung nicht von einem höheren Gericht kontrolliert werden kann. Um die damit verbundene Entscheidungsmacht der Schiedsrichter zumindest in gewissem Umfang zu kontrollieren, sehen die meisten Rechtsordnungen vor, dass Schiedssprüche vom staatlichen Gericht zumindest dann aufgehoben werden können, wenn sie an bestimmten schweren Fehlern leiden. Dies nennt man Aufhebungsverfahren (§ 1059 ZPO), englisch *setting aside procedure*.[1]

Das Aufhebungsverfahren dient gleichzeitig dem verfassungsrechtlichen Justizgewährungsanspruch.[2] Das Recht des Einzelnen auf effektiven Rechtsschutz durch staatliche Gerichte wird zumindest in einem begrenzten Umfang aufrechterhalten, auch wenn die Parteien durch die Vereinbarung des Schiedsgerichtsverfahrens eigentlich zum Ausdruck gebracht haben, auf staatsgerichtlichen Rechtsschutz zu verzichten.

Das Aufhebungsverfahren ist kein Rechtsmittel gegen den Schiedsspruch, sondern lediglich ein Rechtsbehelf. Als Rechtsmittel werden nur Rechtsbehelfe bezeichnet, die einen Suspensiveffekt haben, also die Wirkungen der Entscheidung einstweilen nicht eintreten lassen. Ein Schiedsspruch wirkt jedoch sofort mit der Übermittlung an die Parteien (siehe oben Abschn. 8.3.5). Durch ein Aufhebungsverfahren kann die Wirkung des Schiedsspruchs lediglich nachträglich wieder beseitigt werden.

Ein Interesse an der Aufhebung des Schiedsspruchs hat die im Schiedsverfahren unterlegene Partei. Die erfolgreiche Partei hat dagegen ein Interesse an einer Voll-

---

[1] Vgl. Sec. 67, 68 Arbitration Act 1996 (England); Art. 34 UNCITRAL Modellgesetz.
[2] Vgl. oben Abschn. 10.3.1.

streckung des Schiedsspruchs. Um auch bei der Vollstreckung eine entsprechende staatsgerichtliche Kontrolle zu ermöglichen, ist die Vollstreckung aus einem Schiedsspruch aber nicht unmittelbar möglich, sondern es ist zuvor die Entscheidung eines staatlichen Gerichts einzuholen, mit dem der Schiedsspruch für vollstreckbar erklärt wird (§§ 1060, 1061 ZPO). Das staatliche Gericht wird die Vollstreckbarerklärung versagen, wenn der Schiedsspruch an schweren Fehlern leidet, wobei weitgehend identische inhaltliche Kriterien an den Schiedsspruch und das zugrunde liegende Schiedsverfahren angelegt werden wie im Aufhebungsverfahren.

Systematisch ist zu beachten, dass das Vollstreckbarerklärungsverfahren noch nicht die Zwangsvollstreckung selbst darstellt. Vielmehr entscheidet das OLG im Vollstreckbarerklärungsverfahren nur über die Frage, ob der Schiedsspruch den formalen und inhaltlichen Anforderungen genügt, die erforderlich sind, um ihn staatlicherseits akzeptieren zu können. Es handelt sich daher nicht um ein Zwangsvollstreckungs-, sondern um ein Erkenntnisverfahren, wenn auch um ein Erkenntnisverfahren eigener Art.[3] Die eigentliche Zwangsvollstreckung, also beispielsweise die Pfändung von Sachen oder Forderungen, findet immer erst im Anschluss an die Gerichtsentscheidung nach den dafür geltenden speziellen Vorschriften statt (in Deutschland also nach §§ 704 ff., 794 Abs. 1 Nr. 4a ZPO). Zur Durchführung dieser eigentlichen Zwangsvollstreckung sind infolge des Gewaltmonopols des Staates ausschließlich die staatlichen Gerichte und sonstigen Vollstreckungsbehörden befugt. Der Schiedsspruch, der eine private Entscheidung ist, muss daher zuvor staatlicherseits anerkannt und damit zur Grundlage der Vollstreckung gemacht werden. Diesem Zweck dient das Vollstreckbarerklärungsverfahren.

Es besteht damit ein enger Zusammenhang zwischen Aufhebung und Vollstreckbarerklärung. Beide Entscheidungsformen stellen eine gewisse staatliche Aufsicht über die Schiedsgerichtsbarkeit sicher und stehen zueinander in Wechselbeziehung. Daher überschneiden sie sich auch teilweise in ihren Rechtsfolgen: Wird die Vollstreckbarerklärung eines (inländischen) Schiedsspruchs versagt, hebt das Gericht ihn gleichzeitig auf.

Auf die Möglichkeit, ein Aufhebungsverfahren anzustrengen, kann nach deutschem Recht nicht vorab verzichtet werden.[4] Die Parteien einer Schiedsvereinbarung können darin also nicht wirksam vereinbaren, dass gegen den späteren Schiedsspruch keine Rechtsbehelfe zulässig sein sollen. Dies ist in ausländischen Rechtsordnungen teilweise anders geregelt, wonach zumindest Schiedsparteien, die nicht aus dem jeweiligen Staat stammen, auf das Aufhebungsverfahren verzichten können.[5] Auf diese Art und Weise versuchen bestimmte Staaten, etwa Belgien, Frankreich und die Schweiz, ihre Attraktivität als Schiedsort zu erhöhen, indem der Privatautonomie in noch größerem Maße Rechnung getragen wird. Die Möglichkeit

---

[3]Vgl. etwa BGH v. 30.01.2013, III ZB 40/12, SchiedsVZ 2013, 110, Rn. 10 m.w.N.
[4]BVerfG v. 11.05.1994, 1 BvR 744/94, NVwZ-RR 1995, 232; Musielak/*Voit*, ZPO, 16. Aufl. 2019, § 1059 Rn. 39.
[5]Dazu *Blackaby/Partasides*, Redfern and Hunter on International Arbitration, 6. Aufl. 2015, Ziff. 10.28; *Born*, International Commercial Arbitration, 2. Aufl. 2014, S. 3364–3374.

eines Vorabverzichts auf das Aufhebungsverfahren erscheint allerdings rechtspolitisch fraglich, da die Aufhebungsgründe ohnehin nur sehr begrenzt sind und ihre Abbedingung in der Regel den Interessen der Parteien widerspricht, wonach zumindest bei eklatant unfair durchgeführten Schiedsverfahren der Schiedsspruch beseitigt werden muss. Ein nachträglicher Verzicht auf die Geltendmachung von Aufhebungsgründen ist dagegen auch nach deutschem Recht möglich, soweit es die in § 1059 Abs. 2 Nr. 1 ZPO genannten Gründe betrifft (dazu Abschn. 11.5.1).

Die eigentliche Vollstreckung durch Zwangsmaßnahmen gegen den Schuldner stellt den endgültigen Abschluss eines Schiedsverfahrens dar, doch ist eine Vollstreckung natürlich nur in manchen Fällen notwendig. In der Regel reicht es – genau wie bei staatlichen Gerichtsurteilen – aus, dass die bloße Möglichkeit der Vollstreckung als Damoklesschwert über der unterlegenen Schiedspartei hängt, damit diese freiwillig ihre Verpflichtungen aus dem Schiedsspruch erfüllt.

11.2 Zuständigkeit

Für die meisten schiedsrechtlichen Verfahren ist das Oberlandesgericht zuständig, so auch für die Aufhebung und die Vollstreckbarerklärung von Schiedssprüchen (§ 1062 Abs. 1 Nr. 4 ZPO). Die örtliche Zuständigkeit kann von den Parteien vereinbart werden, was selten geschieht, und richtet sich ansonsten nach dem Schiedsort (§ 1062 Abs. 1 ZPO). Der vereinbarte Schiedsort ist damit nicht nur für das anwendbare Verfahrensrecht, sondern auch für die gerichtliche Zuständigkeit von großer Bedeutung (vgl. auch oben Abschn. 3.1.3).

Die Zuständigkeit der Oberlandesgerichte wurde erst durch die Reform des deutschen Schiedsverfahrensrechts im Jahr 1998 eingeführt; zuvor waren wie auch sonst in Zivilsachen die Amts- und Landgerichte erstinstanzlich zuständig. Der Gesetzgeber hat sich aber zu Recht von dem Gedanken leiten lassen, dass es bei der Überprüfung von Schiedssprüchen der Sache nach weniger um eine erstinstanzliche, als eher um eine zweitinstanzliche Tätigkeit geht – die Kontrolle eines Schiedsspruchs ist der beschränkten Kontrolle eines Gerichtsurteils ähnlich. Außerdem verlaufen die gerichtlichen Verfahren so über maximal zwei Instanzen, was zu einer Beschleunigung für die Parteien führt.[6]

Darüber hinaus ermöglicht die Konzentration an den Oberlandesgerichten auch die Einrichtung spezialisierter Senate, deren Mitglieder sich durch die regelmäßige Bearbeitung von Schiedssachen eine Expertise in diesem Bereich aufbauen können. Vor diesem Hintergrund wäre sogar eine noch weitergehende Konzentration auf nur wenige Oberlandesgerichte in Deutschland sinnvoll. Von der Möglichkeit, die Zuständigkeit innerhalb eines Bundeslandes auf ein einziges Oberlandesgericht zu konzentrieren (§ 1062 Abs. 5 S. 1 ZPO), hat soweit ersichtlich nur Bayern Gebrauch gemacht, wo für alle Schiedssachen das Oberlandesgericht München zuständig ist.[7] Daneben sollten

---

[6]BT-Drs. 13/5274, S. 63.
[7]§ 7 GZVJu.

die Bundesländer aber auch von der Möglichkeit des § 1062 Abs. 5 S. 2 ZPO Gebrauch machen und länderübergreifend die gemeinsame Zuständigkeit nur weniger Oberlandesgerichte vorsehen. Nach der Justizstatistik für 2017 gibt es überhaupt nur bei den Oberlandesgerichten in München, Berlin, Hamburg, Frankfurt, Düsseldorf und Köln einen nennenswerten Geschäftsanfall von zehn oder mehr Verfahren pro Jahr.[8] Es wäre daher ausreichend, die Zuständigkeit bei diesen sechs Gerichten zu konzentrieren.

Gegen bestimmte Entscheidungen des Oberlandesgerichts, darunter auch die Aufhebung und Vollstreckbarerklärung von Schiedssprüchen, kann Rechtsbeschwerde zum Bundesgerichtshof eingelegt werden (§ 1065 Abs. 1 i.V.m. § 574 Abs. 1 Nr. 1 ZPO). Die unterlegene Partei hat also die Möglichkeit, die Entscheidung des Oberlandesgerichts überprüfen zu lassen, allerdings nicht in jedem Fall. Wie sich aus § 574 Abs. 2 ZPO ergibt, ist die Rechtsbeschwerde nur dann zulässig, wenn „die Rechtssache grundsätzliche Bedeutung hat oder die Fortbildung des Rechts oder die Sicherung einer einheitlichen Rechtsprechung eine Entscheidung des Rechtsbeschwerdegerichts erfordert". Diese Zulässigkeitsvoraussetzungen werden vom BGH geprüft. Grundsätzliche Bedeutung hat eine Rechtssache etwa dann, wenn es sich um einen Sachverhalt handelt, der in einer Vielzahl von Fällen wiederkehren kann und daher einheitlich geklärt werden sollte (vergleichbar einem Musterprozess). Hauptsächlich ist die Rechtsbeschwerde in den Fällen zulässig, in denen ungeklärte oder umstrittene Rechtsfragen aufgetreten sind. Aber auch dann, wenn die Oberlandesgerichte unterschiedlich entscheiden, ist eine Klärung durch den BGH angezeigt.[9]

Die Möglichkeiten einer vor dem OLG unterlegenen Partei sind damit begrenzt. Wenn der BGH die Rechtsbeschwerde nicht zulässt, was häufig geschieht,[10] ist das Verfahren mit der Entscheidung des OLG beendet. Dies ist im Regelfall aber auch sachgerecht, da die Parteien ein Interesse an einer zügigen Beendigung ihres Rechtsstreits haben und die Rechtsbeschwerde nicht im Interesse der Parteien der Korrektur einer Einzelfallentscheidung dient, sondern im Interesse der Allgemeinheit die Rechtsfortbildung und Rechtseinheit sicherstellen soll.

Die Anknüpfung der gerichtlichen Zuständigkeit an den Schiedsort ist ein international anerkanntes Prinzip, dem auch ausländisches Verfahrensrecht in der Regel folgt.[11] Auf diese Weise wird auch die internationale Koordination von Schiedsverfahren sichergestellt: Für die Aufhebung eines Schiedsspruchs sind immer nur die Gerichte des Staates zuständig, in dem der Schiedsort liegt. Die Vollstreckbarerklärung kann dagegen überall beantragt werden, wo die obsiegende Partei eine Vollstreckungshandlung vornehmen lassen möchte.

---

[8]Statistik der Rechtspflege bei Zivilgerichten des Statistischen Bundesamts für das Jahr 2017 (Fachserie 10 Reihe 2.1, www.destatis.de, zugegriffen am 16.05.2019), S. 91–93.
[9]Vgl. die Rspr. und Lit. zum insoweit vergleichbaren § 543 Abs. 2 ZPO.
[10]Stein/Jonas/*Schlosser*, ZPO, 23. Aufl. 2014, § 1065 Rn. 1.
[11]Beispiele bei *Blackaby/Partasides*, Redfern and Hunter on International Arbitration, 6. Aufl. 2015, Ziff. 10.25; ausführlich *Born*, International Commercial Arbitration, 2. Aufl. 2014, S. 2988–3011.

Was die Zuständigkeitskonzentration betrifft, so haben einige Staaten noch weitergehende Regelungen vorgesehen. In Österreich und in der Schweiz etwa sind der Oberste Gerichtshof bzw. das Bundesgericht allein erst- und letztinstanzlich für die Aufhebung und Vollstreckbarerklärung von Schiedssprüchen zuständig. Damit wird den Möglichkeiten einer Verfahrensbeschleunigung und einer Spezialisierung der Richter in noch stärkerem Maße als in Deutschland Rechnung getragen.

11.3 Verfahren

11.3.1 Gegenstand

Gegenstand eines Aufhebungs- oder Vollstreckbarerklärungsverfahrens nach §§ 1059–1061 ZPO kann immer nur der Schiedsspruch sein, der seiner Natur nach eine endgültige Entscheidung des Rechtsstreits ist (vgl. oben Abschn. 8.3.1). Daraus folgt, dass bei einem mehrstufigen Schiedsverfahren, bei dem der Schiedsspruch noch von einem Oberschiedsgericht überprüft werden kann, erst dann ein gerichtliches Verfahren eingeleitet werden kann, wenn die Entscheidung des Oberschiedsgerichts vorliegt oder der erstinstanzliche Schiedsspruch wegen Versäumung der Frist zur Anrufung des Oberschiedsgerichts endgültig geworden ist.[12]

Ein Aufhebungsverfahren kann auch gegen Teilschiedssprüche eingeleitet werden, da durch diese Schiedssprüche der Streitgegenstand teilweise endgültig entschieden wird.[13] Anders verhält es sich aber bei Zwischenschiedssprüchen, da diese nur Vorfragen klären.[14] Beim Zwischenschiedsspruch über die Zuständigkeit ergibt sich die Unstatthaftigkeit des Aufhebungsverfahrens zudem daraus, dass hier mit § 1040 Abs. 3 S. 2 ZPO ein besonderes gerichtliches Überprüfungsverfahren zur Verfügung steht.

Wenn unklar ist, ob eine Entscheidung ein endgültiger Schiedsspruch ist oder nicht, so ist ein Aufhebungsverfahren in der Regel zumindest wegen des Meistbegünstigungsprinzips statthaft. Eine Fehlbeurteilung darf nämlich nicht zu Lasten der Rechtsschutz suchenden Partei gehen. Wurde also beispielsweise ein „Schlichtungsspruch" aufgrund vertraglicher Regelungen getroffen, bei denen unklar ist, ob es sich um Schiedsvereinbarungen handelt oder nicht, so kann ein Aufhebungsantrag gestellt werden.[15]

---

[12]Musielak/*Voit*, ZPO, 16. Aufl. 2019, § 1059 Rn. 3.
[13]Dazu oben Abschn. 8.4.2.2.
[14]Dazu oben Abschn. 8.4.2.1.
[15]So zumindest i.E. OLG Frankfurt v. 04.09.2003, 3 Sch 1/03, juris, Rn. 32: „Schlichtungs- bzw. Schiedsspruch".

11.3.2 Frist

Das Aufhebungsverfahren gemäß § 1059 Abs. 1 ZPO ist fristgebunden. Wenn eine Partei den Schiedsspruch angreifen möchte, muss sie innerhalb von drei Monaten nach der Übermittlung des Schiedsspruchs[16] den Aufhebungsantrag beim zuständigen Oberlandesgericht einreichen (§ 1059 Abs. 3 ZPO). Anderenfalls sind mögliche Gründe, die zur Aufhebung des Schiedsspruchs führen könnten, verfristet. Dies betrifft sowohl die Aufhebungsgründe, die nur auf Antrag einer Partei überprüft werden (§ 1059 Abs. 2 Nr. 1 ZPO), als auch die von Amts wegen zu überprüfenden Aufhebungsgründe (§ 1059 Abs. 2 Nr. 2 ZPO). Auf diese Weise erhalten die Parteien spätestens drei Monate nach Übermittlung des Schiedsspruchs Rechtssicherheit: Hat keine Partei einen Aufhebungsantrag gestellt, so kann der Schiedsspruch praktisch nicht mehr angefochten werden. Ein verfristeter Aufhebungsantrag wird vom OLG nicht mehr in der Sache geprüft, sondern als unzulässig verworfen.

Für den Antrag auf Vollstreckbarerklärung gemäß § 1060 Abs. 1 ZPO gilt dagegen keine Frist. Es steht vielmehr im Belieben der obsiegenden Partei, ob und wann sie die Zwangsvollstreckung aus dem Schiedsspruch in die Wege leiten möchte. Allerdings wäre es weitgehend sinnwidrig, wenn im Vollstreckbarerklärungsverfahren dann inzident noch Aufhebungsgründe geprüft werden könnten, obwohl die Dreimonatsfrist für einen Aufhebungsantrag bereits abgelaufen ist. § 1060 Abs. 2 S. 3 ZPO ordnet daher hinsichtlich der auf Antrag der Partei zu prüfenden Aufhebungsgründe des § 1059 Abs. 2 Nr. 1 ZPO an, dass eine etwaige Präklusion wegen Fristablaufs auch im Vollstreckbarerklärungsverfahren gilt. Anders verhält es sich aber hinsichtlich der von Amts wegen zu prüfenden Aufhebungsgründe des § 1059 Abs. 2 Nr. 2 ZPO. Diese sind im Vollstreckbarerklärungsverfahren auch später noch zu berücksichtigen. Denn einem Schiedsspruch darf keine Vollstreckbarkeit verliehen werden, wenn dadurch gegen diese grundlegenden Gerechtigkeitswerte verstoßen würde.

Nicht fristgebunden ist auch der Antrag auf Anerkennung und Vollstreckung eines ausländischen Schiedsspruchs gemäß § 1061 Abs. 1 ZPO. Hier kommt in der Regel keine Präklusion von Aufhebungsgründen zum Tragen, wenn ein Aufhebungsantrag im Ausland verfristet ist (dazu näher Abschn. 11.8.4).

11.3.3 Koordination verschiedener Verfahren

In manchen Fällen stellt sich die Notwendigkeit, das Aufhebungs- und das Vollstreckbarerklärungsverfahren zu koordinieren. Hier sind folgende Fälle zu unterscheiden:

---

[16]Dazu oben Abschn. 8.3.5.

11.3 Verfahren

Aufhebungsantrag vor Vollstreckbarerklärungsantrag
Ist zunächst ein Aufhebungsantrag gestellt worden und möchte sodann die Gegenseite den Schiedsspruch für vollstreckbar erklären lassen, kann sie im laufenden Gerichtsverfahren einen entsprechenden Gegenantrag auf Vollstreckbarerklärung stellen. Alternativ kann sie ein zweites Gerichtsverfahren einleiten und darin den Antrag auf Vollstreckbarerklärung stellen. In beiden Fällen erledigt sich der Aufhebungsantrag, da im Verfahren über die Vollstreckbarerklärung ohnehin inzident auch über die Aufhebung entschieden werden muss. Der Gegenstand des Vollstreckbarerklärungsverfahrens ist etwas weiter als der des Aufhebungsverfahrens und umfasst bei Erfolglosigkeit auch die Aufhebung (vgl. § 1060 Abs. 2 ZPO). Einem eigenen Aufhebungsantrag fehlt daher grundsätzlich das Rechtsschutzbedürfnis.

Ein Rechtsschutzbedürfnis für die Partei, die den Aufhebungsantrag gestellt hat, besteht allerdings insofern fort, als die andere Partei ihren Antrag auf Vollstreckbarerklärung zurücknehmen kann oder dieser Antrag vom Gericht als unzulässig zurückgewiesen werden kann. Geschieht dies nach Ablauf der Dreimonatsfrist des § 1059 Abs. 3 ZPO, wäre ein erneuter Aufhebungsantrag präkludiert. Aus diesem Grunde muss es dem Antragsteller des Aufhebungsantrags möglich sein, diesen einstweilen aufrecht zu erhalten, bis klar ist, dass der Antrag auf Vollstreckbarerklärung nicht mehr zurückgenommen[17] und vom Gericht auch nicht als unzulässig zurückgewiesen wird.

Die Aufrechterhaltung des Antrags auf Aufhebung geschieht in unterschiedlicher Weise, je nachdem, ob ein einziges Gerichtsverfahren stattfindet oder ob die andere Partei einen separaten Antrag auf Vollstreckbarerklärung gestellt hat. Sofern ein einziges Gerichtsverfahren stattfindet, in dem der Antragsgegner den Gegenantrag auf Vollstreckbarerklärung gestellt hat, kann der Antragsteller seinen Antrag auf Aufhebung hilfsweise für den Fall aufrecht erhalten, dass der Gegenantrag zurückgenommen oder als unzulässig zurückgewiesen wird.[18] Tritt diese Situation dagegen in zwei verschiedenen Gerichtsverfahren auf, so ist das zuerst eingeleitete Aufhebungsverfahren vom Gericht einstweilen auszusetzen (analog § 148 ZPO), bis feststeht, dass im später eingeleiteten Verfahren auf Vollstreckbarerklärung eine Sachentscheidung ergehen wird, im Rahmen derer dann auch die Aufhebungsgründe geprüft werden.

Vollstreckbarerklärungsantrag vor Aufhebungsantrag
Wenn umgekehrt zuerst ein Antrag auf Vollstreckbarerklärung gestellt wurde und sich der Antragsgegner dann dazu entschließt, die Aufhebung des Schiedsspruchs zu

---

[17]Die Zurücknahme eines Antrags ist grundsätzlich immer möglich, doch gilt für die Anträge auf Aufhebung und Vollstreckbarerklärung analog § 269 Abs. 1 ZPO, dass eine Rücknahme nicht mehr möglich ist, sobald der Antragsgegner in der mündlichen Verhandlung zur Sache vorgetragen hat, vgl. OLG Frankfurt v. 30.09.2010, 26 Sch 6/10, 26 Sch 22/10, juris, Rn. 26.

[18]Vgl. für den umgekehrten Fall *van de Sande/Folter*, Zum Hilfsantrag auf Aufhebung eines Schiedsspruchs im Vollstreckbarerklärungsverfahren, SchiedsVZ 2016, 72–76.

betreiben, so reicht es dafür eigentlich aus, wenn er die seiner Ansicht nach vorliegenden Aufhebungsgründe im Vollstreckbarerklärungsverfahren vorträgt. Das Gericht wird diese dann inzident überprüfen und die Vollstreckbarerklärung gegebenenfalls unter Aufhebung des Schiedsspruchs ablehnen (§ 1060 Abs. 2 S. 1 ZPO). Damit erreicht der Antragsgegner sein Rechtsschutzziel; ein gesonderter Aufhebungsantrag wäre in dieser Situation mangels Rechtsschutzbedürfnisses eigentlich unzulässig.[19]

Jedoch besteht so lange, wie der Antragsteller den Vollstreckbarerklärungsantrag noch zurücknehmen oder das Gericht ihn als unzulässig zurückweisen kann, dasselbe Risiko für den Antragsgegner: Wenn dies nach Ablauf der Dreimonatsfrist geschieht, kann er einen eigenen, neuen Aufhebungsantrag nicht mehr mit Erfolg stellen, da die Aufhebungsgründe dann präkludiert sind. Aus diesem Grunde muss dem Antragsgegner auch in dieser Verfahrenssituation die Möglichkeit offen stehen, einen Hilfsantrag auf Aufhebung für den Fall zu stellen, dass der Vollstreckbarerklärungsantrag zurückgenommen oder als unzulässig zurückgewiesen wird.[20]

Im Falle eines separaten Verfahrens auf Aufhebung des Schiedsspruchs wäre dieses entsprechend dem oben Gesagten einstweilen auszusetzen, bis feststeht, dass im Vollstreckbarerklärungsverfahren eine Sachentscheidung ergehen wird.

11.4 Nichtigkeit und Aufhebbarkeit

Bei Schiedssprüchen lassen sich Nichtigkeit und Aufhebbarkeit unterscheiden. Leidet ein Schiedsspruch an beachtlichen Fehlern, ist er nach der gesetzlichen Konzeption gleichwohl wirksam, aber gemäß § 1059 ZPO aufhebbar. Wird kein Aufhebungsantrag gestellt, bleibt der Schiedsspruch wirksam. Anders verhält es sich aber in den gesetzlich nicht geregelten Fällen der Nichtigkeit. Weist ein Schiedsspruch so krasse Fehler auf, dass er unter keinen Umständen mehr als eine rechtliche Entscheidung anzusehen ist, so ist er nichtig und hat automatisch keine Wirkungen, auch wenn er gerichtlich nicht gesondert angefochten wird.[21]

Fälle dieser Art sind sehr selten und bisher praktisch nicht entschieden worden. Vier Konstellationen werden diskutiert:

Schiedsverfahren ohne Grundlage
In der Literatur ist anerkannt, dass ein Schiedsspruch nichtig ist, wenn das Schiedsverfahren ohne jegliche Grundlage durchgeführt wurde. Dies ist der Fall, wenn überhaupt keine Schiedsvereinbarung ersichtlich ist – also nicht lediglich die Gül-

---

[19]Musielak/*Voit*, ZPO, 16. Aufl. 2019, § 1059 Rn. 33.

[20]Dazu *van de Sande/Folter*, Zum Hilfsantrag auf Aufhebung eines Schiedsspruchs im Vollstreckbarerklärungsverfahren, SchiedsVZ 2016, 72–76.

[21]Vgl. die entsprechende Diskussion zu Nichturteilen und nichtigen Urteilen im staatlichen Verfahren, MüKo-ZPO/*Braun*, 5. Aufl. 2016, § 578 Rn. 4 ff.

tigkeit oder Reichweite einer vorhandenen Schiedsvereinbarung umstritten ist – und der Beklagte sich in keiner Weise am Verfahren beteiligt hat.[22] In dieser Situation wurde der Beklagte quasi vollkommen ungewollt in ein Schiedsverfahren hineingezogen, sodass es ihm nicht zumutbar ist, einen Aufhebungsantrag zu stellen, sondern er auch untätig bleiben darf und sich dann auch später falls erforderlich auf die Nichtigkeit des Schiedsspruchs berufen können muss.

Offensichtliches Fehlen der objektiven Schiedsfähigkeit
Nichtigkeit wird nach überwiegender Ansicht auch dann angenommen, wenn es offensichtlich an der objektiven Schiedsfähigkeit fehlt, etwa wenn das Schiedsgericht eine Ehescheidung ausspricht.[23] Die Entscheidung im Schiedswege muss so abwegig sein, dass eine vernünftige Person nicht anzunehmen braucht, dagegen einen Aufhebungsantrag stellen zu müssen. Im Regelfall liegt bei Fehlen der objektiven Schiedsfähigkeit aber lediglich ein Aufhebungsgrund vor (vgl. § 1059 Abs. 2 Nr. 2 lit. a ZPO).

Entscheidung in eigener Sache
Ein Schiedsspruch soll nach einer Literaturansicht auch dann nichtig sein, wenn das Schiedsgericht in eigener Sache entschieden hat.[24] Der BGH geht hier jedoch lediglich von Aufhebbarkeit aus.[25] Haben die Parteien also beispielsweise keine Verfahrenskostenvorschüsse[26] eingezahlt und verurteilt das Schiedsgericht deswegen im Endschiedsspruch die unterlegene Partei dazu, das Honorar an das Schiedsgericht zu zahlen, ist ein Aufhebungsantrag erforderlich.

Missachtung einer staatlichen Gerichtsentscheidung über die Zuständigkeit
Schließlich wird in der Literatur auch angenommen, dass ein Schiedsspruch nichtig sei, wenn zuvor ein staatliches Gericht rechtskräftig die Unzuständigkeit des Schiedsgerichts festgestellt hat.[27] Das OLG Frankfurt hat sich dem für einen Fall angeschlossen, in dem ein Schiedsspruch ergangen ist, obwohl zuvor im Rahmen eines landgerichtlichen Verfahrens auf die Schiedseinrede des Beklagten hin die Unzuständigkeit des Schiedsgericht festgestellt wurde.[28] Richtigerweise dürfte der Schiedsspruch aber in diesen Fällen lediglich aufhebbar sein. Der BGH spricht sich

---

[22] Musielak/*Voit*, ZPO, 16. Aufl. 2019, § 1059 Rn. 5; *Schlosser*, Schiedsgerichtsbarkeit und Wiederaufnahme, in: Schilken u. a. (Hrsg.), Festschrift für Hans Friedhelm Gaul, 1997, S. 679 (684).
[23] Stein/Jonas/*Schlosser*, ZPO, 23. Aufl. 2014, § 1059 Rn. 7; Musielak/*Voit*, ZPO, 16. Aufl. 2019, § 1059 Rn. 5; a.A. MüKo-ZPO/*Münch*, 5. Aufl. 2017, § 1059 Rn. 86.
[24] *Schlosser*, Schiedsgerichtsbarkeit und Wiederaufnahme, in: Schilken u. a. (Hrsg.), Festschrift für Hans Friedhelm Gaul, 1997, S. 679 (684).
[25] BGH v. 28.03.2012, III ZB 63/10, SchiedsVZ 2012, 154, Rn. 6.
[26] Dazu oben Abschn. 5.6.3.
[27] Musielak/*Voit*, ZPO, 16. Aufl. 2019, § 1040 Rn. 12 und § 1059 Rn. 4; Stein/Jonas/*Schlosser*, ZPO, 23. Aufl. 2014, § 1059 Rn. 7.
[28] OLG Frankfurt v. 26.09.2013, 26 SchH 7/12, BeckRS 2014, 14826, Rn. 55; aufgehoben aus anderen Gründen durch BGH v. 18.06.2014, III ZB 89/13, SchiedsVZ 2014, 254.

immerhin für den Fall, dass die schiedsgerichtliche Entscheidung vor der Entscheidung des staatlichen Gerichts ergeht, für Aufhebbarkeit aus.[29] Welche Entscheidung als erste ergeht, hängt aber nur vom Zufall bzw. von der jeweiligen Arbeitsgeschwindigkeit der beiden Spruchkörper ab. Auch wenn das staatliche Gericht früher entscheidet, ist dies dem Schiedsgericht bei seiner Entscheidung nicht unbedingt bekannt, da der Beschluss nur den Parteien zugestellt wird. Es ist daher konsequenter, den Schiedsspruch in allen diesen Fällen nur für aufhebbar anzusehen.

Allgemein betrachtet kann Nichtigkeit jedenfalls nur in extremen Ausnahmefällen angenommen werden. Grundsätzlich sind Schiedssprüche selbst dann, wenn sie schwere Fehler aufweisen, lediglich aufhebbar, was schon aus der Erwähnung des ordre public in § 1059 Abs. 2 Nr. 2 lit. b ZPO folgt.

Zu beachten ist weiterhin, dass auch dann ein Nicht-Schiedsspruch vorliegt, wenn es an den zwingenden Erfordernissen des § 1054 ZPO fehlt, also etwa der Schiedsspruch nicht unterschrieben wurde (dazu Abschn. 8.3.4). Auch in diesem Fall ist der Schiedsspruch nicht bloß aufhebbar, sondern rechtlich inexistent.

Wenn ein Schiedsspruch nichtig ist, braucht die durch den Schiedsspruch belastete Partei an sich nichts zu unternehmen, sondern kann sich in jeder Verfahrenssituation auf die Nichtigkeit berufen, die dann inzident vom Gericht oder der sonst damit befassten Stelle festzustellen ist. Da jedoch schon das Vorliegen eines Schiedsspruchs an sich belastend sein kann und insbesondere Unklarheit darüber herrschen kann, ob Nichtigkeit oder lediglich Aufhebbarkeit vorliegt, ist anerkannt, dass der belasteten Partei ein gerichtliches Verfahren zur Verfügung stehen muss, mit dem die Nichtigkeit verbindlich festgestellt wird. Das Aufhebungsverfahren gemäß § 1059 ZPO ist dafür eigentlich unstatthaft, da eben kein Schiedsspruch vorliegt, sodass die belastete Partei eine normale Feststellungsklage nach § 256 ZPO erheben kann. Zuständig dafür ist nach den allgemeinen Vorschriften das Amts- oder Landgericht (§§ 23, 71 GVG, §§ 12 ff. ZPO). Stellt die belastete Partei stattdessen einen Aufhebungsantrag beim OLG, ist dieser nach dem Meistbegünstigungsprinzip allerdings ebenfalls zulässig.[30] Es kann der rechtsuchenden Partei nämlich nicht das Risiko auferlegt werden, zu beurteilen, ob Nichtigkeit oder lediglich Aufhebbarkeit vorliegt. Erhebt die beschwerte Partei etwa eine Feststellungsklage zum Landgericht und stellt das Landgericht dann fest, dass der Schiedsspruch nicht nichtig, sondern nur aufhebbar ist, weist es die Klage ab. Ein Aufhebungsantrag zum OLG wäre dann aber in der Regel wegen Versäumnis der Frist des § 1059 Abs. 3 ZPO präkludiert. Daher wird in der Praxis jede Partei von vornherein einen Aufhebungsantrag stellen, auch wenn der Schiedsspruch möglicherweise nichtig ist. Stellt das OLG dann im Aufhebungsverfahren die Nichtigkeit des Schiedsspruchs fest, kann es diese deklaratorisch feststellen.[31]

---

[29]BGH v. 09.08.2016, I ZB 1/15, NJW 2017, 488, Rn. 9, dazu oben Abschn. 10.4.
[30]Stein/Jonas/*Schlosser*, ZPO, 23. Aufl. 2014, § 1059 Rn. 8; vgl. auch Musielak/*Voit*, ZPO, 16. Aufl. 2019, § 1059 Rn. 5.
[31]So etwa in der bereits zitierten Entscheidung des OLG Frankfurt v. 26.09.2013, 26 SchH 7/12, BeckRS 2014, 14826.

11.5 Aufhebungsgründe

11.5.1 Allgemeines

Die Gründe, aus denen ein Schiedsspruch aufgehoben werden kann, sind in § 1059 Abs. 2 ZPO abschließend normiert. Dieser Katalog an Aufhebungsgründen wurde im Wesentlichen schon bei der Schaffung des UNÜ 1958 erarbeitet, wo es sich freilich um die Gründe handelt, aus denen die Vollstreckbarerklärung versagt werden kann (Art. V UNÜ). Wegen des engen Zusammenhangs zwischen Aufhebung und Vollstreckbarerklärung wurden dieselben Gründe in Art. 34 Abs. 2 des UNCITRAL Modellgesetzes von 1985 übernommen und sind auf diese Weise auch in die ZPO gelangt.

Die Aufhebungsgründe gliedern sich in zwei große Gruppen: Die unter Nr. 1 genannten Gründe müssen vom „Antragsteller begründet geltend" gemacht werden. Der Antragsteller muss sich also auf die hier genannten Gründe inhaltlich beziehen und die Tatsachen schlüssig vortragen, welche die Annahme eines solchen Grundes rechtfertigen. Anderenfalls befasst sich das Gericht nicht damit. Die unter Nr. 2 genannten Gründe werden dagegen vom „Gericht festgestellt", also auch von Amts wegen überprüft, ohne dass sich eine der Parteien darauf beruft. Erforderlich ist allerdings auch hier ein zumindest ansatzweiser Tatsachenvortrag einer Partei.[32]

Aus dem Unterschied zwischen den beiden Gruppen von Aufhebungsgründen folgt auch, dass auf die Geltendmachung der in Nr. 1 genannten Gründe verzichtet werden kann, auf die Geltendmachung der in Nr. 2 genannten Gründe dagegen nicht. Ihre Einhaltung dient dem öffentlichen Interesse, nicht lediglich den Interessen der Parteien.[33]

Da auf die in Nr. 2 genannten Gründe nicht verzichtet werden kann, ist auch keine materielle Präklusion durch Zeitablauf möglich. Wird also nach Übermittlung des Schiedsspruchs an die Parteien nicht innerhalb der Dreimonatsfrist ein Aufhebungsantrag gestellt, verfristen zwar die in Nr. 1 genannten Gründe und können auch in einem etwaigen Vollstreckbarerklärungsverfahren nicht mehr geltend gemacht werden. Insofern tritt Präklusion ein. Hinsichtlich der in Nr. 2 genannten Gründe ist dagegen nach Fristablauf lediglich das Aufhebungsrecht verfristet, nicht aber die materielle Erheblichkeit der Gründe. Diese Gründe sind daher auch später noch vom Gericht im Vollstreckbarerklärungsverfahren zu prüfen (§ 1060 Abs. 2 S. 3 ZPO). Anders verhält es sich freilich, wenn ein Gericht bereits über einen Aufhebungsantrag in der Sache negativ entschieden hat, da im Rahmen dessen dann sämtliche Aufhebungsgründe überprüft und rechtskräftig verneint wurden (§ 1060 Abs. 2 S. 2 ZPO).

---

[32] Zur Darlegungslast vgl. näher MüKo-ZPO/*Münch*, 5. Aufl. 2017, § 1059 Rn. 50 f.
[33] Vgl. etwa zum ordre public BGH v. 30.11.1995, III ZR 165/94, BeckRS 2015, 31368232; s.a. *Wagner*, Dispositionen über die Verbindlichkeit von Schiedssprüchen – Verzicht auf Rechtskraft und Aufhebungsgründe, in: Meller-Hannich u. a. (Hrsg.), Festschrift für Eberhard Schilken, 2015, S. 553 (567–571), auch zur umgekehrten Frage, ob die Aufhebungsgründe durch Parteivereinbarung erweitert werden können.

Insgesamt liegt dem System der in § 1059 Abs. 2 ZPO enthaltenen Aufhebungsgründe die Vorstellung zugrunde, dass ein Schiedsspruch grundsätzlich rechtsbeständig sein und bleiben muss, sobald er gesprochen worden ist. Wenn die Parteien sich auf ein einstufiges Schiedsverfahren einigen, würde es dem Sinn dieser Vereinbarung widersprechen, wenn sie sich nach Abschluss des Schiedsverfahrens nicht auf die Entscheidung des Schiedsgerichts verlassen könnten, sondern noch jahrelang in einem mehrinstanzlichen Verfahren vor staatlichen Gerichten über den Schiedsspruch streiten und dabei die ganze Sache inhaltlich neu verhandeln müssten. Die Aufhebung eines Schiedsspruchs kommt daher immer nur im Ausnahmefall bei Vorliegen bestimmter, einzeln benannter, wesentlicher Fehler in Betracht. Diese Idee der Rechtsbeständigkeit des Schiedsspruchs bringt man in dem Begriff zum Ausdruck, dem staatlichen Gericht sei eine *révision au fond* verwehrt.[34] Das OLG darf im Aufhebungsverfahren nicht die inhaltliche Richtigkeit des Schiedsspruchs an sich überprüfen, sondern nur die Einhaltung weniger, konkret bestimmter und rechtsstaatlich gebotener Grundsätze.

11.5.2 Fehlen der subjektiven Schiedsfähigkeit

Der erste im Gesetz genannte Aufhebungsgrund ist das Fehlen der subjektiven Schiedsfähigkeit (§ 1059 Abs. 2 Nr. 1 lit. a Alt. 1 ZPO: „wenn ... eine der Parteien, die eine Schiedsvereinbarung nach den §§ 1029, 1031 geschlossen haben, nach dem Recht, das für sie persönlich maßgebend ist, hierzu nicht fähig war"). Es kommt also darauf an, ob die Parteien der Schiedsvereinbarung nach dem auf sie jeweils anwendbaren Heimatrecht als fähig angesehen werden, eine Schiedsvereinbarung abzuschließen, wofür nach deutschem Recht die Rechts-, Geschäfts- und Parteifähigkeit erforderlich ist (dazu oben Abschn. 3.7).

Hat beispielsweise ein Minderjähriger ohne Zustimmung seines gesetzlichen Vertreters eine Schiedsvereinbarung abgeschlossen und ist ein Schiedsspruch ergangen, wäre dieser aufhebbar.

11.5.3 Ungültigkeit der Schiedsvereinbarung

Des Weiteren ist ein Schiedsspruch aufhebbar, wenn die Schiedsvereinbarung ungültig ist (§ 1059 Abs. 2 Nr. 1 lit. a Alt. 2 ZPO: „wenn ... die Schiedsvereinbarung nach dem Recht, dem die Parteien sie unterstellt haben oder, falls die Parteien hierüber nichts bestimmt haben, nach deutschem Recht ungültig ist"). Diese Vorschrift enthält zunächst eine eigene Kollisionsnorm über das auf die Schiedsvereinbarung anwendbare Recht (Schiedsvereinbarungsstatut, dazu Abschn. 3.4.2). Es kommt insofern auf die Rechtswahl der Parteien an, anderenfalls gilt deutsches

---

[34]Dazu etwa *Sandrock*, „Gewöhnliche" Fehler in Schiedssprüchen: Wann können sie zur Aufhebung des Schiedsspruchs führen? BB 2001, 2173 (2177–2180).

Recht als das Recht des Schiedsorts (das Aufhebungsverfahren ist nur bei deutschen Schiedssprüchen statthaft).

Das OLG muss also im Aufhebungsverfahren prüfen, ob die Schiedsvereinbarung nach dem von den Parteien gewählten, sonst nach deutschem Recht, den allgemeinen Vertragsschlussregeln gemäß abgeschlossen wurde und keine allgemeinen vertragsrechtlichen Unwirksamkeitsgründe gegeben sind (dazu näher oben Abschn. 3.4.3).

In jedem Fall muss das OLG allerdings auch prüfen, ob überhaupt eine Schiedsvereinbarung im Sinne des § 1029 ZPO vorliegt (dazu Abschn. 3.1) und ob die Formerfordernisse des § 1031 ZPO eingehalten sind (dazu Abschn. 3.5). Dies ergibt sich aus dem Wortlaut des § 1059 Abs. 2 Nr. 1 lit. a ZPO, der auf § 1029 und § 1031 ZPO Bezug nimmt. Diese Vorschriften gelten bei jedem deutschen Schiedsverfahren (vgl. § 1025 Abs. 1 ZPO); die Rechtswahlfreiheit der Parteien ist insofern eingeschränkt. Die Parteien können also zwar ein ausländisches Schiedsvereinbarungsstatut wählen, doch gilt dieses dann nur für die übrigen vertragsrechtlichen Fragen, nicht aber für die Grundanforderungen an die Schiedsvereinbarung gemäß § 1029 ZPO und ihre Form gemäß § 1031 ZPO.[35]

Eine Aufhebung gemäß § 1059 Abs. 1 Nr. 1 lit. a Alt. 2 ZPO kann beispielsweise dann in Betracht kommen, wenn die Schiedsvereinbarung in sich widersprüchlich und unklar ist. Dazu folgendes

> **Beispiel**
>
> Eine Zahnarztpraxis wurde für 214.000 Euro übernommen. Im Praxisübernahmevertrag wurde geregelt, dass bei Streitigkeiten zunächst ein „kollegiales Schlichtungsverfahren" durch einen anderen Zahnarzt durchgeführt werden solle, anschließend eine „schiedsgutachterliche Auseinandersetzung". Außerdem wurde auf einen Schiedsvertrag Bezug genommen, der jedoch nicht abgeschlossen wurde, sowie auf die Schlichtungsordnung der Zahnärztekammer, die vorsah, dass die Schlichter als Schiedsrichter agieren können.
>
> Das OLG Frankfurt konnte dieser vertraglichen Regelung keinen klaren Willen der Parteien entnehmen, welche Art von Streitbeilegungsverfahren gewollt war. Es sah die Vereinbarung daher wegen innerer Widersprüchlichkeit als unwirksam an und hob den „Schlichtungsspruch" auf.[36]

Im Einzelfall kann es einer Partei nach dem allgemeinen Grundsatz von Treu und Glauben, der auch im Schiedsverfahrensrecht gilt, verwehrt sein, sich auf die Ungültigkeit der Schiedsvereinbarung zu berufen. Der Aufhebungsantrag ist dann abzulehnen, obwohl an sich eine ungültige Schiedsvereinbarung vorliegt. Ein solcher Verstoß gegen Treu und Glauben liegt etwa dann vor, wenn sich eine Partei zunächst nachdrücklich und uneingeschränkt auf einen angeblich geschlossenen

---

[35] MüKo-ZPO/*Münch*, 5. Aufl. 2017, § 1031 Rn. 20 f., § 1059 Rn. 14 f.; Musielak/*Voit*, ZPO, 16. Aufl. 2019, § 1031 Rn. 17, § 1059 Rn. 7.
[36] OLG Frankfurt v. 04.09.2003, 3 Sch 1/03, juris, Rn. 34–39.

Schiedsvertrag beruft und dann später, wenn das Schiedsverfahren nicht das gewünschte Ergebnis erzielt, die Unwirksamkeit des Schiedsvertrags geltend macht.[37]

11.5.4 Keine Kenntnis vom Verfahren

Ein Schiedsspruch kann des Weiteren dann aufgehoben werden, wenn eine Partei nicht ordnungsgemäß von der Bestellung eines Schiedsrichters oder vom Schiedsverfahren insgesamt in Kenntnis gesetzt worden ist (§ 1059 Abs. 2 Nr. 1 lit. b Alt. 1 ZPO). Dieser Aufhebungsgrund ist unmittelbar einleuchtend, denn ohne Kenntnis vom Verfahren kann sich der Beklagte, um den es hier meist geht, nicht gegen die Schiedsklage verteidigen. Es handelt sich damit um eine lex specialis zu § 1059 Abs. 2 Nr. 1 lit. b Alt. 2 ZPO, wonach die unzulässige Beschränkung von Angriffs- oder Verteidigungsmitteln allgemein Grund zur Aufhebung gibt (dazu sogleich Abschn. 11.5.5), aber auch zu § 1059 Abs. 2 Nr. 1 lit. d ZPO, wonach Verfahrensmängel allgemein zur Aufhebung führen können (dazu unten Abschn. 11.5.8).

Eine Aufhebung wegen mangelnder Kenntnis des Beklagten vom Verfahren kommt praktisch nur selten vor. Es handelt sich insofern meist um Schiedssprüche, die in Versäumnissituationen ergangen sind (dazu oben Abschn. 6.9). Wenn der Beklagte säumig ist und sich gar nicht am Verfahren beteiligt, achten der Kläger bzw. die Schiedsgerichtsinstitution daher genau darauf, eine Zustellung der Schiedsklage sicherzustellen, notfalls durch mehrfache Versuche, damit der Beklagte über das Verfahren informiert ist und das Schiedsgericht das Verfahren dann auch ohne seine Mitwirkung durchführen kann. In Betracht kommt eine Aufhebung wegen mangelnder Kenntnis aber auch dann, wenn die Schiedsklage an die falsche Person zugestellt worden ist. So hat das OLG Frankfurt einen Schiedsspruch aufgehoben, weil die Schiedsklage an einen Rechtsanwalt zugestellt worden war, der für dieses Verfahren nicht mehr bevollmächtigt war.[38]

11.5.5 Unzulässige Beschränkung der Angriffs- oder Verteidigungsmittel

Wenn eine Schiedspartei ihre Angriffs- oder Verteidigungsmittel nicht geltend machen konnte, begründet dies ebenfalls die Aufhebung des Schiedsspruchs (§ 1059 Abs. 2 Nr. 1 lit. b Alt. 2 ZPO). Unter den Angriffs- und Verteidigungsmitteln ist dabei jede Art von Parteivortrag zu Sach- und Rechtsfragen zu verstehen.[39]

---

[37] Vgl. BGH v. 02.04.1987, III ZR 76/86, NJW-RR 1987, 1194 (zu vorprozessualem Verhalten); BGH v. 30.04.2009, III ZB 91/07, SchiedsVZ 2009, 287 (zum Verhalten vor Gericht).
[38] OLG Frankfurt v. 22.10.2009, 26 Sch 5/09, mitgeteilt von *Kröll*, SchiedsVZ 2010, 213 (215).
[39] Vgl. näher Musielak/*Voit*, ZPO, 16. Aufl. 2019, § 1059 Rn. 13; *Sandrock*, „Gewöhnliche" Fehler in Schiedssprüchen: Wann können sie zur Aufhebung des Schiedspruchs führen? BB 2001, 2173–2177.

11.5 Aufhebungsgründe

Es handelt sich hier also um einen besonderen Schutz des Grundsatzes des rechtlichen Gehörs, der im Schiedsverfahren – genau wie im staatlichen Verfahren – umfassend gewährleistet sein muss (§ 1042 Abs. 1 S. 2 ZPO, vgl. oben Abschn. 6.1.2). Bei Gehörsverletzungen kommen neben § 1059 Abs. 2 Nr. 1 lit. b Alt. 2 ZPO auch die Aufhebungsgründe nach § 1059 Abs. 2 Nr. 1 lit. d i.V.m. § 1042 Abs. 1 S. 2 ZPO und § 1059 Abs. 2 Nr. 2 lit. b ZPO in Betracht.

Die Aufhebung von Schiedssprüchen wegen unzulässiger Beschränkung von Angriffs- und Verteidigungsmitteln ist nicht selten. Wann eine solche unzulässige Beschränkung anzunehmen ist und wann nicht, soll anhand dreier Beispielsfälle erläutert werden:

Beispiel 1: Rechtliches Gehör muss durch das gesamte Schiedsgericht gewährt werden

Die Parteien führten ein Schiedsverfahren nach den Regeln der „Hamburger Freundschaftlichen Arbitrage" (dazu Abschn. 1.7.3) wegen der Lieferung von Tropenholz. Beide Parteien hatten Schiedsrichter benannt, die den Parteien schriftlich Gehör gewährten. Anschließend erst wurde von der Handelskammer Hamburg ein dritter Schiedsrichter als Obmann ernannt. Das Schiedsgericht entschied in dieser Besetzung, ohne den Parteien erneut rechtliches Gehör zu gewähren und ohne eine mündliche Verhandlung durchzuführen. Das OLG Hamburg hob den Schiedsspruch zu Recht auf, da die Parteien nicht die Möglichkeit hatten, auch dem Vorsitzenden Schiedsrichter in schriftlicher und mündlicher Form ihre Angriffs- und Verteidigungsmittel vorzutragen.[40]

Beispiel 2: Streitiger Vortrag darf nicht als unstreitig behandelt werden

Die Parteien stritten in einem deutschen ICC-Schiedsverfahren über die Verlegung von Wasserrohren in Trinidad und Tobago. Dabei behauptete die Beklagte, die Rohre seien nicht ordnungsgemäß verlegt worden, was die Klägerinnen bestritten. Das Schiedsgericht nahm jedoch an, der Vortrag der Beklagten sei unstreitig und wies die Klage deswegen ab. Dadurch beschränkte das Schiedsgericht unzulässig das Verteidigungsmittel der Klägerinnen, das Vorbringen der Gegenseite bestreiten und unter Beweis stellen zu können.[41]

Beispiel 3: Sachverständigengutachten sollte immer zur Stellungnahme übersandt werden

Ein koreanisches Schiedsgericht hatte die Schiedsklägerin auf die Widerklage der Schiedsbeklagten zur Zahlung von Schadensersatz wegen der Verletzung eines Nachbauverbots bezüglich einer Anlage zur Herstellung von Schaumstoff verurteilt. Es hatte seine Entscheidung unter anderem auf ein Sachverständigengutachten gestützt, das erst nach der mündlichen Verhandlung eingeholt und den Parteien

---

[40]OLG Hamburg v. 08.11.2001, 6 Sch 4/01, juris, Rn. 25 f.
[41]BGH v. 26.09.1985, III ZR 16/84, BGHZ 96, 40, zitiert nach juris, Rn. 40.

nicht zur Stellungnahme übersandt worden war. Das OLG Köln, das über die Vollstreckbarkeit in Deutschland zu entscheiden hatte, sah darin gleichwohl keine Verletzung des rechtlichen Gehörs, da es sich nicht um ein Sachverständigengutachten im technischen Sinne, sondern um eine „Expertenmeinung" gehandelt habe.[42] Diese Entscheidung ist m. E. schon deswegen zweifelhaft, da eine derartige Unterscheidung in internationalen Schiedsverfahren kaum trennscharf erfolgen kann (vgl. oben Abschn. 7.5). Jedenfalls hatten die Parteien hier ein berechtigtes Interesse, als Angriffs- bzw. Verteidigungsmittel zu den Ausführungen des Experten Stellung zu nehmen.

11.5.6 Überschreitung der schiedsrichterlichen Entscheidungsbefugnisse

Ein Schiedsspruch kann außerdem aufgehoben werden, soweit das Schiedsgericht seine Befugnisse überschritten hat. Dies kommt im Aufhebungsgrund des § 1059 Abs. 2 Nr. 1 lit. c ZPO zum Ausdruck, der verschiedene Fälle umfasst, in denen zwar eine wirksame Schiedsvereinbarung besteht, der konkrete Schiedsspruch aber nicht davon gedeckt ist. Das Schiedsgericht kann nur über die Streitigkeiten entscheiden, welche die Parteien seiner Kompetenz anvertrauen, sodass ein „ultra vires" entstandener Schiedsspruch aufhebbar ist.

> **Beispiel**
>
> In der Satzung eines Hundezuchtvereins war vorgesehen, dass über die Enthebung von vereinsinternen Ämtern ein Vereinsschiedsgericht entscheiden sollte. Als jemand von seinem „Amt als Schutzdiensthelfer" entbunden wurde, entschied das Vereinsschiedsgericht zu seinen Gunsten. Der dagegen gerichtete Aufhebungsantrag vor dem OLG Köln war erfolgreich, da der Schutzdiensthelfer nach der Vereinssatzung gar kein vereinsinternes Amt war (wie z. B. das Amt des Schatzmeisters). Das Schiedsgericht hatte daher seine Befugnisse überschritten, indem es darüber entschied.[43]

Wenn eine Aufhebung nach § 1059 Abs. 2 Nr. 1 lit. c ZPO begehrt wird, ist immer zu bedenken, dass die Parteien den Umfang der Entscheidungsbefugnisse des Schiedsgerichts auch während des Verfahrens noch erweitern können. Hat also etwa der Kläger einen Streitgegenstand ins Verfahren eingebracht, der von der Schiedsvereinbarung nicht umfasst ist, der Beklagte dies aber nicht sofort gerügt, so wird das Schiedsgericht gemäß § 1040 Abs. 2 S. 3 ZPO zuständig und der Schiedsspruch kann nicht aufgehoben werden. Dies gilt umso mehr, wenn die Parteien ausdrücklich die Schiedsvereinbarung ändern.

---

[42] OLG Köln v. 06.07.2012, 19 Sch 8/11, BeckRS 2012, 21333.
[43] OLG Köln v. 16.11.2012, 19 Sch 24/12, juris.

11.5.7 Mängel in der Bildung des Schiedsgerichts

Wenn das Schiedsgericht fehlerhaft konstituiert worden ist, hat nicht der richtige Spruchkörper entschieden, der eigentlich zur Entscheidung berufen gewesen wäre. Daher ist gemäß § 1059 Abs. 2 Nr. 1 lit. d Alt. 1 ZPO eine Aufhebung des Schiedsspruchs möglich. Ob das Schiedsgericht fehlerhaft gebildet worden ist, richtet sich nach den Vereinbarungen der Parteien und nach den §§ 1034–1039 ZPO, sodass die Norm auf beides Bezug nimmt.

Bei der Beurteilung, ob das Schiedsgericht fehlerhaft gebildet worden ist, muss allerdings nicht nur die ursprüngliche Konstituierung des Schiedsgerichts zu Beginn des Schiedsverfahrens betrachtet werden, sondern auch die konkrete Besetzung, in der das Schiedsgericht schließlich entschieden hat. Wurden beispielsweise entsprechend den Regelungen der Verfahrensordnung zwar drei Schiedsrichter bestellt, von denen jedoch nur zwei an der Entscheidung mitwirkten, ohne dass das Fehlen des dritten Schiedsrichters unerheblich war, so ist der Schiedsspruch gemäß § 1059 Abs. 2 Nr. 1 lit. d Alt. 1 ZPO aufhebbar.[44] Umgekehrt ist ein Schiedsspruch auch dann aufhebbar, wenn ein Schiedsrichter an der Entscheidung mitgewirkt hat, der nicht hätte mitwirken dürfen, etwa weil er erfolgreich abgelehnt worden ist.[45] Durfte der Schiedsrichter allerdings nur im Verhältnis zu einem Dritten nicht mitwirken, schadet dies im Verhältnis zu den Parteien des Schiedsverfahrens nicht. Dementsprechend kann eine fehlende Nebentätigkeitsgenehmigung eines Beamten oder Richters, der als Schiedsrichter mitgewirkt hat, nicht die Aufhebung des Schiedsspruchs rechtfertigen.[46]

Auch bei den Konstituierungsmängeln des Schiedsgerichts sind die entsprechenden Rüge- und Präklusionsvorschriften von Bedeutung. So müssen Ablehnungsgründe gegen Schiedsrichter grundsätzlich innerhalb von zwei Wochen nach Kenntnis geltend gemacht werden, anderenfalls sind sie für den weiteren Verfahrensverlauf und damit auch für das Aufhebungsverfahren präkludiert (§ 1037 Abs. 2 ZPO, dazu oben Abschn. 5.4.2).[47] Gleiches gilt bei einem Ungleichgewicht i.S.d. § 1034 Abs. 2 ZPO oder bei sonstigen Verfahrensverstößen i.S.d. § 1027 ZPO.[48] Auf diese Weise wird sichergestellt, dass eine Schiedspartei nicht einen ihr bekannten Konstituierungsmangel des Schiedsgerichts stillschweigend für sich behält, das Verfahren weiter betreibt und dann in dem Fall, dass das Verfahren zu ihren Ungunsten ausgeht, die Aufhebung des Schiedsspruchs begehrt.

Schließlich ist bei Konstituierungsmängeln auch die Kausalität besonders zu prüfen. Wie sich aus § 1059 Abs. 2 Nr. 1 lit. d a.E. ZPO ergibt, ist der Schiedsspruch nur aufhebbar, wenn „anzunehmen ist, dass sich dies auf den Schiedsspruch ausgewirkt hat". Diese Voraussetzung wird häufig gegeben sein, denn wenn ein Schieds-

---

[44] BGH v. 21.05.2008, III ZB 14/07, NJW 2008, 2718 (zur Versagung der Vollstreckbarerklärung).
[45] BGH v. 11.12.2014, I ZB 23/14, NJW-RR 2015, 1087.
[46] BGH v. 10.03.2016, I ZB 99/14, NJW-RR 2016, 892.
[47] OLG München v. 20.12.2006, 34 Sch 16/06, juris, Rn. 38 f.
[48] Dazu Musielak/*Voit*, ZPO, 16. Aufl. 2019, § 1059 Rn. 16.

richter mitgewirkt hat, der nicht hätte mitwirken dürfen, besteht immer die Möglichkeit, dass sich dies auf das Verfahrensergebnis ausgewirkt hat. Selbst wenn der Schiedsrichter mit den Stimmen der anderen beiden Schiedsrichter überstimmt worden ist, besteht nämlich die Möglichkeit, dass die Beratung ohne seine Mitwirkung anders verlaufen wäre. An der Kausalität fehlt es aber etwa dann, wenn die Entscheidung des Schiedsgerichts bereits getroffen worden war und erst anschließend Ablehnungsgründe in Bezug auf den Schiedsrichter entstanden sind.[49]

11.5.8 Verstoß gegen Verfahrensvorschriften

Verstöße gegen Verfahrensvorschriften können immer die Aufhebung des Schiedsspruchs nach sich ziehen (§ 1059 Abs. 2 Nr. 1 lit. d Alt. 2 ZPO: „wenn ... das schiedsrichterliche Verfahren einer Bestimmung dieses Buches oder einer zulässigen Vereinbarung der Parteien nicht entsprochen hat und anzunehmen ist, dass sich dies auf den Schiedsspruch ausgewirkt hat"). Unter die anwendbaren Verfahrensvorschriften fallen dabei gleichermaßen die von den Parteien privatautonom vereinbarten Verfahrensregeln wie auch die gesetzlichen Vorschriften über das schiedsrichterliche Verfahren im 10. Buch der ZPO.

Keine Verfahrensvorschriften in diesem Sinne sind aber die vom Schiedsgericht in seinen prozessleitenden Anordnungen (*procedural orders*) einseitig festgelegten Verfahrensregeln.[50] Auch aus diesem Grunde ist die Abgrenzung zwischen Parteivereinbarungen und prozessleitenden Verfügungen von großer Bedeutung (dazu bereits oben Abschn. 6.1.3).

Der Aufhebungsgrund wegen Verstoßes gegen Verfahrensvorschriften ist ein relativ weiter Tatbestand. Er umfasst auch Verstöße gegen den Grundsatz des rechtlichen Gehörs (§ 1042 Abs. 1 S. 2 ZPO), die schon unter § 1059 Abs. 2 Nr. 1 lit. b ZPO fallen. Dem Wortlaut nach ist aber auch jede andere Abweichung von den Vorschriften der §§ 1025 ff. ZPO geeignet, die Aufhebung des Schiedsspruchs zu rechtfertigen. Damit würde das Schiedsverfahren zu einer unsicheren Angelegenheit und die Rechtssicherheit massiv beeinträchtigt, zumal Schiedsverfahren gerade auch von Nichtjuristen geführt werden können, die vielleicht nicht mit sämtlichen Fallstricken der gesetzlichen Vorschriften vertraut sind.[51] Man bemüht sich daher in Rechtsprechung und Lehre um eine gewisse Einschränkung dieses Aufhebungsgrunds, was hauptsächlich über eine strenge Prüfung der Kausalität erfolgt. Das Erfordernis der „Auswirkung" auf den Schiedsspruch ist hier sehr ernst zu nehmen, sodass nur Verfahrensverstöße, die sich klar auf das Ergebnis ausgewirkt haben können, die Aufhebung rechtfertigen. Formale Verstöße gegen Verfahrensvorschriften, die für das Ergebnis nicht weiter von Bedeutung sind, reichen nicht aus. Könnte der Schiedsspruch nämlich aus solchen Gründen aufgehoben werden,

---

[49]OLG München v. 20.12.2006, 34 Sch 16/06, juris, Rn. 42.
[50]MüKo-ZPO/*Münch*, 5. Aufl. 2017, § 1059 Rn. 32.
[51]Musielak/*Voit*, ZPO, 16. Aufl. 2019, § 1059 Rn. 17.

würden die Parteien in einem neuen Schiedsverfahren dasselbe Ergebnis wie zuvor erhalten.[52] Dazu folgendes

> **Beispiel**
>
> Nach der Schiedsvereinbarung war vorgesehen, dass das Schiedsgericht sich in jedem Verfahrensstadium um eine gütliche Einigung zu bemühen hatte. Die unterlegene Partei brachte nun im Aufhebungsverfahren vor, das Schiedsgericht habe nur in der ersten, nicht aber in der zweiten mündlichen Verhandlung den Versuch unternommen, die Parteien zu einem Vergleichsschluss zu motivieren. Das OLG Frankfurt verneinte hier schon einen Verstoß gegen die Parteivereinbarung, denn nach ihrem Sinn und Zweck musste das Schiedsgericht natürlich nicht in wörtlich „jedem" Verfahrensstadium erneut eine gütliche Einigung anregen, wenn eine solche schon in einem vorhergehenden Stadium offensichtlich gescheitert war. Vor allem aber stellte das Gericht zu Recht fest, dass selbst bei einem Verstoß gegen die Verpflichtung zur Durchführung von Einigungsversuchen keine Aufhebung nach § 1059 Abs. 2 Nr. 1 lit. d ZPO begründet wäre, da sich ein solcher Verstoß auf den Inhalt des Schiedsspruchs jedenfalls nicht auswirken konnte.[53]

Wenn im Rahmen des § 1059 Abs. 2 Nr. 1 lit. d ZPO Verstöße gegen Verfahrensvorschriften geprüft werden, ist zusätzlich immer zu bedenken, dass jede Schiedspartei verpflichtet ist, Verfahrensverstöße sofort beim Schiedsgericht zu rügen, sobald sie ihr bekannt werden. Anderenfalls tritt Präklusion ein, sodass der Verfahrensverstoß später nicht mehr gerügt werden kann (§ 1027 ZPO). Das Schiedsgericht muss nämlich die Möglichkeit erhalten, die beanstandete Handlung zu wiederholen oder das Verfahren sonst zu heilen. Verstößt eine Partei gegen diese Rügeobliegenheit, kann sie sich auch im Aufhebungsverfahren nicht mehr auf den entsprechenden Verfahrensverstoß berufen.[54]

Von den beachtlichen Verstößen gegen Verfahrensvorschriften sind die unbeachtlichen Verstöße gegen sonstige Rechtsvorschriften, vor allem solche des materiellen Rechts, zu unterscheiden. Diese können die Aufhebung grundsätzlich nicht begründen (Verbot der *révision au fond*, vgl. oben Abschn. 11.5.1). Bei Fehlern hinsichtlich des Verfahrens ist dagegen potenziell jede Rechtsverletzung erheblich. Die Abgrenzung ist bisweilen schwierig:[55] Hat das Schiedsgericht beispielsweise eine Norm des materiellen Rechts falsch auf den Sachverhalt angewendet, führt dies grundsätzlich nicht zur Aufhebung des Schiedsspruchs. Hat das Schiedsgericht dagegen das materielle Recht überhaupt nicht angewendet, sondern nach Billigkeit

---

[52]BT-Drs. 13/5274, S. 59.
[53]OLG Frankfurt v. 11.04.2014, 26 Sch 13/13, SchiedsVZ 2014, 154 (160).
[54]BT-Drs. 13/5274, S. 59; *Lachmann*, Handbuch für die Schiedsgerichtspraxis, 3. Aufl. 2008, Rn. 1423–1437.
[55]Vgl. *Schwab/Walter*, Schiedsgerichtsbarkeit, 7. Aufl. 2005, Kap. 24 Rn. 22.

entschieden, so ist der Schiedsspruch aufhebbar, wenn die Parteien das Schiedsgericht nicht ausdrücklich zu einer Billigkeitsentscheidung ermächtigt haben. Dann liegt nämlich ein Verfahrensverstoß gemäß § 1051 Abs. 3 ZPO vor.

11.5.9 Fehlen der objektiven Schiedsfähigkeit

Entscheidet das Schiedsgericht über einen Streitgegenstand, der nur durch staatliche Gerichte entschieden werden darf, ist der Schiedsspruch gemäß § 1059 Abs. 2 Nr. 2 lit. a ZPO aufhebbar. Dieser Aufhebungsgrund ist eine logische Folge der Entscheidung des Gesetzgebers, bestimmte Arten von Streitigkeiten der Schiedsgerichtsbarkeit zu entziehen (§ 1030 ZPO). Daher wird die Einhaltung von Amts wegen geprüft und muss nicht durch eine der Parteien im Aufhebungsverfahren vorgetragen werden. Immer wenn es an der objektiven Schiedsfähigkeit nach deutschem Recht fehlt (dazu oben Abschn. 3.6), ist der Schiedsspruch also aufhebbar.

Das deutsche Recht der objektiven Schiedsfähigkeit ist auch in Schiedsverfahren maßgeblich, in denen ausländisches Sachrecht gilt (§ 1051 ZPO, dazu oben Abschn. 8.1). Die Beachtlichkeit der objektiven Schiedsfähigkeit stellt nämlich eine verfahrensrechtliche Grenze für alle deutschen (= Schiedsort, § 1025 Abs. 1 ZPO) Schiedsverfahren dar. Gleiches gilt dann, wenn die Parteien ein ausländisches Schiedsvereinbarungsstatut gewählt haben (dazu oben Abschn. 3.4.2): Auch dadurch können sie sich nicht den Beschränkungen der objektiven Schiedsfähigkeit entziehen. § 1059 Abs. 2 Nr. 2 lit. a ZPO enthält insofern eine Kollisionsnorm, die § 1059 Abs. 2 Nr. 1 lit. a ZPO vorgeht.[56]

11.5.10 Verstoß gegen den ordre public

Der wichtigste Aufhebungsgrund für Schiedssprüche ist der Verstoß gegen den ordre public (§ 1059 Abs. 2 Nr. 2 lit. b ZPO). Zahlreiche Entscheidungen beschäftigen sich damit, wie diese Bestimmung, die eine Art Generalklausel darstellt, im Einzelfall auszulegen und zu konkretisieren ist. Ein tatsächlicher Verstoß gegen den ordre public wird dabei allerdings nicht allzu häufig festgestellt. Unter dem ordre public (Engl. *public policy*) versteht man die Gesamtheit der in einer Rechtsordnung unverzichtbaren Rechtsgrundsätze. Im Rahmen der Aufhebung deutscher Schiedssprüche kommt es insofern nur auf die Grundsätze der deutschen Rechtsordnung an, auch wenn Schiedsverfahren meist Auslandsbezug aufweisen.

Bei der Anwendung des § 1059 Abs. 2 Nr. 2 lit. b ZPO ist zunächst zu beachten, dass es nicht auf die Verletzung irgendeiner Rechtsvorschrift, sondern nur auf die Verletzung eines grundlegenden Rechtsgrundsatzes ankommt. Mit den Worten des BGH ist der deutsche ordre public erst dann verletzt,

---

[56]BT-Drs. 13/5274, S. 59.

"wenn der Schiedsspruch eine Norm verletzt, die die Grundlagen des staatlichen oder wirtschaftlichen Lebens regelt, oder zu deutschen Gerechtigkeitsvorstellungen in einem untragbaren Widerspruch steht. Der Schiedsspruch muss mithin die elementaren Grundlagen der Rechtsordnung verletzen. Danach stellt nicht jeder Widerspruch der Entscheidung eines Schiedsgerichts zu zwingenden Vorschriften des deutschen Rechts einen Verstoß gegen den ordre public dar. Vielmehr muss es sich um eine nicht abdingbare Norm handeln, die Ausdruck einer für die Rechtsordnung grundlegenden Wertentscheidung des Gesetzgebers ist".[57]

Zum anderen ist bei § 1059 Abs. 2 Nr. 2 lit. b ZPO immer zu beachten, dass es nicht auf den Inhalt des Schiedsspruchs an sich ankommt, sondern – wie der Wortlaut klarstellt – nur auf das Ergebnis der Anerkennung oder Vollstreckung des Schiedsspruchs. Selbst wenn ein Schiedsspruch also inhaltlich grob rechtswidrige Feststellungen enthält, muss dies nicht unbedingt auch seine Anerkennung oder Vollstreckung betreffen.[58] Nur wenn die Durchsetzung des Schiedsspruchs zu einem rechtlich nicht mehr hinnehmbaren Ergebnis führen würde, kann der Schiedsspruch aufgehoben werden.

Im Rahmen der ordre public-Prüfung wird zwischen Verstößen gegen verfahrensrechtliche und gegen materiellrechtliche Grundprinzipien unterschieden:

11.5.10.1 Verfahrensrechtlicher ordre public

Der verfahrensrechtliche ordre public ist verletzt, wenn wesentliche Grundsätze der Verfahrensgerechtigkeit nicht eingehalten worden sind. Dazu zählen vor allem die drei Grundsätze des rechtlichen Gehörs, der Gleichbehandlung der Parteien und der Unabhängigkeit des Schiedsgerichts. Sind diese nicht eingehalten worden, liegen allerdings auch schon die Aufhebungsgründe des § 1059 Abs. 2 Nr. 1 lit. b und d ZPO vor. § 1059 Abs. 2 Nr. 2 lit. b ZPO wird daher vor allem in den Fällen relevant, in denen eine Partei den Mangel im Aufhebungsverfahren nicht hinreichend schlüssig vorgetragen hat.

Verstöße gegen den verfahrensrechtlichen ordre public liegen sodann auch in den Fällen vor, die in § 580 ZPO normiert sind:[59] Wäre im staatlichen Gerichtsverfahren die Wiederaufnahme eines rechtskräftig abgeschlossenen Verfahrens möglich, muss auch ein Schiedsspruch im Wege des Aufhebungsverfahrens beseitigt und eine Neuentscheidung in der Sache ermöglicht werden. Die Rechtsprechung wendet hier allerdings auch die Einschränkung des § 581 ZPO entsprechend an, was fraglich ist. Dazu und zur Frage, ob auch eine Wiederaufnahme im eigentlichen Sinne im Schiedsverfahren möglich ist, vgl. oben Abschn. 8.9.

Daneben ist § 1059 Abs. 2 Nr. 2 lit. b ZPO bei Verletzung anderer Rechtsprinzipien von Bedeutung, die von § 1059 Abs. 2 Nr. 1 ZPO nicht erfasst sind. Dazu gehört etwa der Grundsatz „ne ultra petita", wonach das Schiedsgericht nicht etwas

---

[57]BGH v. 10.03.2016, I ZB 99/14, NJW-RR 2016, 892, Rn. 29; vgl. entsprechend die Rspr. zu § 328 Abs. 1 Nr. 4 ZPO, etwa BGH v. 16.09.1993, IX ZB 82/90, NJW 1993, 3269 (3270).
[58]MüKo-ZPO/*Münch*, 5. Aufl. 2017, § 1059 Rn. 40.
[59]BGH v. 02.11.2000, III ZB 55/99, NJW 2001, 373 f.

zusprechen darf, das nicht beantragt worden ist (vgl. § 308 ZPO im staatlichen Verfahren):

> **Beispiel**
>
> Die Schiedsparteien waren an der Entwicklung der Transrapid-Technologie beteiligt, die für eine Zugverbindung zwischen Hamburg und Berlin eingesetzt werden sollte. Einige Zeit nachdem dieses Projekt gescheitert war, beteiligten sich die drei Schiedsbeklagten am Bau der chinesischen Transrapid-Strecke in Shanghai. Die Schiedsklägerin vermutete, dass dabei illegal Know-how weitergegeben wurde und beantragte daher, die Beklagten zur Auskunftserteilung über die Geschäfte, die dort im Einzelnen abgeschlossen worden waren, zu verurteilen. Allerdings hatte die Klägerin lediglich eine jeweils individuelle Verurteilung der drei Beklagten beantragt, während das Schiedsgericht die Beklagten „als Gesamtschuldner" zur Auskunftserteilung verurteilte. Das Schiedsgericht war damit über den klägerischen Antrag hinausgegangen. In dieser Abweichung vom klägerischen Antrag sah das OLG Köln einen Verstoß gegen den verfahrensrechtlichen ordre public, da der Grundsatz „ne ultra petita" zu den unverzichtbaren Anforderungen an ein rechtsstaatliches Verfahren gehöre und die Parteien vor Willkürentscheidungen des Schiedsgerichts schütze.[60]

Umgekehrt kann auch dann ein Verstoß gegen den verfahrensrechtlichen ordre public vorliegen, wenn das Schiedsgericht hinter den Anträgen einer Partei zurück bleibt, also nicht vollständig darüber entscheidet. Sieht sich das Schiedsgericht etwa zu Unrecht an ein früher ergangenes Gerichtsurteil oder einen früher ergangenen Schiedsspruch gebunden und entscheidet deswegen nicht mehr vollständig über die Parteianträge, verletzt es den aus dem ordre public folgenden Anspruch der Partei auf wirkungsvollen Rechtsschutz vor dem Schiedsgericht.[61]

Der verfahrensrechtliche ordre public kann auch dann als Aufhebungsgrund von Bedeutung sein, wenn das Schiedsgericht zwar nicht gegen eine konkrete Rechtsvorschrift oder eine Parteivereinbarung verstoßen hat (dann wäre in der Regel schon § 1059 Abs. 2 Nr. 1 lit. d ZPO erfüllt), sondern wenn andere, ungeschriebene Verfahrensverstöße vorliegen. Diese sind allerdings selten, da das Schiedsgericht grundsätzlich ein weites Ermessen hat, wie es das Verfahren ausgestaltet.

> **Beispiel**
>
> In einem englischen Schiedsverfahren vor einem Warenhandelsschiedsgericht der GAFTA (Grain and Feed Trade Association, London) war ständig ein juristischer Berater auf Seiten des Schiedsgerichts beteiligt, der auch in der mündlichen Verhandlung Fragen gestellt und am Ende den Schiedsspruch entworfen hatte. Der BGH sah darin keinen Verstoß gegen den verfahrensrechtli-

---

[60] OLG Köln v. 28.06.2011, 19 Sch 11/10, BeckRS 2012, 14503.
[61] BGH v. 11.10.2018, I ZB 9/18, SchiedsVZ 2019, 150, Rn. 15 (dazu auch oben Abschn. 8.8.1.1).

chen ordre public, stellte allerdings auch fest, dass eine derart umfassende Einbeziehung eines zusätzlichen Beraters auf Seiten des Schiedsgerichts „nicht unbedingt den für inländische Schiedsprozesse geltenden Regeln" entspreche.[62]

Bei einem deutschen Schiedsverfahren wäre in einem solchen Fall wohl eine Aufhebung gemäß § 1059 Abs. 2 Nr. 2 lit. b ZPO in Betracht gekommen, da es zu den Grundsätzen des Schiedsverfahrens gehört, dass die Schiedsrichter selbst die Entscheidung treffen müssen. Bei ausländischen Schiedsverfahren wird jedoch allgemein eine schwächere Überprüfung des ordre public vorgenommen (dazu sogleich Abschn. 11.8.3.4). Im vorliegenden Beispiel war außerdem mitentscheidend, dass im Warenhandelsbereich, wo als Schiedsrichter häufig Nichtjuristen tätig werden, die Hinzuziehung eines juristischen Beraters unproblematischer erschien.

Schließlich können auch Verstöße gegen das rechtliche Gehör zu einer Aufhebung des Schiedsspruchs wegen Verletzung des verfahrensrechtlichen ordre public führen. Dazu folgendes

> **Beispiel**
>
> Ein Gesellschaftsvertrag über den gemeinsamen Betrieb einer Arztpraxis wurde aus wichtigem Grund gekündigt, da es zu Tätlichkeiten gekommen sein sollte. Das Schiedsgericht vernahm zu den behaupteten Auseinandersetzungen die vom Schiedskläger benannten Zeugen, welche das Tatgeschehen direkt beobachtet hatten, nicht aber weitere, vom Schiedsbeklagten benannte Zeugen, die lediglich indirekt darüber Auskunft geben konnten. Darin sah das OLG München zu Recht noch keinen Verstoß gegen das rechtliche Gehör, da auch ein Schiedsgericht nicht sämtliche angebotenen Beweismittel ausschöpfen muss, wenn diese lediglich mittelbar von Relevanz sein können. Der verfahrensrechtliche ordre public war hier also nicht verletzt.[63]

11.5.10.2 Materiellrechtlicher ordre public

Der materiellrechtliche ordre public ist verletzt, wenn das Ergebnis einer Anerkennung und Vollstreckung des Schiedsspruchs aus inhaltlichen Gründen untragbar erscheint. Dies kommt in Betracht, wenn der Schiedsspruch eine Partei zu sitten- oder gesetzwidrigen Leistungen verpflichtet. Darunter fallen etwa Verstöße gegen Devisenbestimmungen, Exportkontrollvorschriften und Kartellverbote.[64] Insoweit besteht eine gewisse Parallele zu den Eingriffsnormen und den allgemeinen Rechtsgrundsätzen, die das Schiedsgericht unabhängig vom gewählten Sachrecht zu beachten hat (vgl. oben Abschn. 8.1.3.2 und 8.1.3.3). Bei einem Verstoß gegen diese

---
[62]BGH v. 18.01.1990, III ZR 269/88, NJW 1990, 2199 (2200).
[63]OLG München v. 20.12.2006, 34 Sch 16/06, juris, Rn. 47–50.
[64]Vgl. Musielak/Voit, ZPO, 16. Aufl. 2019, § 1059 Rn. 31; MüKo-ZPO, 5. Aufl. 2017, § 1059 Rn. 47.

Vorschriften wird häufig, wenn auch nicht immer, ein Aufhebungsgrund vorliegen. Wichtigster Fall ist der Verstoß gegen kartellrechtliche Bestimmungen:[65]

> **Beispiel**
>
> Benetton, eine Gesellschaft mit Sitz in Amsterdam, hatte mit Eco Swiss, einer Gesellschaft mit Sitz in Hong Kong, einen langjährigen Lizenzvertrag über die Herstellung von Uhren geschlossen. Benetton kündigte den Vertrag und wurde deswegen vom Schiedsgericht zu einer Schadensersatzzahlung von über 20 Mio. USD verurteilt. Da der Lizenzvertrag allerdings auch eine verbotene Aufteilung der Märkte, u. a. in Italien, ermöglichte, brachte Benetton vor, dass dieser Vertrag wegen Verstoßes gegen das europäische Kartellrecht (jetzt Art. 101 f. AEUV) nichtig sei. Die niederländischen Gerichte hielten dies im Aufhebungsverfahren für unerheblich, doch der EuGH sah dies als einen beachtlichen Verstoß gegen den ordre public an, der die nationalen Gerichte in jedem Fall zur Aufhebung des Schiedsspruchs verpflichte.[66]

Neben Verstößen gegen das europäische Kartellrecht kommen auch Verstöße gegen nationales Kartellrecht (§ 1 GWB) als Aufhebungsgrund in Betracht.[67]

Ein weiterer wichtiger Rechtsgrundsatz, bei dessen Verletzung eine Aufhebung des Schiedsspruchs wegen des materiellrechtlichen ordre public in Betracht kommt, ist die Gleichbehandlung der Gläubiger im Insolvenzverfahren (*par condicio creditorum*). Der Sinn und Zweck eines Insolvenzverfahrens liegt darin, dass mehrere Gläubiger bei Zahlungsunfähigkeit des Schuldners anteilig im Verhältnis ihrer Forderungen befriedigt werden. Daher können sie ihre Forderungen nach Eröffnung des Insolvenzverfahrens nicht einzeln einklagen, sondern müssen sie zur Insolvenztabelle anmelden (§§ 87, 174 InsO). Dies gilt auch für Forderungen, die im Schiedsverfahren eingeklagt werden.[68] Ergeht gleichwohl ein Leistungsschiedsspruch gegen den Schuldner, ist dieser dahingehend auszulegen, dass er auf Feststellung der Forderung zur Insolvenztabelle gerichtet ist. Wurde die Forderung allerdings vom Gläubiger überhaupt nicht zur Insolvenztabelle angemeldet, verstößt der Schiedsspruch gegen den ordre public und ist aufzuheben. Dann wird nämlich die gleichmäßige Befriedigung der Gläubiger gefährdet.[69] Dies gilt auch bei einem ausländischen Konkursverfahren.[70]

---

[65] Dazu jetzt ausf. *Bien*, Kartellrechtliche ordre-public-Kontrolle von Schiedssprüchen, ZZP 132 (2019), 93–124.
[66] EuGH v. 01.06.1999, Rs. C-126/97, EuZW 1999, 565 – Eco Swiss.
[67] Vgl. etwa BGH v. 23.04.1959, VII ZR 2/58, BGHZ 30, 89, juris, Rn. 42 ff.
[68] Zu den Auswirkungen der Insolvenz im Schiedsverfahren vgl. bereits oben Abschn. 6.10.1.
[69] BGH v. 29.01.2009, III ZB 88/07, NJW 2009, 1747, Rn. 21 ff.
[70] OLG Stuttgart v. 05.11.2013, 1 Sch 2/11, SchiedsVZ 2014, 307 (309).

11.5.11 Arglistiges Erschleichen oder Gebrauchmachen von Schiedssprüchen

Einen besonderen Aufhebungsgrund stellt schließlich das arglistige Erschleichen eines unrichtigen Schiedsspruchs oder das arglistige Gebrauchmachen von einem unrichtigen Schiedsspruch dar. Der BGH erkennt nämlich in diesen Fällen, in denen im staatlichen Gerichtsverfahren eine Klage aus § 826 BGB auf Unterlassung der Vollstreckung und Herausgabe des Titels statthaft wäre,[71] einen erweiterten Aufhebungsgrund an, der auf eine Analogie zu § 1059 Abs. 2 ZPO gestützt wird und der nicht der Frist des § 1059 Abs. 3 ZPO unterliegt.[72]

Ein arglistiges Erschleichen liegt etwa dann vor, wenn eine Partei wider besseres Wissen falsche Tatsachen im Schiedsverfahren vorträgt und die andere Partei deswegen verurteilt wird. In einem solchen Fall, in dem auch an einen strafbaren Prozessbetrug zu denken ist, ist es offensichtlich gerechtfertigt, den Schiedsspruch aufzuheben. Es liegt auch ein Verstoß gegen den ordre public vor, sodass der Aufhebungsgrund des § 1059 Abs. 2 Nr. 2 lit. b ZPO erfüllt ist (dazu oben Abschn. 11.5.10). Allerdings ist dieser Aufhebungsgrund fristgebunden und im Falle einer Straftat unter Umständen auch von einer strafgerichtlichen Verurteilung abhängig.[73] Für die belastete Partei, die häufig erst nach Ablauf der Dreimonatsfrist des § 1059 Abs. 3 ZPO von der Arglist der Gegenseite erfährt, ist der vom BGH analog § 1059 Abs. 2 ZPO anerkannte Aufhebungsgrund wegen arglistiger Erschleichung eines Schiedsspruchs daher ein tauglicherer Rechtsbehelf.

Daneben kommt in den Fällen des arglistigen Erschleichens von Schiedssprüchen auch die Wiederaufnahme des Schiedsverfahrens vor dem Schiedsgericht in Betracht (dazu oben Abschn. 8.9).

11.6 Rechtsfolgen der Aufhebung, Zurückverweisung an das Schiedsgericht

Wenn das OLG den Schiedsspruch aufhebt, ist damit die Entscheidung des Schiedsgerichts beseitigt. Es fehlt mithin an einer Entscheidung in der Sache. Vor der Reform des Schiedsverfahrensrechts 1998 wurde angenommen, dass die staatlichen Gerichte mit der Aufhebung ihre Zuständigkeit „wiedererlangten".[74] Daher war es üblich, zusammen mit dem Aufhebungsantrag auch einen Antrag auf Sachentscheidung zu stellen, sodass das Amts- oder Landgericht, das damals für Schiedssachen zuständig war, neben der Aufhebung des Schiedsspruchs auch in der Sache über die geltend gemachten Klageforderungen entscheiden konnte.

---

[71] Dazu vgl. MüKo-BGB/*Wagner*, 7. Aufl. 2017, § 826 Rn. 226–241.
[72] BGH v. 02.11.2000, III ZB 55/99, NJW 2001, 373 (374 unter II.2.c)).
[73] Entsprechend § 581 ZPO, dazu BGH v. 02.11.2000, III ZB 55/99, NJW 2001, 373 (374 unter II.2. b)bb)); m. E. zweifelhaft.
[74] Vgl. zu den Motiven der Reform BT-Drs. 13/5274, S. 60.

Diese Vorgehensweise wird nach geltendem Recht zum einen durch die Sonderzuständigkeit des OLG verhindert, das nur für Schiedssachen, nicht aber zugleich für reguläre erstinstanzliche Klageverfahren zuständig ist. Aber auch unabhängig von Zuständigkeitsfragen ist nun die gesetzgeberische Neuerung zu bedenken, wonach die Aufhebung des Schiedsspruchs nicht automatisch zur Zuständigkeit der ordentlichen Gerichte führt, sondern die Schiedsvereinbarung in der Regel wieder auflebt (§ 1059 Abs. 5 ZPO). Diese Entscheidung des Gesetzgebers ist zu begrüßen, da die Schiedsvereinbarung noch gar nicht „verbraucht" ist, wenn der Schiedsspruch aufgehoben wurde, sodass auch in der Sache erneut ein Schiedsgericht entscheiden kann. Das Wiederaufleben ist nur dann ausgeschlossen, wenn die Parteien ausdrücklich etwas anderes vereinbart haben („im Zweifel").

In der Regel ist damit also nach der Aufhebung kein staatliches Gericht, sondern ein Schiedsgericht für die neue Entscheidung in der Sache zuständig. Allerdings handelt es sich dabei nicht unbedingt um das alte Schiedsgericht, sondern häufig um ein neu zu bildendes Schiedsgericht. Gemäß § 1059 Abs. 5 ZPO lebt nämlich nur die Schiedsvereinbarung wieder auf, nicht aber auch das Amt der konkreten Schiedsrichter, die ursprünglich über die Sache entschieden haben. Deren Amt ist vielmehr gemäß § 1056 Abs. 3 ZPO, der nicht auf § 1059 Abs. 5 ZPO verweist, durch die mit dem Schiedsspruch erfolgte Beendigung des Verfahrens erloschen. Folglich muss von den Parteien ein neues Schiedsgericht gebildet werden, das dann in der Sache entscheidet.[75]

Eine Ausnahme gilt nur dann, wenn das OLG in seiner Entscheidung über die Aufhebung des Schiedsspruchs von der Möglichkeit des § 1059 Abs. 4 ZPO Gebrauch macht und die Sache an das alte Schiedsgericht zurückverweist. In diesem Fall lebt nicht nur die Schiedsvereinbarung, sondern auch das Amt der Schiedsrichter wieder auf (vgl. § 1056 Abs. 3 ZPO). Die bisherigen Schiedsrichter müssen dann erneut zusammentreten, das Verfahren fortsetzen und erneut in der Sache entscheiden.

Eine Zurückverweisung gemäß § 1059 Abs. 4 ZPO kommt allerdings nur unter zwei Voraussetzungen in Betracht: Zum einen muss ein Antrag einer Partei vorliegen, zum anderen muss der Fall für die Zurückverweisung „geeignet" sein.[76] Geeignet für die Zurückverweisung ist ein Fall etwa dann, wenn ein Fehler vorliegt, den das alte Schiedsgericht ohne Weiteres beheben kann, indem es die fehlerhaft unterlassene Verfahrenshandlung nachholt oder den aufgehobenen, fehlerhaften Schiedsspruch in verbesserter Form neu erlässt. Im oben genannten Beispielsfall einer Aufhebung des Schiedsspruchs wegen Verstoßes gegen den Grundsatz „ne ultra petita" (Abschn. 11.5.10.1) hat das OLG Köln die Sache daher zu Recht an das Schiedsgericht zurückverwiesen, da es für das Schiedsgericht leicht möglich war, einen neuen Schiedsspruch zu erlassen, der sich innerhalb der Grenzen der Anträge

---

[75]Dazu OLG Frankfurt v. 02.11.2007, 26 SchH 3/07, NJW-RR 2008, 590 (591).
[76]Dazu *Wolff*, Zurückverweisung der Sache an das Schiedsgericht nach Aufhebung des Schiedsspruchs – zu den „geeigneten Fällen" nach § 1059 Abs. 4 ZPO, SchiedsVZ 2007, 254–259.

hielt. Durch die Zurückweisung an das Schiedsgericht werden Aufwand und Kosten für die Bildung eines neuen Schiedsgerichts vermieden.

Um festzustellen, ob ein Fall gemäß § 1059 Abs. 4 ZPO für die Zurückverweisung „geeignet" ist, kann nach den Aufhebungsgründen differenziert werden: Wurde der Schiedsspruch wegen Fehlens der objektiven oder subjektiven Schiedsfähigkeit oder wegen Unwirksamkeit oder Überschreitung der Grenzen der Schiedsvereinbarung aufgehoben (§ 1059 Abs. 2 Nr. 1 lit. a, c, d Alt. 1, Nr. 2 lit. a ZPO), so kommt eine Zurückverweisung in der Regel nicht in Betracht. Anders verhält es sich meist dann, wenn der Schiedsspruch wegen Verfahrensfehlern oder wegen Verstoßes gegen den ordre public aufgehoben wurde (§ 1059 Abs. 2 Nr. 1 lit. d Alt. 2, Nr. 2 lit. b ZPO). Im Übrigen ist bei der Prüfung, ob der Fall zur Zurückverweisung geeignet ist, immer zu bedenken, dass die Zurückverweisung der Verfahrensökonomie dient und daher unterbleiben sollte, wenn sie einen Mehraufwand im Vergleich zur Neukonstituierung eines Schiedsgerichts erfordert. Außerdem ist zu bedenken, dass in bestimmten Fällen schwerer Verfahrens- oder Inhaltsmängel die Neutralität des ursprünglichen Schiedsgerichts aus Sicht der Parteien möglicherweise nicht mehr gewährleistet ist. Auch in diesem Fall ist von einer Zurückverweisung abzusehen und ein neues Schiedsgericht zu bilden.[77]

11.7 Vollstreckung inländischer Schiedssprüche

Bei der Vollstreckung von Schiedssprüchen ist zwischen in- und ausländischen Schiedssprüchen zu unterscheiden. Ein Schiedsspruch ist inländisch, wenn ein deutscher Schiedsort besteht (§ 1025 Abs. 1 ZPO). Diese Anknüpfung an den Schiedsort ist auch international gebräuchlich, sodass die Unterscheidung zwischen inländischen und ausländischen Schiedssprüchen auch im Völkervertragsrecht von Bedeutung ist.

11.7.1 Vollstreckung im Inland und Präklusion

Soll ein inländischer Schiedsspruch im Inland für vollstreckbar erklärt werden, so richten sich die Voraussetzungen dafür nach § 1060 ZPO. Wie aus § 1060 Abs. 2 S. 1 ZPO hervorgeht, kommt es im Wesentlichen darauf an, dass keine Aufhebungsgründe vorliegen. Das Gericht hat also denselben Prüfungsumfang wie im Aufhebungsverfahren zugrunde zu legen (zu den Aufhebungsgründen vgl. oben Abschn. 11.5). Auf diese Weise wird ein materiellrechtlicher Gleichlauf zwischen Aufhebung und Vollstreckbarerklärung von Schiedssprüchen erreicht.

Aufhebungsgründe sind im Vollstreckbarerklärungsverfahren nicht mehr zu prüfen, wenn sie bereits in einem Aufhebungsverfahren rechtskräftig verneint wurden oder mangels rechtzeitiger Einleitung eines Aufhebungsverfahrens präkludiert

---

[77] *Wolff*, SchiedsVZ 2007, 254 (257 f.).

sind (§ 1060 Abs. 2 S. 2, 3 ZPO). Einer Präklusion können dabei nur die Gründe unterliegen, die von einer Partei geltend zu machen sind, nicht dagegen die von Amts wegen zu prüfenden Gründe des § 1059 Abs. 2 Nr. 2 ZPO, auf die in § 1060 Abs. 2 S. 3 ZPO daher nicht Bezug genommen wird (vgl. bereits oben Abschn. 11.5.1).

Zuständig für den Antrag auf Vollstreckbarerklärung ist das OLG am jeweiligen Schiedsort. Eine Frist besteht für den Antrag nicht. Vgl. dazu näher oben Abschn. 11.2 und 11.3.

Stellt das Gericht keine Aufhebungsgründe fest, erklärt es den Schiedsspruch durch Beschluss für vollstreckbar. Dieser Beschluss stellt dann die Grundlage für die Zwangsvollstreckung dar (§ 794 Abs. 1 Nr. 4a ZPO). Anschließend kann der Antragsteller konkrete Vollstreckungsmaßnahmen bei den jeweils zuständigen Vollstreckungsorganen beantragen (z. B. Pfändung von Sachen und Forderungen, Zwangsversteigerung, Zwangsverwaltung von Grundstücken).

Lehnt das Gericht dagegen die Vollstreckbarerklärung ab, hebt es gleichzeitig den Schiedsspruch auf (§ 1060 Abs. 2 S. 1 ZPO). Damit wird auch ein verfahrenstechnischer Gleichlauf zwischen Aufhebung und Vollstreckbarerklärung hergestellt (vgl. bereits oben Abschn. 11.1).

11.7.2 Vollstreckung im Ausland

Wenn ein inländischer Schiedsspruch im Ausland vollstreckt werden soll, richtet sich dies nach dem jeweiligen ausländischen Verfahrensrecht. Infolge der weiträumigen Geltung internationaler Verträge über die Anerkennung und Vollstreckung ausländischer Schiedssprüche (dazu sogleich Abschn. 11.8) ist das ausländische Recht aber häufig ähnlich wie das deutsche Recht. Manchmal kennen ausländische Rechtsordnungen aber auch andere Verfahrensweisen, etwa die Niederlegung des Schiedsspruchs bei einem Gericht, wodurch der Schiedsspruch wie ein Urteil des Gerichts vollstreckbar wird, oder sogar die unmittelbare Vollstreckung aus Schiedssprüchen.[78]

Freilich bildet die ausländische Rechtslage die tatsächliche Entscheidungspraxis immer nur unvollkommen ab. Während in einigen Staaten die Anerkennung und Vollstreckung von Schiedssprüchen schnell und unproblematisch verläuft, gibt es in anderen Staaten schier unüberwindliche Hindernisse tatsächlicher und rechtspraktischer Art, obwohl die Rechtslage dieselbe sein mag. Aus diesen Gründen hat es sich eingebürgert, von „*arbitration-friendly states*" zu sprechen, wenn in einem Staat nicht nur die rechtlichen Voraussetzungen für die Anerkennung und Vollstreckung ausländischer Schiedssprüche bestehen, sondern auch in der behördlichen und gerichtlichen Praxis keine größeren Schwierigkeiten dabei auftreten. Manche Länder bemühen sich aktiv um eine schiedsfreundliche Gesetzgebung und Rechts-

---

[78]Vgl. *Blackaby/Partasides*, Redfern and Hunter on International Arbitration, 6. Aufl. 2015, Ziff. 11.14.

praxis, um auf diese Weise größere Teile des Rechtsdienstleistungsmarkts für Streitbeilegung an sich zu ziehen.

11.8 Vollstreckung ausländischer Schiedssprüche

Die Möglichkeit, auch ausländische Schiedssprüche schnell und einfach vollstrecken zu können, ist einer der wichtigsten Vorteile der Schiedsgerichtsbarkeit. Häufig vereinbaren die Vertragsparteien gerade aus dem Grunde ein Schiedsverfahren und kein staatliches Gerichtsverfahren, weil die spätere Vollstreckung eines Schiedsspruchs im Ausland erfolgversprechender ist als die Vollstreckung eines Gerichtsurteils (vgl. oben Abschn. 1.5.2). Gleichzeitig werden Schiedsverfahren häufig auch deswegen vereinbart, weil international besetzte Schiedsgerichte neutralere Streitbeilegungsinstitutionen als staatliche Gerichte sind (vgl. oben Abschn. 1.5.3). In internationalen Sachverhalten stellt sich oft die Frage der internationalen Vollstreckbarkeit. Die Vollstreckung ausländischer Schiedssprüche ist damit eher der Regelfall als der Ausnahmefall in der Schiedsgerichtsbarkeit. Die verschiedenen Staatsverträge in diesem Bereich stellen zugleich die Quellen der wesentlichen Rechtsgrundsätze des Systems der internationalen Schiedsgerichtsbarkeit insgesamt dar.

11.8.1 Anwendungsbereich des UNÜ

In Deutschland richtet sich die Anerkennung und Vollstreckung ausländischer Schiedssprüche grundsätzlich nach dem UNÜ (vgl. § 1061 Abs. 1 S. 1 ZPO). Nur in Sonderfällen greifen andere Staatsverträge ein (§ 1061 Abs. 1 S. 2 ZPO), wobei es sich ebenfalls um multilaterale oder aber um bilaterale Verträge handelt. Das UNÜ ist damit in Deutschland, aber auch weltweit, das wichtigste Regelwerk über die Anerkennung und Vollstreckung ausländischer Schiedssprüche (zur allgemeinen Bedeutung des UNÜ vgl. bereits oben Abschn. 2.1).

Das deutsche Recht verzichtet sogar auf eine eigene Festlegung der Voraussetzungen für die Anerkennung und Vollstreckung ausländischer Schiedssprüche und verweist stattdessen nur auf das UNÜ. Damit gelten die Voraussetzungen des UNÜ einheitlich für die Vollstreckung aller ausländischen Schiedssprüche, unabhängig davon, ob sie aus einem anderen Vertragsstaat des UNÜ stammen oder nicht. Ursprünglich hatte Deutschland zwar einen Vorbehalt eingelegt, das UNÜ nur im Verhältnis zu anderen Vertragsstaaten anzuwenden (vgl. Art. I Abs. 3 S. 1 UNÜ), doch wurde dieser Vorbehalt zeitgleich mit der Reform des deutschen Schiedsverfahrensrechts 1998 zurückgenommen.[79]

Eine Reihe von Vertragsstaaten macht dagegen nach wie vor vom Vorbehalt des Art. I Abs. 3 S. 1 UNÜ Gebrauch, sodass das Abkommen hier nur im Verhältnis zu

---

[79] BGBl. II 1999, S. 7.

anderen Vertragsstaaten gilt.[80] Allerdings sind mittlerweile die meisten Staaten weltweit Vertragsstaaten des UNÜ geworden, sodass diese Einschränkung keine große praktische Bedeutung mehr hat.[81]

Der zweite mögliche Vorbehalt zum Anwendungsbereich des UNÜ bezieht sich auf die Rechtsnatur der Streitigkeit. Nach Art. I Abs. 3 S. 2 UNÜ kann jeder Vertragsstaat erklären, dass er das Übereinkommen „nur auf Streitigkeiten aus solchen Rechtsverhältnissen, sei es vertraglicher oder nichtvertraglicher Art, anwenden werde, die nach seinem innerstaatlichen Recht als Handelssachen angesehen werden." Damit ist es möglich, die gewöhnlichen Zivilsachen vom Anwendungsbereich auszunehmen. Davon hat Deutschland keinen Gebrauch gemacht, wohl aber verschiedene andere Staaten, sodass es bei der Anerkennung und Vollstreckung von Schiedssprüchen im Ausland zu Schwierigkeiten kommen kann, wenn es sich nicht um eine Handelssache handelt.[82]

11.8.2 Vorliegen eines Schiedsspruchs

Damit eine Entscheidung in Deutschland gemäß § 1061 Abs. 1 S. 1 ZPO anerkannt und vollstreckt werden kann, muss es sich zunächst überhaupt um einen Schiedsspruch handeln. Dies folgt eigentlich schon aus dem Wortlaut des § 1061 Abs. 1 S. 1 ZPO selbst, doch ist anerkannt, dass bei Zweifelsfragen auch der Begriff des Schiedsspruchs aus dem UNÜ mit heranzuziehen ist, damit Anwendungsprobleme vermieden werden.[83] Nach dem UNÜ ist autonom zu qualifizieren, was ein Schiedsspruch ist, wofür folgende Definition vorgeschlagen wird: Schiedsspruch ist eine Entscheidung, die auf der Grundlage einer Vereinbarung der Parteien einen Rechtsstreit durch einen unabhängigen Dritten mit urteilsgleicher bindender Wirkung entscheidet.[84]

Unterschiede zu den Anforderungen an einen Schiedsspruch nach deutschem Recht (dazu Abschn. 8.3) treten damit nur in seltenen Fällen auf. Bisweilen kann die Definition nach dem UNÜ allerdings etwas weiter sein als die Kriterien des § 1054 ZPO. Ist ein Schiedsspruch beispielsweise nur von zwei statt drei Schiedsrichtern unterschrieben worden und wurde der Grund für die fehlende Unterschrift nicht angegeben, so handelt es sich wegen Verstoßes gegen § 1054 Abs. 1 S. 2 ZPO nicht um einen wirksamen Schiedsspruch nach deutschem Recht. Trotzdem kann es sich nach der autonomen Definition des UNÜ um einen wirksamen ausländischen Schiedsspruch handeln, der anerkennungsfähig gemäß § 1061 Abs. 1 S. 1 ZPO

---

[80]Vgl. der jeweils aktuelle Stand unter http://www.uncitral.org/uncitral/en/uncitral_texts/arbitration/NYConvention_status.html. Zugegriffen am 16.05.2019.
[81]*Blackaby/Partasides*, Redfern and Hunter on International Arbitration, 6. Aufl. 2015, Ziff. 11.45.
[82]Beispiele bei *Blackaby/Partasides*, Redfern and Hunter on International Arbitration, 6. Aufl. 2015, Ziff. 11.47 ff.
[83]Musielak/*Voit*, ZPO, 16. Aufl. 2019, § 1061 Rn. 3.
[84]MüKo-ZPO/*Adolphsen*, 5. Aufl. 2017, Art. I UNÜ Rn. 4.

i.V.m. dem UNÜ ist. Hat zudem ein ausländisches Gericht rechtskräftig festgestellt, dass es sich bei der fraglichen Entscheidung um einen Schiedsspruch handelt und ist die ausländische Gerichtsentscheidung im Inland anzuerkennen (§ 328 ZPO), so steht damit auch für das Anerkennungs- und Vollstreckungsverfahren fest, dass es sich um einen Schiedsspruch handelt.[85]

11.8.3 Versagungsgründe

Liegt ein Schiedsspruch vor, so besteht eine Vermutung für seine Anerkennungs- und Vollstreckungsfähigkeit.[86] Grundsätzlich wird jeder Schiedsspruch als wirksam anerkannt (Art. III UNÜ); die Anerkennung und Vollstreckung darf nur bei Vorliegen bestimmter, im Einzelnen normierter Gründe versagt werden (Art. V UNÜ). Die in Art. V UNÜ enthaltenen Gründe entsprechen weitgehend den in § 1059 Abs. 2 ZPO enthaltenen Aufhebungsgründen, da das UNÜ ein Vorbild für das UNCITRAL Modellgesetz und dieses wiederum ein Vorbild für die deutsche ZPO war. Bei der Prüfung des Art. V UNÜ kann also – mit wenigen Modifikationen – auf das zu § 1059 Abs. 2 ZPO Gesagte zurückgegriffen werden (oben Abschn. 11.5). Allerdings ist die ausländische Rechtsprechung und Literatur mit heranzuziehen, um eine international einheitliche Auslegung und Anwendung des UNÜ sicherzustellen.

▶   Bei der Recherche ausländischer Rechtsprechung und Literatur zum UNÜ sind der von *Wolff* herausgegebene Kommentar,[87] der UNCITRAL Secretariat Guide[88] und eine Online-Datenbank[89] von Nutzen.

Im Einzelnen ergeben sich bei den Versagungsgründen des Art. V Abs. 1 lit. b, c, d sowie Abs. 2 lit. a UNÜ kaum Unterschiede zur Rechtslage nach der ZPO. Gewisse Besonderheiten bestehen vor allem im Hinblick auf Art. V Abs. 1 lit. a, e und Abs. 2 lit. b UNÜ:

11.8.3.1 Formunwirksamkeit der Schiedsvereinbarung
Schwierigkeiten bei der Anerkennung und Vollstreckung ausländischer Schiedssprüche können sich ergeben, wenn die Schiedsvereinbarung nicht in schriftlicher Form abgeschlossen worden ist. Was die Beurteilung der Wirksamkeit der Schiedsvereinbarung betrifft, so ist nach Art. V Abs. 1 lit. a UNÜ ebenso wie nach § 1059

---

[85]OLG München v. 22.06.2009, 34 Sch 26/08, SchiedsVZ 2010, 169; s.a. *Harbst*, Korruption und andere ordre public-Verstöße als Einwände im Schiedsverfahren: Inwieweit sind staatliche Gerichte an Sachverhaltsfeststellungen des Schiedsgerichts gebunden? SchiedsVZ 2007, 22 (30).
[86]*Born*, International Commercial Arbitration, 2. Aufl. 2014, S. 3411–3434.
[87]*Wolff* (Hrsg.), New York Convention, Commentary, 2012.
[88]UNCITRAL Secretariat Guide on the Convention on the Recognition and Enforcement of Foreign Arbitral Awards, 2016 (www.uncitral.org, zugegriffen am 16.05.2019).
[89]http://newyorkconvention1958.org. Zugegriffen am 16.05.2019.

Abs. 2 Nr. 1 lit. a ZPO zunächst das von den Parteien gewählte Recht, hilfsweise das Recht des Schiedsorts, maßgeblich. Ein Unterschied besteht aber im Hinblick auf die zusätzlichen Anforderungen an die Wirksamkeit der Schiedsvereinbarung, wofür die ZPO auf §§ 1029, 1031 ZPO abstellt (dazu oben Abschn. 11.5.3), das UNÜ dagegen auf Art. II UNÜ. Nach Art. II UNÜ ist eine Schiedsvereinbarung nur dann wirksam, wenn sie „schriftlich" abgeschlossen wurde, was in der Regel voraussetzt, dass sie von den Parteien unterschrieben ist.[90] Nach § 1031 ZPO sind dagegen auch Schiedsvereinbarungen per Telefax, E-Mail, kaufmännischem Bestätigungsschreiben usw. wirksam (vgl. oben Abschn. 3.5).

Daraus würde sich eigentlich ergeben, dass die Anerkennung und Vollstreckbarerklärung ausländischer Schiedssprüche nur unter deutlich strengeren Voraussetzungen erfolgt als die Vollstreckbarerklärung inländischer Schiedssprüche. In Rechtsprechung und Literatur ist inzwischen jedoch anerkannt, dass die Einhaltung der erleichterten Formvorschrift des § 1031 ZPO auch bei ausländischen Schiedssprüchen ausreichend ist, was aus einer erweiternden Auslegung der Meistbegünstigungsklausel des Art. VII Abs. 1 a.E. UNÜ hergeleitet wird:[91] Art. VII UNÜ verweist eigentlich nur auf das „innerstaatliche Recht", das in Deutschland in Gestalt des § 1061 ZPO wiederum auf das UNÜ verweist. Es wäre jedoch sinnwidrig, wenn die anerkennungsfreundlichere Vorschrift des § 1031 ZPO dadurch ausgeschlossen würde. Im Ergebnis sind damit ausländische Schiedssprüche auch dann anzuerkennen und für vollstreckbar zu erklären, wenn keine schriftliche Schiedsvereinbarung vorliegt, sofern die Schiedsvereinbarung nur nach den Kriterien des § 1031 ZPO formwirksam ist.

11.8.3.2 Unverbindlichkeit des Schiedsspruchs

Ein Schiedsspruch muss nach dem UNÜ nur anerkannt und für vollstreckbar erklärt werden, wenn er für die Parteien „verbindlich geworden" ist, Art. V Abs. 1 lit. e Alt. 1 UNÜ. Ein derartiges Kriterium enthält § 1059 Abs. 2 ZPO nicht, da ein Schiedsspruch nach deutschem Recht ohnehin sofort verbindlich ist, wenn er den Parteien übermittelt wird (§§ 1054 Abs. 4, 1055 ZPO). Nach ausländischem Recht kann es für die Verbindlichkeit jedoch beispielsweise erforderlich sein, den Schiedsspruch bei Gericht zu hinterlegen oder vom Gericht förmlich zustellen zu lassen.

An der Verbindlichkeit eines Schiedsspruchs kann es außerdem fehlen, wenn er noch von einem Oberschiedsgericht überprüft werden kann oder wenn er nach dem anwendbaren ausländischen Verfahrensrecht von den staatlichen Gerichten inhaltlich umfassend überprüft werden kann. Der Schiedsspruch ist hier erst dann als „verbindlich" anzusehen, wenn diese Verfahren erfolglos durchgeführt wurden oder die dafür bestimmte Frist abgelaufen ist.[92] Unerheblich ist dagegen die Möglichkeit,

---

[90]Vgl. etwa UNCITRAL Secretariat Guide, 2016, Art. II Ziff. 42 ff.
[91]Vgl. BGH v. 30.09.2010, III ZB 69/09, BGHZ 187, 126, zitiert nach juris, Rn. 5–11; vorangehend OLG Frankfurt v. 27.08.2009, 26 SchH 3/09, juris, Rn. 16–21; Stein/Jonas/*Schlosser*, ZPO, 23. Aufl. 2014, Anhang zu § 1061 Rn. 378 f.
[92]Stein/Jonas/*Schlosser*, ZPO, 23. Aufl. 2014, Anhang zu § 1061 Rn. 305.

gegen einen ausländischen Schiedsspruch noch einen Aufhebungsantrag stellen zu können, da das Aufhebungsverfahren nur eine beschränkte Überprüfungsmöglichkeit darstellt.[93]

Wenn im Ursprungsstaat des Schiedsspruchs für dessen Verbindlichkeit eine gerichtliche Vollstreckbarerklärung erforderlich ist, kann er allerdings auch ohne eine solche Vollstreckbarerklärung als verbindlich im Sinne des UNÜ angesehen werden. Es ist nämlich nicht einzusehen, warum die obsiegende Partei im Ausland nur aus formalen Gründen ein aufwendiges Gerichtsverfahren durchlaufen muss, wenn sie dort gar nicht vollstrecken lassen möchte.[94]

11.8.3.3 Aufhebung des Schiedsspruchs im Ursprungsstaat

Die Anerkennung und Vollstreckung eines ausländischen Schiedsspruchs kann gemäß Art. V Abs. 1 lit. e Alt. 2 UNÜ auch dann versagt werden, wenn der Schiedsspruch in seinem Ursprungsstaat aufgehoben worden ist. In diesem Anerkennungsversagungsgrund kommt das allgemeine Prinzip zum Ausdruck, dass für die Aufhebung von Schiedssprüchen immer nur die Gerichte am Schiedsort zuständig sind (dazu oben Abschn. 11.2).

> **Beispiel**
>
> Die Parteien schlossen einen Vertrag über Instandsetzungsarbeiten an einem Schiff in Kronstadt, der eine Schiedsklausel zugunsten der Schiedskommission der Stadt Moskau enthielt. Die Klägerin führte die Arbeiten durch, erhielt aber keinen Lohn. Das Schiedsgericht verurteilte die Beklagte daher zur Zahlung. Anschließend wurde der Schiedsspruch durch das erstinstanzliche Gericht in Moskau aufgehoben. Das OLG Rostock versagte daher die Anerkennung und Vollstreckung des Schiedsspruchs im Inland gemäß Art. V Abs. 1 lit. e UNÜ.[95]
> Während das Rechtsbeschwerdeverfahren vor dem BGH lief, wurde die Moskauer Gerichtsentscheidung aber durch die höhere Gerichtsinstanz aufgehoben und der Aufhebungsantrag der Schiedsbeklagten zurückgewiesen. Der BGH entschied, dass diese neuen Tatsachen noch berücksichtigt werden können und erklärte den Schiedsspruch daher für vollstreckbar.[96]

In der von Art. V Abs. 1 lit. e UNÜ eingeräumten Möglichkeit, die Anerkennung und Vollstreckung eines ausländischen Schiedsspruchs wegen seiner Aufhebung im Ursprungsstaat zu versagen, kommt allerdings nicht nur die gerichtliche Zuständigkeitsverteilung, sondern auch der materielle Rechtsgedanke zum Ausdruck, dass ein Schiedsspruch ein rechtliches Produkt des Ursprungsstaates ist, in dessen Rechtssystem er ergangen ist. Wird er dort aufgehoben, zeigt dies, dass die dortige

---

[93] *Born*, International Commercial Arbitration, 2. Aufl. 2014, S. 3613 f.; Stein/Jonas/*Schlosser*, ZPO, 23. Aufl. 2014, Anhang zu § 1061 Rn. 302.
[94] Stein/Jonas/*Schlosser*, ZPO, 23. Aufl. 2014, Anhang zu § 1061 Rn. 301.
[95] OLG Rostock v. 28.10.1999, 1 Sch 3/99, juris, Rn. 38–42.
[96] BGH v. 22.02.2001, III ZB 71/99, NJW 2001, 1730 f.

Rechtsordnung den Schiedsspruch nicht mehr anerkennt, sodass er auch in anderen Staaten nicht mehr anerkannt werden muss.

Aus dem Wortlaut des Art. V UNÜ geht allerdings auch hervor, dass die Aufhebung im Ursprungsstaat kein zwingender Versagungsgrund ist („darf ... versagt werden"). Es ist daher nicht überzeugend, wenn in der Literatur vertreten wird, dass Schiedssprüchen bei Aufhebung im Ursprungsstaat in jedem Fall die Anerkennung und Vollstreckung im Inland zu versagen sei.[97] Ein Schiedsspruch ist nämlich eine private Rechtsentscheidung, an die jede Rechtsordnung andere Rechtsfolgen knüpfen kann. In Art. IX EuÜ wird dies explizit geregelt, sodass der Versagungsgrund des Art. V Abs. 1 lit. e Alt. 2 UNÜ im Anwendungsbereich des EuÜ stark eingeschränkt ist (dazu unten Abschn. 11.8.5). Aber auch außerhalb des Anwendungsbereichs des EuÜ ist dieser Rechtsgedanke überzeugend. Die Aufhebung im Ursprungsstaat ist daher jedenfalls nicht als zwingender Versagungsgrund im Inland anzusehen.[98] Gerade wenn die Aufhebungsentscheidung auf bestimmten nationalen Eigenheiten des Ursprungsstaats beruht, ist es schwer zu rechtfertigen, dass der Schiedsspruch in anderen Staaten keine Wirkungen entfalten soll.[99] Ist die ausländische Aufhebungsentscheidung allerdings ihrerseits im Inland anzuerkennen (§ 328 ZPO), so dürfe es gerechtfertigt sein, dem Schiedsspruch auch im Inland keine Wirkungen beizumessen.[100] Ansonsten haben die deutschen Gerichte selbständig zu prüfen, ob der Schiedsspruch anzuerkennen und für vollstreckbar zu erklären ist.[101]

11.8.3.4 Verstoß gegen den ordre public international

Ein wichtiger Unterschied des UNÜ im Vergleich zu § 1059 Abs. 2 ZPO besteht auch im Hinblick auf den Versagungsgrund des Verstoßes gegen den ordre public. Der Wortlaut des Art. V Abs. 2 lit. b UNÜ ist dem des § 1059 Abs. 2 Nr. 2 lit. b ZPO zwar sehr ähnlich, doch ist nach ständiger Rechtsprechung des BGH bei ausländischen Schiedssprüchen ein schwächerer Kontrollmaßstab anzulegen als bei inländischen Schiedssprüchen. Für inländische Schiedssprüche soll ein strengerer, sogenannter „ordre public interne" gelten, während an ausländische Schiedssprüche ein großzügigerer Maßstab, der „ordre public international" anzulegen sei. Der BGH begründet dies mit dem Interesse des internationalen Handelsverkehrs.[102] Jedoch ist

---

[97]MüKo-ZPO/*Münch*, 5. Aufl. 2017, § 1061 Rn. 29 („für eine Vollstreckbarerklärung ist kein Raum mehr"); Musielak/*Voit*, ZPO, 16. Aufl. 2019, § 1061 Rn. 18 („kann" nicht für vollstreckbar erklärt werden).

[98]So deutlich Zöller/*Geimer*, ZPO, 32. Aufl. 2018, § 1061 Rn. 25; *Schack*, Internationales Zivilverfahrensrecht, 7. Aufl. 2017, Rn. 1477; umfassend zur Thematik *Nienaber*, Die Anerkennung und Vollstreckung im Sitzstaat aufgehobener Schiedssprüche, 2002; *Solomon*, Die Verbindlichkeit von Schiedssprüchen in der internationalen privaten Schiedsgerichtsbarkeit, 2007.

[99]*Born*, International Commercial Arbitration, 2. Aufl. 2014, S. 3638–3646.

[100]So Stein/Jonas/*Schlosser*, ZPO, 23. Aufl. 2014, Anhang zu § 1061 Rn. 311.

[101]Dies macht in der Sache auch das OLG Dresden v. 31.01.2007, 11 Sch 18/05, SchiedsVZ 2007, 327 (329), das ansonsten eher der Gegenauffassung zuneigt.

[102]BGH v. 06.10.2016, I ZB 13/15, NJW-RR 2017, 313, Rn. 56 m.w.N.

11.8 Vollstreckung ausländischer Schiedssprüche

der internationale Handelsverkehr auch bei inländischen Schiedssprüchen häufig in gleichem Maße betroffen wie bei ausländischen Schiedssprüchen. Führen etwa eine dänische und eine italienische Partei ein Schiedsverfahren in Deutschland durch, betrifft dies zweifelsohne den internationalen Handelsverkehr. Verklagen sich dagegen zwei deutsche Schiedsparteien vor einem Schiedsgericht in der Schweiz, besteht möglicherweise mit Ausnahme des Schiedsorts kein Bezug zum Ausland. Die Differenzierung zwischen inländischen und ausländischen Schiedssprüchen ist daher wenig überzeugend.[103]

Richtigerweise dürfte nicht nach dem Schiedsort, sondern zwischen reinen Inlandssachverhalten und Auslandssachverhalten zu differenzieren sein, und bei letzteren gegebenenfalls ein toleranterer Prüfungsmaßstab zugrunde zu legen sein, der auf ausländische Gerechtigkeitsvorstellungen hinreichend Rücksicht nimmt und nicht die allein aus deutscher Sicht wesentlichen Rechtsvorstellungen verabsolutiert. Nur Verstöße gegen international weitgehend einheitlich anerkannte Rechtsgrundsätze sollten bei Auslandssachverhalten als Versagungsgründe anerkannt werden.

Allerdings sind auch unter Zugrundelegung der von der Rechtsprechung aufgestellten Kategorien des ordre public interne und des ordre public international die Unterschiede eher gering.[104] Inhaltlich kommt es in beiden Fällen darauf an, ob Normen verletzt wurden, die die „Grundlagen des staatlichen oder wirtschaftlichen Lebens" regeln.[105] Auch der ordre public interne ist im deutschen Recht nur in Ausnahmefällen verletzt und umfasst nicht etwa – wie in anderen Staaten – alle zwingenden Rechtsnormen.[106]

Ein Verstoß gegen den ordre public international liegt beispielsweise bei arglistigem Verhalten einer Schiedspartei vor:

Beispiel

Die Parteien eines Liefervertrags führten ein Schiedsverfahren vor dem Internationalen Handels-Schiedsgericht bei der Industrie- und Handelskammer Russland. Im Verlaufe dieses Verfahrens schlossen die Parteien einen Vergleich und die Beklagte zahlte die vereinbarte Vergleichssumme. Das Schiedsgericht verurteilte die Beklagte gleichwohl, da ihm nicht mitgeteilt worden war, dass ein

---

[103] Vgl. *Sandrock*, „Gewöhnliche" Fehler in Schiedssprüchen: Wann können sie zur Aufhebung des Schiedspruchs führen? BB 2001, 2173 (2175 f.); *Bien*, Kartellrechtliche ordre-public-Kontrolle von Schiedssprüchen, ZZP 132 (2019), 93 (100), differenziert daher nach der Auswirkung auf den nationalen oder internationalen Markt.
[104] Vgl. *Pfeiffer*, LMK 2014, 356293: Unterscheidung „bedeutungslos".
[105] Vgl. zum ordre public interne oben Abschn. 11.5.10 und zum ordre public international BGH v. 06.10.2016, I ZB 13/15, NJW-RR 2017, 313, Rn. 55 f. m.w.N.; *Lachmann*, Handbuch für die Schiedsgerichtspraxis, 3. Aufl. 2008, Rn. 2651–2657.
[106] BGH v. 28.01.2014, III ZB 40/13, NJW 2014, 1597; MüKo-ZPO/*Adolphsen*, 5. Aufl. 2017, Art. V UNÜ Rn. 69.

Vergleich zustande gekommen war. Das Bayerische Oberste Landesgericht versagte die Anerkennung und Vollstreckung dieses Schiedsspruchs in Deutschland mit dem zutreffenden Hinweis auf den im internationalen Handel einzuhaltenden Grundsatz der Vertragstreue. Danach hätte es der Klägerin oblegen, den Vergleichsschluss dem Schiedsgericht mitzuteilen, anstatt einen Schiedsspruch gegen die Beklagte ergehen zu lassen. Dieses Verhalten der Klägerin bewertete das Gericht als einen so schwerwiegenden Verstoß gegen die Gebote von Fairness und Zusammenarbeit im internationalen Handel, dass der ordre public international als verletzt angesehen wurde.[107]

11.8.4 Präklusion von Versagungsgründen

Auch bei der Anerkennung und Vollstreckbarerklärung ausländischer Schiedssprüche stellt sich häufig die Frage, inwieweit das bisherige Verhalten der Parteien zu einer Präklusion von Versagungsgründen führt. Wegen der verschiedenen einschlägigen Rechtsordnungen ist allerdings häufig schwierig zu beurteilen, ob Präklusion eingetreten ist oder nicht. Prinzipiell kann dabei, ebenso wie bei der Vollstreckbarerklärung inländischer Schiedssprüche, an verschiedene Verhaltensweisen der Parteien angeknüpft werden:

- Bei Fehlern während des Schiedsverfahrens muss eine Schiedspartei grundsätzlich sofort eine Rüge beim Schiedsgericht erheben. Unterlässt sie dies, so ist eine spätere Berufung auf den Verfahrensfehler in der Regel präkludiert. Dies gilt auch bei ausländischen Schiedsverfahren.[108]
- Nach Abschluss des Schiedsverfahrens gelten auch nach ausländischem Schiedsverfahrensrecht häufig ähnliche Regelungen wie nach deutschem Schiedsverfahrensrecht, sodass Aufhebungsgründe innerhalb einer bestimmten Frist gerichtlich geltend zu machen und anderenfalls im Vollstreckbarerklärungsverfahren präkludiert sind.[109] Doch selbst wenn solche ausländischen Vorschriften existieren, ist fraglich, ob die Nichteinlegung von Rechtsbehelfen im Ausland auch zu einer Präklusion bei der Anerkennung und Vollstreckung in Deutschland führt. Während dies in der Literatur teilweise bejaht wird,[110] ist die Rechtsprechung mittlerweile eher zurückhaltend. Unter Geltung des alten Schiedsverfahrensrechts vor 1998 wandte der BGH den Präklusionsgedanken noch recht häufig an, vor allem in den Fällen, in denen sich eine Partei auf die Unwirksamkeit des Schiedsspruchs berief, obwohl sie die zur Feststellung der Unwirksamkeit im ausländischen

---

[107]BayObLG v. 20.11.2003, 4Z Sch 17/03, IHR 2004, 81, zitiert nach juris, v. a. Rn. 21 f.
[108]Stein/Jonas/*Schlosser*, ZPO, 23. Aufl. 2014, Anhang zu § 1061 Rn. 369 f.
[109]Beispiele bei *Born*, International Commercial Arbitration, 2. Aufl. 2014, S. 3379–3385.
[110]MüKo-ZPO/*Adolphsen*, 5. Aufl. 2017, Art. V UNÜ Rn. 12 („Zwang zum Auswärtsspiel"); *Born*, International Commercial Arbitration, 2. Aufl. 2014, S. 3384 f.

Recht vorgesehenen Rechtsbehelfe nicht ergriffen hatte.[111] Das neue Schiedsverfahrensrecht beruht allerdings auf dem UNCITRAL Modellgesetz, das keine Präklusion vorsieht. Unter der Geltung des § 1061 ZPO hat der BGH die Anforderungen an die Parteien verringert, sodass jetzt nur noch in seltenen Fällen von einer Präklusion auszugehen ist:

> **Beispiel**
>
> Die Parteien führten ein Schiedsverfahren vor der Internationalen Schiedskammer für Obst und Gemüse in Paris. Im Schiedsverfahren rügte die Beklagte die Zuständigkeit des Schiedsgerichts wegen Fehlens einer Schiedsvereinbarung. Das Schiedsgericht hielt sich jedoch für zuständig und erließ einen Schiedsspruch. Gegen diesen Schiedsspruch legte die Beklagte weder das Rechtsmittel zum Oberschiedsgericht noch einen Aufhebungsantrag zur Cour d'Appel de Paris ein. Präklusion trat dadurch jedoch nach Ansicht der deutschen Gerichte nicht ein. Die Beklagte konnte daher die Anerkennung und Vollstreckung des Schiedsspruchs in Deutschland erfolgreich gemäß Art. V Abs. 1 lit. a UNÜ verhindern, indem sie sich darauf berief, dass keine wirksame Schiedsvereinbarung abgeschlossen worden sei.[112]

Allgemein ist bei der Prüfung der Präklusion von Versagungsgründen zu beachten, dass es sich um einen Anwendungsfall von Treu und Glauben handelt:[113] Eine Schiedspartei, die sich nach Kenntniserlangung von bestimmten Mängeln im Schiedsverfahren nicht an die jeweils zuständige Stelle (Schiedsgericht oder staatliches Gericht) wendet, sondern das Verfahren in Kenntnis des Mangels fortsetzt, handelt widersprüchlich (*venire contra factum proprium*), wenn sie sich später im Anerkennungs- und Vollstreckbarerklärungsverfahren auf den Mangel beruft. Sofern die Schiedspartei dabei einen Vertrauenstatbestand für den anderen Teil ausgenutzt hat, kann ein derartiger Verstoß gegen Treu und Glauben zur Präklusion führen, wobei die jeweiligen ausländischen Besonderheiten mit zu berücksichtigen sind.

Aus dem Grundsatz von Treu und Glauben folgt aber auch, dass eine Präklusion nicht eintreten kann, wenn sich der Schiedsbeklagte überhaupt nicht am Schiedsverfahren beteiligt hatte, da er vertretbarerweise davon ausging, es läge keine Schiedsvereinbarung vor. In einem solchen Fall kann er die Unzuständigkeit des Schiedsgerichts jedenfalls auch im Anerkennungs- und Vollstreckbarerklärungsverfahren noch vorbringen, da man ihm hier seine Weigerung, am Verfahren teilzunehmen, nicht vorwerfen kann.[114]

---

[111] Vgl. etwa BGH v. 10.05.1984, III ZR 206/82, NJW 1984, 2763 (2764); zur Rechtsentwicklung vgl. BGH v. 16.12.2010, III ZB 100/09, NJW 2011, 1290, Rn. 5–9.
[112] OLG München v. 23.11.2009, 34 Sch 13/09, SchiedsVZ 2010, 50; BGH v. 16.12.2010, III ZB 100/09, NJW 2011, 1290.
[113] Vgl. BGH v. 16.12.2010, III ZB 100/09, NJW 2011, 1290, Rn. 17.
[114] Vgl. BayObLG v. 12.12.2002, 4Z Sch 16/02, NJW-RR 2003, 719 (720); MüKo-ZPO/Adolphsen, 5. Aufl. 2017, Art. V UNÜ Rn. 10.

11.8.5 Weitere Staatsverträge

Bei der Anerkennung und Vollstreckung ausländischer Schiedssprüche sind in bestimmten Fällen neben dem UNÜ weitere Staatsverträge zu berücksichtigen. Bei der Prüfung des Anwendungsbereichs dieser Staatsverträge kann es darauf ankommen, in welchen Staaten die Parteien ihren Sitz haben, in welchem Staat der Schiedsort liegt und in welchem Staat die Anerkennung und Vollstreckung beantragt wird.

Der zweitwichtigste multilaterale Staatsvertrag nach dem UNÜ ist insofern das EuÜ von 1961 (dazu allgemein bereits oben Abschn. 2.2). Soweit es die Anerkennung und Vollstreckung von Schiedssprüchen betrifft, ist vor allem dessen Art. IX von Bedeutung:

> **Art. IX – Aufhebung des Schiedsspruches**
> (1) Ist ein unter dieses Übereinkommen fallender Schiedsspruch in einem Vertragsstaat aufgehoben worden, so bildet dies in einem anderen Vertragsstaat nur dann einen Grund für die Versagung der Anerkennung oder der Vollstreckung, wenn die Aufhebung in dem Staat, in dem oder nach dessen Recht der Schiedsspruch ergangen ist, ausgesprochen worden ist, und wenn sie auf einem der folgenden Gründe beruht:
>
> a) die Parteien, die eine Schiedsvereinbarung geschlossen haben, waren nach dem Recht, das für sie persönlich maßgebend ist, in irgendeiner Hinsicht hierzu nicht fähig, oder die Vereinbarung ist nach dem Recht, dem die Parteien sie unterworfen haben, oder, falls die Parteien hierüber nichts bestimmt haben, nach dem Recht des Staates, in dem der Schiedsspruch ergangen ist, ungültig; oder
>
> b) die Partei, welche die Aufhebung des Schiedsspruches begehrt, ist von der Bestellung des Schiedsrichters oder von dem schiedsrichterlichen Verfahren nicht gehörig in Kenntnis gesetzt worden, oder sie hat aus einem anderen Grund ihre Angriffs- oder Verteidigungsmittel nicht geltend machen können; oder
>
> c) der Schiedsspruch betrifft eine Streitigkeit, die in der Schiedsabrede nicht erwähnt ist oder nicht unter die Bestimmungen der Schiedsklausel fällt, oder er enthält Entscheidungen, welche die Grenzen der Schiedsabrede oder der Schiedsklausel überschreiten; kann jedoch der Teil des Schiedsspruches, der sich auf Streitpunkte bezieht, die dem schiedsrichterlichen Verfahren unterworfen waren, von dem Teil, der Streitpunkte betrifft, die ihm nicht unterworfen waren, getrennt werden, so muß der erstgenannte Teil des Schiedsspruches nicht aufgehoben werden; oder
>
> d) die Bildung des Schiedsgerichts oder das schiedsrichterliche Verfahren hat der Vereinbarung der Parteien oder, mangels einer solchen Vereinbarung, den Bestimmungen des Artikels IV nicht entsprochen.

(2) Im Verhältnis zwischen Vertragsstaaten, die auch Vertragsparteien des New Yorker Übereinkommens vom 10. Juni 1958 über die Anerkennung und Vollstreckung ausländischer Schiedssprüche sind, hat Absatz 1 die Wirkung, die Anwendung des Artikels V Abs. 1 Buchstabe e des New Yorker Übereinkommens auf die Aufhebungsgründe zu beschränken, die in Absatz 1 dieses Artikels aufgezählt sind.

Art. IX EuÜ beschränkt die Ablehnung der Anerkennung und Vollstreckung von Schiedssprüchen in den Fällen, in denen sie im Ursprungsstaat aufgehoben worden sind. Wie Art. IX Abs. 2 EuÜ klarstellt, ist damit der Versagungsgrund des Art. V Abs. 1 lit. e UNÜ auf die Fälle beschränkt, die in Art. IX Abs. 1 EuÜ aufgezählt sind und die im Wesentlichen den Fällen des Art. V Abs. 1 lit. a bis e UNÜ entsprechen. Ausgenommen sind damit die Fälle des Art. V Abs. 2 lit. a und b UNÜ, in denen der Schiedsspruch wegen mangelnder objektiver Schiedsfähigkeit oder wegen Verstoßes gegen den ordre public, also aus rechts- und ordnungspolitischen Gründen, aufgehoben worden ist. Diese Gründe beurteilt nämlich jeder Staat für sich nach seinen eigenen Gerechtigkeitsvorstellungen, denen die Gerichte eines anderen Staates nicht unbedingt folgen müssen. Daher kann ein ausländischer Schiedsspruch in diesen Fällen vollstreckt werden, obwohl er im Ursprungsstaat aufgehoben worden ist.

Wie *Schlosser* zu Recht ausführt, kommt damit in Art. IX EuÜ ein durchaus bemerkenswerter Denkansatz zum Ausdruck: Da der Schiedsspruch keine nationale Gerichtsentscheidung ist, sondern nur die Entscheidung eines privaten Spruchkörpers, muss den Gerichten am Schiedsort keine alleinige Kompetenz zur Beurteilung dieser Entscheidung zukommen. Vielmehr steht es den Gerichten im Vollstreckungsstaat auch dann frei, den Schiedsspruch für wirksam zu halten, wenn die Gerichte im Ursprungsstaat ihn für unwirksam halten, genauso wie auch privatrechtliche Verträge von den Gerichten eines Staates als wirksam und von den Gerichten eines anderen Staates als unwirksam betrachtet werden können.[115] Dieser Gedanke kann auch außerhalb des Anwendungsbereichs des EuÜ fruchtbar gemacht werden (vgl. oben Abschn. 11.8.3.3).

Beispiel

Die Parteien schlossen 1970 einen Lizenzvertrag über die Herstellung kalorienarmer Erfrischungsgetränke und deren Vertrieb auf dem Gebiet Jugoslawiens ab. 1988 erließ das Außenhandelsschiedsgericht bei der Wirtschaftskammer Jugoslawiens einen Schiedsspruch, mit dem die Beklagte zur Zahlung verurteilt wurde. Dieser Schiedsspruch wurde 1992, nach dem Zusammenbruch Jugoslawiens und der Unabhängigkeit Sloweniens, vom Obersten Gericht der Republik Slowenien wegen Verstoßes gegen den ordre public für ungültig erklärt. Gleichwohl wurde der Schiedsspruch in Deutschland anerkannt und für vollstreckbar erklärt. Gemäß

---

[115] Stein/Jonas/*Schlosser*, ZPO, 23. Aufl. 2014, Anh. zu § 1061 Rn. 442.

Art. IX EuÜ blieb die Aufhebung im Ursprungsstaat nämlich unberücksichtigt.[116]

Ein weiterer wichtiger multilateraler Staatsvertrag, der die Vollstreckung von Schiedssprüchen regelt, ist das ICSID-Übereinkommen. Darauf wird im Zusammenhang mit der Investitionsschiedsgerichtsbarkeit näher eingegangen (unten Abschn. 12.8.2).

Bilaterale Staatsverträge haben neben den multilateralen Staatsverträgen keine große Bedeutung mehr. Im Einzelfall können sie gleichwohl anwendbar sein und zu Modifikationen im Anerkennungsregime führen. Einschlägig sind etwa Abkommen mit Italien, der Schweiz, den USA, der früheren Sowjetunion, Österreich, Griechenland, den Niederlanden, Belgien und Tunesien.[117] Wenn auf diese Weise sowohl bilaterale als auch multilaterale Staatsverträge anwendbar sind, gilt meist das Günstigkeitsprinzip, wonach sich die Partei, die die Anerkennung und Vollstreckung begehrt, auf die anerkennungsfreundlichste Regelung berufen kann (Art. VII UNÜ).[118]

11.8.6 Verfahren und Entscheidung

Das Verfahren über die Anerkennung und Vollstreckung ausländischer Schiedssprüche entspricht dem Verfahren bei inländischen Schiedssprüchen und richtet sich ebenfalls nach den §§ 1062–1065 ZPO (dazu bereits oben Abschn. 11.2 und 11.3). Die besonderen Voraussetzungen des Art. IV UNÜ, wonach etwa auch die Schiedsvereinbarung in beglaubigter Form vorzulegen ist, finden in Deutschland keine Anwendung, da die §§ 1062–1065 ZPO diese Anforderungen nicht kennen und daher als anerkennungsfreundlichere Regelungen vorgehen (Art. VII UNÜ).[119]

Die Entscheidung des Oberlandesgerichts ergeht auch hier in Beschlussform (§ 1063 Abs. 1 ZPO). Hält das Gericht die Voraussetzungen der Anerkennung und Vollstreckung für erfüllt, so erklärt es den Schiedsspruch für vollstreckbar. Anderenfalls stellt es fest, dass der Schiedsspruch im Inland nicht anzuerkennen ist (§ 1061 Abs. 2 ZPO). Darin liegt ein wichtiger Unterschied zur Entscheidungsweise bei inländischen Schiedssprüchen: Während hier die Versagung der Vollstreckbarerklärung stets mit einer Aufhebung des Schiedsspruchs verknüpft ist (§ 1060 Abs. 2 S. 1 ZPO), ist dies bei einem ausländischen Schiedsspruch nicht möglich, da dieser nur im Ursprungsstaat aufgehoben werden kann. Selbst wenn ein ausländischer Schiedsspruch also in Deutschland nicht anzuerkennen ist, kann die begünstigte Partei gleichwohl in anderen Staaten versuchen, den Schiedsspruch dort für vollstreckbar erklären zu lassen.

---

[116]OLG München v. 13.02.1995, 17 U 6591/93, juris, Rn. 17.

[117]Dazu im Einzelnen Stein/Jonas/*Schlosser*, ZPO, 23. Aufl. 2014, Anh. zu § 1061 Rn. 489–501.

[118]Dazu MüKo-ZPO/*Adolphsen*, 5. Aufl. 2017, Art. VII UNÜ Rn. 11–13.

[119]Dazu etwa OLG Köln v. 23.04.2004, 9 Sch 01/03, SchiedsVZ 2005, 163.

Einen Sonderfall regelt § 1061 Abs. 3 ZPO: Wenn der Schiedsspruch nach der Vollstreckbarerklärung durch das zuständige ausländische Gericht aufgehoben wird, kann in Deutschland die Aufhebung der Vollstreckbarerklärung beantragt werden. Damit ist ein besonderes Gerichtsverfahren möglich, im Rahmen dessen das Oberlandesgericht zu prüfen hat, ob die Aufhebung der Entscheidung im Ausland auch die Vollstreckbarkeit im Inland beeinträchtigt. Dies ist keineswegs automatisch der Fall, wie etwa die Fälle des Art. IX EuÜ zeigen (vgl. oben Abschn. 11.8.5).

11.9 Vorläufige Vollstreckung

Eine besondere Rechtsschutzmöglichkeit für die im Schiedsverfahren erfolgreiche Partei stellt die vorläufige Vollstreckung gemäß § 1063 Abs. 3 ZPO dar.[120] Nach dieser Vorschrift wird der Vorsitzende des Zivilsenats am Oberlandesgericht ermächtigt, die Vollstreckung aus dem Schiedsspruch sofort zuzulassen, bevor über den eigentlichen Antrag auf Vollstreckbarerklärung entschieden worden ist, und sogar ohne dass der Gegner zuvor angehört werden muss.

Hintergrund dieser Regelung, die auf die Vollstreckung inländischer wie ausländischer Schiedssprüche gleichermaßen anwendbar ist, ist die Dauer des Verfahrens vor dem Oberlandesgericht. Das Vollstreckbarerklärungsverfahren nimmt stets eine gewisse Zeit in Anspruch, während derer die Interessen der obsiegenden Partei beeinträchtigt werden können. Schafft der Gegner etwa die im Inland befindlichen Vermögenswerte beiseite, nützt die Vollstreckbarerklärung des Schiedsspruchs praktisch nichts mehr. Bei gerichtlichen Verfahren wird dieser Situation dadurch vorgebeugt, dass schon die erstinstanzliche Entscheidung für vorläufig vollstreckbar erklärt wird (§§ 708 ff. ZPO), sodass die erfolgreiche Partei vollstrecken kann, auch wenn das Gerichtsverfahren in Berufungs- und Revisionsinstanz noch weiter läuft. Da der Schiedsspruch funktional insofern einer erstinstanzlichen Gerichtsentscheidung gleichsteht, ist es gerechtfertigt, dass auch aus einem Schiedsspruch vorläufig vollstreckt werden kann, bevor das Vollstreckbarerklärungsverfahren abgeschlossen ist.

Die vorläufige Vollstreckbarkeit von Schiedssprüchen gemäß § 1063 Abs. 3 ZPO ist eine Besonderheit des deutschen Rechts, die über das UNÜ und das UNCITRAL Modellgesetz hinausgeht. Sie macht Deutschland zu einem bevorzugten Ort für die Zwangsvollstreckung von Schiedssprüchen, wenn der Antragsgegner Vermögen im Inland hat.

Der notwendige Schutz des Antragsgegners, der in vielen Fällen vorher nicht angehört worden ist, wird zum einen durch die Möglichkeit der Gegenvorstellung sichergestellt. Der Antragsgegner kann sich jederzeit mit Einwendungen gegen die

---

[120]Dazu *Sessler/Schreiber*, Ausgewählte Rechtsfragen der Sicherungsvollstreckung gemäß § 1063 Abs. 3 ZPO, SchiedsVZ 2006, 119–127; *Herzberg/Eller*, Germany, Place of Enforcement? Die Sicherungsanordnung zur Vollstreckung aus Schiedssprüchen gemäß § 1063 Abs. 3 ZPO, SchiedsVZ 2018, 336–343.

vorläufige Vollstreckung an das OLG wenden, woraufhin der Vorsitzende die Sache überprüft und seinen Beschluss gegebenenfalls wieder aufhebt bzw. abändert.[121] Zum anderen darf die Vollstreckung nicht über Sicherungsmaßnahmen hinausgehen (§ 1063 Abs. 3 S. 2 ZPO). Wie bei § 720a ZPO darf der Antragsteller also beispielsweise eine Pfändung bewirken, nicht aber die Verwertung des gepfändeten Gegenstands. Endgültiger Verlust droht dem Antragsgegner daher nicht. Schließlich hat der Antragsgegner auch die Möglichkeit, Sicherheit zu leisten, um die Vollstreckung abzuwenden (§ 1063 Abs. 3 S. 3 ZPO). Durch die Sicherheitsleistung wird die vorläufige Vollstreckung beendet, weil der Antragsteller in die Lage versetzt worden ist, seine Ansprüche bei einer späteren Vollstreckbarerklärung des Schiedsspruchs aus der Sicherheit zu realisieren.

Beispiel

Das Königreich Thailand wurde 2009 von einem ad hoc-Schiedsgericht in der Schweiz zur Zahlung von Schadensersatz in Höhe von rund 29 Mio. Euro an den Insolvenzverwalter der deutschen Walter Bau AG verurteilt.[122] Da Thailand das Schiedsgericht jedoch für unzuständig hielt und dies auch von Anfang an im Verfahren vorgebracht hatte, verweigerte Thailand die Zahlung. Der Insolvenzverwalter beantragte daraufhin beim Kammergericht Berlin erfolgreich die vorläufige Vollstreckung des Schiedsspruchs gemäß § 1063 Abs. 3 ZPO und ließ im Juli 2011 vom zuständigen Gerichtsvollzieher eine Boeing 737, die dem thailändischen Kronprinzen gehörte, auf dem Flughafen München pfänden. Thailand leistete daraufhin eine Sicherheit in Form einer Bürgschaft, sodass das Flugzeug wieder freigegeben wurde.[123] Das Verfahren über die Anerkennung und Vollstreckung des Schiedsspruchs lief anschließend weiter und wurde 2016 zugunsten des Insolvenzverwalters abgeschlossen.[124] Dieser konnte dann zur Realisierung seiner Forderung zwar nicht auf das Flugzeug, wohl aber auf die Bürgschaft zugreifen.

11.10 Materielle Einwendungen im Vollstreckungsverfahren

Bisweilen können materielle Einwendungen gegen den mit dem Schiedsspruch festgestellten Anspruch auch noch im Vollstreckbarerklärungsverfahren vor dem Oberlandesgericht geltend gemacht werden. Grundsätzlich muss der Schuldner

---

[121] Stein/Jonas/*Schlosser*, ZPO, 23. Aufl. 2014, § 1063 Rn. 35; *Sessler/Schreiber*, Ausgewählte Rechtsfragen der Sicherungsvollstreckung gemäß § 1063 Abs. 3 ZPO, SchiedsVZ 2006, 119 (124).
[122] Schiedsspruch vom 01.07.2009, https://www.italaw.com/sites/default/files/case-documents/ita0067.pdf. Zugegriffen am 16.05.2019.
[123] Vgl. KG v. 04.06.2012, 20 Sch 10/11, SchiedsVZ 2013, 112 (114); Pressebericht von n-tv v. 13.07.2011, https://www.n-tv.de/politik/Walter-Bau-laesst-Boeing-pfaenden-article3802856.html. Zugegriffen am 16.05.2019.
[124] BGH v. 06.10.2016, I ZB 13/15, SchiedsVZ 2018, 53.

11.10 Materielle Einwendungen im Vollstreckungsverfahren

freilich alle Einwendungen, die er gegen den Anspruch geltend macht, schon vor dem Schiedsgericht vortragen. Unterlässt er dies und entscheidet das Schiedsgericht, so entfaltet der Schiedsspruch Rechtskraft (§ 1055 ZPO), was die Geltendmachung weiterer Einwendungen gegen die festgestellte Forderung ausschließt. Gleiches gilt auch dann, wenn der Schuldner die Einwendung vorgetragen, das Schiedsgericht sie inhaltlich geprüft und abgelehnt hat. Im Vollstreckbarerklärungsverfahren können daher nur noch solche Einwendungen erfolgreich geltend gemacht werden, die im Schiedsverfahren nicht vorgebracht werden konnten, weil sie erst nach der letzten mündlichen Verhandlung bzw. nach dem vom Schiedsgericht festgelegten Zeitpunkt, bis zu dem weiterer Parteivortrag zulässig ist (*cut-off date*), entstanden sind. Es sind insofern die zu § 767 Abs. 2 ZPO entwickelten Grundsätze anzuwenden.[125]

Wichtigster Einwand gegen den Anspruch ist die Erfüllung. Hat der Schuldner den im Schiedsspruch festgestellten Anspruch nach dem Schluss der mündlichen Verhandlung bzw. nach dem *cut-off date* erfüllt und beantragt der Gläubiger gleichwohl die Vollstreckbarerklärung, so kann der Schuldner die Erfüllung im Verfahren vor dem Oberlandesgericht vortragen und unter Beweis stellen. Das Oberlandesgericht wird dann darüber befinden und die Vollstreckbarerklärung ablehnen. Anderenfalls müsste der Schuldner eine separate Vollstreckungsgegenklage nach § 767 Abs. 1 ZPO erheben, was unnötigen prozessualen Aufwand und zusätzliche Kosten bedeuten würde.[126] Dass das Oberlandesgericht auf diese Weise gezwungen wird, erstinstanzlich über materiellrechtliche Einwendungen zu entscheiden, liegt in der Natur der Sache: Das OLG ist das „Prozessgericht des ersten Rechtszuges" im Sinne des § 767 Abs. 1 ZPO, sodass es auch für eine Vollstreckungsgegenklage zuständig wäre.[127]

Auch die Aufrechnung mit einer Gegenforderung wird häufig als materiellrechtliche Einwendung im Vollstreckbarerklärungsverfahren geltend gemacht. Insofern kommt es für die Frage der Präklusion wie bei § 767 Abs. 2 ZPO darauf an, ob bereits im Schiedsverfahren hätte aufgerechnet werden können, also die Aufrechnungslage bereits bestand. Ist dies der Fall, kann in der Regel im späteren Vollstreckbarerklärungsverfahren nicht mehr aufgerechnet werden. Ausnahmen bestehen nur dann, wenn die Aufrechnung im Schiedsverfahren zwar vorgebracht wurde, aber das Schiedsgericht nicht darüber entschieden hat, etwa weil es seine Zuständigkeit für die Gegenforderung verneint hat. In diesem Fall kann die Aufrechnung auch später noch vorgetragen werden und ist dann inhaltlich vom OLG zu prüfen.[128]

Schwierigkeiten entstehen dann, wenn die vom Schuldner geltend gemachte Gegenforderung schiedsgebunden ist. Beruft sich der Gläubiger in dieser Situation auf die Schiedsvereinbarung, kann die Einwendung im Vollstreckbarerklärungsverfahren nicht berücksichtigt werden (§ 1032 Abs. 1 ZPO analog).

---

[125]BGH v. 08.11.2007, III ZB 95/06, SchiedsVZ 2008, 40, Rn. 31 f.; Musielak/*Voit*, ZPO, 16. Aufl. 2019, § 1060 Rn. 12.
[126]Dazu *Wolff*, Grundzüge des Schiedsverfahrensrechts, JuS 2008, 108 (113).
[127]BGH v. 30.09.2010, III ZB 57/10, NJW-RR 2011, 213, Rn. 10.
[128]BGH v. 30.09.2010, III ZB 57/10, NJW-RR 2011, 213, Rn. 8; OLG Köln v. 23.04.2004, 9 Sch 01/03, SchiedsVZ 2005, 163 (165).

Rechnet der Schuldner also mit einer Forderung auf, die einer Schiedsvereinbarung unterliegt, so kann das OLG dies nur berücksichtigen, wenn der Gläubiger nicht die Schiedseinrede erhebt. Anderenfalls wird es den Schiedsspruch für vollstreckbar erklären und der Schuldner muss seine Gegenforderung in einem separaten Schiedsverfahren gegen den Gläubiger geltend machen.[129]

---

[129] BGH v. 30.09.2010, III ZB 57/10, NJW-RR 2011, 213, Rn. 12; vgl. zu weiteren Details Musielak/*Voit*, ZPO, 16. Aufl. 2019, § 1029 Rn. 24 f., § 1030 Rn. 7, § 1060 Rn. 12.

Besondere Verfahrensarten 12

12.1 Schiedsgutachten

Das Schiedsgutachten (*expert determination*) ist eine in ganz verschiedenen Situationen nutzbare Rechtsinstitution, deren Gemeinsamkeit mit dem Schiedsverfahren darin besteht, dass eine dritte Person als Entscheidungsträger herangezogen wird. Im Unterschied zum Schiedsverfahren trifft dieser Dritte jedoch keine echte justizielle Entscheidung. Daher sind nur wenige Grundsätze des Schiedsverfahrens auf das Schiedsgutachtenverfahren übertragbar; im Übrigen ist ein Schiedsgutachten gerade kein Schiedsverfahren und darf damit auch keinesfalls verwechselt werden.

12.1.1 Abgrenzung zum Schiedsverfahren

Ein Schiedsgutachtenverfahren wird ebenso wie ein Schiedsverfahren durch eine Parteivereinbarung begründet und ist von dieser abhängig. Der entscheidende Unterschied zwischen den beiden Verfahrensarten liegt im Inhalt dieser Parteivereinbarung: Möchten die Parteien eine dritte Person bestellen, die an Stelle des staatlichen Richters verbindlich und abschließend entscheidet, so handelt es sich um eine Schiedsvereinbarung. Möchten die Parteien dagegen, dass nach der Entscheidung des Dritten gegebenenfalls noch ein staatliches Gerichtsverfahren – oder auch ein Schiedsverfahren – stattfinden kann und dabei die Entscheidung des Dritten inhaltlich überprüft wird, so handelt es sich um eine Schiedsgutachtenvereinbarung.[1]

Die Bezeichnung der Vereinbarung ist also jedenfalls unerheblich. Gerade für juristische Laien sind die Unterschiede zwischen Schiedsverfahren und Schiedsgutachtenverfahren nicht ohne Weiteres ersichtlich, aber auch manche Juristen

---

[1] Vgl. zur Abgrenzung BGH v. 25.06.1952, II ZR 104/51, NJW 1952, 1296; v. 17.05.1967, VIII ZR 58/66, NJW 1967, 1804; OLG München v. 23.12.2015, 34 SchH 10/15, NJW 2016, 1964 Rn. 10–12; MüKo-ZPO/*Münch*, 5. Aufl. 2017, Vor § 1025 Rn. 79.

verwenden diese Begriffe unzutreffend. Entscheidend ist daher nur der wahre Wille der Parteien, der unter Berücksichtigung der objektiven Interessenlage festzustellen ist.

Als Abgrenzungskriterium zwischen Schiedsrichtern und Schiedsgutachtern wird häufig auch darauf abgestellt, dass Schiedsrichter einen Rechtsstreit insgesamt entscheiden, während Schiedsgutachter nur über einzelne Fragen tatsächlicher oder auch rechtlicher Art entscheiden.[2] Dieses Kriterium ist zwar im Regelfall brauchbar, doch führt es nicht immer zur richtigen Abgrenzung. Es gibt durchaus auch Schiedsrichter, die nur über einzelne Aspekte eines Rechtsstreits entscheiden. Aufgrund der Vertragsfreiheit steht es den Parteien nämlich frei, eine sachlich begrenzte Schiedsklausel zu vereinbaren, die dem Schiedsrichter nur die Befugnis zur Entscheidung einzelner Ansprüche verleiht. Auch sind Schiedsverfahren möglich, bei denen nur über den Anspruchsgrund entschieden werden soll, dies aber mit verbindlicher Wirkung. In allen diesen Fällen kann eine Abgrenzung zum Schiedsgutachter nur über die fehlende gerichtliche Überprüfungsbefugnis erreicht werden. Umgekehrt kann ein Schiedsgutachter mit einem weitreichenden Auftrag versehen werden, beispielsweise wenn ein Sachverständiger beim Unternehmenskaufvertrag sowohl über die Frage der Verletzung von Garantien als auch über die Höhe der daraus resultierenden Schadensersatzzahlungen befinden soll. In diesem Fall hat er einen ähnlichen Prüfungsumfang wie ein Schiedsrichter, sodass eine Abgrenzung nicht anhand des Kriteriums der punktuellen Entscheidungsbefugnis, sondern nur anhand der Möglichkeit einer gerichtlichen Überprüfung seiner Entscheidung erfolgen kann. Das Abgrenzungskriterium der punktuellen Entscheidungsbefugnis ist daher nur typologischer, nicht aber rechtsdogmatischer Art. Als Richtschnur ist es gleichwohl meist brauchbar.

Gleiches gilt für die Abgrenzung von Schiedsrichtern und Schiedsgutachtern anhand ihres jeweiligen Prüfungsbereichs: Während ein Schiedsgutachter in der Regel nur über Tatsachenfragen entscheidet, hat ein Schiedsrichter Tatsachen- und Rechtsfragen zu beurteilen. Doch auch von dieser Regel gibt es Ausnahmen. So können einem Schiedsgutachter bei entsprechender Parteivereinbarung auch oder sogar ausschließlich Rechtsfragen zur Entscheidung anvertraut werden.[3] Entscheidend ist daher nur, ob seine Entscheidung vom Gericht anschließend inhaltlich überprüft werden kann.

Das Abgrenzungskriterium der gerichtlichen Überprüfbarkeit wurde schon im antiken römischen Recht entwickelt. Der römische Jurist Proculus (1. Jh. v.Chr.) stellte fest, dass es zwei Arten von Schiedsrichtern (Lat. *arbitri*) gebe: einen *arbiter*, dessen Entscheidung immer verbindlich sei, auch wenn sie ungerecht ist, und einen anderen *arbiter*, dessen Entscheidung am Maßstab billigen Ermessens überprüft werden könne. Nur der zuerst genannte *arbiter* sei ein Schiedsrichter im technischen

---

[2]*Schack*, Internationales Zivilverfahrensrecht, 7. Aufl. 2017, Rn. 1264; MüKo-ZPO/*Münch*, 5. Aufl. 2017, Vor § 1025 Rn. 75; *Lotz*, Anm. zu OLG München v. 23.12.2015, NJW 2016, 1966.
[3]Dazu *Kasolowsky/Schnabl*, Schiedsgutachten als Alternative zu Schiedsverfahren bei Streit über Rechtsfragen, SchiedsVZ 2012, 84–88.

Sinne (*arbiter ex compromisso*).[4] Im heutigen Recht folgt aus § 319 Abs. 1 BGB, dass die Entscheidung des Schiedsgutachters am Maßstab der Billigkeit überprüft werden kann. Dagegen kann die Entscheidung des Schiedsrichters auch heute nicht inhaltlich überprüft werden (Verbot der *révision au fond*, vgl. oben Abschn. 11.5.1).

12.1.2 Anwendbare Rechtsvorschriften

Nachdem der Gesetzgeber das Schiedsgutachtenverfahren nicht gesondert geregelt hat, richtet sich seine rechtliche Beurteilung hauptsächlich nach der Parteivereinbarung. Die Schiedsgutachtenvereinbarung ist ein normaler materiellrechtlicher Vertrag, für den ergänzend die §§ 317–319 BGB gelten. Danach können die Parteien die Entscheidung des Schiedsgutachters im Verfahren vor dem staatlichen Gericht – oder auch vor einem gesondert vereinbarten Schiedsgericht – kontrollieren lassen, indem sie vortragen, dass die Entscheidung unbillig oder unrichtig sei. Das Gericht wird dann prüfen, ob sich die Entscheidung in einem gewissen Rahmen der Vertretbarkeit hält. Dem Schiedsgutachter wird also durchaus ein eigener Entscheidungsspielraum zugestanden; seine Entscheidung wird nach ständiger Rechtsprechung des BGH nur auf „offenbare" Unrichtigkeit überprüft. Offenbare Unrichtigkeit liegt vor, wenn sich einem sachkundigen und unbefangenen Beobachter Fehler „aufdrängen". Ausreichend ist es allerdings auch, wenn die Ausführungen des Schiedsgutachters so lückenhaft sind, dass das Ergebnis nicht nachvollziehbar ist.[5] Ist die Entscheidung des Schiedsgutachters offenbar unrichtig, so entscheidet an seiner Stelle das Gericht (§ 319 Abs. 1 BGB).

Die Vorschriften über das Schiedsverfahren (§§ 1025 ff. ZPO) sind dagegen nicht anwendbar. Möchte eine Vertragspartei also beispielsweise den Schiedsgutachter ablehnen, weil sie an dessen Neutralität zweifelt, kann dies nicht im Wege eines Verfahrens nach § 1037 ZPO erfolgen.[6] Die Vertragspartei kann bei Befangenheit des Schiedsgutachters aber den Schiedsgutachtenvertrag aus wichtigem Grund kündigen (§ 626 BGB) oder auch später im Gerichtsverfahren einwenden, dass der Gutachter nicht unparteiisch und unabhängig war und sein Gutachten daher unbillig und gemäß § 319 Abs. 1 BGB unbeachtlich ist.[7]

Streitig ist, ob der Schiedsgutachter den Parteien rechtliches Gehör gewähren muss. In einer älteren Entscheidung hat der BGH eine solche Pflicht abgelehnt.[8] In

---

[4]D. 17,2,76 (Proc. 5 epist.).
[5]BGH v. 17.05.1991, V ZR 104/90, NJW 1991, 2698 m.w.N.; zum Kontrollmaßstab vgl. auch *Wagner*, Prozeßverträge, 1998, S. 668–670.
[6]OLG München v. 23.12.2015, 34 SchH 10/15, NJW 2016, 1964 (wo allerdings auf § 1034 ZPO abgestellt wurde); a.A. *Wagner*, Prozeßverträge, 1998, S. 676 f.
[7]OLG Köln v. 11.05.2001, 19 U 27/00, BeckRS 2001, 30180259 unter I.2.b) der Gründe.
[8]BGH v. 25.06.1952, II ZR 104/51, NJW 1952, 1296.

der jüngeren Rechtsprechung[9] und Literatur[10] wird dies jedoch zu Recht anders gesehen. Da ein Schiedsgutachter von den Parteien als neutraler Dritter zur Entscheidungsfindung beauftragt wird, hat er die Grundsätze eines fairen Verfahren einzuhalten, wozu insbesondere der Rechtsgedanke des § 1042 Abs. 1 ZPO gehört. Diese Bestimmung ist daher im Schiedsgutachtenverfahren analog anzuwenden: Auch der Schiedsgutachter muss die Parteien gleich behandeln und ihnen vor Abschluss seiner Entscheidung die Möglichkeit einräumen, zur Sache Stellung zu beziehen. Anderenfalls wird seine Entscheidung im Regelfall als unbillig und damit gemäß § 319 Abs. 1 BGB als unverbindlich anzusehen sein.

12.1.3 Typische Anwendungsfälle

Schiedsgutachten werden in der Praxis häufig eingesetzt, um eine verbindliche Wertbestimmung zwischen den Parteien zu erreichen:

Beispiel[11]

In einem notariellen Mietvertrag über ein Grundstück wurde 1975 ein Ankaufrecht für den Mieter vereinbart, das dieser beim Tod des Vermieters ausüben können sollte. Der Kaufpreis sollte in diesem Fall 350.000 DM betragen und sich um den Betrag erhöhen oder ermäßigen, um den sich der Verkehrswert des Grundstücks in Zukunft veränderte. Außerdem vereinbarten die Parteien, dass bei einem Streit über den Verkehrswert ein „vereidigter Sachverständiger für alle Beteiligten verbindlich die erforderlichen Feststellungen treffen" solle. Elf Jahre später starb der Vermieter und der Mieter übte sein Ankaufrecht aus. Da sich die Parteien nicht über den Verkehrswert einigen konnten, wurde dieser durch den Sachverständigen festgelegt.

Dass es sich bei dem Sachverständigen hier um einen Schiedsgutachter handelt, ergibt sich schon aus dem typologischen Kriterium, dass der Sachverständige nur über einen einzelnen Punkt, den Verkehrswert des Grundstücks, zu entscheiden hat. Zum anderen ist aber auch kein Parteiwille dahingehend erkennbar, dass bei einem Streit der Weg zum Gericht endgültig versperrt sein soll.

Der Sinn und Zweck eines Schiedsgutachtenverfahrens ist hier unmittelbar einsichtig: Die Parteien wollten schon 1975 einen verbindlichen Kaufvertrag schließen, konnten aber nicht wissen, wann der Vermieter sterben werde und wieviel das Grundstück dann wert sein würde. Der Schiedsgutachtenvertrag

---

[9]OLG Düsseldorf v. 19.06.2007, 24 U 210/06, BeckRS 2007, 14899 unter II.1.b.aa.(3) der Gründe; LG Frankfurt a.M. v. 25.07.1988, 2/24 S 102/87, NJW-RR 1988, 1132 (1133).
[10]Sehr klar etwa Stein/Jonas/*Schlosser*, ZPO, 23. Aufl. 2014, Vor § 1025 Rn. 70; weiter differenzierend *Wagner*, Prozeßverträge, 1998, S. 671–679.
[11]BGH v. 17.05.1991, V ZR 104/90, NJW 1991, 2698 m.w.N.

ermöglicht es hier, die Festsetzung des Kaufpreises einstweilen offen zu lassen und den Kaufvertrag gleichwohl wirksam abzuschließen, da der zukünftige Kaufpreis dann gegebenenfalls durch den Schiedsgutachter bestimmt wird.

Ähnliche tatsächliche Festsetzungen durch einen Schiedsgutachter erfolgen häufig, wenn für einen Berater ein angemessenes Honorar festgesetzt werden soll oder wenn bei einem Unternehmenskaufvertrag die Bestimmung des Kaufpreises bzw. seiner einzelnen Bestandteile anhand des Unternehmenswerts festgelegt werden soll.

Da dem Schiedsgutachter in allen diesen Fällen ein gewisser Ermessensspielraum zur Ausfüllung des zwischen den Parteien geschlossenen Vertrags zukommt, spricht man auch von einem Schiedsgutachten im weiteren Sinne.[12]

Als Schiedsgutachten im engeren Sinne bezeichnet man dagegen ein Schiedsgutachten, bei dem der Schiedsgutachter zu einzelnen Fragen Feststellungen trifft und darüber entscheidet, ohne dass ihm dabei ein Wertungsspielraum zur Ausfüllung des Vertrags zustünde. Häufigstes Beispiel dafür ist die Feststellung von Mängeln an Bauwerken, Anlagen oder auch Schiffen:

> **Beispiel**
>
> Eine Gesellschaft mit Sitz auf der Insel Guernsey bestellte bei einer finnischen Schiffswerft eine Segelyacht. Im Schiffsbauvertrag waren folgende Streitbeilegungsklauseln enthalten:
>
> 16.2.1 Technical disputes (being disputes, differences or claims regarding any technical matter arising out of, or relating to or in connection with the construction of the Vessel) shall at the written request of either Party be referred to a mutually acceptable technical expert who shall act as such (and not as an arbitrator) and whose opinion on the matter shall be final and binding upon the Parties. [...]
> 16.2.2 All other disputes arising out [sic!] or in connection with this Contract shall be submitted to and settled by arbitration in Hamburg in accordance with the G.M.A.A.-Rules (latest edition). Any arbitration to be conducted in English language [sic!].
>
> Diese beiden Klauseln sind recht eindeutig formuliert: Hinsichtlich technischer Fragen soll ein Sachverständiger (*technical expert*) mit bindender Wirkung entscheiden, aber nicht als Schiedsrichter (*not as an arbitrator*). Ziff. 16.2.1 enthält also eine Schiedsgutachtenvereinbarung, und zwar im engeren Sinne, da der Sachverständige nur über den vertragsgemäßen und mangelfreien Bau der Segelyacht, nicht aber über eine Anpassung und Ausfüllung des Vertrags entscheiden soll. Ziff. 16.2.2 enthält zusätzlich eine Schiedsklausel zugunsten der German Maritime Arbitration Association.[13]

---

[12]BGH v. 14.01.2016, I ZB 50/15, NJW-RR 2016, 703, Rn. 11; BGH v. 26.04.1991, V ZR 61/90, NJW 1991, 2761; zu den Ursprüngen dieser Rechtsprechung vgl. *Wagner*, Prozeßverträge, 1998, S. 657.
[13]Zu dieser Schiedsgerichtsinstitution vgl. auch oben Abschn. 5.4.2.2.

Nach Auslieferung der Segelyacht eröffnete die Bestellerin ein Schiedsverfahren gegen die Werft und machte Mängelbeseitigungskosten in Höhe von rund 11 Mio. Euro sowie Schadensersatz geltend. Die Werft bestritt die Zuständigkeit des Schiedsgerichts, da bei technischen Fragen ausschließlich das Schiedsgutachtenverfahren durchzuführen und das Schiedsverfahren daher unzulässig sei. Jedenfalls aber sei mangels vorheriger Durchführung des Schiedsgutachtenverfahrens das Schiedsverfahren zur Zeit unbegründet.[14] Das OLG Hamburg[15] und der BGH[16] folgten dieser Argumentation zu Recht nicht. Würde man nämlich annehmen, dass tatsächlich bei technischen Fragen nur das Verfahren nach Ziff. 16.2.1 durchzuführen sei, würde dies bedeuten, dass anschließend, nachdem der Sachverständige den Zustand des Schiffes beurteilt hat, über die daraus gegebenenfalls resultierenden Zahlungsansprüche der Parteien ein staatliches Gericht zu befinden hätte. Einen derartigen Willen der Parteien kann man den beiden Klauseln aber nicht entnehmen. Vielmehr wollten die Parteien ersichtlich, dass über alle etwaigen Zahlungsansprüche und sonstigen rechtlichen Verbindlichkeiten das Schiedsgericht nach Ziff. 16.2.2 entscheidet. Das zweite Argument der Werft ist auch nicht tragfähig, denn selbst wenn das Schiedsverfahren voraussetzen würde, dass zuvor hinsichtlich der technischen Fragen ein Schiedsgutachtenverfahren durchgeführt wurde, so würde dies nicht die Zuständigkeit des Schiedsgerichts berühren. Die Gerichte wiesen den Antrag der Werft auf Feststellung der Unzuständigkeit des Schiedsgerichts gemäß § 1040 Abs. 3 S. 2 ZPO daher zurück.

Ein Schiedsgutachten im engeren Sinne wird häufig auch zur Feststellung von Mängeln bei Gütern im Großhandel verwendet. Dieses Schiedsgutachtenverfahren wird „Qualitätsarbitrage" (*commodity arbitration*) genannt und hat im internationalen Warenhandel eine erhebliche Bedeutung. Bei der Qualitätsarbitrage stellen einer oder mehrere Sachverständige fest, ob die gelieferte Ware mit den vertraglichen Spezifikationen übereinstimmt. Bei etwaigen Mängeln beurteilen sie dann häufig auch den daraus folgenden Minderwert der Ware.[17] In Deutschland wird beispielsweise beim Handel mit Lebensmitteln die Qualitätsarbitrage beim Waren-Verein der Hamburger Börse e.V. genutzt.

12.1.4 Adjudikation in Bausachen

Größere Verbreitung haben Schiedsgutachtenverfahren auch im Rahmen von Bau- und Anlagenbauverträgen. Hier spielt es einerseits eine Rolle, dass es häufig um technische Fragen geht, wofür ohnehin meist ein Sachverständiger zu Rate gezogen

---

[14]Vgl. OLG Hamburg v. 27.05.2015, 6 Sch 3/15, BeckRS 2016, 4240, Rn. 9.
[15]OLG Hamburg v. 27.05.2015, 6 Sch 3/15, BeckRS 2016, 4240, v. a. Rn. 27.
[16]BGH v. 14.01.2016, I ZB 50/15, NJW-RR 2016, 703, dazu *Pickenpack*, DB 2016, 1244 f.
[17]Stein/Jonas/*Schlosser*, ZPO, 23. Aufl. 2014, Vor § 1025 Rn. 43.

werden muss. Hinzu kommt der Umstand, dass ein Schiedsgutachter schneller entscheiden kann als ein Schiedsrichter oder ein staatlicher Richter, und daher für alle Streitigkeiten, die während der Bauausführung auftreten, vorzugsweise heranzuziehen ist. Eine schnelle Entscheidung ist hier – zumal bei größeren Bauprojekten – von erheblicher Bedeutung, da Verzögerungen infolge von Streitigkeiten oft erhebliche Mehrkosten nach sich ziehen, die schnell das Interesse an der Streitigkeit selbst übersteigen können. Daher werden hier Schiedsgutachter eingesetzt, um während der Bauausführung auftretende Baumängel zu beurteilen, über Nachtragsforderungen des Auftraggebers zu entscheiden und ähnliche Streitfragen zu klären.

Die ausgeprägtesten und im internationalen Bereich am weitesten verbreiteten Regeln dafür hat die FIDIC (*Fédération Internationale des Ingénieurs Conseils*) aufgestellt, ein internationaler Dachverband für Ingenieure. Die FIDIC hat verschiedene, sehr detaillierte Musterverträge für unterschiedliche Arten von Bauvorhaben veröffentlicht, welche die Vertragsparteien ihren Verträgen als Allgemeine Geschäftsbedingungen zugrunde legen können (sog. *Red Book*, *Yellow Book* und *Silver Book*). Sie haben damit eine ähnliche Funktion wie die VOB/B im nationalen Bereich. Bei größeren internationalen Bauvorhaben erwarten häufig auch die finanzierenden Banken, dass die Verträge unter Zugrundelegung eines der FIDIC-Muster abgeschlossen werden.[18]

Nach den FIDIC-Verträgen einigen sich die Parteien möglichst schon bei Beginn des Bauvorhabens auf ein festes *Dispute Avoidance/Adjudication Board (DAAB)*. Das DAAB kann aber auch erst später anlässlich einer konkreten Streitigkeit gebildet werden (*ad hoc board*). Das DAAB ist der Sache nach ein Schiedsgutachter, doch spricht man hier in Anlehnung an den englischen Begriff meist von „Adjudikation" und von den Schiedsgutachtern als „Adjudikatoren". Die Bedeutung des DAAB besteht darin, dass es sofort zur Verfügung steht und damit bei allen etwaig auftretenden Streitigkeiten sehr schnell eine vorläufig bindende Entscheidung treffen kann. Damit wird für die Beteiligten vorläufig Rechtssicherheit hergestellt und das Bauvorhaben kann fortgesetzt werden. Später kann dann – typischerweise erst nach Abschluss des Bauvorhabens – zusätzlich ein Schiedsgerichtsverfahren durchgeführt werden, in dem alle etwaigen verbliebenen Fragen in rechtsstaatlicher Ausführlichkeit verbindlich geklärt werden. Die Entscheidungen des DAAB können dann vom Schiedsgericht überprüft und gegebenenfalls korrigiert werden.[19]

Als Alternative zu den FIDIC-Musterverträgen können auch andere Regelungen zur Durchführung eines Adjudikationsverfahrens vereinbart werden. Die DIS stellt

---

[18]Dazu vgl. etwa *Hök*, Handbuch des internationalen und ausländischen Baurechts, 2. Aufl. 2012, S. 350 ff.

[19]Dazu vgl. etwa *Roquette*, Am Ende des Regenbogens – Die neuen FIDIC Dispute Adjudication/Avoidance Boards, SchiedsVZ 2018, 233–238; *Piroutek*, Baurechtliche Konfliktbeilegung durch Adjudikationsverfahren am Beispiel der FIDIC-Vertragsbedingungen: Perspektiven für eine Implementierung der Adjudikation in Deutschland, 2016; *Hök*, Zum internationalen baurechtlichen Schiedsgerichtsverfahren im Allgemeinen und nach FIDIC, ZfBR 2011, 107–114.

beispielsweise seit 2010 eine „DIS-Verfahrensordnung für Adjudikation" zur Verfügung, die ein ganz ähnliches Verfahren vorsieht.[20]

12.2 Schiedsklauseln in Testamenten

Schiedsklauseln können nicht nur in Verträgen, sondern auch in Testamenten enthalten sein. Dies wirft verschiedene rechtliche Sonderfragen auf. Gemäß § 1066 ZPO ist es ausdrücklich zulässig, Schiedsgerichte auch durch letztwillige Verfügung oder andere „nicht auf Vereinbarung beruhende" Verfügungen anzuordnen. § 1066 ZPO umfasst damit alle Arten von einseitig angeordneten Schiedsgerichten, im Gegensatz zum Normalfall des gemäß § 1029 ZPO vertraglich durch Schiedsvereinbarung eingesetzten Schiedsgerichts. Eine derartige einseitige Bestimmung eines Schiedsgerichts ist nur dann zulässig, wenn die Privatautonomie der beteiligten Personen auf andere Art und Weise sichergestellt ist.

Durch letztwillige Verfügung kann ein Schiedsgerichtsverfahren angeordnet werden, wenn der Erblasser in sein Testament (§ 1937 BGB) eine entsprechende Regelung mit aufnimmt, wonach alle Streitigkeiten über seinen Nachlass nicht vor den ordentlichen Gerichten, sondern vor einem Schiedsgericht ausgetragen werden sollen. Dazu gehören dann beispielsweise Streitigkeiten über die Auseinandersetzung des Nachlasses zwischen mehreren Miterben, über Klagen aus Vermächtnissen und über Klagen wegen Erbunwürdigkeit.[21] § 1066 ZPO fordert eine „gesetzlich statthafte Weise" der Anordnung, wodurch klargestellt wird, dass das Testament den materiellrechtlichen Wirksamkeitsanforderungen genügen muss (§§ 2229 ff. BGB).

Das testamentarisch angeordnete Schiedsverfahren bietet dem Erblasser eine Reihe von Vorteilen. Der Erblasser hat beispielsweise die Möglichkeit, eine Person seines Vertrauens als Schiedsrichter einzusetzen. Dafür kommt sogar der Testamentsvollstrecker in Betracht, jedenfalls insoweit das Schiedsverfahren nicht dessen eigene Stellung betrifft.[22] Auf diese Weise kann die Auseinandersetzung des Nachlasses mit verbindlicher Wirkung einer Vertrauensperson überlassen werden, ohne dass der dem Erblasser unbekannte staatliche Richter dies in der Sache überprüfen könnte. Von Vorteil ist auch, dass der Erblasser das Schiedsverfahren vertraulich ausgestalten kann, sodass diese – meist familieninternen – Streitigkeiten um den Nachlass nicht an die Öffentlichkeit gelangen. Außerdem kann er das Schiedsgericht zur Entscheidung nach Billigkeit ermächtigen (§ 1051 Abs. 3 ZPO) und damit die teilweise komplexen und langwierigen Erbschaftsstreitigkeiten vereinfachen. In internationalen Fällen haben Schiedssprüche schließlich auch den Vorteil leichterer Vollstreckbarkeit. Nach richtiger Ansicht ist das UNÜ nämlich auch auf einseitig

---

[20]Verfügbar unter www.disarb.org. Zugegriffen am 16.05.2019.
[21]Vgl. *Schütze*, Schiedsgericht und Schiedsverfahren, 6. Aufl. 2016, Rn. 848.
[22]BGH v. 17.05.2017, IV ZB 25/16, NJW 2017, 2112; BeckOK-ZPO/*Wolf/Eslami*, Stand 01.03.2019, § 1066 Rn. 3; *Haas*, Letztwillige Schiedsverfügungen i.S. des § 1066 ZPO, ZEV 2007, 49 (54).

angeordnete Schiedsverfahren anwendbar, sofern nur die Parteiautonomie gewahrt wird.[23] Trotz dieser Vorteile wird das testamentarisch angeordnete Schiedsverfahren in der Praxis nur selten genutzt.[24]

Den Erben, Vermächtnisnehmern und anderen Beteiligten geschieht durch die Anordnung eines Schiedsverfahrens kein Unrecht, da sie den Nachlass ohnehin nur infolge der Freigebigkeit des Erblassers erhalten. Sie können den Nachlass nur so übernehmen, wie er ihnen überlassen worden ist, also inklusive der Schiedsbindung von etwaigen Streitigkeiten. Es steht ihnen frei, das Erbe auszuschlagen bzw. ihre Ansprüche nicht geltend zu machen, wenn sie mit den Verfügungen des Erblassers nicht einverstanden sind. Eine Grenze ist allerdings dann erreicht, wenn es nicht mehr um die reine Freigebigkeit des Erblassers geht, sondern um Rechtspositionen, die den Beteiligten verbindlich kraft Gesetzes eingeräumt werden. Dazu zählen vor allem die Pflichtteilsansprüche. Diese stehen den Pflichtteilsberechtigten in jedem Fall zu und dürfen vom Erblasser in keiner Weise eingeschränkt werden, auch nicht durch verfahrensrechtliche Regelungen. Eine testamentarische Schiedsklausel ist daher unzulässig, soweit sie sich auch auf die Geltendmachung von Pflichtteilsansprüchen erstreckt. Der BGH verneint hier die objektive Schiedsfähigkeit, sodass ein etwaig dennoch ergangener Schiedsspruch gemäß § 1059 Abs. 2 Nr. 2 lit. a ZPO aufhebbar ist.[25] Richtigerweise fehlt hier aber nicht die objektive Schiedsfähigkeit, sondern es greift das Verbot einer Schiedsbindung zu Lasten Dritter.[26] Aus diesen Gründen können auch Streitigkeiten über die Entlassung des Testamentsvollstreckers (§ 2227 BGB) nicht durch testamentarische Schiedsklausel einem Schiedsgericht übertragen werden.[27]

Zu beachten ist allerdings, dass Schiedsklauseln über Pflichtteilsansprüche nur dann unzulässig sind, wenn eine gemäß § 1066 ZPO einseitig angeordnete Schiedsklausel vorliegt. Hat der Erblasser dagegen mit den Erben und sonstigen Berechtigten einen Erbvertrag geschlossen (§§ 1941, 2274 ff. BGB), so kann darin eine normale, vertragliche Schiedsklausel gemäß § 1029 ZPO vereinbart werden. Alternativ können auch die Erben, Vermächtnisnehmer und sonstigen Beteiligten nach Eintritt des Erbfalls untereinander eine Schiedsvereinbarung gemäß § 1029 ZPO abschließen. Auf diese Weise kann auch ein Schiedsverfahren über Pflichtteilsansprüche wirksam vereinbart werden. Grundsätzlich ist der Pflichtteilsanspruch nämlich

---

[23] Dazu ausf. *Haas*, Schiedsgerichte in Erbsachen und das New Yorker Übereinkommen über die Anerkennung und Vollstreckung ausländischer Schiedssprüche, SchiedsVZ 2011, 289–301.

[24] *Burchard*, Testamentarische Schiedsgerichtsklauseln und Pflichtteilsansprüche, ZEV 2017, 308, verweist auf den eklatanten Mangel an veröffentlichten Entscheidungen, der freilich verschiedene Ursachen haben kann.

[25] BGH v. 16.03.2017, I ZB 49/16, SchiedsVZ 2018, 37, Rn. 19–31; v. 16.03.2017, I ZB 50/16, SchiedsVZ 2018, 42, Rn. 19–31; Vorinstanz: OLG München v. 25.04.2016, 34 Sch 13/15, SchiedsVZ 2016, 233 (zu dieser Entscheidung vgl. auch oben Abschn. 6.9).

[26] *Haas*, SchiedsVZ 2018, 49–52; *Kröll*, SchiedsVZ 2018, 61 (70).

[27] BGH v. 17.05.2017, IV ZB 25/16, NJW 2017, 2112.

vermögensrechtlicher Art (§ 1030 Abs. 1 S. 1 ZPO) und daher objektiv schiedsfähig (vgl. auch oben Abschn. 3.6.2).[28]

12.3 Schiedsklauseln im Gesellschaftsrecht

Im Gesellschaftsrecht gibt es ein erhebliches Bedürfnis nach schiedsgerichtlicher Erledigung von Rechtsstreitigkeiten. Wenn zwischen den Gesellschaftern oder zwischen der Gesellschaft und den Gesellschaftern Meinungsverschiedenheiten auftreten, ist es in aller Regel von Vorteil, wenn diese nicht in der Öffentlichkeit des Gerichtssaals ausgetragen werden, sodass die Presse und die konkurrierenden Unternehmen davon erfahren, sondern vor einem nichtöffentlich tagenden Schiedsgericht. Außerdem lässt sich ein Schiedsgericht mit Personen besetzen, die in gesellschaftsrechtlichen Angelegenheiten besonders kompetent und erfahren sind. Aus diesen Gründen wird in den Satzungen von Handelsgesellschaften häufig vorgesehen, dass Streitigkeiten im Wege des Schiedsverfahrens beizulegen sind (sogenannte „statutarische Schiedsklauseln").

Rechtlich kann eine derartige Schiedsklausel in einer Satzung sowohl § 1066 ZPO als auch § 1029 ZPO unterfallen: Einerseits haben alle Gesellschafter zumindest bei Gründung der Gesellschaft der Satzung zugestimmt, sodass in diesem Fall nichts dagegen spricht, in der satzungsmäßigen Schiedsklausel eine normale vertragliche Schiedsvereinbarung gemäß § 1029 ZPO zu sehen. Andererseits können später neue Gesellschafter eintreten, etwa durch Veräußerung der Anteile, die der Schiedsklausel nicht ausdrücklich zugestimmt haben. Diesen gegenüber kann die satzungsmäßige Schiedsklausel dann meist nur gemäß § 1066 ZPO Wirkung entfalten. Auch sind je nach Einzelfall Mehrheitsentscheidungen über Satzungsänderungen zulässig, sodass auch auf diesem Wege Schiedsgerichtsklauseln eingeführt werden können, denen nicht alle Gesellschafter zugestimmt haben. In den meisten Fällen kann allerdings offen bleiben, ob eine statutarische Schiedsklausel § 1029 ZPO oder § 1066 ZPO unterfällt. Unterschiede bestehen zwar im Hinblick auf die Formanforderungen des § 1031 ZPO, die nur für § 1029 ZPO gelten, doch sind diese mit Vereinbarung der Satzung in der Regel ohnehin erfüllt. Auch die Anerkennung und Vollstreckung von Schiedssprüchen nach dem UNÜ dürfte unabhängig davon gewährleistet sein, ob die Schiedsvereinbarung auf § 1029 ZPO oder § 1066 ZPO beruht.[29]

Entscheidender sind die je nach Rechtsform der Gesellschaft unterschiedlichen gesellschaftsrechtlichen Anforderungen an die statutarische Schiedsklausel: Bei einer Aktiengesellschaft etwa wäre eine einseitige Schiedsklausel gemäß § 1066 ZPO in der Satzung, die für alle späteren Aktionäre gelten soll, generell unzulässig,

---

[28]BGH v. 16.03.2017, I ZB 49/16, SchiedsVZ 2018, 37, Rn. 13–18; v. 16.03.2017, I ZB 50/16, SchiedsVZ 2018, 42, Rn. 13–18.

[29]Vgl. insgesamt *Haas*, Beruhen Schiedsabreden in Gesellschaftsverträgen nicht auf Vereinbarungen i.S. des § 1066 ZPO oder vielleicht doch? SchiedsVZ 2007, 1–10.

da der Inhalt der Satzung nicht der Parteidisposition unterliegt und sich nur in den gesetzlich ausdrücklich eröffneten Grenzen bewegen darf (Grundsatz der Satzungsstrenge, § 23 Abs. 5 AktG). Eine von der Satzung unabhängige, vertragsmäßige Schiedsklausel gemäß § 1029 ZPO zwischen allen Aktionären und der Gesellschaft wäre dagegen zulässig.[30]

Im GmbH-Recht, das von der Disponibilität der gesetzlichen Bestimmungen ausgeht, ist eine Schiedsklausel in der Satzung dagegen sowohl als vertragliche Vereinbarung gemäß § 1029 ZPO als auch als eine echte, einseitige Schiedsklausel gemäß § 1066 ZPO zulässig.[31] Eine Schiedsklausel in der Satzung bindet auch etwaige Rechtsnachfolger, wenn ein Gesellschafter seinen Anteil veräußert, was sich sowohl aus § 1066 ZPO als auch aus den allgemeinen Grundsätzen der Rechtsnachfolge (dazu oben Abschn. 3.8.2) ergibt.

Bei den Personenhandelsgesellschaften (OHG, KG) ist die Zulässigkeit einer einseitigen, satzungsmäßigen Schiedsklausel gemäß § 1066 ZPO umstritten. Nach derzeit noch herrschender Ansicht kommt eine solche Form der Schiedsklausel nicht in Betracht.[32] Vielmehr müssen alle Gesellschafter mit ihrem Beitritt zur Gesellschaft auch eine vertragsmäßige Schiedsvereinbarung gemäß § 1029 ZPO abschließen, wenn eine Schiedsbindung für gesellschaftsrechtliche Streitigkeiten wirksam begründet werden soll. Die Gegenauffassung verweist dagegen zu Recht auf die Gemeinsamkeiten aller körperschaftlich verfassten Verbände und will satzungsmäßige Schiedsklauseln auch bei Personenhandelsgesellschaften zulassen.[33]

Bei allen Arten von Handelsgesellschaften ist die Rechtsprechung des BGH zur „Schiedsfähigkeit" von Beschlussmängelstreitigkeiten zu beachten. Danach bestehen besondere inhaltliche Anforderungen an satzungsmäßige Schiedsklauseln, die auch Beschlussmängelstreitigkeiten einem Schiedsverfahren unterwerfen. Hinsichtlich der GmbH ist die Rechtsprechung inzwischen konsolidiert, sodass unproblematisch entsprechende Schiedsklauseln in die Satzung aufgenommen werden können, doch hinsichtlich der AG und der Personengesellschaften ist die Rechtslage unsicherer (dazu näher oben Abschn. 3.6.3).

12.4 Vereinsschiedsgerichte

Zahlreiche Vereine (§§ 21 ff. BGB) sehen in ihrer Satzung vor, dass Streitigkeiten unter den Vereinsmitgliedern sowie Streitigkeiten zwischen dem Verein und den Vereinsmitgliedern durch „Schiedsgerichte", „Vereinsgerichte" oder „Ehrengerichte" entschieden werden sollen. Häufig handelt es sich bei diesen Arten von

---

[30] Vgl. auch Hüffer/*Koch*, AktG, 13. Aufl. 2018, § 246 Rn. 18.
[31] Vgl. Roth/*Altmeppen*, GmbHG, 9. Aufl. 2019, § 3 Rn. 38–40.
[32] BGH v. 11.10.1979, III ZR 184/78, NJW 1980, 1049 (noch zu § 1048 ZPO a.F.); MüKo-ZPO/*Münch*, 5. Aufl. 2017, § 1066 Rn. 20.
[33] *K. Schmidt*, Schiedsklauseln in Personengesellschaftsverträgen, NZG 2018, 121 (124–127) m.w.N.

Spruchkörpern nicht um echte Schiedsgerichte im Sinne der ZPO, sondern um interne Entscheidungsorgane des Vereins, gegen deren Entscheidungen anschließend die staatlichen Gerichte angerufen werden können. Ein Schiedsgericht im Sinne der ZPO liegt nur dann vor, wenn der Entscheidungskörper tatsächlich an Stelle der staatlichen Gerichte abschließend und bindend entscheiden soll. Dies muss aus den Bestimmungen der Satzung mit hinreichender Deutlichkeit hervorgehen.[34]

Neben diesem notwendigen Willen zur Begründung eines echten Schiedsgerichtsverfahrens, der schon aus den allgemeinen Kriterien folgt,[35] stellt die Rechtsprechung die zusätzliche Voraussetzung auf, dass Vereinsgerichte nur dann als echte Schiedsgerichte anzusehen sind, wenn sie hinreichend neutral und unabhängig vom Verein sind.[36] Sieht die Satzung beispielsweise vor, dass ausschließlich Vereinsmitglieder als Schiedsrichter tätig werden, auf deren Bestellung die Parteien keinen Einfluss haben, oder dass der Vorstand des Vereins allein über die Bestellung der Mitglieder des Vereinsgerichts entscheidet, so handelt es sich nach der Rechtsprechung schon begrifflich nicht um ein Schiedsgericht, sondern um ein Vereinsorgan, dessen Entscheidungen im ordentlichen Gerichtsverfahren in weitem Umfang überprüft werden können.[37] Bei dieser Abgrenzung kommt es auf den jeweiligen Einzelfall an. Der BGH sah beispielsweise in einem Fall das Schiedsgericht eines Hundezuchtverbands nicht als echtes Schiedsgericht an,[38] während das OLG Köln das Schiedsgericht eines anderen Hundezuchtverbands sehr wohl als Schiedsgericht im Sinne der ZPO einstufte.[39]

Bei diesem Kriterium der Neutralität und Unabhängigkeit handelt es sich der Sache nach um eine besondere Ausprägung des Grundsatzes, dass die Parteien selbst und ihre nahen Vertreter automatisch vom Schiedsrichteramt ausgeschlossen sind (dazu näher oben Abschn. 5.2). Im Vereinsrecht wird dieser Grundsatz sehr weit interpretiert, wofür aber meines Erachtens kein Bedürfnis besteht. Zwar ist die Neutralität und Unabhängigkeit des Entscheidungsträgers ein wichtiges Merkmal jedes Schiedsgerichts, doch ist es dem Betroffenen im Regelfall durchaus zumutbar, bei Verstößen die entsprechenden Rechtsbehelfe einzulegen (§§ 1034 Abs. 2, 1036 f. ZPO). Ein automatischer Ausschluss vom Schiedsrichteramt ist auch bei Vereinsgerichten nur dann erforderlich, wenn das Schiedsgericht mit dem Verein praktisch identisch ist,[40] also etwa der Vorstand selbst als „Schiedsrichter" tätig wird.

Einen derartigen Fall hatte 2014 das OLG Köln zu entscheiden:

---

[34]Vgl. zu Vereinsschiedsgerichten im Überblick *Waldner/Wörle-Himmel*, in: Sauter/Schweyer/Waldner, Der eingetragene Verein, 20. Aufl. 2016, Rn. 316–322.
[35]Vgl. oben Abschn. 3.1.
[36]Vgl. etwa BGH v. 27.05.2004, III ZB 53/03, DNotZ 2004, 917 (919) m.w.N.; dazu *Seiters*, Schiedsgerichtsbarkeit im Spannungsfeld zwischen Privatautonomie und staatlicher Kontrolle, in: Hadding u. a. (Hrsg.), Festschrift für Wolfgang Schlick, 2015, S. 315 (321).
[37]Zu den Hintergründen dieser Rechtsprechung vgl. *Wagner*, Prozeßverträge, 1998, S. 456–501; s.a. *Lachmann*, Handbuch für die Schiedsgerichtspraxis, 3. Aufl. 2008, Rn. 27–38.
[38]BGH v. 27.05.2004, III ZB 53/03, DNotZ 2004, 917.
[39]OLG Köln v. 16.11.2012, 19 Sch 24/12, juris.
[40]So *Wagner*, Prozeßverträge, 1998, S. 488 f.

> **Beispiel**[41]
>
> In der Satzung einer Taxigenossenschaft war vorgesehen, dass der Vorstand bei Verstößen gegen die Satzung Disziplinarstrafen gegen die Mitglieder verhängen konnte. Dazu zählten auch Geldbußen, die der Vorstand auf Vorschlag eines Disziplinarausschusses festsetzen konnte, der von der Generalversammlung der Taxigenossenschaft gewählt wurde. Weiterhin sah die Satzung vor, dass verhängte Geldbußen im gerichtlichen Mahnverfahren gegen die Mitglieder der Taxigenossenschaft eingetrieben werden sollten.
>
> Gegen einen Taxiunternehmer wurde wegen seines Fahrgastaufnahmeverhaltens ein solches Vereins-Bußgeld in Höhe von 20 Euro verhängt. Da der Taxiunternehmer nicht zahlte, beschritt der Verein das Mahnverfahren. Auf den Widerspruch des Taxiunternehmers wurde das Verfahren sodann vor dem Amtsgericht Kerpen fortgeführt. Dieses wies die Parteien darauf hin, dass es sich bei der Entscheidung des Vorstands der Taxigenossenschaft über die Geldbuße um einen Schiedsspruch handele, für dessen Vollstreckbarerklärung das Oberlandesgericht Köln zuständig sei. Die Parteien sahen dies anders, doch verwies das Amtsgericht die Sache gemäß § 281 ZPO an das OLG.
>
> Das OLG Köln hielt diesen Verweisungsbeschluss für so unzutreffend und willkürlich, dass es die Sache sogar entgegen der Regelung des § 281 Abs. 2 S. 4 ZPO an das AG Kerpen zurückverwies. Inhaltlich sind drei Aspekte entscheidend:
>
> - Zum einen kann hier – jedenfalls nach den Kriterien der Rechtsprechung – schon der Disziplinarausschuss nicht als Schiedsgericht angesehen werden, weil er allein von der Genossenschaft bestellt wird und damit ein abhängiges Vereinsorgan ist.
> - Jedenfalls ist der Vorstand, der die eigentliche Entscheidung über die Verhängung des Bußgelds trifft, wegen seiner Stellung als gesetzlicher Vertreter des Vereins (§ 26 Abs. 1 S. 2 BGB) kein Schiedsgericht im Sinne der ZPO.
> - Darüber hinaus lässt sich der Satzung der Taxigenossenschaft aber auch schon nicht der Wille entnehmen, die Streitigkeit den staatlichen Gerichten zu entziehen und stattdessen einem Schiedsgericht zuzuweisen. Vielmehr ergibt sich aus dem in der Satzung vorgesehenen Mahnverfahren, dass der Rechtsschutz nach wie vor durch die staatlichen Gerichte erfolgen soll. Es liegt daher schon nach den allgemeinen Kriterien keine Schiedsvereinbarung vor.

12.5 Schiedsgerichte politischer Parteien

Jede politische Partei muss mindestens auf Parteiebene und auf der darunter liegenden Gebietsebene Schiedsgerichte zur Beilegung von Streitigkeiten zwischen der Partei und ihren Mitgliedern einrichten (vgl. § 14 ParteienG). Der Gesetzgeber möchte auf diese

---

[41] OLG Köln v. 11.02.2014, 19 Sch 5/14, juris.

Weise sicherstellen, dass auch die interne Verfassung von Parteien demokratisch-rechtsstaatlichen Grundsätzen genügt (vgl. Art. 21 Abs. 1 S. 3 GG).[42] Die Parteischiedsgerichte entscheiden in allen Fällen, die in der Satzung bestimmt sind, vor allem auch über den Ausschluss von Parteimitgliedern (§ 10 Abs. 5 ParteienG).

Ob Parteischiedsgerichte als echte Schiedsgerichte im Sinne der ZPO anzusehen sind, kann nicht pauschal, sondern nur im Einzelfall bestimmt werden. Der Gesetzgeber stellt es den Parteien insoweit frei, wie sie ihre Schiedsgerichte ausgestalten möchten.[43] Ein echtes Schiedsgericht liegt nur dann vor, wenn die Entscheidungen des Parteischiedsgerichts nach den Bestimmungen der Satzung endgültig sind und die staatliche Gerichtsbarkeit ausschließen.[44] In diesem Fall kann auch ein Parteischiedsgericht gemäß §§ 1066, 1025 ff. ZPO als echtes Schiedsgericht anzusehen sein. Dann gelten insbesondere auch die §§ 1034 ff. ZPO über die Neutralität der Schiedsrichter, sodass etwa dem Parteimitglied, das vor dem Schiedsgericht klagt oder verklagt wird, ein gleich großer Einfluss auf die Bestellung des Schiedsgerichts zustehen muss wie der Partei (§ 1034 Abs. 2 ZPO). Entscheidungen dieser Art von Parteischiedsgerichten sind vor staatlichen Gerichten nur im Aufhebungsverfahren angreifbar (§ 1059 ZPO).

In den meisten Fällen sind die Parteischiedsgerichte dagegen keine Schiedsgerichte im Sinne der ZPO, sondern parteiinterne Streitentscheidungsorgane. Allerdings gelten auch in diesem Fall einige rechtsstaatliche Mindestanforderungen an die Neutralität der Entscheidungsträger und die Fairness des Verfahrens, die direkt aus dem Parteiengesetz folgen (§ 14 Abs. 2 bis 4 ParteienG). Bemerkenswert ist vor allem, dass auch die Entscheidungen dieser unechten Schiedsgerichte von staatlichen Gerichten nur eingeschränkt überprüft werden können. Aus der verfassungsrechtlichen Stellung der Parteien (Art. 21 GG) folgt nämlich, dass der interne Willensbildungsprozess in der Partei von staatlicher und damit auch staatsgerichtlicher Einflussnahme weitgehend frei bleiben muss.[45] Die Zivilgerichte kontrollieren daher auch bei unechten Schiedsgerichten politischer Parteien nur die Einhaltung einer rechtsstaatlichen Verfahrensweise und überprüfen ihre Entscheidungen inhaltlich lediglich anhand des Willkürverbots.[46]

Parteischiedsgerichte sind damit eine verfahrensrechtliche Besonderheit im deutschen Rechtssystem. Sie genießen auch dann sachliche Unabhängigkeit, wenn sie nicht unter die §§ 1025 ff. ZPO fallen.

12.6 Schiedsverfahren im Arbeitsrecht

Arbeitsrechtliche Streitigkeiten sind zivilrechtliche Verfahren vermögensrechtlicher Natur, sodass sie nach den allgemeinen Regeln unproblematisch schiedsfähig wären. Der Gesetzgeber hat sich jedoch dafür entschieden, arbeitsrechtliche Streitigkeiten in

---

[42] BT-Drs. III/1509, S. 23.
[43] BT-Drs. III/1509, S. 23.
[44] OLG München v. 16.09.2016, 34 SchH 11/16, SchiedsVZ 2016, 346, Rn. 15.
[45] BVerfG v. 28.03.2002, 2 BvR 307/01, NJW 2002, 2227.
[46] BGH v. 14.03.1994, II ZR 99/93, NJW 1994, 2610.

12.6 Schiedsverfahren im Arbeitsrecht

weitem Umfang vom Schiedsverfahren auszunehmen. Ein Schiedsverfahren ist im Arbeitsrecht nur in ganz begrenztem Umfang zulässig (vgl. §§ 4, 101–110 ArbGG). Das normale Schiedsverfahren nach der ZPO ist ausgeschlossen (§ 101 Abs. 3 ArbGG).

Schiedsvereinbarungen sind danach nur in Tarifverträgen oder aufgrund von Tarifverträgen zulässig. Aber auch durch Tarifvertrag können lediglich Streitigkeiten zwischen den Tarifvertragsparteien (Arbeitgeberverbände und Gewerkschaften) oder Streitigkeiten aus individuellen Arbeitsverhältnissen, wenn diese einem Tarifvertrag für Bühnenkünstler, Filmschaffende oder Artisten unterliegen, einem Schiedsverfahren unterworfen werden (§ 101 Abs. 1 bzw. Abs. 2 ArbGG). Der Gesetzgeber von 1953 wollte damit die damals schon seit Jahrzehnten bewährten Schiedsgerichte für den künstlerischen Bereich aufrechterhalten, im Übrigen aber die Schiedsgerichtsbarkeit im Arbeitsrecht ausschließen.[47]

Praktische Bedeutung hat die Schiedsgerichtsbarkeit im Arbeitsrecht daher heute vor allem bei Bühnenkünstlern. Durch den Tarifvertrag „Normalvertrag Bühne" werden Streitigkeiten zwischen Schauspielern, Sängern, Tänzern und anderen künstlerisch tätigen Personen den sogenannten Bühnenschiedsgerichten unterworfen (§ 101 Abs. 2 S. 1, 2 ArbGG). Neben dieser tarifvertraglichen Schiedsbindung ist die Vereinbarung eines Schiedsgerichts zwar in bestimmten Fällen auch durch Individualvertrag (Arbeitsvertrag) möglich, doch ist Voraussetzung auch dann immer, dass die beschäftigte Person nach dem Tarifvertrag künstlerisch tätig ist (§ 101 Abs. 2 S. 3 ArbGG). Eine Schiedsvereinbarung mit einem Tontechniker ist daher beispielsweise unwirksam.[48]

Da die Vorschriften der ZPO nicht gelten, ist das eigentliche Schiedsverfahren in den §§ 103–108 ArbGG gesondert geregelt. Nach dem Normalvertrag Bühne ist zusätzlich ein Oberschiedsgericht vorgesehen, das gegen die erstinstanzliche Entscheidung des Bühnenschiedsgerichts angerufen werden kann.

Deutliche Abweichungen zum Schiedsverfahren nach der ZPO zeigen sich vor allem im Verhältnis des arbeitsrechtlichen Schiedsverfahrens zum staatlichen Arbeitsgerichtsverfahren. Die Aufhebung des Schiedsspruchs ist bei jeder Rechtsverletzung möglich (§ 110 Abs. 1 Nr. 2 ArbGG). Dies steht in deutlichem Kontrast zum Schiedsverfahren nach der ZPO, wo der Schiedsspruch eine viel stärkere Autorität genießt und nur in wenigen Fällen aufgehoben werden kann, etwa wenn die Rechtsverletzung besonders gravierend ist und damit zugleich zu einem Verstoß gegen den ordre public führt (§ 1059 ZPO, dazu Abschn. 11.5). Das Aufhebungsverfahren nach § 110 ArbGG entspricht daher nur dem Namen nach dem Aufhebungsverfahren nach § 1059 ZPO. Inhaltlich handelt es sich dagegen um ein revisionsähnliches Verfahren.[49]

Auffällig anders sind auch die Rechtsfolgen einer Aufhebung des Schiedsspruchs: Die Schiedsgerichtsbarkeit ist dann nach der Rechtsprechung „verbraucht",

---

[47] Vgl. zu den Hintergründen BAG v. 28.01.2009, 4 AZR 987/07, NZA-RR 2009, 465, Rn. 31 f.
[48] BAG v. 06.08.1997, 7 AZR 156/96, NZA 1998, 220.
[49] So ausdrücklich auch die Rspr., vgl. etwa BAG v. 16.12.2010, 6 AZR 487/09, NZA 2011, 1441, Rn. 14.

sodass das Verfahren vor den staatlichen Arbeitsgerichten fortgeführt bzw. neu begonnen wird. Dieses dogmatisch fragwürdige Ergebnis wird vor allem mit der ansonsten unzumutbaren Länge des Verfahrens begründet: Anders als nach der ZPO können im arbeitsrechtlichen Aufhebungsverfahren nämlich nicht nur zwei, sondern alle drei Instanzen der staatlichen Gerichtsbarkeit durchlaufen werden.[50]

Ihrem Charakter nach entspricht die arbeitsrechtliche Schiedsgerichtsbarkeit daher nicht einem echten Schiedsverfahren, das als vollständige und gleichwertige Alternative zum staatlichen Gerichtsverfahren fungiert. Es handelt sich eher um eine spezialisierte Tatsacheninstanz für bestimmte Branchen.

12.7 Sportschiedsgerichtsbarkeit

Im Bereich des Sports gibt es zahlreiche Streitigkeiten, die professioneller Erledigung bedürfen: Dopingstrafen, Lizenzentzug, Spielersperren usw. Der allgemeine Trend zur Verrechtlichung des Profisports hat es dabei mit sich gebracht, dass die Vorteile der Schiedsgerichtsbarkeit auch hier erkannt wurden: Als Schiedsrichter lassen sich Personen einsetzen, die sowohl in der betreffenden Sportart als auch im Sportrecht fachlich kompetent sind, und die weltweite Anerkennung von Schiedssprüchen ist in einem Bereich wie dem Sport, der ebenfalls global organisiert ist, von großem Vorteil. Vor allem aber hat das Internationale Olympische Komitee schon 1984 einen ständigen Schiedsgerichtshof in Lausanne eingerichtet, den Court of Arbitration for Sport (CAS), sodass sich seitdem eine Tradition schiedsgerichtlicher Erledigung von Sportstreitigkeiten bilden konnte.[51]

Auch auf nationaler und regionaler Ebene haben die meisten Sportvereine und deren Verbände eigene Schiedsgerichte eingerichtet, die über Streitigkeiten zwischen den Sportlern und den Vereinen bzw. Verbänden entscheiden. Allerdings ist hier nach denselben Kriterien wie bei sonstigen Vereinsschiedsgerichten (oben Abschn. 12.4) jeweils abzugrenzen, ob es sich dabei tatsächlich um ein echtes Schiedsgericht handelt oder nur um ein vereinsinternes Willensbildungsorgan: Vereinsschiedsgerichte sind nur dann echte Schiedsgerichte im Sinne der ZPO, wenn sie Streitigkeiten endgültig und unter Ausschluss des Rechtswegs zu den ordentlichen Gerichten entscheiden sollen. Ihre Zuständigkeit wird in der Regel dadurch begründet, dass die Vereine mit den Sportlern Schiedsvereinbarungen gemäß § 1029 ZPO abschließen, wonach etwaige Streitigkeiten dem Vereinsschiedsgericht unterworfen werden. Aber auch die Verankerung einer Schiedsklausel in der Satzung gemäß § 1066 ZPO ist möglich.[52] In jedem Fall gelten dann die §§ 1025 ff. ZPO, insbesondere also gleiche Einflussmöglichkeiten beider Seiten auf die Bildung des

---

[50]BAG v. 28.09.2016, 7 AZR 128/14, NJOZ 2018, 1343, Rn. 49 m.w.N.
[51]Gute Einführung bei *Adolphsen*, Grundfragen und Perspektiven der Sportschiedsgerichtsbarkeit, SchiedsVZ 2004, 169–175.
[52]Teilweise wird der Umweg über § 1066 ZPO für entbehrlich erachtet, vgl. *Meier*, Dopingsanktion durch Zahlungsversprechen, 2015, S. 235.

12.7 Sportschiedsgerichtsbarkeit

Schiedsgerichts und die Unabhängigkeit und Unparteilichkeit der Schiedsrichter. Wenn Vereinsschiedsgerichte diese Kriterien nicht erfüllen, sind sie nach der Rechtsprechung – ebenso wie sonstige Vereinsgerichte – keine echten Schiedsgerichte, sondern bloße Vereinsorgane, sodass ihre Entscheidungen von den staatlichen Gerichten inhaltlich überprüft werden können.[53]

Um auf nationaler Ebene eine Institution bereit zu stellen, welche die Anforderungen an die Neutralität und Verfahrensgerechtigkeit eines echten Schiedsgerichts erfüllt, wurde 2008 das bei der DIS angesiedelte „Deutsche Sportschiedsgericht" gegründet, das nach der DIS-SportSchO verfährt.[54] Damit steht ein von den Vereinen und Verbänden organisatorisch getrenntes und unabhängiges Sportschiedsgericht zur Verfügung, auf das in Vereinssatzungen und in Verträgen zwischen Vereinen und Athleten verwiesen werden kann, aber auch in sonstigen Verträgen mit Bezug zum Profisport.

Das Deutsche Sportschiedsgericht dient auch als Streitentscheidungsinstanz für die Umsetzung der Anti-Doping-Regularien (World Anti-Doping Code, WADC, und Nationaler Anti-Doping Code, NADC). § 11 des Anti-Doping-Gesetzes von 2015 sieht die Möglichkeit schiedsgerichtlicher Streitentscheidung insofern ausdrücklich vor. Im Schiedsverfahren vor dem Deutschen Sportschiedsgericht steht der Nationalen Anti-Doping Agentur (NADA) ein eigenes Beteiligungsrecht an Schiedsverfahren zu, die zwischen anderen Parteien geführt werden (§ 57.2 DIS-SportSchO). Die NADA kann sogar ein Schiedsverfahren aus eigenem Recht gegen einen Sportler einleiten, den sie des Dopings verdächtigt, obwohl sie keine Partei der Schiedsvereinbarung ist (§ 57.1 DIS-SportSchO). Allerdings muss dafür die aktuelle Fassung der DIS-SportSchO zwischen den Parteien vereinbart worden sein.[55]

Die Schiedsgerichtsbarkeit im Sport ist in den letzten Jahren vor allem durch die Verfahren der Eisschnellläuferin Claudia Pechstein in die Kritik geraten. Das Landgericht München I und das Oberlandesgericht München hielten die entsprechenden Schiedsvereinbarungen aus vertragsrechtlichen und kartellrechtlichen Gründen für unwirksam. Denn Profisportler können kaum eine freie Entscheidung für oder gegen den Abschluss einer Schiedsvereinbarung treffen, sondern müssen die Schiedsvereinbarung des (Monopol-)Vereins akzeptieren, wenn sie ihrem Beruf nachgehen möchten. Die Schiedsgerichtsbarkeit des CAS wurde außerdem von den Gerichten als nicht hinreichend neutral angesehen, da die Sportverbände größeren Einfluss auf die Aufstellung der Schiedsrichterliste hatten als die Athleten.[56] Der BGH hob diese Entscheidungen jedoch auf, wobei er – im Einklang mit dem Schweizer Bundesge-

---

[53]Vgl. BGH v. 23.04.2013, II ZR 74/12, NJW-RR 2013, 873, Rn. 17 f. (Schiedsgericht eines Boxsportverbands); zur dogmatischen Kritik daran vgl. bereits oben Abschn. 12.4.
[54]www.dis-sportschiedsgericht.de. Zugegriffen am 16.05.2019. Dazu Stein/Jonas/*Schlosser*, ZPO, 23. Aufl. 2014, § 1034 Rn. 13.
[55]BGH v. 19.04.2018, I ZB 52/17, SchiedsVZ 2019, 41 (m. Anm. *Mortsiefer/Hofmann*), dazu näher oben Abschn. 2.6.3.
[56]LG München I v. 26.02.2014, 37 O 28331/12, SchiedsVZ 2014, 100; OLG München v. 15.01.2015, U 1110/14 Kart, SchiedsVZ 2015, 40.

richt – feststellte, dass der CAS ein echtes Schiedsgericht und das Verfahren dort hinreichend neutral sei. Der faktische Zwang der Athleten, eine Schiedsvereinbarung zu unterzeichnen, sei durch das Interesse an einer weltweit einheitlichen Handhabung der sportlichen Regeln, insbesondere der Anti-Doping-Regeln, gerechtfertigt.[57] Eine Beschwerde beim EGMR blieb erfolglos.[58]

12.8 Schiedsverfahren im internationalen Investitionsschutzrecht

Das internationale Investitionsschutzrecht ist ein besonderes Rechtsgebiet, das sich mit den Rechten ausländischer Investoren in ihrem jeweiligen Gastland, in dem sie die Investition vornehmen, beschäftigt. Es handelt sich hauptsächlich um eine völkerrechtliche Materie.[59]

Im internationalen Investitionsschutzrecht wird seit jeher das Schiedsverfahren als Streitbeilegungsverfahren genutzt. In den letzten Jahrzehnten hat sich dadurch ein großes Corpus an schiedsgerichtlicher Rechtsprechung entwickelt, das auch für das handelsrechtliche Schiedsverfahren wichtige Impulse liefert.

Das Investitionsschutzrecht war in den letzten Jahren Gegenstand einer intensiven rechtspolitischen Diskussion.[60] Vor allem im Zuge der Verhandlung des Transatlantischen Freihandelsabkommens zwischen der EU und den USA (TTIP) erfasste die allgemeine Kritik am Investitionsschutzrecht auch das Schiedsverfahren. Obwohl dieses als verfahrensrechtlicher Annex der materiellrechtlichen Investorenrechte eigentlich nur einen kleinen Ausschnitt des Investitionsschutzrechts darstellt, entzündete es die öffentliche Empörung am meisten. Auch in Qualitätsmedien war insofern von einer „Schattenjustiz" und einer „Kläger-Clique" die Rede.[61] Abseits der Polemik enthält die Kritik manchen wahren Kern, etwa was die Vertraulichkeit des Verfahrens betrifft (dazu bereits oben Abschn. 1.5.1.2). In vielerlei Hinsicht beruht sie aber auf Missverständnissen hinsichtlich der rechtlichen

---

[57] BGH v. 07.06.2016, KZR 6/15, NJW 2016, 2266, Rn. 23, 26, 59, 62; dazu vgl. ablehnend *Heermann*, Die Sportsschiedsgerichtsbarkeit nach dem Pechstein-Urteil des BGH, NJW 2016, 2224–2227; *Orth*, DRiZ 2016, 255; zustimmend *Adolphsen*, DRiZ 2016, 254.
[58] EGMR v. 02.10.2018, 40575/10 und 67474/10, BeckRS 2018, 23523.
[59] Zur Einführung: *R. Schäfer*, Einführung in das internationale Investitionsschutzrecht, JuS 2016, 795–799; ausführlich: *Dolzer/Schreuer*, Principles of International Investment Law, 2. Aufl. 2012.
[60] Vgl. jetzt die Beiträge in *Ludwigs/Remien* (Hrsg.), Investitionsschutz, Schiedsgerichtsbarkeit und Rechtsstaat in der EU, 2018.
[61] Vgl. etwa Die Zeit v. 27.02.2014, „Schattenjustiz: Im Namen des Geldes". https://www.zeit.de/2014/10/investitionsschutz-schiedsgericht-icsid-schattenjustiz/komplettansicht. Zugegriffen am 16.05.2019. Spiegel-Online v. 16.04.2016, „Schiedsgerichte: Die Kläger-Clique". https://www.spiegel.de/wirtschaft/soziales/ttip-schiedsgericht-streit-die-meisten-klaeger-kommen-aus-europa-a-1084640.html. Zugegriffen am 16.05.2019.

Funktionsweise des Investitionsschiedsverfahrens,[62] auf die im Folgenden näher eingegangen werden soll.

12.8.1 Grundzüge des Investitionsschutzrechts

12.8.1.1 Staatsverträge

Das Bedürfnis, Investoren im Ausland zu schützen, ist nicht neu. Allerdings wurde es früher hauptsächlich durch politische oder sogar militärische Maßnahmen des jeweiligen Heimatstaates verwirklicht. Vor diesem Hintergrund ist die Verrechtlichung des Schutzes von Investoren zu begrüßen: Nicht mehr die Macht des Stärkeren, sondern die für alle gleich geltenden Regelungen sollen bestimmen, wann und in welchem Ausmaß ein Investor Schadensersatz wegen ungerechter Behandlung von seinem Gastland fordern kann.

Die Normierung dieser gleichen und allgemeinen Investorenrechte geschieht in der Regel bilateral durch Staatsverträge zwischen den beteiligten Staaten (*bilateral investment treaties*, BITs). Der erste moderne bilaterale Investitionsschutzvertrag wurde 1959 zwischen Deutschland und Pakistan geschlossen. In den 1960er- bis 1980er-Jahren zogen dann zunächst die westeuropäischen, später alle anderen Staaten nach, sodass heutzutage ein Netzwerk von weltweit rund 3.000 BITs besteht, das für die Tätigkeit internationaler Investoren von großer Bedeutung ist. Bei den älteren BITs standen auf der einen Seite meist die kapitalexportierenden Industriestaaten und auf der anderen Seite die kapitalimportierenden Entwicklungsländer. Inzwischen existieren aber auch zahlreiche Staatsverträge zwischen Industriestaaten oder zwischen Entwicklungsländern untereinander.

Nach dem Ende des Ost-West-Konflikts kamen in den 1990er-Jahren zahlreiche BITs mit osteuropäischen Staaten hinzu, doch bemühte man sich gleichzeitig darum, das unübersichtliche System bilateraler Verträge durch multilaterale Verträge zu ersetzen. Ein wichtiger Schritt war insofern der 1991 erfolgte Abschluss des Vertrags über die Energiecharta (*Energy Charter Treaty*, ECT). Vertragsstaaten sind hauptsächlich die europäischen Staaten und die Nachfolgestaaten der ehemaligen Sowjetunion, da es zunächst um den Zugang zu den Energiemärkten des ehemaligen Ostblocks ging.

Andere wichtige multilaterale Abkommen sind die Freihandelsverträge im nord- und mittelamerikanischen Raum. Für die USA, Mexiko und Kanada gilt seit 1994 das NAFTA (North American Free Trade Agreement), das nun durch das USMCA (United States-Mexico-Canada Agreement) ersetzt werden soll. Im Verhältnis zwischen den USA und einigen mittelamerikanischen Staaten sowie der Dominikani-

---

[62]Vgl. dazu schon *Risse*, Wehrt Euch endlich! Wider das Arbitration-Bashing, SchiedsVZ 2014, 265–274; *Gramlich/Conen*, Streitbeilegung bei Auslandsinvestitionen – „Guter" Rechtsschutz für (private) Investoren, SchiedsVZ 2015, 225–235; *Trappe*, Schiedsgericht und TTIP – Ein Bericht, SchiedsVZ 2015, 235–237; *Elsing/Gräfin Grote*, TTIP und der Spill-over-Effekt auf die Handelsschiedsgerichtsbarkeit, RIW 2018, 321–339; *Elsing*, Schiedsrichterliche Unabhängigkeit – Vorurteile und Wirklichkeit, SchiedsVZ 2019, 16–23.

schen Republik gilt das teilweise ähnlich strukturierte DR-CAFTA (Dominican Republic-Central American Free Trade Agreement). Ein globales multilaterales Abkommen über Investitionsschutzrechte wurde verschiedentlich in Angriff genommen, ist aber bisher nicht zustande gekommen.[63]

12.8.1.2 Materielles Recht

Bei der Normierung von Investorenrechten durch Staatsverträge sind materielles Recht und Verfahrensrecht zu unterscheiden: Materielle Investorenrechte betreffen die Frage, welche Tatbestände ausreichenden Anlass geben, dem Investor einen Schadensersatzanspruch gegen den Gaststaat zu verschaffen. Die prozessualen Rechte betreffen hingegen die Frage, wie und vor welchem Forum diese Rechte durchgesetzt werden.

Die materiellen Investorenrechte können an dieser Stelle nur im Überblick angesprochen werden. Zunächst geht es dabei um den Schutz vor Enteignung (*expropriation*). Insofern ist international schon nach Fremdenrecht weitgehend anerkannt, dass Enteignungen nur aus Gründen des Gemeinwohls zulässig sind, nicht willkürlich sein dürfen und der enteignete Investor angemessen entschädigt werden muss. Allerdings liegt eine Enteignung nur dann vor, wenn die Vermögenswerte des Investors vom Gaststaat tatsächlich in staatlichen Besitz überführt werden. Zu dieser drastischen Maßnahme wird nicht häufig gegriffen, da sie auf andere potenzielle Investoren abschreckende Wirkung hat. Wichtiger ist daher der Schutz vor indirekter Enteignung (*indirect expropriation*): Auch wenn kein förmlicher Entzug der Vermögenswerte stattfindet, sondern der Gaststaat andere Maßnahmen trifft, die zu einer faktischen Entwertung der Vermögensrechte des Investors führen, muss Entschädigung geleistet werden.[64]

Den wichtigsten materiellen Schutzstandard stellt heutzutage allerdings das Recht auf „gerechte und billige Behandlung" (*fair and equitable treatment*, FET) dar. Dieser Schutzstandard folgt nicht schon aus allgemein anerkannten Rechtsgrundsätzen des Völkerrechts, sondern nur im Einzelfall aus den jeweils anwendbaren Staatsverträgen. Die meisten Investitionsschutzabkommen sehen allerdings ein solches Recht des Investors auf gerechte und billige Behandlung vor. Dabei ist problematisch, dass es sich um ein recht allgemeines Konzept handelt, unter das von den Schiedsgerichten ganz verschiedene Maßnahmen des Gaststaates subsumiert werden können. Entscheidend ist in der Regel, ob der Gaststaat die berechtigten Erwartungen (*legitimate expectations*) des Investors beeinträchtigt hat. Wegen der Weite des FET-Standards besteht ein gewisses Risiko, dass die politische Handlungsfreiheit des Gaststaates unzumutbar eingeschränkt wird, weil dieser bei jeder Änderung seiner Gesetzgebung oder Verwaltungspraxis Schadensersatzklagen von ausländischen Investoren fürchten muss.

---

[63] Dazu und zur Geschichte des Investitionsschutzrechts insgesamt vgl. *Dolzer/Schreuer*, Principles of International Investment Law, 2. Aufl. 2012, S. 1–19.

[64] Dazu *Dolzer/Schreuer*, Principles of International Investment Law, 2. Aufl. 2012, S. 98–129.

> **Beispiel**
>
> Die Bundesrepublik Deutschland ist Vertragspartei des Energy Charter Treaty und damit zur „gerechten und billigen Behandlung" ausländischer Investoren verpflichtet. Der schwedische Konzern Vattenfall hat insofern schon in zwei Fällen Investitionsschiedsverfahren wegen Umweltschutzmaßnahmen eingeleitet.[65] Im Jahr 2009 klagte Vattenfall wegen des Kohlekraftwerks Moorburg, da die Freie und Hansestadt Hamburg die Genehmigung nur mit wasserrechtlichen Auflagen erteilt hatte, die eine zu starke Erwärmung der Elbe verhindern sollten. Dieses Verfahren endete mit einem Vergleich, in dem die wasserrechtliche Genehmigung gelockert wurde.[66] Daraufhin verurteilte der EuGH die Bundesrepublik wegen Verletzung von Umweltschutzvorschriften.[67] Die zweite Klage von 2012 betrifft die Kernkraftwerke Brunsbüttel, Krümmel und Brokdorf. Weil diese im Zuge des Atomausstiegs stillgelegt wurden bzw. ihre Restlaufzeit verkürzt wurde, fordert Vattenfall von der Bundesrepublik Entschädigung in Milliardenhöhe.[68]

Andere materielle Investorenrechte, die häufig in Investitionsschutzverträgen enthalten sind, umfassen den Grundsatz der Inländergleichbehandlung (*national treatment*) und der Meistbegünstigung (*most favoured nation treatment*). Investoren können sich dadurch auch auf Schutzstandards berufen, die für inländische Investoren oder für Investoren aus anderen Herkunftsstaaten gelten.

Auch sogenannte Schirmklauseln (*umbrella clauses*) sind in Investitionsschutzverträgen häufig anzutreffen. Diese bewirken, dass Verletzungen einfachrechtlicher oder einfachvertraglicher Verpflichtungen des Gaststaates gegenüber dem Investor zugleich auch Verletzungen des Staatsvertrags darstellen und damit Entschädigungspflichten sowie das Recht zur prozessualen Geltendmachung im Schiedsverfahren auslösen.[69]

12.8.1.3 Verfahrensrecht

Die prozessualen Rechte des Investors, um die es hier hauptsächlich gehen soll, bestehen vor allem darin, dass ihm durch die Staatsverträge häufig die Möglichkeit eingeräumt wird, den Gaststaat vor einem international besetzten Schiedsgericht zu verklagen (*investor-state dispute settlement*, ISDS). Dieses Schiedsverfahren verläuft dann nach ähnlichen Regeln wie ein Handelsschiedsverfahren.

---

[65] Dazu *Krajewski*, Umweltschutz und internationales Investitionsschutzrecht am Beispiel der Vattenfall-Klagen und des Transatlantischen Handels- und Investitionsabkommens (TTIP), ZUR 2014, 396–403.
[66] https://www.italaw.com/sites/default/files/case-documents/ita0890.pdf. Zugegriffen am 16.05.2019.
[67] EuGH v. 26.04.2017, C-142/16, ZUR 2017, 414.
[68] ICSID Case No. ARB/12/12, noch anhängig.
[69] Vgl. näher zu den materiellen Investorenrechten *Dolzer/Schreuer*, Principles of International Investment Law, 2. Aufl. 2012, S. 130–215.

Freilich ist das ISDS nicht die einzige mögliche Form der Streitbeilegung. Der Investor kann sich auch an seinen Heimatstaat wenden, der die Möglichkeit hat, den Gaststaat auf diplomatischem Wege aufzufordern, die Rechte des Investors aus dem BIT zu schützen. In den meisten BITs ist insofern auch vorgesehen, dass die beiden beteiligten Staaten untereinander ein Schiedsverfahren durchführen können, wenn einer der Staaten eine Verletzung des BIT behauptet (*state-state dispute settlement*). Beide Verfahrensweisen erfordern aber ein Tätigwerden des Heimatstaats des Investors, was oft schwerfälliger und langwieriger ist als ein direktes Schiedsverfahren des Investors gegen den Gaststaat. Vor allem handelt es sich hier um politische Verfahren, sodass der Investor von der politischen Unterstützung seines Heimatstaats abhängig ist. Hat dieser kein Interesse daran, für seine Staatsangehörigen gegen den Gaststaat vorzugehen, bleiben deren Individualrechte unter Umständen auf der Strecke. Der Investor ist hier also vom allgemeinen politischen Verhältnis zwischen den beiden Staaten abhängig.[70]

Im Gegensatz dazu gibt das ISDS dem Investor die Möglichkeit, den Gaststaat selbst im eigenen Namen und eigenen Interesse zu verklagen. Die Durchsetzung der Rechte geschieht damit durch die Person, der sie materiell zustehen und die folglich auch ein größeres Interesse an ihrer Durchsetzung hat. Diese direkte Klagbarkeit, die im völkerrechtlichen Bereich ein Novum darstellte, ermöglichte eine Entpolitisierung des Verfahrens, einen effektiven Schutz der Investorenrechte und auch eine große Dynamik in der Entwicklung des Investitionsschutzrechts.

Mit der Zulassung direkter Investor-Staat-Klagen ist allerdings nicht notwendig ein Schiedsverfahren verbunden. Denkbar wäre es auch, die Zuständigkeit staatlicher Gerichte für derartige Streitigkeiten vorzusehen. Allerdings sind die staatlichen Gerichte des Gaststaates, in dem die Investition erfolgt, zumindest aus Sicht des Investors nicht hinreichend neutral, da sie selbst Teil der Staatsgewalt sind, über deren Handeln sie dann im Verfahren zu entscheiden hätten. Auf ihre Besetzung hat zudem allein der Gaststaat Einfluss. Darüber hinaus ist zu bedenken, dass die richterliche Unabhängigkeit nicht in allen Staaten weltweit tatsächlich gewährleistet ist.[71] Alternativ ließe sich die Zuständigkeit der Gerichte eines Drittstaates vereinbaren, doch wäre dies wiederum aus Sicht des Gaststaates in aller Regel nicht akzeptabel, da auf diese Weise eine fremde staatliche Gewalt über das eigene staatliche Handeln befinden könnte.

Aus diesem Grunde bieten sich Schiedsgerichte als eine anationale und neutrale Streitbeilegungsinstanz im internationalen Investitionsschutzrecht geradezu an. Beide Parteien, der Gaststaat und der Investor, benennen je einen Schiedsrichter, sodass beide Seiten gleichen Einfluss auf die Besetzung des Schiedsgerichts haben. Zum Vorsitzenden wird ein Staatsangehöriger eines nicht beteiligten Drittstaates bestellt. Auch der Schiedsort liegt in der Regel in einem neutralen Drittstaat.

---

[70]Zu Verfahren zwischen den Staaten vgl. näher *Dolzer/Schreuer*, Principles of International Investment Law, 2. Aufl. 2012, S. 232–235.

[71]Vgl. *Dolzer/Schreuer*, Principles of International Investment Law, 2. Aufl. 2012, S. 235.

Schiedsgerichte haben sich daher in Investitionsschutzverträgen durchgesetzt und insgesamt als Entscheidungsträger bewährt.[72]

Die durchaus problematischen Einschränkungen der politischen Handlungsfreiheit der Staaten erfolgen nicht durch das Verfahrensrecht, das dem Investor Zugang zu einem Schiedsgericht gewährt, sondern durch das materielle Recht, das dem Investor bestimmte sachliche Schutzrechte einräumt. Um die Gestaltungsfreiheit der Staaten zu wahren, sollten daher der teilweise zu weit interpretierte FET-Standard zurückgefahren und die materiellen Investorenrechte durch den Abschluss neuer Staatsverträge wieder stärker auf wenige, klar definierte Positionen beschränkt werden. Eine Abschaffung der Schiedsgerichte ist dagegen weder erforderlich noch zweckmäßig.

Gleichwohl hat die Europäische Union in den letzten Jahren auf die Kritik am Investitionsschutzrecht dadurch reagiert, dass sie nun für alle neuen Handelsabkommen von der Schiedsgerichtsbarkeit Abstand nehmen und stattdessen ein System von Investitionsgerichten einführen möchte (*investment court system,* ICS). Ausgangspunkt dafür war die Debatte um die Freihandelsverträge mit den USA (TTIP) und Kanada (CETA). Diese sehen bereits Klauseln für die Schaffung eines auf den Vertrag bezogenen Investitionsgerichts und einer Berufungsinstanz sowie gegebenenfalls auch eines multilateralen Investitionsgerichtshofs vor (vgl. Art. 8.27–8.29 CETA). Der EuGH hat diese Regelungen in einem Gutachten für mit dem Unionsrecht vereinbar gehalten.[73]

Die Schaffung eines solchen internationalen Investitionsgerichts ist grundsätzlich ein gleichwertiger Weg, um Verfahrensgerechtigkeit für Investoren herzustellen, wenn dieses ebenso neutral und unabhängig ist wie ein Schiedsgericht. An der Notwendigkeit, die materiellen Investorenrechte zu überdenken, ändert sich dadurch jedoch nichts.

12.8.1.4 Investitionsschutzverträge zwischen EU-Staaten

Auch zwischen den Mitgliedstaaten der Europäischen Union existieren zahlreiche bilaterale Investitionsschutzverträge (sog. *Intra-EU-BITs*). Viele davon stammen aus der Zeit nach dem Fall des Eisernen Vorhangs 1989, als westeuropäische Investoren auf die neuen Märkte in Osteuropa drängten. Seit der EU-Osterweiterung 2004 sieht die Europäische Kommission diese Intra-EU-BITs aber zunehmend kritisch: Wegen der fortschreitenden Integration innerhalb der Europäischen Union sei es nicht mehr erforderlich, Investorenrechte in BITs zu verankern. Der Schutz durch den Binnenmarkt sei ausreichend und Sonderrechte für Investoren aus bestimmten Staaten stellten eine unzulässige Diskriminierung von

---

[72]Vgl. auch *Böckstiegel*, Aktuelle Probleme der Investitions-Schiedsgerichtsbarkeit aus der Sicht eines Schiedsrichters, SchiedsVZ 2012, 113 (115).
[73]EuGH Gutachten 1/17 v. 30.04.2019, ECLI:EU:C:2019:341.

Staatsangehörigen anderer Staaten dar. Die Kommission eröffnete daher Vertragsverletzungsverfahren gegen mehrere Mitgliedstaaten.[74]

Die Mahnungen der Kommission blieben auch vor dem EuGH nicht ungehört: Anfang 2018 entschied der EuGH in der Rechtssache Achmea, dass Schiedsvereinbarungen zugunsten von Investoren in BITs zwischen den Mitgliedstaaten unzulässig sind.[75] In diesem Verfahren ging es um eine typische Situation im internationalen Investitionsschutzrecht: Unsicherheiten, denen Investoren wegen wechselnder Regierungen ausgesetzt sind. Die Slowakei hatte 2004 den Markt für Krankenversicherungen liberalisiert, sodass sich das niederländische Versicherungsunternehmen Achmea veranlasst sah, dort eine Tochtergesellschaft zu gründen und Krankenversicherungen anzubieten. Nach einem Regierungswechsel 2006 wurde die Liberalisierung aber teilweise wieder rückgängig gemacht und es wurden unter anderem Gewinnausschüttungen verboten. Achmea eröffnete daher 2008 das Investor-Staat-Schiedsverfahren und machte Schadensersatz in Höhe von 65 Mio. Euro gegen die Slowakei geltend.[76] Das Schiedsgericht mit Sitz in Frankfurt am Main verurteilte die Slowakei zu 22,1 Mio. Euro. Der Aufhebungsantrag vor dem OLG Frankfurt blieb erfolglos.[77] Auch der BGH sah keinen Verstoß gegen Europarecht, legte die Sache aber dem EuGH vor.[78] Der EuGH bejahte – entgegen der Stellungnahme des Generalanwalts[79] – einen Verstoß der BITs gegen Europarecht. Nach dieser Vorabentscheidung blieb dem BGH kaum anderes mehr übrig, als den Schiedsspruch aufzuheben. Dabei bejahte der BGH – systematisch folgerichtig – einen Aufhebungsgrund gemäß § 1059 Abs. 2 Nr. 1 lit. a ZPO wegen Fehlens einer Schiedsvereinbarung.[80]

Mit seiner Entscheidung hat der EuGH 196 BITs entwertet, die zwischen den Mitgliedstaaten der EU bestehen.[81] In seiner Begründung verweist der Gerichtshof hauptsächlich darauf, dass die schiedsgerichtliche Rechtsprechung die Autonomie des EU-Rechts gefährde: Weil Schiedsgerichte nicht zur Vorlage an den EuGH gemäß Art. 267 AEUV berechtigt seien und ihre Entscheidungen von nationalen Gerichten nur eingeschränkt im Rahmen des Aufhebungsverfahrens überprüft werden könnten, sei die einheitliche Durchsetzung des EU-Rechts nicht gewährleistet.[82]

Diese Argumentation ist kaum überzeugend. Schiedsgerichte wenden in vielen Fällen Europarecht an, ohne dass damit eine gesteigerte Gefahr für seine einheitliche

---

[74]Vgl. etwa Pressemitteilung der Kommission IP/15/5198 vom 18.06.2015. http://europa.eu/rapid/press-release_IP-15-5198_de.htm. Zugegriffen am 16.05.2019.
[75]EuGH v. 06.03.2018, C-284/16, NJW 2018, 1663.
[76]Vgl. zu weiteren Verfahrensdetails Schlussantrag des Generalanwalts Wathelet v. 19.09.2017, C-284/16, BeckRS 2017, 125330, Rn. 17 ff.
[77]OLG Frankfurt v. 18.12.2014, 26 Sch 3/13, BeckRS 2015, 6323.
[78]BGH v. 03.03.2016, I ZB 2/15, SchiedsVZ 2016, 328.
[79]Schlussantrag des Generalanwalts Wathelet v. 19.09.2017, C-284/16, BeckRS 2017, 125330.
[80]BGH v. 31.10.2018, I ZB 2/15, BeckRS 2018, 28148.
[81]*Lavranos/Singla*, Achmea: Groundbreaking or Overrated? SchiedsVZ 2018, 348 (350).
[82]EuGH v. 06.03.2018, C-284/16, NJW 2018, 1663, Rn. 39–53.

Umsetzung in den Mitgliedstaaten verbunden wäre. Das europäische Kartellrecht etwa spielt in einer Vielzahl von Schiedsverfahren eine Rolle und ist von Schiedsgerichten genauso anzuwenden wie von staatlichen Gerichten. Beachten Schiedsgerichte dies nicht, unterliegt der Schiedsspruch der Aufhebung (vgl. oben Abschn. 11.5.10.2). Dass Schiedsgerichte nicht vorlageberechtigt sind, ist auf die Entscheidungen des EuGH selbst zurückzuführen,[83] die stattdessen hätten überdacht werden können.[84] Zwar hat sich der EuGH bemüht, seine Kritik an Schiedsgerichten nicht auf Handelsschiedsverfahren zu beziehen,[85] doch ist dieser Differenzierungsversuch inhaltlich nicht nachvollziehbar.[86]

Leider ist auch die der Entscheidung zugrunde liegende Prämisse, dass die fortschreitende Integration in der EU und das gegenseitige Vertrauen der Mitgliedstaaten in ihre Justizsysteme die schiedsgerichtliche Streiterledigung überflüssig mache, teilweise nur ein Postulat. De facto herrschen auch innerhalb der EU keine gleichen Standards im Hinblick auf die Unabhängigkeit der Justiz und die Rechtsstaatlichkeit der Gerichtsverfahren. Vielmehr ist in den letzten Jahren sogar eine Verschlechterung festzustellen, was die Kommission und das Parlament selbst anerkannt haben, indem gegen Polen und Ungarn die Verfahren nach Art. 7 EU eingeleitet wurden. Vor diesem Hintergrund ist es nicht nur sachfremd, sondern auch widersprüchlich, wenn die europäischen Institutionen einerseits feststellen, dass manche Mitgliedstaaten keine funktionierenden Gerichtssysteme zur Verfügung stellen, andererseits aber die Tätigkeit unabhängiger Spruchkörper untersagen.[87] Dies gilt auch für Investoren in der Slowakei wie im Achmea-Verfahren: Nach dem EU-Justizbarometer 2018 schneidet kein anderes Land so schlecht ab, was die Unabhängigkeit der Gerichte aus Sicht der Unternehmen betrifft. Nur 14 % der befragten Unternehmer beurteilen die Unabhängigkeit der Gerichte als „fairly good", während 40 % sie als „fairly bad" und 24 % sogar als „very bad" empfinden.[88] Wenn nicht einmal die Unternehmer der Slowakei selbst Vertrauen in ihre Justiz haben, kann man kaum von ausländischen Investoren verlangen, dieses Vertrauen aufzubringen.

Nach dem Achmea-Urteil des EuGH müssen damit alle Unternehmen aus EU-Staaten, die in anderen EU-Staaten investieren möchten, eine neue Risikobewertung vornehmen. Investitionen werden mit höheren Risikoaufschlägen durchgeführt werden oder auch ganz unterbleiben. Gleichzeitig haben nun Investoren aus

---

[83] EuGH v. 01.06.1999, Rs. C-126/97, EuZW 1999, 565 – Eco Swiss.
[84] So überzeugend der Schlussantrag des Generalanwalts Wathelet v. 19.09.2017, C-284/16, BeckRS 2017, 125330, Rn. 84–131.
[85] EuGH v. 06.03.2018, C-284/16, NJW 2018, 1663, Rn. 54 f.
[86] Richtig *Kläger*, Anmerkung zur Entscheidung des EuGH, SchiedsVZ 2018, 191 (192).
[87] Treffend *Wernicke*, Autonomie und Häresie – Investitionsschiedsgerichte in der Rechtsunion, NJW 2018, 1644 (1646).
[88] Vgl. The 2018 EU Justice Scoreboard, COM(2018) 364 fin., S. 42 Figure 57, https://ec.europa.eu/info/sites/info/files/justice_scoreboard_2018_en.pdf, sowie die quantitativen Daten dazu, https://ec.europa.eu/info/sites/info/files/2018_eu_justice_scoreboard_quantitative_data_web_ok.pdf (S. 17). Zugegriffen am 16.05.2019.

Nicht-EU-Staaten einen deutlichen Wettbewerbsvorteil, da die BITs mit ihren jeweiligen Heimatstaaten vom Verdikt des EuGH nicht umfasst sind.[89] Dass diese Entwicklung im Interesse der EU oder auch nur im Interesse der betroffenen Gaststaaten liegt, erscheint zweifelhaft.

12.8.1.5 Investitionsverträge

Neben den völkerrechtlichen Verträgen zwischen den beteiligten Staaten wird in vielen Fällen auch ein Investitionsvertrag (*investment agreement, concession agreement*) zwischen dem Investor selbst und dem Gaststaat abgeschlossen. Dieser Vertrag gilt dann nur für das jeweilige Investitionsvorhaben.[90]

In einem solchen Investitionsvertrag werden zum einen die jeweiligen Rechte und Pflichten der Vertragsparteien im Zusammenhang mit der Investition detailliert geregelt. Für den Investor kann etwa ein verbindlicher Umfang der Investition festgelegt werden oder eine Verpflichtung zur Schaffung einer bestimmten Zahl von Arbeitsplätzen. Im Gegenzug kann sich der Staat zu bestimmten Steuererleichterungen oder zum Zugang zu natürlichen Ressourcen verpflichten. Neben diesen materiellen Regelungen enthalten Investitionsverträge häufig auch Regelungen zur Streitbeilegung. Dabei werden in vielen Fällen ebenfalls Schiedsverfahren vereinbart, die sich aus den genannten Gründen für die Streiterledigung anbieten. Das Schiedsverfahren kann dann direkt auf die im Investitionsvertrag enthaltene Schiedsklausel gestützt werden, ohne dass der Investor auf einen etwaigen Staatsvertrag zurückgreifen müsste.

12.8.2 Schiedsinstitutionen

Schiedsinstitutionen sind in Investitionsschiedsverfahren genauso wenig notwendig wie in handelsrechtlichen Schiedsverfahren.[91] Es steht den Parteien frei, ein ad hoc-Verfahren zu vereinbaren, an dem keine Schiedsinstitution beteiligt ist. Entscheidend ist, was in den jeweils anwendbaren Staatsverträgen (bzw. im Investitionsvertrag) festgelegt wird. In der Praxis kommen auch ad hoc-Schiedsverfahren häufig vor. Das Schiedsgericht wird dann allein durch die Parteien, also den Investor und den Gaststaat, gebildet und hat die Organisation des Verfahrens komplett selbst zu gewährleisten. Um die Verfahrensweise genauer zu spezifizieren, verweisen die Verträge dann häufig auf die UNCITRAL Arbitration Rules (dazu näher oben Abschn. 2.6.2).

Häufiger verweisen die Staatsverträge allerdings auf ein institutionelles Schiedsverfahren. Dies kann ein Verfahren nach den Regeln einer der Schiedsinstitutionen

---

[89]Vgl. näher *Lavranos/Singla*, Achmea: Groundbreaking or Overrated? SchiedsVZ 2018, 348 (351–353).
[90]Vgl. zu Investitionsverträgen *Dolzer/Schreuer*, Principles of International Investment Law, 2. Aufl. 2012, S. 79–86.
[91]Siehe oben Abschn. 1.7.

sein, die auch Handelsschiedsverfahren administrieren, etwa die ICC oder die SCC. Das Verfahren wird dann genau wie im Handelsschiedsverfahren nach der entsprechenden Schiedsgerichtsordnung durchgeführt und die Vollstreckung des Schiedsspruchs richtet sich meist nach dem UNÜ. Aus der Tatsache, dass auf einer Seite ein Staat beteiligt ist, ergeben sich keine grundlegenden rechtlichen Unterschiede.

In den meisten Fällen verweisen die Staatsverträge jedoch auf eine Streitbeilegung nach den Regeln einer auf Investitionsverfahren spezialisierten Institution, des International Centre for Settlement of Investment Disputes (ICSID) in Washington. Diese Schiedsinstitution wurde 1965 durch völkerrechtlichen Vertrag als ständige Einrichtung zur Beilegung von Investitionsstreitigkeiten geschaffen und ist der Weltbank angegliedert. Von Deutschland wurde das ICSID-Übereinkommen 1969 ratifiziert.[92] Das Übereinkommen hat derzeit 154 Vertragsstaaten und damit eine fast weltweite Geltung.[93] Prominente Nichtvertragsstaaten sind etwa Indien und Südafrika. Einige südamerikanische Staaten haben den Vertrag mittlerweile gekündigt (Bolivien, Ecuador und Venezuela).

Das Schiedsverfahren beim ICSID bietet nicht nur Vorteile wegen seiner Spezialisierung auf Investitionsschutzverfahren. Vielmehr stellt der ICSID-Vertrag ein komplett eigenständiges internationales Rechtsregime für die Durchführung von Investitionsschiedsverfahren sowie für die Vollstreckung der sich daraus ergebenden Schiedssprüche dar. Auf das UNÜ muss daneben nicht mehr zurückgegriffen werden.[94] Zudem sorgt die Nähe zur Weltbank dafür, dass den durch das ICSID administrierten Schiedsverfahren eine gewisse Autorität zugute kommt, die verurteilte Staaten dazu bewegen kann, die Schiedssprüche freiwillig ohne die Notwendigkeit einer Zwangsvollstreckung zu erfüllen.

Vom eigentlichen ICSID-Schiedsverfahren, das nach den Regelungen des ICSID-Übereinkommens und der Schiedsgerichtsordnung, den ICSID Arbitration Rules, durchgeführt wird, ist das Schiedsverfahren nach den Regeln der ICSID Additional Facility zu unterscheiden.[95] Die Additional Facility wurde als eine zusätzliche Stelle im Rahmen des ICSID gegründet, um auch Schiedsverfahren durchführen zu können, die nicht dem ICSID-Übereinkommen unterliegen. Dies wird hauptsächlich bei Staaten relevant, die nicht zu den Vertragsparteien des ICSID-Übereinkommens gehören, aber gleichwohl in ihren BITs oder in Investitionsverträgen mit Investoren die Zuständigkeit der ICSID Additional Facility vereinbaren. Die ICSID administriert diese Schiedsverfahren dann nach einem eigenen Regelwerk, den ICSID Additional Facility Rules. Rechtlich bedeutsam ist vor allem, dass diese Verfahren nicht dem ICSID-Übereinkommen unterfallen und daher auch

---

[92]BGBl. II 1969, S. 369–393; s.a. die Anpassung an die Neuregelung des Schiedsverfahrens, BGBl. I 1997, S. 3224 (3236).
[93]Aktueller Überblick unter https://icsid.worldbank.org. Zugegriffen am 16.05.2019.
[94]Dazu etwa *Wolf*, Vollstreckbarkeit nach ICSID Konvention und Aufhebung, Anerkennung und Vollstreckung nach New Yorker Übereinkommen, in: Ludwigs/Remien (Hrsg.), Investitionsschutz, Schiedsgerichtsbarkeit und Rechtsstaat in der EU, 2018, S. 255 (264–268).
[95]Sämtliche Regelwerke verfügbar unter https://icsid.worldbank.org/en/Pages/resources. Zugegriffen am 16.05.2019.

nicht nach diesem Übereinkommen vollstreckt werden können. Hier ist daher meist das UNÜ anwendbar. Außerdem unterliegen Schiedssprüche, die im Rahmen der Additional Facility gesprochen werden, auch der Überprüfung durch die nationalen Gerichte nach dem jeweils anwendbaren nationalen Verfahrensrecht. Juristisch unterscheidet sich das Verfahren bei der ICSID Additional Facility damit erheblich von einem „echten" ICSID-Schiedsverfahren und entspricht eher einem ICC- oder DIS-Verfahren.

12.8.3 Besonderheiten des Verfahrens

Investitionsschiedsverfahren unterscheiden sich nicht grundsätzlich von den in den vorangegangenen Kapiteln behandelten Handelsschiedsverfahren. Dies ist auch nicht verwunderlich, da die Handelsschiedsverfahren älter sind und die Investitionsschiedsverfahren später nach ihrem Vorbild geschaffen wurden. Auch Investitionsschiedsverfahren beruhen also auf der Privatautonomie der daran beteiligten Parteien, der Staaten und der Investoren. Auch hier sind die freie Auswahl der Schiedsrichter und die Verbindlichkeit des Schiedsspruchs gesichert. Auf einige wichtige Besonderheiten und Unterschiede soll aber gleichwohl eingegangen werden.

12.8.3.1 Schiedsvereinbarung

Ein Investitionsschiedsverfahren findet nur auf Grundlage einer Schiedsvereinbarung statt. Da das Schiedsgericht ein privater Entscheidungskörper ist, werden die Parteien auch hier nur dann an seine Entscheidungen gebunden, wenn sie sich damit einverstanden erklärt haben. Die am Investitionsschiedsverfahren beteiligten Staaten haben ihr Einverständnis allerdings in aller Regel schon vorab dadurch erklärt, dass sie einen BIT oder einen multilateralen Staatsvertrag abgeschlossen haben, in dem sie sich der Zuständigkeit eines Schiedsgerichts unterworfen haben. Der Investor bringt seine Zustimmung mit dem Schiedsverfahren dann dadurch zum Ausdruck, dass er als Kläger ein Schiedsverfahren eröffnet. Der Abschluss der Schiedsvereinbarung unterscheidet sich dadurch deutlich vom Handelsschiedsverfahren. Der Staatsvertrag enthält der Sache nach eine Schiedsvereinbarung zugunsten eines Dritten,[96] nämlich eines potenziellen Investors. Manchmal sehen Staaten auch in ihrem nationalen Investitionsrecht vor, dass sie sich der Entscheidung eines Schiedsgerichts unterwerfen. Dieses Angebot kann der Investor dann ebenfalls durch Einleitung eines Schiedsverfahrens annehmen.[97]

Anders verhält es sich bei einem Investitionsschiedsverfahren, das aufgrund eines Investitionsvertrags durchgeführt wird. Hier haben sich die späteren Parteien des

---

[96]Dazu oben Abschn. 9.4.5.
[97]Vgl. zu den verschiedenen Formen der Zustimmung zum Schiedsverfahren *Dolzer/Schreuer*, Principles of International Investment Law, 2. Aufl. 2012, S. 254–264.

Schiedsverfahrens selbst vertraglich auf ein Schiedsverfahren geeinigt, sodass keine rechtlichen Besonderheiten bestehen.

Auch Schiedsverfahren beim ICSID erfordern eine Schiedsvereinbarung der Parteien. Es reicht insbesondere nicht aus, dass die beteiligten Staaten, also der Heimatstaat des Investors und der Gaststaat, Parteien des ICSID-Übereinkommens sind. Vielmehr muss entweder in dem jeweils einschlägigen Staatsvertrag (BIT oder multilateraler Investitionsschutzvertrag) oder in dem Investitionsvertrag mit dem Investor die Zuständigkeit des ICSID vereinbart worden sein.

12.8.3.2 Bestellung des Schiedsgerichts

Als Schiedsrichter können die Parteien prinzipiell – wie auch im Handelsschiedsverfahren – jede taugliche, unparteiliche und unabhängige Person bestellen. Im ICSID-Verfahren gibt es zwar Schiedsrichterlisten, die von den Vertragsstaaten aufgestellt werden, doch müssen die Parteien keine Schiedsrichter von dieser Liste benennen, sondern können jede Person ihres Vertrauens auswählen (vgl. Art. 40 ICSID-Übereinkommen).

In der Praxis hat sich allerdings ein relativ kleiner Kreis von Personen als Schiedsrichter in Investitionsschutzverfahren etabliert. Viele dieser Schiedsrichter sind englische Juristen, manche stammen aus anderen westlichen Staaten und nur wenige aus Entwicklungsländern. Auch Frauen und jüngere Schiedsrichter sind unterrepräsentiert.[98] Dies ist allerdings kein juristisches Problem, vielmehr liegt es bei den Staaten, den Investoren und den von ihnen beauftragten Anwaltskanzleien, von ihrem freien Benennungsrecht Gebrauch zu machen und für eine größere Diversität bei den Schiedsrichtern zu sorgen.[99]

Werden Schiedsrichter wegen Befangenheit abgelehnt, entscheidet darüber im ICSID-Verfahren das Schiedsgericht selbst (vgl. Art. 14, 57, 58 ICSID Convention, Rule 9 ICSID Arbitration Rules). Darin liegt eine gewisse Schwäche des ICSID-Verfahrens. Nach den meisten anderen institutionellen Verfahrensordnungen entscheidet nämlich die Schiedsinstitution über Ablehnungsgesuche, sodass eine größere Distanz zum Schiedsgericht gewährleistet ist.[100] Wird das Investitionsschiedsverfahren nicht nach den ICSID-Regeln, sondern etwa nach der ICC-SchO durchgeführt, so entscheidet daher der ICC Court über etwaige Ablehnungsgesuche. Im ad hoc-Verfahren nach den UNCITRAL Arbitration Rules ist in der Regel der Präsident des Ständigen Schiedshofs dafür zuständig (Art. 13.4 UNCITRAL Arbitration Rules).

---

[98]Umfangreiche Daten bei *Franck/Freda et al.*, International Arbitration: Demographics, Precision and Justice, in: Legitimacy: Myths, Realities, Challenges, ICCA Congress Series 18 (2015), 33–122.
[99]Vgl. auch *Böckstiegel*, Aktuelle Probleme der Investitions-Schiedsgerichtsbarkeit aus der Sicht eines Schiedsrichters, SchiedsVZ 2012, 113 (118).
[100]Dazu oben Abschn. 5.4.2.2; vgl. im vorliegenden Kontext *Böckstiegel*, Aktuelle Probleme der Investitions-Schiedsgerichtsbarkeit aus der Sicht eines Schiedsrichters, SchiedsVZ 2012, 113 (117).

12.8.3.3 Verfahrensablauf

Das Verfahren vor Investitionsschiedsgerichten wird grundsätzlich ähnlich wie das Handelsschiedsverfahren durchgeführt. Etwas häufiger als im Handelsschiedsverfahren wird allerdings über die Zuständigkeit des Schiedsgerichts gestritten. Rügt der Beklagte die Zuständigkeit, liegt die Entscheidung auch hier beim Schiedsgericht selbst (Kompetenz-Kompetenz).

Eine Besonderheit bei der Zuständigkeitsprüfung ist stets die Frage, ob überhaupt eine Investition vorliegt (vgl. Art. 25 ICSID Übereinkommen). Dies kann beispielsweise bei einem Aktionär, der lediglich eine Minderheitsbeteiligung hat, fraglich sein. Zur Frage der Investition hat sich daher in den letzten Jahren eine umfangreiche Entscheidungspraxis der Schiedsgerichte und eine Kategorienbildung in der Rechtslehre entwickelt, die für eine gewisse Rechtssicherheit sorgt.[101]

Besondere Probleme ergeben sich im Investitionsschutzverfahren auch im Hinblick auf die Vertraulichkeit. Während diese grundsätzlich genauso wie im Handelsschiedsverfahren gewährleistet werden kann, begegnet sie doch häufig Bedenken, weil bei Staatenbeteiligung die Öffentlichkeit ein legitimes Interesse an Informationen über das Schiedsverfahren und seinen Inhalt hat. Aus diesem Grund verzichten die Parteien des Investitionsschiedsverfahrens häufig auf die Vertraulichkeit und veröffentlichen die wesentlichen Informationen zum Verfahren. Vermehrt sind inzwischen auch verbindliche Regelungen anwendbar, die eine Transparenz des Verfahrens vorschreiben (dazu bereits oben Abschn. 1.5.1.2).

12.8.4 Aufhebung von Schiedssprüchen

Auch Schiedssprüche in investitionsschutzrechtlichen Streitigkeiten sind nicht frei von staatsgerichtlicher Kontrolle. Allerdings gibt es insofern große Unterschiede, je nachdem, welches Rechtsregime auf das Schiedsverfahren anwendbar ist.

Sehen die anwendbaren Staatsverträge ein ad hoc-Schiedsverfahren oder ein Schiedsverfahren nach den Regeln der ICC, der SCC oder einer ähnlichen Schiedsinstitution vor, so bestehen normalerweise keine rechtlichen Besonderheiten hinsichtlich der Aufhebungsmöglichkeit: Die lex arbitri bestimmt sich nach dem Schiedsort und die dort zuständigen Gerichte können über einen etwaigen Aufhebungsantrag entscheiden. So wurde beispielsweise das Schiedsgericht in dem oben besprochenen Achmea-Fall (Abschn. 12.8.1.4) nach den Bestimmungen des niederländisch-slowakischen BIT als ad hoc-Schiedsgericht nach UNCITRAL Arbitration Rules gebildet. Es bestimmte als Schiedsort Frankfurt am Main, sodass gemäß § 1062 ZPO das dortige Oberlandesgericht zuständig war, gemäß § 1025 Abs. 1 ZPO deutsches Schiedsverfahrensrecht anwendbar war und über den von der Slowakei gestellten Aufhebungsantrag nach den Aufhebungsgründen des § 1059 ZPO zu entscheiden war.

---

[101] Näher *Dolzer/Schreuer*, Principles of International Investment Law, 2. Aufl. 2012, S. 65–76.

12.8 Schiedsverfahren im internationalen Investitionsschutzrecht

Anders verhält es sich jedoch im ICSID-Schiedsverfahren. Hier gilt mit dem ICSID-Übereinkommen ein anderes Rechtsregime, das eigenständige Regelungen für die Aufhebung und Vollstreckung von Schiedssprüchen vorsieht. Die jeweiligen nationalen Rechtsbehelfe sind daneben nicht anwendbar (vgl. Art. 26 ICSID-Übereinkommen: „Die Zustimmung der Parteien ... gilt ... als Verzicht auf jeden anderen Rechtsbehelf.").[102] Anstelle der nationalen Aufhebungsregeln gelten nach dem ICSID-Übereinkommen eigene Überprüfungsverfahren, zum einen das Wiederaufnahmeverfahren (*revision*) nach Art. 51 ICSID-Übereinkommen, zum anderen das Aufhebungsverfahren (*annulment*) nach Art. 52 ICSID-Übereinkommen.

Mit dem Wiederaufnahmeantrag nach Art. 51 ICSID-Übereinkommen kann jede Partei die Wiederaufnahme eines bereits abgeschlossenen Schiedsverfahrens und die erneute Überprüfung der Entscheidung veranlassen.[103] Darüber entscheidet, soweit möglich, dasselbe Schiedsgericht wie im Ausgangsverfahren. Ein Wiederaufnahmegrund liegt schon dann vor, wenn nachträglich Tatsachen bekannt werden, die eine abweichende Entscheidung gerechtfertigt hätten. Dabei ist es nicht erforderlich, dass die Tatsachen erst nach Abschluss des Schiedsverfahrens entstanden sind, vielmehr reicht es aus, dass die Tatsachen schon vorlagen und der Partei lediglich nicht bekannt waren und auch nicht bekannt sein mussten (Art. 51 ICSID-Übereinkommen). Die Überprüfung des Schiedsspruchs im Wiederaufnahmeverfahren nach Art. 51 ICSID-Übereinkommen geht damit deutlich über die Möglichkeiten hinaus, die nach deutschem Recht für die Wiederaufnahme von Schiedsverfahren bestehen (dazu oben Abschn. 8.9).

Das Aufhebungsverfahren nach Art. 52 ICSID-Übereinkommen ähnelt dem Aufhebungsverfahren nach § 1059 ZPO/Art. 34 UNCITRAL Modellgesetz. Es handelt sich ebenfalls um einen zeitlich befristeten Rechtsbehelf (120 Tage nach Erlass, Art. 52 Abs. 2 ICSID-Übereinkommen), mit dem die Aufhebung, nicht aber die Abänderung eines Schiedsspruchs erreicht werden kann.[104] Begründet ist der Aufhebungsantrag nur dann, wenn einer der in Art. 52 Abs. 1 ICSID-Übereinkommen abschließend normierten Aufhebungsgründe vorliegt:

Art. 52 ICSID-Übereinkommen
(1) Jede Partei kann beim Generalsekretär schriftlich die Aufhebung eines Schiedsspruchs aus einem oder mehreren der folgenden Gründe beantragen:
a) nicht ordnungsgemäße Bildung des Gerichts,
b) offensichtliche Überschreitung der Befugnisse des Gerichts,
c) Bestechung eines Mitglieds des Gerichts,
d) schwerwiegende Abweichung von einer grundlegenden Verfahrensvorschrift,
e) Fehlen der Begründung des Schiedsspruchs.

---

[102] Vgl. auch MüKo-ZPO/*Münch*, 5. Aufl. 2017, § 1059 Rn. 9a.
[103] Dazu *Dolzer/Schreuer*, Principles of International Investment Law, 2. Aufl. 2012, S. 309.
[104] Zum Unterschied zwischen *annulment* und *appeal* vgl. *Dolzer/Schreuer*, Principles of International Investment Law, 2. Aufl. 2012, S. 301–304; *Born*, International Commercial Arbitration, 2. Aufl. 2014, S. 3160 f.

Diese Aufhebungsgründe sind etwas enger als die Gründe des § 1059 Abs. 2 ZPO. So begründet nicht jede Verfahrensverletzung, sondern nur eine „schwerwiegende" Abweichung von einer „grundlegenden" Vorschrift die Aufhebung.[105] Freilich bemüht man sich auch im Rahmen der ZPO, diesen Aufhebungsgrund nicht ausufern zu lassen (Abschn. 11.5.8). Unter die grundlegenden Verfahrensvorschriften im Sinne der ICSID-Konvention fallen jedenfalls das rechtliche Gehör und die Gleichbehandlung der Parteien. Das rechtliche Gehör ist etwa dann verletzt, wenn eine Partei keine ausreichende Gelegenheit erhält, zu Beweisergebnissen Stellung zu nehmen. Aus diesem Grunde wurde 2010 ein Schiedsspruch in der bekannten Rechtssache *Fraport v. Philippinen* aufgehoben.[106] Nach Art. 27 der ICSID Arbitration Rules besteht auch eine Rügeobliegenheit der Parteien. Versäumen sie es, eine Verfahrensverletzung zu rügen, ist der betreffende Verstoß für das Aufhebungsverfahren präkludiert.

Auch die Überschreitung der Befugnisse des Schiedsgerichts, also die Inanspruchnahme einer nicht bestehenden Zuständigkeit, muss „offensichtlich" sein. Hier wird die erwähnte Prüfung des Art. 25 ICSID-Übereinkommen relevant.

Auffällig ist vor allem, dass in Art. 52 ICSID-Übereinkommen kein Aufhebungsgrund wegen Verstoßes gegen den ordre public vorgesehen ist. Dies setzt sich auch bei der Vollstreckung fort (dazu sogleich), die ebenfalls nicht unter Berufung auf den ordre public abgelehnt werden kann. Insgesamt kommt daher im ICSID-Schiedsverfahren eine starke Tendenz zum Schutz der Rechtskraft des Schiedsspruchs zum Ausdruck.

12.8.5 Besonderheiten der Vollstreckung

Auch in Investitionsschiedsverfahren stellt die Vollstreckung des Schiedsspruchs oft einen ebenso wichtigen Verfahrensschritt wie das Schiedsverfahren dar. Zwar müsste man annehmen, dass Staaten prinzipiell rechtmäßig handeln möchten und daher Schiedssprüche freiwillig erfüllen, doch gibt es hier tatsächlich oft nicht mehr Bereitschaft zur freiwilligen Erfüllung als bei Streitigkeiten unter Privaten. Manche Staaten haben sich dadurch, dass sie Schiedssprüche regelmäßig nicht erfüllen, geradezu einen schlechten Ruf erarbeitet. Dies verschlechtert das Investitionsklima deutlich und veranlasst potenzielle Investoren, ihre Investitionsentscheidungen zu überdenken. Diese mittelbaren Folgen können Staaten dann wiederum dazu motivieren, Schiedssprüche freiwillig zu erfüllen. Strukturell unterscheidet sich dies

---

[105] Zu Verfahrensverstößen näher *Dolzer/Schreuer*, Principles of International Investment Law, 2. Aufl. 2012, S. 306 f.

[106] Fraport AG Frankfurt Airport Services Worldwide v. Republic of the Philippines, Decision on Annulment of 23 December 2010, ICSID Case No. ARB/03/25. https://www.italaw.com/sites/default/files/case-documents/ita0341.pdf. Zugegriffen am 16.05.2019. Dazu *Blackaby/Partasides*, Redfern and Hunter on International Arbitration, 6. Aufl. 2015, Ziff. 10.15.

nicht von privaten Parteien, die Schiedssprüche freiwillig erfüllen, weil sie mit ihren Vertragspartnern in Zukunft weiterhin Geschäfte tätigen möchten. Die Vollstreckung von Schiedssprüchen erfolgt häufig in mehreren verschiedenen Staaten. Der Investor wird die Vollstreckung überall dort beantragen, wo Vermögenswerte des verurteilten Staates belegen sind.

12.8.5.1 Rechtlicher Rahmen

Die Zwangsvollstreckung von Schiedssprüchen im Investitionsschutzrecht unterscheidet sich, genauso wie ihre Aufhebbarkeit, deutlich nach dem jeweils anwendbaren Rechtsregime. Sind die Schiedssprüche in einem ad hoc-Verfahren, etwa nach UNCITRAL Arbitration Rules, oder in einem institutionellen Schiedsverfahren nach ICC-SchO, SCC-SchO oder einer ähnlichen Schiedsordnung ergangen, so können sie nur nach den allgemeinen Vorschriften des jeweiligen Vollstreckungsstaates vollstreckt werden. In den meisten Fällen ist dann das UNÜ anwendbar, sodass vor allem die Versagungsgründe des Art. V UNÜ zu prüfen sind, darunter auch die Vereinbarkeit der Vollstreckung mit dem ordre public des jeweiligen Staates. In Deutschland richtet sich das Verfahren dann nach § 1061 ZPO (dazu oben Abschn. 11.8). So hat beispielsweise in dem oben bereits erwähnten Verfahren *Walter Bau v. Thailand* (Abschn. 11.9) der Investor die Vollstreckbarerklärung des schweizerischen ad hoc-Schiedsspruchs gemäß § 1061 ZPO beantragt. Die Gerichte hatten dann unter anderem einen Verstoß gegen den ordre public zu prüfen.[107]

Ganz anders ist die Rechtslage im ICSID-Schiedsverfahren. Hier existiert ein eigenständiges Rechtsregime für die Vollstreckung der ergangenen Schiedssprüche. Eine Vollstreckbarerklärung ist nach dem ICSID-Übereinkommen nicht erforderlich. Vielmehr sind ICSID-Schiedssprüche gemäß Art. 54 Abs. 1 ICSID-Übereinkommen in allen Vertragsstaaten automatisch wie Urteile eines staatlichen Gerichts vollstreckbar. Dementsprechend ist auch in Deutschland keine Vollstreckbarerklärung erforderlich, sondern nur die gerichtliche Feststellung, dass die Zwangsvollstreckung zulässig ist (vgl. Art. 2 Abs. 1 des Zustimmungsgesetzes).[108] Dafür muss der Investor die vom ICSID-Generalsekretär beglaubigte Abschrift des Schiedsspruchs beim Oberlandesgericht vorlegen (Art. 54 Abs. 2 ICSID-Übereinkommen i. V. m. Art. 2 Abs. 2 des Zustimmungsgesetzes). Das Oberlandesgericht prüft dann nur die Authentizität des Schiedsspruchs. Es hat keine Kompetenz zur inhaltlichen Überprüfung und kann insbesondere auch nicht die Vereinbarkeit der Vollstreckung mit dem deutschen ordre public überprüfen.[109]

---

[107] BGH v. 06.10.2016, I ZB 13/15, SchiedsVZ 2018, 53, Rn. 54–67.

[108] Gesetz zu dem Übereinkommen vom 18. März 1965 zur Beilegung von Investitionsstreitigkeiten zwischen Staaten und Angehörigen anderer Staaten vom 25. Februar 1969, BGBl. II S. 369, geändert durch Art. 2 § 11 Gesetz vom 22. Dezember 1997, BGBl. I S. 3224.

[109] Vgl. auch *Dolzer/Schreuer*, Principles of International Investment Law, 2. Aufl. 2012, S. 310 f.; a.A. *Wolf*, Vollstreckbarkeit nach ICSID Konvention und Aufhebung, Anerkennung und Vollstreckung nach New Yorker Übereinkommen, in: Ludwigs/Remien (Hrsg.), Investitionsschutz, Schiedsgerichtsbarkeit und Rechtsstaat in der EU, 2018, S. 255 (268–283), der eine ordre public-Kontrolle für verfassungsrechtlich geboten hält.

12.8.5.2 Staatenimmunität

Ein grundlegender Unterschied zum Handelsschiedsverfahren ergibt sich auch daraus, dass bei der Vollstreckung von Schiedssprüchen gegen Staaten das Prinzip der Staatenimmunität zu berücksichtigen ist.[110] Ein Staat genießt vor den Gerichten und Behörden eines anderen Staates nach Völkergewohnheitsrecht grundsätzlich Immunität.[111] Der Grund dafür ist, dass Staaten gleichberechtigt und einander gleichgeordnet sind (Art. 2 Nr. 1 UN Charta), sodass kein Staat über einen anderen Gewalt ausüben kann. Dies wird mit dem lateinischen Grundsatz *par in parem non habet imperium* ausgedrückt, der bereits im Jahr 1200 im Kirchenrecht formuliert wurde.[112]

Beantragt ein Investor also die Vollstreckung eines Schiedsspruchs gegen einen Staat vor den Gerichten oder Vollstreckungsbehörden eines anderes Staates, so dürfen diese zunächst wegen der Staatenimmunität nicht tätig werden. Für Deutschland ergibt sich dies aus § 20 Abs. 2 GVG, der auf die allgemeinen Regeln des Völkerrechts und damit auch auf den Grundsatz der Staatenimmunität verweist. Andere Länder haben ausdrückliche Gesetze über die Staatenimmunität erlassen.[113]

Die Staatenimmunität bezieht sich sowohl auf das Erkenntnisverfahren als auch auf das Zwangsvollstreckungsverfahren. Sie besteht allerdings nicht im Schiedsverfahren, da das Schiedsgericht keine Staatsgewalt ausübt.

Immunität im Erkenntnisverfahren

Im Erkenntnisverfahren besteht insofern Immunität, als ein Staat sich nicht vor den Gerichten eines anderen Staates verantworten muss. Im Investitionsschiedsverfahren kommt dies etwa bei der Vollstreckbarerklärung von Schiedssprüchen gemäß §§ 1060, 1061 ZPO zum Tragen. Das Vollstreckbarerklärungsverfahren ist nämlich noch kein Zwangsvollstreckungsverfahren, sondern eine besondere Form des Erkenntnisverfahrens, im Rahmen dessen über die Vollstreckbarkeit des Schiedsspruchs befunden wird.[114] Grundsätzlich kann ein Staat also schon die Vollstreckbarerklärung von Schiedssprüchen unter Hinweis auf seine Immunität verhindern.

Vom Grundsatz der Staatenimmunität gibt es aber zwei wichtige Ausnahmen: Zum einen besteht Immunität nach Völkerrecht nur insoweit, als es um das hoheitliche Handeln des Staates geht (*acta iure imperii*), nicht aber dann, wenn rein fiskalisches bzw. wirtschaftliches Handeln des Staates zu beurteilen ist (*acta iure gestionis*). Wird ein Staat also wie ein Privatrechtssubjekt wirtschaftlich tätig, kann

---

[110] Zu diesem Zusammenhang vgl. *Buchwitz*, Enforcement of Arbitration Awards and State Immunity, in: Süral/Ömeroğlu (Hrsg.), Foreign Investment Law, 2016, S. 115–131.

[111] Vgl. etwa *Dahm/Delbrück/Wolfrum*, Völkerrecht, 2. Aufl. 1988, Bd. I/1, S. 483; *Höfelmeier*, Die Vollstreckungsimmunität der Staaten im Wandel des Völkerrechts, 2018, S. 30 ff.

[112] X. 1,6,20, dazu näher *Buchwitz*, Enforcement of Arbitration Awards and State Immunity, in: Süral/Ömeroğlu (Hrsg.), Foreign Investment Law, 2016, S. 115 (119).

[113] USA: Foreign Sovereign Immunities Act 1976; UK: State Immunity Act 1978.

[114] Vgl. oben Abschn. 11.1.

er sich nicht auf Immunität berufen.[115] In Investitionsverfahren geht es allerdings meist um Aspekte, die mit der Ausübung staatlicher Hoheitsgewalt zu tun haben. Verklagt ein Investor einen Staat etwa wegen behördlicher Maßnahmen oder wegen Gesetzesänderungen, so sind immer staatliche Hoheitsakte zu beurteilen, die grundsätzlich von der Immunität umfasst sind.

Zum anderen besteht aber auch dann keine Immunität mehr, wenn der Staat darauf verzichtet hat (*volenti non fit iniuria*). Ein solcher Verzicht auf die Immunität im Erkenntnisverfahren liegt schon im Abschluss einer Schiedsvereinbarung:[116] Wenn ein Staat eine Schiedsvereinbarung abschließt – sei es in einem Staatsvertrag oder in einem Investitionsvertrag – so bringt er dadurch zum Ausdruck, auch für die staatlichen Verfahren, die als Annex zum Schiedsverfahren erforderlich werden, auf seine Immunität zu verzichten. Dies betrifft dann nicht nur das Verfahren auf Vollstreckbarerklärung eines Schiedsspruchs, sondern auch etwaige Unterstützungsverfahren, zum Beispiel die Ersatzbenennung und Ablehnung von Schiedsrichtern nach §§ 1035 ff. ZPO oder die Unterstützung bei der Beweisaufnahme nach § 1050 ZPO.

> **Beispiel**
>
> Im Verfahren des Insolvenzverwalters der Firma Walter Bau gegen das Königreich Thailand (dazu bereits oben Abschn. 11.9) berief sich Thailand im Vollstreckbarerklärungsverfahren auf die Staatenimmunität. Allerdings enthält der deutsch-thailändische BIT von 2002 in Art. 10 Abs. 2 S. 3 die ausdrückliche Regelung, dass der Schiedsspruch nach innerstaatlichem Recht vollstreckt wird. Das KG Berlin und der BGH entschieden daher, dass Thailand auf seine Immunität im Vollstreckbarerklärungsverfahren verzichtet habe.[117]
>
> Da der Immunitätsverzicht allerdings nur bestehen kann, wenn der BIT auch anwendbar ist, musste im Vollstreckbarerklärungsverfahren geklärt werden, ob die Investition der Firma Walter Bau überhaupt in den Anwendungsbereich des BIT fiel. Da das KG dies nicht abschließend geklärt hatte, hob der BGH die erstinstanzliche Entscheidung auf und verwies die Sache zurück. Nach abschließender Prüfung der Anwendbarkeit des BIT erklärte das KG den Schiedsspruch erneut für vollstreckbar,[118] was vom BGH dann nicht mehr beanstandet wurde.[119]
>
> Auf diese Weise musste im Vollstreckbarerklärungsverfahren erneut über zwei Instanzen die schwierige Frage beurteilt werden, ob die Investition unter den BIT fiel, was bereits vom Schiedsgericht im Verfahren um seine Zu-

---

[115] BGH v. 30.01.2013, III ZB 40/12, SchiedsVZ 2013, 110, Rn. 11 – Walter Bau I.
[116] Str., wie hier *Schwab/Walter*, Schiedsgerichtsbarkeit, 7. Aufl. 2005, Kap. 4 Rn. 12; *Lachmann*, Handbuch für die Schiedsgerichtspraxis, 3. Aufl. 2008, Rn. 2748.
[117] KG v. 04.06.2012, 20 Sch 10/11, SchiedsVZ 2013, 112 (115); BGH v. 30.01.2013, III ZB 40/12, SchiedsVZ 2013, 110, Rn. 14.
[118] KG v. 23.02.2015, 20 Sch 10/11, Kluwer Arbitration.
[119] BGH v. 06.10.2016, I ZB 13/15, SchiedsVZ 2018, 53.

ständigkeit entschieden worden war. Die Entscheidung des Schiedsgerichts enfaltet jedoch nach deutscher Vorstellung keinerlei Bindungswirkung für das staatliche Gerichtsverfahren (vgl. § 1040 Abs. 3 ZPO). Anders verhält es sich im US-amerikanischen Schiedsverfahrensrecht. Hier können die Parteien dem Schiedsgericht eine echte Kompetenz-Kompetenz für die Beurteilung seiner Zuständigkeit übertragen. Die dortigen Gerichte haben den Schiedsspruch in Sachen Walter Bau daher ohne erneute Prüfung der Anwendbarkeit des BIT für vollstreckbar erklärt.[120]

Vollstreckungsimmunität
Der Immunitätsverzicht, der im Abschluss einer Schiedsvereinbarung liegt, bezieht sich allerdings nicht auf konkrete Vollstreckungsmaßnahmen in konkrete Vermögensgegenstände. Die Vollstreckungsimmunität ist nämlich von der Immunität im Erkenntnisverfahren zu unterscheiden. Soll also nach Abschluss des Vollstreckbarerklärungsverfahrens ein Gegenstand gepfändet werden, der im Eigentum des verurteilten Staates steht, kann sich der Staat in Bezug auf diesen Gegenstand gegebenenfalls gesondert auf Immunität berufen. Denn indem ein Staat auf die Immunität im Erkenntnisverfahren verzichtet, bringt er nicht zugleich zum Ausdruck, auch auf die Vollstreckungsimmunität hinsichtlich aller etwaigen Gegenstände zu verzichten. Dies folgt auch nicht aus dem Abschluss der Schiedsvereinbarung, denn zu diesem Zeitpunkt ist noch völlig unklar, welche Vermögenswerte zukünftig einmal Gegenstand eines Vollstreckungsverfahrens sein werden.

Auch im ICSID-Verfahren gelten insofern keine anderen Grundsätze. Die Vorschrift des Art. 55 ICSID-Übereinkommen stellt vielmehr ausdrücklich fest, dass sich Staaten weiterhin auf ihre Vollstreckungsimmunität berufen können.

Vollstreckungsimmunität besteht allerdings ebenfalls nur im Hinblick auf Vermögenswerte, die dem staatlichen Handeln selbst dienen, nicht dagegen im Hinblick auf Vermögenswerte, die einer wirtschaftlichen Betätigung des Staates dienen. Wenn ein Staat wie ein privates Wirtschaftssubjekt handelt, so genießt er hinsichtlich der dafür verwendeten Vermögenswerte keine Immunität, da es dann nicht um den Schutz des Staatshandelns selbst geht. Dieser völkerrechtliche Grundsatz wird – außer etwa in China und Russland, wo eine absolute Immunität gilt – fast weltweit angewendet.[121]

Ein Investor kann demnach nur dann erfolgreich Zwangsvollstreckungsmaßnahmen gegen einen Staat vornehmen lassen, wenn er die Vollstreckung in nichthoheitlich genutztes staatliches Vermögen beantragt. Dies kann bei Staatsunternehmen, die in Form von Regiebetrieben geführt werden, der Fall sein, beispielsweise bei einer

---

[120] Schneider v. Kingdom of Thailand, 2011 WL 12871599 (S.D.N.Y.), aff'd, 688 F.3d 68 (2d Cir. 2012); dazu näher *Buchwitz*, Enforcement of Arbitration Awards and State Immunity, in: Süral/Ömeroğlu (Hrsg.), Foreign Investment Law, 2016, S. 115 (125–130).

[121] Dazu vgl. ausf. *Höfelmeier*, Die Vollstreckungsimmunität der Staaten im Wandel des Völkerrechts, 2018, S. 143–163.

12.8 Schiedsverfahren im internationalen Investitionsschutzrecht

staatlichen Fluggesellschaft. Aber auch Immobilienbesitz, der nicht hoheitlich genutzt wird, kommt in Betracht:

> **Beispiel**
>
> In Deutschland wurde die Frage der Vollstreckungsimmunität bei der Vollstreckung aus Investitionsschiedssprüchen in den letzten Jahren vor allem anhand des Falles *Franz Sedelmayer v. Russland* diskutiert.[122] Sedelmayer hatte in den 1990er-Jahren in Russland investiert und war enteignet worden. Ein Schiedsgericht, das aufgrund des deutsch-russischen BIT nach den Regeln der SCC gebildet wurde, sprach ihm deswegen eine Entschädigung in Höhe von 2,35 Mio. USD zu.[123] Da Russland nicht zahlte, versuchte Sedelmayer, russisches Staatsvermögen, das nichtstaatlichen Zwecken diente, pfänden zu lassen, darunter auch das Russische Haus der Wissenschaft und Kultur in Berlin[124] und drei Immobilien in Köln.[125] Mit Teilbeträgen war er dabei erfolgreich.

---

[122] Dazu Zeit Magazin v. 13.11.2014, https://www.zeit.de/zeit-magazin/2014/47/enteignung-entschaedigung-franz-sedelmayer-russland. Zugegriffen am 16.05.2019.
[123] Schiedsspruch v. 07.07.1998, https://www.italaw.com/sites/default/files/case-documents/ita0757.pdf. Zugegriffen am 16.05.2019.
[124] Vgl. BVerfG v. 12.10.2011, 2 BvR 2984/09, 2 BvR 3057/09, 2 BvR 1842/10, NJW 2012, 293.
[125] Vgl. BGH v. 29.01.2015, V ZR 93/14, juris.

Stichwortverzeichnis

A
Ablehnungsantrag 111
Ablehnungsgründe 103
Ablehnung von Schiedsrichtern 92, 103
Abschichtung des Verfahrens 133, 195
Abschluss der Schiedsvereinbarung 56
Abstimmungsverfahren 186
Abtretung von Forderungen 67
ad-hoc-Verfahren 22, 52, 77, 93, 111, 116
Adjudikation 313
AGB-Kontrolle 179, 183
Alternative Streitbeilegung 3, 74
American Arbitration Association (AAA) 29
amiable composition 181
Amtsermittlung *siehe* Untersuchungsgrundsatz
anationales Schiedsverfahren 35
Anerkenntnis 199
Anerkennung ausländischer
 Schiedssprüche 216
Anlagenbau 312
anti-suit injunction 38, 152
Anwaltskosten 20, 205
Anwendbares Recht
 Sachentscheidung 177
 Schiedsorganisationsvertrag 82
 Schiedsrichtervertrag 115
 Schiedsvereinbarung 55
 Verfahren 35
Anzahl der Schiedsrichter 51, 94
arbeitsrechtliche Streitigkeit 320
Aufhebung
 der Vollstreckbarerklärung 303
 von Schiedssprüchen *siehe* Schiedsspruch
Aufhebungsgründe 273, 289, 338
Aufrechnung 139, 248, 305
Augenscheinsbeweis 174
Auslegungsschiedsspruch 202
Ausschluss von Schiedsrichtern 92
Auswahl der Schiedsrichter 14, 87

B
Bauvertrag 313
Beendigungsbeschluss 197, 203
Befangenheit *siehe* Neutralität
Begründung des Schiedsspruchs 189
Beibringungsgrundsatz 136
Beratungsgeheimnis 185
Berichtigungsschiedsspruch 201
beschleunigtes Verfahren 18, 153
Beschlussmängelstreitigkeiten 62, 317
Bestellung von Schiedsrichtern 94
Bestimmtheit der Schiedsvereinbarung 48
Beweisantritt 136
Beweisaufnahme 157
bifurcation 133, 195
bilateraler Investitionsschutzvertrag 325, 329
Billigkeitsentscheidung 181, 282
Branchenschiedsgerichte 26

C
Calderbank Offer 208
Case Management Conference *siehe* Erste
 Verfahrenskonferenz
China International Economic and Trade
 Arbitration Commission 29
Chinese European Arbitration Centre 25
commodity arbitration 312
Court of Arbitration for Sport 102, 322
cut-off date 305

D
Dauer von Schiedsverfahren 17
Deutsche Institution für
 Schiedsgerichtsbarkeit 24
Deutscher Kaffeeverband, Schiedsgericht 230
Deutsches Sportschiedsgericht 323
dispositives Recht 130
dissenting opinion 191

© Springer-Verlag GmbH Deutschland, ein Teil von Springer Nature 2019
W. Buchwitz, *Schiedsverfahrensrecht*, Springer-Lehrbuch,
https://doi.org/10.1007/978-3-662-59462-9

Dokument 160
Dreierschiedsgericht *siehe* Anzahl der
 Schiedsrichter
Drittwiderklage 138, 232
due process paranoia 128
Dutco-Rechtsprechung 99

E
Eilschiedsrichter 84, 147
Einbeziehung Dritter 16, 227
Eingriffsnorm 183, 285
Einstweiliger Rechtsschutz
 Schiedsgericht 147
 staatliches Gericht 151
Einzelrechtsnachfolge 67, 145, 215
Einzelschiedsrichter *siehe* Anzahl der
 Schiedsrichter
Emergency Arbitrator *siehe* Eilschiedsrichter
Endgültigkeit
 Schiedsspruch 188, 294
 Schiedsvereinbarung 46
Endschiedsspruch 194, 256
Energy Charter Treaty 325
Enteignung von Investoren 326
erbrechtliche Streitigkeit 62, 314
Ergänzungsschiedsspruch 202
Ermessen des Schiedsrichters 43, 131, 156
Ersatzbestellung 113
Erste Verfahrenskonferenz 133
Europäisches Übereinkommen über
 die internationale
 Handelsschiedsgerichtsbarkeit
 32, 251, 300
Europarecht 38, 330
ex-parte-Entscheidung 148
expert conferencing 173

F
fair and equitable treatment 326
Feststellungsschiedsspruch 193
Flexibilität 15, 157
Form der Schiedsvereinbarung 57, 293

G
Gehör, rechtliches 108, 125, 144, 148, 175,
 277, 283
German Maritime Arbitration Association 110
Gesamtrechtsnachfolge 66, 144, 215
Geschäftsführer 92, 164
Geschichte des Schiedsverfahrens 4

Gestaltungsschiedsspruch 194, 214
Gewaltmonopol 1, 264
Gleichbehandlung der Parteien 98, 124, 283
group of companies doctrine 236

H
Haftung
 Sachverständiger 171
 Schiedsrichter 118
Handelsvertreter 184
Hinweis, rechtlicher 107
Hong Kong International Arbitration
 Centre 29

I
IBA
 Guidelines on Conflicts of Interest 104
 Rules on the Taking of Evidence 158
ICC International Court of Arbitration 27
ICSID Additional Facility 333
Insolvenz der Schiedspartei 67, 145, 261, 286
Insolvenzverwalter 65, 66, 145
institutionelles Schiedsverfahren 22
International Centre for the Settlement of
 Investment Disputes 10, 333
Investitionsschutzrecht 10, 240, 324
Investitionsvertrag 332
investor-state dispute settlement 327
Istanbul Arbitration Centre 29

J
Justizgewährungsanspruch 18, 49, 258, 263

K
Kartellrecht 183, 285
Klageantrag 136
Klagebegründung 136
Klageerwiderung 136
Klagerücknahme 137, 203
Kompetenz-Kompetenz 252, 336
Kontakt zwischen Schiedsrichter und
 Partei 88, 95
Konzerngesellschaften 236
Kosten 18
 interne 205
Kostenentscheidung 204
Kostenvorschuss 118, 143, 203
Kreuzverhör 167

L
Leistungsschiedsspruch 193
lex arbitri 36
lex contractus 39
lex mercatoria 180
Listenbindung 23, 101
London Court of International Arbitration 28

M
Mahnverfahren 248
Mediation 3, 74
Mehrparteienverfahren 97, 226
mehrstufige Streitbeilegungsklausel 73
Mehrvertragsverfahren 222
Meistbegünstigung 294
Mittellosigkeit 246
Musterklausel 72
mündliche Verhandlung 155

N
ne bis in idem 210
ne ultra petita 283
Nebenintervention 231
Neutralität
    Schiedsgutachter 309
    Schiedsrichter 13, 14, 93, 102, 109, 283
New Yorker UN-Übereinkommen 6, 31, 291
Nichtigkeit von Schiedssprüchen 270
Normalvertrag Bühne 321

O
Obmann *siehe* Vorsitzender Schiedsrichter
Offenbarungspflicht
    Sachverständiger 170
    Schiedsrichter 109
opening statement 157
ordre public 184, 200, 282, 338
    international 296
Ortstermin 174

P
par condicio creditorum 286
Parteierweiterung 232
Parteigutachter *siehe* Sachverständiger
Parteischiedsgericht (polit.) 320
Parteivernehmung 164
post-hearing brief 175
Prague Rules 158

Präklusion 239, 255, 268, 273, 279, 281, 290, 298
pre-trial discovery 162
Privatautonomie 1, 37, 39, 43, 104, 264, 314
Procedural Order No. 1 135
Prozessbetrug 218
Prozessschiedsspruch 257, 260
Prozesszinsen 80

Q
Qualitätsarbitrage 312

R
Rechtsbeschwerde 266
Rechtsfortbildung 9
Rechtsgrundsatz, allgemeiner 184
Rechtskraft 53, 119, 137, 195, 196, 199, 210, 215, 217, 249, 305, 338
Rechtsnatur der Schiedsvereinbarung 53
Rechtswahl 55, 73, 178, 274
Request for Arbitration 79
res judicata 212
révision au fond 274, 309
Römisches Recht 5
Rücktritt des Schiedsrichters 111, 114
Rügeobliegenheit 244, 255, 281, 298, 338

S
Sachstatut 177
Sachverständiger 168
Säumnis 83, 276
Schiedsabrede (Begriff) 52
Schiedsauftrag 134, 224, 254
Schiedseinrede 211, 243, 254, 306
Schiedsfähigkeit
    objektive 60, 282
    subjektive 65, 274
Schiedsgerichtsordnung 22
Schiedsgutachten 307
Schiedshängigkeit 79
Schiedsklausel
    Begriff 52
    pathologische 68
    satzungsmäßige 316
    statutarische 316
    testamentarische 314
Schiedsorganisationsvertrag 81
Schiedsort 49, 132, 266

Schiedsrichter 3
    Ablehnung 92, 103
    Anzahl 51, 94
    Ausschluss 92
    Auswahl 14, 87
    Begriff 5
    Bestellung 94
    Ermessen 43, 131, 156
    Ersatzbestellung 113
    Haftung 118
    Neutralität *siehe* Neutralität
    Unabhängigkeit 103
    Unparteilichkeit 103
    Vergütung 20, 117, 204
    Vertrag 115
    Vorsitzender 95, 96, 186
    Weigerung 187
Schiedsrichtervertrag 115
Schiedsspruch 177
    Arten 193
    Aufhebung 214, 263, 295, 301, 336
    ausländischer 216, 291
    Begründung 126, 189
    Definition 187, 292
    in eigener Sache 92, 205, 271
    Endgültigkeit 188
    materielle Einwendungen 304
    mit vereinbartem Wortlaut 196
    Nichtigkeit 112, 114
    Tenor 188
    Übermittlung 193, 273
    Überprüfung durch Institution 27, 208
    ultra vires 278
    Unterschrift 192
    Vollstreckung 12, 32, 264, 289, 333, 339
    Wirkung 209
Schiedsvereinbarung 3, 45
    Abschluss 56
    Arten 53
    Endgültigkeit 46
    Form 57
    Inhalt 51, 94, 178
    mehrfache 221
    Nichtigkeit 57, 274
    Rechtsnatur 53
    zugunsten Dritter 239, 334
Schiedsvereinbarungsstatut 55
Schlichtung 3
    Schlichtungs- und Schiedsgerichtshof Deutscher Notare 142
    Schlichtungs- und Schiedsordnung für Baustreitigkeiten 229

Schlüssigkeit 136
Schlussplädoyer 175
Schriftsatz 136
Schriftsatzfrist 124, 133
Seitenzahlbegrenzung 126, 127, 137
Sekretär des Schiedsgerichts 120
Singapore International Arbitration Centre 29
soft law 132, 158
Sportschiedsgerichtsbarkeit 322
Sprache 15, 51
Staatenbeteiligung 2, 10, 13, 324
Staatenimmunität 340
Stichentscheid 186
Stockholm Chamber of Commerce 28
Streitverkündung 227
Süddeutsches Familienschiedsgericht 62
Swiss Chambers' Arbitration Institution 26, 153, 235

T
Teilschiedsspruch 138, 143, 196
Tenor 188
terms of reference *siehe* Schiedsauftrag
Testamentsvollstrecker 66, 145, 314
Toll Collect-Verfahren 2, 10
Trennungsprinzip 54
truncated tribunal 115

U
Übergewicht einer Partei 101
Umwandlung 66, 145
Unabhängigkeit von Schiedsrichtern 103
UNCITRAL Arbitration Rules 40, 332
UNCITRAL Modellgesetz 33, 48, 124, 126, 244, 250
    Neufassung 2006 149
UNCITRAL Notes on Organizing Arbitral Proceedings 132
UNCITRAL Transparenzregeln 11
Undurchführbarkeit 35, 142, 187, 246
UNIDROIT Principles of International Commercial Contracts 179
Unparteilichkeit von Schiedsrichtern 103
Unterhaltsansprüche 61
Untersuchungsgrundsatz 136, 159
Urkunde *siehe* Dokument
Urkundenprozess 248

V

Verbindung von Verfahren 225
Verbraucherrecht 59, 178, 255
Vereinsschiedsgerichte 318, 323
Verfahrensstatut 36
Verfahrensvereinbarung 128
Verfügung des Schiedsrichters 135, 188
Vergleich 156, 197
Vergleichsfähigkeit 60
Vergütung des Schiedsrichters 20, 117, 204
Verjährung 80, 137
Vertraulichkeit 7, 314, 336
Verzicht 199
Vienna International Arbitral Centre 27
Vollstreckung
    von Schiedssprüchen *siehe* Schiedsspruch
    vorläufige 303
Vollstreckungsgegenklage 305
Vollstreckungsimmunität 342
Vorlageanordnung 20, 161
Vorlegungsantrag 77

W

Wechsel- und Scheckprozess 247
Widerklage 134, 136, 138, 196, 222, 238
Wiederaufnahme 218, 337
Wortprotokoll 156, 205

Z

Zeuge 164
Zeugenaussage, schriftliche 167
Zeugenvernehmung 167
Zeugenvorbereitung 165
Zurückverweisung an das Schiedsgericht 288
Zuständigkeit
    prima facie 259
    Schiedsgericht 83, 133, 138, 243, 278, 299, 334, 342
    staatliches Gericht 50, 71, 151, 265
zwingendes Recht 182
Zwischenentscheid 257
Zwischenfeststellungsantrag 249
Zwischenschiedsspruch 195, 257

MIX
Papier aus verantwortungsvollen Quellen
Paper from responsible sources
FSC® C105338

If you have any concerns about our products,
you can contact us on
ProductSafety@springernature.com

In case Publisher is established outside the EU,
the EU authorized representative is:
**Springer Nature Customer Service Center GmbH
Europaplatz 3, 69115 Heidelberg, Germany**

Printed by Libri Plureos GmbH
in Hamburg, Germany